Gerta Wolff · Das Römisch-Germanische Köln

W0245544

Gerta Wolff

Das Römisch-Germanische Köln

Führer zu Museum und Stadt

4., überarbeitete Auflage
1993

J. P. Bachem Verlag Köln

Dieses Buch hat 136 Abbildungen: 2 farbige und 48 schwarz-weiße Fotos, 86 Pläne, Grundrisse und andere Zeichnungen.
Einbandentwurf und 70 Zeichnungen von Arnold Wolff.

Die Deutsche Bibliothek – CIP-Einheitsaufnahme

Wolff, Gerta:
Das Römisch-Germanische Köln : Führer zu Museum und Stadt / Gerta Wolff. –
4., überarb. Aufl. – Köln : Bachem, 1993
ISBN 3-7616-1118-8

1. Auflage 1981
2. Auflage 1984
3., überarbeitete Auflage 1989
4., überarbeitete Auflage 1993
© J.P. Bachem Verlag, Köln, 1981
Alle Rechte vorbehalten, einschließlich des Rechts, Zeichnungen oder Texte nachzudrucken oder fotomechanisch wiederzugeben.
Satz und Druck: Druckerei J. P. Bachem GmbH & Co. KG, Köln
Reproduktionen: Willy Kühl, Köln
Printed in Germany
ISBN 3-7616-1118-8

Vorwort zur vierten Auflage

Seit 1981 hat dieses Buch manchem Besucher Kölns kurze Informationen zu den Denkmälern im Römisch-Germanischen Museum geben können und vielen Kölnern darüberhinaus den Weg zu den Spuren der zweitausendjährigen Vergangenheit dieser Stadt gezeigt. In zwei weiteren Auflagen 1984 und 1989 wurde vieles verbessert und ergänzt. Danach, so könnte man meinen, wäre dem nun nichts mehr hinzuzufügen.

Doch in der Großstadt Köln, die sich seit dem frühen Mittelalter über der römischen COLONIA und ihrem Umland ausgebreitet hat, werden immer wieder große Grundstücke und viele kleine Parzellen neu bebaut und vorher archäologisch untersucht. Zwar muß sich das Amt für Archäologische Bodendenkmalpflege meist die ausreichende Zeit für Ausgrabungen in zähem Ringen mit den Bauherren erkämpfen, doch gerade in den letzten Jahren wurden die Mühen der Wissenschaftler auch reich belohnt.

Sie entdeckten u. a. markante Mauern des Forums, ein Fundament, das vielleicht einst den Marstempel getragen hat, weitere Reste der Thermen und Grundmauern mehrerer vornehmer Villen außerhalb der antiken Stadt. Dazu kamen ungewöhnliche Einzelfunde: Reliefs von großen Grabbauten mit lebendigen Szenen des täglichen Lebens, kleine Gebrauchsgegenstände und Kunstwerke, darunter mehrere kostbare Gläser. Einmalig ist der Achillespokal, der am 29.10.1991 geborgen werden konnte.

Manche Denkmäler und Kunstwerke des Museums wurden genauer erforscht. So erfuhren u. a. die gesamten Portraitköpfe des Museums, Wandmalereifragmente, einige Schmuckstücke und ein Elfenbeintäfelchen mit dionysischen Szenen eine neue Bewertung und Datierung.

Seit siebenundvierzig Jahren werden Ausgrabungen unter dem Kölner Dom durchgeführt. Bis heute bringen sie nicht nur immer wieder überraschende neue Einsichten in die Baugeschichte der Kathedrale und ihrer Vorgängerbauten, sondern auch zunehmend Informationen zur Geschichte dieses Platzes in römischer Zeit. Außerdem war zu berichten von den wissenschaftlichen Untersuchungen des bisher wenig beachteten Dreikönigenstoffes in der Domschatzkammer, denn sie brachten erstaunliche Erkenntnisse zu den Reliquien der Heiligen Drei Könige.

So mußten im ganzen mehr als 80 Seiten neu geschrieben oder nach dem neusten Forschungsstand verändert, Zeichnungen und Fotografien eingefügt und die Literaturliste sowie das Stichwortverzeichnis überarbeitet werden.

Herzlich danken möchte ich an dieser Stelle dem Wissenschaftlern des Amtes für Archäologische Bodendenkmalpflege, des Museumsdienstes, des Römisch-Germanischen Museums und der Domgrabung für Unterstützung und bereitwillig gegebene Auskünfte zu ihren neuen Forschungen.

Köln, im April 1993   Gerta Wolff

Inhalt

C Erforschte, aber meist nicht mehr sichtbare römische Baureste   245

*Hier wird kurz über weitere wichtige archäologische Untersuchungen
in Köln berichtet. Nur in der Krypta von St. Pantaleon und in der allgemein nicht zugänglichen Ruine von St. Kolumba sind wenige römische Baureste erhalten. An allen anderen Orten sind keine antiken
Mauern mehr zu sehen.*

D Nicht geklärte Fragen der Kölner Archäologie   255

*Schriftliche Quellen und zahlreiche Grabungsbefunde reichen bis
heute nicht zu einer allgemein anerkannten Deutung einiger wichtiger
Kapitel der römischen Stadtgeschichte.*

E Quellen und Hintergrundinformationen   258

Hinweise zum Rundgang durch das Römisch-Germanische Museum (RGM):

Der Weg	*führt von der Eingangshalle zunächst zum Grabmal des Poblicius, anschließend in die erste Etage und zum Schluß in das Untergeschoß. Nach den Erläuterungen zum Dionysosmosaik folgt eine Beschreibung der Freizone des Museums.*
Zehn Pläne	*ermöglichen einen Überblick über die einzelnen Bereiche des Museums.*
Abb. 3, S. 12	*zeigt die Lage des Ausstellungsbaus zwischen Domchor, Verwaltungsgebäude und Diözesanmuseum.*
Abb. 8, S. 19	*faßt die sechs Einzelpläne des Museums-Hauptgeschosses zusammen.*
Steinpodeste (Inseln), Steindenkmäler und Vitrinen	*sind auf den Plänen und im Text des Buches mit Nummern gekennzeichnet, die in der Ausstellung zwar nicht zu lesen sind, die aber im Museum intern gebraucht werden. Sie sind übernommen aus: „Hugo Borger, Das Römisch-Germanische Museum Köln, Köln 1977" (Vitrinen) und „RGM (Hrsg.), Kölner Römerillustrierte I, Köln 1974" (Inseln und Steindenkmäler), beide inzwischen vergriffen. Auch wenn viele der Texte, vor allem die der „Römerillustrierten", fast 20 Jahre nach ihrem Erscheinen, berichtigt werden müßten, erscheint es sinnvoll, die Hinweise auf die jeweils über 300 guten Abbildungen in beiden Publikationen auch in der 4. Auflage dieses Buches beizubehalten. Nach wie vor bilden außerdem die in der Illustrierten abgedruckten und übersetzten Inschriften von mehr als 170 Steindenkmälern des Museums eine wertvolle Ergänzung bei der Benutzung des Führers. So bedeutet z. B.:*
(Bo. 70) –	*Borger, Das Römisch-Germanische Museum, Abb. 70*
(Rö. 17) –	*Römerillustrierte I, Abb. 17*
Steininschriften	*sind nur in Ausnahmefällen abgebildet und im ganzen übersetzt oder eingehend erläutert. Häufig werden aber einzelne Abschnitte von Inschriften aufgeführt, ohne den Gesamtzusammenhang wiederzugeben. Dabei soll sowohl auf Lebensumstände und Berufe der Menschen im römischen Köln, als auch auf häufig wiederkehrende feststehende Wendungen in den Texten hingewiesen werden.*
Die Übersetzung	*jeder Inschrift findet man auf der zugehörigen Erläuterungstafel vor dem Denkmal.*
→ Tafel	*weist auf einige der im Museum gegebenen Erklärungen besonders hin.*
Das Stichwortverzeichnis	*auf S. 279 enthält u. a. die Bezeichnungen von Inseln und Vitrinen und die Anfangsworte aller im Buch erwähnten Steininschriften.*

Das Römisch-Germanische Museum

Roncalliplatz 4, Tel. 2 21 45 90
Öffnungszeiten: dienstags–sonntags 10–17 Uhr, jeden 1. Donnerstag im Monat
10–20 Uhr, montags geschlossen.

Das Museum zeigt Werke aus vorgeschichtlicher, römischer und fränkischer Zeit: vorwiegend in Köln gefundene Steindenkmäler, Mosaikböden, Wandmalereien, Gebrauchsgegenstände und Werke der Kleinkunst. Europäischen Rang haben die Abteilung Römische Gläser und die Schmucksammlung. Die beiden Hauptwerke, das Dionysosmosaik und das Grabmal des Poblicius, sind durch eine große Scheibe schon vom Dom-Südplatz aus zu betrachten.

Kurz gefaßte Museumsgeschichte

Private Sammlungen und gelehrte Schriften über die römische Stadt
1500–1818

Die Geschichte des Museums ist nicht zu trennen von der Geschichte der Erforschung des römischen und fränkischen Köln. Seit im 16. Jh. das Interesse einiger Kölner an der Antike erwachte, hat man zufällige Bodenfunde oder durch gezielte Suchaktionen auf den schon damals erkannten römischen Friedhöfen entdeckte Grabbeigaben gesammelt. Daneben begannen Männer wie der Ratsherr Johannes Helman, der Professor der Rechte Stephan Broelman und der Kartograph Arnold Mercator die Gestalt der römischen Stadt zu erforschen und in Abhandlungen und Zeichnungen darzustellen.

Die Sammlung Wallrafs und römische Funde bei Baumaßnahmen in der Stadt
1818–1895

Ferdinand Franz Wallraf, Professor und letzter frei gewählter Rektor (1793–1798) der alten Kölner Universität, hatte eine umfangreiche Sammlung aus mittelalterlichen Gemälden, römischen Altertümern, Mineralien, Kupferstichen, wertvollen Büchern, Raritäten und kölnischen Erinnerungsstücken zusammengetragen, die er 1818 seiner Vaterstadt vermachte. Erst über 30 Jahre nach seinem Tode war es der Stadt durch die großzügige Stiftung des Kaufmanns Johann Heinrich Richartz möglich, dem Wunsche Wallrafs zu entsprechen und ein Museum für die alten Gemälde und die römischen Denkmäler zu bauen. Im 1861 eröffneten Wallraf-Richartz-Museum war die Römische Abteilung im Keller und im Erdgeschoß untergebracht.
Das schnelle Anwachsen der Sammlung in den folgenden Jahren hing eng mit den umfangreichen Bauunternehmungen in Köln während der 2. Hälfte des 19. Jh. zusammen. Große Teile der Innenstadt wurden mit Kanalisation versehen. 1880 brach man die mittelalterliche Stadtmauer bis auf wenige Reste ab und gründete jenseits der neu angelegten Ringstraßen ab 1882 die Kölner Neustadt. Hinzu kamen zahlreiche Bauvorhaben in den seit 1888 eingemeindeten Orten rund um Köln, unter denen z. T. ausgedehnte Gräberfelder lagen. Man fand nicht nur Mauerwerk römischer Gebäude, sondern im Bereich der Friedhöfe Steindenkmäler und eine große Zahl von Grabbeigaben, u. a. kostbare Gläser, Keramikgefäße und Schmuckstücke.
Obwohl der 1844 zum Konservator der Wallrafschen Sammlung ernannte Maler Johann Anton Ramboux sich um Ankäufe und Schenkungen aus Kölner Grabungen bemühte, ging dennoch ein Teil der Fundstücke an das Bonner Landesmuseum, ein anderer an private Sammler.

Erste exakte archäologische Forschungen und Erweiterung der Sammlung
1895–1946

Zunehmend interessierte man sich neben dem Sammeln von Einzelstücken auch für die Erforschung der antiken Stadtgestalt. Die Bauinspektoren Rudolf Schultze (*Rö. 11*) und Carl Steuernagel trugen ihre Beobachtungen an den Baustellen der Stadt 1895 in einem detaillierten und umfangreichen Bericht unter dem Titel „Colonia Agrippinensis" zusammen. Joseph Klinkenberg (*Rö. 13*) vereinigte 1906 zum ersten Mal alles Wissen über das römische Köln in 1. Band der Kunstdenkmäler der Stadt Köln.
Seit 1914 hatte die Römische Abteilung des Wallraf-Richartz-Museums in Josef Poppelreuter einen eigenen Direktor. Sein Nachfolger von 1923 bis 1959 Fritz Fremersdorf (*Rö. 15*), den die preußische Regierung zum staatlichen Vertrauensmann für kulturgeschichtliche Bodenaltertümer ernannte. Das preußische Ausgrabungsgesetz von 1914 gab ihm die Möglichkeit systematischer Forschung, aber auch die Verpflichtung zur Überwachung der Kölner Baustellen.

Eine Reihe wichtiger archäologischer Entdeckungen fallen in seine Zeit. Von 1929 bis in die Mitte der dreißiger Jahre konnte man unter der Leitung des ehemaligen Museums für Vor- und Frühgeschichte zum ersten Mal in Köln auf einer Fläche von 40 000 m² die Spuren eines linienbandkeramischen Dorfes (um 3500 v. Chr.) erforschen. Von 1925 bis 1959 unternahm Fremersdorf Ausgrabungen unter Kirche und Kreuzgang von St. Severin. Die 1926 entdeckten römischen Gutshöfe in Köln-Braunsfeld und Köln-Müngersdorf sowie die fränkischen Gräberfelder in Köln-Müngersdorf und Köln-Junkersdorf, auf die man 1927 und 1938 stieß, wurden sorgfältig untersucht. Die Auffindung von Resten der römischen Wasserleitung im Kölner Grüngürtel gab 1927 den Anstoß zu einer neuen, gründlichen Erforschung der Wasserversorgung Kölns in den ersten Jahrhunderten nach Christus. Das größte Aufsehen, weit über Köln hinaus, erregte 1941 die Aufdeckung des Dionysos-mosaiks.
Drei große deutsche Privatsammlungen konnte die Stadt in dieser Zeit erwerben: 1934 die Sammlung Nießen (*Rö. 9* – Steindenkmäler, Glas und Schmuck, vorwiegend aus Köln), 1935 die Sammlung von Diergardt (*Rö. 10* – Schmuck von der Antike bis zur Völkerwanderungszeit, meist aus Südrußland) und 1939 die Sammlung Wollmann (Oellampen).
1945 wurde die Verwaltung der aus den Kriegszerstörungen geretteten Bestände des Museums für Vor- und Frühgeschichte von der Römischen Abteilung des Wallraf-Richartz-Museums mit übernommen. (Die 1903 gegründete private Sammlung war 1906 in den Besitz der Stadt übergegangen, die 1907 ein vorgeschichtliches Museum im Bayenturm eröffnet hatte. Im 2. Weltkrieg wurde nur ein Teil der Ausstellungsstücke ausgelagert, der Rest ging bei der Zerstörung des Bayenturms zugrunde.)

Die Gründung des Museums und neue Erkenntnisse zur römischen Stadtgestalt 1946–1972

Am 20. Oktober 1946 wurde das Römisch-Germanische Museum als neues Städtisches Museum gegründet. Es umfaßt die Bestände der Römischen Abteilung des Wallraf-Richartz-Museums und die des Museums für Vor- und Frühgeschichte. Der erste Direktor wurde Fritz Fremersdorf. Gleichzeitig machte man das Dionysosmosaik in einem provisorischen Ausstellungsraum öffentlich zugänglich (*Rö. 20*); an einen Museumsbau war vorläufig nicht zu denken. Erst nachdem 1956 das Stadtmuseum in das alte Zeughaus eingezogen war, konnte man ab 1958 in dem dazugehörigen Gebäude der Alten Wache wenigstens einige Kostbarkeiten aus den Beständen ausstellen. Von 1959 bis 1971 übernahm Otto Doppelfeld, seit 1939 schon Mitarbeiter Fremersdorfs, die Leitung des Museums und damit ebenfalls die Verantwortung für die archäologischen Untersuchungen in der Stadt.
Schon im Mai 1946 hatte Doppelfeld im Auftrag des Domkapitels mit Ausgrabungen unter dem Kölner Dom begonnen, in deren Verlauf nicht nur die karolingische Bischofskirche, sondern auch der bis in spätrömische Zeit zurückreichende Vorgängerbau und ein römischer Tempel aus dem 1. Jh. n. Chr. gefunden wurden. Großes Aufsehen erregte 1959 die Entdeckung zweier ungestörter, reich mit Beigaben ausgestatteter Frankengräber unter dem Chor des Domes.
1953 erkannte Doppelfeld in den mächtigen Mauern, die nach der Zerstörung des westlichen Rathausbaus offenlagen, das römische Praetorium. Nach sorgfältiger archäologischer Untersuchung entschloß man sich, einen Teil der Mauern unter dem neuen Rathaus zu erhalten. In der Zeit des Wiederaufbaus wurden viele kleinere Ausgrabungen in der Stadt möglich, die das Bild der römischen Stadt weiter ergänzten.
Die Stadtmauer war durch die Zerstörung der Häuser, unter denen sie vorher verborgen war, an mehreren Stellen in der Stadt sichtbar geworden. Doppelfeld, der 1950 ihren Verlauf mit allen damals bekannten Angaben beschrieb, setzte sich in den folgenden Jahren immer wieder nachdrücklich dafür ein, die neu gefundenen Mauerteile sichtbar zu erhalten. Zwei unerwartete Entdeckungen ergänzten das Bild von der Stadtbefestigung: 1960 fand man das „Neunte Tor" zu den bisher acht bekannten Stadttoren. 1965 wurde an der Südost-Ecke der Mauer ein mächtiger Turm ausgegraben, der offensichtlich schon vor der daran angesetzten Stadtmauer dort gestanden hatte und deshalb den Namen „Ubiermonument" erhielt.
1967 wurde die neu erbaute Kunsthalle mit der Ausstellung „Römer am Rhein" eröffnet. Für zweieinhalb Monate konnte man die besten Werke aus Kölns römischer und fränkischer Zeit im Zusammenhang mit kostbaren Funden aus dem ganzen Rheinlandes betrachten. Besonderes Aufsehen erregte der 1964 erworbene kleine gläserne Augustuskopf und das 1960 an der Stolberger Straße gefundene Diatretglas. Die ersten großen reliefverzierten Steine des Publiciusgrabmals waren wenige Monate vor Ausstellungsbeginn ausgegraben worden. Das Mittelstück der Pansgestalt mit der Hirtenflöte (heute am Grabmal links oben) konnte zusammen mit einigen offensichtlich zum selben Bau gehörenden Quadern ausgestellt werden.
Ebenfalls 1967 begann man nach dem Entwurf von Heinz Röcke und Klaus Renner, Braunschweig, an der Südseite des Domchores mit dem Bau des Museums. Bevor an der West- und Südseite des Domes eine Tiefgarage angelegt wurde, konnte man 1969/70 eine Fläche von etwa 12 000 qm, die zwar in römischer Zeit dicht besiedelt, vom frühen Mittelalter an aber zum größten Teil unbebaut war, archäologisch untersuchen. Es gelang

hier zum ersten Mal, im inneren Stadtgebiet vorgeschichtliche Wohnplätze sowohl des 3. Jahrtausends wie auch aus der Zeit um 500 v. Chr. nachzuweisen. Aus den zahlreichen, verwirrend ineinandergeschachtelten Mauern, Pfeilern, Fußböden und Wandmalereiresten des 1.–4. Jh. n. Chr. ließen sich vornehme Wohnhäuser und die Straßenachsen dieses Stadtviertels rekonstruieren. Neben dem sog. Mercurius-Augustus-Tempel, den man 1960 unter dem Dom gefunden hatte, gab es inmitten der Häuser wahrscheinlich mehrere kleine Kultstätten, darunter das an der Dom-Südseite ausgegrabene Mithräum. Im Winter 1969/70 wurden in der Ausstellung „Rom am Dom", im Obergeschoß der Kunsthalle, zahlreiche Funde aus dieser Grabung vorgestellt.

Der Neubau des Museums und die Bodendenkmalpflege

1972 übernahm Hugo Borger die Leitung des Museums und damit vor allem die Aufgabe, ein Konzept für die Gestaltung des neuen Hauses zu entwickeln.
Am 4. März 1974, 28 Jahre nach Museumsgründung, konnte der Neubau eröffnet werden. Die gut durchdachte Anordnung der Steindenkmäler, die glanzvolle Darbietung von Gläsern und Schmuck, von Keramik und Bronzewerken haben das Römisch-Germanische Museum seither in der ganzen Welt berühmt gemacht.
Nach einigen kostbaren Einzelerwerbungen in den letzten Jahren kam 1979 die Sammlung Karl Löffler in Museumsbesitz. Neben verschiedenen Werken römischer Kleinkunst enthält sie mehr als 250 Gläser und fast 350 Keramikgefäße, darunter als seltene Kostbarkeiten über 100 in Nordafrika geschaffene, meist mit Reliefs verzierte Krüge, Becher und Schalen.
Neben der Pflege der Museumsschätze ist auch heute die Erforschung und Erhaltung der im Boden Kölns entdeckten Denkmäler eine der wichtigsten Aufgaben des Museums.
Bevor die Bauarbeiten zum neuen Wallraf-Richartz-Museum/Museum Ludwig begannen, wurde das Gebiet östlich des Kölner Domes in einer großflächigen Ausgrabung untersucht. Man entdeckte das Fundament eines spätrömischen Großbaus, in dem mehrere mit figürlichen Reliefs geschmückte Kalksteinquader ehemaliger Grabmäler verbaut waren. Der Fund von Schiffsplanken und Uferbefestigungen führte zu neuen Überlegungen über das Aussehen der Kölner Rheinfront in den ersten Jahrhunderten nach Christus. Ein in mehr als 40 m Länge das gesamte Baugrube des neuen Museums durchziehendes Stück der römischen Stadtmauer, über Fundament und Sockel etwa 1–1,5 m hoch erhalten, wurde leider restlos beseitigt.
Unter den seit 1981 an verschiedenen Stellen im Stadtgebiet durchgeführten Ausgrabungen erregte die Aufdeckung eines weiteren Teiles der römischen Stadtbefestigung besonderes Aufsehen. Bei den Ausschachtungsarbeiten für eine Tiefgarage an der Ecke Breite Straße/Gertrudenstraße wurde 1983 ein 15 m langes, noch 4 m hoch erhaltenes Stück der Römermauer freigelegt. Zunächst war man entschlossen, einen Teil zu bergen und auf dem neu gestalteten Platz über der Garage wieder aufzurichten. Als dann während der Bauarbeiten die Mauerreste auseinanderbrachen, gab man die Wiederherstellung aus Kostengründen auf und zerschlug das antike Mauerwerk.
Vehementer Protest der Archäologen brachte dagegen 1987 ein weiteres Tiefbauprojekt zu Fall. Der Neumarkt, in den ersten Jahrhunderten ein dicht bebautes Viertel im Westen der römischen Stadt, seit dem 11. Jh. aber schon ein großer Marktplatz, wurde nicht, wie geplant, in seiner ganzen Fläche ausgegraben und anschließend mit einer Tiefgarage versehen, sondern bleibt zunächst unerforscht.

Glanzvolle Sonderausstellungen

Die Hörsäle des Museums wurden in den letzten Jahren verstärkt für Ausstellungen genutzt, die einen Blick über die Grenzen der römischen Provinzstadt COLONIA in andere Teile der antiken Welt eröffneten.1984/85 waren zum Beispiel erlesene Kostbarkeiten aus dem „Schatz von St. Marco" in Venedig zu sehen, 1986 kamen unter dem Titel „Kaisersaal" ausgewählte stadtrömische Portraitköpfe der Kapitolinischen Museen aus Rom an den Rhein, und 1987 wurden etruskische Grabkammern mit ihren zart kolorierten Wandmalereien in der Ausstellung „Malerei der Etrusker in Zeichnungen des 19. Jahrhunderts" vorgestellt.
Ein besonderes Ereignis aber war die Ausstellung „Glas der Caesaren" im Sommer 1988. The British Museum London, das amerikanische Corning Museum of Glass und das RGM hatten ihre kostbarsten Gläser zu einer gemeinsamen Schau zusammengestellt, die von 1987 – 1989 in diesen drei Museen und in den Kapitolinischen Museen in Rom zu sehen war. Nach mehr als 100 Jahren kamen damals in Köln gefundene und nach London oder USA verkaufte Stücke für fünf Monate (vom 18. April bis zum 18. September) an ihren Ursprungsort zurück; zum ersten, vielleicht einzigen Mal standen die beiden weltberühmten Diatrete, das Kölner Diatretglas und der Trivulziobecher aus Mailand, nebeneinander.

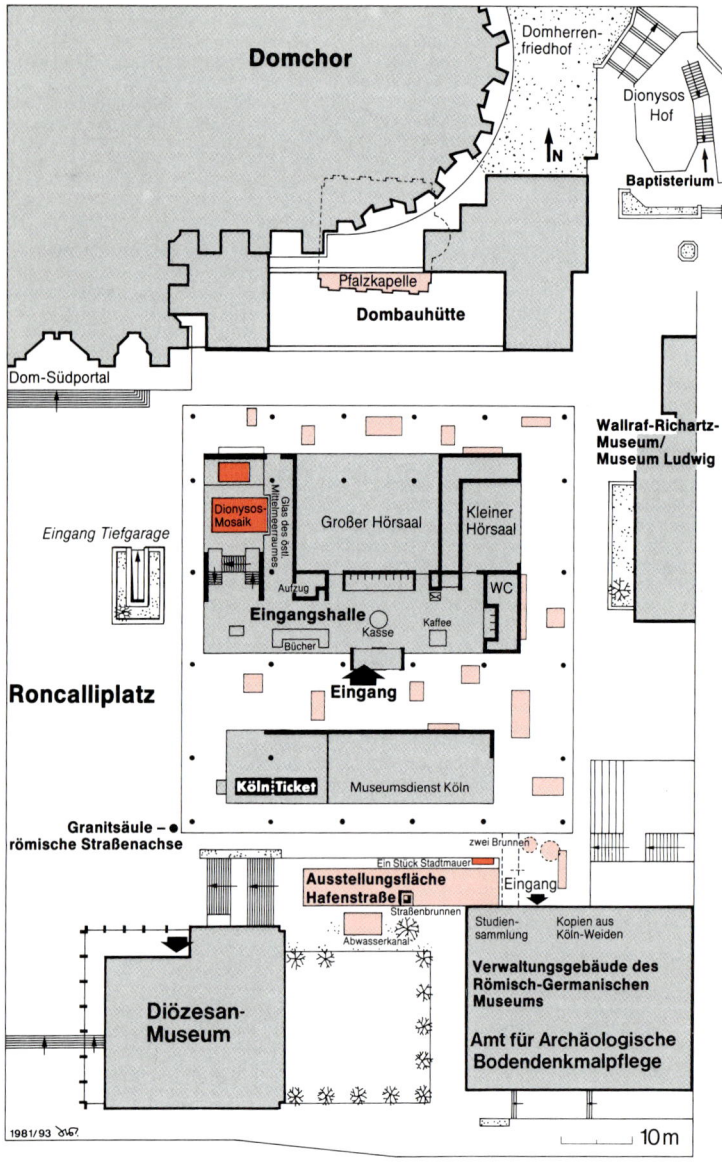

Abb. 3. *Das Römisch-Germanische Museum (RGM) in seiner Umgebung. Genau an der Stelle, an der in römischer Zeit das Haus mit dem Dionysosmosaik gestanden hatte, errichtete man von 1967–1974 den Neubau des Museums. Dabei wurde der 1941 in 6 m Tiefe entdeckte kostbare Mosaikboden an seinem ursprünglichen Ort erhalten. Durch die ganz in Glas aufgelöste Wand zum Roncalliplatz kann man schon von außen auf das Mosaik hinuntersehen (→ S. 111). Vom selben Standort aus hat man einen ersten Blick auf das monumentale Grabmal des Poblicius, das hier 1974 neu aufgebaut wurde.*

Eingangshalle (Abb. 3)

*Von hier aus sind der große und der kleine Hörsaal zugänglich. Man kann eine Tasse Kaffee trinken, Bücher, Postkarten, Dias und Nachbildungen von Museumsobjekten kaufen, es gibt einen öffentlichen Fernsprecher und einen Briefkasten. Ein kleiner Aufzug verbindet die drei Museumsgeschosse miteinander. Die Treppe führt hinunter zum **Dionysosmosaik** (→ S. 111) und zu den Abteilungen **Alltag der Römer** (→ S. 107) und **Totenkult** (→ S. 103), hinauf an der **Maske der Medusa** (→ S. 102) vorbei in das **Hauptgeschoß** des Museums (→ S. 19).*

Erdgeschoß

Ein Stück der röm. Wasserleitung

Im August 1989 wurde in Hürth-Hermühlheim bei Neuerschließung eines kleinen Wohngebietes am Bettina-von-Arnim-Weg ein 17 m langes, sehr gut erhaltenes Stück der Eifelwasserleitung freigelegt und nach genauer Untersuchung in mehrere Teile zersägt und gehoben (→ S. 235 ff, Abb. 121, bei 9). Der innen 73 x 107 cm messende Kanal ist aus 20-30 cm dickem, mit Kieseln durchsetztem Gußbeton hergestellt und innen mit einem glatten, wasserdichten Verputz versehen. Das Gewölbe ist aus Grauwackesteinen gemauert.

In 3 Vitrinen rechts befindet sich
Glas des östl. Mittelmeerraumes

Vitrine 1

1, 2 Der älteste Fund sind zwei **Glasketten aus Mykene** (Griechenland), die man dort in Gräbern des 13. Jh. v. Chr. entdeckte. Die einzelnen Kettenglieder sind ursprünglich tiefblauer Glaspaste, die heiß in flache Steinformen gepreßt und an einer oder an beiden Seiten durchbohrt wurde. Durch Verwitterung der Oberfläche bildete sich im Laufe der Jahrhunderte ein weißer Belag.
3–14 Sandkerngefäße waren schon seit 1500–1000 v. Chr. in Ägypten bekannt, vom 7. bis 1. Jh. v. Chr. wurden sie auch an der östlichen Mittelmeerküste hergestellt und durch Handel weit verbreitet. Man formte die heiße Glasmasse über einem Sandkern, spulte farbige Fäden darüber, die sich dann zu Federn oder Girlanden „kämmen'' ließen. „Einmärbeln'' des Musters und Glätten des Glases erreichte man durch das Rollen auf einer Unterlage. Zum Schluß mußte der Kern aus dem Gefäßinneren herausgekratzt werden.

Vitrine 2

Hier zeigt sich die Vielfalt der u. a. in Südrußland, Syrien, Palästina und auf Zypern gefundenen Glasgefäße des 1.–3. Jh. n. Chr.: Schmale Phiolen für Salben (z. B. **40**), Kannen verschiedener Größe, Becher und Schalen, die Metallgefäße nachahmen (z. B. **6, 21**), ein Rührstab mit Henkel (**38**).

Vitrine 3

4–6, 13 Doppelsalbfläschchen, z. T. kunstvolle mit farbigem Glas umsponnen und mit Henkel versehen, wurden in die Kölner Glasproduktion offensichtlich ebensowenig aufgenommen wie Gefäße mit einem Kragen aus freistehend zickzack geführten Glasbändern am Gefäßhals (**7, 20, 21**).

Vom Platz vor den Glasvitrinen hat man einen guten Blick auf

Das Grabmal des Poblicius

Auffindung und Rekonstruktion

1880 wurde die mittelalterliche Stadtmauer geschleift und das aus Verteidigungsgründen bis dahin freie Gelände vor der Stadt planmäßig bebaut. Es entstand die Kölner Neustadt. Vor dem Severinstor, auf dem heutigen Grundstück Chlodwigplatz 24 (→ Abb. 128, 14), entdeckte man 1884 eine größere Anzahl Quader und Skulpturenreste. Man vermutete schon damals, daß sie von einem oder mehreren römischen Grabmonumenten stammen könnten. Bei Fundamentarbeiten im rückwärtigen Teil des heute dort stehenden Hauses stießen die beiden Söhne des Hauseigentümers Gens wiederum auf mächtige Quader mit Reliefschmuck und Teile großer Figuren. Bis 1967 gruben sie zusammen mit fünf Freunden über 50 Steine aus und fügten sie in den ausgebauten Kellerräumen nach ihren Vorstellungen zusammen. Ihr unterirdisches Privatmuseum erregte großes Aufsehen in der Öffentlichkeit. 1970 kaufte die Stadt nach langen Verhandlungen alle gefundenen Steine für 510 000 DM. Gundolf Precht gelang es, die Fundstücke von 1884 und 1967 zu ordnen und über einer Grundfläche von 4,60 m x 3,30 m zu einem 14,60 m hohen Grabturm zu ergänzen. Exakte Messungen und genaue Beobachtung zunächst unwichtig erscheinender Merkmale der einzelnen Steine, die Auswertung von Fotos im Krieg verloren gegangener weiterer Bauteile und das Studium vergleichbarer, noch aufrecht stehender römischer Grabmonumente in Frankreich und Italien ermöglichten ihm die überzeugende Rekonstruktion.

Die Frage, wie die Toten in diesem Grabbau bestattet waren, ließ sich anhand der untersuchten Steine nicht beantworten. Denkbar wäre, daß die Urne mit der Asche des Poblicius im Sockel eingemauert war oder daß sich im Unterbau eine von der Rückseite zu betretende kleine Kammer befand, in der mehrere Urnen standen.

Obwohl das Museum schon im Bau war, als die Rekonstruktionspläne des Grabmals fertig wurden, beschloß der Stadtrat, die Architekten zu einer Planänderung aufzufordern, um so den Grabturm in seiner vollen Höhe im Museum neu errichten zu können. Die Halle über dem Dionysosmosaik wurde daraufhin etwa 3 m über das einheitliche Flachdach hinaus erhöht und erhielt nach Westen und Osten eine obere Fensterreihe (*Bo. 13; Rö. 108*).

Aufbau und Reliefschmuck

Das Grabmal ist aus lothringischem Kalkstein gebaut und ehemals mit feiner weißer Tünche überzogen und farbig bemalt gewesen. An mehreren Quadern hat man grünblaue und okkergelbe Farbreste gefunden.

Der Aufbau gliedert sich in drei Teile. Über einem geschlossenen Sockel mit Inschrift und Girlanden an der Frontseite und Reliefdarstellungen an den Schmalseiten erhebt sich über einem Akanthusrankenfries und ausladendem Gesims eine Art Tempelvorhalle mit vier Säulen, eine sog. Aedicula. Die beiden inneren Säulen sind leicht auseinandergestellt, so daß eine betonte Mitte zwischen schmaleren Seitenöffnungen entsteht. Die Tempelfront wird wiederum durch einen Fries, diesmal mit Waffendarstellungen und einem Gesims, abgeschlossen. Das geschwungene Dach, noch einmal so hoch wie das Tempelgeschloß, vollendet den Aufbau. Tritonen sitzen am

Abb. 4. Pobliciusgrabmal, linke Seite.

Dachfuß, ein mächtiges korinthisches Kapitell auf der Spitze trägt eine Figurengruppe.

Die Reliefs der Grabmalseiten zeigen Szenen aus dem Kult des Dionysos, der seinen Anhängern ewiges Leben in Glückseligkeit verhieß.

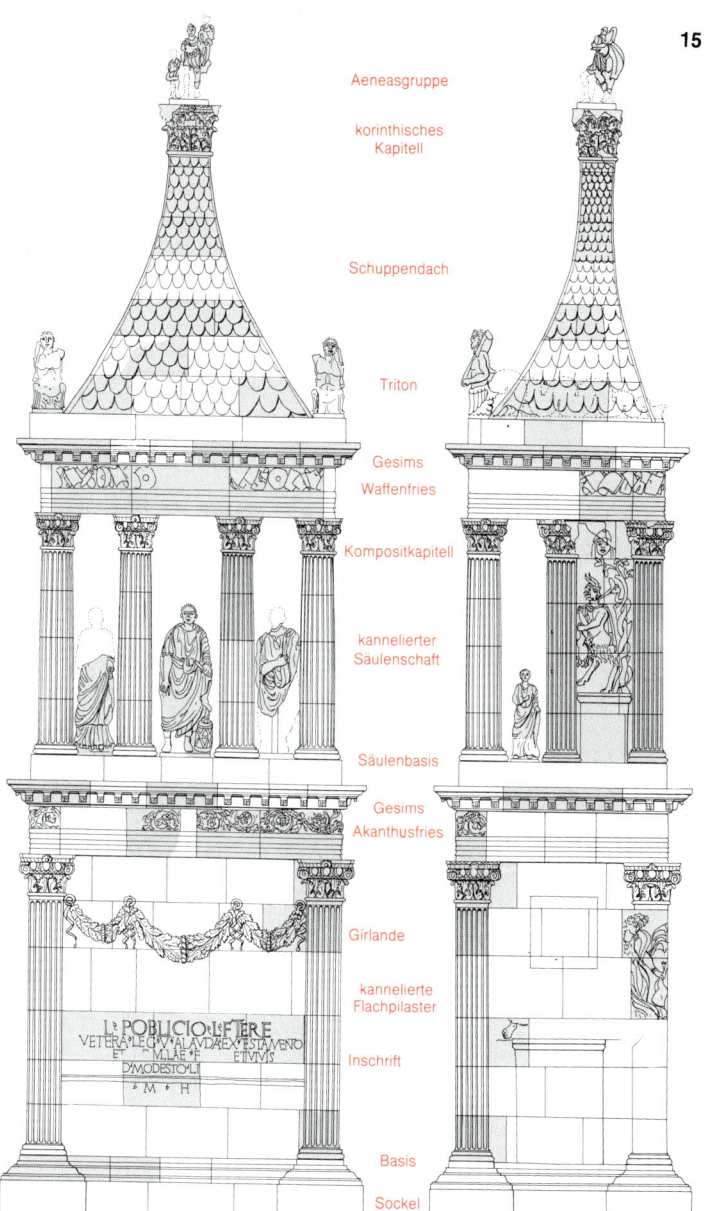

Aeneasgruppe

korinthisches
Kapitell

Schuppendach

Triton

Gesims
Waffenfries

Kompositkapitell

kannelierter
Säulenschaft

Säulenbasis

Gesims
Akanthusfries

Girlande

kannelierte
Flachpilaster

Inschrift

Basis

Sockel

Front und rechte Seite. Alle Originalsteine sind grau gekennzeichnet.

Untergeschoß, rechts vom Betrachter:
Eine Mänade (griech.: die Rasende) aus
dem Gefolge des Gottes, verfällt wild
tanzend in einen Rausch, der ihr die
Kraft gibt, ein Reh mittendurch zu teilen.
Ein Fußfragment läßt auf eine weitere
Tanzfigur schließen (*Rö. 111, 112*).

Auf der gegenüberliegenden Seite des
Sockels (*nur von außen durch die
Scheibe zu sehen*) könnte Dionysos
selbst in Begleitung von Satyrn und
einem Panther dargestellt gewesen
sein. Nur tanzende Füße und eine
Tierpfote sind erhalten.

Statuen und Inschrift

(Den besten Blick auf die Frontseite des Grabmals hat man von einem der Treppenabsätze aus.)
Drei lebensgroße Statuen stehen zwischen den Säulen. Bei der Rekonstruktion gab man der einzigen ganz erhaltenen Figur den Platz in der Mitte. Sie stellt einen Mann dar, der in die Toga, das Gewand des vornehmen Bürgers, gekleidet ist. Er trägt eine Schriftrolle in der Hand, ein Behälter für Rollen steht zu seinen Füßen (*Rö. 107*). Links sieht man das Fragment einer Frauengestalt, rechts das erhaltene Mittelstück einer männlichen Statue. Ein kleineres Frauenbildnis befindet sich in der Seitenöffnung nach rechts (*vom Hauptgeschoß aus zu sehen*). Die Inschrift (Abb. 5) ist zwar zu entschlüsseln, gibt aber im Zusammenhang mit den dargestellten Verstorbenen noch Rätsel auf.

Da Poblicius dem Bürgerbezirk (tribus) Teretina angehörte, ist sein Geburtsort zwischen Rom und Neapel zu vermuten. Bis zu seiner Pensionierung war er Mitglied der von 9 v. Chr. bis 69 n. Chr. in Vetera bei Xanten stationierten 5. Legion (→ S. 37 Legionen), die wegen der prächtigen, an den Kopfschmuck der Haubenlerchen erinnernden Helmbüsche der Soldaten den Namen Lerchenlegion trug.

Poblicius bestimmte den Grabbau für sich selbst, seine Tochter Paulla und die noch lebenden Angehörigen. Die in dieser oder ähnlicher Form häufig auf Grabmälern zu lesende letzte Zeile besagt, daß zwar weitere Familienmitglieder bestattet werden durften, daß aber darüber hinaus dem Erben erlaubt war, frei über den Grabbau zu verfügen. Beschädigungen oder Abbruch waren verboten und mit strengen Strafen bedroht.

L(ucio)   POBLICIO   L(ucii) F(ilio)   TERE (tina tribu)
dem Lucius Poblicius, des Lucius Sohn, Bürgerbezirk Teretina

VETERA(no)   LEG(ionis) V   ALAVDA(e)   EX   TESTAMENTO
Veteran   der 5. Legion, Lerchenlegion, nach dem   Testament

ET   PAVLLAE   F(iliae) ET   VIVIS
und für Paulla, seine Tochter, und die Lebenden

[.......]O   MODESTO   L(ucio) P[.........]
dem . . . us Modestus, dem Lucius P. . . . .

[H(oc)] M(onumentum) H(eredem) . [N(on)   S(equetur)]
Dieses Denkmal wird dem Erben nicht zuteil werden

Abb. 5. Die Inschrift des Pobliciusgrabmals.

*Es war bei römischen Inschriften üblich, viele Worte abzukürzen. Die weggelassenen Buchstaben sind zum besseren Verständnis **in runden Klammern** ergänzt. **In eckige Klammern** gesetzt sind dagegen die mit großer Wahrscheinlichkeit ehemals eingemeißelten, heute aber verschwundenen Worte oder einzelnen Buchstaben.*
Zu den vier vorhandenen Sockelquadern mit Teilen der Inschrift haben mit Sicherheit mindestens zwei weitere gehört, auf denen Anfang und Ende der zwei letzten Zeilen vermerkt waren.

Es gibt unterschiedliche Versuche, die Inschrift zu ergänzen. Eine Deutung geht davon aus, daß die große weibliche Figur die Ehefrau des Poblicius, die kleine seine Tochter Paulla darstellt, wenn auch im Text nur der Name der Tochter zu lesen ist.

Es wurde deshalb vorgeschlagen, zwischen den beiden mit Schrift versehenen Quaderreihen eine dritte zu rekonstruieren. Dort wäre Platz für zwei bis drei weitere Zeilen, in denen der Name der Ehefrau, vielleicht auch der eines Sohnes verzeichnet gewesen sein könnten. In diesem Zusammenhang hat man die beiden fragmentarisch erhaltenen Namen der vorletzten Reihe als die von Freigelassenen (ehemaligen Sklaven) des Poblicius gedeutet.

Gundolf Precht, der für die Rekonstruktion verantwortlich ist, lehnt dagegen die Erhöhung des Sockels um eine Quaderreihe mit Entschiedenheit ab. Einmal hat er bei der genauen Untersuchung der Fundstücke keinen Anhaltspunkt für eine weitere Steinschicht finden können, zum anderen würde nach seiner Ansicht die größere Höhe des geschlossenen Sockels das ausgewogene Verhältnis von Unterbau, Tempelfassade und Dach empfindlich stören.

Ohne Erhöhung des Denkmalsockels wäre eine andere Ergänzung der Inschrift möglich. Sie setzt voraus, daß die Ehefrau des Poblicius schon früher verstorben und in einem anderen Grab beigesetzt worden war. Dargestellt wäre dann hier der Vater mit seiner erwachsenen Tochter Paulla und seinem Sohn Modestus. Die kleine Frauenstatue könnte das Bild einer Sklavin oder Freigelassenen sein. Die hierfür nötige Textergänzung ließe sich mühelos in der 2. Hälfte der 4. Inschriftzeile unterbringen.

Standort in römischer Zeit und Zerstörung

Das Grabmal des L. Poblicius und seiner Familie stand in der Mitte des 1. Jh. an der nach Süden in Richtung Rom führenden Straße, etwa 1,5 km vom Südtor (Tor 43) der Stadt entfernt, eingereiht in eine große Zahl weiterer prächtiger Grabbauten. Rechts und links des Weges erstreckten sich ausgedehnte Gräberfelder (Abb. 6).

In nachrömischer Zeit waren die Reste solcher Grabmäler willkommenes Baumaterial. So erhielten sich fast immer nur einzelne Steine, vermauert in späteren Bauwerken. Die heute wieder zusammengefügten Teile fand man ungewöhnlicherweise alle zusammen an einer Stelle. Die Fundlage der Quader und Skulpturen deutete darauf hin, daß der Grabturm eines Tages einstürzte. Da man seine Reste in einer offenbar von einem Fluß eingeschwemmten Lehmschicht gefunden hat, liegt es nahe, an eine Naturkatastrophe zu denken. Ein Hochwasser führender Bach aus dem Vorgebirge könnte das Grabmal unterspült und nach dem Einsturz einen großen Teil der Steine mit Erdmassen überdeckt haben. Damit wären sie dem Zugriff von Steinräubern entzogen gewesen und so bis in unsere Zeit erhalten geblieben.

Abb. 6. Gräberstraße vor dem Herkulaner Tor in Pompeji. Es ist mit einiger Sicherheit anzunehmen, daß zumindest die wichtigen Landstraßen von Köln nach Norden (Eigelstein/ Neusser Straße), nach Westen (Aachener Straße), nach Südwesten (Luxemburger Straße) und nach Süden (Severinstraße/Bonner Straße) in römischer Zeit ein ähnliches Bild boten wie die Straße von Pompeji nach Herkulaneum.

Mit einiger Sicherheit sind unter dem nördlichen Nachbargrundstück weitere Quader des Pobliciusgrabmals verborgen; hier wird man vielleicht auch eines Tages das bisher nicht gefundene Fundament entdecken.

Datierung

Der Stil von Figuren und Bauplastik, besonders aber die Form der Inschrift, führten zu der Vermutung, daß der Grabbau kurz vor Beginn der Regierungszeit des Kaisers Claudius (41 n. Chr.), also etwa 10 Jahre vor Gründung der COLONIA (→ S. 25 CCAA) errichtet wurde. Man schließt das vor allem aus der knappen Namensform: Dem Familiennamen (nomen gentile) Poblicius ist lediglich der Vorname (praenomen) Lucius vorangestellt. Ein dritter Name (cognomen), der seit der Regierung des Claudius bei Soldaten- und Veteranengrabmälern üblich ist, fehlt hier.

So nimmt man heute allgemein an, daß sich Poblicius nach seiner Entlassung aus dem Heer im Oppidum Ubiorum (→ S. 256) oder in der Umgebung niedergelassen hatte und **um das Jahr 40 n. Chr.** so reich geworden war, daß er sich einen so teuren Grabbau leisten konnte.

Bedeutung des Pobliciusgrabmals

Nicht nur bei Köln, sondern auch in der Nähe anderer Provinzstädte diesseits der Alpen entstanden im Laufe der ersten Jahrhunderte nach Christus zahlreiche große Grabbauten nach römischem Vorbild. Nur ein einziger blieb aber bis zum heutigen Tage an seiner ursprünglichen Stelle etwa 8 km

von Trier in der Gemeinde Igel erhalten (Abb. 7).

Das Pobliciusgrabmal ist, auch wenn es nicht mehr am ursprünglichen Platz steht, seiner Bedeutung nach durchaus neben den Grabbau in Igel zu stellen. Es ist 200 Jahre älter, die Rekonstruktion scheint gelungen und, da es vor den Einflüssen der Witterung geschützt ist, wird es noch lange anschaulich vom Grabkult vornehmer Römer berichten.

Abb. 7. Die Igeler Säule, Lithographie von J. A. Ramboux, 1860. Um 250 n. Chr. ließen zwei Brüder, wahrscheinlich Tuchhändler von Beruf, diesen 23 m hohen Grabbau für sich und ihre Familien errichten. Sie schmückten ihn an allen vier Seiten mit Darstellungen aus dem Geschäfts- und Familienleben, aber auch mit solchen aus dem Sagenkreis der Götter. Das Hauptbild an der Frontseite (eine Abschiedsszene) hielt man in frühchristlicher Zeit irrtümlich für eine Darstellung der Hochzeit des Kaisers Constantius I. Chlorus mit Helena. Da diese Kaiserin, die Mutter Konstantins, als Heilige verehrt wurde, blieb der Grabturm als ein ihr gewidmetes Denkmal erhalten. Im 16. Jh. wurde die Igeler Säule als römisches Grabmonument wiedererkannt und von da an als historische Rarität geschätzt und gepflegt.

Hauptgeschoß

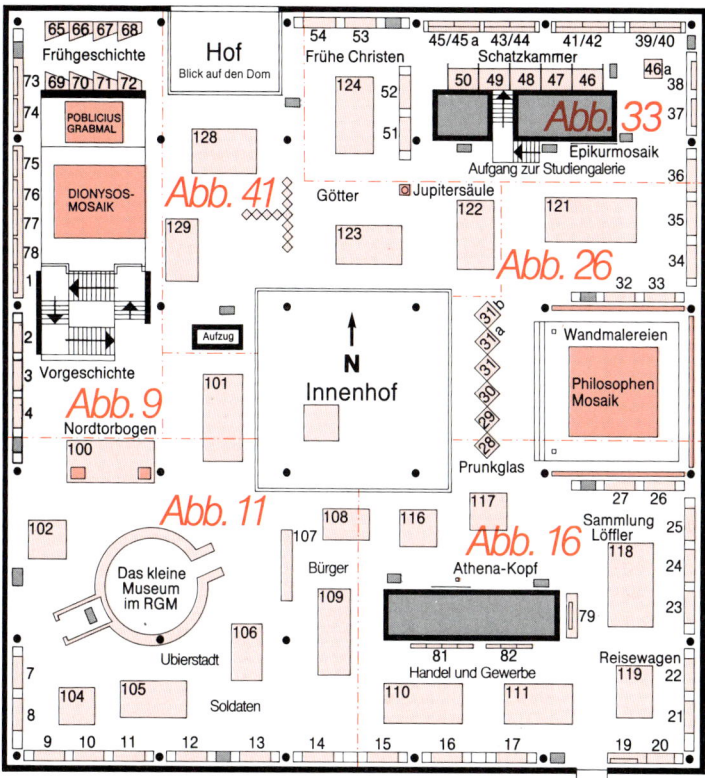

Abb. 8. Hauptgeschoß des RGM, Gesamtplan.

*In den Vitrinen westlich des Treppenhauses, im Raum hinter dem Grabmal und auf dem Steinpodest „Frühe Eisenzeit" (Insel 101) sind **Vor- und Frühgeschichtliche Funde** von 100 000 v. Chr. bis um Christi Geburt ausgestellt (→ S. 21). Mit dem Bogen des Römischen Nordtores beginnt der Weg durch die Abteilung **Ubier, Römer und Franken in Köln** (→ S. 25).*

*Um die oberen Teile des **Pobliciusgrabmals** zu betrachten, steigt man am besten die Treppe bis ins Hauptgeschoß hinauf. Dort wendet man sich nach links und geht an der Insel mit den Grablöwen vorbei (→ Abb. 9).*

Die obere rechte Seitenansicht

In römischer Zeit konnte der Betrachter des Grabmals, sechs Meter tiefer stehend, die Figuren nur ungenau erkennen. Sie standen leicht zurückgerückt hinter einem Gitter, das sich sowohl an der linken wie an der Frontseite zwischen den Säulen befand. Lediglich dort, wo seitlich zwischen Säule und Wand die kleine Figur der Paula steht, brachte man, wie Spuren im Mauerwerk zeigen, die Vergitterung außen an. So ist diese Plastik auch vollrund, während man die großen Statuen von der Rückseite unbearbeitet ließ.

Auf der geschlossenen rechten Seitenwand des tempelartigen Obergeschosses geht ein Pan, halb Mann, halb Tier mit Bocksbeinen und Hörnern, nur mit einem kurzen Schultermäntelchen bekleidet, auf die Frontseite des Grabmals zu, während er den Kopf zurückwendet. Mit seinem zwingenden Blick scheint er die im Baum züngelnde Schlange zu bannen. Wie die Mänade unter ihm trägt er ein erlegtes Tier, einen Hasen. Über ihm ist zwischen den Kompositkapitellen eine Theatermaske eingemeißelt (*Bo. 11; Rö. 109*).

Man geht um die Rückseite des Grabmals herum:

Die obere linke Seitenansicht

Auch hier ist das Reliefbild eines Pans zu sehen. In Körperbau und Haltung ist er dem auf der gegenüberliegenden Seite ähnlich. Auch er richtet den starren Blick auf eine um einen Baumstamm gewundene Schlange. In den Händen trägt er hier aber eine Hirtenflöte, die sog. Syrinx. Vielleicht ist diese Pangestalt als Musikant anzusehen, der dem unten an dieser Seite ehemals dargestellten Gott Dionysos und seinem Gefolge zum Tanz aufspielt. Über dem Kopf des Pan schwebt ein geflügelter Amor (*Bo. 12; Rö. 110*). Über Waffenfries und Gesims ist hier einer der beiden auf der Dachkante hockenden Tritone gut zu sehen. Die kräftige Männergestalt geht von der Hüfte an in einen Seeschlangenkörper über, der sich bis zur Rückseite des Grabmals fortsetzt. Über der Schulter trug der Triton ehemals ein Ruder als Zeichen seiner Dienste für den Verstorbenen; er geleitete ihn sicher über den Totenfluß.

Die bekrönende Figurengruppe stellt den **griechischen Helden Aeneas** dar, der mit seinem alten Vater auf der Schulter und seinem kleinen Sohn an der Hand aus dem brennenden Troja flieht.

Die Zuordnung der Aeneasgruppe ist umstritten. Einerseits ist sie nach den alten Fundberichten 1884 im Zusammenhang mit den übrigen zugeordneten Denkmalteilen gefunden worden, auf der anderen Seite aber kam man durch Vergleiche der Gruppe mit Skulpturen und Reliefs des 1. und 2. Jh. zu der Meinung, daß sie nicht vor der 2. Hälfte des 2. Jh. entstanden sein könne, als Bekrönung eines Grabmals aus dem 1. Jh. also nicht in Frage käme. Wie bei der endgültigen Auflösung der Inschrift kann auch hier nur der Fund anderer Denkmalreste weiterhelfen.

Die Reste einer zweiten Aeneasgruppe sind auf Insel 102, 6 (→ S. 27) ausgestellt. Hier findet man auf der zugehörigen Tafel Näheres zur Aeneassage.

Im ganzen Museum sind **24 Audiogeräte** *aufgestellt. Sie zeigen auf Knopfdruck 15 – 20 Minuten dauernde Dia-Vorträge, die nähere Erläuterungen über die einzelnen Sachgebiete geben. In den Museumsplänen sind ihre Standorte mit einem* **a** *gekennzeichnet.*

Vorgeschichte – Frühgeschichte – Geschichte

Vorgeschichte ist die Zeit, zu der es keinerlei schriftliche Nachrichten gibt. Aus den gefundenen Gegenständen und aus sorgfältiger Beobachtung der Fundplätze schließt man auf die Lebensgewohnheiten der Menschen. In der **Frühgeschichte** gibt es vereinzelt schriftliche Quellen, oft Berichte aus zweiter Hand. So kennen wir z. B. Aussehen und Lebensgewohnheiten der Germanen nur durch römische Geschichtsschreiber. **Geschichte** beginnt immer dann, wenn schriftliche Zeugnisse vorliegen. So ist z. B. für Ägypten die Vorgeschichte zu Ende, als um 3000 v. Chr. die Hieroglyphenschrift erfunden wurde, während im Rheinland Geschichte erst mit den Eroberungszügen der Römer im 1. Jh. v. Chr. anfängt.

Vor- und Frühgeschichte

In den ersten beiden Vitrinen (vom Torbogen aus gesehen) sind geschlossene Fundkomplexe ausgestellt, die am Ende dieses Kapitels beschrieben werden (→ S. 23). In Vitrine 2 beginnt eine Übersicht über Werkzeuge, Gefäße und Schmuck von der Altsteinzeit bis zu nichtrömischen Gegenständen aus den ersten nachchristlichen Jahrhunderten.

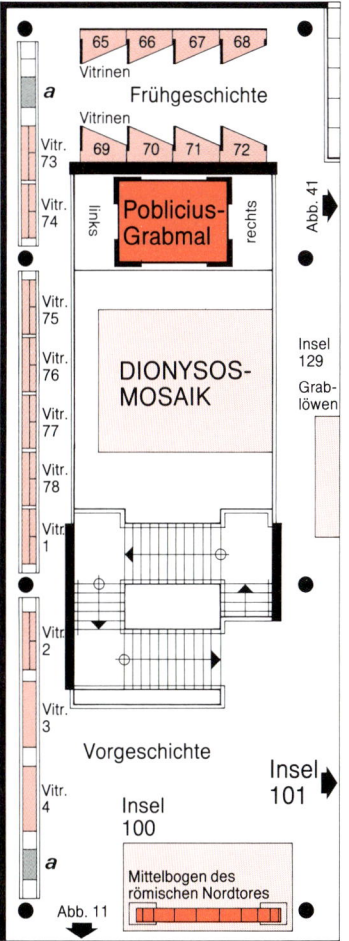

Abb. 9. Hauptgeschoß des RGM: Vor- und Frühgeschichte.

Werkzeuge aus Stein. 21 Der **hellbraune Quarzitstein** ist das älteste Fundstück aus dem Kölner Stadtgebiet. Er wurde auf dem Ostfriedhof in Köln-Dellbrück (rechtsrheinisch) entdeckt – *(Rö. 29)*. Um 100 000 v. Chr. spaltete man von einem solchen **Kernstein** Stücke ab und verarbeitete sie dann zu Werkzeugen weiter. (In dieser Zeit lebte der „Neandertaler", so genannt nach der 1856 im Neandertal bei Düsseldorf gefundenen Schädelkalotte.) Das am häufigsten gebrauchte Werkzeug der Altsteinzeit ist der aus passenden Geröllsteinen zurechtgeschlagene **Faustkeil.**

Vitrine 1
Die späte Alt- und Mittelsteinzeit
(40 000–4500 v. Chr.)

Das meiste Werkzeug dieser Zeit ist aus **Feuerstein** gemacht. Der spröde, dabei sehr harte Stein, aus dem sich Feuer schlagen läßt, war leicht zu spalten und ließ sich zu verschieden großen **Klingen, Kratzern** und **Sichelformen** zurichten. **8** Besonders kleine Messerchen und Spitzen, die in Speere und Harpunen aus Holz oder Tierknochen eingesetzt wurden, nennt man **Mikrolithen** (*Rö. 35*).

Vitrine 78
Geschliffene Felssteingeräte der jüngeren Steinzeit
(4500–2000 v. Chr.)

Um 3500 v. Chr. konnte man Stein durchbohren. Den Arbeitsvorgang muß man sich wahrscheinlich folgendermaßen vorstellen: Man wickelte zunächst die Sehne eines Bogens um einen Bohrer aus Holz oder Knochen. Bei gleichmäßigem Hin- und Herziehen des Bogens durch zwei Personen ließ sich der Bohrer mit einer gewissen Geschwindigkeit auf der Oberfläche des Steines drehen und unter Zugabe von Sand und Wasser langsam in den Stein hineintreiben. **Durchbohrte Beile** versah man mit einem Schaft aus Holz und benutzte sie als Waffe oder zur Holzverarbeitung (*Bo. 319*).

Vitrine 2
Die frühe und mittlere Altsteinzeit
(600 000–35 000 v. Chr.)

Seit mehr als 600 000 Jahren gibt es Menschen auf der Erde, die sich durch Jagen und Sammeln von Pflanzen und Früchten ernähren. Sie fertigten ihre

Vitrine 77
Die späte Jungsteinzeit
(2000 v. Chr.)

14, 16, 21 Diese **Feuersteinwerkzeuge** fand man 1969 während der Ausgrabungen südlich des Domes. Dort, wo in römischer Zeit eine Straße, im Mittelalter der Domhof gewesen war, wo also seit Beginn der antiken Besiedlung nie ein Haus gestanden hatte, zeichneten sich 5 Abfallgruben des 3. Jahrtausends und eine des 5. Jahrhunderts als Erdverfärbung ab. **22** Bei Aushubarbeiten am Fühlinger See kam unerwartet der gut erhaltene **Glockenbecher** zutage. Der Fund läßt auf ein jungsteinzeitliches Gräberfeld schließen, das bei Baggerarbeiten unbemerkt zerstört worden war *(Rö. 44)*.

Vitrine 76
Die Bronzezeit
(1800–800 v. Chr.)

Die Erfindung der Bronze (90% Kupfer, 10% Zinn) brachte die Möglichkeit, Geräte in Formen aus Stein oder gebranntem Ton zu gießen und anschließend in verschiedenen Techniken weiterzubearbeiten. Zu den **Tüllenbeilen** gehörte ein rechtwinklig gebogener Schaft aus Holz, den man in die Tülle oder Lasche einklemmte und zusätzlich an der Öse festband *(Rö. 53)*. Durch wiederholtes Erwärmen und Abschrecken ließ sich Bronze schmieden. So entstanden Nadeln (**29**), Angelhaken (**24**), Messer (**25**), Rasiermesser (**26**) und Schwerter (**27**).

Vitrine 75
Die frühe Eisenzeit
(ab 800 v. Chr.)

Das neu entdeckte Metall Eisen war härter und besser zu schmieden als Bronze, daher wurde es meist zu Waffen und Gebrauchsgegenständen verarbeitet. Schmuckstücke wie Haarnadeln, Arm- und Halsringe, stellte man weiterhin meist aus Bronze her. **6, 7, 15 Wendelringe (Torques),** aus einem kantigen Stab spiralig gedreht, könnten Schmuck keltischer Krieger und begehrte Beute der gegen sie kämpfenden römischen Soldaten gewesen sein. Es ist überliefert, daß im Heer Caesars, welches in der Mitte des 1. Jh. v. Chr. gegen die Gallier (Kelten) kämpfte, verkleinerte Torques in Gold oder Silber als Tapferkeitsauszeichnung verliehen wurden.

Kleine Keramikschalen auf hohem Fuß, die an **Eierbecher** erinnern, fand man am Niederrhein und in der Eifel als Grabbeigaben *(Bo. 323; Rö. 54)*. Die Asche der Toten wurde in großen Urnen gesammelt (→ Insel 101) und zusammen mit solchen und anderen kleinen Keramikgefäßen, manchmal auch mit Beigaben aus Metall, unter Hügeln bestattet. Im rechtsrheinischen Stadtgebiet gab es Grabhügelfelder in Rath, Dellbrück und Dünnwald.

Vitrine 74
Die späte Eisenzeit
(ab 400 v. Chr.)

10 und 11 Die kleine graue Schale mit einem Schmuckband aus schräg eingeritzten Strichen und der Krug mit gekerbtem Rand sind Funde aus der jüngeren Abfallgrube südlich des Domes (→ Vitr. 77 – Rö. 56, 57). **7** Unmittelbar neben dem Ubiermonument (→ S. 147) fand man 1966 im Schlamm des römischen Rheinufers diesen **bronzenen Henkelhalter,** eine im 1. Jh. v. Chr. entstandene keltische Arbeit. Der schmale Kopf mit drei Hörnern saß ehemals einem zweiten ähnlichen auf dem Rand eines Eimers gegenüber. In ein ovales Loch auf der Rückseite konnte man den Henkel einhängen. Das stilisierte Gesicht wurde nach dem Guß in einer Form sorgfältig nachgefeilt *(Bo. 321; Rö. 58)*. **13** Ostfrankreich und das Gebiet westlich des Rheins gehörten bis zur Eroberung durch Caesar in der Mitte des 1. Jh. v. Chr. zum keltischen Herrschaftsbereich. Die hier gefundenen keltischen Geldstücke sind häufig nach griechischen Vorbildern geprägt oder gegossen. Man erkennt u. a. Portraitköpfe und Pferdegespanne.

Eine besondere, von Vorbildern unabhängige Münzform sind dagegen die in der obersten Reihe ausgestellten sog. **Regenbogenschüsselchen** (Der Name kommt von der Vorstellung, daß dort, wo einmal ein Regenbogen auf der Erde aufgetroffen war, ein solches Schüsselchen zurückblieb). Man hat solche Münzen in Gold, häufiger aber in Silber oder Billon, einer Bronze-Silberlegierung, hergestellt. Meist zeigen sie auf der gewölbten Seite einen ,,Dreiwirbel'', auf der eingetieften einen Wendelring mit sechs Kreisen in der Mitte *(Rö. 59–61)*.

Vitrine 73
Bronze- u. Eisenzeit – südl. d. Alpen

Neben Gürtelbeschlägen und Schlie-ßen sind hier eine Reihe von **Fibeln nichtrömischer Völker** zusammen-gestellt. Eigentlich Sicherheitsnadeln zum Zusammenstecken der Kleidung, sind diese Fibeln zugleich Schmuck-stücke in phantasievollen Formen. Die Archäologen kennzeichneten sie nach ihrem Aussehen als Blutegel-, Kahn-, Bogen-, Brillen- oder Schlangenfibeln.

Im Raum hinter dem Pobliciusgrabmal sind in den vier nördlichen Vitrinen vor der schwarzen Wand (65–68) und in den beiden östlichen an der Wand ge-genüber (71, 72) Keramikgefäße von der späten Bronzezeit bis zur Eisenzeit, etwa aus dem Zeitraum vom 8.–1. Jh. v. Chr. ausgestellt.

Vitrine 69 und 70
Germanische Funde der Zeit nach Christi Geburt

Zahlreiche germanische Siedlungen konnte man in der Nähe des rechten Rheinufers nachweisen. Durch die Er-forschung von Gräberfeldern in Lever-kusen-Rheindorf und Troisdorf kennt man die Bestattungssitten der Germa-nen dieser Zeit. Die Toten wurden zu-sammen mit den häufig aus Metall ge-fertigten Beigaben auf einem Scheiter-haufen verbrannt und die Asche in ein-fachen Gruben beigesetzt. Daneben gab es andere Gräber, bei denen die Knochenasche in einer Urne, die übri-gen Brandreste rundherum und dar-über aufgehäuft waren.

Vitr. 70, 3

Die sog. **Göttervase** wurde in Trois-dorf gefunden. Vier männliche und zwei weibliche Köpfe sind zu erken-nen. Ähnliche Gefäße, allerdings mit sieben Büsten, sind aus den linksrhei-nischen gallischen Provinzen der Rö-mer bekannt. Eine vereinfachte Form der mit den Bildern der römischen Wochengötter geschmückten Urnen könnte hier durch Handel über den Rhein gekommen sein (*Bo. 144; Rö. 64*).

Insel 101
Frühe Eisenzeit

Die Urnen aus der Zeit von 700–400 v. Chr. stammen aus den Grabhügelfel-dern rechtsrheinischer Kölner Vororte (→ Vitr. 75).

Vitrine 4
Das linienbandkeramische Dorf von Köln-Lindenthal

(4500–3500 v. Chr.)
Als man 1929 südlich der Dürener Straße den Frechener Bach verlegte, entdeckte man 600 m östlich des Stüttgenhofes Bo-denverfärbungen, die auf vorgeschichtliche Abfallgruben und Grundrisse aus Holz ge-bauter Häuser hinwiesen. Von 1930–1934 konnte man das Gelände genau untersu-chen (Abb. 10).
Aus den rund hundert wirr übereinanderlie-genden Hausgrundrissen schließt man, daß der Platz in mehreren Jahrhunderten etwa zehn mal verlassen und neu bebaut worden sein muß. Das Dorf mag um 3500 v. Chr. folgendes Aussehen gehabt haben: Von ei-nem mit Palisaden befestigten Graben ge-schützt, standen 9–14 Häuser zusammen.

Abb. 10. Das linienbandkeramische Dorf in Köln-Lindenthal, Modell im Rheinischen Landesmuseum Bonn.

Den Bach, der mitten durch die Siedlung floß, hatte man zu einem Teich gestaut. Die Gebäude waren 10–35 m lang, bis zu 7 m breit und mit der Schmalseite nach Nordwesten gerichtet, von wo meist der Wind kam. Für die Hauswände setzte man Holzpfosten im Abstand von einem Meter zueinander, flocht wahrscheinlich Zweige in die Zwischenräume und bewarf das Flechtwerk anschließend mit Lehm. Die Dachdeckung mag aus Stroh oder Baumrinde gewesen sein. Das Innere der Häuser war durch drei Pfostenreihen in Längsrichtung gegliedert. Die Bewohner ernährten sich nicht mehr allein von der Jagd, sondern rodeten die Wälder und bauten Feldfrüchte an. Gerste und Emmer (eine einfache Art Weizen), aber auch Flachs konnte man nachweisen. Haustiere waren Rind, Schwein, Schaf, Ziege und Hund.

9–11 Die mit der Hand geformten, mit geritzten oder gestrichelten Linienbändern geschmückten Keramikgefäße haben dieser sog. **Linienbandkeramischen Kultur** ihren Namen gegeben. **12, 32, 33 Schuhleistenkeile** (nach ihrer Form so genannt) wurden zur Weiterverarbeitung von gefällten Baumstämmen benutzt. **Feuerstein** verarbeitete man zu Waffen und Werkzeugen: z. B. **35** Pfeilspitzen, **14** Klingen als Einsätze in Sicheln, **27** Kratzer zur Fellbearbeitung.

Vitrine 3
Die Kartstein- oder Kakushöhle bei Eiserfey

An der B 477 zwischen Mechernich und Tondorf in der Nähe der Ortschaft Weyer (Kreis Euskirchen) liegt der Eingang zu dieser, vor mehr als 100 000 Jahren im Kalkstein entstandenen Höhle (→ Abb. 121, 5). Carl Rademacher, der erste Direktor des Museums für Vor- und Frühgeschichte, machte dort 1911 und 1913 umfangreiche Ausgrabungen, die bis 1970 immer wieder durch neue Forschungen ergänzt wurden. Die Untersuchungen der in der Höhle über 2,50 m angewachsenen Lehm- und Steinschichten ergaben Hinweise auf Menschen von der Altsteinzeit bis in die römische Epoche.

19 Über der untersten Lehmschicht der Höhle zeichnete sich eine Feuerstelle ab, in der man einen wie ein halbgezogenes Herz geformten **Micoque-Keil** entdeckte (*Rö. 31, rechts*). Er ist kennzeichnend für die Zeit um 100 000 v. Chr. Seinen Namen hat er nach dem französischen Ort La Micoque, wo man zum ersten Mal ein ähnliches Stück fand. **31–39** Typisch für die römische Zeit sind die Zwiebelkopffibel, Haarnadeln aus Bein und Bronze, Terra-Sigillata-Scherben (→ S. 30, Vitr. 12), Bronze-Pinzette und Spinnwirtel (→ S. 109).

Der Rundgang, der beim Bogen des römischen Nordtores anfängt, führt einmal durch die **Geschichte Kölns vom Beginn der römischen Herrschaft bis in die Frankenzeit,** *zum anderen aber gleichzeitig durch* **das tägliche Leben in der Stadt.** *Im weit gespannten Rahmen der aufeinanderfolgenden Jahrhunderte sind auf den Steinpodesten (Inseln) und in zugeordneten Vitrinen Themen des römischen Alltags wie Militär und Bürger, Handel und Reise. Kunstgewerbe und Wohnkultur dargestellt.* **Fast alle Steindenkmäler und ein großer Teil der in den Vitrinen ausgestellten Gegenstände sind Kölner Funde.**

Eingefügt in diese Gesamtschau sind **Das kleine Museum im RGM** *(→ S. 26) mit wechselnden Ausstellungen, sechs aneinandergereihte Vitrinen mit den kostbarsten Stücken der weltberühmten* **Glassammlung** *(→ S. 54), die* **Schatzkammer** *(→ S. 66) mit bedeutendem Schmuck der Völkerwanderungszeit und die* **Studiengalerie** *(→ S. 86) mit einer umfangreichen Sammlung von Tonlampen und einigen ausgewählten Münzen. Am Ende des Hauptgeschoß-Rundgangs findet man unter dem Titel* **Römische Götter** *(→ S. 90) Zeugnisse von Staatskult und Mysterienreligionen im römischen Köln. Steindenkmäler und Funde des letzten römischen und der ersten fränkischen Jahrhunderte sind unter der Überschrift* **Römische Christen – Christliche Franken** *(→ S. 79) zusammengefaßt.*

Ubier, Römer und Franken in Köln

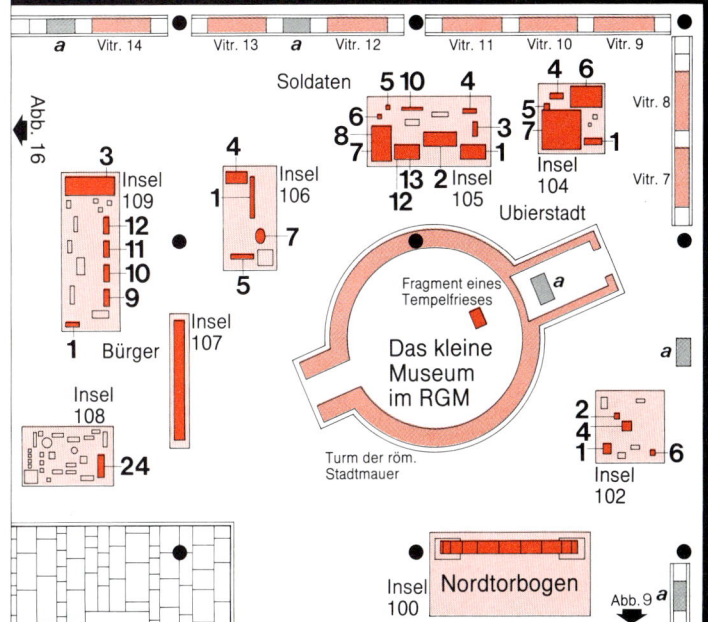

Abb. 11. Hauptgeschoß des RGM: Ubier, Soldaten, Bürger der COLONIA.

Insel 100
Der Mittelbogen des römischen Nordtores (→ S. 126, Abb. 54, 57, 58)

Der aus ehemals 13 schweren Kalk-steinen gebaute Bogen überspannte in römischer Zeit die mittlere Durchfahrt des einzigen mächtigen Torgebäudes an der Nordseite der Stadt. Unter ihm hindurch fuhr man, von Neuss kom-mend, auf geradem Wege in die Hauptstraße Kölns, die heutige Hohe Straße. Die Tordurchfahrt war 5,60 m breit, ihre Höhe schätzt man auf etwa 8,60 m. Die Inschrift, die zur Feldseite eingemeißelt war, gibt die Abkürzung des röm. Stadtnamens wieder:
C C A A – C(olonia) C(laudia) A(ra) A(grippinensium)
In diesen vier Worten ist eine knappe Entstehungsgeschichte Kölns enthalten: Die Stadt römi-schen Rechts ⟨COLONIA⟩ wurde ge-gründet unter der Herrschaft des Kaisers Claudius ⟨CLAVDIA⟩, dort, wo der Altar für den Kaiserkult, die sog. Ara Ubiorum ⟨ARA⟩ stand. Agrippina hatte dies veranlaßt ⟨AGRIPPINENSIVM⟩.

Von einer zweiten, später getilgten In-schrift darunter sind noch die Buchsta-ben . . . . . IA GALLIEN . . . . zu erken-nen. Es liegt nahe, hier einen Hinweis auf Kaiser Gallienus zu sehen, der als Mitregent seines Vaters Valerianus 254 den Schutz der Rheingrenze übernahm und in den darauffolgenden Jahren sicher zeitweise in Köln resi-dierte. Als er das Rheinland wegen eines Kriegszuges verlassen hatte, übernahm sein Feldherr Postumus die Macht in den Rheinprovinzen und ließ sich zum Kaiser ausrufen. Es ist über-liefert, daß Postumus den Sohn des Gallienus, der in Köln zurückgeblieben war, tötete (→ S. 262 Qu. 11). Mög-licherweise hat er auch die wahr-scheinlich erst wenige Jahre zuvor eingemeißelte, auf Gallienus hinwei-sende Ergänzungsinschrift am Torbo-gen beseitigen lassen, um so das An-denken an den rechtmäßigen Kaiser zu tilgen (→ S. 88 Münzvitrine C – *Bo. 59; Rö. 368*).

Abb. 12. Das Römische Nordtor, Mittelbogen von Norden innerhalb der Gebäude des Domstiftes. Teil eines Kupferstichs mit Szenen aus der Sage von Bürgermeister Hermann Gryn (1571).

Abb. 13. Das Römische Nordtor, Mittelbogen innerhalb der Domdechanei, Handzeichnung von Oedenthal (1826). Der Löwenkopf links in der Wand steht heute auf der Insel 129,7 (→ S. 102).

Spätere Geschichte

Vom frühen Mittelalter an überspannte der Bogen, eingebaut in die Domdechanei, den Durchgang zum Wohnbezirk der Geistlichen an der Westseite der Kathedrale. Das Tor bekam deshalb schon am Ende des 12. Jh. den Namen **Porta Clericorum** oder **Pfaffenpforte.** (Die Bezeichnung Pfaffe wurde im Mittelalter nicht wie heute abschätzig gebraucht.) Über dem Bogen war als besonderer Schmuck der Kopf eines römischen Grablöwen eingesetzt (→ S. 121). Ein Kupferstich von 1571 zeigt den eingebauten Bogen in einer Darstellung zur Sage von Bürgermeister Hermann Gryns Kampf mit dem Löwen (Abb. 12; → S. 273 Qu. 36). Hier wird erzählt, daß im Jahre 1262 zwei Domherren den Bürgermeister in einen Löwenkäfig gestoßen hätten und deshalb unter dem Torbogen aufgehängt worden wären. Diese Geschichte, die ihren Kern sicher in den starken Spannungen zwischen Bischof und Kölner Bürgern im 13. Jh. hat, wurde zwar von keinem zeitgenössischen Chronisten erwähnt und schon im 15. Jh. für völlig unglaubwürdig gehalten, aber dennoch in die 1499 erschienene Koelhoffsche Chronik aufgenommen. Danach entstanden dann im 16. Jh. eine ganze Reihe von Darstellungen. Der Verfasser der Chronik vermutet, daß das Tor nach dieser Hinrichtung den Namen Pfaffenpforte bekommen habe.

1657 wurde das Torgebäude im Stil der nebenan neu errichteten Dechaneibauten umgestaltet (Abb. 13). Anstatt der zwei Geschosse mit kleinen Fensteröffnungen über dem Bogen, entstand ein einziges hohes, mit zwei vornehmen großen Fenstern, zwischen denen der römische Löwenkopf erhalten blieb.

Weil der Weg durch das Tor für den zunehmenden Verkehr zu schmal geworden war, wurde der Bogen 1826 abgebrochen. Die Steine schichtete man 1862 im Garten des neu erbauten Wallraf-Richartz-Museums auf, mauerte sie dann 1883 an der Seitenwand einer Schule in der Nähe von Maria im Kapitol ein und lagerte sie schließlich in einer anderen Schule am Georgsplatz. Hier überdauerten sie den Zweiten Weltkrieg und wurden 1950 aus den Ruinen wieder hervorgeholt. 1974 baute man den Bogen endgültig hier im Museum wieder auf.

Turm der römischen Stadtmauer

Die stadtseitige Mauerschale des erst durch die Kriegszerstörungen wieder ans Tageslicht gekommenen sog. **Lysolphturmes** (→ S. 130 Turm 5) formte man gleich zweimal ab und setzte die beiden Schalen zu einem runden Raum zusammen (*Bo. 59; Rö. 367, 368*). In ihm befindet sich

Das kleine Museum im RGM

Neben Wechselausstellungen befindet sich hier das **Fragment eines Frieses,** das 1969 südl. des Domchores gefunden wurde. Das Relief zeigt ein Nüsse knabberndes, von einer Schlange bedrohtes Eichhörnchen in einer Akanthusranke.

Insel 102
Agrippa vermißt das Land der Ubier

Der Feldherr und Freund des Kaisers Augustus, Marcus Vipsanius Agrippa (→ S. 29 Stammtafel) wird als der eigentliche Gründer Kölns angesehen, weil er nach einem Bericht des Tacitus die Ubier hier ansiedelte (→ S. 260 Qu. 7). Er war 38 und 19 v. Chr. Statthalter in Gallien. Seine Siege als Feldherr zur See machten ihn ebenso berühmt, wie seine erfolgreich geschlagenen Schlachten im Westen oder äußersten Osten des Reiches. Er war außerdem Planer, Organisator und Geldgeber umfangreicher Bauunternehmungen. Aus privaten Mitteln baute er die Wasserleitung nach Rom aus und errichtete das Pantheon. Überall wo er hinkam vermaß er das Land, erschloß es durch Straßenbau und ließ Zeichnungen und Beschreibungen der Landschaften anfertigen. Die nach diesen Grundlagen geschaffene Weltkarte war in Rom in einem öffentlichen Gebäude ausgestellt.

2 Bildnis des Kaisers Claudius

Dort, wo seit 1988 das Hotel Maritim steht (→ Abb. 128,34), kam 1902 bei Ausschachtungsarbeiten für eine Markthalle dieser eindrucksvolle Marmorkopf zutage. Zunächst mit dem Bauschutt auf eine Halde gebracht, wurde er dort 1911 entdeckt. Seither haben sich fast dreißig Wissenschaftler mit der Deutung des ursprünglich zu einer Statue gehörenden Kopfes beschäftigt und sind dabei zu unterschiedlichen Ergebnissen gekommen. So wurde er zunächst als der ältere Drusus (→ S. 29, Stammtafel), dann allgemeiner als julisch-claudischer Prinz, später als Agrippa bezeichnet. Trotz Zweifel an der letzten Zuordnung, bekam der Portraitkopf 1974 bei Eröffnung des Museums hier seinen Platz als Bild des Feldherrn Agrippa. Eine neue Untersuchung führte 1990 zu einer bisher noch nicht erwogenen **Deutung als Portrait des Kaisers Claudius.** Da die in den Museen der ganzen Welt aufbewahrten Bildnisse von Mitgliedern römischer Herrscherfamilien zum größten Teil antike Kopien offizieller, in Rom geschaffener Portraits sind, lassen sie sich untereinander vergleichen und bestimmten gemeinsamen Vorbildern zuordnen. So haben alle bekannten Portraits des Claudius ebenfalls eine ausgeprägt dreieckige Gesichtsform, in der die Lippen, die Linie der Augenbrauen und die gerade über der Stirn abgeschnittene Frisur als fast parallel er-

scheinen; außerdem ist die Anordnung der einzelnen Haarsträhnen, die sich rechts der Nasenwurzel „gabeln" und seitlich über dem linken Auge „eine Zange" bilden, vergleichbar. Vielleicht war es ein Bildhauer in Köln, der um 50 n. Chr. nach dem Vorbild eines stadtrömischen Claudius-Portraits diesen Marmorkopf schuf (→ S. 25, 29, 32; *Bo.* 60, 61; *Rö.* 65).

4 Ein Meilenstein der Kaiser Constantius und Maximianus.
Die nur schwer zu entziffernde letzte Zeile auf dieser Säule A C(olonia) A(grippinensium) L(euga)I besagt, daß der Weg nach Köln eine gallische Leuga = 1,5 (röm.) Meilen = 2200 m beträgt. Aus den Namen der beiden edlen Caesaren ⟨NOBILISSIMI(s) CAESARIBVS, 1./2. Z.⟩ kann man schließen, wann der Meilenstein, den man etwas mehr als eine Leuga von der röm. Stadt entfernt an der Luxemburger Straße/Greinstraße fand, aufgestellt worden war.

Im Zuge einer Regierungsreform ernannte Diokletian im Jahre 285 Maximianus ⟨4. Z.⟩ zum Unterkaiser (caesar) und später zum Kaiser (augustus) der östlichen Reichshälfte. 305 dankte Maximianus zusammen mit Diokletian ab. Constantius wurde 293 zum Caesar des westlichen Reichsteiles und nach der Abdankung die Diokletian zum Augustus erhoben. Nur in der Zeit von 293 bis 305 waren sowohl Constantius wie Maximianus Unterkaiser, wie es auf dem Meilenstein vermerkt ist (*Bo.* 61; *Rö.* 68).

In der Eingangshalle des 1982 fertiggestellten Amtsgerichtes, Luxemburger Straße 101 (gegenüber der Einmündung Greinstraße), steht eine Kopie des Meilensteines.

6 Bruchstück einer Aeneas-Gruppe.
Die stark zerstörte Plastik ist der auf der Spitze des Publiciusgrabmals ähnlich (zur Aeneassage und ihrer Bedeutung Rom → Tafel zum Denkmal).

Insel 104
Oppidum Ubiorum

Die Mosaikböden und die beiden Grabsteine entstanden, wie die übrigen Denkmäler dieser Insel, vor Gründung der COLONIA.

6,7 Zwei Mosaikböden
Vor dem Bau des römischen Capitolstempels (→ S.245, Abb. 124,1) zerstörte man die Häuser, zu denen diese Fußböden gehören, und

schüttete das Gelände an. Reste von der Pflasterung des Tempelhofes fand man in der Nähe des Westturms der heutigen Kirche, 1,50 m höher als die Mosaiken.

Bei beiden Böden ist um ein kostbares Mittelstück ein gröberes schwarz-weißes Rahmenfeld verlegt worden. Das sog. **Lithostroton** mit den exakt geschnittenen Dreiecksformen aus schwarzem Marmor und grünlichem Schiefer kam gleich in Museumsbesitz (*Bo. 67; Rö. 72*). Der andere Mosaikboden, mit dem aus kleinen Steinchen gefügten **Rundbild aus roten Schilden auf schwarzem Grund,** schmückte bis zum letzten Krieg die Eckkapelle zwischen Chor und Südkonche in der Kirche Maria im Kapitol (*Bo. 66; Rö. 73*). 130 Jahre nach ihrer Entdeckung sind heute wieder beide Böden nebeneinander zu betrachten. **1 Das Grabmal eines Sklavenhändlers.** Die Übersetzung des Wortes MANGO ist Sklavenhändler. Ob hier der Beruf des C(aius) AIACIVS gemeint ist, oder ob der Tote außer seinem Vor- und Familiennamen nur noch den Beinamen (cognomen) MANGO trug, ist nicht zu entscheiden (*Bo. 73; Rö. 78*). **4 Grabstein für Bella aus Reims.** Bei Ausgrabungen des Museums an der Norbertstraße bei St. Gereon (→ Abb. 128,2) fand man 1962 nicht nur diese mit 1,96 m außergewöhnlich hohe, schmale Grabstele, sondern auch das dazugehörige ungestörte Grab. Die wenigen Beigaben, ein Krug und zwei kleine Glasgefäße, sind im Untergeschoß des Museums ausgestellt (→ S. 105 Vitr. 1, 2). Da die Tote nach der Untersuchung des Skeletts erst 20 Jahre alt war und der Grabstein eine junge Frau mit einem Säugling im Arm zeigt, hat man vermutet, daß Bella bei der Geburt des Kindes verstarb. Longinus, ihr Mann (LONGINVS VIR ILLAEIVS, 3./4. Z.) ließ sie vielleicht deshalb zusammen mit dem Neugeborenen darstellen (*Bo. 64; Rö. 79*).

Wie die Büste des Aiacius erscheint auch die der Bella in einer tief eingeschnittenen gewölbten Nische unter einem hier mit einem Pinienzapfen geschmückten Tempelgiebel. Die Inschrift ist bei beiden Steinen in einen sorgfältig gemeißelten Rahmen gesetzt. Form und Ausführung deuten darauf hin, daß beide Grabmäler in den ersten Jahrzehnten des 1. Jh. entstanden.

5 Ein Bildnis des Kaisers Augustus als Oberpriester

Octavian, erst 12 v. Chr. mit dem Namen Augustus geehrt, war Großneffe und Adoptivsohn Caesars. Nach dessen Ermordung (44 v. Chr.) regierte er zunächst im Triumvirat mit Antonius und Lepidus, erst seit 27 v. Chr. als Alleinherrscher.

Mit ihm beginnt die römische Kaiserzeit. Eines der Ziele des Augustus war die Eroberung ganz Germaniens bis zur Elbe. Um den militärischen Ausbau der Rheingrenze und die Vorbereitungen für die Feldzüge in das rechtsrheinische Gebiet voranzutreiben, hielt er sich selbst von 16–13 v. Chr. im Rheinland auf.

Nach zunächst erfolgreichen Kriegszügen, die die römischen Legionen bis zur Elbe führten, wurde kurz vor Christi Geburt in **Oppidum Ubiorum** ein Heiligtum errichtet. Dieser Altar der Ubier (Ara Ubiorum) sollte aller Wahrscheinlichkeit nach zum Mittelpunkt des Kaiserkultes für ganz Germanien werden (→ S. 255).

Der Plan des Augustus, eine neue römische Provinz Germanien zu schaffen, erhielt durch die Schlacht im Teutoburger Wald (9 n. Chr.) einen schweren Rückschlag und wurde spätestens drei Jahre nach seinem Tode endgültig aufgegeben. Die Römer zogen sich auf die linke Rheinseite zurück. Oppidum Ubiorum blieb weiterhin eine Provinzstadt an der Grenze zum freien Germanien.

Das lebensgroße Marmorportrait zeigt den Kaiser Augustus als Opfernden. Jeder Römer, der einer Gottheit ein Opfer darbrachte, legte sich zum Zeichen der Ehrfurcht den Saum seines weiten Obergewandes, der Toga, über das Haupt.

Über diese Deutung hinaus hat man hier eine Darstellung des Kaisers als Pontifex Maximus vermutet. Dieses Amt des höchsten Priesters war seit der Regierungszeit des Augustus immer mit der Kaiserwürde verbunden. (Erst Gratian, Kaiser von 367–383, lehnte dieses Amt ab. Der Titel wurde von nun an dem Oberhaupt der christlichen Kirche zuerkannt. Bis heute tragen die Päpste den Namen Pontifex Maximus.) Darstellungen des Kaisers Augustus gibt es auch heute noch in großer Zahl. Nach dem Vergleich mit Münzbildern unterscheidet man mehrere Portraittypen, die im Laufe seiner Regierungszeit vermutlich in der unter seiner Aufsicht stehenden kaiserlichen Werkstatt geschaffen und dann häufig wiederholt wurden. So zeigt dieses Portrait den Kaiser so, wie er sich auf der Ara Pacis, dem Friedensaltar in Rom zwischen 13 und 9 v. Chr. darstellen ließ.

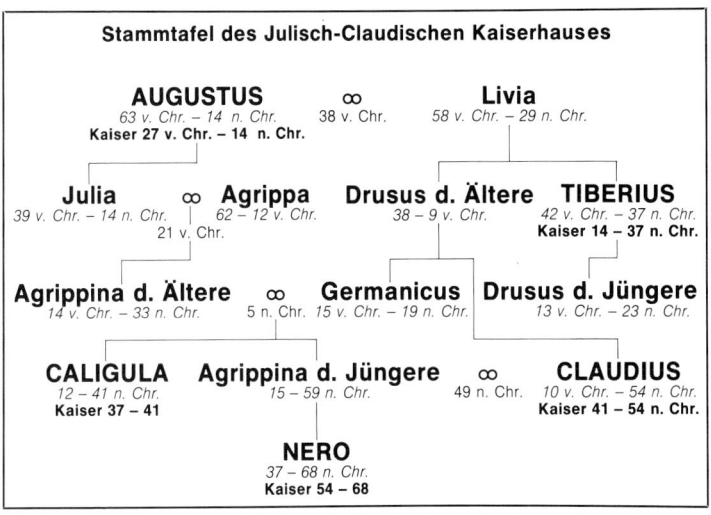

Stammtafel des Julisch-Claudischen Kaiserhauses

AUGUSTUS ∞ **Livia**
63 v. Chr. – 14 n. Chr. 38 v. Chr. 58 v. Chr. – 29 n. Chr.
Kaiser 27 v. Chr. – 14 n. Chr.

Julia ∞ **Agrippa** **Drusus d. Ältere** **TIBERIUS**
39 v. Chr. – 14 n. Chr. | 62 – 12 v. Chr. 38 – 9 v. Chr. 42 v. Chr. – 37 n. Chr.
21 v. Chr. **Kaiser 14 – 37 n. Chr.**

Agrippina d. Ältere ∞ **Germanicus** | **Drusus d. Jüngere**
14 v. Chr. – 33 n. Chr. 5 n. Chr. 15 v. Chr. – 19 n. Chr. 13 v. Chr. – 23 n. Chr.

CALIGULA **Agrippina d. Jüngere** ∞ **CLAUDIUS**
12 – 41 n. Chr. 15 – 59 n. Chr. 49 n. Chr. 10 v. Chr. – 54 n. Chr.
Kaiser 37 – 41 **Kaiser 41 – 54 n. Chr.**

NERO
37 – 68 n. Chr.
Kaiser 54 – 68

Die Stammtafel ist stark vereinfacht. Aufgeführt sind nur die Namen, die im Buch vorkommen.

Der Augustuskopf wurde 1974 von der Archäologischen Gesellschaft im röm. Kunsthandel erworben und dem Museum zur Eröffnung geschenkt (*Bo. 70; Rö. 81*).

Vitrine 7 und Vitrine 8
Einheimische Keramik

Mehrere Gefäße in beiden Vitrinen stammen aus einer 1956 an der Lungengasse, südlich des Neumarktes ausgegrabenen Töpferei, in der man 13 Öfen fand. In der Mitte des 1. Jh. n. Chr. muß die Fabrikation aufgegeben worden sein, denn das Straßenraster der COLONIA geht über die Werkstätten hinweg (→ Abb. 128,29 – *Bo. 71*).

Vitrine 9
Trachtenschmuck der Ubier

15–28 Distelfibeln, so genannt nach der Silberdistel, an deren Blüte sie erinnern, wurden paarweise oder zu dritt in Frauengräbern der 1. Hälfte des 1. Jh. gefunden. Zwei dienten als Schmucknadeln, mit denen auf beiden Schultern das Gewand gesteckt wurde, die dritte brauchte man wahrscheinlich als Mantelschließe (*Bo. 72; Rö. 76*). **12** An der Schildergasse (→ Abb. 128, 33) fand man einen **Schatz von Silberdenaren,** die um Christi Geburt in Umlauf waren. **13** Die Münzen eines zweiten, 1966 in der Nähe des Ubiermonuments ausgegrabenen Fundes erkannte man als **zeitgenössische Fälschungen.** Die Münzbilder weisen auf verschiedene

Prägungen im Zeitraum von 133 bis 20 v. Chr. hin. Aus bestimmten Gründen ist es aber wahrscheinlich, daß alle Geldstücke in der ersten Hälfte des 1. Jh. n. Chr. hergestellt wurden. An folgenden Merkmalen erkannte man die Fälschungen: Einmal wurden die Münzen nicht aus Silber, sondern aus Kupfer mit einem dünnen Silberüberzug hergestellt. Daher haben sie bis zu 1 g Untergewicht gegenüber echten Denaren (→ S. 88 Vitr. B). Zum anderen sind sie zwar geprägt, aber ihre Stempel hat man nicht geschnitten, sondern von schon abgegriffenen Münzen abgegossen, deshalb erscheint das Bild unscharf in den Konturen. Bei einigen Stücken sind außerdem Vorder- und Rückseite nach dem Vorbild von Münzen verschiedener Zeit geprägt, so daß eine Koppelung von zwei Bildern zu sehen ist, die es bei offiziellem Geld nie gegeben hat.

Vitrine 10
Einheimische Keramik in
römischen Formen

5 1958 fand man beim Erweiterungsbau des Funkhauses An der Rechtschule, gegenüber dem Museum für Angewandte Kunst, außer den Resten einer Töpferei (→ Abb. 128,23) dieses sog. **Rhyton,** ein Horn aus weißem, grün glasiertem Ton. Zwei tanzende Mänaden erscheinen als Relief auf der Wandung, die in einen Rehkopf mit angelegten Ohren und frei geformtem (heute abgebrochenem) Gehörn ausläuft. An der Spitze ist eine kleine Öffnung, die zeigt, daß das Gefäß nicht

als Trinkhorn, sondern bei einer Opferhandlung gebraucht wurde. Man goß
in die breite obere Öffnung Wein, der
dann in sanftem Strahl durch die Spitze in eine bereitgehaltene Opferschale
floß (*Bo. 110; Rö. 77*).

Vitrine 11
Sogenannte Belgische Ware

Diese am Rhein getöpferte, früher
fälschlich dem Stamm der Belger zu-
geschriebene Keramik, ahmt impor-
tiertes römisches Geschirr nach. Der
meist grau-schwarze Ton ist immer gut
geschlämmt und geglättet. Die Gefäße
wurden durch Zuführen von Rauch
in den Töpferofen dunkelgrau bis
schwarz glänzend geschmaucht.

Vitrine 12
Das Militär bringt Glas
und Keramik

9–18 Rottoniges Geschirr, das nach
Trocknen an der Luft in eine mit Pflanzenasche gemischte Tonbrühe ge-
taucht wurde und durch anschließen-
des Brennen bei 900° einen harten,
glänzenden Überzug bekam, war beim
römischen Militär sehr beliebt (*Bo.
148–150; Rö. 324*). Da man den antiken Namen nicht kennt, nennt man es
seit der Mitte des 19. Jh. wegen des
meist im Boden der Gefäße zu finden-
den Töpferstempels (sigillum) **Terra
Sigillata**. Bis um 50 n. Chr. wurde das
beste Sigillata-Geschirr in der mittel-
italienischen Stadt **Arrezzo** gemacht.
Mit den Legionären kam die arretinische Keramik in die nördlichen Provinzen, in Köln fand man z. B. zahlreiche
arretinische Scherben. Im Laufe der
Zeit entstanden diesseits der Alpen,
dort wo der benötigte rote, stark eisen-
haltige Ton vorkam, viele in römischer
Tradition arbeitende Töpfereien. Bei
Köln fand man nur weißen Ton, so daß
die hiesigen Töpferwerkstätten keine
Terra Sigillata herstellten.

Insel 105
Militär erschließt das Land

**10 Bruchstück eines Frieses mit
Waffen und Orden:** Ein Waffenfries
als Schmuck des Grabtempels wies
auf die Verdienste und Ehrungen eines
verstorbenen Soldaten hin. Man erkennt von links nach rechts einen mit
Blitzen und Adlerschwingen geschmückten Schild, dahinter ein
Schwert in einer mit Ornamenten ver-

sehenen Scheide; zwei Torques, keltische Männerringe (→ S. 22 Vitr. 75),
die in goldenen Nachbildungen
als Tapferkeitsauszeichnung verliehen
wurden, schließlich die Bürgerkrone
aus Eichenlaub, die man für die Errettung eines römischen Bürgers aus Le-
bensgefahr bekam (Abb. 14 –
Rö. 85). **4 Ein Grabdenkmal für einen Flottensoldaten.** L. VAL. VER-
ECVNDVS, aus dem in Südfrankreich
lebenden Stamm der Rutener war Soldat der 1. Flotten-Cohorte ⟨MIL(itis)
COH(ortis) I CLASSICAE, 3./4. Z.⟩. Er
gehörte zur Hundertschaft des Inge-
nuus ⟨>(centuria) INGENV(i)⟩, 25 Jahre
alt ⟨ANN(orum) XXV, 5. Z.⟩ und hatte
nur 4 Jahre lang Sold bezogen ⟨STIP
(endiorum) IIII, 5. Z.⟩ als er starb.
Die am Ende der Inschrift angefügte
Buchstabenfolge H EX T F C kommt in
dieser oder in einer kürzeren Form auf
vielen Grabsteinen vor. Sie besagt,
daß der Erbe nach dem Testament für
die Herstellung (des Grabmals) sorgte
⟨H(eres) EX T(estamento) F(aciendum)
C (uravit)⟩.

**3 Ein Grabmal für einen Steuer-
mann.** L. OCTAVIVS, der Steuermann
⟨GVBERNATOR, 2./3. Z.⟩ wurde 58
Jahre alt und hatte eine erstaunlich
lange Dienstzeit von 34 Jahren hinter
sich ⟨ANN(orum) LVIII STIP(endiorum)
XXXIIII, 3./4. Z.⟩.

**1 und 2 Grabdenkmäler für die Rei-
ter Longinus und Romanus.** Die
beiden Mitglieder berittener Hilfstruppen ⟨EQ(es) ALAE, bei beiden Steinen
2. Z.⟩ verstarben während ihrer Dienstzeit. Aus diesem Grunde zeigen ihre
Grabsteine unter der häufig auf Vete-
ranen- und Soldatengrabmälern vor-
kommenden Totenmahlszene (→ S.
104) noch eine zweite Darstellung:
Das gezäumte und gesattelte, aber
jetzt herrenlose Pferd des Verstorbenen wird vom einem Knecht weggeführt (*Bo. 99*). **12 und 13 Zwei kleine Altäre für Jupiter.** Die Weihesteine wurden von Soldaten aufgestellt,
die im Auftrag des Statthalters, der in
der wichtigen Provinz Niedergermanien immer ein ehemaliger römischer
Konsul war, Polizeidienste an den
Landstraßen versahen. Sie hatten den
Titel B(ene) F(iciarius) CO(n)S(ularis),
etwa: der vom Konsul begünstigte.
Außer Jupiter, den besten, den größten
⟨I(ovi) O(ptimo) M(aximo), 1. Z.⟩ verehrten beide Benefiziarier den Geist
des Ortes ⟨GENIO LOCI⟩ – (*Rö. 184*).

5 Portrait des jüngeren Drusus (früher Germanicus)

Dieses Bild eines jungen Mannes wurde 1962 vom Museum im Kunsthandel erworben und seitdem als das des Germanicus bezeichnet (→ S. 29, 32). Nach der 1990 veröffentlichten neuen Untersuchung aller Marmorköpfe des RGM ist diese Deutung heute auszuschließen, da u.a. die Frisur nicht der entspricht, die Germanicus bei gesicherten Portraitköpfen und auf Münzprägungen trägt. Dagegen läßt sich die Anordnung der Haarsträhnen, die sich zu beiden Seiten der Stirn zu spitzen Lücken „gabeln", gut mit der auf Münzbildern und Marmorportraits des jüngeren Drusus vergleichen (→ S. 29). Ein römischer Bildhauer könnte das Originalportrait, in dessen Nachfolge der Kölner Kopf steht, im Jahre 19 geschaffen haben, als der Sohn des Kaisers Tiberius nach dem Tode des Germanicus zum Kronprinzen bestimmt wurde. Die leichte Ausbohrung der Pupillen in den Augen könnte später, vielleicht sogar erst in der Neuzeit, zur Steigerung des Ausdrucks hinzugefügt worden sein *(Bo. 95, 97; Rö. 89)*.

6 Bildnis einer jungen Frau (früher Agrippina d. Jüngere)

Diese angeblich während des siebenjährigen Krieges (1756–63) auf einem Kirchhof in Köln gefundene Büste stammt aus der Sammlung Wallraf (→ S. 9). Obwohl sie ab 1885 für kurze Zeit als Bildnis Agrippinas galt, nannte man sie später allgemein eine „weibliche Marmor-Portraitbüste". Erst in der „Kölner Römerillustrierten" von 1974, deren Umschlagseiten mit ihrem Bild gestaltet sind, wird sie wieder als Portrait der Stadtgründerin Kölns bezeichnet. In vielen Museen der Welt gibt es untereinander ähnliche Agrippinaportraits, die ein schmäleres, ausdrucksvolles Gesicht und vor allem eine ganz andere typische Frisur haben. Sie tragen über der Stirn nicht einen Lockenkranz, sondern in der Mitte gescheiteltes, glattes Haar, das erst in Höhe der Schläfen zu kleinen Locken gekräuselt ist. Heute besteht kein Zweifel mehr, daß der Kölner Marmorkopf nicht das Portrait der Kaiserin Agrippina, sondern das in der 2. Hälfte des 1. Jahrhunderts entstandene Bildnis einer Unbekannten ist *(Bo. 95; Rö. 90)*.

COLONIA, eine Stadt römischen Rechtes

Unter den verschiedenen Siedlungsformen städtischen Charakters, die es in den römischen Provinzen gab (z. B. oppidum, municipium, vicus) hatte die **COLONIA** den höchsten Rang. Sie war sowohl in ihrer baulichen Gestaltung, wie auch in allen städtischen Einrichtungen ein **Abbild Roms.**

Bürger und Verwaltung

In einem schon vorher von einheimischer Bevölkerung bewohnten Gebiet siedelte man römische Bürger, häufig Veteranen an. Die Einwohner der Stadt, die das Bürgerrecht besaßen, sei es durch eheliche Geburt von römischen Eltern, ehrenvolle Entlassung aus einer Hilfstruppeneinheit oder auch erworben durch besondere Verdienste, konnten die Stadtvertretung wählen. Alle Verwaltungsbeamte, an ihrer Spitze die beiden Bürgermeister (duoviri), amtierten ein Jahr und wurden dann Mitglieder des Stadtrates (ordo decurionum), dem sie lebenslänglich angehörten. Wer ein hohes Amt in der Stadt anstrebte, mußte vermögend sein, denn einmal war diese Arbeit ehrenamtlich, zum anderen erwartete man, daß die Stadtvertreter ihr Privatvermögen einsetzten, um wichtige öffentliche Aufgaben mit zu finanzieren.

Grundriß und Bauten

Gewöhnlich lag dem Plan der Stadt ein Straßenkreuz zugrunde, das aus dem von Norden nach Süden führenden **Cardo maximus** und dem senkrecht dazu verlaufenden **Decumanus maximus** gebildet war. Am Schnittpunkt dieser beiden Hauptstraßen befand sich das Forum, der Hauptversammlungsplatz der Bürger.

Neben Tempeln für mehrere Götter gab es das Rathaus (curia), öffentliche Bäder (die Thermen), Bühnen- und Amphitheater, dazu noch Gebäude von überörtlicher Bedeutung, wie z. B. in Köln das Praetorium, den Sitz der Provinzregierung. Als Schutz vor feindlichen Überfällen, aber auch als Symbol der städtischen Macht, baute man eine **Stadtmauer** mit Türmen und gut gesicherten Toren.

Germanicus, Agrippina die Jüngere, Claudius (→ Stammtafel, S. 29)

Germanicus war als junger Mann beim Volke außerordentlich beliebt. Auch der Kaiser Augustus schätzte ihn so sehr, daß er 4 n. Chr. seinen Stiefsohn Tiberius zwang, ihn als seinen späteren Nachfolger zu adoptieren. 13 n. Chr. wurde er Statthalter Galliens und Oberbefehlshaber der am Rhein stationierten Legionen. Als nach dem Tode des Augustus im Jahre 14 in Köln eine Meuterei ausbrach, gelang es ihm mit Tatkraft und geschickter Verhandlungsführung, u.a. mit der Androhung, seinen im Lager sehr beliebten dreijährigen Sohn Caligula nach Trier zu bringen, die aufgebrachten Soldaten zu beruhigen (→ S.258 Qu. 2–5). Er unternahm in den folgenden Jahren mehrere Feldzüge in das rechtsrheinische Germanien, eine endgültige Eroberung des Landes gelang ihm aber nicht. Im Jahre 17 berief Kaiser Tiberius ihn von der Rheingrenze ab und gab damit den römischen Plan, die Germanen bis zur Elbe zu unterwerfen, endgültig auf. Germanicus bekam neue Aufgaben im Osten des Reiches. Er starb im Jahre 19 in Antiochia.

Agrippina wurde als Tochter des Germanicus und der älteren Agrippina am 6. November 15 in Köln geboren. Ihr Großvater war der Feldherr Agrippa, ihr Urgroßvater der Kaiser Augustus. Im Jahre 28 schloß sie eine erste Ehe mit Cnaeus Domitius Ahenobarbus, dem Vater ihres Sohnes Nero. Nachdem der Senat in Rom eine Sondergenehmigung erteilt hatte, konnte sie 49 den Bruder ihres Vaters, ihren Onkel Claudius heiraten (→ S. 260 Qu.6).

Claudius, der, bis zu seinem einundfünfzigsten Lebensjahr als „der Hinkende" verspottet, kein großes Ansehen genoß, erwies sich aber, als er nach der Ermordung des Caligula im Jahre 41 zum Kaiser erhoben worden war, als umsichtiger und tatkräftiger Herrscher. Im Jahre 50 verlieh er Agrippina den Titel Augusta und adoptierte ihren Sohn Nero, dem er dadurch vor seinem leiblichen Sohn Britannicus die Thronfolge sicherte. Im selben Jahre 50 erklärte Claudius den Geburtsort seiner Frau zur COLONIA (→ S. 25, 133, 256, 260 Qu. 7). 54 starb Claudius durch Gift, das Agrippina ihm in einem Pilzgericht gab. Als bald darauf Nero Kaiser wurde, übte seine Mutter für einige Jahre großen Einfluß auf die Regierungsgeschäfte aus. Nero ertrug mit der Zeit ihre Bevormundung und Macht nicht mehr und ließ sie 59 grausam ermorden (→ S.260 Qu. 8).

7, 8 Ein Standbild der Heilgöttin Hygieia und ein Weihestein für den Heilgott Asklepios

Wenn Torso und Inschrift, beide im Bereich des Flottenlagers auf der Alteburg gefunden (→ S. 253), zusammengehören, könnte die Frauengestalt ein Bild der Göttin der Gesundheit, Hygieia sein, die als Tochter des Asklepios angesehen wird. Der fehlerhaft geschriebene Name ihres Vaters steht auf dem Bruchstück eines Weihesteines. Der linke Fuß der Göttin steht auf einem Rinderkopf, auf der linken Hand trägt sie einen mit Eiern gefüllten Korb. Zu dem Schlangenleib, der sich im Hintergrund um einen Pfeiler windet, müßte der Kopf ergänzt werden, der sich ehemals züngelnd über dem Korb aufrichtete. Der Versuch einer Rekonstruktion (Werner Meurer 1974), bei der Schlangenkopf und rechter Arm der Göttin ergänzt und der Schlangenleib um den Rücken der Frauengestalt bis zur rechten Brust geführt wurde, ist umstritten *(Bo. 65, 97; Rö. 93, 94).*

Vitrine 13 Politik im Handformat

14 Von außerordentlicher Qualität ist der 1964 erworbene, nicht in Köln gefundene **Augustuskopf.** Er ist nur 4,7 cm hoch und besteht aus **schwarzem Glas** mit einem hauchdünnen **türkisfarbenem Überfang.** Der Herstellungsvorgang ist nicht geklärt. Am wahrscheinlichsten ist es, daß man das Glas in eine nach einem Wachsmodell hergestellte verlorene Form gegossen hat. Wenn man die Tonform vor dem Guß sorgfältig mit einem Brei aus pulverisiertem grünem Glas ausgepinselt hätte, könnte sich durch die Hitze des hineingegossenen schwarzen Glases ein nur 0,1 mm starker Überfang gebildet haben. Da die Oberfläche des kleinen Kopfes zwar feine Haarrisse und Blasenlöcher (?) zeigt, die beim Erkalten entstanden sein könnten, aber keinerlei Schleifspuren von einer Bearbeitung nach dem Guß erkennen läßt, muß schon die Form ein Kunstwerk von hoher Präzision gewesen sein *(Bo. 84, 88; Rö. 119).*

11 Das **Medaillon** aus gegossenem **blauem Glas** wurde, in Bronze gefaßt, als **militärische Auszeichnung** verliehen (Abb. 14).

Dargestellt ist der jüngere Drusus, der Sohn des Kaisers Tiberius (→ S. 29 Stammtafel) mit zwei seiner Kinder. Er war gleichaltrig mit seinem Vetter Germanicus, den sein Vater auf Geheiß des Augustus als Thronfolger hatte adoptieren müssen. Als Germanicus im Jahre 19 n. Chr. plötzlich starb, scheint Tiberius seinen Sohn u. a. dadurch als Nachfolger „aufgebaut" zu haben, daß er in großer Stückzahl Orden mit dessen Bild herstellen ließ. Aber auch Drusus starb schon 23 n. Chr., Tiberius regierte noch weitere 14 Jahre. Fast 30 solcher Orden wurden bisher gefunden, die meisten am Rhein. Man hat daraus geschlossen, daß es möglicherweise schon um 20 n. Chr. eine rheinische Glasproduktion gegeben hat (*Rö. 125*).

Abb. 14. Grabstein des M. Caelius (H. 1,37 m, Br. 1,04 m), gefunden in Xanten, Rheinisches Landesmuseum Bonn. Die Übersetzung der Inschrift lautet: „Dem Marcus Caelius, Sohn des Titus, aus dem Bürgerbezirk Lemonia, der Heimatstadt Bononia (Bologna) Mitglied der 18. Legion, 53½ Jahre alt. Er fiel während des Varus-Feldzuges (oc CIDIT BELLO VARIANO, 3. Z.). Die Gebeine (der beiden Freigelassenen) dürfen mit beigesetzt werden. Publius Caelius, Sohn des Titus aus Lemonia, sein Bruder, ließ (das Grabmal) herstellen."

M. Caelius trägt die Bürgerkrone, Torques und mehrere Orden auf der Brust (→ Insel 105, 10; Vitr. 13, 11). Dieser Grabstein ist das einzige Steindenkmal, das von einem Gefallenen der Schlacht im Teutoburger Wald berichtet (→ S. 274 Zeittafel).

15 Als **Portrait des Prinzen Salonius** (früher Constantius II.) wird seit 1990 die in Köln gefundene, blaue Glasbüste (H. 8,3 cm) gedeutet. Sie ist in eine Form gegossen und nach dem Erkalten wie ein Edelstein geschnitten und geschliffen. Salonius, Sohn des Kaisers Gallienus, wurde von Postumus um 259 in Köln ermordet (→ S. 25, 88, 262 Qu. 11). U. a. ist es die durch Münzportraits bekannte kindliche Gesichtsform mit ausgeprägtem Doppelkinn, die zu der neuen Zuordnung geführt hat *(Bo. 88, 93; Rö. 147).*
16 Der 1970 vom RGM erworbene sog. **Kameo Marlborough,** ein Portrait des Kaisers Augustus im Profil, ist nach der Sammlung benannt, in der er sich bis 1899 befand. Er wird dem Künstler Hyllos zugeschrieben, der ihn etwa 14–24 n. Chr aus einem zweischichtigen Sardonyx geschnitten haben könnte. Der Rahmen ist um 1570 hinzugefügt worden *(Bo. 90; Rö. 129).*
1, 2 Gemmen sind allgemein Edelsteine, in die Bilder „geschnitten" sind. Beim **Kameo** ist die Darstellung erhaben in den Stein gearbeitet, die **Gemme** (in der Unterscheidung zum Kameo) oder das **Intaglio** zeigt sie in

den Stein hineingetieft; erst durch den Abdruck, z. B. in Wachs, zeigt sich das plastische Relief. Solche Steine werden deshalb auch heute noch zum Siegeln benutzt. **17** Das nur 5,2 cm große, aus Goldblech getriebene **Frauenköpfchen** wurde bei St. Gereon gefunden (→ Abb. 128,2). Ähren, auf dem Hinterkopf zu einem Knoten gebunden, legen sich zusammen mit Blüten und Früchten schwer um das schmale Gesicht. Vielleicht ist hier **Ceres,** die Göttin guter Ernten gemeint *(Bo. 94; Rö. 128).* **9 Zwiebelkopffibeln,** die einzeln als Mantelverschluß in Höhe der Schulter getragen wurden, gehörten zur Uniform römischer Soldaten des 4. Jh. Die mit geometrischen Mustern und winzigen Portraitköpfen geschmückte Gewandnadel war möglicherweise Zeichen eines militärischen Grades. **6** Die **Bronzebeschläge eines Gürtels** sind mit Kerbschnitt und kleinen, durch Vergoldung hervorgehobenen Darstellungen verziert. Man erkennt eine Eberjagd, einen Löwen und einen Stier, zwei kleine Portraits und auf dem rhombischen Beschlag den Gott Mercur mit dem Caduceus, dem Schlangenstab *(Rö. 149).*

Abb. 15. Die Nero-Inschrift (H. 0,60 m, Br. 1,80 m).

Insel 106
Herrschaft, Straßen, Plätze,
Stadtplanung

1 Eine Bauinschrift aus der Zeit des Kaisers Nero. Die sehr sorgfältig entworfene Tafel muß für ein bedeutendes Gebäude in Köln hergestellt worden sein (Abb. 15).
Es wurde unter dem Statthalter P. Sulpicius Scribonius Rufus von einem Bautrupp der (wahrscheinlich bis zum Jahre 70 in Vetera/ Xanten stationierten) 15. Legion Primigenia errichtet (P(ublio) SVLPICIO SCRIBONIO RVFO LEG(ato) AVG(usti) PRO PR(aetore) LEG(io) XV PRIMIG(enia), 5./6. Z.). Der Auf-

trag dazu kam vom Kaiser Nero (IMP(erator) NERO CAESAR AVGVSTVS, 1. Z.). In der 2. und 3. Zeile wird die Abstammung des Kaisers beschrieben (→ S. 29 Stammtafel): Er war des vergöttlichten Claudius (Stief)sohn, des Caesars Germanicus Enkel, des Kaisers Tiberius Urenkel (da sein Vater Germanicus von diesem adoptiert worden war) und des vergöttlichten Augustus Ur-Urenkel (DIVI CLAVDI(i) F(ilius) GERMANICI CAESARIS N(epos) TIB(erii) CAESARIS AVG(usti) PRON(epos) DIVI AVG(usti) ABN(epos)). In der 4. Zeile sind die Titel des Kaisers zusammengestellt, bei dreien davon ist die Zeit, seit der er sie trug, vermerkt. Er war oberster Priester (PONTIF(ex) MAX(imus)), besaß seit 12 Jahren die tribunizische Gewalt, die seit Augustus den Kaisern meist bei Regierungsantritt verliehen wurde (TRIB(unicia) POTEST(ate) XII), 10mal hatte er nach gewonnenen Schlachten als oberster Feldherr den Ehrentitel Imperator erhalten (IMP(erator) X), er war 4mal zum römischen Konsul gewählt worden (CO(n)S(ul) IIII) und er besaß außerdem den Ehrennamen Vater des Vaterlandes (P(ater) P(atriae)).

Die Inschrift läßt sich durch die Angaben zur Regierungszeit Neros in das Jahr 67 datieren. Nachdem der Kaiser im Sommer 68 Selbstmord begangen hatte, wurde die Steintafel entfernt und als Bodenplatte des Abwasserkanals unter der sog. Hafenstraße genutzt. Während der Ausgrabungen 1969/70 fand sich die Kaiserinschrift unter dem röm. Straßenpflaster wieder (→ S. 117, Abb. 54, 19 – *Bo. 81; Rö. 118*).

7 Bruchstück vom Standbild eines Imperators. Die Statue wurde schon im 16. Jh. auf der Alteburg ausgegraben.

Der Ratsherr Johann Helman, der im 16. Jh. die erste große Sammlung römischer Altertümer in Köln zusammentrug, kaufte den Torso und plante, ihn nach den Entwürfen eines Malers zu ergänzen. Er hielt die Plastik für ein Bild des Vitellius, der nach dem Tode Neros von den Soldaten in Köln zum Kaiser ausgerufen wurde, aber nur von April bis Dezember 69 regierte (S. 261 Qu. 9). Arnold Mercator zeichnete 1571 diese Statue auf die Randleiste seines Stadtplanes (*Bo. 82, 83; Rö. 7 unten links, 113*).

5 Eine Bauinschrift für ein Heiligtum des Jupiter Dolichenus (Fundort → Abb. 128,24). Der Tempel, zu dem diese nur zur Hälfte erhaltene Tafel gehörte, stürzte ein und wurde von Grund auf wiedererrichtet ([CON]-LABSVM A SOLO RESTITVIT, 6.Z.)

Da in der 2. u. 3. Zeile zwei kaiserliche Namen vorkommen, AVRELII ANTONINI und IVLIAE AVGVSTAE und sich ein dritter (SEPTIMI GETAE) nach Kenntnis der Geschichte ergänzen läßt, ist die Zeit des Wiederaufbaus genau zu bestimmen. Nur im Jahre 211 regierte Julia, die Witwe des Kaisers Septimus Severus mit ihren Söhnen Antoninus, genannt Caracalla, und Geta gemeinsam. Im Februar 212 ließ Caracalla seinen Bruder ermorden und herrschte von da an allein.

Zwei Denkmäler an der Rückseite der Nero-Inschrift wurden erst nach Eröffnung des Museums gefunden und nachträglich hier aufgestellt.

Weihealtar für Jupiter und die Matronen. Auf Vorder- und Rückseite ist hier gleichlautend zu lesen, daß HEDIVS SILVANVS (3./4.Z.) den Göttern eine wohl von ihm errichtete Brücke (PONTEM, 3.Z.) weihte und den Dankaltar nach seinem Gelübde und mit Erlaubnis des Stadtrates aufstellte (VSLM LDDD, letzte Z. →S. 41).Der 1979 an der Jahnstraße gefundene Stein hat möglicherweise zu einem etwa 500 m entfernten sog. Neunten Tor (→ S. 144, S. 257) gehört.

Auf der Brücke, die vom Tor über Stadtgraben und Duffesbach führte, wäre sein Standort denkbar gewesen.Aus der Stadt kommend hätte man die nach Nordwesten gerichtete, durch Wind und Wetter verwitterte Seite des Steines betrachtet, auf dem Weg in die Stadt hinein wäre die auf der wetterabgewandten Seite eingemeißelte, sehr gut erhaltene Inschrift zu lesen gewesen.

Grabstein eines Militärtechnikers. Beim Bau einer Fußgängerunterführung am Ebertplatz wurde 1975 dieser in viele Stücke zerschlagene Stein gefunden. In einer rechteckigen Nische steht ein großer Mann zusammen mit einer ihm nur bis zur Hüfte reichenden kleinen Figur, die entweder als Sklave oder als Sohn des Verstorbenen anzusehen ist. Die Hauptperson ist mit der zur Zeit des Kaisers Caracalla (nach 212) üblichen Soldatenuniform bekleidet: Über einer langärmligen, am Knie endenden und durch einen Gürtel mit Ringschnalle geschmückten Tunika trägt er einen auf der Schulter mit einer Fibel gehaltenen Umhang. In der linken Hand hält er ein Tuch oder eine Schriftrolle, mit der leicht angehobenen rechten packt er eine Art Winkeleisen, das mit einer senkrechten Stange verbunden zu sein scheint. Hier könnte es sich um ein Gerät handeln, mit dem röm. Vermessungs-Ingenieure den Punkt ausmachten, an dem sich zwei Strecken rechtwinklig kreuzten. Heute würde man zu einer solchen Messung einen Winkelspiegel benutzen.

4 Ein Weihestein für die Schutzgöttinnen Lucretiae. Dieser kleine Weihealtar ist der einzige im Museum, auf dem die sonst immer abgekürzte Weihungsformel VSLM ganz ausgeschrieben wurde. Man liest zwischen den Namen der Stifterin IVLIA MATERNA (3./4. Z.) und dem ihrer Tochter Drousa (DROVSA FILIA, 6./7.Z.) in der 4.–6.Z. VOTVM SOLVIT LIBENS MERITO (→ S. 41, Abb. 20).

Insel 107
Grabtempel-Giebel

Zwei fisch-schwänzige Steinböcke, Symbol für das Sternzeichen, unter dem Augustus geboren wurde, tragen eine Kugel. Schon der griechische Philosoph Pythagoras (um 500 v. Chr.) sah die Welt in Form einer Kugel, um die die Sonne in kreisförmigen Bahnen ihren Weg zieht. Nicht die geographisch bestimmte Form der Erde, sondern die Vollkommenheit und Geschlossenheit des Kosmos wird in der Kugelgestalt zum Ausdruck gebracht (*Bo. 62 und Fig. 16, S. 43; Rö. 157, 369*).

Insel 108
Die Agrippinenser

Die Bewohner des römischen Köln nannten sich, wie viele Inschriften zeigen, Agrippinenser. Ein Beispiel dafür ist: **24 Der Grabstein für den Veteranen M. Valerius Celerinus.** Die Darstellung des Totenmahles (→ S. 104) spiegelt einmal die Eßgewohnheiten der Lebenden, zeigt aber auch wie man sich die Ausstattung eines Speiseraumes der Toten vorstellte: Der Verstorbene liegt auf einem Ruhebett, der sog. Kline; Speisen und Getränke sind auf einem Tisch vor ihm aufgestellt. Seine Frau sitzt, einen Früchtekorb im Schoß, in einem hochlehnigen Korbstuhl (*eine ähnliche Einrichtung fand man in der Grabkammer in Weiden,* → S. 230, Abb. 119). Die Inschrift enthält alle Angaben, die ein pensionierter Soldat auf seinem Grabstein für wichtig hielt:

1. Z.	M(arcus) VAL CELERINVS
2. Z.	PAPIRIA ASTIGI
	gehörte zum Bürgerbezirk Papiria und war in Astigi (heute Ecija in der südspanischen Provinz Sevilla) geboren.
3. Z.	CIVES AGRIPPINE(nsis)
	Er war Bürger der Agrippinenserstadt,
4. Z.	VETER(anus) LEG(ionis) X G(eminae) P(iae) F(idelis)
	ein pensionierter Soldat der 10. Legion, der Zwillingslegion, der frommen, der treuen,
5. Z.	VIVOS FECIT SIBI
	Er ließ den Stein zu Lebzeiten anfertigen für sich
6./7. Z.	ET MARCIAE PROCVL[AE] VXORI
	und für Marcia Procula, seine Frau.

Auf einer fast quadratischen Fläche, die mit einem gemeißelten Rahmen umgeben ist, hat der Bildhauer die Buchstaben sorgfältig zu einem ausgewogenen Schriftbild verteilt. Auf beiden Seiten des Grabsteins sieht man einen Baum, um den sich eine Schlange windet (*Bo. 128; Rö. 163*).

Insel 109
Menschen und Verwaltung in der Stadt

1 Ein zweimal verwendetes Grabmal. Vorderseite: C. IVL. MATERNVS ⟨1. Z.⟩ wählte die Form seines Grabsteins ganz ähnlich wie Celerinus. Die Darstellung ist liebevoll ausgeschmückt, ein Haustier sitzt auf dem Ruhebett, der Tisch ist mit einem Tuch bedeckt. In der Inschrift wird die Ehefrau als die süßeste und züchtigste ⟨DVLCISSIME ET CASTISSIME, 4./5. Z.⟩ bezeichnet (*Bo. 77; Rö. 162*). *Dieser Stein aus der Mitte des 2. Jh. wurde im 3. Jh. umgedreht und nochmals gebraucht:* **Rückseite:** BARBARINIA ACCEPTA ⟨5./6. Z.⟩ gab für ihren Mann, einen hohen Offizier ⟨TRIBVNO PRAETORIANO, 2./3. Z.⟩ und seine Tochter diese Grabinschrift in Auftrag. Sie ließ sich gemeinsam mit den beiden Verstorbenen darstellen (*Rö. 200, 201*). **9–12 Vier Steine aus einem Block gesägt.** Den **2. Stein** von links (**10**) bestimmte der Auftraggeber aller vier Grabsteine für sich und seine Familie. Vermerkt ist er selbst: Bienus, Sohn des Gatus vom Stamm der Viromanduer ⟨BIENO GATI F(ilio) CIVI VIROMANDVO, 1.–3. Z.⟩ und Ingenua, Tochter des Ocellio, seine Frau ⟨INGENVAE OCELLIONIS FIL(iae) CONIVGI EIVS, 3./5. Z.⟩. Den **1. Stein** (**9**) ließ er für seinen Schwiegervater Ocellio ⟨OCELLIONI . . . , 1. Z.⟩ und dessen Familie, den **4. Stein** (**12**) für seinen Vater Gatus ⟨GATO . . , 1. Z.⟩, seine Mutter und Brüder herstellen. Man liest gleichlautend beim 1. und 4. Stein in der vorletzten Zeile: BIENVS GATI F(ilius) PIE DE SVO F(aciendum) C(uravit) – Bienus, Sohn des Gatus, hat fromm und auf eigene Kosten die Herstellung veranlaßt. Auf seinem eigenen Grabmal (**10**) ließ er noch Platz für die Namen seiner Kinder, ein weiterer Stein (**11**) wurde vorbereitet, bekam aber keine Inschrift mehr. Die in alle vier Grabsteine eingemeißelten oberen Schmuckleisten sind paarweise aufeinander bezogen. Zweimal kommen Greifen mit einem

Weinkrug, zweimal Löwen mit einem Widderkopf in der Mitte vor (*Bo. 78, 79; Rö. 170*). **3 Ein Steinsarg für Deccia Materna, Tochter des Stadtrates.** In der 2./3. Zeile der Inschrift wird erwähnt, daß der Vater der Verstorbenen ehemals Ratsherr in Köln war (QVONDAM DECVRIONIS CCAA).

Vitrine 14
Bauhandwerk

Ziegel aus den Fabriken der Soldaten-lager wurden mit dem Zeichen der Legion gestempelt (→ S. 172 – *Bo. 102; Rö. 96–100*). **12** Das Modell einer **Bühnenarchitektur** könnte auf ein Theater in Köln hinweisen (→ S. 257 – *Bo. 102; Rö. 160*). Die Vermutung, es habe nördlich des Capitolstempels am Rhein gelegen, hat sich durch neuere Ausgrabungen nicht bestätigt. **2** Das Stück einer monumentalen **Säulenverkleidung** stammt wahrscheinlich vom Capitolstempel (→ S. 245 – *Rö. 159*). Der Rest einer **Eckverkleidung**

Legionen

Im 1. Jh. n. Chr. bestand eine Legion des römischen Heeres aus rund **6000 Soldaten,** die alle das römische Bürgerrecht besitzen mußten. Unterteilt war die Legion in **10 Cohorten** von bis zu 600 Mann, jede Cohorte umfaßte **6 Centurien** mit etwa 100 Mitgliedern. (Den Anführer einer solchen Hundertschaft Soldaten, den **Centurio** bezeichnete man in Grabinschriften mit einem speziellen, einem Winkelhaken ähnlichen Zeichen.) **Zwei Centurien** waren immer zu einer Kampfeinheit, einem **Manipel** mit gemeinsamem Feldzeichen zusammengeschlossen. Für Kundschafter- und Kurierdienste hatte jede Legion zusätzlich **120 Reiter.**

Der im Rang eines Konsuls stehende Oberkommandierende des niedergermanischen Heeres z. B., der als Statthalter zugleich für die zivile Verwaltung zuständig war (legatus Augusti pro praetore consularis), bezog ein Spitzengehalt, das wahrscheinlich dem fünfhundert- bis tausendfachen Sold eines einfachen Legionärs entsprach. Der ihm unterstellte Kommandant einer Legion (legatus Augusti legionis) verdiente wahrscheinlich etwa 200mal soviel wie der Soldat; der Führer der 1. Cohorte, der Primus Pilus, dem alle übrigen Cohortenführer direkt unterstellt waren, immerhin noch 60–80mal mehr als die Mannschaften.

Anzahl und Aufteilung der Soldaten, aber auch die Rangordnung und die Höhe der Besoldung änderten sich im Laufe der Zeit. Außerdem ist nach wie vor manche Frage zum römischen Heer bis heute ungeklärt.

In den Ansiedlungen rund um das Lager (canabae) wohnten die (rechtlich nicht anerkannten) Familien der Soldaten, ließen sich Handwerker und Händler nieder. Mit Unterbrechungen durch Abzug, Auflösung oder Neuverlegung einzelner Truppen waren im 1. Jh. acht Legionen mit den dazugehörigen Hilfstruppen am Rhein stationiert, je vier in Ober- und Niedergermanien; vom 2. Jh. an waren es im ganzen noch vier, die ihren Standort in Xanten, Bonn, Mainz und Straßburg hatten (→ S. 172 Legionen am Rhein).

Hilfstruppen

Die Einwohner der Provinzen konnten in eine Hilfstruppeneinheit eintreten. Es gab Infanterie (cohortes) und Reiter (alae). Die Mitglieder dieser Einheiten bekamen nach einer Dienstzeit von 25 Jahren das römische Bürgerrecht.

Veteranen

Hatte ein Soldat 20 bis 25 Jahre gedient, bekam er ein Stück Land zugeteilt oder konnte sich mit einer Pension, die etwa 13 Jahresgehältern seines letzten Dienstgrades entsprach, zur Ruhe setzen. Viele der sog. Veteranen blieben in der Nähe ihres ehemaligen Standortes. Sie ließen sich in den Städten als Händler, Handwerker oder Wirt nieder oder bewirtschafteten einen Gutshof auf dem Lande. Erst jetzt war es dem Legionär erlaubt zu heiraten, d. h. meist schon bestehende Familienbindungen zu legalisieren.

aus weißem Marmor wurde im Innenraum des Tempels unter dem Dom gefunden (→ S. 181). **3, 4 Maßstäbe,** an der Spitze leicht umgebogen, haben als Grundmaß meist den ,,Fuß'' (*Bo. 102; Rö. 158*). **1 röm. Fuß = 296 mm, wurde entweder in 12 unicae oder 16 digiti unterteilt.**

Insel 110
Gewerbe und Handel
Amphoren, mitten auf der Insel aufgebaut, waren für den Transport von Getreide, Öl und Wein genauso unentbehrlich, wie für die Vorratshaltung. Zu einem Teil im Boden eingegraben, hielten sie den Inhalt lange frisch. **1 Steinsarg der Verecundinia Placida und deren Sohn Desiderius.** Auf der von zwei Eroten gehaltenen Inschrift ist in der Mitte der 6. Zeile der Beruf des Auftraggebers angegeben. Er war Händler für Steinmetzarbeiten (NEG(otiator) ARTIS LAPIDARIAE) – (*Bo. 703*). **14 Grabaltar für Masclinia Aquina** und **16 Grabdenkmal für Acceptia Accepta, beide Bankiersgattinnen.** Der Ehemann der Masclinia, deren Bild den Grabstein schmückt, war Geldwechsler (NVMMVLARIVS, 5. Z.) von Beruf. Er bezeichnet seine Frau als außerordentlich treu (CONIVGI PIENTISSIME, 3. Z.). Auf dem Stein für Acceptia wird der Beruf des Mannes noch genauer angegeben: er war Händler in Geldgeschäften (NEGOTIAT(or) NVMMVL (arius), 5. Z.). Hier wird die Verstorbene als sehr rechtschaffende Frau und süßeste Gattin (FEMINE INNOCENTISS (imae), 3. Z.; CONIVGI DVLCISS (imae), 6. Z.) gerühmt. **15 Bruchstück von einer Weihinschrift, von einem Kassierer aufgestellt** (→ Abb. 18). Weder der Name des Gottes, dem die Weihung galt, noch der Name des Stifters sind erhalten. In den oberen drei Zeilen liest man lediglich, daß er Geldeintreiber war (COACTOR ARGENTARIVS). Den Tag, an dem der Stein aufgestellt wurde, kann man dagegen aus dem Folgenden genau ermitteln: Durch die Namen zweier Konsuln, die nur in einem bestimmten Jahr gemeinsam in Rom regierten (POMPEIIANO ET AVITO CO(n)S(ulibus) 4./5. Z.) und das Datum, die Monatsmitte des Mai (ID(ibus) MAI(is), 6. Z.), ist der 15. Mai 209 genau angegeben. Die Buchstabenfolgen VSLM

(3. Z.) und LDDD (6. Z.) sind Abkürzungen, die häufig auf Weihesteinen zu finden sind (→ S. 41). **12 Ein Grabstein des Parfümhändlers Sextus Haparonius:** Das antike Capua, nördlich von Neapel, galt bei den Römern als Ort des Luxus. Ein Stadtviertel um den Platz Seplasia herum war im ganzen Reich berühmt wegen der Herstellung von Kosmetika. So übertrug sich der Name des Ortes als Sammelbegriff auf Parfümeriewaren. Auf dem Grabstein steht deshalb als Beruf des Verstorbenen: Händler in Seplasia-Artikeln (NEGOT(i)ATORI SEPLASIARIO, 3./4. Z.) – (*Bo. 105*).

Vitrine 15
Kölner Erzeugnisse
6–12 Aus dem feinen hellen Ton, der westlich von Köln vorkommt, stellte man z. B. in der Nähe des Rudolfplatzes (→ Abb. 128, 15), diese fast weißen Gefäße her (*Bo. 107, 108*). **12 a und 17** Eine etwa quadratische Platte aus Marmor, eine andere aus gebranntem Ton benutzte man als **Boden einer Form** für vierkantige hohe Flaschen. Nach der häufig unter dem Boden eingeprägten Figur des Handelsgottes nennt man solche Gläser **Mercurflaschen. 2 und 25** Man hat in Köln mehrere glasierte Keramikbecher gefunden, auf denen in der sog. **Barbotine-Technik** Menschen und Tiere in Jagd- und Kampfszenen dargestellt sind. Die Figuren wurden in Tonschlemme vorgeformt und dann vorsichtig auf die Gefäßwand aufgelegt, mit der sie sich erst durch den Brennvorgang fest verbanden. Der hier ausgestellte grüne Krug ist einer der schönsten dieser sog. **Jagdbecher.** Unter der glänzenden Glasur sieht man Tiere, die in dichtem Rankengestrüpp hintereinander herjagen (*Bo. 106*). **18–22** Diese **Möbelbeschläge** fand man in einem Raum des Hauses mit dem Dionysosmosaik (→ S. 112, Abb. 48, Abb. 54, 14).

Vitrine 16
Salben und Parfums
Unzählige kleine Salbgefäße sind in Kölner Gräbern gefunden worden. **25** Eine noch mit originalem Inhalt gefüllte **Salbenvorratsflasche** hat man in einem Frauengrab gefunden (*Bo. 214*) **z. B. 21.** Viele der kleinen Flaschen haben Ösen, um ein Kettchen daran zu befestigen. **27, 33** Zu-

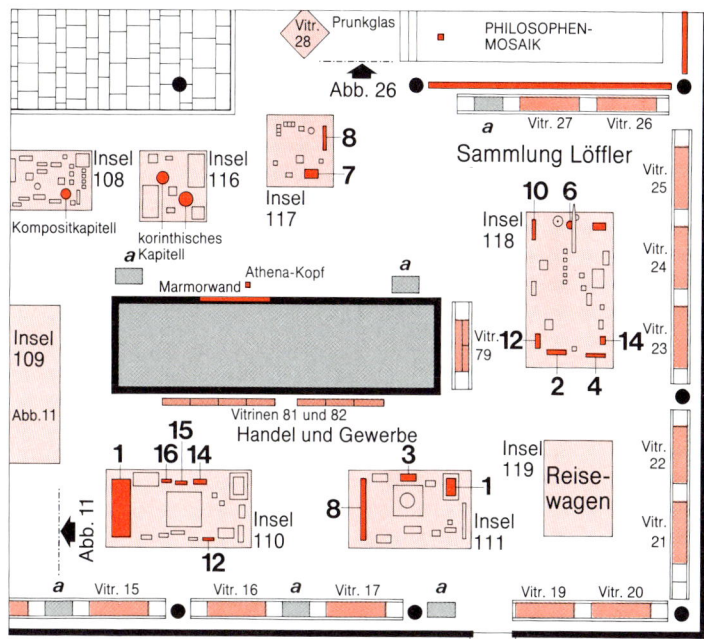

Abb. 16. Hauptgeschoß des RGM: Handel und Gewerbe, Reise zu Land und Wasser, Architektur, Sammlung Löffler.

sammen mit einem sog. Strigel trug man sie an einem Lederband oder Metallreifen am Handgelenk, wenn man die Thermen besuchte (→ S. 249). Nach dem Einreiben mit Öl strich man sich mit dem **Strigilum** den Schmutz von der Haut, um anschließend heiß, warm oder kalt zu baden (*Bo. 26, Rö. 321*).

Wandvitrinen 81 und 82
Kölner Töpfer- und Glaswerkstätten

Die beiden großen, die Wand fast völlig bedeckenden Vitrinen zeigen eindrucksvoll die Vielfalt und Qualität römischer Gebrauchsgefäße (*Bo. 111*).

Vitrine 17
Einheimische Gottheiten

Kleine Figuren aus Bronze und Stein, am häufigsten aus Ton, wurden in einer Kultnische des Hauses aufgestellt, aber auch den Toten mit ins Grab gegeben (*Bo. 120–122; Rö. 180–182*).
22 Einige dieser sicher in großen Stückzahlen hergestellten Tonfiguren tragen ein „Markenzeichen". Man liest auf der Rückseite der Matronen-Gruppe: CCAA IPSE FABRICIVS F(ecit) – in Köln von Fabricius selbst hergestellt.

Insel 111
Einheimische Gottheiten

Die meisten Weihesteine auf dieser Insel gelten den Matronen. Diese drei Göttinnen, die man mit verschiedenen keltisch klingenden Beinamen kennt, wurden immer gemeinsam verehrt. In Köln und Bonn, aber auch in der Eifel waren sie offensichtlich sehr beliebt. In Pesch bei Münstereifel entdeckte man ein einsam gelegenes Heiligtum mit mehreren Weihesteinen für die Matronen (→ Abb. 121,6).
In einem Regal sind 18 Matronensteine zusammengestellt. Zwei zeigen die typische Darstellung der drei nebeneinander sitzenden Göttinnen. Fast alle Inschriften enden, wie auf Weihesteinen üblich, mit dem Dank- und Verehrungsspruch, meist abgekürzt in den Buchstaben VSLM. Nur auf dem Stein des Mansuetus ist der Grund für die in der Weihung ausgesprochene Dankbarkeit vermerkt (→ S. 40).

Abb. 17. Altar für die axsinginehischen Matronen (H. 1,05 m, Br. 0,68 m). Die meisten Weihesteine tragen eine ähnlich kurze Inschrift wie hier: Den Namen der Gottheit, den des Stifters und die übliche Weiheformel VSLM (→ Insel 111,3).

Abb. 18. Bruchstück von einer Weiheinschrift, von einem Kassierer aufgestellt (H. 0,77 m, Br. 0,51 m). Auf dem Fragment ist sowohl die Weiheformel VSLM (3. Z.) als auch (in der letzten Z.) die Abkürzung LDDD vermerkt (→ Insel 110,15).

8 rechts (Abb. 19)
Weihestein des Mansuetus

MATRONIS
AVFANIB(us) C(aius)
IVL(ius) MANSUE
TVS M(iles) L(egionis) I M(inerviae)
P(iae) F(idelis) V S L M FVI
T AD ALVTVM
FLVMEN SECVS
MONT(is) CAVCASI

Den Aufanischen Matronen setzte C. Jul. Mansuetus, Soldat der 1. Legion Minervia Pia Fidelis (die in Bonn stationiert war) einen Weihestein. Nachdem er die übliche Abkürzung VSLM (Mitte 5. Z.) angefügt hatte, berichtet er, daß er am Fluß Alutus im Kaukasusgebirge gewesen ist. Der Alutus, heute Terek, entspringt im nördlichen Kaukasus und fließt ins Kaspische Meer. Offensichtlich war Mansuetus als Soldat der 1. Legion 161/62 während des Partherfeldzuges unter Marc Aurel in dieser Gegend gewesen und dankt jetzt für glückliche Heimkehr nach vielen Tagemärschen.

3 Ein Altar für die axsinginehischen Matronen (Abb. 17): Auf vier Pfeilern mit korinthischen Kapitellen liegt das Gesims der Tempelarchitektur und darüber die mit Rollen geschmückte Opferplatte des Altares. An der Frontseite ist unter dem Giebel eine Nische mit muschelförmigem Gewölbe ausgearbeitet. In ihr sitzen die drei Göttinnen, die äußeren durch die Haube als verheiratet, die mittlere mit langen Haaren als junges Mädchen gekennzeichnet. Auf den mit Girlanden geschmückten Seitenflächen des Steines sieht man Diener, die Opfergaben herbeitragen (*Bo. 115*). **1 Ein Altar für die Göttin Vagdavercustis mit Opferdarstellung.** Hier bekommt man eine gute Vorstellung von einer Opferzeremonie. Im Mittelpunkt der Szene steht ein kleiner Weihealtar, vorbereitet zum Brandopfer. Während ein Diener ein Kästchen herbeiträgt, ein anderer Flöte bläst und zwei weitere Männer, in die kurzen Kapuzenmäntel der einheimischen Bevölkerung gekleidet, im Hintergrund stehen, legt der Opfernde eine Gabe auf den Altar. In Ehrfurcht vor der Gottheit hat er den Saum seiner Toga über den Kopf gezogen (*zu den Lebensumständen des Weihenden, eines Praetorianerpräfekten, → Tafel – Bo. 118, 119; Rö. 178*).

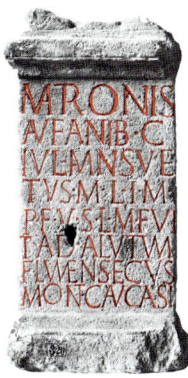

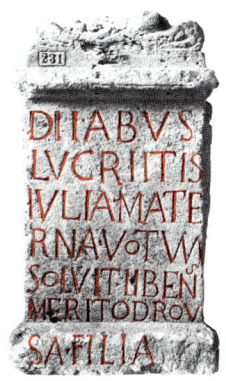

Abb. 19. Weihestein des Mansuetus (H. 0,43 m, Br. 0,21 m). Hier wird ein Grund für den Dank an die Gottheit angegeben. Man liest vom Ende der 5. Zeile an (FVIT AD …), daß der Stifter im Kaukasus gewesen war (→ Insel 111,8 rechts).

Abb. 20. Weihestein für die Schutzgöttinnen Lucretiae (H. 0,30 m, Br. 0,19 m). Selten hat man, wie hier, die Weiheformel im ganzen Wortlaut aufgenommen, 4.–6. Zeile: VOTVM SOLVIT LIBENS MERITO (→ Insel 106,4).

Weihesteine (Abb. 17–20)

Viele Steindenkmäler des Museums dienten nicht zum Gedächtnis eines Toten, sondern sind Ausdruck von Dankbarkeit gegenüber den Göttern. Diese sog. Weihesteine haben häufig die Form eines einfachen Altares, auf dessen Oberfläche seitlich je eine Rolle aus Lorbeerblättern (pulvinarium – Götterpolster), in der Mitte Früchte als Opfergaben in Stein gehauen wurden. Oft sieht ein solcher Altar wie ein kleiner Tempel aus. An der Frontseite befindet sich in einer Nische unter dem von Pfeilern getragenen Giebel das Bild der Gottheit, an den Schmalseiten sind Weihegeschenke oder Opferdiener mit Gaben dargestellt. Nachdem der Göttername und der des Stifters aufgeführt sind, endet die Inschrift meist in einer Folge von vier Buchstaben:

V(otum)   **S**(olvit)   **L**(ibens)   **M**(erito)
Das Gelübde   erfüllte er (sie)   freudig,   nach erwiesener Wohltat

Wollte man seinen Weihestein an einem öffentlichen Platz aufstellen, mußte man die Erlaubnis des Stadtrates einholen. Der Stein bekam dann die zusätzliche Inschrift:

L(oco)   **D**(ato)   **D**(ecreto)   **D**(ecurionum)
Den Platz   gegeben   durch Anweisung   des Stadtrates

Vitrine 19
Merkur

Der griechische Gott Hermes, von den Römern Mercurius genannt, wurde im Rheinland viel verehrt. Man setzte ihn mit einheimischen Göttern gleich oder verband seinen Namen sogar mit dem des vergöttlichten Kaisers Augustus zu Mercurius Augustus (→ S. 97). Der Gott Merkur war schneller Götterbote und Geleiter ins Jenseits, er schützte die Reisenden und die Kaufleute. **1 – 14** Geldbeutel, Flügelhut und geflügelte Schuhe sind seine Kennzeichen *(Rö. 272)*. **17 – 19** In der Hand trägt er den geflügelten Schlangenstab (caduceus). **16** Eine Ziege unter einem Baum und **15** ein Widder sind seine Begleiter. **23 – 26** Glasflaschen mit quadratischer Bodenfläche zeigen oft das Bild des Gottes und werden deshalb Merkurflaschen genannt *(Bo. 215)*.

Vitrine 20
Gefäße in Metall und Ton

Verschiedene Gefäßformen wie Becher, kleine Tabletts, Kannen oder Griffschalen wurden nach dem teuren Metallvorbild in billigerem keramischem Material nachgeahmt (*Bo. 142, 145*). **6, 12 und 20 Zwei Bronzekannen und eine Griffschale** wurden 1930 in der Max-Bruch-Straße im Garten des damaligen Oberbürgermeisters Konrad Adenauer gefunden. Beim Bau eines Schwimmbeckens zerstörte man zunächst die Reste eines Brandgrabes, ohne es zu bemerken. Ein kleiner Tonkrug, der dem Hausherrn gebracht wurde, machte ihn dann erst auf den Fund in seinem Garten aufmerksam. Die alarmierten Archäologen konnten zu diesem Zeitpunkt nur noch einige Einzelfunde bergen. Die flache Metallschale ist mit einem langen, in einen abgegriffenen Widderkopf auslaufenden Stiel versehen (*Bo. 145; Rö. 175*). Eine der beiden Kannen hat einen kleeblattförmigen Ausguß, ihr Henkel läuft am unteren Ende in eine Löwentatze aus, das obere über den Gefäßrand hochgestellte Ende zeigt einen kleinen Löwenkopf. Die andere, von grüner Patina überzogene Bronzekanne ist das schönste Stück aus diesem Fund. Der mit einem Pflanzenornament geschmückte und mit feinem silbernen Perldraht eingefaßte Henkel teilt sich oben in zwei Schwanenköpfe, zwischen denen ein kleiner Frosch auf dem Rand der Kanne sitzt. Das untere Ende des Griffes trägt eine sehr lebendige Darstellung: Ein geflügelter Erot, in der linken eine Leier, in der rechten das Plektron (ein hartes Plättchen zum Anschlagen der Saiten), läßt sich von einem Delphin durch die Wellen tragen. Die Augen der Schwäne und des Delphins sowie die Blüten der Ranke waren in Silber eingelegt (*Rö. 177*).

Vitrine 21
Bilderschüsseln

9 In ein (auf der Töpferscheibe rotierendes) Keramikgefäß mit eingetieften Bildern wurde der feuchte Ton sorgfältig hineingedrückt. An der Luft getrocknet schrumpfte dann die neue, reliefgeschmückte Schüssel so weit, daß sie ohne Mühe aus der Form herauszuholen war. Wenn man sie anschließend in eine mit Pflanzenasche gemischte Tonbrühe tauchte, bekam sie beim Brennen einen wasserundurchlässigen glänzenden Überzug (→ S. 30 Vitr. 12 – *Bo. 153, 154*).

Vitrine 22
Rheinische Sigillaten

Keramik läßt sich auf verschiedene Art verzieren: **z. B. 16** Formen in feiner Tonschlemme werden auf die glatte Gefäßwand aufgelegt (Barbotine-Technik), **z. B. 5** Muster werden in die gebrannte Keramik wie in Glas hineingeschliffen, **z. B. 18** Auf rote Gefäße malt man mit weißer, auf weiße mit roter Tonfarbe (Engobe) – (*Bo. 139, 140*).

Insel 119
Rekonstruktion eines römischen Reisewagens

Der 1949 vom Museum angekaufte Fund von zahlreichen Einzelstücken eines Wagens aus dem 2. Jh. n. Chr., entdeckt im mazedonischen Wardartal (bei Thessaloniki, Griechenland), machte diese Rekonstruktion möglich. Nach Plänen von Christoph Röring baute der Wagenmacher Paul Klöcker 1973 die Holzteile neu. Der Bronzeschmuck und wenige Stücke aus Eisen sind original. Der Wagen ist ohne Deichsel 2,60 m lang, 2,35 m hoch und 1,80 m breit. **Frontseite:** Die Spurbreite von Reisewagen ist u. a. aus dem Abstand der Rillen abzulesen, die römische Straßenbauer in das Pflaster schlugen, um die Wagen an gefährlichen Wegstrecken (z. B. in den Alpen) wie in Schienen zu führen. Die Höhen der Achsen und der darauf aufbauenden Ständer ergaben sich durch die mit Mustern geschmückten Bronzebeschläge. Zwei Pantherweibchen auf gebogener Standfläche ließen auf die Brüstung am Kutschersitz schließen. In die Oberfläche der glatten, bronzenen Tierkörper sind Silber- und Kupferstückchen eingelegt, wodurch der Eindruck eines seidig glänzenden, gefleckten Felles entsteht. Die lebhaft bewegte Figurengruppe des trunkenen Dionysos in Begleitung von Pan und Satyr, war maßgebend für Höhe und Wölbung des Daches. Ausgewogenheit im Verhältnis der einzelnen Teile zueinander bestimmte die Gesamthöhe des Wagens. An der Spitze der Deichsel ist die kleine Bronzeplastik einer Göttin aufgesetzt. **Seitenansicht:** Das Bruchstück eines Reifens, Nabenringe und Löwenköpfe als Schmuck der Radnaben waren Anhaltspunkte für die Größe der Räder. Damit die Vorderachse sich besser drehen läßt, haben die vorderen einen kleineren Durchmesser als die hinteren. Geflügelte Siegesgöttinnen, die eine Palme tragen und ihren Fuß auf eine Kugel setzen, bilden den Abschluß der Ständer. Wie Finger gestaltete Ösen zu beiden Seiten der Victorien halten die Riemen, an denen die Karosse gut gefedert hängt. Während die kräftigen, mit Haken versehenen Ledergurte hinten in eisernen Ringen am Karosserieboden befestigt sind, gleiten sie über der drehbaren Vorderachse auf einer Schiene, so daß ein müheloses Wenden des Wagens möglich ist. **Rückseite:** Die tanzenden Mänaden und die Herculesbüsten könnten nach den Befestigungsvorrichtungen ihrer Rückseiten beim originalen Wagen ihren Platz an der gleichen Stelle gehabt haben. Ein Bild des Mars schmückt die halbrunde Fläche unter dem gebogenen Dach (*Bo. 123–127; Rö. 185–190*).

Vitrine 79
Pferd und Wagen

Hier sind Beschläge und Schmuckfiguren anderer Wagen ausgestellt.

Insel 118
Güterumschlag im Rheinhafen

10 Grabdenkmal des Matrosen Aemilius. Die germanische Flotte, zu der der Soldat Aemilius gehörte (MIL(ites) EX CLASSE G(ermanica) P(ia) F(idelis), 2./3. Z.) ist durch viele, mit ihrem Zeichen (CGPF) gestempelte Ziegel bekannt. Sie war im Flottenlager Auf der Alteburg stationiert (→ S. 172; 253). **12 Grabdenkmal des Steuermanns Horus.** Sein Name HORVS und sein Herkunftsort Alexandria (ALEXSANDRINVS, 2.–4. Z.) lassen vermuten, daß er ein Ägypter war, der als Untersteuermann (PRORETA, 2. Z.) in der Rheinflotte Dienst tat und mit 60 Jahren (ANN(orum) LX, 5. Z.) verstarb (*Bo. 131*). **2 Eine Flußgottmaske.** In dem Relief eines männlichen Gesichtes, umrahmt von wilder Haar- und Barttracht, mit starr blickenden Augen und einem geöffneten Mund, könnte man eine Personifikation des Rheines sehen. Eine Kopie dieser Flußgottmaske dient heute als Wasserspender des Brunnens an der sog. Hafenstraße südlich neben dem Museum (→

S. 120 – *Bo. 135*). **4 Eine Weiheinschrift für den Gott Apollo.** Die Weihetafel des C. AVRELIVS (2. Z.), der im Seehandel mit der Provinz Britannien sein Geld verdiente (NEGOTIATOR BRITANNICIANVS, 3./4. Z.), ist von einem sehr guten Steinmetzen angefertigt worden. Er verstand es nicht nur, ein perfektes Rahmenprofil in die schwarze Marmorplatte zu meißeln, sondern achtete auch auf die ausgewogene Verteilung der Schrift. Das ging so weit, daß er das am Anfang der 3. Zeile stehende R spiegelverkehrt schrieb, um so ein geschlossenes Textbild zu erreichen (*Bo. 130*). **14 Ein Weiherelief für Quellnymphen.** Drei junge Frauen mit Schöpfgefäßen setzen ihren Fuß auf drei Flußgottmasken. Schon am Anfang des 4. Jh. wurde dieser Stein in den Fundamenten des Deutzer Kastells verbaut (*Bo. 134; Rö. 198*). **16 Das Bruchstück eines Kopfes.** Wilde Haar- und Barttracht, schräg gestellte Augen und Tierohren hat dieser kleine, aus einem Kiesel mit Meißel und Bohrer herausgearbeitete Panskopf. Er wurde 1970 beim Bau der Tiefgarage in einem römischen Brunnen westlich des Dom-Südturmes entdeckt (*Rö. 217*).

In der Mitte der Insel sind **Eichenpfähle** von den Fundamenten der von Kaiser Konstantin 310 n. Chr. erbauten **Rheinbrücke** aufgestellt (→ S. 226 – *Bo. 131*).

Vitrine 23
Hafen und Schiffahrt

14 Diese in Silberblech getriebene Tafel wurde in Kleinasien gefunden und 1974 für das Museum erworben. So wie weitere ähnliche Reliefs, die man am Schwarzen Meer und an der Donau ausgegraben hat, wurde sie wahrscheinlich als **Votivgabe für eine Gottheit** geschaffen. Die Darstellung scheint eine Kulthandlung wiederzugeben: In einer Tempelarchitektur erkennt man zu beiden Seiten bärtige Reiter, die ihr Pferd auf eine Früchte tragende Göttin in der Mitte zulenken. Wie drei weitere, über dem Haupt der Göttin als Bildnisbüsten dargestellte Personen tragen sie die sog. phrygische Mütze. Im unteren Teil des Tempelraumes sind Opfergaben aufgestellt, im Giebel steht Tyche (röm. Fortuna), die Schicksalsgöttin mit Rad, Füllhorn und Pflug. Ihr zur Seite sieht man verschiedene Tiere: einen Fisch, einen Hahn, den Kopf eines Widders, über den Häuptern der Reiter Schlangen, rechts einen Vogel. Die Büsten an den Seiten des Giebels verkörpern Sonne und Mond. Brennende Öllampen über den Köpfen der Pferde scheinen auf eine nächtliche Kultfeier hinzudeuten. Diese von zahlreichen Symbolen umgebene Huldigungsszene gehört in den Bereich der aus dem Orient kommenden Mysterienreligionen, über deren streng geheim gehaltene Kultzeremonien sehr wenig bekannt ist (*Rö. 197*).

11 Der **Dreihenkelkrug,** dessen Fundort man nicht kennt, zeigt drei Medaillons: 1. Sylvanus, den Schutzgott des Waldes und seiner Tiere, 2. Hilaritas, eine auch auf Münzen des Kaisers Hadrian vorkommende Göttin der Heiterkeit mit Füllhorn, Palme und zwei sie verehrenden Knaben, 3. eine Tierhetze in der Arena, bei der in wildem Getümmel 13 Gladiatoren gegen 4 Bären kämpfen.

Über 70 solcher **Tonmedaillons** (von denen drei hier als Schmuck des Kruges dienen) mit den verschiedensten Darstellungen, aber alle etwa 8 cm im Durchmesser groß, wurden in der Provence gefunden. Bei genauer Untersuchung entdeckte man an den Bildern des Dreihenkelkruges, die auf vielen der südfranzösischen Tonreliefs erscheinende Signatur FELICIS CERA. So ist

zu vermuten, daß auch der Kölner Krug in der Rhône hergestellt wurde und daß der Künstler Felix die Modeln für die Rundbilder schuf.

16 Die 20 cm hohe **Bronzemaske,** in einem Grab an der Luxemburger Straße gefunden, könnte der Schmuck eines Schiffsbugs gewesen sein. Das Blech der Kopfform ist bis auf die untere Kante nach hinten gebogen, über der Stirnmitte ist ein Nagelloch. Der Gott der Meere, Oceanus, ist hier sehr lebendig dargestellt: Zwei Krebsscheren recken sich über dem Kopf empor, Delphine, deren Schwanzenden unter den Wangen zu sehen sind, scheinen in seinem Bart wie in Wasser einzutauchen und unter dem Kinn wieder an die Oberfläche zu kommen (*Bo. 137; Rö. 191*). **2** Aus einem muschelförmigen Stück **Bernstein** ist dieser kleine Kahn, halb Ruder-, halb Segelboot, geschnitten (Abb. 21). Vorderseite: Auf einer Länge von nur 12 cm sitzen drei Eroten im Schiffchen nebeneinander unter dem sich wölbenden Segel. Die Stellung der Ruder zeigt die Fahrtrichtung an. Man kann die Reling und eine Kabine auf dem Achterdeck erkennen. Rückseite: Unter dem gewundenen Schwanz eines Seezentaurs schießt ein Fisch hervor. Der obere Teil des Reliefs ist mit Muschelformen gefüllt. (*Bo. 132; Rö. 192*).

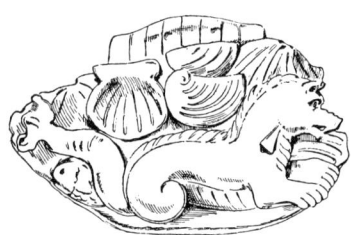

Abb. 21. Bernsteinschiff (H. 7,5 cm, Br. 12 cm), Zeichnung der Vorder- und Rückseite.

In den nächsten drei Vitrinen sind seit Mai 1981 Keramikgefäße der Sammlung Löffler (→ S. 11) ausgestellt.

Vitrine 24
Relief-Keramik aus Kleinasien

Die meisten Gefäße sind zwischen dem 1. Jh. v. Chr. und dem 2. Jh. n. Chr. in der **römischen Provinz Asia** entstanden. Hauptstadt und Zentrum des Kunsthandwerks war **Pergamon** (heute Bergama, Türkei). Von 280 bis 130 v. Chr. war diese Stadt Mittelpunkt des Pergamenischen Reiches gewesen. Mehrere Könige hatten sie in die-

ser Zeit zu einer prunkvollen Residenz ausgebaut. Der letzte König Attalos III. vermachte sein Herrschaftsgebiet den Römern, die es in ihr Weltreich eingliederten.

5 – 8 Aus graugelbem bis graubraunem oder rotem Ton hergestellte Becher, mit plastischen Girlanden, Lorbeerzweigen oder erotischen Darstellungen geschmückt und anschließend in verschiedenen Farben glasiert, sind typisch für die Produktion von Werkstätten des 1. Jh. v. Chr. bis 1. Jh. n. Chr. in Pergamon.

1 Der grün glasierte Henkelkrug zeigt im unteren Teil eine Prozession lebhaft bewegter Gestalten. Eine Gruppe von vier Figuren hat man viermal nacheinander rund um den Krug zu einem Fries vereint. Der Rapport beginnt mit einer Tambourin schlagenden Mänade, darauf folgt Hercules mit Löwenfell und Keule, ein muskulöser Satyr und schließlich eine weitere Frauengestalt in langem Überhang. Der untere Ansatz des Henkels ist durch ein großes Blatt verdeckt, der obere Abschluß endet in zwei Schwanenköpfen.

Einige Beispiele für den Formenreichtum kleinasiatischer Gefäße sind u. a. zwei fast gleiche liegende Widder, ein Frauengesicht unter einer Haube, der Kopf eines Kindes und eines bärtigen Mannes.

12 und 13 Das fast **20 cm hohe Henkelgefäß** aus rotbraunem Ton mit einem matten Überzug ist im unteren Teil mit einem plastischen Schuppenmuster, in der Mitte mit eingeritzten Ranken verziert. Als man den im 2. Jh. n. Chr. entstandenen Krug fand, war als Deckel eine schon etwa 100 Jahre früher hergestellte halbkugelige Schale über seine Öffnung gestülpt. Gefäße, die wie dieses mit einem sehr feinen plastischen Ranken- und Blütenmuster versehen sind, nennt man (nach der altgriechischen Stadt Megara) **Megarische Becher.**

Vitrine 25
Figürliche Keramik aus Nordafrika

146 v. Chr. wurde die nordafrikanische Mittelmeerküste (heute Tunesien) zur römischen Provinz **Africa proconsularis.** Von etwa 70 n. Chr. an lassen sich Töpfereien im Lande nachweisen, deren Produkte im 2. Jh. schon im ganzen westlichen Mittelmeerraum begehrt waren, vom 3. Jh. an bis zu den östlichen Grenzen des Römischen Reiches exportiert wurden. Vor allem die rote Keramik, die man **Sigillata Chiara** nennt, war im östlichen Reichshälfte bald ebenso beliebt wie in der westlichen die in Italien und den nördlichen Provinzen hergestellte Terra Sigillata.

Neben ungewöhnlichen Gefäßen, z. B. einer Ringflasche mit seitlich vortretendem Hals, einem Affenkopf auf plumpem Körper und einem Wasserschlauch auf vier Beinchen, steht

1 Ein Krug in Form einer „Trunkenen Alten". Die Frau mit zerfurchtem Gesicht umklammert einen großen Weinkrug, den sie zwischen den Knien hält. Unter dem Boden ist der von anderen Keramikfunden bekannte Vermerk „EX OF (FICINA)PVLLAENI" zu lesen. Die Fabrik der Pullaeni war um 200 n. Chr. offensichtlich sehr erfolgreich. Mehr als 10 weitere ähnliche Gefäße sind in Nordafrika ausgegraben worden; ein Model für eine solche Kanne wurde in Pergamon gefunden. Das gemeinsame Vorbild war eine berühmte, etwa lebensgroße Plastik einer „Trunkenen Alten", die der griechische Bildhauer Myron im 2. Jh. v. Chr. schuf und die in röm. Zeit mehrfach kopiert wurde (→ S. 65, Vitr. 34, Abb.32 – *Rö.223*).

9 und 6 Die beiden roten Tonkannen mit Reliefdekor sind in ähnlicher Technik hergestellt. Dort, wo die Henkel ansetzen, erkennt man jeweils eine senkrechte Nahtstelle, die zeigt, daß die Gefäße aus zwei Hälften zusammengesetzt wurden. Für den **kleineren bauchigen Krug** nutzte man nur eine Formschüssel, in deren Innenwand das Bild eingetieft war. Nacheinander wurden beide Gefäßhälften abgeformt und anschließend zu einem Krug zusammengesetzt und mit einem Henkel versehen. In einem weiteren Arbeitsgang kerbte man die Umrisse der Figuren, die Gesichtszüge und Falten der Gewänder zusätzlich ein. Dargestellt sind die beiden ihre Pferde am Zügel führenden Dioskuren Kastor und Polydeukes (röm. Castor und Pollux), die Zwillingssöhne des Zeus. Sie wurden als Helfer im Kampf und Retter in Seenot verehrt (→ gegenüber Insel 118,5). Für die sog. **Reliefamphore** mußten zunächst zwei unterschiedliche Formhälften hergestellt werden. Kleine Ton- oder Holzreliefs wurden jeweils in drei Reihen übereinander angeordnet, in je eine feuchte Tonplatte hineingedrückt, die anschließend zu einer halbzylindrischen Form gebogen und gebrannt wurde. Nach den beiden zwar aufeinander abgestimmten, aber verschiedenen Modeln formte man dann die beiden Hälften der Kanne und fügte sie anschließend zusammen. In den durch waagerechte Rillen voneinander abgesetzten drei Friesen erscheinen im ganzen 24 Einzelbilder, von denen einige bis zu viermal vorkommen (Abb. 22). Andere Motive, wie z. B. die

Dreiergruppe mit einer Mänade und zwei Satyrn oder die Figur des dicken Silen (oberste Reihe), kennt man von anderen Gefäßen. Der Kunsthandwerker konnte unter den zahlreich in der Werkstatt vorhandenen Reliefbildern einige auswählen und die Abdrücke nach seiner Vorstellung in der Form anordnen. Hier ist neben den Gestalten aus dem Dionysoskult und einer Huldigung an die Göttin Venus vor allem eine wildbewegte Hasenjagd dargestellt. Auf der Schulter der Amphore ist zweimal der Herstellername NA(v)IGIVS vermerkt. Dieses ,,Markenzeichen'' fand man auf einer größeren Anzahl unterschiedlich geformter Gefäße. Das läßt vermuten, daß Navigius eine der bedeutendsten Keramikfabriken des 3. Jh. betrieb.

In mehreren nordafrikanischen Töpfereien dieser Zeit wurden sog. **Kopfgefäße** mit Ausgußöffnung über der Stirn und Henkel an der Rückseite hergestellt. Bei einem Männer- und einem Frauenkopf, beide mit schönen, etwas starren Gesichtern und sorgfältig modellierten Bart- und Haartrachten, sind auf der Wand des Ausgusses Schriftzeichen zu erkennen. **12** Der männliche Kopf stammt wie die Reliefamphore aus der Fabrikation des Navigius (EX OFICINA NAVIGI), **14** der weibliche trägt die Bezeichnung EX OFICINA TAHINI.

Bei zwei weiteren Krügen sind je **ein großer und ein kleiner Kopf übereinander** aufgebaut. **13** Bei dem einen ist der Ausguß als verkleinerte Kopie des Gefäßbauches geformt. Der große, eiförmige Kopf hat weit aufgerissene Augen, schwungvoll darübergelegte Brauen, eine mächtige Hakennase und wulstige Lippen, zwischen denen eine dicke Zunge hervortritt. Stirn und Kinn sind dicht mit krausem Haar bedeckt. **10** Der andere Krug trägt als Gefäßhals ein kleines Frauenbild mit sorgfältig angeordneter Frisur. Hier ist der karikaturhafte, haar- und bartlose große Kopf von besonders guter plastischer Durchbildung.

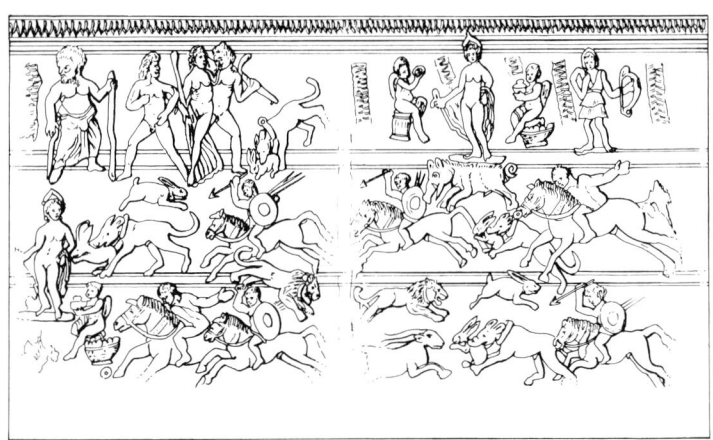

Abb. 22. Nordafrikanische Reliefamphore aus der Sammlung Löffler (H. 26,1 cm, Ø 10 cm), abgerollte Zeichnung.

Vitrine 26
Reliefkeramik aus Nordafrika

***Oben rechts:* 1 Die Votivschale für Baal-Saturn** (Ø 30,5 cm) wurde im 3. Jh. aus gelbem numidischem Marmor geschaffen. Den schon in der Zeit des Karthagerreiches (Karthago, in der Nähe des heutigen Tunis, wurde 146 v. Chr. von den Römern zerstört) in Nordafrika verehrten Baal-Hammon verband man in römischer Zeit mit Saturn zu einer einzigen Göttergestalt. Unter einem Tempelgiebel, der von gedrehten Säulen gestützt wird, sitzt der Gott auf einem Thron, dessen Lehnen aus Sphingen (Frauengestalten mit Tierkörpern) bestehen. Wie der Gott Serapis (→ S. 91) trägt er ein Gefäß auf dem von lockiger Haar- und Barttracht gerahmten Haupt. Die rechte Hand hat er in einer Segensgeste erhoben, in der linken trägt er Ähren und eine Mohnkapsel. Sol mit Strahlenkranz im Haar und Luna mit heruntergebrannter Fackel und Mondsichel im Hintergrund stehen seitlich neben dem Tempel. Beide tragen sie eine Kugel in der Hand (→ S. 36 Insel 107). Die allumfassende Bedeutung Baal-Saturns ist aus dieser Darstellung abzulesen: Er war Herr über Sonne und Mond, über den gesamten Kosmos, über Wachsen und Gedeihen auf Erden.

Mehrere Krüge in unterschiedlichen Formen, aber ähnlicher Qualität, sind links neben der Marmorschale ausgestellt. Durch Säulen, senkrecht stehende Palmblätter oder Ranken sind die sorgfältig geglätteten Oberflächen der dünnwandigen Gefäße in mehrere Felder aufgeteilt. Die Zwischenräume sind mit Bildern aus dem Dionysoskult, von den Taten des Hercules oder mit Tierfiguren geschmückt.
3 Auf einem birnenförmigen Kännchen ist neben den Darstellungen von Tierkämpfen eine kleine Tafel mit der Inschrift TELEGENI NIKA (nikator, der Sieger) zu sehen. Die Telegenii waren eine von mehreren namentlich bekannten Gladiatorengruppen, die in den Arenen der nordafrikanischen Städte auftraten. Der kleine Krug zeigt über den Siegeswünschen das Zeichen dieser Tierkämpfer, einen Kranz mit drei Federn und flatternden Bändern.

Unten links: In den nordafrikanischen Werkstätten des 4. Jh. entstanden zahlreiche glatte Schalen mit aufgelegten Bildreliefs. Die dargestellten Geschichten stammen sowohl aus dem Sagenkreis der heidnischen Götterwelt als auch aus der Bibel.

Sechs Reliefteller mit heidnischen Motiven

19 Die Göttin Isis thront in einem Boot, von drei Frauen begleitet. Auf einem erhöhten Podest hinter ihr erkennt man den Apisstier, von links kommt eine der Frauen eine Doppelflöte spielend auf sie zu. Durch zwei Fische ist das Wasser, in dem die Isisbarke ohne Segel oder Ruder treibt, angedeutet (→ S. 91).

16 Zwei Nereiden (Meergöttinnen) auf Pferden mit Seeschlangenschwanz, nach demselben Model geformt, sind gestürzt zueinander angeordnet. Oben und unten schwimmt ein Fisch nach rechts.

15 Dionysos sitzt auf einem Wägelchen, das von einem Satyrn geschoben wird. Der Wagenaufbau ist ein sog. Liknon, ein an der Seite offener Korb, der in der Landwirtschaft gebraucht wurde, um die Spreu vom Weizen zu trennen, der aber auch im Dionysoskult eine Rolle spielt (→ S. 68 Vitr. 39/40, B 1; S. 114, Dionysosmosaik d u. h, Abb. 52).

Auf drei Tellern sind **Heldentaten des Hercules** dargestellt. Zwei Szenen gehören zu den „zwölf Arbeiten" des Helden (→ S. 49 Insel 117,7), die dritte zeigt eine der zahlreichen weiteren Taten. Man nimmt an, daß Reliefschalen mit einer Serie von verschiedenen Bildern zu einem Thema als Service zusammengehörten.

17 Hercules bringt den erymanthischen Eber dem König Eurystheus, in dessen Auftrag er die „zwölf Arbeiten" verrichtet. Der König verkriecht sich vor Schreck in ein großes, im Boden eingelassenes Vorratsgefäß.

18 Hercules bezwingt den dreiköpfigen Höllenhund, der aus einer nach oben spitz zulaufenden Höhle herausspringt. Mit dieser Tat beendet er seinen Dienst bei Eurystheus.

14 Hercules kämpft mit Mars um die Leiche des Göttersohnes Kyknos. Die Göttin Minerva versucht, ihn zurückzuhalten. Aus dem Hintergrund kommt Mercur mit Flügelhut, der von Jupiter den Befehl überbringt, den Streit zu beenden. Der Leichnam des Königssohnes ist zu Füßen der Kämpfenden zu erkennen.

Drei Reliefteller mit frühchristlichen Motiven (20, 21, 22)

Wahrscheinlich schon kurz nach der Gründung der römischen Provinz Africa proconsularis in der Mitte des 2. Jh. bildeten sich in Nordafrika die ersten Christengemeinden. Im 4. Jh. war hier das Zentrum der Donatisten, einer großen christlichen Gruppe, die sich fanatisch für übertrieben asketische Lebensformen einsetzte. Der Donatismus wurde von der römischen Kirche als Irrlehre bekämpft (→ S. 264 Qu. 15, 16), hielt sich aber noch bis ins 7. Jh.

22 Daniel in der Löwengrube ist eine beliebte Darstellung in frühchristlicher Zeit (→ S. 80, Abb. 34). Hier steigt der Prophet aus einem großen Kantharos, die Arme zur Seite gestreckt, so daß seine Gestalt in der Form des Kreuzes erscheint. Zwei Löwen springen an ihm hoch, können ihn aber nicht erreichen (AT: Daniel 6, 17–24).

20 Ein riesiger Bär bedroht eine Märtyrerin, die an einen Pfahl gebunden ist. Nach demselben Model hat man ein zweites Relief geformt und es neben einem Palmzweig (Symbol der Märtyrer) dem ersten gegenüber aufgelegt. Aus dem Bild spricht die Erfahrung, daß bis zu Beginn des 4. Jh. immer wieder Christen wegen ihres Glaubens gemartert und getötet wurden.

21 Christus selbst, als jugendliche Gestalt mit einem Kugelszepter in der Hand ist auf einem weiteren Teller dargestellt. Von links tritt eine Frau auf ihn zu und berührt sein Gewand, nach rechts wendet er seinen Schritt in die Richtung einer quer zu ihm angeordneten Szene. Ein Mann hat ein mit Riemen bespanntes Bettgestell geschultert und läuft davon, während ein zweiter mit vorgestreckten Armen auf Christus zuzueilen scheint. Wiedergegeben sind zwei Wunder Jesu: Die Heilung der blutflüssigen Frau (NT: Markus 5,24 – 34) und die Heilung des Gelähmten (NT: Markus 2,1 – 12).

23 Eine Form für Reliefs

Im Gegensatz zu der zahlreich überlieferten Reliefkeramik hat man sehr selten Modeln gefunden, nach denen der Bilderschmuck geformt worden war. In diese rechteckige Tonplatte sind auf beiden Seiten Darstellungen eingetieft. Man drückte nassen Ton in die Vertiefung hinein, löste dann, nachdem die Tonmasse angetrocknet, aber noch in einem lederartigen Zustand war, den Bildabdruck heraus und legte ihn auf das vorbereitete feuchte Tongefäß auf. Beim Brennen verband sich dann das Relief endgültig mit der Gefäßwand.

Der Model zeigt auf der einen Seite das Opfer Abrahams (AT: Genesis 22, 1–18), auf der anderen Seite Christus als Guten Hirten (NT: Joh. 10, 11).

2 Die rechteckige Feldflasche aus dem 5. Jh. n. Chr. mit stark durchgebogener Rückwand und einem flachen Relief auf der Vorderseite ist eine Seltenheit. Die Darstellungen zweier Männer unter von Säulen getragenen Dächern und einer dritten segnenden Gestalt in der Mitte sind durch Hineindrücken der ganzen vorderen Gefäßhälfte in einen Model vorgeformt und anschließend durch Einkerbung der Linien deutlicher herausgearbeitet worden.

Vitrine 27
Der Reichtum römischer Gläser

Hier kann man verschiedene Formen des Tiefschliffs (→ S. 57 Vitr. 31 a) beobachten: **7** Wie mit dem Zirkel gezogen erscheinen die sich überschneidenden Kreise auf der **Kugelflasche aus dunklem Glas.** Durch langes Lagern im Boden hat sich ein bunt schillernder Verwitterungsbelag gebildet. **3** Nach **kugelig eingeschliffenen,** exakt nebeneinandergesetzten **Ovalformen** am Rand des Bechers werden die Schliffe in weiteren drei Reihen bis zum Becherboden kleiner, gehen schließlich in kreisrunde Formen über.

Abb. 23. Athena Parthenos, Marmorkopie des 1. Jh. v. Chr. (H. 1,05 m) nach dem verschollenen 12 m hohen Kultbild des Phidias, Athen, Nationalmuseum.

Insel 116
Römische Großbauten

Wenige Architekturreste, die meist in späteren Gebäuden vermauert die Jahrhunderte überstanden, erinnern heute an die Pracht der Tore, Tempel, Paläste und Grabmäler, die zum Bild der römischen Stadt Köln gehörten. Basen verschiedener Form, Säulenschäfte, darunter ein Fragment mit Kanneluren (senkrecht eingeschlagenen Rillen im Wechsel mit flachen Stegen), aber vor allem **korinthische Kapitelle** verschiedener Größe, sind hier ausgestellt.
Auf der benachbarten Insel 108 sind zwei **Kompositkapitelle** zu sehen (Abb. 24 und 25 zeigen die typischen römischen Kapitellformen – *Bo. 156, 162*).

Marmorverkleidete Wände

In Belgien und Italien, aber auch in Griechenland, Ägypten und Tunesien hat man 1974 Marmorplatten erworben und neu zu einer Wand zusammengefügt. Alle Sorten haben eins gemeinsam: Sie waren nachweislich in römischen Bauten Kölns verwandt worden.

Ein Bildnis der Athena Parthenos

1882 fand man am Neumarkt diesen nur 26 cm hohen Marmorkopf. Trotz der starken Beschädigung kann man in ihm eine Kopie vom Haupt der im Altertum hochberühmten Statue der Athena Parthenos erkennen. Dieses über 12 m hohe Kultbild aus Elfenbein und Gold, das der griechische Bildhauer Phidias für den Parthenon-Tempel in Athen schuf, wurde 438 v. Chr. geweiht. Wenn auch die kostbare Kolossalstatue nicht erhalten blieb, so ist ihr Bild doch in zahlreichen verkleinerten Marmorkopien, in Gemmen und Münzen überliefert (Abb. 23). Bei Betrachtung des Kölner Kopfes erkennt man, daß dem dicht anliegenden Helm der Göttin ehemals Tiergestalten aufgesetzt waren. Über der Stirn erhoben sich drei geflügelte Pferde; eine Sphinx, eingerahmt von zwei Greifen, diente als Helmbuschträger. Die Helmkappe ist mit einer aufgelegten Ranke geschmückt. Die auch heute noch zu erkennende sehr gute bildhauerische Arbeit läßt vermuten, daß die ehemalige Statue nicht in Köln entstand, sondern vielleicht in Rom geschaffen wurde und auf dem Handelsweg nach Köln kam (→ *Abb. 128, 28 – Bo. 157, 158; Rö. 25*).

Insel 117
Kunst und Politik

Die Denkmäler dieser Insel zeigen neben vielen weiteren Beispielen im ganzen Museum den Einfluß griechischer Kunst und Philosophie, aber auch die genaue Kenntnis griechischer Götter- und Heldensagen in Köln.

8 Relief mit Eber und Hund. Der römische Dichter Ovid prägte das Sprichwort: ,,A cane non magno saepe tenetur aper.'' – Von einem Hund, nicht groß, wird oft ein Eber (in Schach) gehalten. Dieser Satz findet hier seine bildliche Darstellung. Die Kyniker, eine griechische Philosophenschule, deren Name von Kyon (griech. Hund), dem Spitznamen ihres Begründers Diogenes stammt, sahen hier möglicherweise ihre eigene Überlegenheit Stärkeren gegenüber dargestellt (*Bo. 160; Rö 215*).

7 Kampf des Hercules mit dem Löwen. Der bei den Griechen Herakles genannte Held, der nach seinem Tode unter die Götter aufgenommen worden war, hatte außerordentliche Eigenschaften. Durch überragende körperliche Kräfte und entschlossenes Handeln siegte er in zahlreichen Kämpfen. Er befreite die Menschen von Ungeheuern und half in ausweglos scheinenden Situationen. Deshalb erhoffte man von ihm Erlösung von allem Übel. Die Figurengruppe, die wahrscheinlich ehemals einen Grabbau schmückte, stellt die erste der ,,zwölf Arbeiten'' des Helden dar, die er nach der Sage im Dienste des Eurystheus vollbringen mußte: Er erwürgte den nemeischen Löwen, dessen Kopf ihm von da an als Helm, dessen Fell, das unverwundbar machte, als Panzer diente (*Bo. 161; Rö. 213*).

Gemalte Wände und Fußbodenmosaik

Man steigt drei Stufen hinauf, geht durch ein weites Tor, gebildet aus zwei grünen Marmorsäulen, die mit dem Bild des doppelgesichtigen Gottes Janus gekrönt sind und erlebt einen festlich ausgestatteten Saal. Wenn auch künstlich zusammengefügt aus Architekturteilen zweier Bauten, die außerdem zu verschiedenen Zeiten errichtet wurden, vermittelt der neue Raumzusammenhang doch eine gute Vorstellung vom Glanz und Luxus eines vornehmen römischen Wohnhauses.

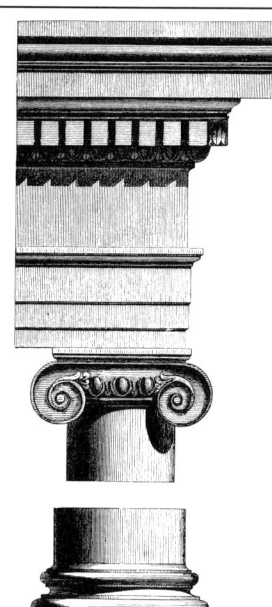

Abb. 24. Römische Säulenordnungen:
A Dorisch-toskanische Ordnung   *B Ionische Ordnung*

Antike Säulenordnungen

In der klassisch-griechischen Architektur kennt man **drei Grundordnungen,** nach denen Basis, Säulenschaft und Kapitell, der darüberliegende tragende Hauptbalken (Architrav) und das abschließende Gesims aufeinander abgestimmt sind. Alle drei, die dorische, die ionische und die korinthische Ordnung wurden, wenn auch leicht verändert, in die römische Architektur übernommen und durch **eine vierte, die Komposit-Ordnung,** ergänzt.

Alle antiken Säulen verjüngen sich nach oben, dabei zeigen sie außerdem meist eine leichte Schwellung (Entasis, griech.: Anspannung), die ihnen ihr starres Aussehen nimmt.

A Die dorisch-toskanische Säule hat meist einen glatten Schaft, manchmal flache Kanneluren (eingeschlagene Rillen) mit scharfen Graten. Das untere Drittel bleibt auch bei den kannelierten Säulen oft glatt. Während griechisch-dorische Säulen nie eine Basis haben, kommen bei den römisch-toskanischen manchmal Basen vor. Das Kapitell besteht aus einem Halsring und einem darüber angeordneten auskragenden Wulst unter einer quadratischen Deckplatte (Abakus).

120 Das Philosophenmosaik
(Abb. 26 und 27)

Auffindung und Geschichte der letzten 135 Jahre

1844 entdeckte man im Garten des Bürgerhospitals, etwa dort wo heute Kunsthalle und Forum stehen, diesen in großen Teilen erhaltenen Fußboden. Nach Kartons von Ramboux wurde das Mosaik ergänzt und 1863 im Wallraf-Richartz-Museum ausgelegt. Wenn auch mit großen Schäden überstand der Boden die Bombardierung des Museums im Jahre 1943, wurde aber erst zur Ausstellung „Römer am Rhein" 1967 wiederhergestellt. 1974 bekam er hier seinen endgültigen Platz (→ *Abb. 128, 32 – Bo. 168, 170; Rö. 202–208*).

Abb. 25. Römische Säulenordnungen:
C *Korinthische Ordnung*   D *Komposit-Ordnung*

B Die ionische Säule hat immer eine durch Wulste und Kehlen reich gegliederte Basis, darüber entweder einen glatten oder einen durch tiefe Kanneluren zwischen flachen Stegen geschmückten Schaft. Beim Kapitell sind über einem rundum laufenden Eierstabfries zur Front und zur Rückseite je zwei spiralig gedrehte Ornamente (Voluten) über den Ecken angebracht.

C Die korinthische Säule entspricht in Basis und Schaft etwa der ionischen. Der Schmuck des Kapitells wirkt wie ein Korb aus drei übereinandergelegten Kränzen von Akanthus, die alle vom Halsring ausgehen. Die obersten Blätter stehen auf langen Stengeln, die zum Teil von den kurzen Blattformen am unteren Ende verdeckt werden. Dazwischen steigt eine mittlere Reihe halbhoher Blätter auf. Aus dem Akanthuskorb wachsen an allen vier Ecken diagonal gestellte Voluten, die eine an den Seiten eingebogene Abakusplatte tragen.

D Die Komposit-Ordnung vereinigt ionische und korinthische Elemente. Das zeigt sich besonders im Aufbau des Kapitells, bei dem im unteren Teil zwei Reihen Akanthusblätter, im oberen das Eierstabmotiv mit seinen Eckvoluten zu sehen sind.

Das Muster

Vom mittleren Sechseck aus entwickelt sich das Muster für eine etwa quadratische Fläche (7,00 x 6,80 m). Auf jeder Sechseckseite steht ein Quadrat, dem sich nach außen wieder ein Sechseck anschließt. Die zwischen den Quadraten liegenden Dreiecke sind einheitlich schwarz-weiß gemustert, während die Quadrate mit ab-wechslungsreichen, mehrfarbigen Rosetten gefüllt sind. Der Boden war, wie heute, von Westen kommend zu betreten (ein Rest des Mosaiks vom angrenzenden Raum hatte sich erhalten). Man sah so das mittlere Bildnis frontal, mußte sich aber zur genauen Betrachtung der übrigen nach rechts oder links umwenden. Die über den Häuptern der Philosophen in Trapezfeldern dargestellten Tische mit Speisen und Geschirr konnte man vom breiten, mit schwarzen Schildformen auf weißem Grund geschmückten Rand betrachten. Eine aus drei verschiedenfarbigen Strängen gedrehte Schnur durchzieht das ganze Mosaik. Eine ähnliche Kordel, dazu dieselbe Art, die Bildhintergründe mit halbmondförmig ausgelegten Steinchen zu füllen, findet man auch beim Dionysosmosaik (→ S. 113). Man könnte an typische Merkmale einer Kölner Werkstatt denken, die beide Böden **im 3. Jh.** herstellte.

Die Philosophen

Von den sieben Weisen des Altertums, auf die kurze Sprüche praktischer Lebensweisheit zurückgeführt wurden, erscheinen nur zwei:

2 Kleobulos (etwa 600 v. Chr.), Herrscher von Lindos, verfaßte Lieder, Rätsel und Sinnsprüche.
5 Cheilon (etwa 600 v. Chr.), war Staatsmann in Sparta. Ihm wird der Spruch „Erkenne dich selbst!" zugeschrieben.

Drei weitere Philosophen wurden wohl auf Wunsch des Auftraggebers dargestellt:
1 Diogenes (412–323 v. Chr.) forderte ein natürliches Leben, Askese zur Stärkung des Körpers. Er lebte lange Zeit in einer Tonne, die perspektivisch dargestellt als Rahmen seines Portraits erscheint.
3 Sokrates (470–399 v. Chr.) war ein hochberühmter Lehrer in Athen, obwohl er keine Schriften hinterlassen hat. „Ich weiß, daß ich nichts weiß!" ist einer seiner bekanntesten Aussprüche.
7 Sophokles (496–406 v. Chr.) war sowohl Politiker als auch Tragödiendichter in Athen. Er zeigte in seinen Werken immer wieder die Begrenzung des Menschen gegenüber der Macht der Götter.

Zwei Bilder waren bei der Auffindung des Bodens zerstört. Deshalb fügte Rambaux 1857 die beiden folgenden Darstellungen frei hinzu:
4 Platon (427–347 v. Chr.) war Schüler des Sokrates und überlieferte dessen Gedanken in seinen Schriften. Die Tugenden sieht er als Weg zur Erkenntnis des Guten.

Abb. 27. *Das Philosophenmosaik (7,06 × 6,80 m), aquarellierte Bleistiftzeichnung 1844.*

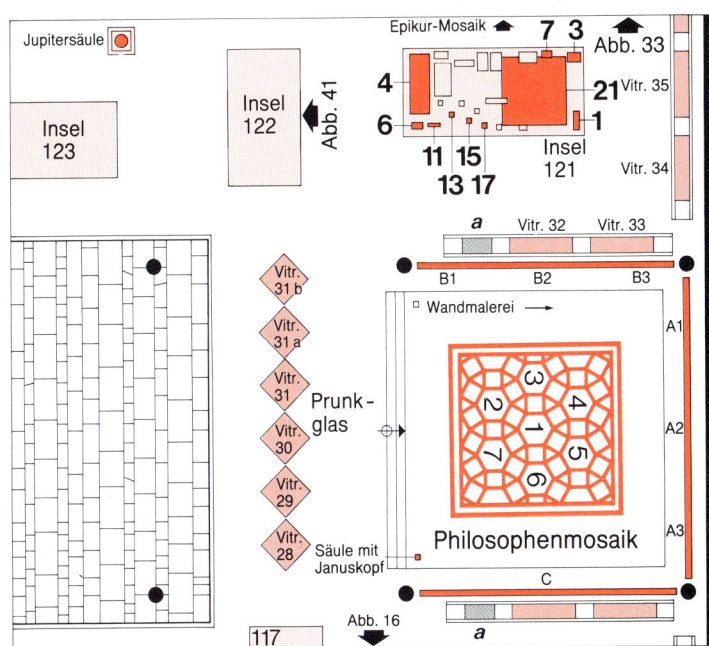

Abb. 26. Hauptgeschoß RGM: Philosophenmosaik, Prunkglas, Bildung und Kultur.

6 Aristoteles (384–322 v. Chr.) war Schüler des Platon und Erzieher Alexanders des Großen. Er führte in seiner Tugendlehre die Gedanken des Sokrates und Platon weiter.

Wandmalereien eines vornehmen Hauses (Abb. 54,28)

Technik und Datierung

Südwestlich des Domes wurden 1969 diese Fragmente aus einem 7,70 x 4,50 m großen, ursprünglich etwa 2,70 m hohen Raum geborgen. Die bis zu 5 cm dicken Putzstücke bestanden aus einem groben Gemisch von Sand und Kalk, bei Wand B z. T. mit Zusatz von rotem Ziegelmehl. Auf die noch feuchte, etwa 2 mm starke, wesentlich feinere oberste Kalkputz-Schicht wurde mit Mineralfarben gemalt, die in stark verdünntem tierischen Leim gelöst waren. Rot und Schwarz vermischt mit Marmormehl trug man zunächst in Flächen auf und glättete sie anschließend. Erst dann folgten Figuren und Muster in verschiedenen Farben, die rauh belassen wurden. Um sie im Museum auszustellen, wurden die Wandstücke bis auf 2 cm abgearbeitet, auf Wabenplatten aus Aluminium und Glasfiber montiert und

durch neue Putzflächen ergänzt. U. a. durch den Vergleich mit anderen Kölner Malereifragmenten, werden diese Wände seit 1990 schon in das letzte Viertel des 1. Jahrhunderts datiert *(Bo. 168, 169, 171; Rö. 224–230)*.

Gliederung und Dekoration

Die sich ehemals gegenüberliegenden Wände A und B sind heute in rechtem Winkel zueinander angeordnet. Der langen Wand B gegenüber steht eine der Schmalwände (C) des römischen Raumes.

Bei A und B erscheinen über einer in schwarze und rote Felder gegliederten Sockelzone vier rote „Fenster" so in die dunkle Wand hineingesetzt, daß sie, leicht auseinandergerückt, die Mitte betonen. Sie sind gerahmt von gemalten Säulen und einem ebenfalls gemalten Eierstabgesims. Die Dekorationen zwischen den roten Feldern gehen über in einen reich gestalteten Fries, der die Wände nach oben abschließt. Man sieht Schwäne und Sphingen (Frauen mit Flügeln und hockenden Löwenkörpern), Theatermasken und Weinkrüge.

Die sich früher gegenüberliegenden Mittelflächen der Wände A und B zeigen beide Bilder zur Weinlese, die schmaleren seitlichen Felder sind mit sog. Schirmkandelabern geschmückt: Aus einem Weinkrug wachsen übereinandergestellt aufgespannte Schirme, die verschiedene Figuren tragen.

Will man die Darstellungen im Einzelnen betrachten, so geht man am besten im Uhrzeigersinn an den Wänden entlang:

B 1 Zwei gedrungene Männergestalten scheinen den Schirm über sich zu stützen.

B 2 Von den wohl ursprünglich vollständig mit Malerei versehenen Sockelfeldern hat sich nur ein einziges erhalten. Nach der Mode der Zeit verniedlicht als Kind dargestellt reitet **der griechische Held Bellerophon auf seinem geflügelten Roß Pegasus zum Kampf mit der Chimaire.** Dies Ungetüm mit dem Kopf eines Löwen, dessen Leib eine Ziege und dessen Schwanz eine Schlange ist, kann ungestraft das Land mit seinem Feueratem verwüsten, da es als unangreifbar gilt. Bellerophon, so zeigt das Sockelbild, nimmt den Kampf aus der Luft auf und überwindet das Untier. Darüber sind die Reste eines üppig wuchernden Weinstocks, schwer mit Trauben behangen, zu erkennen. Pan und ein Satyr, der Wein in ein Gefäß gießt, bilden den oberen Abschluß dieses Feldes.

B 3 Auf dem unteren Schirm steht Pan zwischen zwei Weinbechern, darüber Dionysos.

Den seitlichen Abschluß der Wände bilden zarte Wasserpflanzen.

A 1 Pomona, die Göttin des Obstsegens, steht auf dem obersten Schirm, einen Früchtekorb in den Händen, darunter zwei Mädchen. Der ganze untere Bereich des Feldes war ehemals mit einem Baum geschmückt, in dem Vögel saßen, von denen einige zu erkennen sind.

A 2 In der Mitte ist das typische Bild einer südländischen Weinlese zu sehen. Da die Reben an Bäumen hochgezogen wurden, brauchte man eine Leiter, um die Trauben zu pflücken. Unter Aufsicht eines Satyrs sind geflügelte Eroten mit der Ernte beschäftigt.

A 3 Der einzige völlig erhaltene Schirmkandelaber zeigt über dem Rand des Bodengefäßes zwei Sirenen, halb Mädchen, halb Vögel, darüber, auf dem unteren Schirm, zwei Panther und schließlich als Krönung Dionysos mit Thyrsosstab, einen weiteren Panther zu Füßen.

Über der abwechselnd hellgelben und meergrünen Rahmung der roten Flächen ist hier der obere Fries zum großen Teil original. Auf den grünen Rahmen sitzen Sphingen an den Ecken, dazwischen zwei Theatermasken eingerahmt von Amphoren. Über den gelben sieht man seitlich Schwäne, in der Mitte eine Art Greif mit Löwenkörper, Adlerkopf und weit gespannten Libellenflügeln, rechts und links neben diesem Mischwesen je eine Amphore. Über dem Fries ist ein kleines Stück von dem mit Eierstabrelief geschmückten Gesims, auf dem die Decke des Zimmers auflag, erhalten.

C Nach sehr wenigen Malereiresten ist eine der Schmalwände des römischen Raumes rekonstruiert. Am oberen Fries sieht man elegante Mädchenbüsten mit weit ausgebreiteten Flügeln und Meerwesen, halb Pferd, halb Seeschlange, die von kleinen Eroten geführt werden.

Die Aufteilung der Wandflächen, die Farbigkeit und die Form vieler Einzeldarstellungen weisen auf Vorbilder in der Malerei Italiens, z. B. in Pompeji hin. Es ist zu vermuten, daß der Auftraggeber an Hand einer Art Musterbuch Szenen, Göttergestalten und einzelne Dekorationselemente auswählen konnte.

Prunkglas

In den sechs folgenden Vitrinen sind nicht nur die kostbarsten Gläser des Museums ausgestellt, man gewinnt auch einen Überblick über den Formenreichtum der sicher zunächst aus Italien eingeführten und später hier produzierten Glasgefäße.

Vitrine 28
Die Buntgläser des 1. und 2. Jahrhunderts

Oben: **7, 8 Goldbandgläser** entstanden dadurch, daß man Klarglas mit eingeschlossenem Blattgold, zusammen mit grünen und blauen Glasbändern, über einem Tonkern zu einer Form zusammenschmolz. Diese der Technik der Sandkerngefäße (→ S. 13) verwandte Herstellungsweise wurde im 1. Jh. n. Chr. nur noch selten angewendet (*Bo. 209*). **2–5** Für die Herstellung von **Millefiorigläsern** schnitt man einen aus farbigen Glasstreifen zusammengeschmolzenen Stab in Scheiben. Diese Glasabschnitte, die ein an Blumen erinnerndes Muster zeigten, schmolz man aneinander und preßte sie in einer Form zu der gewünschten Schale, die dann aus tausend Blüten (italienisch: „mille fiori") zusammengesetzt erschien (*Bo. 188*).

Mitte:

Im 1. Jh. v. Chr. entdeckte man wahrscheinlich in syrischen Glaswerkstätten, daß man mit Hilfe eines Rohres, der sog. *Glasmacherpfeife*, den glühenden Glasfluß in eine Form hineinblasen konnte. Mit dieser Erfindung war es möglich, relativ schnell große Mengen von Glasgefäßen für den täglichen Gebrauch herzustellen.

49 Beim **Skyphos** sind dem aus der Form genommenen Becher Fuß und Henkel angefügt, der obere Henkelansatz als Daumenauflage flach gedrückt. **47, 48 Kantharos** nennt man dagegen ein Trinkgefäß mit über den Rand hochgezogenen Henkeln (*Bo. 182, 190; Rö. 234*). **21–30 Schmale Röhrchen, Glastäubchen** und **Schminkkugeln** dienten zur Aufbewahrung von Salben. Die frei geblasenen Gläser erwärmten sich in der Hand so weit, daß die darin enthaltene Salbe durch ein kleines Loch tropfenweise heraustrat. In den Vogelflaschen war der kostbare Inhalt durch Zuschmelzen der Einfüllöffnung völlig eingeschlossen. Zum Gebrauch mußte man die Schwanzspitze des Vogels abbrechen. **63, 64** Die beiden wasserklaren Gefäße sind nicht aus Glas, sie wurden aus **Bergkristall** geschliffen (→ S. 75). **65** Die Scherbe eines naturfarbenen Glases mit hellblauem Überfang zeigt ein grob in die blaue Glasschicht **eingeschliffenes Bild des auf einem Panther liegenden Dionysos.** Darunter erkennt man am Rande des Fragmentes die Ansatzpunkte von sechs geschliffenen Stegen. Das deutet darauf hin, daß der untere Teil des Gefäßes, wie das Diatretglas (→ Abb. 2) mit einem Glasnetz umgeben war. (Vergleichbar ist der Eimer von St. Marco in Venedig, bei dem im oberen Teil ein Figurenfries, im unteren ein Netz aus vier Maschenreihen aus dem Glas herausgeschliffen wurde.)

Unten: **17, 18, 52** Um **Rippenschalen** herzustellen wurde das Glas in eine Vorform mit radial hineingestellten Wänden geblasen. Dabei formte sich der Glasfluß zwischen den Wänden zu Wülsten. Wurde das Gefäß dann frei weiter ausgeblasen, so entstand eine innen glatte, nach außen gerippte Schale. Der Rand wurde zum Schluß geschliffen (*Bo. 200*).

Vitrine 29
Naturfarbenes Glas
des 1. und 2. Jahrhunderts

Oben: Mehrere der hier zusammenstehenden Gläser wurden mit einer Reihe anderer Gegenstände bei einer Brandbestattung unter der Kirche St. Severin gefunden. Rund um eine kleine Aschenkiste standen u. a. drei blaugrüne, mit senkrecht eingedrückten Wellen versehene und mit Spiralfäden

---

Herstellung des Rohglases

Der in der Gegend von Frechen vorkommende feine weiße Sand war die Voraussetzung für die Kölner Glasherstellung. Das Grundrezept war sicher ähnlich wie heute: Quarzsand (60–70%), der bei großer Hitze verglast, mischte man mit Soda oder Pottasche (10–20%). Dadurch senkte man den Schmelzpunkt und hielt die Glasmasse während des Erkaltens eine gewisse Zeit schmiegsam und formbar. Als drittes kam gebrannter Kalk (10–20%) dazu, der das Glas hart und unauflöslich machte. Bei einer Temperatur um 1400° wurde das hier sehr vereinfacht beschriebene, in Wirklichkeit nach komplizierten Rezepten mit weiteren Zutaten versehene Gemenge in feuerfesten Tonöfen geschmolzen und dann bei 1200°–900° auf verschiedene Art weiterverarbeitet.
Mit Metalloxyden, der Schmelze beigemengt, erreichte man die leuchtende Farbigkeit der Gläser, z. B. blau-grün: Kupferoxyd-Grünspan; gelb-rot: Eisenoxyd-Rost; blau: Kobaltoxyd.
Reste von Glashütten fand man westlich der römischen Stadt in der Nähe des Römerturmes (Turm 13), nordwestlich an der Gereonstraße und nördlich zu beiden Seiten des Eigelsteins bei Nr. 14 und 35–39 (→ Abb. 128).

umzogene Henkelflaschen (**25–27**), ein Schälchen aus entfärbtem Glas (**30**) und die „**Flasche in der Flasche**" (**31**). Hier ist eine zierliche, mit Glasbändern umsponnene Amphore in die größere, zunächst weiter geöffnete, Vase hineingestellt und am Boden mit ihr verschmolzen. Anschließend ließ sich der Flaschenhals bei nochmaliger Erhitzung des Glases vorsichtig zusammendrücken.

13, 14, 15, 18 Aus **Gießerchen**, möglicherweise als Babyflaschen gebraucht, ließ sich durch das dünne Röhrchen am Bauch des Glases Flüssigkeit heraussaugen.

Metalloxyde, die als Verunreinigung im Quarzsand vorkommen, geben dem sog. naturfarbenen Glas die blaugrünen Farbton. Um farblos klare Glasgefäße herstellen zu können, gab man der Schmelze als „Glasmacherseife" z. B. Braunstein (Mangan) bei. In abgestimmter Menge bewirkt dieses rotbraune Mineral für den Betrachter die **Entfärbung des Glases**, weil nach dem Gesetz der Komplementärfarben blaugrün und rot zusammen vom menschlichen Auge als weiß gesehen werden.

Mitte: **8, 10, 11, 22, 23** Dickwandige kugelige Salbgefäße mit breitem Tellerrand und wulstigen Ösen, **Aryballos** genannt, trug man am Metallringen (**22**) zusammen mit Strigiles beim Besuch der Thermen (→ S. 39 Vitr. 16, 27).

Unten: Große Henkelkrüge mit Deckel dienten als Urnen.

Vitrine 30
Formgeblasenes Glas und Nuppenglas

Oben: **13–18** Um diese kantigen Flaschen herzustellen, wurde die Glasblase in eine kastenförmige, nach unten schmaler werdende Form eingeblasen, der Hals des Gefäßes dann frei geformt. Der etwa quadratische Flaschenboden zeigt häufig ein Bild des Gottes Mercur, daher der Name **Mercurflasche.** Manchmal findet man aber auch Buchstaben auf der Standfläche, die sich vielleicht als Handelsmarken erklären lassen (*Bo. 215*).

Mitte: Für die hier zusammengestellten Gefäße brauchte man eine in zwei Hälften zerlegbare Holzform. Beim Einblasen geriet meist ein wenig Glasmasse in die Fuge zwischen beiden Teilen. Wenn man dann das erkaltete Glas nicht nachschliff, blieben zwei sich gegenüberliegende senkrechte Wulste auf der Oberfläche sichtbar. Für Muschel-, Trauben- oder Doppel-

gesichtsgefäße konnte man zwei gleiche Formteile benutzen (*Bo. 181, 202*). Ein vollplastisches Figurenglas erforderte dagegen eine aus zwei unterschiedlichen Hälften zusammengesetzte Form.

22 Der karikaturhafte „Charakterkopf" hat tiefliegende Augen, eine schiefe Hakennase, wulstige Lippen, eine Warze auf der Wange und eine einzige Haarlocke am Hinterkopf. **23** Ein nur mit einem kurzen Umhang bekleideter **Affe mit einer Hirtenflöte** in den Händen thront in einem Korbsessel (*Rö. 238*).

Unten: Nuppenbecher nennt man Gefäße aus entfärbtem Glas, auf denen farblose, rote oder grüne **Glastropfen aufgeschmolzen** sind. Einige sind außerdem noch mit Bändern aus zickzackförmig aufgelegten Glasfäden geschmückt (*Bo. 176, 186*). **45** Das **Trinkhorn,** wie ein natürliches Rinderhorn leicht gebogen und gedreht, ist mit zwei Ösen versehen, durch die man ein Band zum Tragen ziehen konnte (*Bo. 177; Rö. 231*). **50** Die flache **Nuppenschale** trägt am Rand eine eingeritzte Inschrift: VTERE FELIX (glücklich zu gebrauchen).

Vitrine 31
Kölner Gläser

Auf römischen Friedhöfen rund um Köln, im weiteren Umkreis von etwa 25 km, im Rechtsrheinischen sogar mehr als 100 km vom Rhein entfernt, fand man viele solcher Gläser, die mit schlangenförmig aufgelegten Glasfäden verziert sind. **Schlangenfadengläser** scheinen deshalb in Köln hergestellt, im Umland häufig gebraucht und auch nach Germanien exportiert worden zu sein (*Bo. 184, 189, 191, 193; Rö. 309*).

Oben: **48** Das kleine Salbgefäß in Form eines **Gladiatorenhelmes** hat innen zwischen Helm und Kragen eine Öffnung, durch die der Inhalt nur tropfenweise herausfließen konnte. Es gibt nur noch ein zweites ähnliches, ebenfalls in Köln gefundenes Gefäß, das heute im British Museum in London ist (*Bo. 196*).

43 Ein **Kerzenleuchter** aus Glas, mit blauem Glasfaden verziert, ist in Köln nur einmal gefunden worden. Er stammt aus dem schon erwähnten Grab unter St. Severin.

Mitte: Mit Schlangenfäden geschmückte Gefäße haben sehr verschiedene Formen: So gibt es birnenförmige Flaschen, Pokale, kleine Eimer, Griffschalen und Henkelkännchen, bei denen entweder ein frei auf-

getragener Glasfaden, oder vorge-
formte schwungvolle Schnörkel aufgeschmolzen wurden (*Bo. 189, 193;
Rö. 239, 309*). **24** Dem sog. „**Mei-
sterstück**", einer flachbauchigen Flasche mit zwei Henkeln und zusätzlich
aufgesetzten Ösen, sind mehrfarbige
Girlanden aufgelegt, die an ihren Enden mit einer feinen weißen Schleife
aus opakem (undurchsichtigem) Glas
gebunden zu sein scheinen (*Bo. 191;
Rö. 219*). **12** In diese flache Flasche
sind vier Löcher gebohrt, durch die
Vögel fliegen, davon einer in Gegen-
richtung (*Bo. 183*). **31** Mit einer
Formzange aus dem glühenden Glasfluß gezogene Muschelmuster sind
der kunstvollen Vierröhrenflasche
noch als zusätzlicher Schmuck aufgesetzt (*Rö. 240*). **32, 33** Beide Becher, in Form und Größe sehr ähnlich,
sind mit einem Netz abwechselnd aus
ineinandergedrehten Glasbändern und
Muschelmusterreihen umgeben. Die
Muscheln scheinen mit demselben
Werkzeug geformt wie die der Vierröhrenflasche (**31**). Einer der Becher ist
zusätzlich mit farbigen Schlangenfäden dekoriert. Man könnte daraus
schließen, daß alle drei Gefäße aus
einer Werkstatt stammen, die neben
ausgefallenen Gefäßformen mit unge-
wöhnlichem plastischem Schmuck
auch Schlangenfadengläser herstellte
(*Bo. 206; Rö. 232, 233*). Man fand die
Becher auf verschiedenen Friedhöfen,
einen (**33**) zusammen mit einer Münze
aus der Zeit Konstantins. Die Werkstatt
arbeitete also wahrscheinlich in der ersten Hälfte des 4. Jh. **10, 11** Von
sehr eleganter Form sind diese beiden
zusammen in einem Grab gefundenen
Pokale aus smaragdgrünem Glas.
Sie sind geschmückt mit opakweißen,
schwungvoll aufgetragenen Schlangenfäden, die im Wechsel mit vorge-
formten, am Ende spiralig gedrehten
goldfarbenen Kreuzen aufgeschmolzen wurden (*Bo. 193; Rö. 239*).

Unten: **50, 51** Ein **Service aus Griffschale und Kännchen** diente im Leben zum Abspülen der Finger nach dem
Tisch. Den Toten gab man meist beide
Gefäße gemeinsam mit ins Grab. Die
Schale zeigt, wie nur noch wenige römische Gläser, annähernd die ursprüngliche klare Durchsichtigkeit. Die
meisten Gefäße erscheinen heute
durch das lange Lagern in der Erde
milchig-trüb, oder haben einen schimmernden (irisierenden) Belag.

Vitrine 31 a
Schliffgläser

Mit rotierenden Rädchen verschiedener
Größe aus Stein oder Bronze schliff man
unter Zugabe von Schmirgel und Wasser
das völlig erkaltete Glas. Schmirgel, ein Gemisch aus verschiedenen Mineralien, war im
Altertum als hervorragendes Schleifmittel
bekannt. Es wurde in festen Brocken gewonnen und zum Gebrauch gemahlen, vom
groben Korn für den ersten Grobschliff bis
zum Pulver zum Polieren. Man unterscheidet im wesentlichen zwei Schliffarten: Beim
Tiefschliff wird die Darstellung eingeritzt
oder Kreise bzw. Ellipsenformen kugelig
eingetieft. Beim **Hochschliff** bleibt Darstellung oder Muster als Relief stehen, während
man den Hintergrund ausschleift.

Oben: Ein hervorragendes Kunstwerk
in Tiefschlifftechnik ist:

1 Die Zirkusschale

1910 wurde bei Straßenbauarbeiten an
der zwei Jahre zuvor angelegten Stolberger Straße das Grab einer Frau aus
der 1. Hälfte des 4. Jh. entdeckt
(→ Abb. 121, 17). Außer zwei Haarnadeln aus Bronze, drei verschiedenen
Glasgefäßen und ein paar Münzen hatte man ihr als kostbarste Grabbeigabe
diese geschliffene Schale auf die Brust
gelegt. Sie war nach 1600 Jahren noch
vollständig erhalten.

Durch die mit sicherer Hand gravierten
Umrißlinien, das Schraffieren oder
Mattschleifen einzelner Flächen, hat der
Künstler auf kleinem Raum (∅ 27 cm)
die lebendige Darstellung eines Wa-
genrennens geschaffen. Vier junge
Männer in leichten zweirädrigen Rennwagen halten je vier Pferde am Zügel,
schwingen die Peitsche und scheinen
ihre Gespanne in wilder Jagd rund um
den Sonnengott in der Mitte zu treiben.
Zwei sich gegenüber stehende Wagenlenker blicken starr geradeaus, die beiden anderen schauen sich nach ihren
Verfolgern um. Der Ort des Rennens,
der Circus Maximus in Rom, ist durch
Darstellungen im Hintergrund gekennzeichnet. Zweimal je drei kleine Türme,
einander gegenüber angeordnet, waren im langgestreckten römischen Zirkus die Wendemarken (*auf der Schale:
links unten und rechts oben*). Auf dem
Mittelstreifen der Arena stand ein Obe-
lisk und eine hohe, nur mit einer Leiter
zu erreichende Plattform, auf der sieben
steinerne Eier aufgestellt waren (*auf der
Schale: links oben und rechts unten*).
Der in der Zeit des Augustus lebende
Historiker Livius berichtet, daß man mit
Hilfe der Steineier die gefahrenen Run-

den anzeigte. Auf vielen römischen Darstellungen von Zirkusrennen sind sie zu finden, nur ist nicht überliefert, ob man nach jedem Durchgang ein Ei abnahm, oder umgekehrt verfuhr, indem man mit jeder Runde eines neu aufstellte (*Bo. 180; Rö. 264*).

40 Beim **Lynkeusbecher** (Abb. 28) sind die Figuren nicht durch Umrißlinien begrenzt, sondern aus einzelnen, tief eingeschliffenen Formen, ergänzt durch eingeritzte Linien in den kugeligen Schliffen, zusammengesetzt. So entsteht ein plastisches Bild.

Durch drei griechische Namen, die am Rand des Bechers eingeritzt sind, erklärt sich die Darstellung: Nach der Sage sollten die 50 Töchter des Danaos gegen ihren Willen ihre 50 Vettern heiraten. Die Danaiden töten ihre Männer in der Brautnacht mit einem Dolch; nur eine von ihnen, Hypernestra, verschont den Lynkeus, weil Pothos (Amor) hinzukommt. In wehenden Gewändern, den Dolch erhoben, eilt Hypernestra hinter Lynkeus her. Der wendet sich nach ihr um, streckt die Hand nach ihr aus, folgt aber gleichzeitig mit weit ausholenden Schritten dem geflügelten Liebesgott in das Brautgemach, das durch einen Türrahmen angedeutet ist.

Mitte: **25** Dieser Becher zeigt eine andere Form des **Tiefschliffs,** den **Kugelschliff.** Eingetiefte (konkave)

Kreisformen sind sorgfältig nebeneinander gesetzt. Schaut man durch das Glas hindurch, so wirken die eingeschliffenen Kreise wie Linsen. Das verkleinerte Bild eines in der Nähe befindlichen Gegenstandes erscheint in jeder Kugelform.

In diesem Zusammenhang ist eine Bemerkung interessant, die der ältere Plinius in der 2. Hälfte des 1. Jh. in seiner Naturgeschichte machte: Er schrieb, der Kaiser Nero habe die Kämpfe der Gladiatoren in einem Smaragd betrachtet. Ein geschliffener Smaragd war sicher nicht so klar, daß man durch ihn hindurchsehen konnte, wohl aber eine konkav geschliffene smaragdgrüne Glasscherbe. Sie könnte dem wahrscheinlich sehr kurzsichtigen Nero durchaus als Sehhilfe gedient haben. Möglicherweise hatte er durch Zufall entdeckt, daß sich im kugelig geschliffenen Glas ein kleines, aber scharfes Abbild der Vorgänge in der Arena abzeichnete. Von Brillen irgendwelcher Art hat man aus dem Altertum keine weitere Nachricht.

12, 13 Diese beiden Gefäße sind in **Hochschliff** bearbeitet: Die Muster treten durch Wegschleifen der sie umgebenden Flächen plastisch hervor (*Bo. 194*).

Unten: **29, 30** Gleichmäßig auf der Schale wechseln drei gegossene Glasköpfchen mit drei zierlichen Griffen ab. Unter diesen sind zur Schalenmitte hin drei weitere als Ständer dienende Köpfchen aufgesetzt. In

Abb. 28. Der Lynkeusbecher (H. 7 cm, Ø 7 cm), abgerollte Zeichnung.

die freien Flächen sind geometrische Ornamente graviert *(Bo. 195).*

Vitrine 31 b
Mitte: 1 Der **Delphin-Rüsselbecher** ist von einem sehr geschickten Glasbläser hergestellt. Er setzte je acht Glastropfen in zwei Reihen auf das noch heiße, glockenförmig ausgeblasene Gefäß, beulte sie durch erneutes Blasen von innen aus, während er sie außen wie Rüssel nach unten bog und am Becher festschmolz. Durch Aufsetzen von Köpfen und Schwanzflossen in tiefblauem Glas machte er aus der oberen Rüsselreihe einen Reigen von aufwärts strebenden Delphinen. **43** Den **Konchylienbecher** umkreist ein Schwarm von phantasievoll gestalteten Fischen, die kleinen Griffe sind geöffneten Muscheln, die Füßchen Schnecken nachgebildet *(Bo. 210; Rö. 220).*

Auf der mittleren Ebene der Vitrine 31b **(42)** *steht*

Das Kölner Diatretglas (Abb. 2)
Fundort und Fundumstände
Am 1. April 1960 wurde bei Bauarbeiten in Köln-Braunsfeld südlich der Stolberger Straße (→ S. 252, Abb. 121,17) ein ungestörtes Grab entdeckt, bei dem neben dem roten Sandsteinsarkophag in einer etwa 50 cm breiten Grube zahlreiche Grabbeigaben niedergelegt waren. In Hüfthöhe lagen mehrere Ton- und Glasgefäße, ein Messer mit Beingriff und ein großer Glasteller mit Resten von Hühnerknochen. Am Kopfende fand sich das in viele Stücke zerbrochene Diatretglas und ein kleiner aus Bein gefertigter Würfel.

Herstellungsvorgang
Der 12 cm hohe Becher besteht aus einem farblosen glockenförmigen Kelch, der im unteren Teil mit einem grünen Netzwerk umfangen ist. Der obere Rand des Netzes und der darüberliegende Kragen sind aus goldgelb gefärbtem Glas, purpurrot schließlich die griechischen Buchstaben am oberen Rand des Bechers. Genaue Untersuchungen haben den Herstellungsvorgang einwandfrei erklärt: In glühendem Zustand wurde die farblose dickwandige Glasblase durch Eintauchen in grünes Glas mit einer hauchdünnen Schicht überfangen, dann ein Streifen goldgelben und roten Glases übereinander um den obe-

---

Ein Fund von Weltrang – Der Achillespokal
Am 29. Oktober 1991 wurde knapp 1 km westlich der COLONIA ein 25 cm hoher Glaspokal mit Emailmalerei ausgegraben (→ S. 252). Aus einem Brandgrab des 3. Jh. konnte man eine Hälfte zusammenhängend bergen, einen Teil der anderen, in unzählige Splitter zerfallen, wieder zusammensetzen. Auf dem erhaltenen Stück und einigen der Fragmente war die Geschichte des griechischen Helden Achilles zu erkennen: Dieser wurde von seiner Mutter bei den Töchtern des Lykomedes versteckt, um ihn vor der Einberufung in den Trojanischen Krieg zu bewahren. Listig mischte Odysseus unter Geschenke für die Mädchen auch Waffen, die Achilles, als er die Kriegstrompete hörte, ohne zu überlegen ergriff und sich damit als Mann zu erkennen gab, d. h. in den Krieg ziehen mußte.
Fast unversehrt erhalten ist die Gestalt des in kräftigem Orange gemalten, bis auf ein blaues Schultermäntelchen nackten Achilles, der mit ausladender Bewegung und blitzenden Augen eine Lanze und einen leuchtend gelben Schild gepackt hat. Gerahmt wird er von zwei ebenfalls heftig bewegten Mädchen, die leichte, schwingende Gewänder, eines in Grün, das andere in Blau tragen. Die junge Frau in blauem Gewand beugt sich gerade über eine goldene Schatzkiste. dabei hält sie in der linken Hand einen Spinnrocken, während ihr die Spindel aus der rechten auf die Erde fällt. Unten liegt ein umgestürzter Korb, aus dem weiße Wollknäuel auf den Boden gerollt sind. Unter einem weißen Bogen erscheint seitlich ein Herold, der in eine lange Kriegstrompete bläst. Ein als Fragment erhaltener bärtiger Kopf kann nur der des Odysseus sein.
In der Sonderausstellung des RGM „Schutt und Schätze" konnte der Pokal, obwohl seine Rekonstruktion noch nicht abgeschlossen war, vom 11. März bis zum 16. Mai 1993 zum ersten Mal gezeigt werden.

ren Teil der Glasblase gelegt. Vorsichtiges Einblasen in eine Form ergab einen glockenförmigen Becher mit einer Wandstärke von 6–7 mm. Schon dieser mit mehreren Farben überfangene „Rohling" war schwierig herzustellen, ungleich schwerer aber war nun die Weiterverarbeitung. Nach dem völligen Auskühlen des Glases wurde zunächst der Kelchrand, die Zone zwischen Buchstaben und Kragen und zwischen Kragen und Netzansatz auf der Drehbank herausgearbeitet, wie die gleichmäßigen Schliffspuren zeigen. Das sehr regelmäßig geschnittene Eierstabmotiv des goldgelben Kragens scheint aus dem Glaskörper herauszuwachsen und sich leicht nach unten zu wölben, während die Buchstaben einzeln an ihrem oberen und unteren Ende mit dem Becher in Verbindung stehen.

Außerordentliche Kunstfertigkeit verlangte die nun folgende Arbeit. Der Künstler bohrte die Maschen des grünen Netzes bis in das farblose Glas hinein aus, hinterschliff dann das Netzwerk mit Schleifrädchen verschiedener Größe und ließ nur die 1–2 mm breiten farblosen Stege als Verbindung von Glasbecher und durchbrochenem Korb stehen.

Name und Bedeutung in römischer Zeit
Der erste wissenschaftliche Archäologe Johann Joachim Winckelmann (1717–1768) gab dem in Mailand aufbewahrten sog. Trivulziobecher, der dem Kölner Glas sehr ähnlich ist, den Namen „Diatreton" (griech.

etwa mehrfach durchbohrtes Ding). Er nahm an, daß diese aus römischer Zeit überlieferte Bezeichnung der Name solcher Gläser war.

Die besondere Stellung des Diatretschleifers unter den übrigen Kunsthandwerkern kommt in einem Vertragsentwurf zum Ausdruck, der von Ulpian, einem römischen Juristen (228 n. Chr.) aufgezeichnet wurde. Als Kaiser Justinian 530 die „Digesten", eine aus 50 Büchern bestehende Gesetzessammlung zusammenstellen ließ, nahm er u. a. diesen Text des Ulpian auf, der dadurch überliefert wurde. Er besagt folgendes: Ein Kunsthandwerker könne zwar haftbar gemacht werden, wenn er aus Ungeschicklichkeit etwas zerbräche, nicht aber wenn ein Materialfehler vorliege. Da aber im Streitfalle nicht zu entscheiden sei, wo der Grund für den Fehler liege, sei es bei den Diatretschleifern üblich, einen besonderen Vertrag mit dem Auftraggeber abzuschließen, in dem sie jede Haftung ablehnten.

Verbreitung und Datierung

Seit Beginn der neunziger Jahre sind 30 vergleichbare glockenförmige Diatretgläser bekannt, wenn auch meist nur aus Fragmenten zu rekonstruieren. Die Fundorte sind alle in der Nähe wichtiger römischer Siedlungen, sie liegen u. a. in Deutschland und Oberitalien, im ehemaligen Jugoslawien, in Bulgarien, in Österreich und Ungarn. Die Münzen, die im Zusammenhang mit einigen Gläsern ausgegraben wurden, datieren sie in die Zeit des Kaisers Konstantin und seiner Söhne, also in die 1. Hälfte des 4. Jahrhunderts.

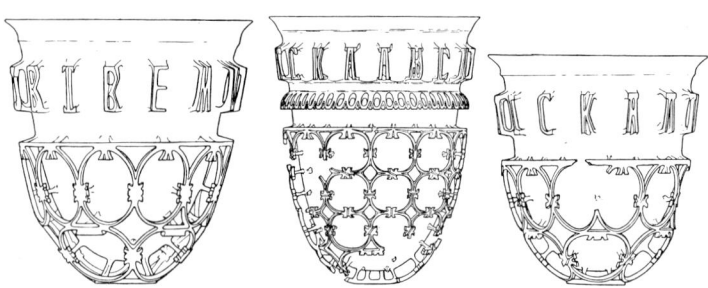

Abb. 29. Die drei Kölner Diatrete, in der Mitte das mehrfarbige Diatretglas des RGM, seitlich die beiden Diatretbecher, die nach Kölner Tradition um die Mitte des 19. Jh. dem preußischen König Friedrich Wilhelm IV. in Berlin und dem bayrischen König Ludwig I. in München zum Dank für großzügige Unterstützung des Kölner Dombaus geschenkt wurden. Friedrich Wilhelm hatte seit 1842 jährlich 50 000 Taler für die Vollendung des Domes bewilligt, Ludwig stiftete 1848 fünf große Glasgemälde, die sog. Bayernfenster, für das südliche Seitenschiff des Domes (gleicher Maßstab wie Abb. 30).

Mehrere der glockenförmigen Diatrete fand man an Rhein und Mosel, so daß eine Produktionsstätte dieser kostbaren Gläser in Köln oder Trier vermutet wird.

Nach einigen Verlusten durch den Zweiten Weltkrieg sind heute außer dem Kölner Glas nur noch drei ähnliche Becher annähernd vollständig erhalten:

1. Der sog. Trivulzio-Becher, 1680 in Novara (Oberitalien) gefunden, 12 cm hoch, Ø 12,2 cm, über einem farblosen Innenbecher hellblaues Netzwerk in vier Maschenreihen, darüber ein ebenfalls hellblaues Schriftband: BIBE VIVAS MVLTIS ANNIS (Trinke, lebe viele Jahre lang).
Civico Museo Archeologico, Corso Magenta 24, Mailand (Italien)

2. Farbloser Becher, 1844 in einem Grab in der Benesisstraße (→ Abb. 128, 26) in Köln gefunden, 12 cm hoch, Ø 10 cm, zwei Maschenreihen und Schriftband BIBE MVLTIS ANNIS (Trinke viele Jahre lang).
Staatliche Antikensammlung, Königsplatz, München

(2 a. Farbloser Becher, 1844 in einem weiteren Grab in der Benesisstraße in Köln gefunden, 10,5 cm hoch, Ø 8,5 cm, zwei Maschenreihen und Schriftband in griechischen Buchstaben: [ΠI]E ΖΗΣΑΙΣ ΚΑΛΩΣ (Trinke, lebe schön).
1945 zerstört, ehemals Antikenmuseum Berlin)

3. Das Kölner Diatretglas, am 1. April 1960 an der Stolberger Straße in Köln gefunden, 12,1 cm hoch, Ø 10,1 cm, über farblosem Innenbecher vier Maschenreihen von grün in gelb übergehend, gelber, mit Eierstabmuster geschmückter Kragen, dunkelrotes Schriftband in giechischen Buchstaben: ΠΙΕ ΖΗΣΑΙΣ ΚΑΛΩΣ ΑΕΙ (Trinke, lebe schön immerdar).
Römisch-Germanisches Museum, Köln

4. Farbloser Becher, 1950 in Niederemmel an der Mosel gefunden, 18 cm hoch, Ø 15,5 cm, sechs Maschenreihen und keine Inschrift.
Rheinisches Landesmuseum, Trier

Glas vom 4. Jh. bis in die Frankenzeit ist in den Vitrinen 51–54 (→ S. 78–81) neben den Denkmälern zum frühen Christentum ausgestellt.

Insel 121
Kulturbetrieb

4 Der Kölner Hesione-Sarkophag. Die links dargestellte Szene aus dem Sagenkreis des griechischen Helden Herakles (röm. Hercules) gibt diesem mit vier Reliefbildern geschmückten Sarkophag seinen Namen. **Die Troianische Königstochter Hesione,** die an einen Felsen gekettet auf ihren Tod durch ein Meerungeheuer wartet, wird

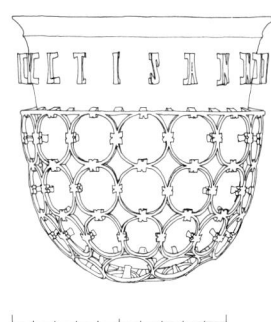

10 cm

Abb. 30. Der sog. Trivulzio-Becher aus Novara (Italien).

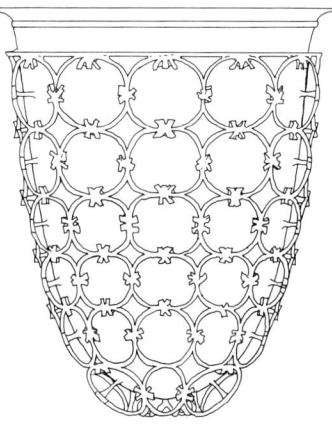

Abb. 31. Der Diatretbecher aus Niederemmel/Mosel (gleicher Maßstab wie Abb. 30).

von Herakles befreit, indem er sich von dem Untier verschlingen läßt und es dann von innen tötet. Rechts erkennt man wiederum Herakles, die Keule in der linken Hand, das Löwenfell umgehängt. Weil er im Tempel von Delphi keine Heilung von einer üblen Krankheit fand, raubt er Apollo den für das Orakel wichtigen Dreifuß. Wenn auch Apollo hier seine Leier ganz ruhig auf dem Schoß hält, so berichtet die Sage doch, daß beide in einen heftigen Streit gerieten, den Zeus schließlich mit Blitz und Donner beenden mußte. Die Seiten des Sarkophages zeigen einmal anmutige Tänzerinnen, zum anderen eine weitere Heldentat:

Herakles hatte den Minotaurus auf Kreta schon einmal bezwungen, aber nicht getötet. Das gelingt erst seinem Freund Theseus, dem Königssohn aus Athen, der hier im Kampf mit dem Ungeheuer, einem Mann mit Stierkopf, gezeigt wird. Den Figuren der Frontseite fehlen die Gesichter. Eckige Dübellöcher in den vorgegebenen Kopfformen lassen vermuten, daß man die Gesichter für sich arbeitete und dann einsetzte.

Aus der Inschrift geht hervor, daß der verstorbene Veteran C. Severinius Vitealis, als er noch als aktiver Legionär der 30. Legion angehörte, Benefiziarier (→ S. 30 Insel 105, 12) des Statthalters gewesen war (B F COS LEG XXX, 2./3. Z.). Seine Tochter sorgte für den kostbaren Sarkophag (*Bo. 219–222, 230; Rö. 251*).

An der Wand neben der Treppe ist

Ein Schmuckfußboden mit dem Bild des Philosophen Epikur

Zusammen mit zwei schwarz-weiß gemusterten Fußböden (→ S. 111; Abb. 50) fand man auch dieses Mosaik 1969 beim Bau der Dombauhütte, südlich des Chores. Es gehörte zum Haus mit dem Dionysosmosaik (→ S. 112; Abb. 54, 11). Das wahrscheinlich ehemals achteckige Mittelfeld des rechteckigen Bodens zeigt das Bild eines bärtigen Mannes mit Weinschale. Eine sichere Deutung als Darstellung des Philosophen Epikur ist bei dem geringen Rest des Gesichtes kaum möglich (*Bo. 230; Rö. 250*).

7 Ein Altar für die Göttin Diana. TARQUITIVS ⟨2. Z.⟩ dankt der Jagdgöttin für ihre Hilfe zu einem erstaunlichen Erfolg. Er hatte innerhalb von sechs Monaten 50 Bären gefangen ⟨INTRA MEN[SES] SEX CAPTIS [VR]SIS N(umero) L, 5.–7. Z.⟩ – (*Rö. 258*). Dieser Weihestein wurde später als Baumaterial verwandt und dabei an einer Seite abgearbeitet. Die ersten zwei bis drei Buchstaben einer jeden Schriftzeile fielen dabei weg. **3 Ein Altar für Diana.** Auch TITIVS ⟨3. Z.⟩, Centurio der 6. Legion ⟨>(centurio) LEG(ionis) VI, 6. Z.⟩ teilt im Text seines Weihesteines für Diana ⟨DEANAE, 1. Z.⟩ mit, welche Verdienste er sich im Zusammenhang mit den Tierkämpfen erworben hat: „auch zäunte er das Tiergehege ein" ⟨IDEMQVE VIVARIVM SAEPSIT, 7./8. Z.⟩ – (*Rö. 257*).

21 Das Kölner Gladiatorenmosaik

Wahrscheinlich nach etruskischem Vorbild wurden schon im 3. Jh. v. Chr. von Privatleuten, im Zusammenhang mit der Bestattungszeremonie für einen nahen Verwandten, Zweikämpfe auf Leben und Tod veranstaltet. Mit der Zeit verloren die Gladiatorenspiele ihren sakralen Charakter. Vom 1. Jh. n. Chr. an war es die Aufgabe des für Recht und Finanzen zuständigen Quaestoren, öffentliche Schaukämpfe für das Volk zu organisieren. Sklaven, Verbrecher und Abenteurer wurden in eigens dazu eingerichteten Schulen für die Arena ausgebildet. Fast immer ging der Kampf auf Leben und Tod. Für einen Sklaven konnte ein Sieg die Freiheit bedeuten. Ein freier Mann konnte viel Geld verdienen, hatte aber auch die Möglichkeit, sich zu einem neuen mörderischen Kampf zu verpflichten.

Das Fragment des ehemals mehr als 120 m² großen Fußbodens, 1885 südlich des Neumarkts gefunden, zeigt Gladiatoren im Zweikampf. Zum einen Paar gehört der angreifende Ancitatus ⟨ANCITATVS AD[VENTVS]⟩, zum anderen der angreifende Rosstus ⟨ROSSTV[S] ADVENTVS⟩. Von den Zuschauerplätzen ⟨CAV[AE]⟩ kommt eine Gruppe von sieben Personen über eine Treppe in die Arena hinunter. Nach einer 1987 veröffentlichten genauen Untersuchung des Mosaiks, ist es sicher, daß ein großer Teil der Figuren und Ornamente geschickte Ergänzungen des späten 19. Jh. sind (→ Abb. 128,29 – *Bo. 255; RÖ. 265, 304*).

1. Grabdenkmal des Gladiators Aquilo. Nur mit Helm und Lendenschurz bekleidet, geschützt durch unterschiedlich große Schilde, gehen die beiden Kämpfer mit Schwertern (gladis) aufeinander los (*Bo. 229; Rö. 260*).

Die beiden Weihesteine für Diana und der Grabstein mit den Gladiatoren lassen vermuten, daß es in Köln ein **Amphitheater** gab, das aber bis heute nicht gefunden wurde (→ S. 257).

17 Marmor-Torso des Meleager. 1893 fand man vor dem Südportal des Domes diese Marmorfigur, die möglicherweise einmal als Gartenplastik im Peristyl eines der vornehmen Häuser des nordöstlichen Stadtbezirks gestanden hat (→ Abb. 54). Mit der griechischen Sage vertraute Bürger liebten es, sich im häuslichen Bereich verkleinerte Abbilder berühmter Götter- oder Heldenfiguren aufzustellen. Hier scheint eine Meleagerstatue des 4. Jh. v. Chr. kopiert worden zu sein. Meleager nahm nach der Sage gemeinsam mit anderen berühmten Helden an der kalydonischen Jagd auf den von Artemis aus Rache geschickten Eber teil. Ihm allein gelang es, das Untier zu töten (*Bo. 230; Rö. 242*). **15 Marmorkopf der Göttin Aphrodite.** Nach einem Marmorbild, das der griechische Bildhauer Praxiteles im 4. Jh. v. Chr. schuf, wurden in römischer Zeit viele Kopien geschaffen. Die Göttin der Liebe und Schönheit hat ein ebenmäßig schönes Gesicht. Das leicht gewellte, mit einem Band geschmückte Haar ist am Hinterkopf in einem bauschigen Knoten gefaßt und fließt dann im Nacken hinunter. Aphrodite und ihr Sohn Eros wurden bei den Römern als Venus und Amor verehrt (*Bo. 223; Rö. 241*). **13 Portraitbüste des Kaisers Hadrian (?).** Als man 1949 am Neumarkt südlich des Chores von St. Aposteln einen Neubau errichtete, untersuchte man die hier im Boden erhaltenen Teile der Stadtmauer und des Westtores (Abb. 128,7) und fand bei der Gelegenheit in dem schon im Mittelalter zugeschütteten Stadtgraben diese Büste. Das jugendlich schöne Gesicht von vollem Haar und einem sich leicht kräuselnden Unterbackenbart gerahmt, zeigt Ähnlichkeit mit Portraits des Kaisers Hadrian. Die Qualität der bildhauerischen Arbeit läßt vermuten, daß die Plastik in Rom in der ersten Hälfte des 2. Jh. geschaffen wurde (*Bo. 224; Rö. 243*). **11 Grabdenkmal für den Flötisten Sidonius und den Stenographen Xantias.** Der Auftraggeber brachte die Trauer über den Tod zweier junger Sklaven in einem langen Grabgedicht zum Ausdruck. Er läßt einen der beiden Toten, den Flötenspieler SIDONIVS (8. Z.) über seine eigenen Fähigkeiten, aber vor allem über die seines gleichaltrigen Freundes XANTIAS (Ende der 10. Z.) berichten. Die Eigenschaften, die er nun in dichterischer Form beschreibt (ab Zeile 12: IAM DOCTVS . . .) würden wir heute als die eines perfekten Sekretärs ansehen: Er konnte stenographieren, niemand übertraf ihn im Lesen, immer war er sofort zur Stelle, wenn sein Herr ihn brauchte; dazu war er absolut verschwiegen (*Bo. 221; Rö. 255*). **6 Grabdenkmal für den Flötenspieler Ruphus.** Der Flötenspieler, der nur 16 Jahre lebte (CHORAVLE QVI VIXIT ANNOS XVI, 3.–5. Z.) war aus Mylasa und griechischer Nationalität (NATIO-

NE GRECO MYLASEI, 2./3. Z.). Sein Vater DIONYSIVS ASCLEPIADES (5./6. Z.) betont in der Inschrift, daß er zwar aus dem ägyptischen Alexandria stammt, aber außerdem ein Bürger Athens ist (NATIONE ALEXANDRINVS PARENS ITE[M] ATHENEVS, 6.–9. Z.) – (*Bo. 221; Rö. 254*).

Vitrine 32
Kultischer Alltag

1 Die Laren, ursprünglich ländliche Gottheiten, wurden seit der Zeit des Kaisers Augustus meist zu zweit als Schutz des häuslichen Herdes verehrt. Darstellungen zeigen den Lar, wie hier, immer als tanzenden jungen Mann mit gelocktem Haar, gekleidet in ein kurzes gegürtetes Gewand. Aus der Bewegung der Statue kann man erkennen, daß der Lar ehemals ein Rhyton (→ S. 29 Vitr. 10) in der linken Hand hielt, aus dem er Wein in eine in der rechten gehaltene Schale zu gießen schien. Das kleine Bronzewerk ist durch Kupfereinlagen in den Gewandfalten besonders geschmückt (*Rö. 266*).
2 Der Genius, eigentlich die vergöttlichte Zeugungskraft des Mannes, entstand und verging wie das Leben des Menschen. Er konnte die Person vertreten, aber auch ihr Schutzgeist sein. Man huldigte dem Genius des zu Lebzeiten vergöttlichten Kaisers (→ S. 102 Insel 128,1), auch allgemein dem Schutzgott einer Gruppe (→ S. 90 Insel 122,10) oder eines Ortes (→ S. 102 Insel 128,10). Im häuslichen Bereich verehrte man den Genius des Vaters der Familie. Kleine Bronzefiguren wie diese laufende Knabengestalt wurden zu Ehren des Genius am Hausaltar aufgestellt (*Rö. 267*).
Die Penaten, eine dritte Gruppe von Schutzgöttern, die immer in der Mehrzahl angesprochen wurden, wirkten im Inneren des Hauses.

Der Herd als Mittelpunkt des Hauses war auch der gemeinsame Altar der Laren, Genien und Penaten.
Man brachte ihnen dort an festgelegten Tagen des Jahres, zu Familienfesten und anderen wichtigen Ereignissen Speiseopfer dar. Eine Kultnische, die manchmal wie ein kleiner Tempel aussah, war im Atrium des Hauses eingerichtet. Hier stellte man die kleinen Ton- und Bronzefiguren der Götter auf.

8 Angst vor der Macht und Unbere-chenbarkeit der Götter mag der Grund gewesen sein, **das Haupt der Gorgo Medusa** als Abwehrzauber zu tragen. Das Gesicht der Medusa, dargestellt z. B. als Schild der Athena-Minerva-Figuren, auf Kameen oder hier in Gagat geschnitten, ist meist schön und wild, mit starren Augen, umrahmt von wirrer, mit Flügeln geschmückter Haartracht, in der Schlangen züngeln (→ S. 102 – Rö. 337)

Die Gorgonen, drei Schwestern, von denen nur die Medusa sterblich war, galten bei den Griechen als furchterregende Ungeheuer, deren Anblick jedes Lebewesen zu Stein erstarren ließ. Mit Hilfe der Göttin Athena gelang es dem Helden Perseus, sich der Medusa zu nähern, indem er sie nur im Spiegel betrachtete. Er schlug ihr das Haupt ab und gab es Athena, die es von da an als Brustschild trug. Im Augenblick ihres Todes entsprang aus dem Körper der Medusa ihr Sohn Pegasus, das geflügelte Pferd, welches dann von Bellerophon gezähmt wurde (→ S. 54 Wandmalerei B 2).

6 Der Phallus, das männliche Geschlecht, galt als Inbegriff der Fruchtbarkeit. Man legte deshalb im alten Griechenland Nachbildungen mit der Saat zusammen in die Erde. Als Amulett getragen sollten kleine Bronzeabbildungen männlicher und weiblicher Geschlechtsorgane (**7**) Unheil abwehren und Kraft verleihen.

9 In Kölner Gräbern fand man immer wieder in Bronze gegossene Miniatur-Erntegeräte und kleine Tiere, wie man ähnliche aus der Legende des Mithras kennt. So entstand der Sammelname **Mithrassymbole.** Ihre wirkliche Bedeutung kennt man nicht.

Vitrine 33
Kultischer Alltag – kultische Geräte

24–26 Zur Verehrung der häuslichen Götter verbrannte man Weihrauch in Räucherkelchen. **11** Die Darstellungen auf der Wand dieses Gefäßes, zu dem der Deckel verloren ging, lassen vermuten, daß man Weihrauchkörner darin aufbewahrte. Neben zwei Genien sieht man ein zweites, in knielange Gewänder gekleidetes Paar zu beiden Seiten eines kleinen Opferaltares. Alle vier Personen halten Gaben und Geräte in den Händen, wie sie für eine Opferhandlung notwendig waren. Eine schwingende Girlande verbindet die Figuren miteinander (*Rö. 269*).

10 Möglicherweise ebenfalls zur Aufbewahrung von Weihrauch nutzte man das Gefäß mit den drei Reliefköpfen. Das ebenmäßige Gesicht einer Mänade mit Weinlaub im Haar wird gerahmt von zwei Satyrköpfen, einem alten mit Bart, plumper Nase und Hörnern im Haar und einem jungen, dessen Bart in zwei Büscheln vom Kinn absteht. Die Augen sind mit Silber eingelegt, was allen drei Gesichtern einen sehr lebendigen Ausdruck gibt (*Bo. 41*).

Vitrine 34
Bildung

3 Pankration (griech. Allkampf), eine aus Ring- und Faustkampf kombinierte olympische Disziplin, ist hier dargestellt. Der ältere Kämpfer hat den jungen fast besiegt: Nachdem er ihm den rechten Arm umgedreht, den linken nach hinten gezogen und dabei den Kopf heruntergedrückt hat, ist er gerade dabei, den linken Fuß des Unterlegenen, mit dem dieser noch gerade den Boden berührt, wegzustoßen. Die lebendige Bewegung der Gruppe steht im Gegensatz zu der nur oberflächlichen Modellierung der Körper. Allein die Köpfe sind feiner ausgearbeitet. Während das Gesicht des alten Kämpfers Überlegenheit und Triumph zeigt, ist das des jungen von Erschöpfung gezeichnet (*Bo. 240; Rö. 256*)

16 Die Orpheusschale, wahrscheinlich im 4. Jh. nach einem Metallvorbild entstanden, wurde 1887 völlig erhalten am Severinswall gefunden. Orpheus, Sohn eines Gottes und einer Muse galt bei den Griechen als begnadeter Sänger und Leierspieler, ja als Erfinder der Musik. Sein Musizieren konnte die Tiere bezaubern. Steine und Bäume setzten sich beim Klang seiner Stimme in Bewegung und kamen auf ihn zu. Nicht weniger als 53 Tiere und 21 Bäume sind im Relief der Schale in neun Reihen übereinander dargestellt. In der Mitte sitzt Orpheus unter einem Baum, die Leier auf einen kleinen Altar gestützt. Neben Tieren des europäischen Raumes sieht man solche aus Afrika: ein Kamel, ein Nashorn, ein Nilpferd und einen Elefanten. Außerdem erkennt man links oben in der 3. Reihe einen Greifen, der mit einer Schlange kämpft und schräg darunter einen Zentaur, der auf der Doppelflöte bläst. Rechts über der Leier hockt ein Flöte spielender kleiner Affe (→ Abb. 128, 35 – *Bo. 112, Rö 297*).

15 Der Marmorkopf der sog. „Trunkenen Alten", 1970 zusammen mit dem Panskopf aus Kiesel (→ S. 43, Insel 118, 16) in der Verfüllung eines Brunnens am Dom entdeckt, wurde bisher als Kopie einer berühmten griech. Plastik aus dem 2. Jh. vor Chr. betrachtet (→ Abb. 32). Der stark zerstörte kleine Kopf könnte vielleicht aber auch Teil einer „Jupiter-Gigantenreiter-Gruppe" gewesen sein (→ S. 102, Insel 128, 8).

Abb. 32. „Trunkene Alte", lebensgroße römische Marmorkopie nach dem verschollenen Werk des griechischen Bildhauers Myron, Rom, Konservatorenpalast.

Vitrine 35
Öffentliche Schauspiele

6 Bei der Anlage des Bayenthalgürtels (→ S. 253) entdeckte man 1899 diese völlig erhaltene **Theatermaske.** Eine fast gleiche wurde in Worms, eine ähnliche bei Trier ausgegraben. Im Gegensatz zu den hier ausgestellten kleinen Masken, die man als Grabbeigaben fand, ist diese so groß, daß man sie vor das Gesicht binden konnte. Je zwei Löcher für ein durchzuziehendes Band sind in Höhe der Ohren zu sehen. Wenn die Maske in einer Komödie von einem Schauspieler getragen

wurde, konnte auch der auf dem obersten Rang sitzende Zuschauer die dargestellte Figur eines Spaßmachers sofort erkennen. Die kräftig modellierten Gesichtsformen mit kreisrund ausgeschnittenen Augenlöchern, die nach unten gezogene Nase und der Winkel des Mundes mit den als Zickzacklinie eingeschnittenen Zähnen, dazu als charakteristisches Zeichen eine dicke Warze über der Nase unterstrichen die komischen, vielleicht derben Texte, die von dem Maskierten vorgetragen wurden, mehr als ein geschminktes Gesicht (*Bo. 235; Rö. 261*).

Vitrine 36
Gladiatorenspiele

Aus den Darstellungen auf Bechern, Tonlampen und Feldflaschen, auf Spiegelrückseiten und Messergriffen gewinnt man einen lebendigen Eindruck von den Vorführungen in einem Amphitheater (*Bo. 227, 228, 231*). **10** Die Tonlampe zeigt ein **Gehege für die Waldtiere,** die man für die Tierhetzen eingefangen hatte (→ S. 62, Insel 121, 3). **11–13** Auf den Fragmenten dieser sog. Jagdbecher sind **Kämpfe zwischen Gladiatoren und Bären** zu sehen. Der Kämpfer tritt, in ein enganliegendes Gewand gekleidet, die Hände zwar durch kräftige Bandagen vor den Raubtierbissen geschützt, aber nur mit einer Peitsche bewaffnet, gegen den Bären an (Insel 121, 7). **1 Ein Stier und ein Bär** stehen sich auf dem Schmuck dieses Bechers gegenüber. Sie sind durch ein Seil miteinander verbunden, was sie an der Flucht hindert und außerdem ihre Kampfeslust steigert. **14** Höhepunkt eines Tages im Amphitheater war der **Kampf zweier Gladiatoren** gegeneinander. Die große Feldflasche zeigt gleich drei Phasen eines Kampfes. Herausgehoben ist das Ende: Der Sieger kniet über dem von ihm getöteten Besiegten (*Bo. 231*).

*Von hier aus kann man zur Abteilung **Römische Götter,** ab Insel 122 (→ S. 90) und **Römische Christen – Christliche Franken** (→ S. 79) weitergehen oder die Treppe zur **Studiengalerie** (→ S. 86) hinaufsteigen. Im Verlauf des Rundgangs ist zunächst ein **Gang durch die Schmuckabteilung** vorgesehen.*

Die Schatzkammer

Kurz gefaßte Geschichte der Schmucksammlung

Nur ein Teil der umfangreichen Sammlung von Schmuck und Kleinkunstwerken aus kostbaren Materialien wurde bei städtischen Ausgrabungen gefunden oder durch Einzelankäufe erworben.
Zwei umfangreiche Privatsammlungen, die des Konsul Nießen und die des Baron von Diergardt, kamen seit 1934 hinzu.

Karl Anton Nießen (1850–1934) war Generalvertreter der englischen Südeisenbahnen und britischer Konsul. Er sammelte römische Funde aus Köln und dem weiteren Rheinland, vor allem Glas, aber auch Kleinkunst und Schmuck. 1903–1904 war es ihm sogar möglich, auf eigenem Grundstück südlich der Luxemburger Straße im Bereich des südwestlich vor der Stadt liegenden römischen Gräberfeldes umfangreiche Ausgrabungen zu machen, die ihm reichen Gewinn an kostbaren Fundstücken brachten. Nach langen Verhandlungen verkaufte er seine Sammlung kurz vor seinem Tode geschlossen der Stadt Köln.

Freiherr Johannes von Diergardt (1859–1934) aus Bornheim bei Bonn, begann schon als junger Mann antike Kleinkunst zu sammeln. 1905 konnte er das Diadem aus Tiligul (Vitr. 46 a) erwerben, 1907 kaufte er einen Teil der Sammlung des Franzosen Massoneau, der, als Verwalter der Weinberge des russischen Zaren auf der Halbinsel Krim, kostbare Fundstücke aus südrussischen Ausgrabungen zusammengetragen hatte. Baron von Diergardt sammelte unermüdlich, fachlich unterstützt von den Wissenschaftlern des Berliner Museums für Vor- und Frühgeschichte. Dort waren auch die kostbarsten Stücke seiner Sammlung als „Leihgabe eines Rheinischen Sammlers", dessen Name nicht genannt werden durfte, ausgestellt. Ein schon 1917 verfaßtes Testament bestimmte, daß die Sammlung eines Tages geschlossen einem Berliner oder Rheinischen Museum gehören solle. Da bis zu seinem plötzlichen Tode 1934 kein Kaufvertrag mit dem Berliner Museum zustandekam, veranlaßte sein Freund und Nachlaßverwalter, der Kölner Justitiar Rudolf Antonetty, daß die Sammlung zunächst als Leihgabe in das Wallraf-Richartz-Museum gebracht wurde. Erst als Heinrich Himmler Interesse zeigte, die Sammlung für die Schulung der SS zu kaufen, kam der Kaufvertrag mit der Stadt Köln zustande.

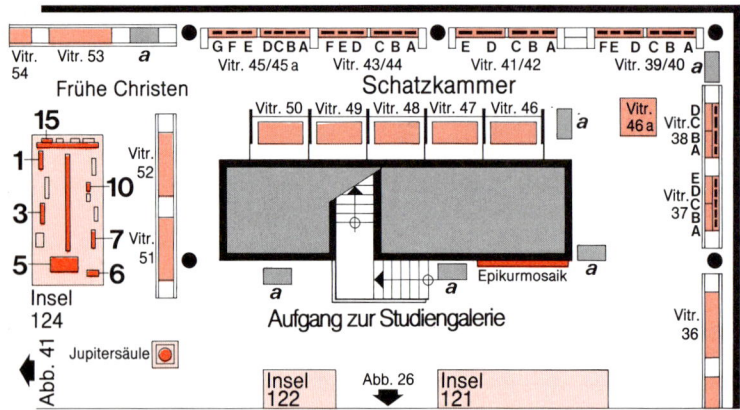

Abb. 33. Hauptgeschoß RGM: Schatzkammer, Römische Christen – Christliche Franken.

Für einen Gang durch die Schatzkammer empfiehlt es sich, zunächst die Vitrinen 37–40, dazu 46, anzusehen. Die hier ausgestellten Schmuckstücke in griechisch-römischer Tradition, viele davon in Köln oder dem Rheinland gefunden, sind in Form und Technik von den Funden der Völkerwanderungszeit gut zu unterscheiden. Von der frei im Raum stehenden Vitrine 46 a ausgehend sind dann bis Vitrine 49 fast nur Funde aus dem Raum westlich und nördlich des Schwarzen Meeres ausgestellt. Die beiden letzten sich gegenüberliegenden Vitrinen 45/45 a und 50 enthalten Schmuckstücke von Oberitalien über Südfrankreich bis Spanien.

Vitrine 37

Hellenistisch-römischer Schmuck vom 3. Jh. vor – 2. Jh. nach Chr.

Pures Gold in vielfacher Technik meisterhaft bearbeitet, so kleinteilig, daß es oft schwerfällt, die Einzelheiten zu erkennen, dazu der sparsame Umgang mit Edelsteinen, kennzeichnen den hellenistischen Schmuckstil.

A 2 Auf einen gedrehten Draht sind abwechselnd in runde Rahmen gefaßte Rosetten, deren Blätter mit blauem Email ausgelegt waren, zierliche Blattformen und Perlen zu einer Kette gereiht (*Bo. 286*). **6** Für die **Ohrringe** wurden zwei ineinandergedrehte Golddrähte zu einem Reif gebogen, an dessen Enden ein kunstvoll gearbeiteter winziger **Tierkopf** ansetzt.
B 1–5 Fibeln, unseren Broschen ähnlich, wurden schon in der Bronzezeit als Teil der Tracht getragen. Aus römischer Zeit sind viele Formen in Gold, Silber und Bronze bekannt (→ S. 86 Studiengalerie).
C Die Teile eines um 300 n. Chr. geschaffenen **Gürtelbeschlages** sind von ganz hervorragender handwerklicher Qualität. Ein massives, in Silber gegossenes und vergoldetes Ornament in Schild- und S-Formen rahmt einen Kasten, in dem ein aus Silberblech geschnittenes zartes Rauten- und Rankenmuster gefaßt ist. Diese feine Durchbrucharbeit nennt man **opus interrasile** (*Bo. 293*).
D 5 An einen **halbmondförmigen Ohrschmuck** aus dünnem Gold, verziert mit einem kleinen, in das Blech gedrückten Frauenportrait und Filigranranken, sind noch zusätzlich Kettchen mit Perlen und einem bunten Glasstein angehängt (*Bo. 277*). Einfache, leichte Ohrgehänge aus Golddraht mit farbigen Steinen fand man in vielen römischen Frauengräbern (*Bo. 282*).
E 2, 5 Die **Dreiecksformen dieser beiden Ohrgehänge** sind in der Technik der Granulation (→ S. 77) gleichmäßig mit Goldkügelchen belegt und dann zu kleinen Pyramiden zusammengelötet. **11–13** Die **Keule des Hercules** als goldener Schmuck könnte Amulettcharakter gehabt haben, vielleicht aber auch nur als modischer Anhänger geschätzt worden sein.

Vitrine 38

Römische Ketten, Anhänger und Ringe aus Gold und Bernstein

A 5–19 Verschiedene Edelsteine mit eingeschnittenen Darstellungen (Gemmen) sind hier in **Ringe aus getriebenem Goldblech** eingesetzt. Man sieht den Gott Serapis mit einem Getreidescheffel, dem sog. Modius auf dem Haupt (2. von oben), zwei Delphine (auf hellgrünem Stein) oder einen fliegenden Adler (ganz unten). Mehrere Ringe sind mit einem Niccolo (→ S. 75) geschmückt, einem schwarzen Stein, in dessen hellblau schimmernde Oberfläche die Darstellung eingetieft ist. **4** Ein kleiner, muggelig geschliffener dreischichtiger Sardonyx ist in einen **geschmiedeten Ring** eingesetzt.
B 1–6 Diese **Ringe sind aus massivem Gold** in Formen gegossen. Im obersten sieht man einen Kameo, der ein Portrait im Profil zeigt. Aus einem Dreilagenstein, ähnlich dem auf dem benachbarten Tableau A 4, arbeitete man das plastische Bild, indem man die dunkelste Schicht als Hintergrund stehen ließ, aus der weißen das Portrait schnitt und schließlich die hellbraune Lage für die Haare nutzte. **11** Ein **Anhänger mit dem Haupt der Medusa** war möglicherweise für die Trägerin sowohl Schmuck als auch Amulett zur Abwehr böser Mächte. **8 und 9** Der Kaiser Antoninus Pius ließ nach dem Tode seiner Frau im Jahre 141 Goldmünzen prägen, die sie als ,,DIVA FAVSTINA'' (vergöttlichte Faustina) bezeichnen. Das **Münzportrait** dieser schönen jungen Frau faßte man, wie die Münze des Antoninus Pius (9) und eine weitere, später in **Schmuckanhänger** (*Bo. 308*).
C 14–18 Reingoldene **Liebes- und Freundschaftsringe** waren bei den Römern beliebt (*Bo. 309*). **13** Ein im äußeren achteckiger Reif trägt die Inschrift AMO TE MERITO (ich liebe dich, du hast es verdient!). **16** Auf der Schmuckplatte eines anderen Ringes ist ein **Bild der Venus** mit zwei huldigenden Amoretten eingraviert. **1** Dieser Kameo, dessen Fassung von einem z. T. durchbrochen gearbeiteten Reif gehalten wird, zeigt einen Mann mit einem Widder auf den Schultern (*Rö. 333*). Bevor man diese Darstellung des **Guten Hirten** auf Christus

bezog, war sie bei den Römern als Symbol eines angenehmen ländlichen Lebens im Jenseits beliebt und deshalb auch zuweilen auf Grabsteinen zu finden (→ S. 90 Insel 122, 1). **9 Die Gewandnadel** trägt in durchbrochener Schrift die Wünsche der Schenkenden für glücklichen Gebrauch: VTERE FELIX (*Rö. 336*). **10** In sehr feiner Durchbrucharbeit ist dieser **Beschlag einer Schwertscheide** gearbeitet. AVSONI VIVAS (Ausonius, du mögest leben) steht eingraviert auf dem silbernen Mittelstreifen (*Bo. 294*). **D 9–11** Diese schweren **Bernsteinringe** wurden wohl nicht im Leben getragen, sondern dienten nur als Grabbeigabe. Einer zeigt einen Delphin, der andere einen Bären als Schmuck.

Vitrine 39/40

Römischer Gagat-, Elfenbein- und Bernsteinschmuck

Neben Schmuck sind hier auch kleine Gebrauchsgegenstände aus kostbaren Materialien ausgestellt. Ein großer Teil dieser vom 1.–5. Jh. entstandenen Stücke wurde in Köln gefunden.

A 2, 3 Distelfibeln gehörten zur Frauentracht der Ubier (*Rö. 76*). **5–7** Farbig abwechselnde, in konzentrischen Kreisen angeordnete Emaileinlagen sind der besondere Schmuck eines **Beschlagstücks**, einer **Scheibenfibel** und einer **kleinen runden Dose**. In Trier fand man eine ähnliche Kapsel, in der Reste einer Siegelmasse erhalten waren. **B 1** Der Schiebedeckel des mit zwei Fächern versehenen **Elfenbeinkästchens** zeigt ein Figurenpaar in lebhafter Bewegung (→ Abb. 52). Der junge Mann mit leichtem Umhang und Lendenschurz bekleidet, trägt in der rechten Hand einen Stab, mit der linken scheint er einen Sack auf der Schulter festzuhalten. Hinter seinen Beinen erkennt man einen Weidenkorb. Von der Seite tritt eine Frau in langem Gewand auf ihn zu. Sie hält ein Gefäß, vielleicht einen flachen Korb, empor, ihr Blick ist in die Höhe gerichtet. Es mag hier eine ländliche Szene, oder auch der Herbst mit seinen Erntegaben dargestellt sein. Möglicherweise aber spielt die Szene auf die geheimen Einweihungsriten des Dionysoskultes an. Ein neu in die mystische Gemeinschaft aufgenommener Mensch wurde mit Früch-

ten, die man in eine Getreideschwinge (liknon) gefüllt hatte, überschüttet (→ S. 114 Dionysosmosaik d u. h, S. 47 Vitr. 26. Dionysosschale). **15** Der Stab, der wie die beiden Messergriffe daneben aus Gagat geschnitzt ist, wurde vielleicht als **Spinnrocken** gebraucht (→ S. 109). Er ist an einem Ende mit einem Knauf, am anderen mit einem Weinkrug geschmückt. **6** Der **Gagatanhänger** zeigt ein sehr lebendiges Medusenhaupt auf der einen, das Bild eines Paares auf der anderen Seite. **5** Aus einem Stück Bernstein machte man Griff und Rückseite eines kleinen **Handspiegels.** Über dem als gedrehte Säule mit Kapitell ausgearbeiteten Griff hockt ein geflügelter Amor, der mit einem mächtigen Helm zu spielen scheint. Der Helm und das darunter angeordnete Schwert könnten als Hinweis auf den Kriegsgott Mars erklärt werden.

C 1, 2 Zwiebelkopffibeln, so genannt wegen der in Form von Zwiebeln verdickten Enden, gehörten zur Uniform der spätrömischen Soldaten. Als Mantelschließe trug man sie einzeln in Höhe der Schulter. **3** Von einem Meister seines Faches wurden die Ornamente in diese **Gürtelbeschläge** aus Bronze hineingekerbt. Die von den Römern entwickelte Technik des **Kerbschnittes** war auch den Germanen der späteren Jahrhunderte bekannt.

D 15, 16 Neben mehreren Schmuckstücken aus Gagat sieht man zwei Spindeln aus Bein, die eine mit Blattgold belegt. **19** Der Bergkristallring mit der Darstellung des Osiris als sog. **Uschebti** war sicher eine Totengabe (→ S. 101 Göttervitrine i, 17).

E 11 Ein wirkliches **Schneckenhaus** wurde vergoldet als Anhänger getragen. **10** In der Form ganz ähnlich, aber massiv, ist der **Knauf aus Gagat.** Ein reizvoller farblicher Kontrast entsteht durch das Einlegen eines Golddrahtes in die Spirallinie der schwarzen Schneckenhausform.

F Kleinkunstwerke aus verschiedenen Materialien sind hier zusammengestellt: **1, 3, 4** Ein Ring mit einem Frauenportrait, ein angreifender Gladiator, zwei streitende Jungen aus Elfenbein; **7, 8** ein Knabe mit einer Gans und ein kleiner Bär aus Gagat; **5, 6** geflügelte Amoretten aus Bernstein.

Griechisch – hellenistisch – römisch

Seit dem 19. Jh. unterscheidet man in der Betrachtung der griechischen Kunst den archaischen (bis Ende des 6. Jh. v. Chr.) und den darauf folgenden klassischen (5.–4. Jh. v. Chr.) vom hellenistischen Stil, der nach der Mitte des 4. Jh. v. Chr. begann. Es war die Zeit Alexanders des Großen, in der sich griechische Kultur in den östlichen und südöstlichen Mittelmeerraum und weit nach Osten bis zum Indus ausdehnte. Dadurch wurden u. a. syrische, persische und ägyptische Einflüsse in der griechischen Kunst wirksam. Diese Epoche des Hellenismus wurde dann in der Zeit des Kaisers Augustus (um Christi Geburt) durch die römische Kunst abgelöst:

Vitrine 46

Griechisch-hellenistischer und römischer Goldschmuck vom 3. Jh. v. Chr. – 5. Jh. n. Chr.

1 Im Schatzverzeichnis des Artemis-Tempels auf der Insel Delos (Griechenland) wurde im Jahre 279 v. Chr. eingetragen, daß Simiche ein **Halsband** mit 82, Demostrate eines mit 74 anhängenden Speerspitzen als Geschenk für die Göttin in den Tempel gebracht hatten. Etwa 80 (heute noch 69) lanzettförmige Anhänger trug auch diese in hellenistischer Zeit geschaffene Kette. Das aus sehr feinem Golddraht gehäkelte mittlere Band wird an beiden Enden von einer schmalen filigrangeschmückten Goldplatte und einem tropfenförmigen Almandinstein gehalten (*Bo. 289; Rö. 329*).

16 Die sehr feinen **Ohrringe** bestehen aus spiralig gewickeltem Golddraht, der in einem Tierköpfchen endet. Die Augen sind aus je zwei Filigranringen, die Hörner aus einem um den Hinterkopf gelegten, mit Goldkügelchen besetzten Draht geformt. Eine kleine Rosette über der Stirn und zungenförmig um den Hals gelegte Perldrähte bilden einen zusätzlichen Schmuck (*Bo. 279; Rö. 331*).

44 Möglicherweise aus Unteritalien stammt der **goldene Efeukranz**. 30 große, herzförmige Blätter an langen Stielen sind um einen massiven Reif gebunden.

10 Das Kölner Goldarmband aus einem Grab des 4. Jh. an der Severinstr. ist sowohl in seiner Technik, als auch in der phantasievollen Gestaltung von hoher Qualität. Um dem Schmuck eine feste Form zu geben, ist er wie ein nach innen offener runder Kasten gebaut. Ein Drittel dieses starren Rahmens läßt sich mit Hilfe eines Scharniers wegklappen, so daß man den Reif leicht um den Arm legen und dann mit einem durch Ösen an beiden Enden geführten Stift wieder zu einer starren Form zusammenfügen kann. Zwischen den Rankenmustern in sehr feiner Durchbrucharbeit sind Öffnungen ausgespart in die, nur auf einen Golddraht gefädelt, Rohsmaragde (von denen fünf noch erhalten sind) abwechselnd mit kontrastfarbenen Steinen oder Perlen eingehängt waren (*Bo . 300, Rö. 340*).

Gegenüber Vitrine 46:
Römischer Totenschmuck – Drei Diademe

1 Aus dünnem Goldblech ausgeschnittene Blütenblätter sind mit kleinen Rosetten auf dem Stirnreif befestigt, in der Mitte sieht man eine winzige Pegasusdarstellung (→ S. 54). **2** Das Diadem zeigt in der Mitte ein Bild des Sonnengottes,rechts und links je 8 weitere Gottheiten. **3** „Sei getrost Eugenes, niemand ist unsterblich" steht auf dem dritten Totendiadem.

Geschichtlicher Überblick zur Schmucksammlung

Aus der großen Zahl der Völker und Stämme, die sich seit dem 3. Jh. n. Chr. von ihren Siedlungsgebieten im Norden und Osten Europas auf den Weg machten, sind im folgenden neben Ost- und Westrom nur die Völker vorgestellt, die mit dem im RGM ausgestellten Schmuck in Verbindung gebracht werden, aber in der Geschichte Kölns keine Rolle spielen.

Die Franken, von denen ebenfalls kostbarer Schmuck zu sehen ist, haben nach Abzug der Römer im 5. Jh. die Herrschaft in Köln übernommen und die Geschichte der Stadt über Jahrhunderte hinweg bestimmt. Aus diesem Grund ist die fränkische Geschichte in einem kurzen Überblick in die allgemeine Zeittafel am Ende des Buches aufgenommen (→ S. 274).

Das Römische Reich

3./4. Jh. Seit der Mitte des 3. Jh. schon waren die westliche und die östliche Reichshälfte meist selbständig in Verwaltung und Verteidigung, wenn auch die Einheit des Staates gewahrt blieb. Nach erbitterten Kämpfen vereinigte Konstantin von 324–337 die gesamte Macht in seiner Hand. Er baute 330 Byzanz unter dem Namen Konstantinopel zur neuen Hauptstadt des Reiches aus. Seine Nachfolger aber teilten die Regierung wieder in eine östliche und eine westliche. Erst Theodosius war am Ende des Jahrhunderts noch einmal für kurze Zeit Alleinherrscher. Nach seinem Tode 395 wurden dann seine Söhne Arcadius und Honorius selbständige Kaiser des Oströmischen und Weströmischen Reiches.

Ostrom – Byzanz

5. Jh. Arcadius, schon seit 383 Augustus für die östliche Reichshälfte, wurde Herrscher des Ostreiches. Seine Residenz war Konstantinopel/Byzanz. Unter seinen Nachfolgern konnte der Ansturm der von Norden kommenden Goten und später der Hunnen von den Grenzen des Reiches abgewendet werden.

6. Jh. Justinian gelang es ein letztes Mal, wenn auch nur für 16 Jahre, die Einheit von Ost- und Westrom weitgehend wiederherzustellen. Nachdem er die Ostgoten in Italien 552 vernichtet hatte, versuchte er u. a. durch Rechtsreform und straffe Verwaltung das alte Römische Reich wiederaufleben zu lassen. Der Glanz seiner Regierungszeit zeigt sich noch heute in der Hagia Sophia in Konstantinopel (heute Instanbul) und in den Mosaiken von St. Vitale in Ravenna, wo er sich mit seiner Frau Theodora darstellen ließ. Man betrachtet Justinian als den letzten römischen Kaiser, denn nach seinem Tode 565 bestand zwar das Byzantinische Reich weiter, große Teile Italiens wurden aber 568 von den Langobarden erobert.

Westrom – Ravenna

5. Jh. Honorius, der erst 384 geborene jüngste Sohn des Theodosius erklärte als Kaiser des Westreiches 402 Ravenna zu seiner Hauptstadt. Der letzte weströmische Kaiser Romulus Augustulus wurde 476 von dem Germanen Odoaker abgesetzt. 493 machten die Ostgoten unter Theoderich seiner Herrschaft wiederum ein Ende. Sie gründeten das fast ganz Italien umfassende Ostgotische Reich mit der Hauptstadt Ravenna.

Die Burgunder

3./4. Jh. Von ihren ursprünglichen Siedlungsgebieten an der Ostsee, besonders auf der Insel Bornholm, wanderten sie in den ersten nachchristlichen Jahrhunderten an die untere Weichsel und tauchten um die Mitte des 3. Jh. am Main in der Nachbarschaft der Franken und Alemannen auf.

5. Jh. 406 überquerten sie den Rhein und gründeten das Burgundische Reich mit der Hauptstadt Worms, das aber schon 436 von Römern und Hunnen wieder zerstört wurde. (In dem um 1200 entstandenen Nibelungenlied ist die Begegnung von Burgundern und Hunnen, zusammen mit anderen Ereignissen der Völkerwanderungszeit und den daraus entstandenen Sagen dichterisch verarbeitet). Ein Rest der Burgunder ließ sich 443 im Gebiet von Rhône und Sâone, Lyon und den Genfer See einschließend, nieder. 532 wurde Burgund ein Teil des Fränkischen Reiches.

Die Alemannen

3. Jh. Die germanischen Alemannen kamen zu Beginn des Jahrhunderts von Siedlungsgebieten östlich der Elbe bis an den Main. Erste Kämpfe mit den Römern sind aus dem Jahre 213 bekannt. 260 durchbrachen sie den obergermanischen Limes und drangen nach Gallien und Oberitalien ein, wo sie vom römischen Kaiser Gallienus geschlagen wurden. Der größte Teil des Volkes blieb im Dekumatland, dem Gebiet zwischen Limes, Rhein und oberer Donau, etwa dem heutigen Baden-Würtemberg.

4. Jh. 375 wurden sie bei einem Vorstoß über den Rhein vom römischen Statthalter in Gallien und späteren Kaiser Julian Apostata besiegt. Ihr Eindringen in die linksrheinischen Gebiete wurde dadurch aber auf die Dauer nicht aufgehalten.

5. Jh. In der Mitte des Jahrhunderts hatten sie sich bis ins Elsaß und die Nordschweiz ausgedehnt. 497 wurden sie von den Franken unter Führung Chlodwigs unterworfen. (Deutsch-Schweizer, Elsäßer und Schwaben sind gemeinsam alemannischen Ursprungs. Der Name dieses Volkes klingt heute noch im französischen Wort „Alemagne" für Deutschland an.)

Die Goten

3. Jh. Ursprünglich in Skandinavien zu Hause, zogen die germanischen Goten am Anfang des Jahrhunderts aus dem Gebiet der Weichselmündung weiter nach Südrußland.

Die Ostgoten

Im ehemaligen Stammesgebiet der Skythen und Sarmaten, nördlich des Schwarzen Meeres zwischen Don und Dnjestr, gründeten sie ein großes Reich.

4. Jh. Beim Überfall der Hunnen 370 blieb ein Teil der Bevölkerung an der nördlichen Schwarzmeerküste zurück, ein anderer zog mit den Hunnen weiter.

5. Jh. Auf der Seite der Hunnen nahmen sie 451 an der Schlacht auf den Katalaunischen Feldern teil und zogen dann weiter nach Italien. 493 besiegten sie den Germanen Odoaker und errichteten unter Theoderich das Ostgotische Reich mit der Hauptstadt Ravenna.

6. Jh. Als Theoderich 526 starb, wurde er in dem zu seinen Lebzeiten erbauten Mausoleum in Ravenna beigesetzt. 552 vernichtete Justinian das Ostgotische Reich.

Die Hunnen

4. Jh. Das schon seit dem 3. Jh. v. Chr. bezeugte innerasiatische Nomaden- und Reitervolk unbekannter rassischer Herkunft tauchte um 370 n. Chr. in Südrußland auf. Auf ihrem Weg nach Westeuropa vernichteten die Hunnen um 370 das Ostgotenreich nördlich des Schwarzen Meeres und überfielen dann auch die Westgoten in ihrem damaligen Siedlungsgebiet an der unteren Donau.

5. Jh. Unter Attila, ihrem König seit 445, herrschten sie vom Kaspischen Meer bis zum Rhein, von der Ostseeküste bis zur Donau. Mitte des Reiches war die Theißebene in Ungarn. Als Verbündete der Römer zerstörten sie 436 das Burgunderreich, drangen dann über den Rhein vor, wurden aber von Römern, Franken und Westgoten 451 auf den Katalaunischen Feldern geschlagen. Sie wanderten anschließend nach Italien, kehrten aber kurz vor Rom um. Mit dem Tode Attilas 453 war ihre Macht gebrochen. Sie gingen in anderen Völkern auf, ein Teil zog sich in die Steppen nördlich des Azovschen Meeres zurück.

Die Slawen

6. Jh. Ihre Urheimat ist unbekannt. Anfang des 6. Jh. wanderten sie aus ihrem damaligen Siedlungsgebiet nördlich der Karpaten nach Osten, Westen und Süden. Im Osten entstanden durch den Zusammenschluß mehrerer Stämme unter gemeinsamer Führung allmählich slawische Reiche, die der Ursprung der meisten heutigen osteuropäischen Staaten sind. Im Gebiet nördlich des Schwarzen Meeres siedelten sich die slawischen Ukrainer an.

Die Westgoten

Nachdem die Römer um 270 die Provinz Dacia nördlich der Donau aufgegeben hatten, ließen sie sich dort nieder.

4. Jh. Durch die Hunnen wurden sie nach 370 auf das südliche Donau-Ufer getrieben. Bis etwa 395 hielten sie sich, von den Römern geduldet, in der Provinz Moesia im Gebiet südlich der unteren Donau auf.

5. Jh. Angeführt von Alarich zogen sie weiter nach Italien und plünderten 410 Rom. Gegen 480 waren sie in Südfrankreich angekommen, wo sie das Westgotische Reich mit der Hauptstadt Toulouse gründeten. Neben den großen Teilen Spaniens umfaßte es Frankreich von der Atlantikküste bis zum Mittelmeer, von der Loire bis zur Rhône.

6. Jh. Nachdem sie 507 eine Niederlage gegen den Frankenkönig Chlodwig erlitten hatten, zogen sie sich nach Spanien zurück. 711 wurde ihr Reich von den Arabern vernichtet.

Die Langobarden

4. Jh. Die germanischen Langobarden, deren ursprüngliche Heimat auf einer skandinavischen Insel oder in Südschweden lag, siedelten in den ersten Jahrhunderten n. Chr. an der südlichen Ostseeküste im Bereich der Unterelbe, bevor sie zu Anfang des 4. Jahrhunderts nach Süden wanderten.

5. Jh. Um 490 beherrschten sie das linke Donau-Ufer, um 500 hatten sie die von den Hunnen verlassene Theißebene erreicht.

6. Jh. 568 brachen sie in das von Justinian wieder geeinte Römische Reich ein, eroberten Norditalien und machten Pavia zur Hauptstadt des Langobardischen Reiches, das große Gebiete in Mittel- und Süditalien einschloß.

7. Jh. Das 634 in lateinischer Sprache aufgezeichnete langobardische Recht wurde später ein wichtiger Bestandteil des fränkischen Rechtes und wirkte weit ins Mittelalter hinein.

8. Jh. Als sie am Ende des Jahrhunderts Rom erobern wollten, rief der Papst die Franken zu Hilfe. Nachdem Karl der Große sie 774 besiegt hatte, ging ihr Reich in dem der Franken auf.

Es empfiehlt sich zurückzugehen zur frei stehenden

Vitrine 46a
Reiternomadische Völker aus ihrem südrussischen Siedlungsgebiet (5. Jh. n. Chr.)

1 Das Diadem aus Kertsch unterscheidet sich deutlich von hellenistisch-römischen Schmuckstücken. Nicht kunstvolle Goldschmiedearbeit, sondern die Fülle von 257 Almandinsteinen, die in vier Reihen übereinander und symetrisch zur hervorgehobenen Mittelachse angeordnet sind, machen die Pracht dieser Krone aus. Sie bestand ehemals aus drei Teilen, die jeweils durch ein Bronzeblech verstärkt waren und in allen vier Ecken kleine Löcher aufwiesen. Dies läßt darauf schließen, daß sie auf eine Haube aufgenäht waren. Der Mittelteil, der erst bei der Restaurierung 1973 durch Stifte mit den Seitenteilen verbunden wurde, ist durch einen Aufsatz bekrönt, in dem man zwei sich voneinander abwendende Raubvogelköpfe mit runden, aus grünem Glas gefertigten Augen erkennen kann. Dieses Motiv, Sinnbild für Kraft und Überlegenheit und damit für Macht, dazu Form und Technik des Diadems lassen vermuten, daß es zu Anfang des 5. Jh. n. Chr. im damals von Hunnen beherrschten Kertsch entstanden ist *(Bo. 274; Rö. 346).*

2 Das Diadem von Tiligul, am Fluß Tiligul östlich von Odessa am Schwarzen Meer gefunden, ist aus einem Stück Goldblech von ehemals 54,2 cm Länge hergestellt, an den Seiten mit drei Reihen meist drei- und viereckiger Almandine, im Bereich der Stirn aber mit 47 runden und ovalen, muggelig geschliffenen Edelsteinen geschmückt. In der Mitte der Krone ist die stilisierte Form einer Zikade zu erkennen: ein besonders großer ovaler, heute verlorener, Stein bildet den Körper, zwei kleine runde Almandine darüber sind die Augen, zwei rhombenförmige Steine darunter die Flügelspitzen (→ Vitr. 41/42, D 2; Vitr. 43/44, F 11). **7** Bei dem **Ohrring mit facettierter Goldkugel mit Almandineinlagen** ist der Anhänger eigentlich ein Polyeder (Körper aus vieleckigen Flächen), d. h. hier ist die hohle „Kugel" aus 6 Rauten und 8 Dreiecken gebildet. Ähnliche **Polyederohrringe** fand man auch in Köln(→ S. 81, S. 190, Abb. 127; *Rö. 353).*

Kertsch und Südrußland

Im 7. Jh. v. Chr. gründeten griechische Siedler am Ostufer der Halbinsel Krim das heutige **Kertsch.** In der Antike **Pantikapeion,** zur Zeit der Völkerwanderung **Bosporos** genannt, war diese Stadt die wichtigste Handelsplatz am Schwarzen Meer und über Jahrhunderte Königssitz des Bosporanischen Staates. Enge Verbindungen zu Griechenland blieben bestehen, bis sich die bosporanischen Könige im 2. Jh. v. Chr. unter den Schutz des Römischen Reiches stellten. Im 2. Jh. n. Chr. wurden die nördlich des Schwarzen Meeres lebenden skythisch-sarmatischen Nachbarn des Bosporanischen Reiches von den Goten unterworfen. 370 überrannten dann die Hunnen in einer zweiten Völkerwanderungswelle die in diesem Gebiet, der heutigen Ukraine, siedelnden Ostgoten, im heute rumänischen Raum nördlich der Donau die Westgoten. Das Bosporanische Reich ging unter, Kertsch wurde fast völlig zerstört, lebte aber als politisch unbedeutende Stadt weiter, abhängig einmal von den Goten, die weiterhin in kleinen Siedlungen auf den Halbinseln Krim und Taman lebten, zum anderen von den Hunnen. Nach dem Tode Attilas 453 zogen sie sich zwar aus Westeuropa zurück, ein Teil von ihnen ließ sich aber in den Steppen am Azovschen Meer nieder und unternahm von dort aus immer wieder Überfälle auf die nördliche Schwarzmeerküste.
Im Kertsch bestand die in Jahrhunderten gewachsene Tradition des Kunsthandwerkes weiter. Die Goldschmiede arbeiteten jetzt für gotische oder hunnische Auftraggeber. So ist es zu verstehen, daß am Anfang des 5. Jh. in Kertsch ein kostbares Diadem im Auftrag und nach dem Geschmack einer Hunnenfürstin entstand (→ Vitr. 46 a, 1).

Vitrine 41/42

Silberschmuck aus dem südrussischen Siedlungsgebiet der Ostgoten – Serienschmuck und Ziergegenstände aus den Donauprovinzen, 4./5. Jh. n. Chr.

A 6 Die **spätrömische Schnalle** zeigt, von einer geschwungenen Ranke eingefaßt, klappsymmetrisch zueinander je einen Hirsch, den ein gerade auf seinen Rücken gesprungener Hund im Nacken packt.
B 2 Bei dieser **Schnalle** legt sich der doppelte Dorn auf die Köpfe von zwei aufeinander zuschwimmende Delphine. Man sieht außerdem **Gürtelbeschläge** in Propellerform (**6**) und **Riemenzungen** aus Bronze und Messing mit eingekerbten oder geritzten Blattmustern (**7**).
C 2 Kniefibeln fand man in Soldatengräbern der römischen Donauprovinzen. Sie waren als Mantelschließe Teil der Legionärskleidung. Den Namen bekamen sie wegen ihrer Form: Von der Kopfplatte, hinter der die Nadel befestigt ist, geht der Bügel wie ein angewinkeltes Bein aus. Die kurze Öse befindet sich unter dem Fuß. **3** Bei dieser außerordentlich langen **silbernen Flügelfibel** trägt ein massiver Ständer sichtbar die Achse, um die das Ende der Nadel in einer Spirale gedreht ist. Der obere Rand des zarten, durchbrochenen Flügels ist zum Nadelhalter umgebogen.
D 1 Solche **aus Silberblech geschmiedeten Gewandnadeln** wurden in südrussischen **Frauengräbern des 5. Jh.** immer paarweise gefunden. Die häufig zwei Achsen auf der Rückseite um die die Nadel spiralig herumgelegt wurde, sind in seitlich angelöteten Blechstreifen gehalten und durch aufgesteckte Knöpfe auf jeder Seite festgestellt. Bei einigen Fibeln ist auch das Nadelende an der Spitze der Kopfplatte durch einen solchen Knopf befestigt. **3** Die **Bügelfibeln des 6. Jh.** nehmen die Formen der früheren Modelle auf, sind aber nun im ganzen mit Kopfplatte, Fußplatte und seitlichen Knöpfen in Silber gegossen und anschließend vergoldet. Die Nadel wird jetzt an der Rückseite versteckt angelötet. In der Form der nur noch als Schmuckmotiv verstandenen kleinen Knäufe kann man häufig Tierköpfe oder auch menschliche Gesichter erkennen. **2** Während Bügelfibeln bei allen germanischen Völkern vorkommen, wurden sog. **Zikadenfibeln** nur im südrussischen Raum getragen. Die silbernen Gewandnadeln haben die Form einer sitzenden Fliege mit durch Rillen abgesetztem Kopf und (zum Teil) hervorstehenden Augen (*Rö. 341*).
E 7 Armringe, die an den Enden mit stilisierten Tierköpfen versehen sind, wurden häufig gefunden. Ein besonders schönes Exemplar ist dieser schwere **Silberreif aus Kertsch.** Die Schlangenköpfe sind vergoldet, die Augen durch Glasperlen hervorgehoben.

Vitrine 47

Asiatische Steppenvölker, 2. Jh. v. Chr. (1–7) – Waffen und Schmuck aus dem Siedlungsgebiet der Germanen an der unteren Donau und in Südrußland, 4./5. Jh. n. Chr. (8–28)

1 Das baktrische Goldarmband mit Tierfries zeigt auf der Vorder- und Rückseite je zwei sich S-förmig bewegende Raubkatzen hintereinander, wobei der lange, hochgebogene Schwanz der ersten von der zweiten mit Krallen und Maul gepackt wird. Zu diesem kostbaren Schmuck, der aus dem Besitz eines „holländischen Residenten in Indien" 1905 in Den Haag versteigert wurde, gibt es im Museum von Peshawar (West-Pakistan) ein sehr ähnliches Gegenstück. Beide Armbänder haben mit einiger Sicherheit zusammengehört, über ihren Fundort gab es bisher aber nur ungenaue Angaben. In einer neuen Untersuchung (1990) wurden sie mit einzelnen Teilen aus dem berühmten **Schatz vom Oxus** verglichen und dabei enge Verbindungen z. B. in den Motiven und in der Goldschmiedetechnik nachgewiesen. Vielleicht hat das Kölner Armband zu den Kostbarkeiten dieses Schatzes gehört, der um 225 vor Chr. in Baktrien (nördl. Afghanistan) vergraben, 1887 entdeckt, beim Transport nach Peshawar geraubt, zum größten Teil wiederaufgefunden und schließlich 1897 dem British Museum in London verkauft worden war (*Rö. 330*).
8–11 Helm und Schildbuckel, eine schwere Silberschnalle und der goldene mit Almandinbändern geschmückte Beschlag der Schwertscheide sind Funde des 4/5. Jh. nach Chr. **23** In

den schweren, aus Silber **geschmiedeten Armreif** ist das Bild eines Kriegers eingeritzt. (*Rö. 342*). 27 Dreiecke aus Goldblech nähte man auf die Kleidung. **12,13** Paarweise getragene **Bügelfibeln** fand man ebenso wie **Spinnwirtel (18–21)** nur in Frauengräbern.

Vitrine 48

Schmuck und Prunkgegenstände aus dem donauländischen und südrussischen Siedlungsgebiet der Germanen

21 Seiner Größe nach gehörte dieser **Ring aus Taman** einem Mann. Die Schmuckplatte mit einem großen, von Golddraht und aufgeschmolzenen Goldkörnern umgebenen Stein in der Mitte und zwei ähnlich gefaßten kleineren Steinen seitlich, wurde quer zur Hand getragen. **22 Kulone** (russisch: Anhänger mit Edelsteinbesatz) nennt man heute diese kostbaren Schmuckstücke, von denen man nicht weiß, wie sie getragen wurden. Ihr Fundort soll Varna am Westufer des Schwarzen Meeres sein. Ein weiteres Paar, in einem südrussischen Frauengrab entdeckt, ist heute verschollen.

An eine fast quadratische Platte ist ein sich schwungvoll zum Kreis schließender Bogen angearbeitet. Auf **Vorder- und Rückseite** sind in Goldperlchen gerahmte Almandinsteine zwischen granulierte Dreiecksformen gesetzt. Am Rand bauen sich plastische kleine Pyramiden aus dickeren Goldkügelchen auf, zwischen denen an der einen Hälfte des Schmuckes Ösen angelötet sind, um Glöckchen einzuhängen. Damit ihre ganze Pracht auf Vorder- und Rückseite sichtbar werden konnte, müssen die Kulone beweglich aufgehängt gewesen sein. Vielleicht wurden sie an einem Stirnband in Höhe der Schläfen getragen, vielleicht angeheftet an eine Haube. Eine breite Öse an einer Seite der Quadratplatte könnte auf eine solche Befestigung hinweisen (*Bö. 280; Rö. 345*).

Vitrine 49

Schmuck aus dem donauländischen und südrussischen Siedlungsgebiet der Germanen

2,3 Große kugelig geschliffene Karneole und Chalcedone wurden zu **schweren Männerketten** aufgereiht. **1,5–7** Offensichtlich liebte man aber

ebenso den reizvollen Kontrast von farbigen Edelsteinen zu glatten Goldröhrchen und kunstvoll durchbrochenen oder filigrangeschmückten Goldkugeln, die man abwechselnd zu Ketten auffädelte. **12** Dieser in mehreren Spiralwindungen den Finger umgebende **Ring** stellt eine **züngelnde Schlange** dar: Augen und Kopfform sind durch zwei runde und einen leicht ovalen Almandin gekennzeichnet, ein großer tropfenförmiger Stein bildet das Schwanzende (*Bo. 312*). **27** Auf einer Goldplatte ist zwischen flachen Edelsteinen ein großer, mugelig geschliffener Almandin in Tropfenform aufgesetzt. Er bildet einen **Vogelkörper**, an den zwei kreisrunde Edelsteine als Köpfe angesetzt sind. Die Augen sind mit Goldringen gezeichnet, die Schnäbel zeigen nach außen. Wie zwei Ösen am Fuß des Doppelvogels zeigen, war dieses kostbare Schmuckstück Teil einer **Gürtelschnalle** (*Bo. 303*). **25** Aneinandergereihte Dreiecksformen, mit Almandinen gefüllt und mit Ketten aus Goldkügelchen gerahmt, bilden dieses **P-förmige Beschlagstück.** Seitlich angesetzt gehörte es zum oberen Randabschluß einer Schwertscheide (*Bo. 304*).

Vitrine 43/44

Südrussischer und osteuropäischer Gold- und Bronzeschmuck der Völkerwanderungszeit, 4.–6. Jh.

A, B speziell für den **Totenkult** hergestellt sind **Ketten, Schnallen und stilisierte Blüten** aus dünnem Goldblech, die man in Kertsch und auf der Halbinsel Taman in Gräbern fand (*Rö. 339*). **A 2** Gegossene Bronzeschnallen benutzte man z. B. als Prägestempel für den zwar aus edlem Material hergestellten, aber im Leben unbrauchbaren Totenschmuck.

C 3–6 Arm- und Halsringe aus spiralig gedrehten Goldstreifen erinnern an die von keltischen Männern getragenen **Wendelringe** aus Bronze (Torques → S. 22 Vitr. 75,6).

D 6 Ein durch drei Speichen unterteilter Goldring mit drei beweglich eingenieteten dreipaßförmigen Beschlagplatten diente wahrscheinlich als **Riemenverteiler eines Pferdezaumzeuges.** In Kertsch fand man z. B. häufig Reste von Pferdegeschirr als Beigaben in Männergräbern. **4** Unter diesen **Polyeder-Ohrringen** sind drei

Häufig verarbeitete Edelsteine

Almandin ist ein tiefdunkelroter Stein aus der Gruppe der Granate. Die Römer nannten ihn *carbunculus alabandicus* nach seinem früheren Fundort in Alabanda im südlichen Kleinasien. Um ihn heller erscheinen zu lassen, schliff man ihn zu dünnen Plättchen und unterlegte ihn bei seiner Verwendung als Zellenfüllung mit Goldfolie.

Amethyst, im Griechischen „dem Rausch widerstehend", ist ein klarer, blaß violetter Quarz, der im Altertum sehr begehrt war. Er schützte den Träger vor Trunkenheit, Zauberei und Heimweh.

Bergkristall, von den Griechen „ewig Gefrorenes" genannt, ist Quarz in seiner reinsten Form. Farblos und wasserklar kommt er häufig in großen Stücken vor.

Rauchtopas ist ein grauer oder brauner Bergkristall. Beide, klarweiße und graubraune Begkristallkugeln wurden als Amulett getragen.

Chalzedon, ein weißgrauer, milchiger Quarzstein, bekam seinen Namen nach der antiken Handelsstadt Chalzedon, die Byzanz gegenüber auf der kleinasiatischen Seite des Bosporus lag (heute Kadiköy, ein Stadtteil von Istanbul). Er wurde als Talisman gegen Geistesschwäche und Schwermut getragen.

Karneol, ein rotbrauner Quarzstein, gleicht in der Farbe der Kornelkirsche. In der Antike sah man ihn als blutstillend und zornmildernd an.

Lagensteine

Achat, ein Chalzedon, ist in farblich voneinander abweichenden Schichten aufgebaut. Er eignet sich besonders zum Schneiden von Gemmen und Kameen (→ S. 34 Vitr. 13,1 u. 2).

Sardonyx, nach der kleinasiatischen Stadt Sardes benannt, ist ein in braunweißen Lagen aufgebauter Achat.

Niccolo ist ein tief dunkelblau bis schwarzer Stein mit sehr dünnen weißen Lagen. Die eingetiefte Darstellung erscheint schwarz in (wegen des Durchschimmerns der dunklen Steinschicht) hellblauem Grund.

Fundort der meisten im Altertum gebräuchlichen Edelsteine ist Indien.

Schon vor Alexander dem Großen (4. Jh. v. Chr.) bestanden Handelsbeziehungen über Karawanenwege und Wasserstraßen. Neben Ägypten und dem Kleinasiatischen Raum scheint außerdem der Ural Herkunftsort vieler Steine gewesen zu sein. Dagegen sind böhmische Granatvorkommen und die Fundstellen unterschiedlicher Quarzsteine in den Alpen während der Völkerwanderungszeit wahrscheinlich noch nicht bekannt gewesen.

Andere zu Schmuck verarbeitete Materialien

Bernstein, in römischer Zeit Elektron genannt, ist versteinertes Harz von Nadelbäumen aus vorgeschichtlicher Zeit (50 000 000 v. Chr.). Im Altertum hauptsächlich an der südlichen Ostseeküste gefunden, war Bernstein durch Handel weit verbreitet.

Elfenbein, die Stoßzähne indischer oder afrikanischer Elefanten, die Zähne des Narwales und des Walrosses, aber auch Knochen und Geweihe größerer Tiere wurden zu Schmuckstücken, meist aber zu Gegenständen des täglichen Gebrauchs verarbeitet. In römischer Zeit stellte man z. B. Löffel und Messergriffe, Kämme und Haarnadeln, Spindeln, Spinnrocken und Nähnadeln, Spielsteine und Würfel aus diesem Material her. Flach gepreßte, mit Schnitzerei und Bemalung versehene Elfenbeinplatten dienten als Schmuck von Möbeln und Kästen.

Gagat, bitumenreiche, tiefschwarze Braunkohle bekam seinen Namen nach der kleinasiatischen Stadt Gagates. Das Material ließ sich gut schnitzen und glänzend polieren, dazu ist es leicht und bietet einen schönen farblichen Kontrast zu Gold. Vorkommen sind u. a. an der englischen Südküste und in Südfrankreich.

von ungewöhnlicher Form: In Gold gefaßte Almandindreiecke ordnen sich zu einem Hohlkörper, der nach oben aufgespalten erscheint, nach unten in einer Spitze über einem hängenden Goldkügelchen oder einem kleinen Ring endet.
E Gegossene **Gürtelschnallen** aus Gold haben ihren besonderen Reiz durch den farblichen Kontrast zu den in flachen Mustern eingelegten Almandinsteinen. **Riemenzungen** sind durch Granulation oder Cloisonné geschmückt (→ S. 77). **2** Die Goldfassung des **Eberzahnes** hat die Form eines Tierkopfes, über dessen Stirn als zusätzlicher Schmuck ein Almandinstein aufgesetzt ist.
F 11 Diese **Zikadenfibeln** wurden, um sie kostbarer zu gestalten, mit Goldblech überzogen und mit filigrangerahmten Almandinen besetzt.

Vitrine 50

Schmuck aus dem westgermanischen Siedlungsgebiet in Norditalien, Südfrankreich und Spanien, 6. Jh.

25 In Pistoja fand man diese **Goldfibel,** die wahrscheinlich um 500 zur Zeit der Ostgotenherrschaft in Italien entstand. Auf der Rückseite des kleinen, bohnenförmigen Kopfes befindet sich ein Gewinde, in das die Nadel hineingeschraubt ist. An den hochgebuckelten, mit Blatt- und Herzmuster in Zellentechnik verzierten Bügel schließt sich der langovale, als Mulde gebogene Fuß an. Durch ein Loch wird die Nadel von hinten in die Mulde geführt und hier sichtbar gehalten (*Rö 347*). **20, 21** Diese beiden großen **Adlerfibeln,** ursprünglich mit roten, grünen und blauen Glaspasten in Zellenwerk überzogen, sind typische Werke westgotischer Goldschmiede. **18** Die Platte dieser mächtigen **Bronzeschnalle** ist ganz gleichmäßig mit sich überschneidenden Kreisen ausgelegt. Die sich zu Vierblattformen ergänzenden Kreisabschnitte sind mit grünem Glas ausgefüllt, in die Restflächen sind dünne Almandinplättchen über gerafelter Goldfolie eingefügt. Die Technik, die streng geometrischen Formen und die Größe der Schnalle lassen auf eine westgotische Werkstatt in Südfrankreich oder Spanien schließen. Man fand sie aber im Grab einer fränkischen Frau in Monceau-le-Neuf in

Nordfrankreich. Dort war die römische Provinzregierung 497 endgültig von der Herrschaft der Merowingischen Franken abgelöst worden. Seit 507 hatten die Franken dann auch das ehemalige Gebiet der Westgoten in Südfrankreich erobert. So ist anzunehmen, daß diese kostbare Schnalle als Beutegut oder durch Handel nach Nordfrankreich gelangte (*Bo. 307; Rö. 352*).

Vitrine 45/45 a

Schmuck aus dem burgundischen und alemannischen Siedlungsgebiet in Süddeutschland und Ostfrankreich, 6. und 7. Jh. – Spätantiker Schmuck, byzantinischer, langobardischer und donauländischer Herkunft, 6./7. Jh.

A Der Donauraum und Südrußland waren vom 6. Jh. an von Slawen beherrscht. Traditionelle Fibelformen dieses Gebietes veränderten sich unter dem Einfluß der neuen Herren. **2** Die in Bronze gegossenen und vergoldeten **Gewandnadeln** tragen sieben Knöpfe an der halbrunden Kopfplatte. Die Fußplatte, mit einem sehr kurzen Bügel angeschlossen, hat seitlich zum Ornament stilisierte Raubvogelköpfe und an der Spitze ein menschliches Gesicht.

B Durch die vorübergehende politische Einigung von Ost- und Westrom unter Kaiser Justinian in den Jahren 552–563 wurde in Italien der Einfluß der noch in der alten hellenistisch-römischen Tradition stehenden Goldschmiedekunst von Konstantinopel wirksam. Die Langobarden, die vor ihrer Eroberung Italiens eine Zeitlang im Donaugebiet lebten, brachten Tierornamentik mit, die seit Jahrhunderten an der Donau und am Schwarzen Meer beheimatet waren.

4 Zwei goldene **Ohrgehänge in Halbmondform** sind in Durchbrucharbeit mit winzigem Blumenmuster und Vögelchen geschmückt. Bei dem **sehr großen Ohrreif** sind granulierte Dreiecke zu beiden Seiten einer Halbkugel aufgesetzt. Der Anhänger ist verloren. **2** Aus massivem Gold gearbeitet ist die halbrunde Fläche einer **Gürtelschnalle,** in die ein Phantasietier mit Pferdekopf, Flügeln und zwei Beinen, geschickt die Form ausnutzend, hineingesetzt ist. **3 Bronzebeschläge und Schnallen** zeigen Tierornamente oder lebendige Jagdszenen.
C, D Ohrgehänge aus Silber und Gold, in verschiedenen phantasievol-

len Formen und unterschiedlichen Größen wirken durch die kunstvolle Bearbeitung des Metalls. **D 3 In Nanenringe** ist das verschlüsselte Monogramm des Eigentümers eingetieft. **E–G Gürtelschnallen und Riemenzungen** aus dem Gebiet der Alemannen und Burgunder, verziert mit verschlungenen Ornamenten, stilisierten Tieren, Gesichtern oder auch einem Kreuz (G, unten), trug man möglicherweise nicht nur als Schmuck, sondern schrieb ihnen magische Kräfte zu.

Vitrine 53

Fränkische Funde des 6.–7. Jh.

Die Vielfalt der Fibeln fällt auf: Man sieht paarweise zusammengehörige **Pferdchen (27, 28),** sitzende **Vögel** in stilisierter Form mit Flügeln und Füßchen und meist nach rechts gerichteten Schnäbeln. Es gibt solche aus Silber, mit Kerbschnitt verziert und vergoldet **(z. B. 29),** andere sind aus purem Gold, in Zellentechnik (→ unten) mit Almandinsteinen geschmückt **(20, 21).** Ein anderes Motiv für den Schmuck einer Gewandnadel ist eine **sich S-förmig windende Schlange (23, 20).** Ein Paar **Bügelfibeln aus Concevreux** sind vollständig mit Al-

mandinsteinen überzogen. Die halbrunden Platten sind mit je vier Vogelköpfchen geschmückt (**13** – *Rö. 347*). Auch mehrere Scheibenfibeln zeigen eine glatte Edelsteinoberfläche (**3–8** – *Rö. 360*) oder sind mit aufgesetzten Edelsteinen und Filigran versehen (**1, 2** – *Rö. 344*). Die Bügelfibeln der Franken sind zwar den in Südrußland gefundenen ähnlich, aber wesentlich kleiner (**14–17**). **38 Radförmige Beschlagstücke,** in denen sich stilisierte Tierkörper zu drehen scheinen, dienten wahrscheinlich als Taschenbeschlag. **40 Elfenbeinkämme,** hier einer mit doppelter Zahnreihe in einem Futteral, fand man in einigen Gräbern zusammen mit einer Bronzeschale. Möglicherweise wusch und kämmte man den Toten und legte dann die dazu gebrauchten Gegenstände mit in den Sarkophag. **35 Bergkristallkugeln** trugen fränkische Damen, vielleicht als Amulett, an einem langen Lederband befestigt vom Gürtel herunterhängend. **37 Massive Gürtelschnallen** mit verschlungenen Ornamenten, primitiv wirkenden Menschengestalten oder Kreuzsymbolen geschmückt, fand man nur in Männergräbern.

Schmucktechniken

Granulation

Kleine Golddrahtabschnitte werden mit fein gemahlener Holzkohle zusammen erhitzt, wobei das Gold zu Kügelchen zusammenschmilzt. Mit einem feinen Pinsel werden die Körner auf das Goldblech gesetzt und zunächst mit einem speziell gemischten Leim festgehalten. Wenn man nun die Platte von unten und die Kügelchen von oben gleichmäßig erhitzt, verschmelzen sie miteinander.
Diese große Kunstfertigkeit und Geduld erfordernde Technik war schon im alten Ägypten und in Mykene bekannt. Die Etrusker brachten sie zu großer Vollkommenheit. Man findet sie bei hellenistischem, römischem, aber auch südrussischem Schmuck der Völkerwanderungszeit.

Filigran (lateinisch: *filum*-Faden und *granum*-Korn)
Ein feiner Gold- oder Silberdraht, glatt, gedreht oder wie aus kleinen Körnern zusammengesetzt, wird zu Ornamenten gebogen, auf die glatte Metallfläche gelegt und aufgelötet.

Zellentechnik oder Cloisonné

Auf eine ebene oder leicht gebogene Fläche aus Eisen, Bronze, Silber oder Gold lötete man Stege zu einem ornamentalen Muster. Die so entstehenden Zellen füllte man mit farbigem Glas oder Email, sehr oft aber mit dünnen, glatt geschliffenen und genau der Zellenform angepaßten Almandinsteinen. Unterlegte Gold- oder Silberfolie steigerte die glanzvolle Wirkung der glatten, nur durch das Ornament der vergoldeten Stege gegliederten Fläche. Wahrscheinlich lernten die Ostgoten in Südrußland von den vor ihnen dort siedelnden Sarmaten diese Schmucktechnik. Sie brachten ihre Kenntnisse mit nach Westeuropa, wo vor allem westgotische und fränkische Goldschmiede diese Art Schmuck zu verzieren aufnahmen und zu hoher Blüte brachten.

Glas wurde auch nach Beendigung der römischen Herrschaft in Köln weiter produziert. Aber die Glasmacher waren nicht mehr daran interessiert das grün-braune „Naturglas" zu entfärben; außerdem beschränkte man sich auf die Herstellung von wenigen Gefäßformen. Schlanke **Sturzbecher (43)**, in einteilige offene Formen geblasene **Tummler** (Taumelbecher) ohne Standfläche **(47), Schöpfgefäße mit einseitigem Henkel (46)** und kleine Flaschen wurden häufig gemacht.

Vitrine 54

Fränkisches Glas und Keramik

Neben den Gläsern, die selten die dem römischen Glas eigene perfekte Form erreichen, ist auch die Keramik nicht mehr zu vergleichen mit der hohen Qualität römischer Töpferwaren: Es gibt nur noch wenige Formen, manchmal verziert mit einem einfachen Rollstempelmuster.

Vitrine 52

Fränkische Funde des 6.–7. Jh. n. Chr. aus Köln

Unter Fundstücken aus dem gesamten Stadtgebiet sind hier mehrere Gegenstände eines Grabes ausgestellt, das man 1957 in der Südwestecke des Kreuzganges von St. Severin aufdeckte (→ S. 208). Neben einigen nicht mehr sicher zu bestimmenden Metallresten waren noch 23 Gegenstände gut erhalten oder zu rekonstruieren.

Grab 217, St. Severin

Die Tote lag mit dem Gesicht nach Osten in einem Holzsarg. Rechts vom Kopf waren ein mit Bronzeblech beschlagenes und mit bunten Glasstücken geschmücktes **Holzkästchen (53)** und ein **grau-blauer Tontopf** im Sarg niedergelegt worden. Umgestülpt auf dem rechten Arm befand sich eine **Bronzeschüssel**, am rechten Fußende ein kleiner grauer Tontopf und ein halbkugeliges, **grünes Glasschäl-**

Fränkische Gräberfelder in Köln

An über zwanzig Stellen in Köln oder der näheren Umgebung hat man einzelne Frankengräber oder auch nur als Grabbeigaben übliche Gegenstände entdeckt. Vor allem auf den drei großen römischen Friedhöfen bei St. Gereon, St. Ursula und St. Severin wurden auch in nachrömischer Zeit weiterhin Tote begraben. Außer diesen sind aber bis heute im Stadtgebiet nur zwei ausgedehnte Grabfelder aus der Zeit der Franken systematisch untersucht worden.

Köln-Müngersdorf (→ Abb. 121,16)
Nördlich des Junkersdorfer Weges, zwischen der Jahnwiese und dem Südende der Kampfbahn des Stadions entdeckte man 1927 zufällig das erste Grab eines Friedhofes, auf dem man etwa ein Jahrhundert lang, 550–650, Tote bestattet hatte. 1926 schon war bei der Anlage der Jahnwiese ein römischer Gutshof aufgedeckt worden, dessen Umfassungsmauer nur 70 m vom Friedhof entfernt lag (→ S. 252). Die Untersuchungen ergaben, daß die Franken das ehemalige Gutsgelände nicht bewohnt hatten, wohl aber Steine aus den Ruinen für ihre Grabanlagen nutzten.
Von 1927 bis 1929 wurden 149 Gräber untersucht. Die zahlreichen Grabbeigaben gingen fast alle 1943 bei einem Bombenangriff auf Köln im Magazin des alten Wallraf-Richartz-Museums zugrunde. Nur die kostbarsten Gegenstände, vor allem Fibeln und andere Schmuckstücke, blieben im Panzerschrank des Museums erhalten.

Köln-Junkersdorf (→ Abb. 121,15)
Auf dem damals noch unbebauten Gelände südlich der Aachener Straße (gegenüber dem neuen Rechenzentrum der Stadtsparkasse) stieß man 1938 ebenfalls unerwartet auf ein fränkisches Grab. Von 1940–1943 und in den Jahren nach 1950 wurden zwischen Kornblumenweg im Osten und Mohnweg im Westen mehr als 550 Gräber aus dem 6.–8. Jh. festgestellt. Ein großer Teil der Grabstätten war zerstört. Offensichtlich schon zu einer Zeit, als die Lage der einzelnen Gräber noch erkennbar war, hatte man sie meist in Brusthöhe der Toten geöffnet, um da dort vermuteten kostbaren Schmuck zu rauben.

chen. Die Dame trug eine **silberne Haarnadel** (51/52), durchbohrte Edelsteine als Ohrringe, einen mit Almandinsteinen geschmückten **zylindrischen Anhänger** (39), am linken Arm einen **silbernen Armreif** (30) und an der linken Hand einen rein **goldenen Ring** (44). Ihr Gewand war in Brusthöhe mit zwei kleinen **Adlerfibeln** geschmückt (28 – *Rö 349*), **zwei Bügelfibeln** (5) und eine **silberne Gürtelschnalle** fand man über dem Beckenknochen des Skeletts. Zwei kleine Schnallen gehörten wahrscheinlich zusammen mit zwei Riemenzungen zu modischen Lederbändern, die von den Schuhen aus um die Waden geschlungen wurden. Außerdem fanden sich noch ein **kleines Messer mit goldenem Griff** (51), **ein Sieblöffel** (52) und ein in Silber gefaßter **Meteorstein**.

Funde aus anderen Frauengräbern

61 Schlüssel gab man bei den Franken nur Frauen mit ins Grab. Einmalig sind die sehr langen, kunstvoll verzierten Stücke, auf deren Bart oben zwei große und unten eine kleine Zikade zu sitzen scheinen. Da sie wohl zum Schließen nicht zu gebrauchen waren, könnte man sie, ähnlich wie Bergkri-

stallkugeln, durchbohrte Raubtierzähne oder große Muscheln am langen Band als Amulett getragen haben. **54** Einige besonders schöne **Spinnwirtel** aus Glas sind unten in der Vitrine zusammengelegt (→ S. 109)

Funde aus Männer- und Frauengräbern

50 Dieser **Taschenbügel** ist ein kostbares Einzelstück. Auf die Grundplatte aus Eisen ist mit Bronzestegen ein Muster aufgesetzt, das dann mit geschnittenen Almandinen ausgefüllt wurde. Taschen legte man häufig mit ins Grab. Da sie meist aus Stoff und deshalb bei der Auffindung fast völlig zerfallen waren, ließen sie sich oft nur durch die ehemals darin aufbewahrten Gegenstände oder Beschlagstücke aus Metall (runde durchbrochene Scheiben, z. B. Vitr. 53, 38 und Vitr. 51) nachweisen. **49 Pinzetten** fand man nur in Männergräbern. Sie dienten wahrscheinlich der Bartpflege. **48 Einen Kamm**, oder **eine Schere** (→ Plexiglaswand an der Schmalseite von Insel 124) fand man sowohl in Männer – wie in Frauengräbern. **55** Die Rüsselbecher im unteren Teil der Vitrine stehen in der Tradition der römischen Delphinbecher (→ S. 59).

Römische Christen – Christliche Franken

Vitrine 51

Das frühe Christentum und seine Umwelt

Seit dem Anfang des 4. Jh. gab es mit Sicherheit eine christliche Gemeinde in Köln, zu der wohlhabende Bürger gehörten. Kostbare Funde mit eindeutig christlichen Darstellungen lassen das vermuten: Bei St. Ursula fand man 1866 die Reste einer Glasschale, auf die mit Blattgold und Schmelzfarben Szenen des Alten und Neuen Testamentes aufgetragen waren. In der Nähe von St. Severin wurden ebenfalls im 19. Jh. Fragmente einer im Durchmesser 26 cm großen Glasschale entdeckt. Alle 13 noch erhaltenen glasüberfangenen Medaillons, die der Schale aufgeschmolzen waren, zeigten christliche Darstellungen. Diese beiden in die erste und zweite Hälfte des 4. Jh. datierten Funde sind heute im British Museum, London.

Ein drittes frühchristliches Glas mit Goldauflage blieb in Köln:

13 Die blaue Goldglasschale

(Abb. 34)

Man fand diesen Becher 1907 in der Nähe des römischen Gutshofes in Köln-Braunsfeld an der Stolberger Straße, dort wo 1910 die Zirkusschale und 1960 das Diatretglas entdeckt wurden (→ Abb. 121, 17).

Darstellungen und Herstellungstechnik

In goldenen Bildern auf blauem Grund sind in vier großen um ein Mittelmedaillon angeordneten Kreisen, Szenen des Alten Testaments dargestellt. In den vier Köpfen der kleinen Zwickel-Rundbilder erkannte man die Portraits der Söhne des Kaisers Konstantin und konnte so das Glas **kurz nach 320 datieren.**

Innerhalb der eingeschliffenen Kreisformen wurden die Bilder mit einem Leim auf das Glas gemalt, dann die feinen Innenzeichnungen in das Klebemittel eingeritzt und zuletzt das Blattgold aufgelegt. Beim Erhitzen brannte das Gold an den Stellen, an denen es am Leim haftete, in das Glas ein; dort wo sich kein Klebstoff befand, ließen sich später die Goldreste wegwischen. Heute sind nur noch geringe Spuren der Vergoldung vorhanden, so daß die Darstellungen kaum noch zu erkennen sind.

Die biblischen Geschichten

Die fünf Medaillons zeigen Szenen des Alten Testaments (AT), wie sie auf Malereien in den Katakomben von Rom und den Reliefs frühchristlicher Sarkophage vorkommen.

Im Mittelbild sitzen drei Personen in einem Schiff, von denen gerade einer den Propheten **Jonas** ins Meer wirft. Ein Fisch, hier wie eine Meerschlange gezeichnet, wartet darauf, Jonas zu verschlingen (AT: Jonas, 1 und 2). Das Bild darüber ist zweigeteilt: Der Fisch speit Jonas nach drei Tagen an Land (AT: Jonas 2,11); und Jonas lagert unter einem Rizinusstrauch (AT: Jonas 4,6–11).

Gegenüber diesem Medaillon ist **Moses** dargestellt. Während der Wanderung der

Israeliten durch die Wüste schlägt er auf Geheiß Gottes Wasser aus dem Felsen. Drei Durstige laben sich an dem herabstürzenden Quell (AT: Exodus 17,1–7).

Die beiden übrigen Bilder zeigen Noah und Daniel:

Noah der seine Arche (arca = Kasten) nach der Sündflut öffnet, sendet zuerst einen Raben aus, der auf ein verendetes Tier trifft, dann die Taube, die mit einem Ölzweig zurückkehrt (AT: Genesis 8,6–12).

Daniel, vom König Darius in die Löwengrube geworfen, wird von den Löwen nicht gefressen, sondern durch Gottes Macht errettet (AT: Daniel 6,17–24).

Alle fünf Szenen sind symbolisch zu sehen. Während Moses häufig als Vorbild Christi betrachtet wurde, hat Christus selbst die Jonasgeschichte als Bild für seinen bevorstehenden Tod und die Auferstehung nach drei Tagen bezeichnet (Neues Testament: Matthäus 12,39–41).

Daniel und Noah werden als Oranten, d. h. als Bittende mit weit ausgestreckten Armen wiedergegeben. Daniel ist als Symbol des Verfolgten und von Gott erhörten Gerechten zu sehen, die Gestalt des Noah vertritt die Seele des Verstorbenen, die Arche ist das Zeichen seiner Rettung.

Abb. 34. Die blaue Goldglasschale (H. 8 cm, Ø 11 cm), abgerollte Zeichnung.

12 Die **Geschichte des Sündenfalls** zeigt diese Glasschale. Adam und Eva gehen in lebhafter Bewegung auf den Baum der Erkenntnis zu, um dessen Stamm sich die Schlange windet. Der Fundzusammenhang gab keine weiteren Hinweise auf den christlichen Glauben der Toten. Einige Beigaben des zugehörigen Grabes scheinen vielmehr heidnische Vorstellungen auszudrücken. U. a. wurde ein Leiterchen gefunden, das in anderen Gräbern im Zusammenhang mit sog. Mithrassymbolen vorkommt, und außerdem ein Gagatanhänger mit Medusenhaupt.

Auch die drei ausgestellten **Beschlagbleche von Holzkästchen** wurden in Fundzusammenhängen entdeckt, die keine weiteren Anhaltspunkte für eine christliche Bestattung ergaben: **8** Aus einem durch zwei Säulen angedeuteten Grabbau tritt **Lazarus,** noch in seine Leichentücher gehüllt. Daneben steht Jesus, mit einem Stab auf ihn weisend (*Rö 302*). Er hat ihn, nachdem er schon vier Tage im Grab gelegen hatte, durch sein Wort wieder zum Leben erweckt. (NT: Johannes 11, 43-44). **9** Die Darstellung dieser Platte wird als **Maria mit zwei Aposteln** gedeutet. **10** Auf dem Rest eines weiteren Beschlages kann man die **drei Jünglinge im Feuerofen** erkennen. König Nebukadnezar ließ drei Männer, da sie keinen Götzen anbeten wollten, ins Feuer werfen. Doch diese stimmten einen Lobgesang auf den Herrn an und blieben unversehrt (AT: Daniel 3,20–26). Dieses Bildthema ist häufig in frühchristlichen Darstellungen zu finden, sehr oft in Verbindung mit Daniel in der Löwengrube, dem anderen Vorbild für Errettung aus Todesnot und Auferstehung zum ewigen Leben.

1,11 Der letzte Höhepunkt der römischen Glasmacherkunst im 4. Jh. war die Herstellung von **Goldglas,** bei dem man die aus hauchdünnem Blattgold aufgelegten Bilder mit einer zweiten Glasschicht überfing. Meist nur als Boden eines Gefäßes schuf man Porträts, Tierdarstellungen, kleine Szenen aus dem Leben, häufig auch Bilder mit christlicher und jüdischer Symbolik. Der Rest eines solchen kostbaren Goldglases, in der jüdischen Katakombe der Villa Torlonia in Rom gefunden, zeigt einen siebenarmigen Leuchter mit einer Umschrift, die sich ergänzen läßt zu AVXANON ANIMA

DVL...CIS PIE ZESES (Auxanon, süße Seele trinke lebe). **7** Die Inschriften der drei Löffel DEO GRATIAS (Dank sei Gott) und DONA DEI (Gaben Gottes) lassen auf christliche Besitzer schließen. Die beiden kleineren wurden neben zwei Sarkophagen in der Nähe des Gutshofes von Köln-Müngersdorf gefunden (→ 252).

Das Grab der reichen Frau von St. Severin

Im Winter 1938/39 stieß man bei Ausgrabungen im Mittelschiff der Kirche St. Severin (→ S. 216) inmitten anderer Bestattungen aus römischer und fränkischer Zeit auf ein aus sechs Steinplatten zusammengebautes Grab, in das man zusätzlich einen Holzsarg hineingestellt hatte. Der größte Teil der hier gefundenen kostbaren Grabbeigaben ist links in Vitrine 51 im Zusammenhang ausgestellt: Die Tote trug ein golddurchwirktes, in noch fast 26 cm Länge erhaltenes **Stirnband (20)**. In Kopfhöhe fand man außerdem **zwei Polyederohrringe** von besonders kunstfertiger Ausführung. Auf die Rhombenformen sind sorgfältig gefaßte Steine aus Almandin und grünem Glas aufgesetzt. Die oberen und unteren quadratischen Flächen, an denen der Reif ansetzt, sind nochmals mit vier edelsteinbesetzten Stiften geschmückt. Aus den zahlreich gefundenen Perlen konnte man **zwei Ketten** wieder zusammenfädeln. Die eine besteht aus 65 großen Bernstein- und Millefioriglasperlen (*Rö 351*), die andere aus 96 roten, gelben und silbrig glänzenden Perlchen, wovon die silbernen meist in Gruppen bis zu fünf Stück zusammengeschmolzen sind. Außer zwei filigrangeschmückten runden Goldplättchen hängen **drei kleine Kreuze** an der Kette. Man deutet sie als sicheren Hinweis auf die christliche Religion der Trägerin. Die beiden **Bügelfibeln** aus Bronze, die wie in vielen anderen Frankengräbern, in Höhe des Beckens der Verstorbenen übereinander lagen, waren vielleicht als kostbarer Schmuck am herunterhängenden Gürtelende befestigt. **Zwei Paar Schnällchen** aus Silber und Bronze gehörten zu Schuhen mit Wadenriemen. Auf den **vergoldeten Riemenzungen** sind die Köpfe zweier Schlangen zu erkennen, deren Leiber ineinandergeflochten zu sein scheinen **(19)**. Von besonderer Qualität ist der

goldene Ring, den die Dame an der linken Hand trug. Statt eines Edelsteins sind hier zunächst sechs frei stehende, profilierte Säulchen aufgesetzt. Sie tragen ein dünnes Goldblech und darüber eine quadratische Platte mit granulierten Goldkügelchen an den Seiten. Die oberste Schicht dieses kleinen Turmgebäudes ist eine fast 5 mm dicke runde Goldscheibe.

Von den außerdem noch ins Grab gelegten Beigaben sind nur die gut erhaltenen Dinge ausgestellt: Zu Füßen der Toten stand das **Buchenholzkästchen,** das mit einem Geflecht aus ehemals sicher bunten Spänen überzogen ist (**21**). Es enthielt nur einen eisernen Ring, ein zusammengefaltetes Tuch und ein Schwämmchen. Zu den Dingen, die die Dame im Leben benutzte, gehörten eine Stofftasche, von der sich die durchbrochene **runde Zierscheibe** erhielt und ein **Spinnwirtel** aus blauem Glas.

Im 6. Jh., zu derselben Zeit, in der die „reiche Frau von St. Severin" inmitten einer kleinen Kapelle auf dem römischen Friedhof südlich der Stadt begraben wurde, fand eine andere vornehme junge Frau ihre letzte Ruhestätte im Hof der frühchristlichen Bischofskirche.

Insel 124
Plexiglaswände – Funde aus Männergräbern

Römische Soldaten kämpften meist mit Waffen, die ihnen vom Staat zur Verfügung gestellt wurden, dagegen waren Waffen für die Franken persönliches Eigentum, ein Zeichen des Standes und des Reichtums. Fränkische Krieger bestattete man daher oft in voller Kriegsrüstung. Der Griff einer Waffe war meist aus Holz, mit Bronze- oder Silberblech, manchmal mit Gold und Edelsteinen verziert. Auch die Schwertscheiden bestanden aus Holz, mit Leder überzogen, oft mit einer Kante aus Bronzeblech verstärkt. Außer den Resten der Schmuckbeschläge blieb meist nur das stark verrostete Eisen einigermaßen erhalten.

1. Franziska nennt man das geschwungene Wurfbeil der Franken. Es war ehemals mit einem kräftigen Holz-

schaft versehen, von Schneide bis Schaftloch ist es 30–40 cm lang.

2. Spatha ist ein Langschwert, zwischen 80 und 100 cm lang.

3. Sax, ein Kurzschwert, das hier z. T. mit der durch den Rost unlösbar verbundenen Scheide konserviert wurde. Es ist meist 40–45 cm lang.

4. Lanzen haben eine ovale oder rautenförmige Spitze von 20–60 cm Länge. Mit der nach unten ausgeschmiedeten Tülle ließen sie sich auf einen langen Stab stecken.

5. Pfeilspitzen, 10–20 cm lang, lanzenförmig oder mit Widerhaken versehen, kommen oft mehrfach in einem Grab vor.

6. Schildbuckel sind meist als einziger Teil der aus Holz gefertigten Schilde übrig geblieben. Unter dem im Durchmesser 20 cm großen halbkugelförmigen Schutz der Hand in der Mitte eines Schildes fand sich manchmal noch der Rest der Schildfessel. An diesem unter dem Schildbuckel gespannten, ehemals mit Holz gefütterten Eisenband faßte man den Schild.

7. Ango nennt man die von den Merowingern benutzte Wurflanze. Auf einen langen Holzstab wurde die 104 cm messende sechskantige Spitze aufgesteckt. Außer dem hier in die mitten auf der Insel stehende Plexiglaswand eingefügten Exemplar gibt es nur noch ein weiteres, das man im Knabengrab unter dem Dom fand.

Insel 124
Die ersten Christen in Köln

5 Grabdenkmal für den Reiter Flavius Bassus. Hier wird deutlich, was **im 1. Jh. n. Chr.** für das Andenken eines verstorbenen römischen Soldaten wichtig war: Das Bild des Reiters in voller Rüstung, der am Boden liegende Feind, dazu die knappe Inschrift, die neben dem Namen des Verstorbenen seine Truppeneinheit und den Kommandanten, Lebens- und Dienstalter angibt (*Bo. 260*). **6 Ein Grabdenkmal mit zwei Grabgedichten auf den Knaben Timavius.** Gleich neben dem Reitergrabstein aufgestellt, zeigt dieses Grabmal, das für einen Schüler von 17 Jahren gesetzt wurde, wie völlig anders das Gedächtnis eines Toten **am Ende des 3. Jh.** sein konnte. Schon die eigentliche Grabinschrift auf der Vorderseite des Steines sagt nichts über die Lebensumstände des Verstorbenen, sondern zeigt eher die

Trauer des Herrn und Lehrers, der das Grabmal in Auftrag gab. Sich selbst zum Trost, so scheint es, ließ der Lehrer dann auf der Rückseite des Steines ein Gedicht einmeißeln, das seine Gedanken vom Sterben und ewigem Leben, über den Körper und Geist des Menschen, zum Ausdruck bringt. Wenn er auch kein Christ war, so glaubte er doch im Sinne des Christentums an die unsterbliche Seele des Menschen, die nach dem Tode mit Gott vereint wird (→ *Tafeln zur Vorder- und Rückseite*).

Der Stein wurde offensichtlich eines Tages wiederverwandt: Man meißelte ein kreisrundes Becken mit Abfluß hinein und setzte ihn dann so in die Wand einer Kirche, daß die Vertiefung, die sog. **Piscina,** in einer kleinen Nische sichtbar blieb (Abb. 35). Spuren auf der Frontseite des Grabsteins zeigen, wie weit die Steinplatte rund um die Piscina zu sehen war. Das nachträglich am oberen Grabmalrand eingemeißelte Profil begrenzte die Nische zum Kirchenraum hin.

Piscinen richtete man immer in der Nähe eines Altares ein. Sie dienten dazu, sowohl das Wasser der Händewaschung am Anfang des Gottesdienstes wie auch das Waschwasser des Kelchtuches, mit dem der Kelch am Ende der Messe ausgetrocknet wurde, aufzunehmen. Durch das am Boden des Beckens ausgearbeitete Loch floß es ins Mauerwerk und versickerte dort.

Es wäre durchaus möglich, daß das Grabmal ehemals in der Wand des romanischen Chores der Ursulakirche verbaut war. Als dieser dann im 13. Jh. abgebrochen wurde, um einem neuen, gotischen Chor Platz zu machen, war der Stein auch in zweiter Verwendung unbrauchbar geworden. Im 19. Jh. schließlich entdeckte man ihn unter den zahlreichen römischen Fragmenten, die unter dem Fußboden oder in Altarfundamenten der Kirche eingemauert waren.

Die anderen Grabsteine dieser Insel, fast alle auf den in fränkischer Zeit weiterbenutzten Friedhöfen bei St. Severin, St. Gereon und St. Ursula gefunden, zeigen das Weiterbestehen der christlichen Gemeinde im 5. u. 6. Jh., wenn auch unter sehr ungünstigen Verhältnissen. Die Macht hatten die zunächst heidnischen Franken, denen die ehemals wohlhabenden Kölner Bürger dienen mußten (→ S. 266 Qu. 22). In dieser Zeit ging die hohe Kultur des Bau- und Steinmetzhandwerkes allmählich unter, da die Franken weder Neubauten errichteten noch ihren Toten kostbare Grabmäler machen ließen. So scheinen die Christen ihre Inschriften z. T. sehr ungelenk selbst in den Stein gemeißelt zu haben, sei es aus Armut oder weil es keine fähigen Steinmetzen mehr gab.

7 Ein Grabstein für das Kind Concordia. Man fand ihn als Teil der Deckplatte eines im Mittelalter wiederverwandten römischen Sarkophages in St. Severin. Über der Schrift ist ein sog. **Christogramm** eingemeißelt, das, seitdem der Kaiser Konstantin seine Fahnen damit schmückte, zum Zeichen für den Namen Christi wurde. Es ist gebildet aus den griechischen Anfangsbuchstaben des Wortes Christus: X (Ch) und P (R), gesprochen ,,Chi-Ro''. Oft setzte man den ersten und den letzten Buchstaben des griechischen Alphabetes A (Alpha) und W (Omega) hinzu, um den Glauben an das Wirken Christi vom Anfang bis zum Ende auszudrücken. In wenig kunstvoller Schrift ist unter dem Christus-Zeichen der Text eingemeißelt: Concordia ruht hier, (sie war) zärtlich zu ihren Eltern (CONCORDIA HIC IAC[ET] PIA PARENTIB(us), 1./2. Z.), sie lebte ein Jahr und ein halbes, unschuldig befindet sie sich im Himmel (VIXI[T] ANNVM (unum) SEMIS(sem) INNOCENS IN CAELIS HABETVR, 2.–4. Z.) (*Eine Kopie des Steines ist in der Confessio von St. Severin zu sehen → S. 217 – Rö. 301*).

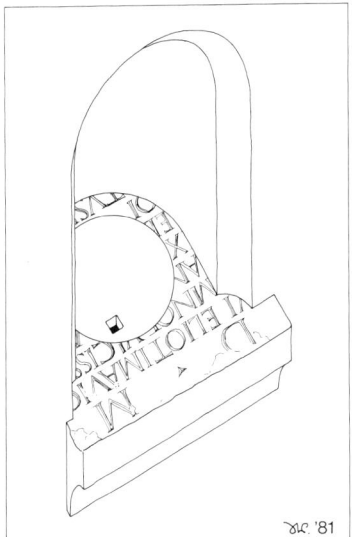

Abb. 35. Grabdenkmal des Knaben Timavius in zweiter Verwendung als Piscina in einer Kirche.

Abb. 36. Clematius-Inschrift, eingemauert in der Chorwand der Kirche St. Ursula (H. 49 cm, Br. 73 cm).

15 Ein Grabstein für die Jungfrau Ursula.

Dieser unscheinbare Stein wurde wahrscheinlich um 500 auf dem nördlich der Stadt gelegenen Gräberfeld in der Nähe der heutigen Kirche St. Ursula aufgestellt. Die Inschrift berichtet, daß in diesem Grab ein unschuldiges Mädchen liegt ([IN HOC TVM]VLO INNOCIS VIRGO IACET, 1. Z.) dessen Name Ursula war ([NO]MINE VRSVLA, 2. Z.) und das acht Jahre, zwei Monate und vier Tage lebte (VIXIT (A]NNIBVS OCTO MENSIBVS DVOBVS [D]IENS QVATTOR) Man hat vermutet, daß es dieser, 1893 bei Restaurierungsarbeiten unter dem Kirchenfußboden entdeckte Grabstein war, dessen Inschrift dazu führte, der Anführerin der Jungfrauen in der im 10. Jh. zum ersten Mal aufgeschriebenen Legende den Namen **Ursula** zu geben.

3 Die Clematius-Inschrift
Eine Bauinschrift aus der Kirche St. Ursula

Wegen ihrer großen Bedeutung für die Geschichte der ersten Christen in Köln (→ S. 200, 205 – 207), ist hier ein Abguß der seit dem 13. Jh. in der Ursulakirche vermauerten Steintafel aufgestellt worden.Der lateinische Text, in 13 Zeilen fast ohne Unterbrechungen

dicht gedrängt eingemeißelt, ist zwar annähernd wörtlich zu übersetzen, die Deutung einzelner Abschnitte ist dennoch bis heute umstritten.

Auch die Frage nach der Zeit, in der die Inschrift entstanden ist, läßt sich nicht eindeutig beantworten; meist wird sie trotz immer wieder geäußerter Zweifel um das Jahr 400 datiert.

Neue Überlegungen zum Alter und zur Aufbewahrung der Inschrift über die Jahrhunderte hinweg, ergaben sich durch eine 1977 veröffentlichte Untersuchung der Schriftzeichen. Während sie im oberen Teil flach eingetieft wurden und außerdem z. T. so abgerieben erscheinen, wie man es von alten Grabplatten in Kirchenfußböden kennt, sind sie von der 7. Zeile an tiefer eingemeißelt, wobei die offenen Enden, z. B. bei A oder S, keilförmig verbreitert sind (→Abb. 37). Die Vermutung liegt nahe, daß die Steintafel über lange Zeit ihren Platz im Boden oder an gut erreichbarer Stelle in der Wand der Kirche gehabt hat, wo sie als Nachweis des Martyriums der Jungfrauen durch darauf knien oder mit der Hand berühren besonders verehrt wurde. Als die Inschrift mit Zeit unleserlich geworden war, wurde sie eines Tages von einem Steinmetzen des Mittelalters im unteren Teil nachgearbeitet.

DIVINIS   FLAMMEIS VISIONIB(us)   FREQVENTER
Durch göttliche Flammenvisionen   häufig

ADMONIT(us) ET   VIRTVTIS MAGNAE   MAI
ermahnt   und durch die sehr große Kraft der Ma-

ESTATIS MARTYRII   CAELESTIVM VIRGIN(um)
jestät des Martyriums der   himmlischen Jungfrauen,

IMMINENTIVM   EX   PARTIB(us) ORIENTIS
die erschienen,   aus der östlichen Reichshälfte

EXSIBITVS   PRO VOTO   CLEMATIVS V(ir) C(larissimus) DE
herbeigeholt, (hat), nach Gelübde, Clematius,   im Senatorenrang, auf

PROPRIO   IN LOCO SVO   HANC BASILICAM
eigene Kosten, auf seinem Boden, diese   Basilika

VOTO QUOD DEBEBAT   A   FUNDAMENTIS
wie er es nach dem Gelübde schuldete, von den Fundamenten

RESTITVIT SI   QVIS   AVTEM   SVPERTANTAM
erneuert. Wenn jemand aber   unter der so großen

MAIIESTATEM HVIIVS BASILICAE   VBI   SANC
Majestät   dieser Basilika,   wo die hei-

TAE   VIRGINES   PRO   NOMINE XP T   SAN
ligen Jungfrauen   für den Namen Christi   ihr

GVINEM SVVM FVDERVNT   CORPVS ALICVIIVS
Blut   vergossen haben,   irgendjemandes Leichnam

DEPOSVERIT EXCEPTIS   VIRGINIB(us) SCIAT   SE
bestattet,   mit Ausnahme der Jungfrauen, so wisse er, daß er

SEMPITERNIS TARTARI IGNIB(us) PVNIENDVM
mit ewigen   Höllen- feuern   bestraft wird.

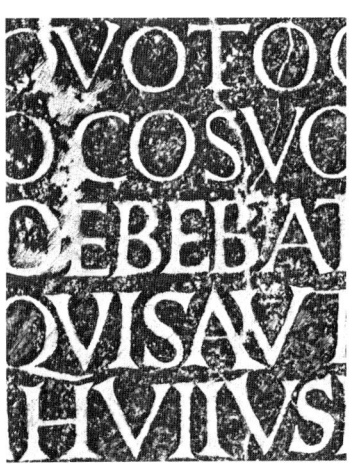

Abb. 37. Clematius-Inschrift, Abrieb von einem Teil der originalen Steinplatte.

1 Ein Grabstein für einen ermordeten Leibwächter. Die unscheinbare, mit unordentlichen Schriftzeichen bedeckte Steintafel ist von großem Aussagewert für die unruhigen Zeiten, die dem endgültigen Abzug der römischen Truppen von der Rheingrenze und der beginnenden Frankenherrschaft vorangingen VIATORINVS ⟨1. Z.⟩, ein Römer von hohem militärischem Rang, der schon eine ungewöhnlich lange Dienstzeit von 30 Jahren hinter sich hatte, wurde im Barbarenland, in der Nähe des Soldatenlagers Deutz von einem Franken erschlagen ⟨OCCISSVS IN BARBARICO IVXTA DIVITIA(m) A FRANCO, letzter Buchstabe 3.–6. Z.⟩. Man bestattete den Toten nicht in der Nähe von Deutz am rechten Rheinufer, sondern auf dem linksrheinischen Friedhof bei St. Gereon. Der Inhalt des Grabmaltextes läßt vermuten, daß das von Kaiser Konstantin als Vorposten im Frankenland gegründete Deutzer Kastell (→

S. 224) von den Barbaren des Umlandes hart bedrängt war. Aus der Form der Inschrift könnte man entnehmen, daß selbst der stellvertretende Kommandant der Deutzer ⟨VICARIVS DIVIT(i)E(n)SI(u)M, letzte Z.⟩ keinen Steinmetzen mehr fand, der einen standesgemäßen Grabstein für einen verdienten Offizier hätte herstellen können (*Rö. 308*).

10 Ein Grabstein für Leo. Die im 6./7. Jh. inzwischen fränkisch gefärbte lateinische Sprache wird in dieser Grabinschrift sichtbar: In der ersten Zeile wird z. B. aus IN HOC TVMVLO (in diesem Grab) IN OH TVMOLO, in den beiden letzten Zeilen aus OCTOBRIS (des Oktobers) OHTVBERIS.

*Man könnte von hier aus weitergehen zur Abteilung **Römische Götter**, beginnend mit der Insel 122, Neue Erlöser (→ S. 90). In der Beschreibung des Rundgangs folgt zunächst die über die Treppen neben dem Epikurmosaik zu erreichende*

Studiengalerie

Kleine Bronzegeräte, *u. a. Beschläge für Möbel und Kästen, Henkelattachen von Eimern, Messergriffe und Löffel, Fibeln, Haarnadeln und medizinische Instrumente sind auf drei großen Tafeln angebracht.*

Tonlampen, *nach der Entstehungszeit und den typischen Formen geordnet, sind an drei Seiten des Raumes (beginnend vom Eingang links) zu sehen. In den beiden mittleren, durch vorgeschobene Podeste herausgehobenen Vitrinen wird ihre Formentwicklung zusammenfassend dargestellt.*

Römische Münzen, *in einer kleinen Auswahl, sind rechts des Eingangs in drei Vitrinen ausgestellt.*

Münzvitrine A

Römische Bauwerke

Bis in das 1. Jh. v. Chr. waren römische Münzen wenig abwechslungsreich in ihren Darstellungen. Eine häufige Darstellung war z. B. Roma, das Bild einer Frau als Personifikation der Stadt Rom auf der Vorderseite, ein von zwei oder vier Pferden gezogener Rennwagen (biga oder quadriga) auf der Rückseite.

Der entscheidende Wandel bei der Wahl der Bildmotive für römische Münzprägungen setzte in den letzten Regierungsjahren Caesars ein. Er ließ bereits sein Portrait auf Münzen prägen. Seit der Herrschaft des Kaisers Augustus waren dann die Münzvorderseiten grundsätzlich den Portraits des jeweils regierenden Kaisers oder Mitgliedern seiner Familie vorbehalten. Die Rückseiten wurden nun mit Motiven versehen, die im Dienste der Propaganda des Kaiserhauses standen. Sie boten praktisch verkürzte Regierungsprogramme.

2. Reihe, 1. Münze links: Dieser Sesterz zeigt einen Altar (Abb. 38), dessen Front mit zwei Relieffiguren, Zweigen und der römischen Bürgerkrone geschmückt ist. Auf der Altarplatte scheinen Opfergaben zu liegen. Auf beiden Seiten neben dem Altarblock steht je eine geflügelte Göttin (Victoria) mit Palmzweig und Huldigungskranz. Die Unterschrift ROM(a) ET AVG(ustus) bringt zum Ausdruck, daß hier der Stadt Rom und dem Kaiser gehuldigt wurde. Dargestellt ist die **Ara Lugdunum**, das Reichsheiligtum der drei gallischen Provinzen in Lyon, das am 1. August des Jahres 12 v. Chr. in Anwesenheit des Kaisers Augustus geweiht wurde. Lyon war von nun an nicht nur Mittelpunkt des Kaiserkultes in Gallien, sondern gleichzeitig Treffpunkt aller gallischen Stämme, die sich einmal jährlich zu einem Provinziallandtag versammelten.

In Köln gab es ein ähnliches Heiligtum für ganz Germanien, die **Ara Ubiorum** (→ S. 255; S. 258 Qu. 1). Da man hier weder eine Beschreibung noch eine Abbildung kennt, bietet dieses Münzbild vielleicht einen Anhaltspunkt für die Gestalt des Kölner Altars.

Abb. 38. Die Ara Lugdunum, Münzbild auf einem Sesterzen des Augustus 10/14 v. Chr.

Links, unten: Nicht nur diese Gußformen, sondern auch Schatzfunde von Falschgeld lassen auf rege Fälschertätigkeit in Köln schließen. Sie konnte durchaus auch staatlich genehmigt sein, um den ständigen Mangel an Kleingeld in den Grenzprovinzen zu beheben (→ S. 29 Vitr. 9,12).

In der Mitte der Vitrine fallen zwei Sesterzen mit der Darstellung reich geschmückter, zweirädriger, von zwei Pferden gezogener Wagen auf. Man nannte solche Wagen **carpentum** und nutzte sie als Staats- und Kultwagen. Zwei Kaiser ließen diese Münzen zur Ehrung und zum Gedächtnis ihrer Mütter prägen. Auf beiden Sesterzen sind die Buchstaben SPQR (S(enatus) P(opulus)Q(ue) R(omanus), der Senat und das römische Volk) gut zu lesen. Diese Formel, die auf vielen anderen Münzen, auf Feldzeichen des Heeres und auf öffentlichen Gebäuden vorkommt, drückt aus, daß der römische Staat auf dem Zusammenwirken von Senat und Volk beruht.

Der linke Sesterz hat außerdem die Inschrift IVLIAE AVGVST(ae). Tiberius, der Sohn der Livia und Stiefsohn des Augustus ehrte damit seine Mutter, die nach dem Testament des Augustus offiziell in das Julische Kaiserhaus aufgenommen worden war und seitdem den Namen Julia Augusta führte (→ S. 29 Stammtafel).

Das rechts liegende Geldstück ist dem Gedächtnis der älteren Agrippina gewidmet. Es trägt die Worte MEMORIAE AGRIPPINAE. Der Kaiser Caligula ehrte damit 37–41 seine schon 20 n. Chr. in der Verbannung verstorbene Mutter. Er hatte ihren Leichnam nach Rom holen lassen und ließ zu ihren Ehren jährlich Totenfeste veranstalten, bei denen ihr Bild während der Prozession in einem Wagen mitgeführt wurde (→ Stammtafel).

Zwischen den beiden beschriebenen Sesterzen liegt

Der Zirkuskontorniat vom Dom (Abb. 39 und 40, → Abb. 54, 29) Diese im Durchmesser fast 4,5 cm große Medaille fand man 1971, als man südlich des Domsüdturmes eine Treppe in die Tiefgarage baute. Wegen des auf beiden Seiten etwa 1–2 mm hochstehenden Randes (italienisch: il contorno), gab man solchen Gedenkmünzen den Namen Kontorniat. Die meisterhaften Darstellungen wurden wahrscheinlich in eine Modellscheibe aus sehr hartem Holz auf beiden Seiten hineingeschnitten, dann in eine zweiteilige Sandform gepreßt und die Ausformung in Bronze abgegossen. Die Bilder erscheinen so im fertigen Stück wieder eingetieft wie bei einer Gemme (*Bo. 311*). Die Medaille scheint zur Ehrung eines erfolgreichen Wagenlenkers geschaffen worden zu sein: **Die Vorderseite** stellt zwei unterschiedlich große, peitschenschwingende Männer in der typischen Tracht der Rennfahrer dar. Der größere trägt die Siegespalme, der kleinere eine Amphore, die man als Ehrengabe für den 2. Sieger gedeutet hat. Der Name FILARMATIVS (griech. Wagenfreund) bezieht sich sicher auf den Sieger. Die **Rückseite** zeigt den an seinem breiten Gürtel zu erkennenden größeren Wagenlenker auf dem von vier Pferden gezogenen Wagen (quadriga) im Augenblick der Siegerehrung. Während die Pferde noch in Bewegung sind, der Rennfahrer noch die Peitsche schwingt und die Zügel noch fest um die Hüften gewickelt trägt (ein Hieb mit dem kurzen Krummschwert, das er im Gürtel trägt, kann ihn im Notfall von diesen „Fesseln" befreien), steigt ein Mann hinter ihm in den Wagen und setzt ihm den Lorbeerkranz auf. HELIODROMVS (Sonnenläufer) ist sicher

Abb. 39. Der Zirkuskontorniat vom Dom, Vorderseite: Filarmatius, der Sieger im Wagenrennen, wird geehrt.

Abb. 40. Der Zirkuskontorniat vom Dom, Rückseite: Der siegreiche Wagenlenker auf der Quadriga.

der Name des Starpferdes, das ganz links eingespannt, wesentlich zum Erfolg des Rennens beitrug. Ihm kam die Aufgabe zu, das Gespann in den scharfen Linkskurven des langgestreckten Zirkus in der Bahn zu halten. Um 360, wahrscheinlich als man nach dem Frankenüberfall von 355 den nordöstlichen Teil der Stadt wiederaufbaute, geriet der Kontorniat, mit dem man vielleicht erst wenige Jahre früher den Wagenlenker Filarmatius und sein Starpferd Heliodromus geehrt hatte, in eine Planierungsschicht, in der er bis zu seiner Entdeckung über 1700 Jahre lang verborgen blieb.

Münzvitrine B
Römisches Schwergeld/Wertverhältnisse der frühen Kaiserzeit.

Ein **Aes grave,** hergestellt aus einer Kupfer-Blei-Zinn-Legierung, hatte das Gewicht eines römischen Pfundes, etwas mehr als **325 g.** Es wurde schon um 300 v. Chr. in die kleineren Werte von **Aureus** und **Denar** aufgeteilt. Der Kaiser Augustus führte dann eine Währungsreform durch, bei der neben den bekannten Münzen Aureus und Denar weitere Geldstücke zur Unterteilung des Denarwertes geprägt wur-

den. Das abgestufte Geldsystem machte erst ein Aufblühen des Handels unter seiner Regierung möglich. **Grundlage des Währungssystems blieb das Gewicht des Aes.** So münzte man aus einem römischen Pfund Gold 42 Aurei, aus einem römischen Pfund Silber 84 Denare. Die Unterteilung des Aureus in kleinere Münzwerte ist in der Vitrine anschaulich gemacht.

Münzvitrine C
Münzprägungen im gallischen Sonderreich

Geschichte des gallischen Sonderreiches

Seit 254 war Gallienus, von seinem Vater, dem Kaiser Valerian, zum Mitregenten bestimmt, zur Sicherung der Rheingrenze gegen die Franken in Niedergermanien und hielt sich zusammen mit seinem Sohn Salonius zeitweise in Köln auf. Als er im Herbst 259 zur Abwehr der Alemannen an die Donau gerufen wurde, ließ sein Feldherr **Postumus** den Salonius, der in Köln zurückgeblieben war, töten und sich selbst zum Kaiser eines gallischen Reiches ausrufen (→ S. 25, 34, 262 Qu. 11).

Die westlichen Provinzen von Spanien bis Britannien erkannten Postumus als Herrscher an. Fast zehn Jahre lang regierte er ohne die Zustimmung Roms, aber zum

1 Aureus	⌀ 2 cm, 7–8 g, Gold (96 %)	= 25 Denare
1 Denar	⌀ 2 cm, 3–4 g, Silber (96 %)	= 4 Sesterzen
1 Sesterz	⌀ 3,5 cm, 27 g, Messing (Kupfer u. Zink im Verhältnis 4:1)	= 2 Dupondien
1 Dupondius	⌀ 3 cm, 13–14 g, Messing, Hälfte des Sesterzengewichtes	= 2 Asse
1 As	⌀ 2,5 cm, fast 11 g, Kupfer	= 2 Semis
1 Semis	⌀ 2 cm, fast 5 g, Kupfer und Bronze	= 2 Quadranten
1 Quadrant	⌀ 1–2 cm, fast 3 g, Kupfer und Bronze	

Wohle der von ihm beherrschten Gebiete. Er sicherte die Grenzen gegen die Franken und brachte damit der Bevölkerung eine Zeit des Friedens und der wirtschaftlichen Blüte. Bei einem Feldzug gegen Laelianus, einen anderen widerrechtlichen Herrscher (Usurpator), eroberte er 268 Mainz, gestattete aber seinen Soldaten nicht, die Stadt zu plündern. Daraufhin erschlugen sie ihn und schlossen sich dem Gegner an. Wahrscheinlich noch im selben Jahr wurde **Laelianus** von **Marius,** einem ehemaligen Schmied, abgelöst. In den folgenden Jahren regierten **Victorinus** und **Tetricus,** jetzt von Trier aus, das verfallende gallische Reich, bis sich Tetricus schließlich 273 der Macht des rechtmäßigen römischen Kaisers Aurelian ergab.

Ein schon zur Zeit des Gallienus eingerichtetes Münzamt setzte seine Arbeit im Auftrag des neuen Herrschers fort. Vor allem die Goldmünzen, die Postumus prägen ließ, übertrafen sowohl in der kunstvollen Gestaltung des Stempelbildes, wie auch im Goldgehalt das Geld des übrigen Reiches in dieser Zeit. Die Münzprägungen geben ein lebendiges Bild vom Selbstbewußtsein des neuen Kaisers , sie verkünden sein politisches Programm oder sind Huldigung und Dank an die von ihm besonders verehrte Gottheit.

1. Reihe, 1. Münze links: Dieser Aureus, schon bald nach Beginn seiner Herrschaft geprägt, zeigt auf der Vorderseite das Profil des Postumus mit der Umschrift IMP(erator) C(aesar) POSTVMVS P(ius) F(elix) AUG(ustus), auf der Rückseite liest man neben der dreifach gekrönten Darstellung des strahlengekrönten Sonnengottes: AETERNITAS AVG(usti) – Die Ewigkeit des Kaisers. Stolz, Selbstbewußtsein, der Anspruch auf Macht und die Verehrung des Volkes spricht aus dieser Münzprägung (*Rö. 132/133, 281*).

2. Reihe, 1. Münze links: Die Umschrift dieses Geldstücks SALVS PROVINCIAE (Heil für die Provinzen) zeigt die Überzeugung des Postumus durch seine Herrschaft für das Wohl der ihm untergebenen Länder zu wirken. *2. Reihe, 2. Münze:* Hercules, der unbesiegbare Held, der nach seinem Tode in den Kreis der Götter aufgenommen wurde, war Vorbild des gallischen Kaisers. Er stellte sich unter seinen Schutz und rechnete mit seiner Hilfe. So entstand eine in der römischen Geldgeschichte einzigartige Folge von Goldmünzen, auf denen die Taten des Hercules dargestellt sind.

Dieser Aureus zeigt z. B. den Helden im Kampf mit dem nemeischen Löwen, die Umschrift lautet HERCVLI INVICTO (dem unbesiegbaren Hercules). Auf einigen Denaren in dieser Vitrine findet man weitere Heldentaten des Gottes.

4. Reihe, Mitte: Die Prägung des **Hercules-Medaillons** scheint zu einem besonderen Anlaß erfolgt zu sein. 265 zog der Kaiser Gallienus, nachdem er jahrelang die Grenzen im Osten nicht verlassen konnte, gegen seinen ehemaligen Feldherrn Postumus, belagerte dessen Heer und hätte ihn fast besiegt, wenn er nicht durch eine Verwundung zum Rückzug gezwungen worden wäre (→ S. 262 Qu. 11). Für Postumus schien allein die Hilfe des Hercules diesen unerwarteten Erfolg herbeigeführt zu haben. Deshalb widmete er dieses, zur Erinnerung an die gewonnene Schlacht herausgebrachte Medaillon seinem persönlichen Schutzgott. **Die Vorderseite** zeigt, wie bei der darüberliegenden Goldmünze ein Doppelporträt von Postumus und Hercules, beide mit einem Lorbeerkranz gekrönt. **Auf der Rückseite** ist eine Opferszene dargestellt: Der Kaiser hat als Opfernder die Toga über den Kopf gezogen. Er gießt eine Opferschale über einem kleinen Altar aus, neben dem Hercules selbst, auf seine Keule gestützt, steht. Ein Diener führt von der Seite einen Opferstier herbei. Die Umschrift zeigt deutlich wie Postumus seine Beziehung zu Hercules sieht: HERCVLI COMITI AVG. (dem Hercules, dem Begleiter des Augustus) – (*Rö. 141, 142*).

Im unteren Teil der Vitrine liegen einige Prägungen von weiteren gallischen Sonderkaisern: **Laelianus,** zu dem die Soldaten 268 überliefen, nachdem sie Postumus erschlagen hatten und der wahrscheinlich nicht einmal ein Jahr regierte, ließ in Trier einen Aureus prägen, der ihn in der Umschrift seines Portraits als IMP(erator) C(aesar) LAELIANUS P(ius) F(elix) AUG(ustus), den frommen, glücklichen Kaiser, Caesar Augustus Laelianus feiert (*Rö. 143, 144*). **Marius,** ein Schmied, der zum Herrscher aufgestiegen war, wußte, daß seine Macht auf der Gefolgschaft des Heeres beruhte. So ließ er auf die Rückseite eines Antoninian (von M. Aur. Antoninus Caracalla 214 eingeführte Silber-

münze mit bis zu zweifachem Denargewicht) zwei zum Händedruck vereinte Hände mit der Umschrift CONCORDIA MILITVM (Eintracht mit dem Heer) prägen. Die Vorderseite zeigt sein Portrait, ein grobes Gesicht im Profil mit einer Strahlenkrone geschmückt (*Rö. 145, 146*).
Victorinus, der nach nur kurzer Regierungszeit ermordet wurde, bezeichnete sich auf seinen Münzprägungen als INVICTUS (der Unbesiegbare). Auch **Tetricus,** der letzte gallische Sonderkaiser ließ noch Goldmünzen mit seinem Bild prägen. Mit dem Ende des gallischen Reiches enden auch die Münzprägungen im römischen Köln.

Für die wenigen Jahre, in denen Köln die Residenzstadt eines selbständigen Reiches war, fehlen schriftliche und archäologische Quellen fast vollständig. Um so wichtiger sind die Münzbilder, die ein wenig vom Charakter und den politischen Vorstellungen der Sonderkaiser enthüllen.

Römische Götter

*Wie im ganzen Römischen Reich wurde auch in Köln den in der Stadt Rom verehrten **Staatsgöttern** geopfert (→ S. 94). Daneben aber suchte man sich auch die **einheimischen Gottheiten** (→ S. 39 Insel 111) und die **persönlichen Schutzgötter** (→ S. 63 Vitr. 32) günstig zu stimmen. Seit dem 1. Jh. n. Chr. fanden die alten **Mysterienkulte** aus Griechenland, Ägypten und Persien viele Anhänger in Rom und wenig später auch in den Provinzen.*

Insel 122
Neue Erlöser

Im Mittelpunkt der neuen Erlösungsreligionen standen Gottheiten, die Vergehen und Wachsen in der Natur, die Finsternis und Licht verkörperten. Durch geheime Versammlungen und rituelle Mahlzeiten, durch Tanz und Rausch fühlte man sich in die Nähe des Gottes versetzt. So konnte man die Angst vor der Unberechenbarkeit der alten Götter überwinden und auf Erlösung von den Nöten des Lebens und ewige Glückseligkeit nach dem Tode hoffen.

13 Die thronende Göttin Isis. Die sitzende Figur der unbesiegbaren Isis (ISIDI INVICTE) entdeckte man 1882 bei der Erneuerung der Langhaus-Nordwand der Ursulakirche. Im 12. Jh. hatte man aus dem Sockel der Statue ein Kapitell mit Halsring und einfacher Blattdekoration für die Obergadenwand gemacht. Die Figur der Göttin wurde dabei in der romanischen Wand vermauert. Man sieht rechts auf der Seitenfläche des Sockels einfache Blattformen, auf der Rückseite den Halsring des Wandkapitells. **14 Weiheinschrift für Isis mit den tausend Namen.** In der untersten Fundamentschicht des im Krieg schwer beschädigten Nordwest-Pfeilers vom Dekagon der Kirche St. Gereon fand man 1950 diesen Altarstein (Kopie, Original in der Sakristei der Gereonskirche). Seine Oberseite war rußgeschwärzt, vielleicht vom letzten Opfer. In einem Spalt steckte eine Münze des Kaisers Constans, die nicht vor 345 geprägt worden sein kann. Dieser Fund scheint einmal zu belegen, daß in Mitte des 4. Jh. in der Nähe der heutigen Kirche noch der Isis geopfert wurde, zum anderen, daß der nach der Überlieferung von der Kaiserin Helena um 300 gegründete Kirchenbau nicht zu ihren Lebzeiten sondern erst in der 2. Hälfte des 4. Jh. begonnen worden sein kann (→ S. 203).
12 Sockel vom Bildnis eines Apis-Stieres. 1967 fand man bei Ausgrabungen unter der Kirche St. Ursula in den Fundamentresten des spätrömischen Vorgängerbaus dieses Fragment eines liegenden Stieres. Die Mondsichel am Körper des Tieres und die Sockelinschrift ISIDI (der Isis geweiht) weisen es als eine Darstellung des Apis aus.
8, 9 Bildnis des Gottes Priapus. Der urtümliche Fruchtbarkeitsgott, dargestellt in zwergenhafter Gestalt mit übergroßem Phallus, wurde als Sohn des Dionysos und der Aphrodite betrachtet. Zunächst verehrte man ihn in Kleinasien, wo es am Südufer des Marmarameeres eine Stadt seines Namens gab. Seit dem 4. Jh. v. Chr. war er in Athen, später im ganzen Römischen Reich bekannt (*Bo. 254*).
10 Ein Weihestein für den Genius der Hastiferi. Genien waren Schutzgötter des Einzelnen, aber auch ganzer Gruppen, wie hier der Lanzenträger.

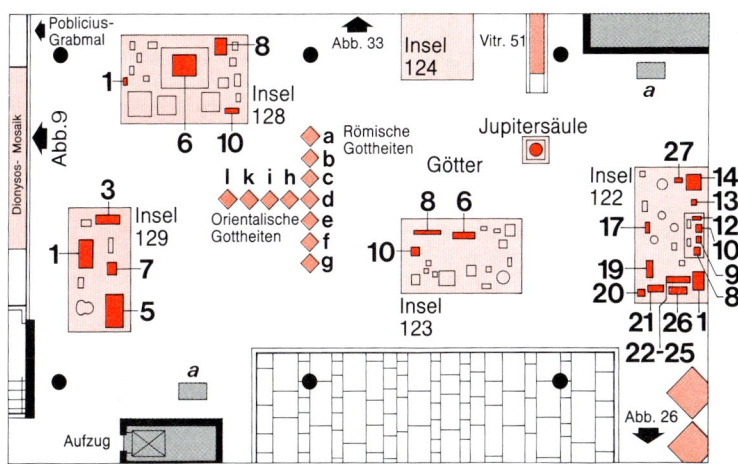

Abb. 41. Hauptgeschoß des RGM: Götterverehrung.

1 Bruchstück eines Grabdenkmals mit Darstellung eines „Guten Hirten" und der Amme Severina. Nur der obere Teil dieses ungewöhnlichen Grabmals, das im 3. Jh. auf dem Friedhof bei St. Severin gestanden hat, ist bis heute erhalten geblieben. Der Stein ist auf drei Seiten als Tempel gestaltet. Pfeiler mit Kapitellen tragen das Dach, auf dem Opfergaben angedeutet sind. Im Giebel der Frontseite ist in einem runden Rahmen der Tote dargestellt, dem die mit dem Wort MEMORIAE (dem Gedächtnis) beginnende, leider verlorene Inschrift gegolten hat. In der Tempelfront steht ein Hirte. Zu seinen Füßen sieht man zwei Schafe, ein drittes trägt er auf der Schulter. Auf den beiden Seiten des kleinen Tempels ist, wie es die Inschrift sagt, die Amme Severina (SEVERINA NVTRIX) mit einem Säugling dargestellt, dem sie einmal in einem hochlehnigen Korbstuhl sitzend die Brust reicht, den sie auf der anderen Seite liebevoll in ein Körbchen bettet (*Bo. 249–251; Rö. 289–291*).

Die Darstellungen dieses Steines hat man auf verschiedene Weise zu deuten ver-

---

Isis, Osiris, Apis, Serapis

Schon um 2000 v. Chr. wurden in Ägypten die Göttin Isis, ihr Gemahl Osiris und der gemeinsame Sohn Horus (griechisch später Hapokrates) verehrt. **Isis,** die vielverehrte Muttergöttin wurde Himmelskönigin, Gottesmutter, Meeresstern genannt. Die Menschen erhofften von ihr Trost auf Erden und Hilfe zum ewigen Leben. Im 4. Jh. v. Chr. kam ihr Kult nach Griechenland, im 2. Jh. v. Chr. nach Rom. Vom Senat immer wieder heftig bekämpft, wuchs dennoch die Isisgemeinde schnell. Noch von den Kaisern Augustus und Tiberius wurden alle ägyptischen Kulte verfolgt, Caligula aber ließ 38 n. Chr. auf dem Marsfeld einen Isistempel bauen.

Osiris, von seinem feindlichen Bruder getötet, wurde von seinem Sohn Horus gerächt, von Isis zu neuem Leben im Jenseits erweckt. Er war nun Schützer und Helfer der Toten. In ausgedehnten Kulthandlungen wurde das Sterben und Auferstehen des Osiris gefeiert. Die Menschen glaubten durch Teilnahme an diesen Mysterienfeiern wie Osiris nach dem Tode weiterzuleben.

Apis, der heilige Stier, wurde in Memphis, der Regierungsstadt des alten Ägypten, als Bote des Stadtgottes Ptah verehrt. Mit der Zeit setzte sich die Vorstellung durch, Osiris erscheine in seiner Gestalt.

Serapis, eigentlich Osiris-Apis, wurde zu Beginn der Ptolomäerherrschaft (323–30 v. Chr.) sowohl in Ägypten, wie auch, in der Gestalt des Zeus, in Griechenland als allumfassender Gott verehrt. In Rom trat der Serapiskult hinter dem der Isis zurück.

sucht. Eine mögliche Erklärung wäre, daß es ein Kind war, dem dieses Grabmal gesetzt wurde. Portraitmedaillon und Inschrift hätten dem früh verstorbenen Sohn gegolten, die zweimalige Darstellung der Amme Severina könnte darüberhinaus die Dankbarkeit der trauernden Eltern gegenüber der liebevoll besorgten Amme des Säuglings zum Ausdruck gebracht haben. Das Bild des Hirten (später als „Guter Hirte" Symbol für Christus) ist in der Grabplastik der Römer nicht ungewöhnlich. Hier zeigt sich die Hoffnung auf ein glückliches Weiterleben nach dem Tode, das man sich als sorgenfreies Hirtendasein in angenehmer ländlicher Umgebung vorstellte.

Alle Steindenkmäler an der südlichen Schmalseite dieser Insel sind Zeugnisse des Mithraskultes.

26 Die Felsgeburt des Gottes Mithras. Mit jugendlicher Kraft bricht der Gott aus dem Gestein empor. In der Rechten trägt er den Dolch als Hinweis auf seine wichtigste Tat, die Stiertötung, in der Linken hier vielleicht ein Ährenbündel (*Bo. 252; Rö. 285*).

22–25 Vier Weihealtäre. Sie wurden 1969 innerhalb eines Mithräums am Dom ausgegraben (→ Abb. 54, 21).

Abb. 42. Stiertötung des Mithras, Reliefblock aus dem Mithräum I in Frankfurt-Heddernheim/Nida (H. 1,80 m, Br. 1,76 m), Museum Wiesbaden. Die Mittelszene ist auf allen bekannten Stiertötungsreliefs annähernd gleich: Mithras, bekleidet mit einem weiten Mantel und phrygischer Mütze kniet auf dem mächtigen Stier. Während er ihn mit der linken Hand beim Kopf packt, sticht er mit dem Dolch in der rechten zu. Unter dem Stier erkennt man die im Mithraskult wichtigen Tiere Skorpion, Schlange, Hund und Löwe. Seitlich begleiten die beiden Dadophoren Cautes und Cautopates die Szene. Der halbrunde Bogen über dem Relief zeigt die 12 Zeichen des Tierkreises, angefangen vom Widder ganz links bis zu den Fischen ganz rechts. Die Köpfe in den Medaillons bedeuten Jahreszeiten und Windrichtungen, zwölf Einzeldarstellungen in der Umrahmung weisen meist auf einzelne Begebenheiten der Mithraslegende hin.
Wenn auch bis heute kein solches Relief in Köln gefunden wurde, so ist es doch sehr wahrscheinlich, daß in jedem der drei nachgewiesenen Kölner Mithräen (Richmodstraße, Kattenbug und Dom-Südseite) ein solches Hauptkultbild aufgestellt war.

Abb. 43. Rekonstruktion des Mithräums an der Dom-Südseite.

Das Mithräum war vom Hinterhaus eines westlich neben dem Haus mit dem Dionysosmosaik liegenden Gebäudes zugänglich. Man stieg eine Treppe hinunter bis in einen Vorraum, von dem aus der eigentliche Kultkeller zu erreichen war. In dem genau nach Osten ausgerichteten etwa 11 m langen, schmalen Raum waren an den Längswänden 86 cm hohe Bänke aufgemauert, ihre Wandungen verputzt und rot bemalt. Es fanden sich deutliche Abdrücke von mehreren Altarsteinen, zwei davon in der Mittelachse des Raumes. In der südlichen Bank waren zwei Nischen ausgespart. Vor einer lag umgestürzt das Relief der Felsgeburt neben einem der kleinen Weihealtäre. Die ursprüngliche Anordnung von Relief und Weihestein ließ sich unschwer rekonstruieren

21 Bruchstück einer Weihung an den Gott Mithras. Noch bevor man im Jahre 1969 das Mithräum entdeckte, fand man neben der Südchorwand des Domes, dort wo heute die Dombauhütte ist, diesen nur in seiner unteren Hälfte erhaltenen Weihestein. Er wurde von TIBERIVS CL(audius) ROMANIV[S], einem Veteranen (VETE-[R]ANV[S], 4. Z.) dem unbesiegbaren Gott Mithras, dem heiligen Sonnengott (D(eo) I(nvicto) M(ithrae) S(oli) S(acrum), 1. Z.) dargebracht. Symbole für Mithras zeigt die Schmalseite des Steines: Über einem Altar ist in Form einer Kugel der vollkommene Kos-

Der Gott Mithras

Von Persien ausgehend, verbreitete sich der Kult dieses Gottes vom 1. Jh. an im ganzen Römischen Reich. Mithras verkörperte das Licht, das die Finsternis besiegte. Seine Anhänger strebten nach Wahrheit, Gerechtigkeit und Reinheit, sie verpflichteten sich zum Kampf gegen alles Böse. Sieben Weihegrade mußten sie auf dem Weg zur Vollkommenheit durchlaufen, um vor dem Richterstuhl des Mithras zu bestehen und ein ewiges Leben zu erlangen.

Den 25. Dezember, den Tag der Wintersonnenwende, feierte man als den Tag, an dem Mithras aus einem Fels hervorbrechend geboren wurde. Seine wichtigste Tat war die Tötung des Stieres, dessen Blut neues Leben von Pflanzen und Tieren hervorrief. Im ganzen Römischen Reich kennt man die nach stets dem gleichen Bildschema geschaffenen Darstellungen dieser Stiertötung. Sie zeigen Mithras auf dem Stier knieend, wie er mit der linken Hand den Kopf des gewaltigen Tieres zurückreißt, während er ihm mit dem Dolch in der Rechten den Todesstoß gibt (Abb. 42). Neben Felsgeburt und Stiertötung gehört das Mahl von Sol und Mithras zum Themenkreis des Kultes. Während die beiden Götter Fleisch und Blut des Stieres verzehrten, feierte die im unterirdischen Heiligtum versammelte Kultgemeinde das Gedächtnis dieses Mahles mit Brot und Wein. Aus der Mahlgemeinschaft von Sol und Mithras wurde die Verschmelzung zu einer göttlichen Gestalt: dem unbesiegbaren Sonnengott Mithras.

mos, umzogen von den Sonnenbahnen dargestellt. Die an den Altar gelehnte Peitsche ist das Zeichen des Wagenlenkers Sol, der seine Pferde über den Himmel treibt. **20 Ein Relief mit einem Fackelträger.** Übereinandergeschlagene Beine, die phrygische Mütze, kennzeichnen die Figur als einen der beiden Begleiter des Mithras. Ihm zugeordnet war sicher ehemals eine zweite Statue in gleicher Tracht. Diese beiden sog. **Dadophoren** verkörperten Tag und Nacht, Licht und Finsternis, das Gute und das Böse. So ist **Cautes** immer mit brennendem Licht dargestellt, während **Cautopates,** wie hier zu sehen, eine erloschene, zu Boden gerichtete Fackel trägt (→ Abb. 42 – *Bo. 252, 253; Rö. 285, 286*).

Der Glaube an den einen Gott Mithras und die Ähnlichkeit vieler Kulthandlungen mit dem Gottesdienst der Christen machten den Mithraskult bis in spätrömische Zeit zum großen Konkurrenten des jungen Christentums.

19 Altar für den Gott Sol Serapis. DEXTRINIA IVSTA (4. Z.) aus Köln (AGRIPP (inensis), letzte Z.) ließ in die Unterseite einer Gesimsplatte, die im 2./3. Jh. aus einem abgebrochenen Gebäude gerettet worden war, eine Weiheinschrift für Sol Serapis (SOLI SERAPI, 1. Z) mit seinem Ruhebett (CVM SVA CLINE, 2. Z.) und für das vergöttlichte Kaiserhaus (IN H(onorem) D(omus) D(ivinae), 3. Z.) hineinmeißeln. Hier wird der Allgott Serapis mit dem Sonnengott Sol zu einer Göttergestalt verbunden. Dieser **Synkretismus** der religiösen Vorstellungen, d. h. die Vermischung von Legenden und Eigenschaften der aus dem Orient kommenden Erlösungsgottheiten mit denen der alten griechisch-römischen Götter, ist im Rheinland häufig zu beobachten.

Später wurde der Stein im Haus Domkloster 2 (an der Stelle des heutigen Blau-Gold-Hauses, südwestlich des Dom-Südturmes) verbaut. Als man im 16. Jh. die lange im Mauerwerk verborgene Tafel wiederentdeckte, versah man sie mit einer zusätzlichen, die römische Schrift nachahmenden lateinischen Inschrift. Die Übersetzung lautet: Dieser Stein ist aus einer alten Mauer hervorgeholt worden während dieses Haus restauriert wurde. In der letzten Zeile steht die Jahreszahl: A(nn)O (Christi) N(ato) MDXCVIII.

Offensichtlich war die Inschrift von 1598 an für mehr als 200 Jahre allgemein sichtbar in einer Wand des Hauses Domkloster 2 eingebaut. Nach Abbruch des Gebäudes kam der Stein im Jahre 1830 in den Besitz eines Kölner Architekten, der ihn der Wallrafschen Sammlung überließ.

17 Altar für die Göttin Semele und ihre Schwestern. Der Text, den REGINIA PATERNA (5. Z.) in diesen Weihestein meißeln ließ, ist schwer zu deuten. Er scheint auf bestimmte Weihegrade in einem der streng geheimen Mysterienkulte hinzuweisen. (Von den Mithrasmysterien weiß man z. B., daß die Ränge, die ein Kultmitglied nacheinander erreichen mußte, bestimmte Bezeichnungen hatten.) So könnten die Namen Mutter (MATER, 6. Z.) und Vater (PATRE, letzte Z.) vielleicht in diesem Zusammenhang als solche Rangstufen zu deuten sein. Da Semele die Mutter des Dionysos war, liegt es nahe diesen Weihestein mit dem Dionysoskult in Verbindung zu bringen (→ S. 114 Dionysosmosaik, Feld n).

27 Relief mit dem Kopf des Gottes Jupiter Ammon. Der Stadtgott Thebens Ammon war ursprünglich Herr des unsichtbaren, alles belebenden Lufthauches. Als Fruchtbarkeitsgott konnte er auch in der Gestalt des Widders dargestellt werden. Später verehrte man in ihm den höchsten Gott Ägyptens. So wurde er auch bei den Griechen und Römern dem Göttervater Zeus/Jupiter gleichgesetzt. Das Bild des Gottes zeigt einen bärtigen Zeuskopf mit spiralig gedrehten Widderhörnern.

Die Jupitersäule

Unter römischen Architekturfragmenten, die man 1974 in einer Kiesgrube westlich der Neusser Landstraße in Köln-Weidenpesch entdeckte, waren fünf Steine und die Skulptur eines thronenden Jupiter. Die einzelnen Teile wurden zu einer 3,50 m hohen Jupitersäule zusammengefügt und im Sommer 1979 im Museum aufgestellt. Der über einem Rundsockel aufgebaute Säulenschaft mit Basis und Kapitell ist schuppenartig mit Lorbeerblättern bedeckt, die mit den Spitzen von unten wie von oben auf ein mittleres Band gerichtet sind. Trotz der sehr starken Verwitterung lassen sich die drei an der Frontseite übereinander stehenden Göttinnen aus den Umrißformen und im Vergleich zu ähnlichen Säulen mit einiger Sicherheit deuten. Unten steht Victoria mit dem Siegeskranz, darüber Minerva mit Helm und Lanze und oben dann Juno mit einer Fackel in der erhobenen Rechten. Mit dem darüber thronenden Jupiter erscheint so **die Capitolinische Trias: Jupiter, Juno, Minerva** untereinander angeordnet, ergänzt durch die Siegesgöttin Victoria. Der Rundsockel trägt eine Inschrift, von der man nur noch wenige Spuren erkennen kann. Durch genaue Untersuchungen hat man neben der üblichen Weihung an Jupiter (IOM) noch einige weitere Schriftzeichen entziffern können, die einen Hinweis auf den Stifter geben: LEG(ionis) XXX V(lpiae) V(ictricis). Es war also wahrscheinlich ein Veteran der 30. Legion, der diese Säule aufstellen ließ. Ihr Standort war, nach den Resten eines in der Nähe gefundenen Brunnens und einiger anderer Steinfragmente zu urteilen, ein Gutshof einige Kilometer nördlich der römischen Stadt.

Insel 123
Bauten und Bilder der alten Götter
10 Bruchstück eines Jupiterpfeilers. In Köln fand man mehrere Pfeiler, die entweder auf der Frontseite, auf allen vier Seiten, oder wie hier auf drei Seiten Götterdarstellungen zeigen.

Jede Seite trägt drei übereinander in Rahmen gestellte Reliefs.
Frontseite (von oben nach unten):
1. Juno mit Zepter und Opferschale, den Schleier über das Haupt gelegt, **2. Victoria** mit Siegespalme und Flügeln, **3. Mars**, nur mit Helm und leichtem Umhang bekleidet, Speer und Schild tragend.
Rechts vom Betrachter: **1. Ceres** mit Ährenbündel, **2. Vulcanus** in Arbeitskleidung und spitzer Kappe, **3. Venus**, ihr Haar ordnend, während sie sich im Spiegel betrachtet.
Links: **1. Minerva** mit Helm, Lanze und Schild, **2. Sol** mit Strahlenkranz und Peitsche als Lenker des Sonnenwagens, **3. Fortuna** mit Füllhorn und Steuerruder.
Juno und Minerva in der obersten Reihe des Pfeilers verbinden sich mit dem ehemals darüber thronenden Jupiter zur Capitolinischen Trias. Minerva als Schützerin von Handel und Handwerk ist aber auch Ceres, der Hüterin der Feldfrüchte gegenübergestellt; ebenso wie in der 2. Reihe dem Sol, der die Sonne verkörpert, Vulcanus, der Gott des aus der Erde brechenden Feuers zur Seite steht. In der untersten Reihe entsprechen sich die Glück verheißende Fortuna und die Liebesgöttin Venus. An der Frontseite schließlich gehören Mars und Victoria übereinanderstehend, Krieg und Sieg verkörpernd, zueinander (*Bo. 264; Rö. 270, 271*).

Jupiterverehrung in Köln
Dem griechischen Zeus gleichgesetzt, war Jupiter für die Römer der Gott des Himmels, der Blitze und des erquickenden Regens. Sie verehrten ihn als Vater, der über Götter und Menschen herrschte. Der erste Jupitertempel wurde wahrscheinlich schon im 6. Jh. v. Chr. auf dem Capitolshügel in Rom errichtet. I(upiter) O(ptimus) M(aximus) Jupiter, der Beste, der Größte, wurde hier zusammen mit seiner Frau Juno (griech. Hera) und seiner Tochter Minerva (griech. Athena) verehrt. Wie in anderen Provinzstädten errichtete man diesen drei Göttern, der Capitolinischen Trias, auch in Köln einen Tempel. Auf seinen mächtigen Fundamenten steht seit dem 11. Jh. das Langhaus von St. Maria im Kapitol (→ S. 245).
So wie die über 12 m hohe Statue des Zeus in Olympia, im 5. Jh. v. Chr. von Phidias in Gold und Elfenbein geschaffen, Vorbild für die Figur des Jupiter Capitolinus in Rom wurde, so wird das im Kölner Tempel aufbewahrte Kultbild dem römischen ähnlich gewesen sein. Wie in Griechenland und Rom, so ist auch in Köln die Tempelstatue nicht erhalten, wohl aber wurden in Niedergermanien, besonders im Kölner Raum eine größere Anzahl unter sich ähnlicher Jupiterfiguren gefunden, die auf das gemeinsame Vorbild im Capitolstempel zurückgehen müssen: Die mächtige Gestalt des Göttervaters saß auf einem hochlehnigen Thron, in der Rechten ein Bündel Blitze, in der Linken das Zepter des Herrschers (*Bo. 261–263; Rö. 298, 300*). Bildwerke dieses Typs dienten meist als Bekrönung von Säulen oder Pfeilern, die mit weiteren Götterbildern geschmückt waren. Man stellte sie auf Gutshöfen, in Dörfern, aber auch in der Stadt auf.

[. . . . .] S   ET   IMPERATORIBUS NOST(ris)
. . . .   und   unseren Kaisern

[FLAVIO THEODO] SIO FL(avio) ARCADIO ET   FL(avio) EUGENIO
Flavius   Theodo - sius Flavius   Arcadius   und Flavius   Eugenius

[. . . . .] ET   CONLABSAM   IUSSU VIRI CL(arissimi)
. . . . .   und zusammengefallen, im Auftrag   der Exzellenz

[FLAVII ARBOGA] STIS COMITIS ET   INSTANTIA   V C(larissimi)
Flavius ARBOGA- ST,   Comes   und in Gegenwart   der Exz.

[. . . CO] MITIS DOMESTICORUM EI(us)
. . . . des Co - mes   seiner Palasttruppen

[. . . . .] S EX INTEGRO OPERE FACIUN(dum)
. . . . .   von Neuem   für die Ausführung

[. . . CVRA] VIT MAGISTER PR(imus)   AELIUS
. . . . . sorg te   der erste Kommandant AELIUS

Abb. 44. Die Arbogast-Inschrift.

8 Bruchstück einer Bauinschrift vom Ende des 4. Jh. Schon 1571, als Mercator sie auf die Randleiste seines Stadtplans zeichnete, war diese Inschrift in der Südwand von St. Peter eingemauert (Abb. 44). Da ihr Fundort seit dem Anfang des 17. Jh. als nahe dem Capitolshügel bezeichnet wurde, bezog man sie früher meist auf einen Wiederaufbau des dort vermuteten Tempels für den Capitolinischen Jupiter (→ S. 245).

*Die Steininschrift ist zu etwa einem Drittel zerstört. Die sicher ehemals vorhandenen Wortteile sind in **eckige Klammern** gesetzt, Ergänzungen der bei den Römern üblichen Abkürzungen erscheinen dagegen in **runden Klammern**.*
Die Meinungen über den Text der voll- *ständigen Inschrift gehen auseinander, deshalb wurden hier nur die unbestrittenen Ergänzungen angeführt, die aber zum Verständnis ausreichen.*

Die beiden vollständigen Namen der 2. Zeile lassen es zu, mit Sicherheit zwei weitere Namen und die genaue Zeit, in der die Inschrift entstand, zu bestimmen:
Arcadius, Sohn des Kaisers **Theodosius,** wurde 383 Mitregent seines Vaters für die östliche Reichshälfte. **Eugenius,** zunächst Rethorikprofessor in Rom, kam durch Empfehlung des in römischen Diensten stehenden fränkischen Heerführers Arbogast an den Hof Valentinians II., der etwa gleichzeitig mit Theodosius Kaiser der westlichen Reichshälfte war. Nach dem gewaltsamen Tode Valentinians erklärte

[MERC]	VRIO		AVGVST	[O]
dem Merc-	urius		AUGUST	US
.. [IMPER]	ATORIS	TITI	CAESARI	[S] ...
... des Kai-	sers	Titus	des Caesar	s ...
....	TEMPLVM	A	FVNDAMEN	[TIS] ..
....	den Tempel	von den	Fundamen-	ten ..
... [MACE]	RIEM IN CIRCVM ITV ET AEDIFICIS			...
... Mauer-	werk im Umgang		und Gebäuden	...

Abb. 45. Bauinschrift vom Mercurius-Augustus-Tempel.

Arbogast den Eugenius eigenmächtig zum Kaiser. Obwohl Theodosius das Christentum zur Staatsreligion erhoben hatte und 391 alle heidnischen Kulte verbot, verbündeten sich Eugenius und Arbogast mit dem noch heidnischen römischen Senat und bemühten sich um ein Wiederaufleben der alten Götterkulte. In der Schlacht am Frigidus (Wippach, nördlich von Triest) besiegte Theodosius das Heer des Eugenius, der in der Schlacht starb. Arbogast beging daraufhin Selbstmord.

Aus der Kenntnis der Geschichte ergibt sich die Ergänzung der Namensfragmente am Anfang der 2. Zeile zu FLAVIO THEODOSIO, am Anfang der 4. Zeile zu FLAVII ARBOGASTIS; die Regierungszeit des Eugenius ergibt die genaue Datierung 392–394. Deutlich geht aus der Inschrift hervor, daß Arbogast, der die ehrenvollen Titel Comes und Vir Clarissimus trug, ein zusammengefallenes Gebäude wiederaufrichten ließ. Ob es ein Tor war, ein Tempel oder möglicherweise das Praetorium (→ S. 170) ist aus dem Fragment nicht zu entnehmen (*Bo. 257, Rö. 114*).

6 Bruchstück einer Bauinschrift vom Tempel des Gottes Mercurius-Augustus. Als man 1866 östlich des Domchores eine Treppenanlage und den Petersbrunnen errichtete, fand man diese Inschrift (Abb. 45; → Abb. 54, 5; S. 154). Da im gut erforschten nordöstlichen römischen Stadtbezirk außer dem 1960 entdeckten Tempel unter dem Dom kein weiterer Kultbau gefunden wurde, ordnete man die Steintafel diesem Gebäude zu.

Nur der mittlere Teil der Inschrift ist erhalten geblieben. In eckige Klammern gesetzt wurden lediglich die ehemals sicher vorhandenen Buchstaben von unvollständigen Worten an der vorderen und hinteren Bruchkante. Da der Text mit diesen Ergänzungen verständlich ist, wurde keine Rekonstruktion der früher etwa doppelt so langen Inschrift aufgenommen.

Durch den Hinweis auf Kaiser Titus ist diese Inschrift genau zu datieren. Der Tempel müßte demnach während der Regierungszeit dieses Kaisers in den Jahren 79–81 n. Chr. von Grund auf neu gebaut oder erneuert worden sein (→S. 181 – Bo. 257, 258).

Göttervitrinen

*Kleine Götterbilder für Haus und Tempel, als Grabbeigaben für die Toten, aber auch als Schmuck für Möbel und Gerät, sind hier in elf Vitrinen zusammengestellt (Bo. 268). Die kurzen Hinweise zu diesen Werken der Kleinkunst kann man ergänzen durch weitere Erläuterungen zu Götterbildern in fast allen Abteilungen des Museums. Man findet sie über das **Stichwortverzeichnis**.*

Römische Gottheiten

Vitrine a
Jupiter, Athena-Minerva

Oben: **1** Die sitzende Figur des **Göttervaters,** den Adler zu Füßen, ist, wie viele Tonfiguren, in großer Stückzahl hergestellte Gebrauchsware. **2,3** Qualitätvolle kleine Bronzewerke sind dagegen die beiden Statuen der **stehenden Jupiter,** ehemals mit Szepter und Blitzbündel in den Händen (*Rö. 244*).

Mitte: **8** Die römische Göttin **Minerva** ist hier ausgestattet wie die griechische Göttin **Athena,** der sie schon seit dem 3. Jh. v. Chr. gleichgesetzt wurde. Sie trägt den in das Haar hinaufgeschobenen sog. korinthischen Helm, der über einer Gesichtsmaske eine liegende Sphinx zeigt, die den üppigen Helmbusch hält. Die Aigis, das schützende Ziegenfell, liegt über Schulter und Brust. Als Schmuck trägt sie das von Schlangen umgebene Haupt der Medusa. Die sitzende Göttin umfaßte ehemals mit der Linken den Schild, die Rechte hielt den Speer. Der lange, stoffreiche Mantel umspielt das den Körper betonende Untergewand und ist dann schwungvoll über die Knie der Statue gelegt (*Rö. 248*).

Unten: **14** Diese Tonfigur trägt auf der Rückseite den Herstellungsvermerk: FIDELIS FECIT. Weitere Weihebilder verschiedener Götter, die mit dem selben Namen gezeichnet sind, kennt man aus dem Hunsrück- und Moselgebiet. Einige Funde aus der Trierer Gegend bringen Fidelis mit einem zweiten Namen in Verbindung. Die Inschrift auf einer solchen Tonfigur heißt: MELAVSI F(or)MA FIDELIS F(ecit), mit der Form des Melausus stellte Fidelis es her. Möglicherweise war Melausus Hersteller von Negativformen, die Fidelis für seine umfangreiche Produktion der verschiedensten Götterfiguren bei ihm bezog. Wenn man nicht mehrere Hersteller gleichen Namens annimmt, könnte Fidelis ein Großfabrikant aus Trier gewesen sein.

Vitrine b
Athena-Minerva und Fortuna

Oben: **8–13 Fortuna,** bei den Griechen **Tyche,** bestimmte das Schicksal im Bösen wie im Guten. Als Lenkerin des Menschen hält sie das Steuerruder, als Spenderin von Glück trägt sie das von Früchten überquellende Füllhorn. Sie wurde als Schützerin der Stadt angesehen, aber auch im privaten Bereich verband man Hoffnung auf Glück und Gesundheit mit ihrer Gunst. In spätrömischer Zeit verschmolz ihr Bild mit dem der Isis als allumfassender Göttin (*Bo. 267; Rö 276*).

Mitte: **1** Gesichtshelm und Medusenhaupt auf der Brust weisen diese zierliche Bronzefigur als Darstellung der **Minerva** aus. **7** Die Öllampe zeigt die Göttin in voller Rüstung mit Schild und Speer.

Vitrine c
Mars, Victoria, Hercules-Herakles

Oben: **1,2 Mars,** der bei den Griechen nicht sehr bedeutende Gott **Ares,** stand bei den Römern in hohem Ansehen. Er half zum Sieg und schützte den Frieden. Die muskulöse, unbekleidete Göttergestalt trägt wie Minerva den korinthischen Helm und hielt ehemals Speer und Schild. **7** Die kostbare kleine **Statue aus Bernstein** ist wahrscheinlich im 1. Jh. entstanden, aber erst am Ende des 2. Jh. als Gabe mit in ein Grab gelegt worden. Nach Metallspuren unter der Standfläche könnte sie als Messergriff gedient haben. Die fein ausgearbeiteten Flügel und die Siegespalme in der Linken kennzeichnen sie als **Victoria,** die bei den Griechen **Nike** genannte Göttin des Sieges. Sie war eine der wichtigsten Schutzgottheiten der Kaiser und des ganzen Römischen Reiches. Im Leben des einzelnen verhalf sie zu Erfolg und Gewinn (*Rö. 278*).

Mitte: **8–12 Herculesfiguren** in Bronze und Ton zeigen den beliebten Helden in der Pose des Siegers, das Fell des nemeischen Löwen leicht über die Schulter geworfen, eine Keule in der Hand (*Rö. 274*). **3** Diese ungewöhnliche Tonlampe ist in der Form eines **Markskopfes** gemacht. Der Kriegsgott ist im Halbprofil mit vollem, lockigem Bart dargestellt. Ein mächtiger Helmbusch überragt den Helm, auf dessen Kuppe das Bild einer Quadriga in flachem Relief sichtbar wird.

Vitrine d
Eros und Mercur

Oben: **19** Ein eleganter **grünglasierter kleiner Krug** mit den Darstellungen von Dionysos und tanzender Mänade zwischen wuchernden Weinranken steht neben Bronzekännchen in der Form von dicken hockenden Silenen (**1–3**). Beide, **Mänade und Silen** gehören zum Gefolge des Weingottes. Selbst als Schmuck kleiner Gebrauchsgegenstände erscheinen sie typisch gezeichnet: Die schöne, in Ekstase verfallene Frau und der feiste, trunksüchtige alte Satyr. **5–7** Auch **Priapus,** der Gott der fruchtbaren Natur, ist als Sohn des Dionysos eng mit seinem Kult verbunden.

Mitte: **4** Das kleine Bronzebild einer **Herme** trägt den Kopf eines Pan. Nach unten schmaler werdende Steinpfeiler mit dem Kopf des Hermes, seitlich angedeuteten Armstümpfen und Phallus waren in Griechenland häufig zum Schutz von Mensch, Tier und Feldfrüchten aufgestellt. Bei den Römern waren Hermen mit Portraitköpfen beliebt. **9,10 Mercur,** der mit den Eigenschaften des griechischen Hermes ausgestattete römische Gott ist hier typisch mit Schlangenstab, Geldbeutel und Flügeln an Hut und Schuhen dargestellt (*Rö. 272*). **11,12 Eros,** Sohn der Aphrodite und des Ares, war ursprünglich der griechische Gott der Liebe und Fruchtbarkeit. Schon im 6. Jh. v. Chr. kannte man die Eroten, die als geflügelte nackte Knaben auf vielen Darstellungen zu finden sind. In römischer Zeit wurde der dem Eros gleichgesetzte **Amor** als einzelne Gottheit wenig verehrt, um so häufiger findet man anmutige **Amoretten** als Begleitfiguren der Götter.

8 Zwei mit Reliefs geschmückte Elfenbeintäfelchen (L. 12–13 cm, H. 5,9 cm), möglicherweise im 1. Jh. n. Chr. in Rom geschaffen, kurz nach 1900 am Eigelstein in Köln ausgegraben und 1966 vom Museum erworben, galten als Fragmente einer einzigen Elfenbeinplatte, bis sie 1990 durch den Vergleich mit ähnlichen Stücken in Pompeji und Ostia, als zwei Teile erkannt wurden. Da beide Täfelchen (K 1 und K 2) je zwei typische rechteckige Aussparungen und darunter je zwei runde Löcher hatten, könnten sie durch ein Paar kleiner Balken und/oder Stifte verbunden gewesen sein. Vorstellbar wäre ein Miniaturwagen oder ein kleines Webgerät, zu welcher Art Gegenstand sie aber wirklich gehörten, ist unbekannt.

Nebeneinander sieht man: auf Tafel K 1 (mit geschwungenem Rand) eine sitzende Frau, die einem Kind, hochgehoben von einem hockenden Zwerg, eine Traube reicht, im Hintergrund eine Priapusstatue unter einem knorrigen Baum; auf K 2 Aphrodite, die mit beiden Händen ihr Haar faßt, während ein Erot, erhöht über einem der Rechecklöcher stehend, ihr den Spiegel hält. Die beiden anderen Seiten zeigen: auf K 1 neben dem geschwungenen Rand ebenfalls Priapus, daneben auf dem Rechteckloch stehend Eros, der Dionysos einen Weinkrug reicht; auf K 2 Hermes mit dem Schlangenstab zwischen einer sitzenden Frauengestalt und einem herbeifliegenden Eroten, der ihm seinen Flügelhut bringt.

Vitrine e
Aphrodite – Venus

Oben: **2 Venus** war, wie die griechische **Aphrodite,** die Göttin der Liebe und der Schönheit. Die Bronzefigur zeigt sie unbekleidet, ein Diadem im Haar, in der rechten Hand wohl ehemals einen Spiegel. Ihr linker Arm ist mit einem Goldarmband geschmückt. Der Apfel, den sie in der linken Hand hält, erinnert an die griechische Göttersage vom Urteil des Paris. Als Schiedsrichter aufgerufen über die Schönheit der drei Göttinnen Hera, Athena und Aphrodite, sprach er die Liebesgöttin den „Zankapfel" zu. Dafür half Aphrodite ihm später, die schöne Helena zu gewinnen (*Bo. 270*).

Mitte: **8** Diese Terracottafigur stellt Venus mit ihrem und des Dionysos Sohn, dem zwergwüchsigen Fruchtbarkeitsgott Priapus dar.

Vitrine f
Aphrodite – Venus

Obwohl keine einzige Weiheinschrift

für die Göttin in Köln gefunden wurde, zeigen die häufig zutage gekommenen Votivfiguren der Venus in Ton und Bronze, daß sie hier große Verehrung genoß (*Bo. 265, 266, 269*).

Vitrine g
Apoll und Diana – Sol und Luna

Oben: **5** Der in Bein geschnitzte **Griff eines Klappmessers** zeigt den Leier spielenden **Gott Apollo** unter einem Baum sitzend. An seiner Seite ein Greif, von dem der geflügelte Löwenkörper, nicht aber der Adlerkopf erhalten sind.
Apollo hatte die Macht, Krankheit und Übel zu schicken, aber auch zu heilen und gesund zu erhalten. Er führte zu sittlicher Reinheit und zur Erkenntnis, deshalb verehrte man ihn in Delphi als Orakelgott. Weil er Harmonie und Ordnung verkörperte, weckte er heilige Begeisterung bei Dichtern und Sängern. Als erster griechischer Gott wurde er in Rom bekannt, wo man ihm schon im 5. Jh. v. Chr. einen Tempel baute. Während die meisten griechischen Götter einem römischen Gott anderen Namens gleichgesetzt wurden, verehrten ihn die Römer unter seinem alten griechischen Namen.

Mitte: **10** Die kleine Bronzefigur ist ein Bild der **Göttin Diana.** Die mit der griechischen **Artemis** gleichgesetzte Zwillingsschwester des Apoll ist hier in ein kurzes Kleid und hohe Jagdstiefel gekleidet. In der Rechten trägt sie eine Opferschale, in der Linken hielt sie ehemals den Bogen, zu dem sie Pfeile in einem Köcher auf dem Rücken verwahrt. In Rom wurde sie vor allem als Beschützerin der Frauen und Säuglinge verehrt, in Rheinland war sie als Hüterin der Quellen und Wälder und als Göttin der Jagd bekannt. Allein in Köln sind mehrere Weihesteine für sie gefunden worden (→ S. 62 Insel 123, 3, 7). **6** Apollo mit Lorbeerzweig und Leier ist auf diesem Kastenbeschlag Fortuna mit Ruder und Füllhorn zugeordnet.

Unten: **12, 14** Im Sonnengott **Sol** sah man **Apollo,** in der Mondgöttin **Luna** seine Schwester **Diana.** Die Tonlampen zeigen Apollo mit Strahlenkrone, seine Schwester in wehenden Gewändern, einen Halbmond auf dem Haupt und Fackeln in den Händen.

Orientalische Gottheiten

Vitrine h
Cybele und Attis

Oben: **4** Die ursprünglich kleinasiatische Naturgottheit **Cybele** wurde in Rom als die Muttergöttin **Magna Mater** sehr verehrt. Als Göttin der freien Natur und Herrin der Tiere stellte man sie als auf einem Löwen reitend dar. **1,2** Als Schutzgöttin der Stadt trägt sie eine Mauerkrone auf dem Haupt (*Rö. 279*).

Mitte: **6** Der Spiegel der Öllampe zeigt neben der von Löwen eingerahmten thronenden **Cybele** ihren Kultpartner **Attis.** Als dieser junge phrygische Hirtengott, von der Göttin in Raserei versetzt, sich entmannte und tötete, wuchsen aus seinem Leichnam Bäume und Frühlingsblumen. Um 200 v. Chr. schon feierte man in Rom zu Ehren des Götterpaares öffentlich ein vierzehntägiges rauschhaftes Frühlingsfest. Daneben gab es, wie in den anderen Mysterienreligionen geheime Kulthandlungen nur für die Eingeweihten (*Rö. 280*). **7–10** Der jugendliche Gott Attis, gekennzeichnet durch die phrygische Mütze, ist auf Tonlampen und als kleine Bronzefigur dargestellt.

Vitrine i
Isis, Harpokrates, Anubis und Osiris

Diese im ägyptischen Isiskult verbundenen Gottheiten verschmolzen in der Vorstellung der Menschen häufig mit den alten römischen Göttern.
Oben: **3** Venus trägt den für **Isis** typischen Kopfschmuck, die von Kuhhörnern gerahmte Sonnenscheibe, ein nem kostbaren Diadem. In der Hand hält sie ihren **Sohn Horus – Harpokrates.**

Mitte: **7** Hier ist es die durch Füllhorn und Ruder gekennzeichnete Fortuna, die den Isiskopfschmuck trägt. **11,13** **Horus,** der Sohn von **Isis und Osiris,** ist als kleiner Junge dargestellt. Er trägt ein Krönchen und steckt meist den Finger unbefangen in den Mund. **15 Anubis** ist der schakalköpfige Begleiter der Göttin Isis. Hier trägt er den für Mercur typischen geflügelten Schlangenstab. Als Geleiter der Toten ins Jenseits wurden beide Gottheiten verehrt und hier in einer Gestalt vereinigt.

Unten: 9 Der Griff einer großen Tonlampe zeigt das ägyptische Götterpaar
Isis und Osiris. Neben der in typi-
scher Weise gekrönten Isis erscheint
ihr Gemahl als der seit der Ptolomäer-
zeit verehrte Serapis. Die Römer stellten ihn in der Gestalt des Jupiter, aber
mit einem Getreidescheffel, dem sog.
Modius, auf dem Haupt dar (*Rö. 288*).
17 Uschebti (ägyptisch: der Antwor-
tende) ist der Name kleiner, meist wie
Mumien aussehender Figuren aus den
verschiedensten Materialien, die in
Ägypten schon seit 2000 v. Chr. den
Toten mit ins Grab gegeben wurden.

Ein Zitat aus dem ägyptischen Totenbuch,
das man in Abwandlungen auf vielen solcher Figuren aus Stein, Holz oder Keramik
aufgeschrieben fand, klärt ihren Sinn: ,,O
Uschebti, wenn dieser Osiris . . . (hier wurde der Name des Verstorbenen eingefügt)
aufgerufen wird, um die Frondienste, die im
Totenreich üblich sind zu tun . . . so sollst
Du rufen: hier bin ich''.

Der Uschebti aus Bronze, angeblich
ein Kölner Bodenfund, ist sicher in
vorchristlicher Zeit in Ägypten entstanden und könnte von einem Legionär
aus Nordafrika mit nach Köln gebracht
und hier einem Anhänger des Isis-
Osiris-Kultes von neuem mit ins Grab
gelegt worden sein. Stellvertretend für
den wie Osiris auferstehenden Toten
sollte der Uschebti die im Jenseits ge-
forderte harte Arbeit übernehmen.

Vitrine k
Himmels- und Lichtgötter

Oben: 4,5 Der **Apisstier** war ursprünglich der Bote des Gottes Ptah in
Memphis. Die Vorstellung, daß Osiris
in der Gestalt dieses Stieres sichtbar
wurde, führte zum Namen **Serapis**
(Osiris-Apis). **1** Leider nur noch zur
Hälfte erhalten ist der fein gearbeitete
Kopf aus schwarzem Schiefer. Haar-
und Barttracht wie Jupiter, zusammen
mit dem Ansatz eines Getreideschef-
fels (modius) auf dem Haupt, weisen
ihn als Bild des Serapis aus.
Mitte: 7 Die mit Darstellungen bedeckte **Bronzehand** ist typisch für
den Kult des **Sabazios.** Der phrygische Gott verkörperte sowohl Dionysos wie auch Jupiter. Er war Heils- und
Sonnengott, sein Name scheint sogar
Sabaoth, den Namen Gottes bei den
Juden beeinflußt zu haben. **Auf dem
Rücken der Kulthand** erkennt man
an der Handkante eine aufsteigende
Schlange, außerdem ,,erdnahe'' Tiere,

einen Frosch, eine Eidechse und eine
Schildkröte. Daneben steht ein großer
und im Hintergrund drei kleine Weinkrüge. Darüber ist ein Altar mit Opfer-
flamme und unter dem Zeigefinger die
Peitsche des Sonnengottes Sol dargestellt. **An der Handinnenseite** sieht
man zwischen Daumen und Zeigefinger einen Jupiterkopf mit phrygischer
Mütze, auf den gebogenen zwei letzten Fingern den Fruchtbarkeit und Auferstehung symbolisierenden Pinienzapfen, in einem Rahmen eine liegende Göttin, über sich ein Opfertier, weiter unten einen Widderkopf (*Rö. 283,
284*). **8 Jupiter Dolichenus,** dem in
Köln ein Tempel geweiht war (→S. 35
Insel 106,5) ist in Rüstung und Sandalen dargestellt. Wahrscheinlich hielt er
in der rechten Hand eine Doppelaxt, in
der linken das auf Jupiter weisende
Blitzbündel (*Bo. 238; Rö. 282*).

Vitrine l
Mithras

Oben: 1 Das Fragment eines Marmor-
kultbildes aus einem 1929 an der Rich-
modstraße ausgegrabenen Mithräum
zeigt in grober oder unvollendeter Ar-
beit Szenen aus der Mithras-Legende.
Wahrscheinlich gehörte das Stück zur
Umrahmung einer Stiertötungsdarstel-
lung. Von links fährt der Stier in einem
Schiff(?), vier Weihealtäre stehen im
Vordergrund; der Stier verharrt in einer
Höhle und wird schließlich von Mithras
zur Tötung geführt (→ Abb. 42,
Abb. 128, 27).
Mitte: Reste des fast 30 cm hohen
Kruges fand man mit vielen anderen
Scherben 1958 am Kattenbug/Ecke
Zeughausstraße. Man sieht **Mithras,**
nur mit einem Schultermäntelchen bekleidet, die Strahlenkrone über der
phrygischen Mütze, selbst ein Opfer
darbringen. Die Darstellung ist ungewöhnlich, aber im Zusammenhang mit
den beiden Begleitern **Cautes** und
Cautopates sicher zu deuten. Der
Henkel mit dem daraufsitzenden Löwen und dem Ende des Schlangen-
schwanzes war erhalten und ließ die
Rekonstruktion des anderen Henkels
mit dem Kopf der Schlange zu. Die
aufgemalten Sonnensymbole weisen
zusätzlich auf Sol-Mithras (→ Abb.
128, 21 – *Bo. 273; Rö. 287*).
Unten: Ein Schlangenkopfhenkel und
wenige Gefäßscherben, an derselben
Fundstelle entdeckt, ließen die Rekonstruktion dieses großen Kultgefäßes
zu.

Insel 128
IOM Kaiser der Götter – Gott der Kaiser

6 Bildnis des thronenden Gottes Jupiter. Sicher gehörte dieses monumentale Götterbild nicht zu einer Jupitersäule, sondern war eher in einem Heiligtum aufgestellt. Man fand es im Zusammenhang mit den Resten des südwestlichen Stadttores an der Bobstraße (→ Abb. 128, 30 – *Bo. 261, 262; Rö. 300*). **10 Eine Weiheinschrift für den Kaiser, für Jupiter, alle übrigen Götter und den Schutzgott des Ortes.** Nachdem er den Kaiser gegrüßt und neben Jupiter alle anderen möglichen Götter und den Genius des Ortes erwähnt hat, gibt VERECVNDINIVS 〈5./6. Z. 〉 korrekt und ausführlich seine Legion, den Dienstgrad und seinen Aufgabenbereich als Stallmeister und Leibwächter beim Statthalter in Köln an. Dem üblichen Weihespruch VSLM in der 11. Z. (hier vom Steinmetzen in der falschen Reihenfolge ausgeführt, wahrscheinlich weil er M und L zu einem Zeichen verbinden wollte, wie er es auch bei anderen Buchstabenfolgen dieser Inschrift liebt) ist noch ein beflissenes L(aetus), freudig, hinzugefügt. Die Namen der beiden römischen Konsuln Macrinus und Celsus 〈MACRINO ET CELSO CO(n)S(ulibus), 13./14. Z.〉, die nur in einem bestimmten Jahr ihr Amt gemeinsam ausübten, läßt die genaue Datierung des Steines auf 164 n. Chr. zu. Die Weiheinschrift wirft ein Licht auf die Persönlichkeit des Stifters und zeigt die Eigenarten des Steinmetzen. **8 Der triumphierende Jupiter** im Kampf gegen die Giganten, deren Füße in Schlangen enden

und die über außerordentliche Kräfte verfügen. Hier sprengt er in wildem Ritt über ein solches Ungeheuer hinweg. **Jupiter-Gigantenreiter** gab es im Kölner Raum nur vereinzelt, dagegen sind sie in Obergermanien häufig gefunden worden. Wie die thronenden Jupiterfiguren waren sie Bekrönungen von Säulen. **1 Ein Altar für Jupiter und den Genius des Kaisers.** L(ucius) PACCIV(s) NONIAN(us), 〈4./5. Z.〉, ein Soldat der 1. Legion Minervia 〈LEGIONIS I M(inerviae), 6./7. Z.〉 ließ diesen kleinen Weihealtar nicht nur für Jupiter 〈I O M〉 sondern auch für den Genius des Kaisers 〈ET GENIO IMP(eratoris), 2./3. Z.〉 anfertigen. Die Seiten des Steines sind mit Tüchern, Lorbeerbäumen und daran hängenden Kränzen geschmückt.

Insel 129
Grabwächter

Löwen als Grabfiguren lassen sich mehrfach deuten: **5 Ein Löwe schlägt einen Eber.** Hier symbolisiert der Löwe die unerbittliche Macht des Todes, dem kein Lebewesen entrinnen kann. **1 und 3 Deckplatten von Grabmälern.** Löwen und Sphingen waren aber auch Grabwächter, die sowohl den Toten vor Grabräubern bewahren als auch die Lebenden vor dem Geist des Toten schützen sollten. **7 Bruchstück eines Löwenkopfes.** Diese Figur war im Mittelalter über einer Pforte eingemauert, die unmittelbar neben dem Bogen des Nordtores in den Garten der Dompropstei führte. Ein weiterer Löwenkopf schmückte das mittelalterliche Gebäude über dem römischen Torbogen (→ S. 26, Abb. 12/13; S. 121, Wand neben Insel 8).

*Beim Weg zurück ins Erdgeschoß fällt der Blick auf die seit **1987** hoch oben an der Wand des Treppenhauses angebrachte*

Maske der Medusa (→ S. 64).
Der 75,5 cm hohe Kopf von dem um 135 n. Chr. erbauten Tempel der Roma und Venus in Rom, wurde im Sommer 1818 vom römischen Kunsthändler Giorgini in Köln zum Verkauf angeboten. Nachdem Wallraf (→ S. 9) das eindrucksvolle Marmorbild trotz großer finanzieller Schwierigkeiten erworben hatte, war es bald das berühmteste, weit über Köln hinaus bekannte Stück in seiner Sammlung. Im Zweiten Weltkrieg wurde es bei einem Bombenangriff zerschlagen. Erst mit Hilfe eines Gipsabgusses von 1870, der sich in

der Ostberliner Humboldt-Universität erhalten hatte, war es 1986 möglich, den Kopf, jetzt mit einigen Ergänzungen in Kunststein, wieder zusammenzusetzen. Dabei stellte sich heraus, daß ein erheblicher Teil, u. a. die gesamte Haarpracht mit Flügeln und Schlangen, das Werk eines geschickten römischen Fälschers des frühen 19. Jh. ist. Heute ist das eindrucksvolle Medusenhaupt vor allem ein Denkmal für Ferdinand Franz Wallraf, der mit seiner Antikensammlung den Grundstock zum Römisch-Germanischen Museum legte.

Untergeschoß

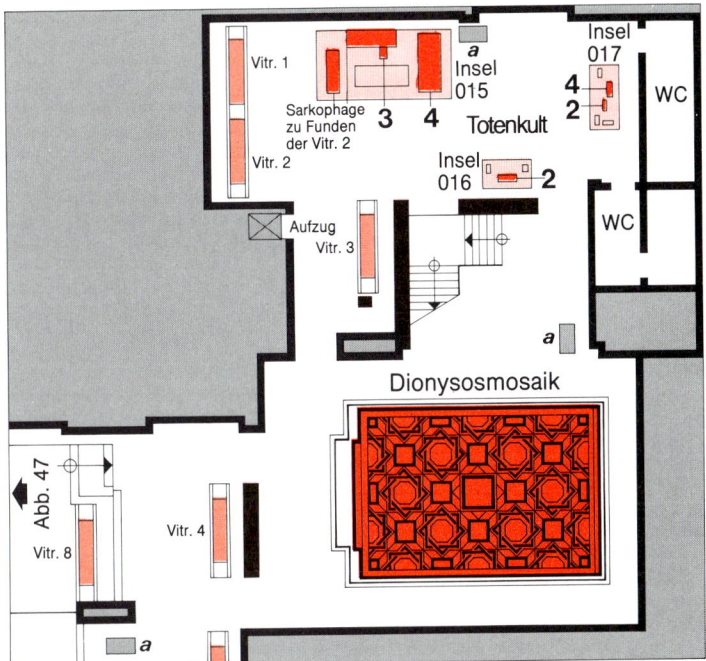

Abb. 46. Untergeschoß des RGM: Totenkult.

Totenkult

Insel 017 (rechts)

4 Eine Grabinschrift für den Soldaten Iovincatus. Name, Alter, Truppeneinheit und Dienstjahre des Soldaten sind korrekt angegeben: IOVINCATVS, Sohn des Velagenus ⟨VELAGENI F(ilius), 2. Z.⟩, war Soldat der Hilfstruppe Alpina II ⟨MIL(es) EX COH(orte) ALPINA II, 3./4. Z.⟩, 55 Jahre alt ⟨ANN(orum) LV, 4. Z.⟩ und bekam 30 Jahre lang Sold ⟨STIP(endiorum) XXX, 5. Z.⟩. Der nicht namentlich genannte Erbe fügte noch eine Reihe von Einzelbuchstaben an, deren Ergänzung zu häufig gebrachten Formeln dem Leser der Grabinschrift geläufig war: Hier liegt er ⟨H(ic) S(itus) E(st), 5. Z.⟩, der Erbe sorgte nach dem Testament für die Herstellung ⟨H(eres) EX T(estamento) F(aciendum) C(uravit), letzte Z.⟩. **2 Ein Grabdenkmal für den Freigelassenen Bruttius Acutus.** Dieser Stein ist dem benachbarten für Iovincatus ähnlich. Auch hier ist der obere Rand mit einem Giebel, mit Ranken und Blüten geschmückt. Der eingemeißelte Text verrät aber mehr von den persönlichen Verhältnissen des Verstorbenen. Man erfährt, daß er der Freigelassene (ehemalige Sklave) des Iustus war, der als Centurio in der 5. Legion Dienst tat ⟨IVSTI >(centurionis) LEG(ionis) V L(iberto), 2./3. Z.⟩ und daß Maura den Stein für ihren Lebensgefährten und ihre Tochter Nepelene herstellen ließ ⟨MAVRA CONTVBERNALI ET NEPELENI FILIAE F(aciendum) C(uravit), 3.–6. Z.⟩. Hieraus kann man schließen, daß Maura eine Sklavin war, die mit Bruttius Acutus nicht in einer rechtmäßigen Ehe leben durfte. Die in der letzten Zeile angefügten Buchstaben lassen sich ergänzen zu dem Wunsch: Möge dir die Erde leicht sein! ⟨S(it) T(ibi) T(erra) L(evis)⟩.

Insel 016 (links)

2 Ein Grabdenkmal für den Soldaten Iulius Baccus. Diesem aus Lyon ⟨LVGVDVNI, 2./3. Z.⟩ stammendem Soldaten, der nach fünfzehnjähriger

Dienstzeit in der 1. thrakischen Cohorte mit 38 Jahren starb (MIL(es) COH(ortis) I THRACVM ANM(orum) XXXIIX STIP(endiorum) XV, 3.-5. Z.) setzten die Erben ANTISTIVS ATTICVS und BASSIVS COMMVNIS einen Grabstein, auf dem der Verstorbene während des Totenmahles dargestellt ist.

Insel 015

4 Steinsarg für Traiania Herodiana. Der Deckel des mächtigen Sarkophages ist wie ein Hausdach mit vier Ecktürmen gebildet. Auf dem mittleren Giebel ließ sich der Auftraggeber zusammen mit seiner schon verstorbenen Frau darstellen. Die Ecken sind mit weiteren Reliefbüsten geschmückt. Die Inschrift, von zwei geflügelten Amoretten gehalten, zeigt die Liebe und Dankbarkeit des AVR(elius) TVRIVS SENECA (3. Z.) seiner ,,unvergleichlichen Frau'' (CONIVGI INCOMPARABILI, 2. Z.) gegenüber. Sie hatte

sich gut um ihn gekümmert (BENE DE SE MERITAE, letzte Z.) – (*Bo. 53*).

3 Große Sphinx von einem Grabdenkmal. Die mächtige Steinplastik mit dem Haupt einer Frau, mit sechs Brüsten, weit gespannten Flügeln und einem zu ergänzenden Löwenkörper, gehörte zu einem Grabbau an der Aachener Straße. Von Ägypten aus, wo die Sphinx ein Mann mit Löwenleib ohne Flügel war, kam sie nach Griechenland und Rom. Schon im 6. Jh. v. Chr. kannte man im griechisch-römischen Raum Sphingen in Frauengestalt und mit Flügeln, einmal auf hohen Säulen, zum anderen auf Grabmälern als Wächter über die Ruhe der Toten (*Bo. 53; Rö. 328*).

Links neben der Sphinx sind zwei Sarkophage von der Bachemer Straße aufgestellt. Zum größeren aus Kalkstein gehören die in der benachbarten **Vitrine 2: Die Gräber der Reichen** *unter Nr. 1 ausgestellten Grabbeigaben, zum kleineren aus Tuff diejenigen unter Nr. 2 derselben Vitrine.*

Totenmahlszenen und Totenkult

Vom Ende des 1. Jh. n. Chr. bis in das 2. Jh. hinein hat man in den germanischen Provinzen, besonders im Kölner Raum viele Soldatengrabmäler mit der Darstellung des sog. Totenmahles geschmückt. Allein über 15 solcher Reliefs sind im Museumsbereich ausgestellt. Der Verstorbene liegt immer auf einem Ruhebett (der sog. Kline), hat den linken Arm aufgestützt und dreht den erhobenen Oberkörper nach vorn. Während er in der herunterhängenden linken Hand meist eine Serviette hält, trägt er in der rechten häufig ein Trinkgefäß. Im Vordergrund der Szene sind auf einem niedrigen runden Tisch Speisen und Getränke aufgebaut. Ein bewußt klein dargestellter Diener steht am Fußende der Kline, um die Wünsche des Herrn zu erfüllen. Gehörte der Verstorbene einer Reitereinheit an, so wurde diesem Bild oft noch ein weiteres hinzugefügt, auf dem das zwar gesattelte, aber nun herrenlose Pferd von einem Knecht weggeführt wird (S. 30 Insel 105, 1, 2; S. 120 Insel 2).

Zwei Totenmahldarstellungen im Hauptgeschoß des Museums weichen von dem geläufigen Bildschema ab (→ S. 36 Insel 108, 24; Insel 109, 1): Am Fußende des Ruhebettes, dort wo sich sonst immer der Diener befindet, sitzt hier eine Frau in einem hochlehnigen Korbsessel. Wie aus den Inschriften zu entnehmen ist, wurden diese beiden Steine von Veteranen in Auftrag gegeben, die als aktive Soldaten nicht heiraten durften, also erst nach ihrer Entlassung aus dem Heer in einer legitimen Ehe leben konnten. Sie setzten nicht nur sich selbst, sondern auch ihren Ehefrauen zu Lebzeiten ein Grabdenkmal.

Außer diesen wahrscheinlich schon am Ende des 2. Jh. nicht mehr gebräuchlichen Totenmahlreliefs gibt es in Köln andere eindrucksvolle Hinweise auf die große Bedeutung des Mahles im römischen Totenkult: Die Grabkammer in Weiden (→ S. 228, Abb. 119), ein unterirdischer Raum zur Aufbewahrung von Urnen mit der Asche der Verstorbenen, ist mit Ruhebetten und Korbsesseln, wie sie auf den Reliefs dargestellt sind, so ausgestattet, als hätte man hier den Toten eine angenehme Umgebung zu ihrer Mahlzeit im Jenseits schaffen wollen. Unübersehbar groß ist außerdem die Fülle kostbarer Teller, Becher, Schalen oder Kannen, die man, manchmal noch mit Spuren von Speisen und Getränken, in römischen Gräbern fand.

Vitrine 1
Die Gräber der Armen

Weitaus die meisten Gräber, die man untersuchen konnte, waren nur sparsam mit Beigaben ausgestattet. Es mußte aber nicht unbedingt mit Armut zusammenhängen, wenn man einem Toten nur wenige Gegenstände mit ins Grab legte. **2** Der weiße Krug und die beiden kleinen Glasgefäße gehören zum **Grab der Bella,** zu dem man außerdem den sorgfältig gearbeiteten, sicher mit einigem Kostenaufwand hergestellten Grabstein gefunden hat (→ S. 28 Insel 104,4 – *Bo. 54, 64; Rö. 79*).

Vitrine 2
Die Gräber der Reichen

1968 entdeckte man bei Ausschachtungsarbeiten vor 20 m westlich des Hildegardiskrankenhauses an der Bachemer Straße zwei Bestattungen, deren Grabbeigaben bis auf wenige, zu stark zerstörte Stücke hier im Zusammenhang ausgestellt sind. In einer etwa 4 × 4 m großen, in den gewachsenen Kies eingetieften Grabgrube standen zwei Sarkophage unterschiedlicher Größe und von verschiedenem Material (→ Insel 015).

1 Zum größeren **Kalksteinsarkophag** gehörten im ganzen 27 Beigaben. Sie lagen leider nicht mehr alle an ihrem ursprünglichen Platz, als die Archäologen gerufen wurden. So läßt sich für einige Gegenstände nicht mehr die genaue Fundstelle angeben. **Zwei Teller, eine Schüssel** und **drei kleine Krüge aus Ton** hatte man in Kopfhöhe seitlich auf den Sargdeckel gestellt. Vor dem Fußende waren die anderen Tongefäße niedergelegt worden, u. a. der **schwarze Weinkrug** mit der Aufschrift TV ME AMAS (Du liebst mich). Dort stand auch der kunstvoll **geschliffene Becher** (Skyphos) aus entfärbtem Glas mit zierlichen seitlichen Griffen. Die Becherwand schmückt eine Weinranke, die durch Hochschliff, d. h. durch Ausschleifen des Hintergrundes, in plastischem Relief auf der Gefäßwand erscheint. Ganz in der Nähe entdeckte man den **Miniatur-Waagebalken** mit nur noch **einer Waagschale.**
Der Schmuck der Toten ist sehr fein gearbeitet: Sie trug ein **goldenes Kettchen** mit grünen und blauen Glasperlen, **einen Goldring** mit gefaßtem Edelstein, **ein Armband aus Gold** mit 20 eingelegten Almandinsteinen, ein anderes aus **Gagat,** (→ S. 75), kunstvoll mit Golddraht umwickelt; dazu noch zwei weitere flache aus einem Stück Gagat gearbeitete **Armreifen.** Außerdem fand sich im Sarkophag eine mit Blattgold belegte Spindel (S. 109) und vor allem ein **Eisenmesser,** dessen **Griff** ein kleines Kunstwerk **in Achat** ist. Vom goldenen Heft des Messers aus öffnet sich ein Blattkelch, aus dem ein Panther zu springen scheint, der mit Pranken und Zähnen einen Kalbskopf gepackt hält.
Das kostbarste Stück aus diesem Grab ist der **aus einem Achat** geschnittene 15 cm hohe, **schmale Becher.** Von der Standfläche von nur 1,5 cm ⌀ wölbt sich die Gefäßwand leicht nach außen bis zur Öffnung von 4,7 cm ⌀. Fünfmal in regelmäßigen Abständen übereinander sind sorgfältig Rillen parallel zum Becherrand eingeschliffen.

2 Der zweite, kleinere **Sarkophag aus Tuffstein,** auch mit einem Deckel verschlossen, stand südlich des ersten in derselben Grabgrube. Hier entdeckte man 60 Grabbeigaben, z. T. stark zerstört oder nur noch als Spuren im Erdreich.
Außen vor dem Kopfende des Sarges lagen neben Gefäßen verschiedener Form aus weißem, rotem und schwarzem Ton **zwei birnenförmige Glasflaschen, vier Haarnadeln** aus Bein und **ein Holzkästchen,** von dem sich das Beschlagblech mit Schlüsselloch und ein mit zwei Delphinen geschmückter Henkel erhalten haben.
Die Tote trug als einzigen Schmuck am linken Arm einige **Gagatreifen** und an der rechten Hand einen Eisenring, der nur noch als Erdverfärbung erkennbar war. Außerdem fanden sich im Inneren des Sarges eine zylindrische und eine zweite birnenförmige Flasche, dazu eine 36,5 cm lange, in der Mitte weiter verengte schmale Phiole aus Glas. Auf einem völlig zerbrochenen Glasteller lag ein **kleines Messerchen;** eine größere **eiserne Messerklinge mit goldenem Heft** fand sich daneben. Rechts vom Bein der Dame lagen 10 verschiedene **Miniaturgeräte aus Bronze.** Neben einem Schlüssel und einer kleinen Waage mit beiden Schalen waren es Leiter und Säge, eine zwei- und eine dreizackige Gabel, ein Pflug und eine Hak-

ke, eine Schaufel und ein Ochsenjoch. Man nennt solche auch in anderen Kölner Gräbern gefundene kleine Nachbildungen von Haus- und Gartengeräten gewöhnlich Mithrassymbole, weil oft zu solchen Funden kleine Bronzefiguren von Tieren gehören, die im Mithraskult Bedeutung hatten. Der Sinn solcher Grabbeigaben ist bisher nicht geklärt (*Bo. 55; Rö. 327*).

In einem nicht mehr erhaltenen Beutel aus Stoff oder Leder trug die Tote 23 verschieden stark abgegriffene Münzen bei sich, die zwischen 224 und 276/282 geprägt wurden.

Da man nach den Fundumständen vermutet, daß der größere Sarkophag, in dem keine bestimmbare Münze entdeckt wurde, nur wenig früher als der kleinere in die Erde kam, kann man annehmen, daß **beide Frauen zwischen 280 und 290 beigesetzt wurden.** Da hier sicher kein allgemeiner Friedhof war, werden die Toten wohl zur Familie eines Gutsherrn gehört haben, die ihren privaten Begräbnisplatz in der Nähe ihres Hofes eingerichtet hatte.

3 Das Grab mit den gläsernen Schuhen. Bei Bauarbeiten an der Severinstraße wurde 1971 ein Sarkophag freigelegt, aus dem Raubgräber ohne Wissen des Eigentümers eine Münze, den Spinnrocken und die **gläsernen Schuhe** entnahmen (→ Abb. 128,36). Erst Wochen später erhielt das Museum Kenntnis von diesem einmaligen Fund. Inzwischen war es natürlich nicht mehr möglich, nähere Umstände der Bestattung zu untersuchen oder weitere Beigaben zu finden.

Der 36,5 cm lange, aus Bein gedrechselte Spinnrocken ist aus drei Teilen zusammengesteckt. Die Münze aus dem 1. Jh. n. Chr., war schon sehr alt, als man sie der Toten möglicherweise als Fährgeld für Charon, den Fährmann über den Totenfluß mitgab. Die Glasschuhe nämlich scheinen erst im 3. Jh. hergestellt worden zu sein, in einer Zeit also, als die Werkstätten von Köln viele phantasievolle Glasformen, u.a. die sog. Schlangenfadengläser produzierten (→ S. 56 Vitr. 31). Die Form ist einmalig: Durch Blasen und Formen hat man die Flaschen in die Gestalt von dicken Sohlen gebracht. Ähnlich wie bei heute gebräuchlichen Sandalen, wo ein Riemen zwischen den Zehen ansetzt, der zweite mit diesem verbunden den Fuß überspannt, sind die Glasstreifen über die Sohle gewölbt. Fußbett und Riemenwerk schmückte man zusätzlich mit blauen und weißen Glasfäden (*Bo. 52*).

Vitrine 3
Graburnen

Urnen mit der Asche der Verstorbenen begrub man in der Erde oder stellte sie in kleinen Kammern innerhalb der großen Grabmäler in eigens dafür vorgesehenen Nischen auf. Es gab Urnen aus Stein (→ S. 121 Insel 9), Glas und Keramik. Sog. Gesichtsurnen könnten als abweisend für böse Geister betrachtet worden sein (*Bo. 56*).

Pompeji

Als im Jahre 79 n. Chr. der Vesuv ausbrach, wurden Pompeji und einige andere Orte am Golf von Neapel innerhalb weniger Stunden von den Lavamassen begraben. Die dort von 1748 bis heute betriebenen planmäßigen Ausgrabungen sind die wichtigsten Quellen für römisches Leben im 1. Jh. nach Chr. Viele dort gewonnenen Erkenntnisse kann man durchaus auf die Provinzstadt Köln übertragen, in die Soldaten, Kaufleute und Beamte aus Italien ihre Art zu leben übertrugen. Nicht nur zu Grabmälern, Mosaikböden oder Wandmalereien, sondern auch zu Schmuck, Gefäßen und Gebrauchsgegenständen lassen sich Vergleichsbeispiele aus den Vesuvstädten finden.

Alltag der Römer

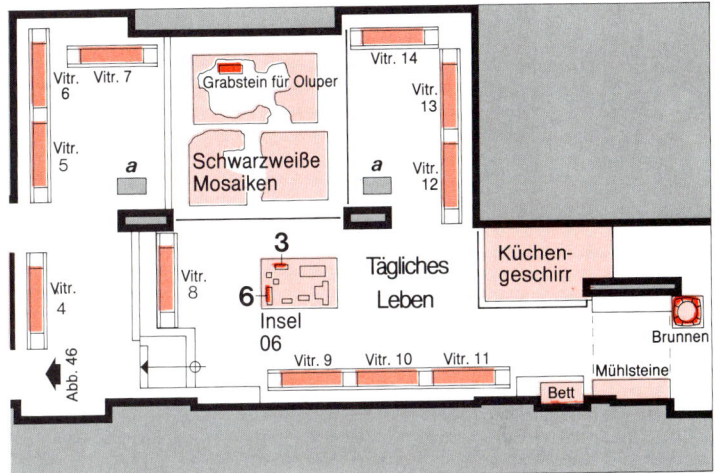

Abb. 47. Untergeschoß des RGM: Tägliches Leben, Dionysosmosaik.

Vitrine 4
Alltags-Vergnügen

5 Der Würfelbecher hat die Form eines Bronzehelmes. Er ist geschmückt mit in Silber eingelegten Zweigen, die eine mittlere Rosette einschließen. Auf der Helmkuppe sitzt ein Vogel, seitlich erkennt man Scharniere für den herunterzuklappenden Gesichtsschutz. **Der Schmuck von Tonlampen** spiegelt das tägliche Leben: so sieht man eine erotische Szene (**8**), einen Gaukler zwischen zwei Äffchen, Ringen und einer Leiter (**10**) und zwei Personen, vielleicht beim Mühlespiel, dessen Spielfeld in einen Ziegel geritzt wurde (**16, 14**). **12, 17 Weinkannen und Becher** mit Inschriften wurden wahrscheinlich in Trier hergestellt. Man fand sie im ganzen Rheinland, besonders häufig in Köln. Meist sind die rottonigen Gefäße mit einem schwarzen Firnis überzogen, der einmal undurchlässig machte, zum anderen eine gute Malgrundlage für Ornamente und Trinksprüche bot (*Bo. 22, 152; Rö. 221*).

Vitrine 5
Grundausstattung eines Hauses

Köln liegt auch heute, über 1500 Jahre nach Ende der römischen Herrschaft, an der selben Stelle wie die antike Stadt. Ausstattungsstücke und Geräte, die nicht als Grabbeigaben üblich waren, sind daher im Wohngebiet nur noch äußerst selten zu entdecken. Dasselbe gilt für Bleirohre und Bronzearmaturen der römischen Wasserleitung (→ S. 241), die ebenso wie die Metallbeschläge aus den Häusern, in den nachrömischen Jahrhunderten lediglich als Altmetall begehrt waren (*Bo. 48*).

Vitrine 6
Beleuchtung

Neben den zahlreichen Tonlampen gibt es auch solche aus Bronze, oft in phantasievollen Formen oder mit Einlegearbeiten (**4**) geschmückt. Man hing die Lampen an Ständern auf oder setzte sie auf Kandelabern (**14, 16**) verschiedener Höhe ab. Kerzenleuchter wurden viel seltener gefunden, Kerzen waren teuer im Vergleich zu dem für die Lampen reichlich vorhandenen Öl (*Rö. 325, 326*).

Vitrine 7
Mobiliar

Die meisten Möbel der Römer waren leicht und gut transportierbar. **5** Die Löwentatze könnte der Fuß eines Tischbeines gewesen sein. **2** Man baute Tische oft dreibeinig und klappbar, wie es das Miniaturtischchen zeigt. Schwer und manchmal sogar im Boden des Atriums verankert waren nur große Truhen, die mit massiven Schlössern versehen und mit Bronzeplatten und kleinen Büsten (**6**) verziert waren (Abb. 48).

Vitrine 8
Kleidung – Medizin

12 Nadeln, manchmal mit einer zweiten kleineren Öse, um den Faden zu verknoten, gegabelte Nadeln zum Netzeknüpfen und Fingerhüte *(Rö. 318)* wurden ebenso in Frauengräbern gefunden wie Spindeln (**13**) und Webgewichte (**16**). **9** Spachtel, Pinzetten oder Stäbchen mit Haken werden als Ärzteinstrumentarium angesehen. Auffallend häufig fand man sog. **Ohrlöffelchen,** bei denen der dünne Stiel am Ende als kleines flaches Löffelchen ausgebildet ist. Die Vorstellung, man habe damit das Ohrenschmalz entfernt, gab diesem Gerät seinen Namen *(Rö. 322, 323)*. **17-22** Reste von Lederschuhen, z.T. mit Ornamenten und abgekürzten Namen verziert, fand man in Abfallschichten zwischen dem römischen Rheinufer und der vorgelagerten Insel (→ S. 122).

Auf einem **Mosaikboden mit Hakenkreuzmustern** (→Abb.50, S. 111) stehen neun runde Tische mit römischem Tafelgeschirr. Nebenan in den **Vitrinen 12 – 14** sind weitere Gefäße aus Metall, Ton und Glas neben Bestecken aus Bronze, Silber und Elfenbein ausgestellt.

Der Grabstein für den Reiter OLUPER im Hintergrund zeigt anschaulich, wie das Geschirr beim Mahl benutzt wurde (→ S. 104).

Römisches Küchengeschirr aus Köln

Gefäße verschiedener Größe für Vorrat und Küche sind hier in Regalen zusammengestellt. **Der Herd** eines römischen Hauses war ein rechteckiger Mauerblock, die Herdplatte als flaches Becken ausgebildet (Abb. 49). Die Töpfe aus rauhwandigem, hitzebeständigem Ton oder aus Metall wurden meist auf Ständern in die glühende Holzkohle gesetzt. Im Herdblock war eine Nische zum Lagern der Holzscheite ausgespart *(Bo. 20)*.

Abb. 48. Truhe aus Pompeji, Nationalmuseum Neapel (Italien).

Abb. 49. Herd im Haus der Vettier, Pompeji.

weisen (*Am Hof 22, Treppchenkeller*). Man begann mit einem über Eichenbohlen aufgesetzten Steinring, nur wenig in den Boden eingetieft, hob dann von innen das Erdreich aus, wobei sich der erste Ring absenkte und ein weiterer aufgemauert werden konnte. Nach und nach erreichte man so die Grundwasserzone. Der Brunnen an der Straße Am Hof reicht 14 m tief, 34 Lagen der Steinsetzung sind noch erhalten.

Nachbildung einer steinernen Schlafstatt

Neben einigen Mühlsteinen ist an der Wand gegenüber der römischen Küche ein Bett mit erhöhtem Kopfteil aufgemauert (*Bo. 19*). In Pompeji fand man solche Liegen in den kleinen Kämmerchen eines Bordells, in den Wohnhäusern bevorzugte man aber wie heute Bettgestelle aus Holz oder Metall.

Vitrine 11
Das Kind: Spiel und Lernen

5 Babys bekamen ihre Milch wahrscheinlich mit Hilfe dieser seitlich **mit einem Saugröhrchen versehenen Flasche.** **12** Ältere Kinder konnten sich mit **Tierfigürchen** aus Ton beschäftigen (*Bo. 29–31; Rö. 310*). **7, 8** Schüler machten die ersten Schreibversuche mit **Bronzegriffeln** auf **Wachstäfelchen.** Wollte man einen Fehler löschen, drehte man den Griffel um und strich mit dem abgeplatteten Ende das Wachs wieder glatt (*Bo. 43; Rö. 315*).

Zu mehreren zusammengebundene **Wachstäfelchen** wurden, wie Beispiele aus Pompeji zeigen, im **Geschäftsverkehr** gebraucht. Im Haus eines vornehmen pompejanischen Kaufmanns fand man z. B. eine ganze Kiste voller Kauf- oder Pachtverträge, die immer auf drei zusammengebundenen Wachstafeln aufgezeichnet waren. Auf Seite 2 und 3 dieses kleinen Buches schrieb man den Wortlaut des Vertrages auf, band die ersten beiden Tafeln zusammen und versie-

Ein römischer Brunnen aus Köln

Neben der aus der Eifel nach Köln geführten Wasserleitung (→ S. 235) wurden auch Grundwasserbrunnen in der Stadt gebaut. Man hob meist eine trichterförmige Baugrube bis in das Grundwasser hinunter aus und rammte dann unter Wasser einen Kranz von aufrecht stehenden Eichenbohlen mit schmalen Zwischenräumen für das seitlich einströmende Wasser ein. Auf einem weiteren, mit dem unteren verzahnten Bohlenring setzte man dann Lage für Lage die sauber zugeschlagenen Blöcke aus Tuffstein auf. Zwei Steinlagen sind hier zu sehen.

Eine andere auch heute noch übliche Brunnenbauweise ist in Köln nur einmal nachzu-

---

Das Spinnen

Ein einfaches Spinngerät des Altertums bestand aus **Rocken, Spindel und Wirtel.** Rocken und Spindel sind unterschiedlich große Stäbe aus Holz oder Bein, häufig mit Rillen und Ritzmustern verziert, manchmal sogar vergoldet. Wirtel gleichen großen Perlen aus Stein, Keramik oder Glas. Man steckte die gekämmte Faser auf den 30–40 cm langen Rocken, zupfte dann mit den Fingerspitzen etwas vom Rohmaterial ab und klemmte es in eine obere Rille der kleineren und dünneren Spindel. Diese, am unteren Ende durch einen aufgesteckten Wirtel beschwert, wurde dann mit geschickter Hand in gleichmäßige Drehung versetzt und zwirnte, zu Boden gleitend, die Faser zum Faden. Nachdem das fertige Fadenstück auf die Spindel aufgewickelt worden war, begann der Vorgang von neuem.

gelte sie mit den Zeichen von sieben Zeugen, deren Namen auf Seite 4 aufgeführt wurden. Auf Seite 5 schließlich war kurz vermerkt, um welchen Vertrag es sich im verschlossenen Teil der Urkunde handelte.

Vitrine 10
Die Frau

7 Blank versilberte **Metallscheiben,** oft mit einem Griff versehen, mit Relief oder Ornament auf der Rückseite geschmückt, nutzte man **als Spiegel.** Für kunstvoll aufgebaute Frisuren, wie sie hier bei einigen Damenportraits zu sehen sind (**18**), brauchte man **Haarnadeln** (**2, 16, 22, 24**), die aus Bein oder Gagat geschnitzt, aus Silber oder Bronze gegossen, mit Figürchen oder Edelsteinen verziert sein konnten. **13** Eng umschlungen, verklammert durch die Hände, die sich gegenseitig fassen, mit fest aneinandergeschmiegten Gesichtern wächst das kleine **Liebespaar** aus einem gemeinsamen Sockel. **10** Fünf Mitglieder einer einheimischen Familie, durch die langen Kapuzenmäntel als Nichtrömer gekennzeichnet, bauen sich zu **einem Gruppenbild** auf (*Rö. 82*). Solche

Terracottafiguren, Bilder aus dem Leben, Spielzeugtierchen, am häufigsten kleine Götterstatuen, stellte man in großer Stückzahl her. Feiner weißer Ton wurde feucht in eine zweiteilige Form gepreßt, aus der dann die Figur, nachdem sie durch Antrocknen leicht geschrumpft war, herausgeholt und gebrannt werden konnte. Da die Hohlformen sich durch den häufigen Gebrauch abnutzten, zeigen solche abgeformten Serienfiguren oft unscharfe, verschwommene Konturen.

Vitrine 9
Der Mann

2 Auch der Mann benutzte Salböl, vor allem beim Besuch der Thermen. Bevor man in heißem Wasser badete, ölte man sich ein und strich sich mit einer gebogenen Streichschaufel (**1**) anschließend Schmutz und Schweiß zusammen mit dem Öl von der Haut. Die häufig in Köln gefundenen sog. **Strigiles** trug man manchmal zusammen mit einem kleinen **Ölgefäß** am Lederriemen oder Bronzereif am Arm. **3 Rasiermesser** und **4 Bartscheren** waren aus blank geschliffenem Eisen.

Abb. 50. Die beiden schwarzweißen Mosaikböden und das Epikurmosaik, kurz nach der Entdeckung 1969. Das Foto wurde vom Fundamentsockel der Südseite des Domchores aus aufgenommen. Am oberen Bildrand sieht man die Wand des Dombunkers, auf dem das RGM errichtet wurde. Rechts ist das Fundament des südlichen Dom-Querhauses zu erkennen.

Insel 06

6 Bruchstück eines Grabdenkmals.
Hier ist einmal eine Frauengestalt, zum anderen in ihrer Brusthöhe ein Medaillon mit einer Bildnisbüste eingemeißelt worden. Offensichtlich machte man den wohl mißlungenen Versuch, einen Grabstein mit anderer Darstellung zum zweiten Mal zu verwenden (*Bo. 18, 27; Rö. 312*). Die seitlichen Bilder, rechts ein **Guter Hirte** mit einem Lamm auf der Schulter, links ein **Hirte mit Pansflöte,** symbolisieren die Hoffnung auf ein sorgloses Hirtenleben im Jenseits.

3 Der Giebel einer Weihenische (Votiv-Aedicula) für Mercurius

Dieses nur 15 cm hohe Tympanon mit aufgelegtem Wellenornament war Teil eines Miniatur-Tempels, der nicht im Hause der Familie, sondern eher im Tempelbezirk aufgestellt war (→ S. 41). In der Mitte thront Mercurius mit dem typischen Schlangenstab zwischen Fortuna mit Ruder und Füllhorn und einer weiteren Göttin. Zwei Flußgottheiten füllen die Zwickel des Tympanons aus (*Bo. 26, Rö. 268*).

Abb. 51. Das Haus mit dem Dionysosmosaik von Osten, Modell nach der Rekonstruktion von H. Mylius 1949 (→ Grundriß Abb. 54)

Schwarzweiße Mosaiken aus den Räumen eines vornehmen Wohnhauses. 1969 legte man bei den Ausschachtungsarbeiten für die Dombauhütte drei mit Mosaiken ausgelegte Räume frei (Abb. 50, → Abb. 54, 7, 11). In einem der Zimmer, das offensichtlich zum Haus mit dem Dionysosmosaik gehörte, fand man das sog. Epikurmosaik (→ S. 62). Die beiden anderen Böden gehörten zum Nachbarhaus, das ehemals wahrscheinlich an den Tempel unter dem Dom grenzte (→ S. 181). Die nebeneinanderliegenden Räume waren beide etwa 3 m breit, der westliche, in seiner ganzen Ausdehnung erhaltene, hatte eine Länge von 5,65 m, der östliche war ehemals mindestens dreimal so lang, sein nördliches Ende war durch das Domchor-Fundament zerstört. (*Diese östliche Bodenfläche hat man hier im Museum in zwei Teilen, um 90° zueinander gedreht, ausgestellt.*) Übereinstimmend sind beide Zimmer mit einem schwarz-weißen Mosaikmuster von ineinandergreifenden Kreisen und darin eingeschlossenen Hakenkreuzen geschmückt. Zwei parallele schwarze Streifen fassen das durchgehende Muster am Rand ein. Beim kleineren Boden umrahmen sie 8×16 Kreismotive, beim größeren sind 8×21 heute noch ablesbar.

Der berühmte Dominikaner-Gelehrte Albertus Magnus hat im Jahre 1248, als man begann die Baugruben für den Domchor auszuheben, möglicherweise schon Teile dieser Mosaiken gesehen. In einer in Wien aufbewahrten Handschrift berichtet er von wunderbaren Fußböden (pavimenta), die er bei den Aushubarbeiten beobachtet habe (→ S. 269 Qu. 31).

Das Dionysosmosaik

Entdeckung und Erhaltung

Als man im Sommer 1941 südlich des Domchores einen Luftschutzbunker baute, stieß man in 6 m Tiefe auf diesen Mosaikboden. Nur kurze Zeit konnten die Kölner die in frischen Farben erscheinenden, lebendigen Bilder betrachten, dann mußten sie wieder zugeschüttet und der Bunker fertiggestellt werden. Vom 20. Oktober 1946 an war das Mosaik dann in einem eigens eingerichteten kleinen Museum zu besichtigen.

Mit der Zeit bildete sich eine häßliche graue Schicht über den Bildern, die man auf Pilzbefall und Ansiedlung von Staubläusen zurückführte. Ein vierzehntägiges Alkoholbad tötete die Schädlinge so weit, daß zum 15. August 1948, dem Tag der Siebenhundertjahrfeier der Grundsteinlegung des Kölner Domes, das nochmals 1000 Jahre ältere Mosaik neben der Kathedrale in neuem Glanz erstrahlte. Im Laufe der Zeit überzog sich der Boden aber wieder mit einem grauweißen Belag, dessen Ursache in der Erde enthaltene chemische Substanzen waren. Sie stiegen mit der Feuchtigkeit hoch und setzten sich auf der Oberfläche des Mosaiks ab, ja drohten den kostbaren Fußboden zu zerstören. Um das Mosaik für die Zukunft zu erhalten, mußte man dafür sorgen, daß es nicht mehr von Erdfeuchtigkeit durchdrungen wurde.

Die Rettungsarbeiten, die 1959 begannen, waren sehr schwierig: Nachdem man die Oberfläche mit einem festen Jute-Leinenstoff überklebt hatte, löste man die Steinchen von ihrem rückwärtigen Mörtelbett und wickelte die ganze Fläche auf eine große Holzrolle. Inzwischen hatte man die Bunkerdecke z. T. weggesprengt und konnte nun das aufgerollte Mosaik mit einem großen Kran ans Tageslicht holen. Draußen wurde der Boden wieder geglättet, in einen eigens angefertigten Stahlrahmen eingesetzt und mit einer Kunststoff-Betonmasse hintergossen.
An der Stelle, wo das Mosaik gelegen hatte, schachtete man tiefer aus, baute kurze Steinpfeiler in die Grube und installierte eine Klimaanlage. Der letzte, schwierigste Akt war dann das Wiederabsenken des Dionysosmosaiks an seinen alten Platz.
Die Öffnung in der Bunkerdecke wurde anschließend mit einem gewölbten Glasdach geschlossen, so daß man ab November 1961 das inzwischen in der ganzen Welt berühmte Mosaik, nun mit Tageslicht beleuchtet, wieder besichtigen konnte.
Als 1967 der Bau des Museums begann, war der Boden nochmals für sieben Jahre hinter Bauzäunen verborgen. Erst seit Eröffnung des Neubaus 1974 ist das Dionysosmosaik als glanzvoller Mittelpunkt der hier ausgestellten römischen Kunstwerke sowohl von außen durch die großen Scheiben als auch aus nächster Nähe im Untergeschoß des Museums zu betrachten (*Bo. 14–17; Rö. 102–106*).

Lage und Gestalt des zugehörigen Hauses (→ Abb. 54, 8–17).
Der Mosaikboden gehörte zu einem ausgedehnten Wohnpalast, der genau an der Stelle des heutigen Museums gestanden hat. Seine Südfront lag an der zum nördlichen Rheintor (Tor 53) hinunterführenden sog. Hafenstraße (→ Abb. 54,20). Der Osttrakt setzte nicht rechtwinklig an, sondern nahm die Richtung der rheinseitigen Stadtmauer auf, die vom mittleren Rheintor (Tor 51) an nicht genau nach Norden verlief, sondern leicht nach Osten abwich. Im Norden, dort wo sich heute der Hof der Dombauhütte und anschließend daran das Domchorfundament befinden, stand das Haus mit den Hakenkreuzmosaiken (7). Westlich schlossen sich im weiter ansteigenden Gelände Häuser unterschiedlicher Bauweise an. In unmittelbarer Nachbarschaft lag ein Atriumhaus (24–27), südlich daneben war in einem Keller ein Mithräum (21) eingerichtet. Man betrat den über einer Grundfläche von 40 × 65 m gebauten Palast wahrscheinlich vom Osten, von der an der Stadtmauer liegenden Straße aus (18). Es gab hier kein Atrium; durch einen Flur (8) trat man gleich in das Peristyl, den etwa 20 × 30 m großen Garten (9) der an allen vier Seiten mit Säulengängen eingefaßt war und auf den sich die meisten der über 20 Räume des Hauses öffneten. An der Nord- und Südseite befanden sich einige Zimmer mit Fußbodenheizung, die vielleicht als Winterwohnung dienten (10). An der Nordseite lag das Zimmer mit dem Epikurmosaik (11).
Den Westteil des Palastes bewohnte man offensichtlich nur im Sommer. Weder der fast in der Mitte liegende Festsaal mit dem Dionysosmosaik (12), noch die benachbarten Räume waren zu heizen. Bei sommerlichen Temperaturen hatte man durch die 4.23 m breite Türöffnung des Saales einen reizvollen Blick in den Garten. Genau in der Achse sah man auf ein kleines Wasserspiel mit halbrunder Apsis und ein dahinterliegendes zweites Wasserbecken (13).
In einem nördlich an den Festsaal anschließenden Raum (14) fanden sich eine ganze Anzahl von Möbelbeschlägen (→ S. 38 Vitr. 15, 8–22), in einem anderen Zimmer südlich des Saales

(15), durch einen Gang von ihm getrennt, entdeckte man Reste eines Lampenständers, den Untersatz einer großen Vase und die Hand einer Steinskulptur. Der Gang, den man vom Mosaiksaal aus durch zwei Türen betreten konnte, führte wahrscheinlich in die Küche, wo man eine als Herd gedeutete Aufmauerung fand (16). An der Ost- und Südseite des Hauses öffneten sich mehr als 10 Ladenlokale (17) zur Mauerstraße (18) und zu der in die Stadt hinauf führenden sog. Hafenstraße (20).

Baugeschichte des Hauses

Durch die Ausgrabungen ließen sich vier aufeinanderfolgende Bauperioden ermitteln:

1. Es ist anzunehmen, daß das weitläufige Gebäude schon in der 2. Hälfte des 1. Jh. in dem bis dahin noch nicht bebauten Abhang zum Rhein errichtet wurde.

2. In einem ersten Umbau wurde, bei Beibehaltung des Grundrisses u. a. im großen Saal ein Mosaik verlegt, von dem man noch Reste unter dem späteren gefunden hat.

3. Erst in der 2. Hälfte des 3. Jh. gestaltete man den Palast aufwendig um, offensichtlich wieder ohne die Anordnung der Räume wesentlich zu verändern. **In dieser Zeit wurde das Dionysosmosaik geschaffen.**

4. Wahrscheinlich während des Frankeneinfalls 355, bei dem die Nordost-Ecke der Stadt offensichtlich stark zerstört wurde, brannte auch der große Palast ab. Das Mosaik geriet in Vergessenheit; über dem rheinseitigen Teil des Hauses entstand ein langgestrecktes Lagergebäude.

Material, Muster und Herstellungsvorgang des Mosaiks (Abb. 53)

Die lebendige Farbigkeit des Mosaikteppichs wird durch den Gebrauch der verschiedenen Materialien für die Herstellung der Steinchen erreicht: Kalksteine verschiedener Tönung, lithographischer Schiefer, Scherben von Terra Sigillata-Geschirr und vor allem blaues und grünes Glas wurden für die ornamentalen Flächen zu 1 cm^3 großen, für die figürlichen Darstellungen zu wesentlich kleineren Steinchen verarbeitet. Gerade die unterschiedliche Größe macht es schwer, die Anzahl der hier verlegten Mosaiksteinchen zu schätzen. Daß es über eine Milion sind, ist sicher nicht zu bezweifeln.

Auf einer Fläche von 7 × 10,60 m sieht man ein kompliziert scheinendes, für geübte Kunsthandwerker aber relativ schnell zu verlegendes Liniennetz. Auf dem Raster von 3 × 5 gleich großen, 5 röm. Fuß (296 mm) messenden Quadraten, mit einem aus halbierten Quadraten entstandenen Randstreifen, entwickelt sich vom betonten Mittelfeld aus das Muster. Sechs dem Mittelfeld in der Größe entsprechende Bildflächen sind diesem in einem oberen und einem unteren Bogen von jeweils dreien zugeordnet. Ein diagonal gestelltes Quadrat wird hinter dem Mittelbild sichtbar, bei den sechs übrigen aber scheinen Diagonalquadrate in die gerade ausgerichtete Form hineingeflochten zu sein. So entstehen Achteckformen nach innen, Sterne nach außen. Zwischen den von vier Seiten gegeneinander gerichteten Spitzen haben kleine Bildquadrate Platz. Die übrig bleibenden Flächen sind mit Rauten gefüllt. Durch das Zusammenwirken der Senkrechten, Waagerechten und Diagonalen werden plastische Wirkungen erzielt (z. B. Würfel in den Ecken). Plastisch erscheinen auch die verschiedenen Arten von Kordeln, die das ganze Mosaik durchziehen: Während bei den Sternen das Ineinanderfassen der Quadratformen durch eine einfach gedrehte Schnur betont wird, ist das Mittelbild von einem geflochtenen Band gerahmt. Schließlich ist die ganze Bildfläche von einem nochmals breiteren Kelch-Flechtband umgeben. Nachdem man das Mosaik durch einen Meander im Westen, eine Akanthusranke im Osten dem etwas zu langen Raum angepaßt hatte, bekam der ganze Boden einheitlich als Randabschluß einen schmalen Meanderrahmen.

Über die Herstellungsweise und die Zeit, die man dazu brauchte, kann man nur Vermutungen anstellen. Sicher hat man in einem Team von mehreren Kunsthandwerkern gearbeitet. Während einige die Steinchen zurechtschlugen, waren andere damit beschäftigt, das vom Meister entworfene Muster mit Hilfe von Wasserwaage und gespannten Schnüren auf den Fußboden zu übertragen. Die unterschiedliche Qualität der Darstellungen läßt die Vermutung zu, daß mehrere Künstler sich währenddessen mit der Herstellung der Bildfelder beschäftigten. Dabei ist es möglich, daß man die

Figuren mit der späteren Ansichtsseite auf eine Unterlage klebte, so daß man an Ort und Stelle nur die Bilder in den vorbereiteten Rahmen hineinzuklappen brauchte und anschließend den Hintergrund mit halbmondförmig nebeneinandergefügten hellen Kalksteinchen ausfüllen konnte.

Mosaikbilder und Dionysoskult

Die folgenden Ausführungen gehen zurück auf das Buch: „Heinz Günter Horn, Mysteriensymbolik auf dem Kölner Dionysosmosaik, 1972."
Die Darstellungen in den 32 Bildfeldern sind einmal als Schmuck eines Speise- und Festsaales zu erklären. Die Muscheln am Eingang, ein Pfau, Enten, Feigenbäume, Körbe voller Früchte und Krüge für Wein lassen an gutes Essen und Trinken denken. Mu-

Abb. 52. Deckel eines Elfenbeinkästchens (H. 11,7 cm, Br. 6 cm). Die Szene stellt möglicherweise einen der Einweihungsriten beim Eintritt in die Dionysos-Kultgemeinde dar. Die Frauengestalt hebt ein Liknon, um daraus Früchte über das Haupt des neuen Kultmitgliedes zu schütten.

sizierende und tanzende Paare scheinen auf ausgelassene Feste hinzuweisen.
Die Bildmotive könnten aber auch alle auf den Themenkreis des Dionysoskultes bezogen werden. Möglicherweise wurden die Bilder beim alltäglichen Gebrauch des Saales diesseitig, bei den streng geheimen Kultversammlungen, die vielleicht hier stattfanden, aber jenseitig gesehen.

Über die blumengeschmückte Schwelle (**a**) tritt der Mensch in den Kultraum. Muscheln, mit den darin verborgenen Perlen, sind Symbol des Göttlichen im Menschen, in der Perle findet man die Unsterblichkeit (**b**). Auch der Pfau verheißt ewiges Leben in Jugend und Schönheit (**c**). Papageien ziehen kleine Wagen in der Form von Getreideschwingen (**d u. h**). Schüttelt man die mit der Sichel geernteten reifen Ähren in diesem sog. Liknon, so treibt der Wind die Spreu vom Weizen (**d**). Ein Liknon diente dem Dionysosknaben als Wiege, bei Aufnahme in den Kult wird der Mensch mit Früchten daraus überschüttet (Abb. 52). Dionysos lehrte die Menschen, in einem Kantharos Wein und Wasser zu mischen; Hineintauchen bedeutet Reinigung der Seele, Trinken des Weines Aufnehmen des göttlichen Geistes (**g**). Enten (**f**), wie auch der Fuchs (**i**), der gern die Weingärten plündert, gehören zum Gefolge des Gottes. Auch der Esel mit dem alten Silen auf dem Rücken (**u**) und die Ziege (**v**) liebten die Reben. Weil aber der Ziegenbock die Wurzeln des Weinstocks zerstört, trifft ihn der Zorn des Dionysos, und er wird von Pan zum Opfer geführt. Die Macht des Gottes zähmt den Löwen, auf dem ein kleiner Erot reitet (**r**), und den Panther, der ein Halsband trägt wie ein treues Haustier (**s**). Ekstatischer Tanz befreit die Eingeweihten von den Sorgen des Alltags. Sie schlüpfen in die Rollen von Begleitern des Gottes, von Mänaden und Satyrn, die musizierend und tanzend den Weingott umschwärmen. So scheint ein dunkelhäutiger Satyr im Laufschritt herbeizueilen, um die schon mit hoch erhobenen Armen tanzende Mänade zum gemeinsamen Reigen einzuladen (**m**). Ein anderer Satyr bläst die phrygische Doppelflöte, eine Mänade spielt die Leier dazu (**o**). Schließlich schlägt auf einem anderen Bild eine Mänade während des Tanzes ein Tambourin, bedrängt von einem kräftigen Satyr, der ihr das Gewand zu entreißen versucht (**q**). Im Kultzusammenhang könnte das Bild links neben dem Panther von besonderer Bedeutung sein (**n**). Eine Frau bläst die Doppelflöte, während ein Mann einem Kind eine große Traube reicht. Vielleicht sind Vater und Mutter gemeint, die mit ihrem Kind eine idyllische Satyr-Familie bilden, vielleicht ist aber noch eine andere Deutung möglich: In einer in Köln gefundenen Weihinschrift für Semele, die Mutter des Dionysos (→ S. 94 Insel 122,17) scheinen die

Abb. 53. Plan des Dionysosmosaiks. Die Bezeichnung der Felder ist übernommen aus: Otto Doppelfeld, Das Dionysosmosaik am Dom zu Köln, Köln 1962. **a** *Akanthusranke,* **b** *Muscheln,* **c** *Pfau,* **d** *Von Vögeln gezogenes Wägelchen mit Liknon und Erntegeräten,* **e** *Feigen am Baum,* **f** *Enten,* **g** *Kantharos mit zwei Vögeln,* **h** *Von Vögeln gezogenes Wägelchen, mit Früchten beladen,* **i** *Fuchs,* **k** *Birnen in einem mit Löwenköpfen geschmückten Kantharos,* **l** *Kirschen in einem geflochtenen Weidenkorb,* **m** *Aufforderung zum Tanz,* **n** *Satyrfamilie,* **o** *Mänade mit Leier, Satyr mit Flöte,* **p** *Tanzpaar (stark zerstört),* **q** *Satyr und Mänade mit Tambourin,* **r** *Amor auf einem Löwen,* **s** *Panther,* **t** *Junger Satyr bläst die Syrinx,* **u** *Alter Silen auf einem Esel,* **v** *Pan mit einem Ziegenbock,* **w** *Dionysos auf einen Satyrn gestützt. Die hellrot angelegten Flächen waren bei Auffindung des Mosaiks zerstört. Nach dem Vorbild der völlig erhaltenen Nordost-Ecke hat man die Ornament-muster erneuert, die Bildflächen aber nicht ergänzt.*

Worte MATER und PATRE Titel oder Weihegrade innerhalb der Kultgemeinde zu bedeuten. Wenn man eine Verbindung von der Weihung an Semele zu dem Mosaikbild herstellt, so könnte man in der dargestellten Szene zwei Kultmitglieder, die zu pater und mater „geweiht" waren, bei der Einführung eines Knaben in die geheimen Mysterien sehen: Unter dem Klang der Flöte empfängt das Kind eine übergroße Traube. In der Mitte des Reigens erscheint Dionysos selbst: Schwankend stützt er sich auf einen Satyr, der den Thyrsosstab für ihn trägt. Der große Weinbecher liegt umgestürzt am Boden (**w**). Die Verheißung des Gottes ist Rausch und Ekstase auf Erden, aber auch die Rückkehr in das verlorene goldene Zeitalter, in ein ewiges Leben in Glückseligkeit.

Bedeutung des Mosaiks

Nur wenn man aus der Helle des Peristylgartens, den Säulengang durchquerend, über die auch heute noch an ihrer ursprünglichen Stelle liegende breite Schwelle in den Saal eintrat, hatte man die ganze Pracht der Bilder vor sich: Waren sie Einladung zu einem festlichen Gastmahl oder wurde der Eintretende in die geheimnisvollen Riten einer Mysterienfeier hineingezogen? Die Meinungen über die Deutung sind geteilt. Sicher aber ist dieser Fußboden ein Kunstwerk von höchstem Rang. Vor dem Hintergrund eines gut durchdachten, exakt verlegten Rahmenmusters, sind die lebhaft bewegten Szenen in den Medaillons so verteilt, daß der Eindruck einer kreisenden Bewegung rund um das Bild des Dionysos entsteht. So ist es neben der künstlerischen Qualität einiger Figurengruppen vor allem die umfassende Gesamtkomposition, die das Mosaik zu einem der bedeutendsten provinzialrömischen Kunstwerke macht.

Der Roncalliplatz (→ S. 12, Abb.3; S. 118, Abb. 54; S. 222)

Hier war in römischer Zeit ein dicht bebautes Stadtviertel, im Mittelalter der Domhof, ein unbefestigter, nach Osten abfallender Platz. 1964 erhielt er seinen heutigen Namen zum Gedächtnis von Angelo Roncalli, besser bekannt als Papst Johannes XXIII. (1958-1963).

Bevor sowohl die Tiefgarage westlich und südlich des Domes als auch die neue Dombauhütte und das Römisch-Germanische Museum südlich des Domchores gebaut wurden, unternahm man 1969/70 auf dem ganzen Gelände zwischen Hohe Straße und Bechergasse, der Domsüdseite und der Straße Am Hof umfangreiche Ausgrabungen. Außer einigen vorgeschichtlichen Funden (→ S. 22 Vitr. 74; Vitr. 77) fand man eine verwirrende Fülle römischer Mauerreste, die auf eine dichte Wohnbebauung in den ersten Jahrhunderten n. Chr. hinwiesen. Deutlich erkennbar waren die Trassen zweier sich kreuzender Straßen: einmal die vom Stadtmauer-Turm 59 ausgehende östliche Parallelstraße (Abb. 54, 22) zum Cardo Maximus (Hohe Straße), zum anderen die senkrecht dazu verlaufende zum Rhein hinabführende sog. Hafenstraße (20). Nach der Fertigstellung der Tiefgarage wurden die Achsen dieser beiden Straßenzüge durch drei Granitsäulen (a,b,c) markiert. Zwei von ihnen, an der Südseite des Domes und vor dem Domhotel, sind inzwischen wieder abgebaut. Nur in den abweichend zum allgemeinen Plattenmuster des Roncalliplatzes schwarz-weiß gepflasterten Markierungen ist ihr Standort noch abzulesen. An der dritten Granitsäule vor dem im Sommer 1989 eröffneten Köln-Ticket-Laden der Kölner Philharmonie (a) ist der Verlauf der ehemals aus der Stadt zum Rhein führenden römischen Straße zu verfolgen. Die Straßenachse lag etwa dort, wo heute ein Streifen aus schwarzen Platten an den Stützen des Museums entlang nach Osten führt.

Beide Straßen waren von 4–5 m breiten Laubengängen gesäumt (23), die Fahrbahn maß bei der Nordsüd-Straße 11 m, bei der zum Rhein führenden Westost-Straße 14,50 m.

Ehemalige Bauten in der Nordost-Ecke der römischen Stadt (Abb.54)
Entlang des Cardo Maximus entstanden in der 2. Hälfte des 1. Jh. über früheren Bauresten eine Reihe zur Straße geöffneter einfacher, längsrechteckiger Hallenhäuser mit mittleren Stützenreihen, die mit einiger Sicherheit als Wohnungen dienten (31). Möglicherweise waren sie durch leichte Fachwerkwände, die während der Ausgrabung nicht mehr nachzuweisen waren, gegliedert, vielleicht hatten sie sogar Obergeschosse. Im 3. und 4. Jh. wurden die meisten Häuser umgebaut und mit der Zeit luxuriös ausgestattet. Man fand Fußbodenheizungen und darüber Reste von Mosaikböden, Wandmalereien (28; → S. 53) und mit rotem und grünem Porphyr ausgekleidete Wasserbecken. Meist im rückwärtigen Teil der Gebäude wurden mehrere gewölbte Keller eingerichtet (z. B. 29 u 30; → S. 87, S. 128). An der Ecke der von Turm 59 ausgehenden Straße (22) und der sog. Hafenstraße (20) stand ein Gebäudekomplex, dessen rückwärtige Kellerräume in der 2. Hälfte des 2. Jh. zu einem Mithraeum ausgebaut wurden (21; S. 93, Abb 43). Nördlich anschließend befand sich ein vornehmer Wohnpalast.

Das Atriumhaus (Abb. 54, 24-27)
Seine Nordwand von 47,50 m Länge lag zum größten Teil unter dem heutigen Treppenfundament am Dom-Südportal, nach Osten grenzte es unmittelbar an das Haus mit dem Dionysosmosaik und die fast 30 m lange Fassade öffnete sich zu der auf Turm 59 zuführenden Straße (22).
Trotz mehrerer Umbauphasen, die vom 1. bis 4. Jh. über das Atriumhaus hinweggingen, blieb seine durch abgestufte Bodenhöhen dem Rheinabhang angepaßte Grundrißgestalt in etwa bis in spätrömische Zeit erhalten. Vom Laubengang an der Straße aus (23) betrat man einen Flur (24), der zwischen zwei Ladenlokalen (17) in das Innere des Hauses führte. Über einige Stufen kam man zunächst in das 1,40 m tiefer liegende Atrium (25). Dieser zentrale Raum, von dem aus alle Zimmer des Hauses zu erreichen waren, hatte gewöhnlich eine etwa 2 x 3 m große Öffnung in der Decke. Das Dach, von vier mittleren Stützen gehalten, war nach innen geneigt, so daß das Regenwasser in das in der Mitte eingelassene Wasserbecken (Impluvium) fließen konnte. Das Tablinum, ein großer, dem Eingang gegenüberliegender Raum (26), verband das Atrium mit dem weiter östlich liegenden Garten, dem sog. Peristyl (27). Es war nur von drei Seiten umbaut, nach Osten schloß sich das tiefer im Rheinabhang gelegene Haus mit dem Dionysosmosaik an. In einer späten Umbauphase wurde im Peristylgarten ein großes halbrundes Wasserbecken angelegt.

Fußbodenheizung

Im ganzen Römischen Reich fand man in Wohnhäusern und öffentlichen Bädern (Thermen) ähnliche Heizungsanlagen. Beim Bau eines Hauses wurde ein Hohlraum (hypocaustum) unter dem Fußboden vorgesehen: In regelmäßigen Abständen von 50–100 cm setzte man meist aus runden oder quadratischen Ziegeln aufgemauerte Pfeilerchen von etwa 50 cm Höhe nebeneinander. Darüber breitete man die Fußböden der Zimmer. An einer von außen zugänglichen Stelle des Hauses war der Feuerungsraum (praefurnium), in dem auf einem Ziegelboden bei geringer Luftzufuhr Holz verbrannt wurde. Die Abgase leitete man unter den Fußböden her und führte sie durch mehrere Kamine oder die aus Hohlziegeln aufgemauerten Wände bis unter das Dach, wo meist unmittelbar unter der Traufe die Abluftöffnungen waren. Die durch das Feuer auf 250° erhitzte Luft kühlte sich in den Hypokausten auf 50°–70° ab und erwärmte dann Böden und Wände auf 20°–25°.

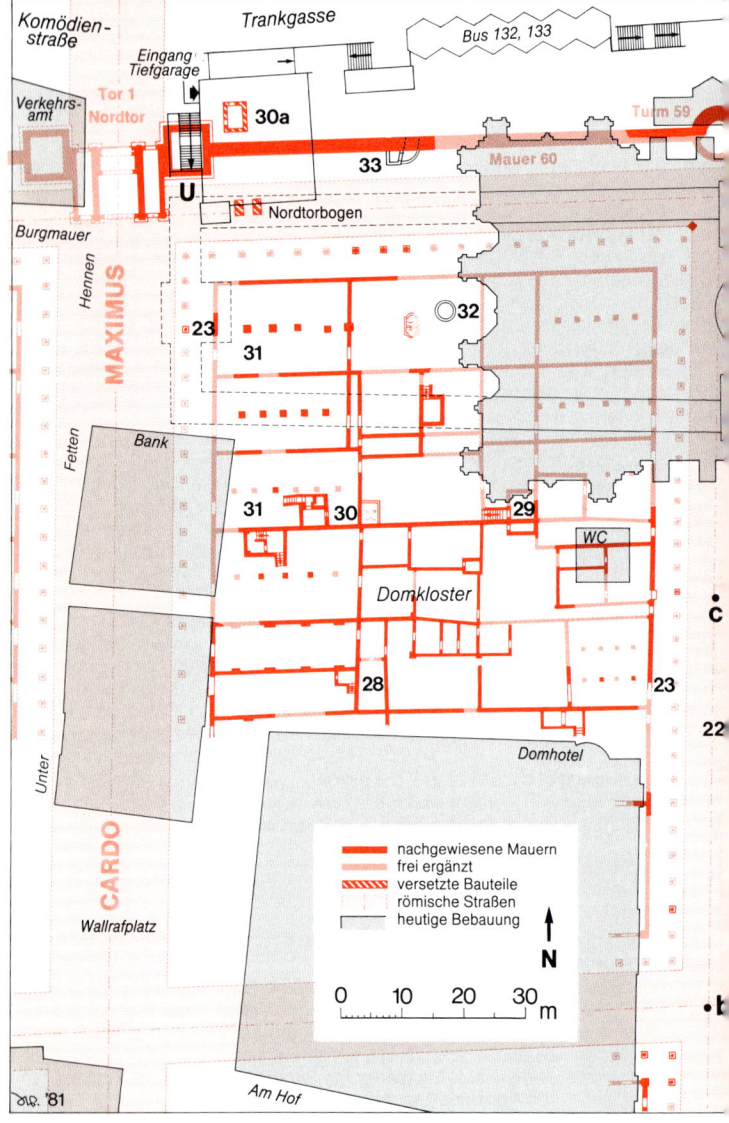

Abb. 54. Nordöstlicher Bezirk der römischen Stadt

1 Römischer Tempel unter dem Dom
2 Frühchristliche Kirche (Abb. 93)
3 Atrium der frühchristl. Kirche
4 Heizbares Gebäude
5 Taufkapelle (Abb. 95)
6 Kapelle im Atrium (Abb. 94)
7 Hakenkreuzmosaikböden (Abb. 50)
8–17 Haus mit dem Dionysosmosaik
8 Eingang von Osten
9 Peristyl

10 Heizbare Räume
11 Zimmer mit Epikurmosaik (Abb. 50)
12 Saal mit dem Dionysosmosaik
13 Zwei Wasserbecken im Peristyl
14 Wohnraum
15 Zweiter Saal
16 Küche
17 Ladenlokale, zur Straße geöffnet
18 Straße an der Rheinmauer
19 Kanal mit Neroinschrift (Abb. 15)

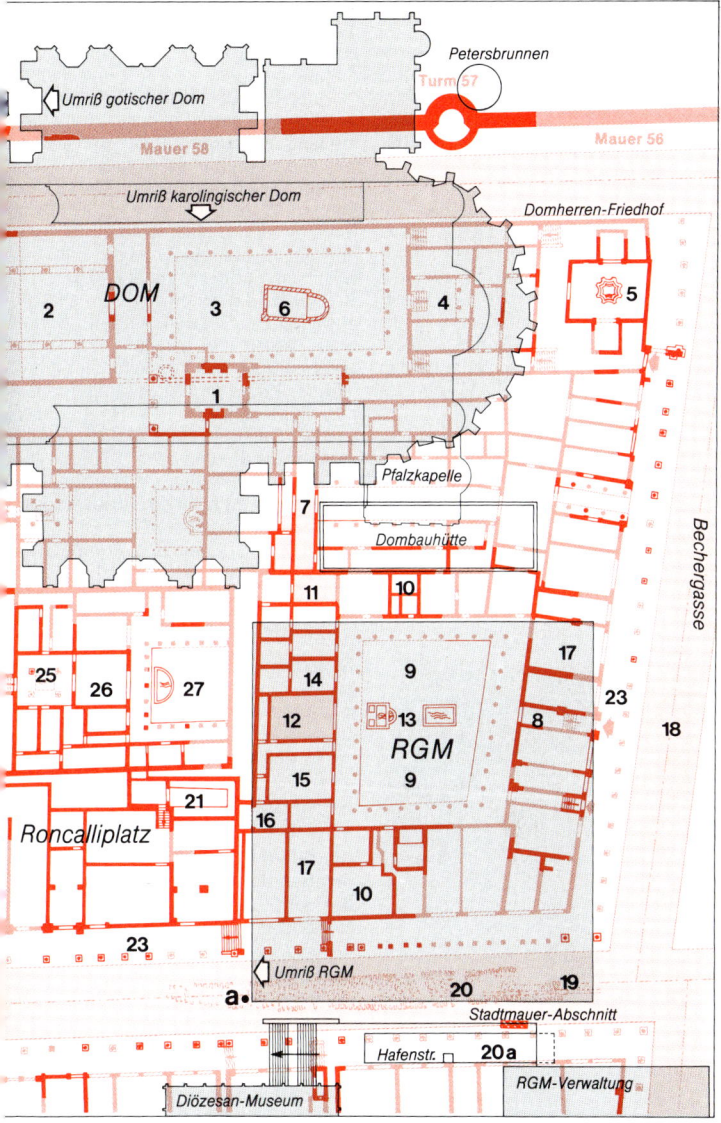

Umriß gotischer Dom

Petersbrunnen

Turm 57

Mauer 58

Mauer 56

Umriß karolingischer Dom

Domherren-Friedhof

DOM

2   3   6   4   5

1

Pfalzkapelle

7

Dombauhütte

11   10

25   26   27

14   9

17

12   13   23   8   18

RGM

15   9

21

16

Roncalliplatz   17   10

23

Umriß RGM

a   20   19

Stadtmauer-Abschnitt

Hafenstr.   20a

Diözesan-Museum   RGM-Verwaltung

Bechergasse

20 Sog. Hafenstraße (Abb. 55)
20a Ausstellungsfläche Hafenstraße
21 Mithräum (Abb. 43)
22 Nordsüd-Straße, Achse von Turm 59
23 Laubengänge an den Straßen
24–27 Atriumhaus
24 Eingang von Westen
25 Atrium
26 Tablinum
27 Peristyl mit Wasserbecken

28 Wohnraum mit Wandmalereien
29 Fundort Zirkuskontorniat (Abb. 39, 40)
30 Keller in der Tiefgarage, Fundort
30a Keller, heutiger Standort
31 Hallenhäuser
32 Brunnen des Alten Domes
33 Annostollen vor 1074 und Pfahlreste früherer Befestigung (Abb. 58)
a (moderne Granitsäule), b und c geben die Achsen der Straßen 20 und 22 an.

A. Die Hafenstraße in römischer Zeit (Abb. 54, 20; Abb. 55).

Beim Bau des RGM kam völlig unerwartet in Höhe des geplanten Kellerfußbodens das 65 m lange Stück einer römischen Straße zutage. Die in einer Breite von 5,10 m mit Säulenbasalten gepflasterte Fahrbahnmitte war z. T. noch gut erhalten. Da aber die Planung vorsah, genau an dieser Stelle unter dem Museumskeller die Einfahrt in die Tiefgarage zu bauen, mußten die Steine aufgenommen werden. Dabei entdeckte man im Sommer 1970 die Nero-Inschrift, die als Bodenplatte in dem unter dem Pflaster verlaufenden Abwasserkanal lag (→ S. 34, Abb.15, Abb. 54, 19).

Die Straße führte im 1. Jh. den Rheinabhang hinunter durch das nördliche Rheintor (Tor 53) direkt zum Hafenbecken zwischen Ufer und Insel. Vom 2. Jh. an war das Gelände vor dem Tor zugeschüttet, der Weg zum wahrscheinlich am offenen Fluß liegenden neuen Hafen etwa 100 m länger.

B. Die Ausstellungsfläche „Hafenstraße" (→ Abb. 3, 2, Abb. 54, 20 a)
Geht man neben der Granitsäule die Treppe hinunter, so sieht man einen Teil der **Basaltsteine,** mit denen die nördlich von hier in gleicher Höhe gefundene römische Straße gepflastert war. Sie wurden in einer neuen Trasse verlegt. **Der Brunnen** mit ständig fließendem Wasser ist, nach Vorbildern in Pompeji, neu gebaut worden. Er erinnert daran, daß eine von der Eifel bis Köln geführte Wasserleitung (→ S. 235) in römischer Zeit viele ähnlich aussehende Straßenbrunnen in der Stadt ständig mit frischem Quellwasser versorgte. Als Wasserspeier dient hier die Kopie einer in Köln gefundenen Flußgottmaske (→ S. 43 Insel 118, 2). Daneben steht **ein Stück Abwasserkanal,** das man 1979 weiter östlich unter der Straße entdeckte. **Ein Stück Innenschale der Stadtmauer,** von der Komödienstraße hierher gebracht, hat an der Sockelwand des Museums einen neuen Platz gefunden. Östlich davon hat man **Reste zweier Brunnen** aufgestellt.

Rund um das Römisch-Germanische Museum waren zur Eröffnung im Jahre 1974 zahlreiche originale römische Steindenkmäler aufgestellt worden, die in den folgenden 20 Jahren nach und nach wieder abgebaut wurden. Neben dem Museumsbau befindet sich

Die Direktion des Römisch-Germanischen Museums und seit 1991 das Amt für Archäologische Bodendenkmalpflege
Im Eingangsraum sind Abgüsse der Gegenstände aus der **Grabkammer in Köln-Weiden** aufgestellt (→ S. 228). Restaurierungswerkstätten und Magazine liegen im Untergeschoß, im Erdgeschoß ist die Studiensammlung untergebracht. Ein Teil der unzähligen Gläser, Tongefäße und Kleinfunde, die mit der Zeit in den römischen Nekropolen im Kölner Stadtgebiet ausgegraben wurden, ist hier zu sehen.

Abb. 55. Pflaster der sog. Hafenstraße kurz nach der Entdeckung 1969.

PENK – Programm zur Erfassung der Nekropolen Kölns
Zusammen mit dem Archäologischen Institut der Universität Köln hat das RGM 1989 begonnen, die seit etwa 100 Jahren gesammelten Informationen über mehr als 10 000 römische und fränkische Gräber in einer Datenbank zu erfassen. Ausgewertet wurden zunächst die Fundberichte seit 1923, dann die älteren Inventare und Zugangsberichte. Ständig ergänzt durch die neusten Grabungsergebnisse ist PENK eine wichtige Hilfe für die archäologische Forschung in Köln.

Das Wallraf-Richartz Museum/Museum Ludwig und die Kölner Philharmonie im nordöstlichen Rheinabhang der COLONIA

Bevor nach fünfjähriger Bauzeit im September 1986 Museum und Konzertsaal eröffnet wurden, konnte das ausgedehnte Baugelände östlich des Domes von April 1979 bis Januar 1981 archäologisch untersucht werden.

Ufer, Rheinarm und Insel

Wie erwartet kam in der Baugrube zunächst ein Stück der röm. Stadtmauer zutage (→ S. 154, Mauer 54, Abb. 76). Entlang der Rheinseite waren in etwa 3,80 m Breite Eichenpfähle in den Ufergrund gesetzt, die wohl eine Kai-Anlage getragen haben. An zwei Stellen steckten Reste von Schiffen im Schlamm, einmal Teile eines Wracks unmittelbar neben der Stadtmauer, durchbohrt von den Pfählen des Kais, zum anderen 45 m weiter östl. und etwa 4 m tiefer zwei über 10 m lange Schiffsplanken.

Schlamm und darüber Schuttschichten enthielten ausschließlich römische Keramik, im 1. Jh. beginnend.

Etwa 60 m östl. der Stadtmauer muß die westl. Böschung der Rheininsel gelegen haben, denn hier wurden Holzreste einer Uferbefestigung entdeckt. Ebenfalls auf der Insel fand man außerdem eine fast 30 m lange, nordsüdl. gerichtete Mauer mit Wandvorlagen, die wahrscheinlich zu ähnlichen Speichergebäuden gehört hatte, wie sie weiter südlich bei Groß St. Martin (→ S. 219) ausgegraben worden sind.

Ein Hafen im 1.Jahrhundert

Durch die Keramikfunde in der Verfüllschicht des Rheinarmes besteht kein Zweifel mehr daran, daß er schon im 2. Jh. zum großen Teil zugesandet war und schließlich zugeschüttet wurde. Gab es aber im 1. Jh. einen geschützten Hafen westlich der Insel? Um der richtigen Beantwortung dieser Frage möglichst nahe zu kommen, kann man nur neu eingemessene Geländehöhen mit den möglichen Wasserständen im römischen Köln vergleichen. So befand sich z. B. der Sockel der Stadtmauer bei 42 m ü. NN, der Boden unter den Schiffsplanken um 38,50 m, weiter östlich, am Westufer der Insel, fanden sich noch unter der Höhe 36 Schlammschichten mit römischer Keramik, also noch nicht der Boden der Fahrrinne.

Über die Wasserstände des Rheines in römischer Zeit sind zwar keine genauen Angaben möglich, vermutet wird aber, daß sie den heutigen ähnlich waren. Das würde bedeuten, daß die mittlere Wasserhöhe bei 38 m über NN lag (→ S. 223, Kasten).

Der Rheinarm zwischen Insel und Ufer müßte danach für die flachen römischen Boote auf jeden Fall schiffbar gewesen sein. Bei niedrigem Wasserstand aber lag ein Teil der Fahrrinne, vielleicht eine sich vom Ufer vorschiebende Sandbank, trocken. Es wäre also vorstellbar, daß hier im Sommer eine Werft war, wo Schiffe repariert oder auch abgewrackt werden konnten. Bei Hochwasser wieder überspült, versanken Holzabfälle und Schiffsteile im Schlamm.

Zwischen Ufer und Insel war also mit Sicherheit im 1. Jh. ein Hafen, vom 2. Jh. an muß sich das Hafengelände aber am östlichen Inselufer, d. h. am offenen Strom befunden haben.

Eine nachrömische Rheinmauer

150 m östlich der römischen Stadtmauer und 6 m westlich der Befestigung von 1180 zog sich durch die gesamte Baugrube eine aus Basaltbruchsteinen errichtete Mauer, die an einer Stelle mit einem halbrunden Turm nach Osten ausgestattet war. Sie könnte zur Stadterweiterung des 10. Jh. gehört haben (→ Abb. 128, D). Dort, wo die Bischofsgartenstraße in den Rheingarten mündet, ist ihr Verlauf im Straßenpflaster sichtbar gemacht.

Ein Fundament aus röm. Reliefs

Erst um 300 n. Chr. wurde im Bereich der ehemaligen Insel, ungefähr dort, wo heute 15 m höher das Denkmal von Dani Karavan auf dem Heinrich-Böll-Platz steht, ein mindestens 7 x 14 m großes Fundament aus Steinblöcken römischer Grabmäler des 1. bis 3. Jh. errichtet. Von ihnen sind 37 Quader mit Reliefs geschmückt. Drei der Darstellungen sind besonders hervorzuheben:

Drei hervorragende römische Reliefs vom Rheinufer

55a. (5a) 0,76 x 0,76 m, (5b) 1,62 x 0,74 m, 2. H. 1.Jh.
55b. (43) 0,58 x 0,89 m, 1. Hälfte 2. Jh.
55c (6) 1,26 x 0,60 m, 2. Hälfte 1. Jh. – Maßstab 1:20
(Nr. in Klammern nach Neu, Röm. Reliefs → S. 278)

55 a Das Arzt-Relief zeigt einen unbekleideten, offensichtlich verwundeten jungen Mann, der sich mit schmerzverzerrtem Gesicht an einen Baum lehnt. Waffen zu seinen Füßen, ein Rundschild und der an einem gestutzten Ast aufgehängte Helm weisen ihn als Soldaten aus. Hilfe kommt von einem über felsiges Gelände zu ihm hinaufsteigenden Arzt, der mit der linken Hand seinen Brustkorb berührt (5 a,b).

55 b Das Relief mit dem Schiffsheck zeigt den hochgezogenen Achtersteven eines Ruderbootes, in dem der erhöht stehende Steuermann das große Steuerruder hält, während er über mehrere Knechte, von denen zwei im Vordergrund mit dem Rücken zur Fahrtrichtung an den Rudern stehen, hinwegblickt (43).

55 c Das Relief mit dem Weinstock im Lorbeerbaum muß ehemals etwa 2 m lang gewesen sein. Eine von zwei Rahmenleisten mit Akanthusranken und der größte Teil des üppigen Lorbeerbusches, um dessen Stamm sich eine Weinranke windet, sind erhalten. Ein Siebenschläfer und ein Papagei sitzen Beeren knabbernd auf der einen Seite im Gebüsch, auf der anderen macht sich unten eine Schlange über eine Traube her, während ein geflügelter Amor oben auf einem Ast hockend eine zweite pflückt (6).

Rundgänge und Besichtigungen

Die Stadtmauer

Die römische Stadtmauer von Köln ist eines der eindrucksvollsten antiken Befestigungswerke diesseits der Alpen. Sie umschließt in fast 4 km Länge den inneren Kern der heutigen Stadt. Straßenzüge und Grundstücksgrenzen beziehen sich auf ihren Verlauf, viele Teile der Mauer sind erhalten und geben einen Eindruck von ihrer Bauqualität.

Bauzeit und Lage

Wenn es auch keine schriftlichen Quellen dazu gibt, so nimmt man doch allgemein an, daß die Stadtmauer bald nach der Gründung der COLONIA (→ S. 25, S. 260 Qu. 7) im Jahre 50 n. Chr. begonnen wurde. In der Zeit des Bataveraufstandes im Jahre 70 war sie nach einem Bericht des Tacitus offensichtlich vollendet (→ S. 261 Qu. 10).

Das Gelände von fast 1 km², das in zwanzigjähriger Arbeit mit einem Mauerring befestigt wurde, liegt im wesentlichen auf einer auch heute noch im Stadtkern Kölns ablesbaren natürlichen Terrasse über dem Rhein, auf der schon vor Christi Geburt die Ubier angesiedelt worden waren und in deren nordöstlichem Bereich möglicherweise in der ersten Hälfte des 1. Jh. ein Lager für zwei Legionen gelegen hat. Reste von vier nebeneinander in den Boden gerammten Holzpfosten, die 1949 während der Ausgrabungen nordwestlich des Domes neben der Römermauer zu Tage kamen, lassen vermuten, daß die der COLONIA vorangegangene Siedlung durch eine Wall-Graben-Anlage gesichert war (→ S. 256 Gründungsgeschichte Kölns).

Bedeutung und Beziehung zu Rom

Die Stadtmauer diente zum Schutz der Bürger, war aber gleichzeitig das allgemein sichtbare, eindrucksvolle Zeichen für den hohen Rang einer COLONIA römischen Rechtes. Die Festlegung der Mauertrasse war eine heilige Handlung. Mit einem Pflug, vor den zwei Ochsen gespannt waren, hob ein Priester rund um die Stadt eine Furche aus. Dort, wo ein Tor eingerichtet werden sollte, wurde der Pflug angehoben und einige Meter weiter wieder eingesetzt. Das Tragen (lateinisch: portare) des Pfluges könnte zur Bezeichnung Porta für ein Stadttor geführt haben.

Vielleicht war auch, wie man schon im 19. Jh. vermutete, die Mauerlänge nicht willkürlich gewählt, sondern bewußt auf die Ausdehnung Roms in dieser Zeit bezogen. Der Umfang der Hauptstadt wurde 73 n. Chr. unter dem Kaiser Vespasian auf 13200 Doppelschritt festgelegt. Rechnet man die Länge der Kölner Mauer von 3911,80 m auf römische Maße um, so ergeben sich 13213 Fuß. Die Übereinstimmung der Anzahl der Doppelschritte in Rom mit der der Fußmaße in Köln ist auffällig. Da 5 Fuß (je 0,296 m) einem Doppelschritt (1,48 m) entsprechen, könnte das bedeuten, daß man bewußt die Mauertrasse der COLONIA als ein Fünftel des Stadtumfangs von Rom geplant hat.

Mauer und Stadtgrundriß (Abb. 1)

Die Mauer, durchschnittlich 2,40 m breit, zeigt in ihrer Bauweise ein einheitliches Bild. Über einem bis zu 3 m hohem Fundamentsockel ist innen wie außen eine Schale aus handlichen Grauwacke-Quadern aufgemauert und der Zwischenraum mit Gußbeton gefüllt. Unmittelbar über der Gelände-Oberkante springt die Mauer auf beiden Seiten um etwa 30 cm zurück. Der feldseitige Sockel ist als eine Schräge von 45° gebildet, der stadtseitige als dreistufige Treppe. Die Höhe der Mauer wird auf mindestens 7,80 m geschätzt. Ein sicher in römischer Zeit aufgesetzter Zinnenkranz aus Werksteinen ist an keiner Stelle mehr original erhalten.

Ein Stadtgraben von 9 m Breite und 3–4 m Tiefe, 4–5 m vor der Mauer angelegt, schützte die COLONIA an den drei Landseiten.

Der Stadtgrundriß, der annähernd ein Quadrat bildet, war in Häuserblocks (insulae) von durchschnittlich 100 m Seitenlänge aufgeteilt. Die Türme und Tore der Südseite waren alle durch schnurgerade Straßen mit einem Gegenüber an der Nordseite verbunden. Heute noch folgen eine ganze Reihe von Kölner Straßenzügen diesen römischen Nordsüd-Achsen. Die wichtigste war der **Cardo Maximus,** die parallel zum Rhein angelegte Hauptstraße der COLONIA. Ihr Verlauf zwischen Nord- und Südtor (Tor 1 und Tor 43) ist im Zuge von Hohe Straße und Hohe Pforte bis zum heutigen Tage fast unverändert erhalten.

Die Ostwest-Straßen lagen ebenfalls parallel zueinander. Allerdings brachten der durch das Gelände bedingte unregelmäßige Umriß der Stadt und die Anlage der sich über mehrere Insulae erstreckenden öffentlichen Bezirke wie Forum, Thermen und Praetorium Verschiebungen in das Straßenraster.

Tore und Türme

Von den neun Toren öffneten sich drei nach Westen (Tor 19, 23, 27) und drei nach Osten zum Rhein (Tor 49, 51, 53). An der Südseite gab es zwei (Tor 35, 43), an der Nordseite einen Torbau (Tor 1). Nur beim Nordtor sind so große Teile der Fundamente und der aufgehenden Mauern bekannt, daß es mit einiger Sicherheit zu rekonstruieren ist. Bei allen anderen muß man aus z. T. sehr geringen Fundamentresten oder aus nur ungenauen Berichten auf ihre Gestalt schließen.

An den drei Landseiten der Mauer standen 19 runde Türme, die bis auf vier bekannte Ausnahmen (Turm 11, 13, 15, 31) alle nach einem Entwurf gebaut wurden. Dieser Normalturm (→ z. B. Abb. 59 Turm 5), der auf einer 10×10 m großen, bis zu 3 m tiefen Fundamentplatte gegründet ist, hat einen Druchmesser von 9,20 m. Sowohl außen wie innen geht die Mauerschale aus Grauwackesteinen ohne Fuge von der geraden Wand in die Turmrundung über. Zur Landseite ist die Befestigung in der vollen Mauerstärke von 2,40 m weitergeführt, zur Stadt gerichtet wurde die Turmwand nur in halber Breite ausgebildet.

Dort, wo die südliche Stadtmauer auf die Rheinbefestigung trifft, steht ein mächtiger quadratischer Turm. Weil er mit Sicherheit schon vor der Mauer errichtet worden war, bekam er bei seiner Entdeckung im Jahre 1965 den Namen Ubiermonument (Turm 47). An der Nordost-Ecke hat möglicherweise ein ähnlich massives Bauwerk gestanden (Turm 55). Seine Reste wurden im 19. Jh. beim Bau der Hohenzollernbrücke weggeräumt.

Spätere Geschichte
10.–16. Jh.

Für die ersten nachrömischen Jahrhunderte gibt es keine auf die Stadtmauer bezogenen Nachrichten. Als man, wahrscheinlich im 10. Jh., die vorgelagerte Insel (→ Abb. 128) dem Stadtgebiet anschloß, wurde zunächst die Ostmauer als Befestigung aufgegeben. Man schützte die Vorstadt mit einer neuen Mauer am Rhein. (Während der Ausgrabungen östlich des Domes kamen 1979 zum ersten Mal Reste dieser frühmittelalterlichen Stadtbefestigung zu Tage.) Das mittlere römische Rheintor (Tor 51) wurde zur Marktpforte, durch die man das hier entstandene Kaufmannsviertel erreichte. Nachdem man 1106 die Stadt zunächst nur um die Stiftsbezirke St. Ursula und St. Kunibert im Norden, St. Aposteln im Westen und St. Georg im Süden erweitert hatte, begannen im Jahre 1180 die Arbeiten an der großen mittelalterlichen Stadtmauer. In einem Halbkreis, der am Rhein südlich des Stadtkerns mit dem Bayenturm begann und 3 km stromabwärts in Höhe der Bastei endete, schloß sie die alte Römerstadt und das zu weiten Teilen noch unbebaute Gelände ringsum ein. Das Stadtgebiet wurde dadurch von 100 ha auf 400 ha vergrößert. (Im Zuge der Ringstraßen sind heute nur noch drei der zwölf Tore und wenige Reste von Mauern und Türmen erhalten geblieben.)

Wahrscheinlich schon bald nach 1106, in zunehmendem Maße aber nachdem um 1225 der neue Mauerring geschlossen worden war, kamen große Teile der nun nicht mehr zur Verteidigung nötigen Römermauer in Privatbesitz. Man nutzte sie als Begrenzung von Grundstücken und bezog einzelne Türme in Stadtpaläste der Bürger und in Klosteranlagen mit ein. Außerdem entstanden eine ganze Reihe zusätzlicher Pforten und Tore.

In den folgenden Jahrhunderten war die Römermauer zwar an vielen Stellen in der Stadt sichtbar, fand aber keine weitere Beachtung. Erst als im 16. Jh. das Interesse an der römischen Vergangenheit Kölns erwachte, versuchte man den Verlauf und die Gestalt der alten Befestigung zu rekonstruieren (→ Abb. 68). 1571 zeichnete der Geograph Arnold Mercator einen Plan von Köln in dem er die damals bekannten Türme und Mauerabschnitte vermerkte (Abb. 56 – *Rö. 7*).

19. Jh.

Viele der bis dahin noch aufrecht stehenden Mauerreste wurden erst im Verlauf des 19. Jh. abgebrochen. Dabei faßten die beiden städtischen Bauinspektoren Rudolf Schultze und Carl Steuernagel in ihrem Bericht **Colonia Agrippinensis** alle Nachrichten über die Befestigung zusammen und ergänzten sie durch eigene Beobachtungen bei den zahlreichen Tiefbauarbeiten in der Innenstadt. So ist seit dieser Zeit im Verlauf gesichert, wenn auch einige Abschnitte innerhalb dicht bebauter Wohnviertel damals nicht näher erforscht werden konnten.

20. Jh.

Nach den Zerstörungen des Zweiten Weltkrieges wurden innerhalb der Trümmer große, bis dahin unter den Häusern verborgene Teile des Mauerzuges und einiger Türme sichtbar.

Otto Doppelfeld stellte 1950 alle bekannten und neuen Erkenntnisse zur Stadtmauer in den **Untersuchungen zur frühen Kölner Stadt-, Kunst- und Kirchengeschichte** zusammen. Erst 1960 entdeckte er ein 9. Tor (Tor 35) an der Südseite und 1965 das Ubiermonument (Turm 47) an der südöstlichen Ecke.

Abb. 56. Ansicht der Stadt Köln aus der Vogelschau, Arnold Mercator 1571, Ausschnitt. Von der Nordseite des Domchores aus kann man die nördliche Römermauer, angefangen von der Turmruine 57 über die „Paffen pforts" (Nordtorbogen), zwischen „Off der borch mauren" (Burgmauer) und „Vor S. Andreae – Die schmier straiß – der stat korn hauß" (Komödienstraße – Zeughausstraße) bis zur Nordwest-Ecke verfolgen. Hier liegt das Kloster St. Clara, das die alte Stadtbefestigung einschließlich der Türme 11 und 13 (Römerturm) als Immunitätsmauer nutzte. Der Planausschnitt zeigt außerdem noch ein Stück der westlichen Stadtmauer. Der ehemalige Stadtgraben heißt „Hinder Sant Claren" und „Die apostel straiß" (St.-Apern-Straße – Apostelnstraße). Innerhalb der Befestigung erkennt man in der Straße „Vor der alder Mauren" (Gertrudenstraße) außerdem den Turm 21. Bis auf den Turm 59, der wohl unter Gebäuden an der Dom-Nordseite verborgen war und dem Halbturm 15 an der Helenenstraße sind alle Türme erkennbar, ja als besondere Sehenswürdigkeiten durch ein Sternchen hervorgehoben.

Um auch die letzten verborgenen Reste aufzuspüren, unternahm das RGM seit 1979 systematische Untersuchungen in den Häusern, die heute über der Trasse der Römermauer stehen.

Rundgang

Die einzelnen Abschnitte der Stadtbefestigung wurden 1950 von Otto Doppelfeld mit Nummern versehen, die seitdem in der Kölner Archäologie verbindlich sind. Angefangen beim Nordtor (1) werden in westliche Richtung gehend alle Tore und Türme mit ungeraden, alle dazwischenliegenden Mauerstücke mit geraden Ziffern bezeichnet.

In Abb. 1 findet man einen Überblick über die gesamte Stadtmauer. Der folgenden Beschreibung des Rundgangs sind außerdem 13 Einzelpläne zugeordnet.

Der vorgeschlagene Weg beginnt beim Bogen des Nordtores (Tor 1) westlich der Domtürme, führt anschließend zunächst in die Tiefgarage **(Mauer 60)** und folgt dann der Komödienstraße nach Westen. Alle in der Stadt sichtbaren Mauerreste findet man außerdem unter dem Namen der vorbeiführenden Straße über das Stichwortverzeichnis (z. B. Clemensstraße, Mauer 26).

Für einen Spaziergang rund um die gesamte Römermauer sollte man sich drei Stunden Zeit nehmen.

Tor 1 – Römisches Nordtor
(Abb. 54, 57, 58)

Wenn man in der 2. Hälfte des 1. Jh. vom Niederrhein kommend die Nordmauer Kölns erreichte, traf man auf ein einziges mächtiges Tor. Bei einer Gesamtbreite von 30,50 m öffnete sich zwischen zwei annähernd 25 m hohen quadratischen Türmen von 7,60 m Seitenlänge ein um 2,90 m zurückgesetzter, 15,30 m breiter Mittelbau. Über den drei Tordurchgängen, einem mittleren von 5,60 m Breite für Fuhrwerke und zwei seitlichen, 1,90 m breit, für die Fußgänger, baute sich ein Obergeschoß mit einer Reihe von Bogenöffnungen auf.

Der Torbogen über der 8,60 m hohen mittleren Öffnung trug für den Ankommenden deutlich sichtbar die Buchstaben CCAA, den abgekürzten Namen der Stadt.

Der Bogen befindet sich heute im RGM, weitere Informationen zu seiner Inschrift und späteren Geschichte → S. 25.

So wie die ganze Stadtmauer war auch dieser Torbau ein mächtiges Zeichen für die Bedeutung der COLONIA; gleichzeitig aber war er der Einlaß in die Stadt, den man wirksam vor Feinden zu schützen wußte. Einmal ließen sich die große Durchfahrt mit einem

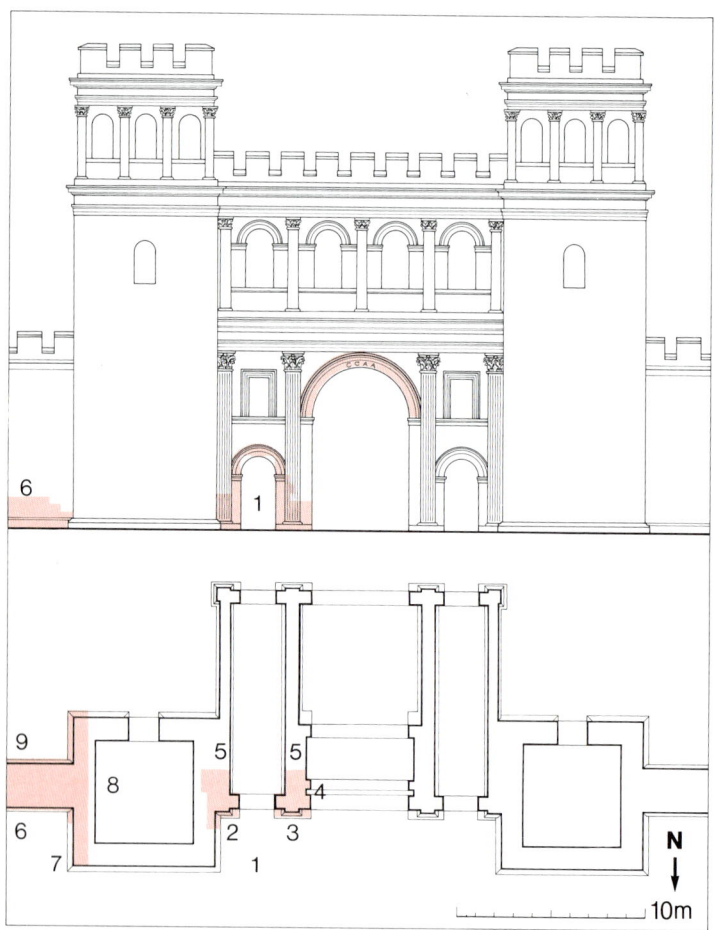

Abb. 57. Römisches Nordtor, Grundriß und Ansicht von Norden, nach der Rekonstruktion von Mylius, 1950. Hellrote Teile sind erhalten.

Fallgitter, die Fußgängerdurchgänge durch Tore verschließen. Zum anderen mußte man nach Passieren des großen Bogens zunächst einen 11,60 m langen Hof durchqueren, bis man an ein zweites Tor zum Stadtinnern kam. Die seitlichen Wege waren möglicherweise mit Tonnen gewölbt und mit einem darüber liegenden Gang versehen, von dem man einen Blick in den inneren Torhof hatte. Im Verteidigungsfall war ein Feind, der bis in den engen Hofraum eingedrungen war, wirkungsvoll von oben zu bekämpfen.

In spätrömischer Zeit erhöhte man den Boden um 0,80 m und verlegte in der Mitte unter der mit Basaltsteinen befestigten Fahrbahn einen Kanal.

Spätere Geschichte

Vielleicht schon kurz nach der Stadterweiterung von 1106 überbaute man die Feldseite des Tores mit einem Haus für den Domdechanten. Die Stadtseite wurde bei dieser Gelegenheit wahrscheinlich abgebrochen und die Steine beim Neubau wiederverwandt. In den folgenden Jahrhunderten war der mittlere Torbogen mit der Inschrift CCAA immer sichtbar; die östlich daneben gelegene Fußgängerpforte blieb ebenfalls aufrecht stehen, verschwand aber im Mauerwerk der mittelalterlichen Gebäude. 1826 brach man den großen Torbogen ab, weil er der Erweiterung der Straße im Weg war. Als dann 1892 auch die östlich anschließenden Gebäude der Dechanei zerstört wurden, fand man nicht nur zahlreiche römische Architekturreste, die man dem Torbau zuordnen konnte, sondern auch den über viele Jahrhunderte im Mauerwerk verborgenen kleinen Tordurchgang. Da das Gelände im Laufe der Zeit etwa 1,80 m über seine ursprüngliche Sockelhöhe hinaus angewachsen war, diente der Scheitel des Bogens inzwischen als Kellerfenster. Im selben Jahr wurden außerdem große Teile der Torfundamente entdeckt. Ihre genaue Vermessung machte eine Rekonstruktion des gesamten Bauwerkes möglich. 1897 bekam der kleine Torbogen einen neuen Platz neben dem Wallraf-Richartz-Museum.
Als man 1970 die Tiefgarage westlich des Domes anlegte, war es möglich, einen Teil der Torfundamente und ein längeres Stück der nach Osten anschließenden Stadtmauer von beiden Parketagen aus sichtbar zu erhalten. Während der Neugestaltung des Platzes vor der Dom-Westfassade setzte man 1971 den seit mehr als 70 Jahren am Wallraf-Richartz-Museum aufgebauten Fußgängerdurchgang des Nordtores wieder ungefähr dorthin, wo er ursprünglich gestanden hatte.

Die Reste des Nordtores westlich des Kölner Domes

Man sieht von der mit Bäumen bestandenen Anlage (Abb. 57, 1) aus die Feldseite des östlichen Fußgängerdurchganges. Bei einer lichten Breite von 1,90 m, die sich gleich hinter der Schwelle auf 2,40 m vergrößert, hat der Bogen eine innere Höhe von 3,90 m. Nach Osten erkennt man die Ecke zum Turm (2). Die Toröffnung ist gerahmt von 0,80 m breiten, flachen Wandvorlagen (Pilastern), deren Sockel mit dem Ansatz von mehreren senkrecht nebeneinander liegenden Rillen (Kanneluren) gut erhalten sind (3). Das mag damit zusammenhängen, daß der Boden schon in spätrömischer Zeit um 0,80 m erhöht worden war und so die unteren Teile des Durchgangs schon sehr früh im Erdreich verschwanden. Geht man die schmale Treppe zwischen dem Entlüftungsschacht der Tiefgarage und dem Torbogen hinunter, so sieht man eine Mauerphase von 25 cm Breite und 31 cm Tiefe, in der ehemals das Falltor der mittleren Durchfahrt geführt wurde (4). Vom 11,60 m langen inneren Torhof sind nur noch wenige Kalksteinquader zu beiden Seiten des Bogens erhalten (5).
Der ursprüngliche Standort der hier aufgebauten Reste war weiter nach Westen. Der ohne die Türme über 15 m breite Mittelbau des Tores nahm, in das heutige Stadtbild übertragen, etwa den Raum zwischen dem Gebäude des Verkehrsamtes und dem Gitter der U-Bahn-Treppe ein. Der westliche Turm lag unter dem Verkehrsamt, die Fundamente des östlichen Turmes wurden zum großen Teil für den Bau der Treppe beseitigt. Nur ein Teil der östlichen Turmwand blieb in der Tiefgarage erhalten. (→ Abb. 58)

Nördlich der U-Bahn-Treppe führt eine Eisentür in die Tiefgarage. Hier findet man

Teile des Nordtor-Fundamentes und des Mauerabschnitts 60
(Abb. 57, 58)

Obere Etage

Man sieht im Vordergrund ein Stück vom Fundament und vom aufgehenden Mauerwerk des östlichen Torturmes. Zwei große Kalksteinquader, einer aus seiner ursprünglichen Lage

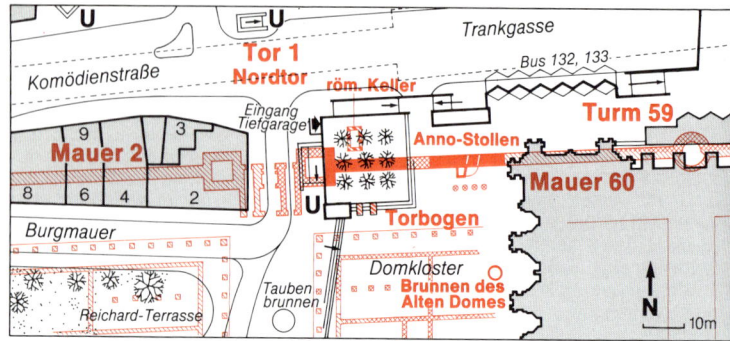

Abb. 58. Stadtmauer im Bereich des Domes, Domherrenfriedhof, Eisenbahn-Brücken-rampe, Petersbrunnen, Trankgasse, Tiefgarage westlich der Domtürme, Komödienstraße.

verschoben, gehören zum Sockelprofil der ehemaligen Werksteinverkleidung des Turmes. Von hier aus hat man außerdem einen guten Überblick über den Aufbau der Stadtmauer, die nach Osten an den Turmrest anschließt. Bei einer Gesamtbreite von 2,40 m sind außen wie innen 20–22 cm dicke Mau-erschalen aus handlichen Grauwacke-quadern aufgemauert. Die Steine, die 14–18 cm breit und 8–12 cm hoch sind, bilden einen sorgfältigen Ver-band. Die ehemals oberirdisch sicht-bare Mauer beginnt über dem an bei-den Seiten um 30 cm vorspringenden Fundament mit einem Schrägsockel zur Feldseite und drei Stufen zum Stadtinneren. Der Raum zwischen den gemauerten Schalen ist mit festem Gußmauerwerk gefüllt.

Untere Etage
Ein römischer Keller
(→ Abb. 54, 30 u. 30 a)

Man sieht gegenüber der Treppe ei-nen hier wieder aufgebauten Keller, den man 1969 südwestlich des Dom-Südturmes ausgegraben hatte. Der im Inneren 3,65 × 2,33 m große, ehemals mit einer Tonne gewölbte Raum hatte seinen Eingang an der nördlichen Langseite (der Bau ist gedreht, des-halb befindet sich heute die Tür in der Westseite). In der zur Stadtmauer ge-richteten Schmalseite sieht man eine heute vermauerte Fensternische. Das Mauerwerk ist ursprünglich in eine Baugrube gegen anstehendes Erd-reich gesetzt worden, so daß heute nur von innen eine ordentlich gefügte Mauer mit einem sich auf halber Höhe hindurchziehenden dreischichtigen Ziegelband zu sehen ist. Der Keller,

der um 200 n. Chr. gebaut wurde, ist schon in der 2. Hälfte des 4. Jh. wieder aufgegeben worden. Ob er, wie gele-gentlich vermutet wurde, zur Feier ei-nes Mysterienkultes diente, ist nicht geklärt.

Anschluß der Stadtmauer an den östlichen Torturm

Man sieht vom unteren Treppenab-satz auf die Feldseite der Befestigung (→ Abb. 57, 6). Über dem modernen Beton beginnt das römische Funda-ment mit schräg gestellten Basaltbrok-ken, über denen zunächst grob zuge-schlagene Grauwackequader aufge-baut wurden. Vom Schrägsockel an sind die Steine der ehemals oberir-disch sichtbaren Wand deutlich kleiner und in regelmäßigem Verband errich-tet. Im rechten Winkel zur Stadtmauer, an der Feldseite 3 m vorspringend, hat sich die Fundamentkante des östli-chen Torturmes erhalten (7). Geht man um dieses Mauerstück herum, so trifft man an der Westseite auf das mit Basalten durchsetzte Gußmauerwerk (8), das hier abgeschrotet wurde, be-vor der Eingangssteg an der West-wand der Tiefgarage und die draußen anschließende U-Bahn-Treppe gebaut wurden. An der Abbruchkante entlang kommt man zur Innenseite der Stadt-mauer (9). In Turmnähe sind die unte-ren Fundamentschichten gegen eine Schalung aus zwei langen Fichtenbret-tern gemauert worden. Die Holzmase-rung und zwei Rostspuren von Nägeln sind gut zu erkennen.

28 m weiter nach Osten trifft man auf einen aus Ziegeln errichteten Anbau an die Römermauer, den sogenannten

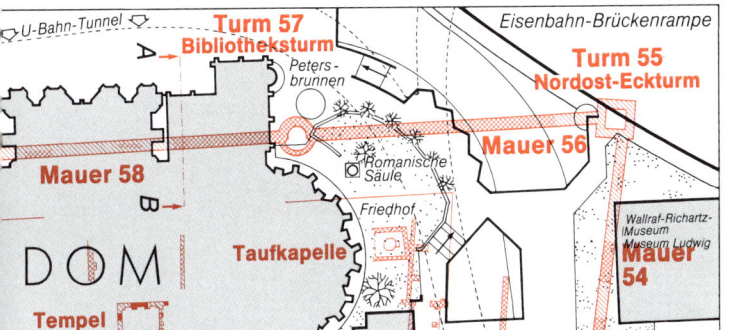

Für alle Stadtmauerpläne gilt: Allgemein sichtbare Mauerreste erscheinen vollflächig rot, nachgewiesene Teile kreuzschraffiert, ergänzte Abschnitte einfach schraffiert.

Annostollen

Als man im Jahre 1949 bei ersten Ausgrabungen westlich des Domes auf diesen Anbau an die Stadtmauer stieß, war man sicher, die aus schriftlichen Quellen bekannte geheime Pforte, durch die Erzbischof Anno 1074 vor den aufständischen Kölnern geflohen war, entdeckt zu haben (→ S. 268 Qu. 29). Unmittelbar neben der Baugrube zum Annostollen fanden sich die Reste von vier Holzpfosten, die vermutlich zu einer der Stadtmauer vorangegangenen Wall-Graben-Befestigung gehört hatten (→ S. 256 Gründungsgeschichte Kölns).

Man sieht durch eine vergitterte Öffnung in einen senkrechten Schacht, der in einen Durchlaß unter der Mauer mündet. Nach einem vergeblichen Versuch, einen Tunnel durch das Mauerwerk hindurch zu treiben (der Anfang dieser Arbeit ist zu erkennen), führte man den 1,35 m breiten und 2,10 m hohen Gang unter der Fundamentsohle her. Später wurde er zur Feldseite hin zugesetzt und wahrscheinlich als Keller genutzt. Zuletzt baute man den an der Mauerinnenseite zum Tunnel führenden Stollen zu einem hohen, schlauchartigen Raum aus. Zur Stadtmauer hin abgeriegelt entstand über einem Grundriß von 1,40 × 1,40 m ein über 3 m hohes, innen sauber verputztes Gelaß, zu dem es nur einen mit zwei Trachytplatten verschlossenen Einstieg von oben gab. Bis zum Abbruch der Gebäude östlich des Nordtores (1892) war der Schacht wahrscheinlich vom Keller der Domdechanei aus zugänglich. Da der Domdechant das Recht hatte, straffällige Geistliche zu verhaften, könnte man hier vielleicht ein Gefängnis vermuten.

Wenige Meter vom Annostollen entfernt findet man in beiden Etagen der Tiefgarage den

Brunnen des Alten Domes

Man sieht in der unteren Parkebene zwischen den Stellplätzen 92 und 93 nur die Außenschale des Brunnens. Im oberen Geschoß (zwischen Platz 388 und 389) kann man in den 15 m tiefen Schacht hineinschauen. Er ist aus handlichen Tuffquadern gemauert, sein innerer Durchmesser beträgt 2,35 m. Im Hintergrund ist das Fundament der heutigen Domfassade zu erkennen.

Nachdem man die Tiefgarage durch die Tür neben der U-Bahn-Treppe wieder verlassen hat, geht man weiter nach Westen die Komödienstraße entlang.

Mauer 2

Sie verläuft unter der zwischen Komödienstraße und Burgmauer liegenden Häuserzeile. Während der Wiederaufbauarbeiten nach dem Krieg hat man längere Stücke noch einige Meter hoch erhalten angetroffen.

Turm 3 (Abb. 59)

Das Treppenhaus von Komödienstraße 19 ist über dem z. T. noch im Aufgehenden erhaltenen Mauerwerk eines sog. Normalturmes nach dem Krieg neu aufgebaut worden.

Man sieht durch die Glastür (rechts) den für den Innengrundriß eines solchen Turmes typischen Rücksprung im Mauerwerk. Durch das Zusammen-

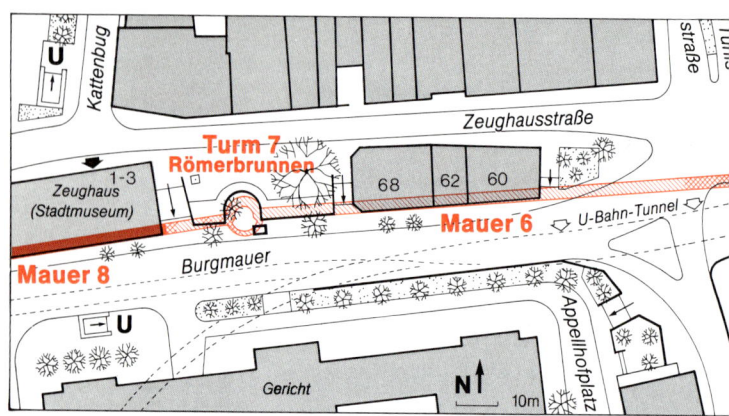

Abb. 59. Stadtmauer im Bereich Komödienstraße, Burgmauer, Tunisstraße,

treffen der zur Feldseite gerichteten Turmwand von 2,40 m Breite und der anderen zur Stadt gerichteten Turmhälfte von nur 1,20 m Stärke entsteht eine Nische, die hier für den Einbau einer modernen Treppe in die 1. Etage genutzt wurde. In den 18 Stufen, die rechts neben dem Turm von der Komödienstraße zur Burgmauer hinaufführen, ist bis heute der Höhenunterschied von Stadtgraben und Mauerstraße zu erkennen.

Mauer 4

Als man nach dem Zweiten Weltkrieg die Komödienstraße zu einer breiten Verkehrsstraße machte und dafür die neue Fluchtlinie der fast völlig zerstörten südlichen Häuserreihe einige Meter zurückverlegte, trat die Stadtmauer in der neuen Straßentrasse zutage.

Man sieht vor dem Haus Komödienstraße 45 ein ursprünglich etwa doppelt so hoch erhaltenes Stück der Mauer, das man auf Wunsch der Anlieger bis auf 1,20 m Höhe und 6 m Länge abbrach. Der typische Querschnitt ist hier gut zu erkennen: Zwei ordentlich verfugte Mauerschalen aus den leicht rötlich schimmernden Grauwackesteinen schließen den Kern aus Gußbeton ein.

Etwa dort, wo heute die Häuserzeile endet, traf früher die Mariengartengasse (heute über die aufwärts führende Treppe zu erreichen) auf die Mauer. Schon im frühen Mittelalter entstand hier ein Durchbruch, Lysolphsloch oder kurz Lisloch genannt.

Turm 5 – Lysolphturm

Dicht an der Kreuzung Komödienstraße/Nord-Süd-Fahrt (hier Tunisstraße) steht der im Mittelalter nach einem Anwohner so benannte Lysolphturm. Zu seiner Bauzeit stieg das Gelände vom inneren Sockel aus steil an bis zur höchsten Erhebung in der Stadt an der heutigen Einmündung der Mariengartengasse in die Burgmauer. (Ein Abguß der inneren Mauerschale steht im RGM, → S. 26.)

Spätere Geschichte

1581 war der Lysolphturm, der noch zehn Jahre vorher mit einem Sternchen versehen im Stadtplan von Arnold Mercator verzeichnet worden war (→ Abb. 56), so baufällig, daß seine damals oberirdisch sichtbaren Teile abgebrochen wurden.
Als man 1828 die Burgmauer in diesem Abschnitt tiefer legte, kam der Turm unerwartet wieder ans Tageslicht, wurde aber gleich wieder mit neuen Häusern überbaut. 1904 berichteten die Kölner Zeitungen von seiner „Entdeckung" beim Abbruch dieser Gebäude vom Anfang des 19. Jh.; trotzdem verschwand der Turm wieder unter Neubauten.
Im 2. Weltkrieg wurden die Häuser in dieser Gegend fast vollständig zerstört. Als man dann nach 1960 damit begann, das erste Teilstück der neuen Kölner U-Bahn zu planen, wurde beschlossen, den Tunnel unter der verbreiterten Komödienstraße vom Dom nach Westen und dann nach Süden schwenkend zum Appellhofplatz zu führen. Im Verlauf der Ausschachtungsarbeiten stieß man auf den fast vergessenen Turm und nördlich und westlich anschließend auf beachtliche Stücke der Stadtmauer. Nach heftigen Diskussionen darüber, ob man die römischen Reste abbrechen, versetzen oder an der originalen Stelle erhalten sollte,

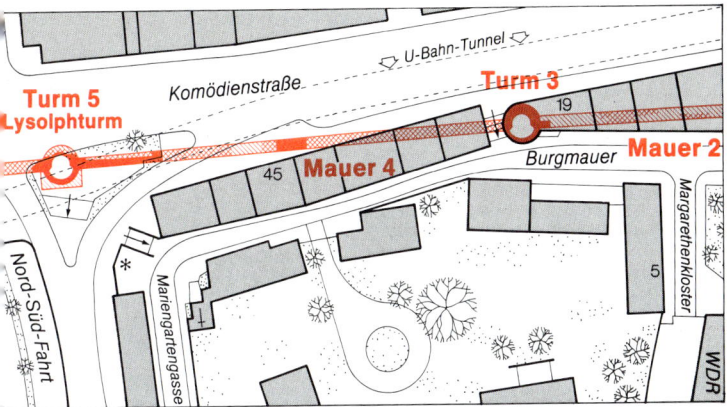

Nord-Süd-Fahrt, Appellhofplatz, Zeughausstraße, Kattenbug, Stadtmuseum.

entschloß man sich im Mai 1964, den Turm mit einer Stützkonstruktion zu unterfangen und den U-Bahn-Tunnel in großer Tiefe darunterherzuführen. Viele Kubikmeter des antiken Mauerwerks fielen dennoch der Verkehrsplanung zum Opfer. An der Westseite des Turmes wurde ein längeres Stück der Befestigung restlos entfernt, da es der neuen, die Komödienstraße unterquerenden Nord-Süd-Fahrt im Wege war. Nach Osten schrotete man einen Teil der Mauer ab, um eine Ausfahrt von dieser quer durch Köln führenden Stadtautobahn in die nun mehrspurig ausgebaute Komödienstraße zu schaffen. Heute kann man über 16 Stufen zur Sockelzone des Turmes hinuntersteigen.

Man sieht, daß die hier noch bis in eine Höhe von 3.35 m erhaltenen Teile von Mauer und Turmrund, über dem quadratischen Fundament mit dem üblichen Dreistufensockel beginnend, durchgehend hochgebaut sind. Die Wand aus handlichen Grauwackequadern ist sauber verfugt, die Fugen dann nach unten abgestrichen. Im unteren Teil der nach Westen gerichteten Turmseite ist eine aus vier hellen Steinen zusammengesetzte Raute in das Mauerwerk eingefügt. Die in 1.80 m Höhe über dem Sockel sowohl in der Mauer wie in der Turmschale offen gelassenen Balkenlöcher zeigen, daß man zunächst von der Fundament-Oberkante aus so hoch mauerte, wie man reichen konnte. Zum Weiterbau schlug man dann Gerüste auf. Offensichtlich war im unteren Turmbereich keine Tür vorgesehen. Über Leitern erreichte man den Wehrgang hinter der Mauerkrone und von dort aus wahrscheinlich das einzige, hoch gelegene Turmgeschoß.

Die hier sichtbare innere Mauerschale der Stadtbefestigung ist außerordentlich gut erhalten. Das läßt darauf schließen, daß sie nicht sehr lange dem Wetter ausgesetzt war, sondern schon in römischer Zeit durch Anschüttungen am Fuße des oben erwähnten zu steilen Abhangs im Erdreich verschwand. Alle späteren Baumaßnahmen reichten dann offensichtlich nicht bis in den Bereich der frühen Anschüttung hinunter, so daß dieses Stück der Stadtmauer über mehr als 1900 Jahre hinweg fast unversehrt im Boden erhalten blieb.

Mauer 6

Jenseits der Nord-Süd-Fahrt verläuft die Stadtmauer unter der Front der Häuser Burgmauer 60–68 weiter.

Turm 7 – Römerbrunnen

Lediglich die Form des heutigen Brunnens erinnert daran, daß hier ein Turm der Stadtbefestigung gestanden hat. Alle Aufbauten sind aus dem 20. Jh.

Spätere Geschichte

Eine 1895 durchgeführte Untersuchung der damals noch vorhandenen Mauerreste brachte das überraschende Ergebnis, daß dieser Turm als Tordurchfahrt ausgebaut gewesen war. Damals glaubte man, ein zweites römisches Tor an der Nordseite der Stadt gefunden zu haben, heute besteht aber kein Zweifel daran, daß der Durchbruch erst nachträglich angelegt wurde.
Möglicherweise stand der Einbau des Tores in Zusammenhang mit der zweiten Erweiterung Kölns im Jahre 1106 (→ Abb. 128, F). Im Norden wurden vor allem die Stiftsbezirke von St. Ursula und St. Kunibert an die römische Stadt angeschlossen. Die neue

Befestigung begann westlich von Turm 7 an der Römermauer und verlief etwa im Zuge der heutigen Straßen Kattenbug und Kardinal-Frings-Straße im Bogen zum Rheinufer. Der Durchbruch eines Tores als Verbindung der alten Stadt mit dem westlichen Abschnitt des neuen Stadtteiles ist daher zu Beginn des 12. Jh. denkbar.

Nachdem 1225 die mittelalterliche Stadtmauer vollendet war und ohnehin eine ganze Reihe weiterer Pforten in der alten Römermauer entstanden, mag der offizielle Tordurchgang aufgegeben worden sein. 1316 war der Turm, jetzt **Alde Wichhus** (Wehrhaus) genannt, im Besitz des Heinrich de Cusino, der ihn in dieser Zeit zwei Beginen überließ. (Um 1300 gab es in Köln 141 solcher kleinen Frauengemeinschaften, die klösterlich lebten, aber keine ewig bindenden Gelübde ablegten.) 1487 bewohnten 12 Frauen, die sich der Krankenpflege widmeten, außer dem Turm auch das dazugehörige Wohnhaus. 1503 schloß sich die Gemeinschaft dem Zellitinnenorden an und errichtete bald darauf eine Kapelle, bei deren Bau der römische Turm für den nach Süden gerichteten Chor genutzt wurde. Die Front der neuen Kirche des nun sog. **Klosters zur Zelle** lag an der heutigen Zeughausstraße. 1698 wurde das Kloster ein letztes Mal vergrößert. 1828 löste sich der Konvent auf. Im Jahre darauf wurden die Gebäude niedergelegt, um einen Aufgang zum 1828 vollendeten ersten Gerichtsgebäude am Appellhofplatz zu schaffen.

Der Römerbrunnen

Über den Fundamentresten des Turmes ließ der Kölner Verschönerungsverein 1915 nach den Entwürfen des Architekten Franz Brantzky einen Brunnen errichtet, der im Stil der Zeit an die römischen Ursprünge Kölns erinnerte (Abb. 60). 1955 wurde die im 2. Weltkrieg schwer beschädigte Brunnenanlage durch den Architekten Karl Band in veränderter Form wiederaufgebaut.

Man sieht, an der Zeughausstraße stehend, oben auf der Burgmauer ein 6 m hoch aufragendes Pfeilerpaar aus Muschelkalk mit der Kapitolinischen Wölfin. Der Sage nach hatte sie die Zwillingsknaben Romulus und Remus gesäugt, die dann 753 v. Chr. Rom gründeten.
An der Ziegelwand hinter dem langgestreckten östlichen Teil der Brunnenschale sind 12 in Muschelkalk gearbeitete Relief-Köpfe eingelassen. Nicht nur die eingemeißelten Namen, sondern auch die Ähnlichkeit mit bekannten römischen Herrscherportraits weisen sie als Kaiser und Kaiserinnen vier Jahrhunderte römischer Herrschaft am Rhein symbolisieren:

Abb. 60. Römerbrunnen an der Stelle von Turm 7 der Stadtmauer; Aufnahme vor der Zerstörung im Zweiten Weltkrieg.

1. Jh. AVGVSTVS, AGRIPPI(na),
CLAVDIVS
2. Jh. TRAIAN, HADRIAN,
ANTONI(nus Pius)
3. Jh. ALEX(ander) SEVERVS,
MAXIMINVS, POSTVMVS
4. Jh. CONSTANTIN D. GR.
(HELENA), THEODOSIVS

Näheres zu diesen Herrschern erfährt man über das Stichwortverzeichnis.

Von den ehemals neun Reliefdarstellungen sind nur sechs übrig geblieben. Sie werden heute an der halbrunden Brunnenwand und dem anschließenden geraden Wandstück angebracht. Die nur fragmentarisch erhaltene Inschrift über den Bildern gibt die für die Gründung Kölns wichtigste Stelle aus den **Annalen des Tacitus (12,27)** im lateinischen Wortlaut wieder. Die deutsche Übersetzung ist folgende:
Um ihre Macht auch den verbündeten Völkern zu zeigen, setzte es Agrippina durch, daß in der Stadt der Ubier, in der sie geboren war, eine Veteranenkolonie eingerichtet wurde, die von ihr selbst den Namen erhielt. Der Zufall wollte es, daß ihr Großvater Agrippa dieses über den Rhein herübergekommene Volk in das Treueverhältnis aufgenommen hatte.

1. *SED AGRIPPINA QUO VIM SUAM*
   Geburt der Agrippina
2. SOCIIS QUOQUE NATIONIBUS OSTEN –
   Kampf von Römern und Germanen
3. *TARET IN OPPIDUM UBIORUM IN QUO*
   Bau von Städten
4. *GENITA ERAT VETERANOS COLONIAM*
   Gladiatorenkämpfe
5. QUE DEDUCI IMPETRAT CUI NOMEN
   Rechtsprechung
6. INDITUM E VOCABULO IPSIUS AC
   Rassenmischung
7. FORTE ACCIDERAT UT EAM GEN –
   Kunst und Wissenschaft
8. TEM RHENO TRANSGRESSAM A –
   Christliche Taufe, heidnisches Opfer
9. VUS AGRIPPA IN FIDEM ACCIPERET
   Heidnische Kultfeier

Die Reliefs 1, 3 und 4 sind im Krieg zerstört worden.

Mauer 8 – Südwand des Zeughauses (Abb. 59 und 61)
Geht man die Treppe rechts neben dem Brunnen hinauf und wendet sich dann nach Westen, so kann man den Verlauf der Mauer unter der langen Ziegelwand des Stadtmuseums weiter verfolgen.

Spätere Geschichte
Im Mittelalter (1348 zum ersten Mal erwähnt) befand sich hier das Zeughaus, in dem Waffen und Erinnerungsstücke zur Stadtgeschichte aufbewahrt wurden. Als man von 1594 bis 1606 einen Neubau errichtete, gründete man die gesamte Südwand auf der alten Römermauer. 1956 wurde hier das Kölnische Stadtmuseum untergebracht.

Man sieht an der Südecke des Ostgiebels und später ebenfalls an der südlichen Ecke des Westgiebels einen Schnitt durch das noch etwa 2.80 m hoch erhaltene, in die Ziegelwand eingebundene Gußmauerwerk der römischen Befestigung. An der ganzen Südwand des Museums entlang wird die Grauwackeschale in bis zu 6 Schichten immer wieder unter dem späteren Ziegelmauerwerk sichtbar.

Turm 9 (Abb. 61)
Im Bereich der von der preußischen Regierung 1840 erbauten **Alten Wache** (heute ein Teil des Stadtmuseums) stand am Ende des 19. Jh. noch ein kleiner Rest des nächsten Turmes aufrecht.

Spätere Geschichte
Auf der Stadtmauer, wahrscheinlich von Westen dicht an diesen Turm anschließend, entstand 1318 nach der Stiftung des Domdechanten Hermann von Renneberg eine dem hl. Vinzenz und der Maria Aegyptiaca geweihte Kapelle. 1331 ließen sich neben der kleinen Kirche zwei Klausnerinnen nieder. Sie lebten nach vorheriger strenger Prüfung durch den Bischof und betreut von einem Geistlichen abgeschlossen von der Welt. Um 1450 waren es 8–10 nach der Regel des hl. Franziskus lebende sog. Inklusen, die ihre Wohnungen nördlich neben der Mauer hatten. Sie stellten Gewänder für den Gottesdienst her und waren im übrigen auf Almosen angewiesen. Es ist anzunehmen, daß hier der römische Turm zu keiner Zeit ein Teil der Kirche war, er scheint vielmehr solange als Abortanlage benutzt worden zu sein, bis man 1575 zur Burgmauer hin einen neuen Turm zu diesem Zweck errichtete.
1802 wurde die Klause aufgehoben, 1837 erwarb die preußische Militärverwaltung die inzwischen privat genutzten Gebäude und legte sie für den Bau des Wachgebäudes nieder.

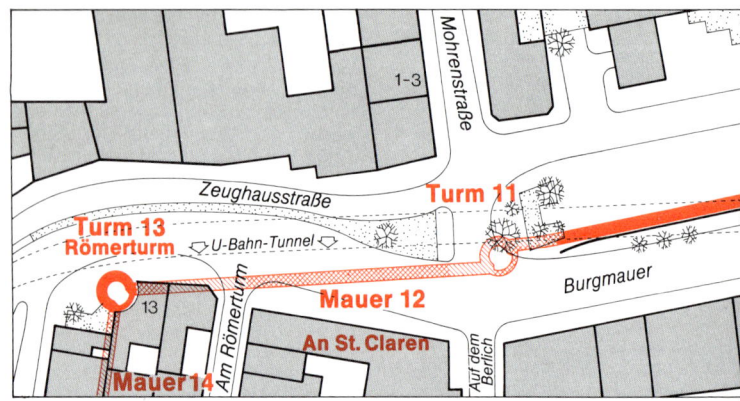

Abb. 61. Stadtmauer im Bereich Stadtmuseum, Burgmauer, Mohrenstraße,

Mauer 10

Der Weg führt nun fast 90 m weit an einem noch in 3 m Höhe erhaltenen Stück der Stadtbefestigung entlang.

Spätere Geschichte

Nördlich dieses Mauerabschnitts legte man um 1300 für die Fremden, die auf der Durchreise in Köln starben, einen sog. Elendenfriedhof an. 1441 entstand dann auf demselben Gelände das städtische Kornhaus (→ Abb. 56), das zusammen mit der Klause bei Turm 9 im Jahre 1837 abgetragen wurde. Etwa dort, wo heute an der Straße Auf dem Berlich die Abbruchkante der Mauer zu sehen ist, ließ die Familie von Lyskirchen 1344 eine Heiligkreuzkapelle auf dem Elendenfriedhof bauen. Sie wurde die nächsten Jahrhunderte hindurch, auch als der Friedhof längst aufgehoben worden war, von dieser Familie unterhalten und erst 1818 niedergelegt.

Man sieht, von der Burgmauer aus, im unteren Mauerbereich einige Schichten der Grauwackeschale. Im übrigen ist der Gußmauerkern, der am östlichen und westlichen Ende offenliegt, mit einer modernen Ziegelmauer verblendet. An der Feldseite, zur Zeughausstraße hin, sind noch große Stücke des originalen Mauerwerks erhalten.

Turm 11 – Parfusenwichhus

In der Kreuzung Auf dem Berlich/Burgmauer liegen die Reste des folgenden Turmes, der bis zur Verbreiterung des Berlich 1843 noch aufrecht stand. Wie der Römerturm (Turm 13) war er mit Mustern im Mauerwerk geschmückt. Am Ende des 19. Jh. war es bei Kanalbauarbeiten möglich, das Fundament zu untersuchen. Der Grundriß entsprach dem eines Normalturmes, nur war er wider Erwarten schräg an die von Osten kommende Mauer angefügt. Das westlich an das Turmrund anschließende Mauerfundament verlief zwar etwa in der Richtung des östlichen, aber leicht nach Süden verschoben auf den Eckturm zu. Wahrscheinlich plante man zunächst hier die Nordwest-Ecke der Befestigung, gab aber schon während des Fundamentbaus dieses Vorhaben auf.

Spätere Geschichte

Der nach einem Pächter Richolf Parfus seit der Mitte des 13. Jh. **Parfusenwichhus** genannte Turm kam 1265 in den Besitz des Grafen Wilhelm IV. von Jülich, dessen Frau Richardis ihn 1304, zusammen mit dem dazugehörigen Hof und dem Gelände, das von der Nordwest-Ecke der Römermauer eingeschlossen war, zur Gründung des Franziskanerinnenklosters St. Clara stiftete.

Mauer 12

Als 1959 in dem durch den Krieg fast völlig zerstörten Gebiet östlich des Römerturmes ein Parkplatz angelegt wurde, entdeckte man ein 35 m langes, bis zu einem Meter über dem Sockel noch gut erhaltenes Stück der Mauer. Nach Vollendung des U-Bahntunnels, einige Meter weiter nördlich, entstand über diesen Resten die südliche Fahrbahn der hier zu einer breiten Verkehrsstraße ausgebauten Zeughausstraße.

Spätere Geschichte

1304 wurde die römische Befestigung zunächst Klostermauer der Franziskanerinnen. Später nutzte man sie als Fundament der Clarenkirche (→ Abb. 56, Abb. 62).

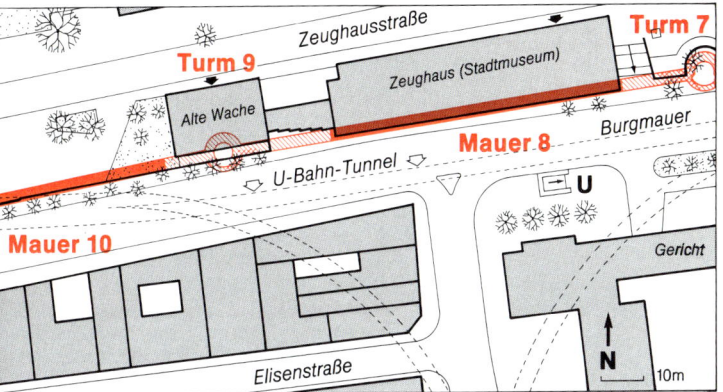

Auf dem Berlich, Am Römerturm, Zeughausstraße, St.-Apern-Straße.

Turm 13 – RÖMERTURM

Seit seiner Erbauungszeit war dieser Turm immer sichtbar. Er ist am höchsten erhalten und zeigt noch die originale Verzierung im Mauerwerk. Sein Grundriß weicht wegen seiner Ecklage von dem eines Normalturmes ab. Von den im rechten Winkel aufeinandertreffenden Abschnitten der Nord- und der Westmauer aus ragt die Turmrundung in fast Dreiviertel des gesamten Umfangs mit einer Mauerstärke von 2,50 m zur Feldseite vor. **Die heutige Straßenhöhe liegt nur etwa 20 cm über der Oberkante des Turmfundamentes.**

1984 wurde im benachbarten Haus Zeughausstraße 13, in dem Dombaumeister Hertel von 1904–1927 wohnte, eine Kunstgalerie eröffnet. Der Innenraum des Römerturmes ist dabei in die Ausstellungsräume miteinbezogen worden.

Abb. 62. Das Kloster St. Clara, Zeichnung von J. Finckenbaum aus dem Skizzenbuch Teil III 1664/65. Links im Bild ist Turm 11 zu erkennen. Der Römerturm rechts hat einen offenen Dachaufbau der zur Entlüftung der im Turm untergebrachten Toilettenanlage des Klosters diente. Die Nordwand der Kirche ist auf der Stadtmauer gegründet.

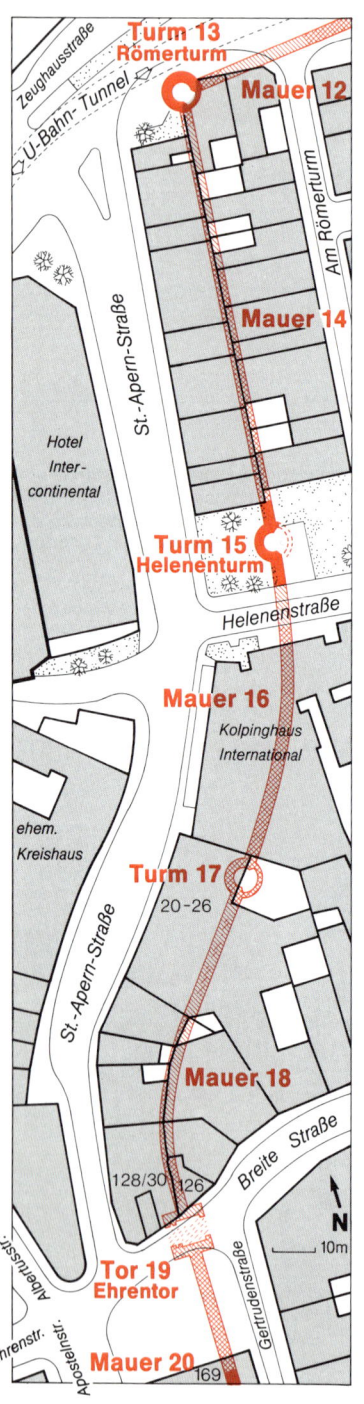

Spätere Geschichte

Bis zur Aufhebung des Clarenklosters diente der Römerturm den Franziskanerinnen als Abortanlage (Abb. 62). Nach 1802 war er dann in wechselndem Privatbesitz. 1833 baute man ihn sogar zu einem mehrstöckigen Wohnhaus um (Abb. 64). Als der Turm dann 1873 abgebrochen werden sollte, kaufte ihn die Stadt Köln für 19 000 Taler und sorgte so dafür, daß er erhalten blieb. Um 1900 wurden die aufgesetzten Geschosse abgetragen und der Turmstumpf durch einen Zinnenkranz ergänzt.

Man sieht auf die gut erhaltene Mauerschale, die mit Schmuckmotiven in horizontalen Bändern überzogen ist. Weiße Kalksteine, rote Sandsteine und graue Trachyte sind im Kontrast zur dunklen Grauwacke in geometrischen Mustern geordnet. Über zickzackförmig aufwärts geführten hellen Linien in Trachytsteinen sind zwei gleich hohe Ornamentreihen übereinander angeordnet, die jeweils mit einer unteren durchgehenden weißen Mauerschicht beginnen und mit einem aus kleinen Rauten zusammengesetzten Streifen enden. Zwei Schichten Grauwacke setzen beide Bänder gegeneinander ab.

Über den weißen Grundlinien dieser Musterbänder bauen sich Halbkreisformen aus strahlenförmig angeordneten Kalksteinen auf, die mit großen und kleinen aus Rauten zusammengesetzten Dreiecken im unteren, mit großen Dreiecksformen und rot-weiß gestreiften Verbindungsstücken im oberen so abwechseln, daß die Halbkreise beider Ornamentbänder zueinander versetzt erscheinen.

Ein drittes Schmuckband darüber weicht nicht nur im Muster, sondern ebenso in seiner weniger sorgfältigen Ausführung von den beiden unteren ab. Es scheint nach einer Zerstörung ergänzt worden zu sein. Hier wechseln Kreise, Rauten, Palmzweige und kleine Tempelfassaden mit vier Säulen und einem Dreieckgiebel einander ab. Der darüber aufgemauerte Abschluß mit dem eingesetzten Werksteinband und den Zinnen gehört zur Ergänzung des 19. Jh.

Abb. 63. Stadtmauer im Bereich St.-Apern-Straße, Helenenstraße, Ehrenstraße, Gertrudenstraße.

Mauer 14

Vom Römerturm aus geht man auf der St.-Apern-Straße weiter nach Süden. Bis 1802 diente die Römermauer hier als Begrenzung des Clarenklostes. Als das Klostergelände dann im 19. Jh. in Straßen aufgeteilt wurde, entstand an der Innenseite der Mauer die westliche Häuserzeile der Straße Am Römerturm, an der Außenseite im Gebiet des ehemaligen Stadtgrabens die Ostseite der St.-Apern-Straße. Die Römermauer wurde Grundstücksgrenze und gleichzeitig für viele der angrenzenden Gebäude Fundament der Rückfront. In einigen Häusern der St.-Apern-Straße ist darüberhinaus das römische Mauerwerk noch bis in den 1. Stock sichtbar erhalten geblieben.

Turm 15 – Helenenturm

Vor dem Kolpinghaus muß man in die Helenenstraße einbiegen, um die heute stark überwucherte Turmruine zu finden.

Man sieht eine zur Feldseite gerichtete, halbrunde Mauerschale, die auf dem nur für einen halbkreisförmigen Turm angelegten römischen Funda-

Abb. 64. Römerturm, seit 1833 zu einem vierstöckigen Wohnhaus ausgebaut, Aufnahme etwa 1900.

ment aufgebaut wurde. Man hat vermutet, daß die nur hier vorkommende Form eines Halbturmes mit einer Planänderung zusammenhängen könnte, die sich schon in den Fundamenten von Turm 11 zu zeigen scheint. Im inneren Turmrund und im nach Norden angrenzenden, noch etwa 8 m langen Stück der Mauer ist vor allem der römische Gußkern noch 3,80 m hoch zu sehen. Das nach Süden anschließende Mauerstück ist in wenigen Grauwackerschichten bis zur Straße zu verfolgen. Hinter Büschen verborgen sind große Teile der äußeren Mauerschale des Turmes und der im Verband gemauerten nördlich anschließenden Wand über 4 m hoch erhalten.

Mauer 16

Als man 1967 die Baugrube für das Kolpinghaus aushob, legte man etwa 70 m der Römermauer frei. Wegen des schlechten Erhaltungszustandes und der zu hohen Kosten, die durch die Einbeziehung in den Neubau entstanden wären, wurde sie restlos weggeräumt.
Der Verlauf der St.-Apern-Straße, die nun in leichtem Bogen nach Westen ausschwenkt, richtet sich auch heute noch nach der etwa 15 m östlich der Häuserfront liegenden römischen Mauer.

Turm 17

Auf dem Grundstück St.-Apern-Straße 20–26a stand ein, ähnlich wie der Römerturm, mit geometrischen Mustern geschmückter Turm. Erst 1889 wurde er, damals noch 4 m hoch erhalten, abgebrochen.

Mauer 18

Etwa auf der Grundstücksgrenze zwischen St.-Apern-Straße und Breite Straße verläuft die Mauer weiter.

Tor 19 – Ehrentor

1887 entdeckte man mitten unter der Breite Straße und den auf beiden Seiten anliegenden Häusern (heute in Höhe von Nr. 126–130) ein quadratisches Fundament von 10 m Seitenlänge und 2,50 m Tiefe. Da in der Straßenachse ein in das Fundament eingetiefter Kanal verlief und außerdem ganz in der Nähe eine Reihe von Architekturresten zu Tage kamen, die zu einem Torbau gehört haben könnten,

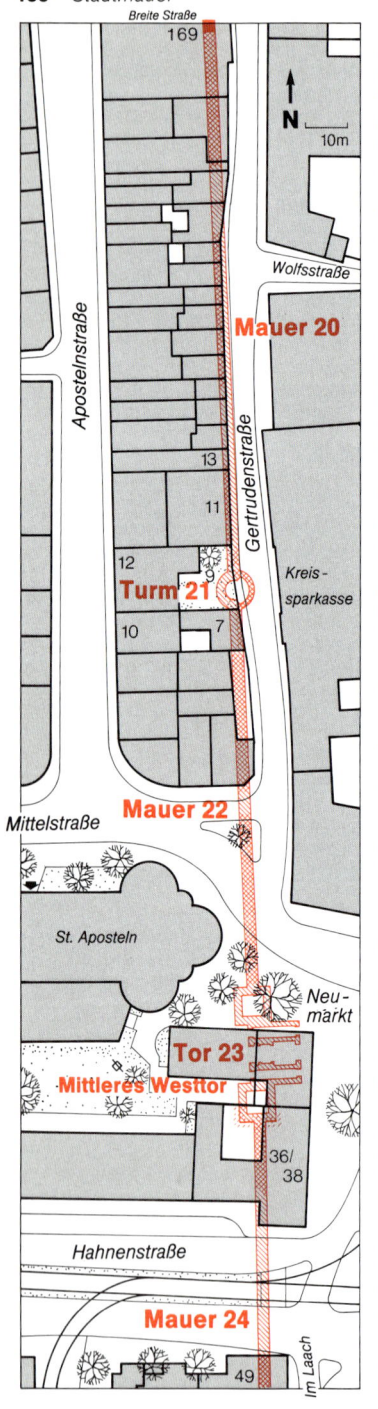

Breite Straße
169

N
10m

Wolfsstraße

Mauer 20

Apostelnstraße

Gertrudenstraße

13

11

12

10   7

Turm 21

Kreis-
sparkasse

Mittelstraße

Mauer 22

St. Aposteln

Neu-
märkt

Tor 23
Mittleres Westtor

36/
38

Hahnenstraße

Mauer 24

Im Laach

49

war man sicher, hier das aus schriftlichen Quellen des Mittelalters bekannte nördliche Tor der römischen
Westmauer gefunden zu haben.

Die relativ geringe Ausdehnung des
Fundamentes und die Beobachtung,
daß sich die Straßenbreite früher an
dieser Stelle von 8 auf 6 m verengte,
macht es wahrscheinlich, daß sich
hier die Breite der römischen Tordurchfahrt abzeichnete.

Man sieht im 1988 erneuerten Straßenpflaster den Grundriß der Tordurchfahrt, allerdings gegenüber dem
im Boden liegenden Fundament leicht
nach Süden bis in die Straße verschoben. Zu beiden Seiten, an der Grundstücksgrenze Breite Straße 128/130
und gegenüber in der Flucht der Tief-
garageneinfahrt ist die Stadtmauer-
breite sichtbar gemacht.

Spätere Geschichte

Im 12. Jh. nannte man das alte Römertor
Erea Porta (Eherne Pforte), um 1300 **Eren-
porce**, daraus wurde das lateinische **Porta
Honoris** und schließlich, wieder ins Deutsche übertragen, **Ehrentor.** Dieser Name
wurde im Laufe des Mittelalters auf zwei
weitere Tore übertragen, die bei der zweiten
Stadterweiterung 1106 und bei der dritten
1180 im Zuge der ehemaligen römischen
Ausfallstraße (heute Ehrenstraße) errichtet
wurden. Das Ehrentor von 1106 befand sich
an der Ecke Alte Wallgasse/Ehrenstraße
(→ Abb. 128, 16), das aus der Zeit um 1200
stand noch bis 1882 dort, wo die Ehrenstraße auf den Hohenzollernring trifft.

Das römische Torgebäude blieb wahrscheinlich bis ins 14. Jh. erhalten; am Ende
des 16. Jh. muß es schon längere Zeit ver-
schwunden gewesen sein.

Mauer 20

Im Sommer 1983 deckte man beim
Bau einer Tiefgarage südl. der Breite
Straße ein 15 m langes, 4 m hoch
erhaltenes Mauerstück auf. Obwohl
zunächst geplant wurde, einen Teil zu
bergen und später oberirdisch wieder-
zuerrichten, gab man die Erhaltung
aus Kostengründen auf, als die Mauer
eines nachts umkippte und in mehrere
Stücke zerbrach. Seit 1984 befindet
sich dort, wo seit dem 1. Jh. n. Chr. die
Römermauer gestanden hatte, die Einfahrt in die neue Garage.

Unter dem 1979 gebauten Eckhaus
Gertrudenstr./Breite Str. 169 ist dagegen ein Stück der Befestigung sehr

*Abb. 65. Stadtmauer im Bereich Gertru-
denstraße, St. Aposteln, Neumarkt,
Im Laach.*

sorgfältig konserviert und in die Planung des dort eingerichteten Geschäftes miteinbezogen worden.

Von der Feldseite führt eine Wendeltreppe aus den Verkaufsräumen in den Keller. Unten ist das 2,40 m breite Gußmassiv durchbrochen worden, um eine Verbindung zu Büroräumen an der Mauerinnenseite zu schaffen. **Reste des typischen Dreistufensockels befinden sich etwa 1,50 m unter der Straße.**

Unter der Front der Gertrudenstraße (im Mittelalter: Alte Mauer bei St. Aposteln) geht die Stadtmauer weiter. *Gegenüber, unter Gertrudenstr. 12, wurde 1979 eine röm. Villa gefunden (→ S. 251).*

Turm 21

Noch bis 1895 stand bei Gertrudenstraße 7–9 ein 4 bis 5 m hoch erhaltenes Stück des nächsten Turmes in die Straße hineinragend aufrecht.

Mauer 22

Mehrere alte Ansichten des Chores von St. Aposteln (→ S. 254) zeigen im Vordergrund die Stadtmauer, die dem Stift im Mittelalter als Immunitätsgrenze diente. Erst 1835 wurden die letzten oberirdisch sichtbaren Reste niedergelegt, im Boden blieb die Mauer in großen Teilen bis heute erhalten.

Man sieht von der Ecke Gertrudenstraße/Mittelstraße an im neu verlegten Pflaster die Spur der Stadtmauer, die, nur durch die Fahrstraße unterbrochen, in einer Entfernung von 4,50 m am Ostchor der Apostelkirche entlang führt. Sie verläuft weiter bis zum Häuserblock südöstlich der Kirche. Unmittelbar vor den Gebäuden ist auch der Grundriß vom nördlichen Turm des Westtores (23) sichtbar gemacht worden. Am Chor der Kirche ist außerdem nördl. des mittleren Fensters eine heute vermauerte Pforte zu sehen, die früher von innen über eine kleine Treppe vom Umgang vor den oberen Chorfenstern aus zu erreichen war.

Die Legende erzählt, daß der Gründer der Apostelkirche, der hl. Kölner Erzbischof Heribert (999–1021), täglich von seiner in der Nähe liegenden Wohnung aus über die Römermauer bis zur Kirche gegangen sei. Hier habe er, bevor er durch die hoch gelegene Tür den Chor betrat, die Marienfigur, die bis heute in einer Nische neben der Pforte zu sehen ist, mit einem Gebet gegrüßt.

Wenn auch der hl. Heribert diese Tür nicht benutzt haben kann, da der Dreikonchenchor erst um 1200, fast 180 Jahre nach seinem Tode errichtet wurde, so ist doch anzunehmen, daß die Stiftsherren von St. Aposteln im 13. Jh. den Durchgang in der Chorwand bauen ließen, um von dort aus die Krone der alten Mauer zu erreichen.

Allgemein gilt heute die Schwelle der kleinen Tür als Anhaltspunkt für die Höhe der römischen Stadtmauer. Da deren Sockel hier 2,35 m unter Straßenniveau, die Tür im Chor von St. Aposteln 5,45 m darüber liegt, nimmt man an, daß sie 7,80 m hoch war, oder zumindest um 1200 noch in dieser Höhe erhalten war.

Tor 23 – Mittleres Westtor

Vor dem Wiederaufbau des Gebäudes Neumarkt 38 konnten 1948 wenige Reste des ehemals wichtigsten Tores nach Westen ausgegraben werden. Wie eben fast gleich großen Nordtor (1) flankierten auch hier zwei quadratische Türme einen mit drei Durchgängen ausgestatteten Mittelbau, der zum Stadtinneren vorsprang. Unter dem Fundament war der lehmige Grund mit spitz zugeschlagenen Eichenpfählchen, die im Abstand von 30 cm nebeneinander eingerammt waren, verstärkt.

Auffallend ist, daß die Höhe der Torschwelle und die der angrenzenden Mauersockel fast 2,50 m unter dem heutigen Straßenniveau liegen. Der Sockel der Stadtmauer befindet sich am Römerturm (Turm 13) nur 0,20 m unter Straßenniveau, an der Gertrudenstraße (Mauer 20) schon über 1,50 m tiefer und fällt bis zur Apostelkirche dann um nochmals 1 m. Auch die 100 m weiter westlich (am Apostelkloster) gefundene Fahrbahn der von Westen auf das Tor zuführenden römischen Landstraße, lag fast 1,30 m über der Torschwelle. Nach Süden (Mauer 24–26) wird der Unterschied zwischen Sockel der Stadtmauer und heutiger Straße wieder geringer.

Der Neumarkt

Der tief liegenden Tordurchfahrt entsprach in röm. Zeit der östlich anschließende Innenstadtbezirk, dessen Reste bis heute unter dem 240 x 110 m

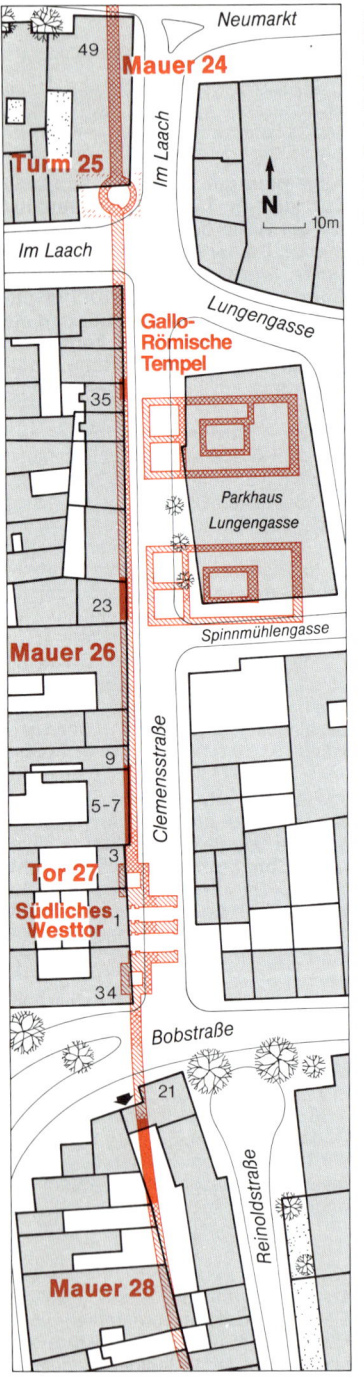

großen Platz erhalten sind. Durch Untersuchungen, die sich bei Kanalbauarbeiten ergaben, ist sicher, daß in einer Tiefe von mehr als 3 m bis zu 1,40 m unter dem heutigen Niveau Mauern, Fußböden, Reste von Wandmalereien und Marmorverkleidungen,außerdem zahlreiche sonstige Funde verborgen sein müssen. Vom 1. bis 5. Jh. waren bis zu sechs Bebauungsschichten nachzuweisen. Wie andere Teile der COLONIA scheint auch dieses Viertel in fränkischer Zeit nicht mehr bewohnt gewesen zu sein. So wurde das Gelände im Mittelalter eingeebnet und der 1076 zum ersten Mal in einer Urkunde erwähnte „novus mercatus" angelegt. Mehr als 900 Jahre bestand der Neumarkt ohne nennenswerte Bebauung, als die Stadt **1987** hier eine Tiefgarage und ein Ladenzentrum plante und damit eine heftige öffentliche Diskussion in Köln auslöste. Obwohl Archäologen und Historiker überzeugt davon sind, daß durch großflächige Ausgrabungen an dieser Stelle wichtige Erkenntnisse zum Leben in der antiken Stadt gewonnen werden könnten, rieten sie dringend dazu, das einmalige Bodendenkmal Neumarkt unangetastet zu lassen, damit es eines Tages mit besserer finanzieller Ausstattung und neuen archäologischen Methoden erforscht werden könne. Der Stadtrat beschloß daraufhin, das Projekt zurückzustellen.

Mauer 24

Südlich der heute vom Neumarkt nach Westen führenden Hahnenstraße blieben Reste der Mauer unter dem Gebäudekomplex Neumarkt 49 erhalten.

Turm 25

Dort, wo die Straße Im Laach rechtwinklig nach Westen abknickt, stand noch bis 1874 ein mit geometrischen Mustern geschmückter Turm. In seiner Nähe erreichte die röm. Wasserleitung aus der Eifel die Stadt (→ S. 235). Da die Fundamentplatte des Turmes nach Westen weiter ausladend ist als gewöhnlich und außerdem 60 m weiter westlich beim Wiederaufbau der

Abb. 66. Stadtmauer im Bereich Im Laach, Clemensstraße, Bobstraße, Reinoldstraße.

Häuser an der Nordseite des Marsilsteins (→Abb.1) schwere, tief gegründete Mauerzüge entdeckt worden waren, wird heute vermutet, daß sich hier außerhalb der Mauer im Bereich der Straße Im Laach/Marsilstein ein Wasser-Reservoir befand, von dem aus die innerstädtischen Leitungen gespeist wurden. Der Straßenname „Marsilstein" erinnert daran, daß hier bis in die 2. Hälfte des 18. Jahrhunderts ein letztes Stück der Wasserleitungs-Rinne hoch oben auf einem Bogenrest erhalten geblieben war. Wahrscheinlich nannte man im Mittelalter dieses seltsame Denkmal nach einem Anwohner Marsilius den „Marsiliusstein". In der Vorstellung des Volkes wurde das an einen Sarkophag erinnernde Stück der Rinne zum Grab des sagenhaften Helden Marsilius, der Köln einmal durch eine List von der Belagerung eines röm. Kaisers befreit haben soll (S. 272, Qu. 35).

Mauer 26

Unmittelbar südlich des Turmes 25 wurde wahrscheinlich im 11. Jh. anstelle des aufgegebenen alten röm. Westtores (Tor 23) ein neues Tor, das sog. **Foramen im Laach** in die alte Römermauer gebrochen. Hier mündete nun die von Westen kommende Landstraße, die seit Gründung des Apostelstiftes südlich um den Immunitätsbezirk herumgeführt wurde.

Man geht nun die Clemensstraße entlang weiter nach Süden. Dort, wo heute zwischen Lungengasse und Spinnmühlengasse ein Parkhaus steht, wurden 1962 bei Tiefbauarbeiten die mächtigen Mauern zweier im Grundriß nahezu gleicher Gebäude entdeckt, die 28,60 × 18,25 m groß im Abstand von 15.40 m nebeneinander lagen. Mit ihren Schmalseiten reichten sie fast bis an die Stadtmauer. Man vermutet, daß es zwei **gallorömische Tempel** waren, die der einheimischen Bevölkerung als Kulträume dienten. In der westlichen Häuserzeile der Clemensstraße ist die Römermauer durchgehend als Fundament, bei einigen Häusern auch noch im aufgehenden Mauerwerk der Fassaden erhalten.

Man sieht unter dem Erdgeschoßfenster von Nr. 35 ein Stück der Grauwackeverkleidung. Nur noch das Guß-

mauerwerk ist bei Nr. 23, bei Nr. 9 und dem 1979 fertiggestellten Haus Nr. 5–7 als Sockel erhalten. Hier waren schon beim Vorgängerbau Kellerfenster in das Mauerwerk eingebrochen worden.

Tor 27 – Südliches Westtor

Unter dem Hause Clemensstraße 3 ist der Anschluß der Stadtmauer an das dritte Tor der Westseite noch erhalten. Aus den geringen Mauerresten, die man bei Kanalisationsarbeiten am Ende des 19. Jh. fand, kann man einen etwa 30 m breiten Torbau rekonstruieren. Wie das Nordtor und das mittlere Westtor flankierten auch hier zwei quadratische Türme einen Mittelbau, der hier aber nur zwei unterschiedlich breite Durchgänge hatte.

Mauer 28

Von der Ecke Clemensstraße/Bobstraße aus, deren mit dem südlichen Ende des Tores übereinstimmt, geht der Verlauf der Mauer an der rückseitigen Grundstücksgrenze der Reinoldstraße weiter. 1959 legte man von der Bobstraße an ein 19 m langes Stück Römermauer frei, von dem dann etwa 1m abgetragen wurde, das aber im übrigen erhalten blieb.

Man sieht in dem Tabak- und Süßwarenladen gegenüber der westlichen Straßenecke Clemensstraße/Bobstraße einen etwa 3 m hoch aufgehenden Querschnitt durch das Gußmauerwerk. Kleinere Abschnitte sind in Keller- und Erdgeschoßwänden einiger Häuser am Mauritiussteinweg zwischen Bobstraße und Alexianerstraße sichtbar. Der Weg geht weiter durch die Reinoldstraße bis zur Einmündung in die Alexianerstraße.

Turm 29 (Abb. 67)

Unter dem Eckgrundstück Reinoldstraße 1 / Alexianerstraße 48 wurden geringe Reste eines Turmes entdeckt.

Mauer 30

Von der rückwärtigen Front des Hauses Alexianerstraße 35 aus ist die Stadtmauer im Gartengelände zwischen den Häuserzeilen Thieboldsgasse im Osten und Mauritiussteinweg im Süden auf einer Strecke von 140 m sichtbar.
Man wendet sich nach rechts in die Alexianerstraße, dann nach links in

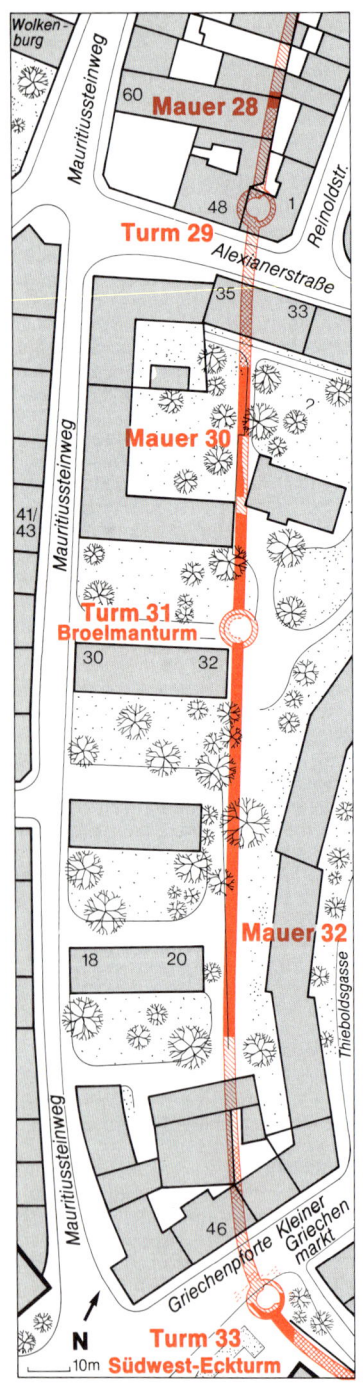

den Mauritiussteinweg. Gegenüber Nr. 41–43 biegt man wieder links ein.

Man sieht, wenn man nach wenigen Metern die Mauer erreicht hat und an ihr entlang zunächst nach links geht, ein etwa 55 m langes meist über 2 m hoch erhaltenes Stück der Stadtbefestigung. Es ist möglich, an der inneren Mauerseite bis zur Rückfront der Alexianerstraße zu gehen und den Rückweg etwa 30 m weit an der Außenseite zu nehmen.

Turm 31

Die kleine Straße, die heute vom Mauritiussteinweg zu den im Gartengelände angelegten Parkplätzen führt, überquert die Stelle, wo einmal der Turm stand. 1955 stellte man fest, daß hier, anders als bei den Normaltürmen, die Mauer zur Stadtseite wie zur Feldseite gleichmäßig 1,20 m breit war. Die Größe des Turmgrundrisses und die Stärke der Mauer ist in der Pflasterung wiedergegeben.

Spätere Geschichte

Um 1600 gehörte dieser Turm mit den umliegenden Weingärten Stephan Broelman, der als Professor der Rechte und langjähriger Dekan der juristischen Fakultät der Universität, als Ratsherr und Syndikus (Rechtsberater) der Stadt eine bekannte Persönlichkeit war. Er hatte sich den Turm als ,,Studiorum'' eingerichtet. Hier widmete er sich seinen Forschungen zur Geschichte Kölns. Der Druck eines vierbändigen Werkes über die Römer- und Frankenzeit scheiterte 1603 an der Finanzierung, dafür gelang es ihm 1608, eine Art Bildband zur römischen Geschichte der Stadt herauszugeben. Er ließ nicht nur die stadtbekannten römischen Reste wie den Römerturm oder den Marsilstein auf Kupferstichtafeln darstellen, sondern er zeigte auch die Steindenkmäler der verschiedenen privaten Sammlungen und deutete ihre Inschriften. Außerdem unternahm er den Versuch, Kölns Entwicklung in der Römerzeit in phantasievollen Rekonstruktionszeichnungen vorzustellen. So gibt es u. a. ein Blatt, das die Siedlung zur Zeit Caesars zeigt, dessen Brückenschlag er bei Köln vermutete, oder ein anderes, auf dem der emsige Aufbau der Stadt und vor allem die Errichtung der Mauer kurz nach der Gründung durch Agrippa dargestellt ist (Abb. 68).

Mauer 32

Zu diesem Teil der Befestigung konnte man vor Wiederaufbau des Mauritiussteinwegs den Stadtgraben in 20 m

Abb. 67. Stadtmauer im Bereich Reinoldstraße, Alexianerstraße, Mauritiussteinweg.

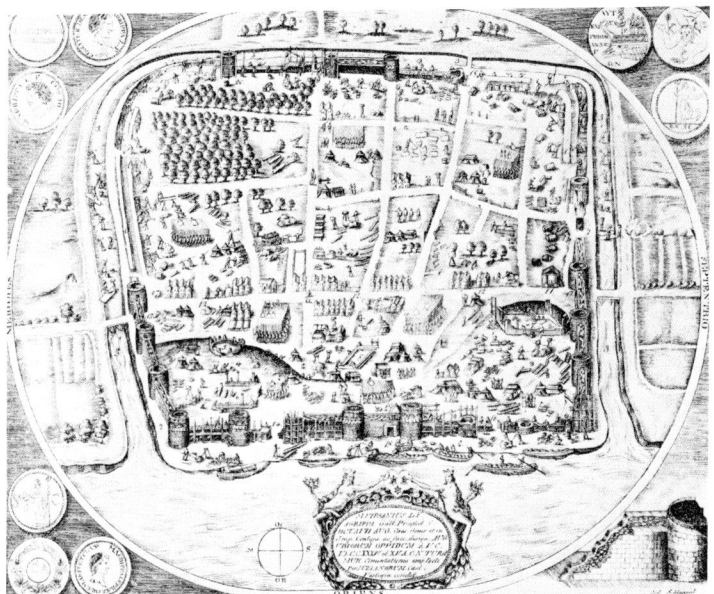

*Abb. 68. Phantasie-Ansicht der Stadt Köln kurz nach ihrer Gründung durch Agrippa.
Lithographie von Jod. Schlappal, 19. Jh. (25 x 37 cm) nach einem Kupferstich aus dem
Werk Epideigma (griech., etwa: Beispiele) .... von Stephan Broelman, 1608.*

Länge untersuchen. Auf die 0,95 m breite Ausschachtungsgrube für die Mauer folgte ein Geländestreifen von 3,70 m, an den sich der 12 m breite, etwa 3 m tiefe Graben anschloß.

Man sieht nach Süden weitergehend die Mauer sowohl von der Innen- wie von der Außenseite in einer Länge von 85 m. Zahlreiche Spuren von Einbauten erinnern daran, daß dieses Mauerstück, wie viele andere nach dem Krieg entdeckte Abschnitte der Stadtbefestigung, im Laufe der Zeit in die Wohnbebauung einbezogen worden war. Dort, wo die Mauer endet, wendet man sich wieder nach rechts zum Mauritiussteinweg, geht dann nach links bis zur nächsten Straßenecke und wieder nach links in die Straße Griechenpforte. Der Namen erinnert daran, daß unmittelbar neben dem nächsten Turm schon im frühen Mittelalter ein Tor entstand, das den Griechenmarkt mit den am Duffesbach liegenden Färber- und Gerbereibetrieben verband und das außerdem einen direkten Weg aus der Stadt hinaus zum Benediktinerkloster St. Pantaleon eröffnete.

Turm 33

Nachdem man die Straße überquert hat, steht man vor dem Rest des südwestlichen Eckturmes. Er hat die Grundrißform eines Normalturmes, der in die im Bogen von Norden nach Osten schwingende Stadtmauer eingefügt wurde.

Man sieht etwa ein Viertel des Turmrundes noch über 4 m hoch erhalten.

Mauer 34 (Abb. 69)

Zwischen der hoch gelegenen inneren Mauerstraße Alte Mauer am Bach und dem tiefer liegenden modernen Straßenzug Rothgerberbach/Blaubach/Mühlenbach schwenkt die Stadtbefestigung nun nach Osten. Die breite Verkehrsstraße, die man zusammenfassend heute Die Bäche nennt, verläuft im Bereich des römischen Stadtgrabens und des südlich daneben zum Rhein fließenden (heute unter der Straße kanalisierten) Duffesbaches.

Vor dem letzten Krieg war der Weg der Römermauer in der dichten Wohnbebauung nicht mehr zu erkennen. Als man dann nach der völligen Zerstörung dieses Stadtteils feststellte, daß die Mauer im Fundament und in einigen aufgehenden Teilen erhalten war, entschloß man sich, sie beim Wiederaufbau durch eine neue Ziegelwand wieder sichtbar zu machen. Südlich davon, am Rothgerberbach, wurden drei neue Wohnhochhäuser errichtet. Am besten folgt man zunächst der Straße Alte Mauer am Bach, steigt dann nach etwa 75 m die Treppe hinunter und geht an der Feldseite der Mauer weiter.

Man sieht, kurz bevor man das dritte Hochhaus erreicht, ein Stück der originalen Grauwackeschale der Stadtmauer mit dem typischen, hier aus drei Reihen Trachytsteinen gebauten Schrägsockel. In der über der Trasse der alten Mauer stehenden modernen Ziegelwand sind römische Architekturreste eingemauert, die man in der Nähe gefunden hat. Oben auf der Mauerkante ist das einzige original erhaltene Zinnenstück, ein oben abgerundeter 95 cm langer, 55 cm breiter und 40 cm hoher, stark verwitterter Tuffstein aufgesetzt worden.

Tor 35 – Neuntes Tor

Nur wenige Meter weiter nach Osten entdeckte man 1960 bei den Ausschachtungsarbeiten für das Hochhaus Rothgerberbach 2 unerwartet ein neuntes Stadttor. Bis dahin war man der Überzeugung, die römische Stadt habe zwar an der Ost- und Westseite je drei Tore gehabt, an der Nord- und Südseite aber nur je eins.

In einer lichten Weite von 5,80 m war die einzige Durchfahrt in die Mauer eingefügt. Der eigentliche Torbau ragte zur Feldseite wahrscheinlich etwa 1,50 m, zur Stadtseite in unbekannter Länge über die übliche Mauerstärke von 2,40 m hinaus. Fast in der Mitte der Tordurchfahrt verlief ein im Inneren 0,70 m breiter, 1,85 m hoher, gewölbter Abwasserkanal mit Gefälle zum Stadtgraben, der 8 m vor der Mauer in einer Breite von 8–10 m, bis zu 3,80 m tief ermittelt werden konnte.

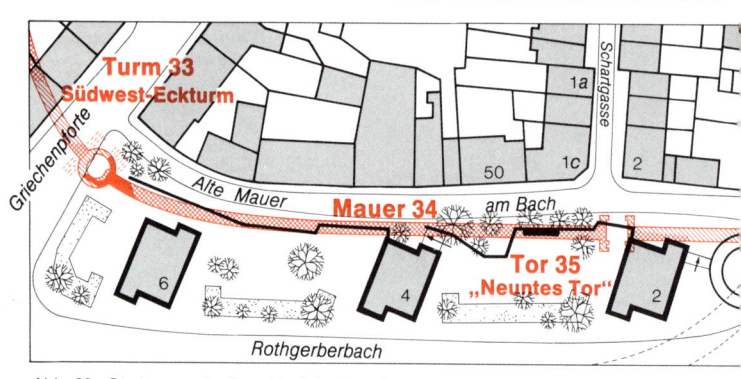

Abb. 69. Stadtmauer im Bereich Griechenpforte, Rothgerberbach, Alte Mauer am Bach,

Abb. 70. Stadtmauer im Bereich Blaubach, Bachemstraße, Neuköllner Straße,

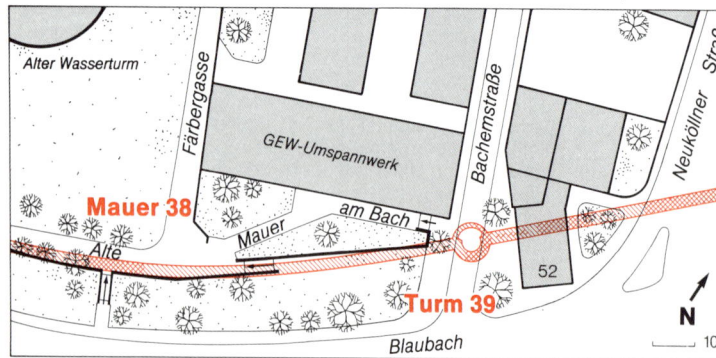

Man sieht in der zurückgesetzten modernen Mauer die Breite der ehemaligen Toröffnung von 5,80 m.

Mauer 36

Von der Poststraße an ist der Weg der Befestigung in der hohen Ziegelmauer weiterzuverfolgen.

Turm 37

Nördlich der Kaygasse wurden schon 1925 im Keller des damals dort stehenden Hauses Reste des Turmes entdeckt. Beim Wegräumen des Schutts nach dem Zweiten Weltkrieg schälte sich dann ein größeres, zusammenhängendes Stück von Mauer und Turm heraus, über dem der Neubau des Studentenheimes an der Kaygasse 1 auf hohe Stützen gestellt wurde. Bei den Ausschachtungsarbeiten wurde 1960 außerdem ein Stück Kanal (Br. 0.65, H. 1,50 m) entdeckt, durch den ein Teil der Abwässer aus dem weiter nördlich liegenden Thermenbezirk unter dem Turm her in den Duffesbach geleitet wurde. Im sog. Römerkeller des Hauses ist er noch in 4,60 m Länge erhalten.

Man sieht, nachdem man einige Stufen hinuntergestiegen ist, in den inneren Grundriß eines Normalturmes hinein. Der Übergang von der ursprünglich 2,40 m breiten feldseitigen Rundmauer durch einen Mauervorsprung in die nur 1,20 m breite, zur Stadtinnenseite gerichtete, ist gut zu erkennen. Vom anschließenden Rest der Mauer ist die stadtseitige Grauwackeschale mit dem typischen dreistufigen Sockel zu sehen.

Mauer 38

Auch auf dem folgenden Stück des Weges, das die Treppen hinauf und durch eine Parkanlage führt, gibt die

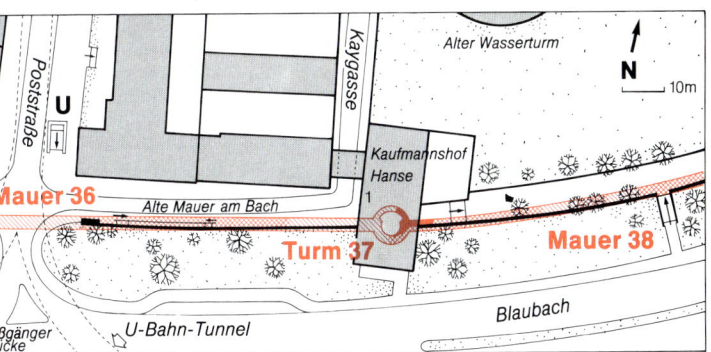

Poststraße, Blaubauch, Kaygasse, Kaufmannshof Hanse.

Krummer Büchel, Hochpfortenbüchel, Waidmarkt.

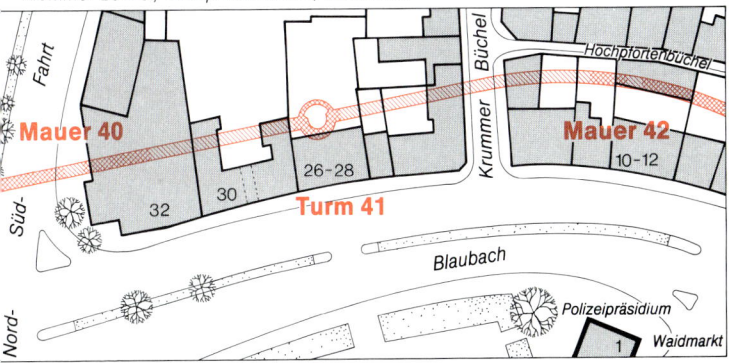

Ziegelwand den Verlauf der Stadtmauer an.

Turm 39 (Abb. 70)

Unter der Bachemstraße liegen noch Reste des nächsten Turmes, auf den man 1925 bei Kanalbauarbeiten stieß.

Mauer 40

1959 entfernte man 40 m des nächsten Mauerabschnittes für den Durchbruch der Nord-Süd-Fahrt (hier Neuköllner Straße). Bei den Ausschachtungsarbeiten für den Neubau Neuköllner Straße/Blaubach wurden 1979 weitere Stücke vom Gußmauerkern der Römermauer weggeräumt.

Turm 41

Von diesem Turm, der auf dem Grundstück Blaubach 28 gestanden hat, gibt es nur die Nachricht, daß der Eigentümer ihn gegen 1883 abbrechen ließ.

Mauer 42

Etwa 10 m hinter der Häuserfront am Blaubach, dann weiter östlich zwischen Blaubach und Hochpfortenbüchel, verlief die Mauer weiter.

Spätere Geschichte

An der Ecke Blaubach/Hohe Pforte hatte der Ratsherr Hermann von Weinsberg, dessen Tagebücher die hervorragendste Quelle für das Leben in Köln im 16. Jh. sind, mit der Zeit einige Häuser zu einem großen Anwesen vereint. Er beschreibt die alte Stadtmauer als Rückwand seiner Häuser am Blaubach und erwähnt mehrfach einen Turm am Büchel, den er für einen alten Stadtturm hält. Die Tagebuchnotizen Weinsbergs führten um 1900 zu der Vermutung, daß hier zwischen Blaubach und Hochpfortenbüchel, wenige Meter vom Tor an der Hohe Pforte, noch ein weiterer Turm der römischen Stadtmauer gestanden habe. Diese Annahme hat sich aber bisher nicht bestätigt.

Tor 43 – Südtor

Wenn es auch außer ein paar ungenauen Berichten über die Auffindung von Mauerresten im Jahre 1881 keinerlei Nachrichten zu diesem Tor gibt, so kann man doch davon ausgehen, daß es eine ähnliche Gestalt und Bedeutung wie das Nordtor (Tor 1) gehabt hat. Da die Hohe Pforte als Verlängerung der Hohe Straße bis heute den Weg des Cardo Maximus (→ Abb. 1) bezeichnet, die breite Verkehrsstraße Blaubach im Zuge des römischen Stadtgrabens liegt, ist die Lage des Tores unter der Fahrbahn und den anliegenden Häusern der Hohe Pforte wenige Meter vor ihrer Einmündung in den Blaubach zu vermuten. Vom Südtor der römischen Stadt aus erreichte man Bonn, das obere Rheintal, die Alpen und nach vielen Tagereisen schließlich Rom. Der Weg nach Süden führte über eine mehrfach erneuerte und verbreiterte Straße durch eine lebhafte Vorstadt (heute das Viertel um St. Georg → S. 247), weiter durch das große südliche Gräberfeld, wo aufwendige Grabbauten die Straße säumten. Dort, an der heutigen Severinstraße wurden nicht nur die Steine des Publiciusgrabmals (→ S. 13), sondern auch die gläsernen Schuhe (→ S. 106) und das Goldarmband mit Smaragden (→ S. 69) gefunden. Dort entstand, etwa 2 km vom Südtor entfernt die kleine Kapelle, über der die Kirche St. Severin errichtet wurde (→ S. 208).

Mauer 44

Von der Hohe Pforte aus verläuft die Mauer auf der rückwärtigen Grundstücksgrenze Mühlenbach, etwa 8 m nördlich der Straße. Östlich von Nr. 17

Abb. 71. Stadtmauer im Bereich Blaubach, Hohe Pforte, Mühlenbach, Marienplatz,

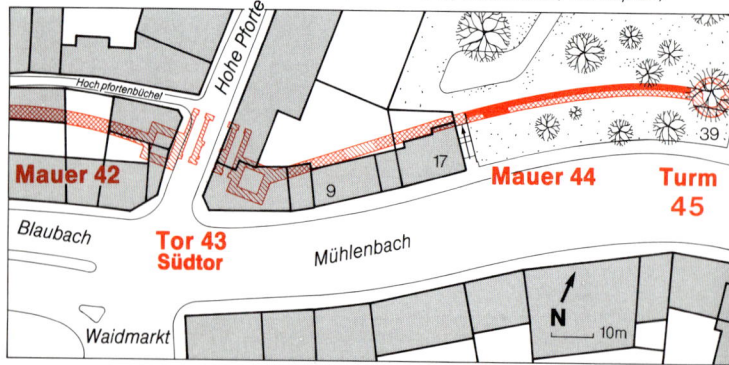

wird sie in einem längeren Stück sichtbar.

Man sieht meist nur noch den Guß-kern mit den Spuren späterer Einbauten. Lediglich am westlichen Ende dieses Abschnitts hat man 1979 ein Stück der Mauer neu verblendet und dabei wenige erhaltene Stellen der originalen Mauerschale mit einbezogen. Von hier aus ist außerdem der Höhenunterschied zwischen der natürlichen Terrasse, auf der die römische Stadt gegründet wurde, und dem Tal des Duffesbaches, in dem seit dem Mittelalter die Straße verläuft, gut zu erkennen. Bis heute stützt die Römermauer die höher liegenden Grundstücke an ihrer Nordseite gegen das mehrere Meter tiefer liegende Gelände an ihrer Südseite ab.

Turm 45

Am Ende des 19. Jh. entdeckte man beim Neubau eines Hauses auf dem Grundstück Mühlenbach 39 den Rest eines Turmes. Obwohl dieses Stück der Befestigung heute offen liegt, ist keine Spur des Turmes mehr zu entdecken.

Mauer 46

Vom Hause Mühlenbach 49 an ist die Römermauer von den nach dem Krieg errichteten Häusern wieder überbaut.

Man sieht, wenn man durch die Toreinfahrt im Haus Nr. 57 geht, sich dann nach links in den Hof wendet, an der Rückseite von Nr. 51 ein 11 m langes, acht Grauwackeschichten hohes Stück der inneren Mauerschale.

Auf die Straße zurückgekehrt, geht man nach Osten weiter und biegt dann links ab. Unter dem Eckhaus befindet sich die Südost-Ecke der Stadtmauer.

Turm 47 – Ubiermonument

An der Malzmühle 1, neben dem Kiosk. Öffnungszeiten: An jedem 2.Sonntag im Monat ist um 10,30 Uhr eine Führung; weitere Besichtigungsmöglichkeiten im aktuellen Programm der Kölner Museen und unter Tel. 2214542

Weg ab Dom/Hbf.: *Zu Fuß vom Roncalliplatz an der Dom-Südseite nach links (Richtung Rhein), an der 2. Ecke nach rechts in die Bechergasse, geradeaus weiter über Alter Markt, Heumarkt, durch die Unterführung der U-Bahn-Haltestelle Heumarkt. Nach Überqueren der Pipinstraße (Ampeln) weiter über die leicht nach rechts schwenkende Straße Am Malzbüchel zur Straße An der Malzmühle (1km).* **Bus 132** *(Haltestelle gegenüber „Alt Köln", unter der Terrasse nordwestlich des Domes) bis Heumarkt (7 Min.)*

Entdeckung und Erhaltung

Obwohl man im 19. Jh. den Verlauf der Süd- wie der Ostmauer genau bestimmt hatte, blieb die Frage nach der Südost-Ecke der Befestigung unbeantwortet. Untersuchungen, die man am Ende des 19. Jh. unternahm, brachten kein Ergebnis, weil man nicht tief genug ausschachtete. Erst als 1965 an dieser Stelle ein Neubau errichtet wurde, war es möglich, tiefer zu graben.

Dabei entdeckte man einen z. T. noch über 6,50 m aufrecht stehenden Bau aus mächtigen Tuffsteinblöcken, an den die Stadtmauer offensichtlich spä-

An der Malzmühle Königstraße, Rheingasse.

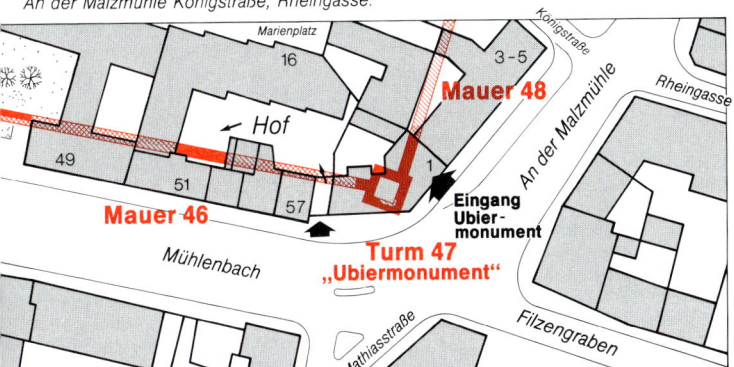

ter angesetzt wurde. **Die Vermutung, daß dieser Turm in der Zeit des Oppidum Ubiorum errichtet worden war, führte zu dem Namen Ubiermonument.**

Die eindrucksvollen Reste von Turm und Stadtmauer wurden mit Betonkonstruktionen überbaut, die das darüber errichtete fünfstöckige Wohnhaus tragen. Neben den alten Mauern entstand ein kleines Museum, in dem u. a. mehrere Steinlagen eines Brunnens, Eichenpfähle aus der römischen Uferbefestigung und zahlreiche Architekturreste ausgestellt sind.

Bauweise, Alter und Funktion

Rund um den Turm, auch an der Nordwest-Ecke, die später innerhalb der COLONIA lag, wurde angeschwemmter Schlick gefunden. Das beweist, daß das Bauwerk nahe am Rheinufer und wenigstens zeitweise im Wasser gestanden haben muß (→ S. 222). Zur Gründung wurden zunächst 10 – 20 cm dicke, 2 m lange Eichenpfähle im Abstand von 40 cm zueinander in den Kies gerammt. Darüber liegt eine 22 cm dicke, 10,90 x 10,60 m große Fundamentplatte aus Grauwackestücken verbunden mit Kalkmörtel. Auf dieser etwa 39 m ü. NN liegenden Ebene steht zunächst ein Sockel von 9,70 x 9,40 m, der weiter oben auf einen Grundriß von 8,96 x 8,96 m zurückspringt.

Die dendrochronologische Untersuchung (→ S. 227) der Eichenpfähle zeigte, daß das Holz im Jahre 4 n. Chr. gefällt worden sein muß. Damit ist sicher, daß der vielleicht als Wachoder Leuchtturm am Rhein genutzte Bau schon zur Zeit des OPPIDUM UBIORUM errichtet worden ist.

Nach der Gründung der COLONIA im Jahre 50 n. Chr. nutzte man dann zumindest die unteren, bis heute erhaltenen Quaderschichten dieses Hafenturms als Südost-Ecke der neuen Befestigung. Während die Ostmauer unmittelbar neben der Nordost-Ecke an den alten Bau anschließt und so, vom Rhein gesehen, zusammen mit seiner Fassade eine durchgehende Front bildete, stößt die Südmauer etwa in der Mitte der westlichen Turmseite an. Die Untersuchungen ergaben, daß man hier die 3 m breite Mauer einer Mole, die in der ersten Hälfte des 1. Jh. Turm und Ufer miteinander verband, als Fundament der COLONIA-Mauer nutzte. Um das Gelände in der neu entstandenen Ecke der Befestigung dem der übrigen Stadt anzugleichen, schüttete man es um mehrere Meter an.

Gestalt und Bedeutung

Da die Grundfläche des Monumentes fast 10 × 10 m beträgt, ist eine ursprüngliche Höhe von mindestens 12 m vermutet worden. Mehrere Säulentrommeln, die im Auffüllschutt der Stadtmauerecke gefunden wurden, könnten Reste einer Säulenstellung gewesen sein, mit der das Obergeschoß des Turmes geschmückt war.

Aus der Beobachtung, daß die Rheinmauer der COLONIA offensichtlich in ihren obersten erhaltenen Teilen über die Abbruchkante des Turmmassivs hinüberging, kann man schließen, daß große Teile des älteren Mauerwerks um 50 n. Chr. schon abgebrochen waren. Wie die Mauerecke dann während der Zeit der COLONIA gestaltet war, ist bisher noch ungewiß.

Weder in Köln noch in anderen Teilen der ehemaligen römischen Provinzen diesseits der Alpen hat man bis heute ein ähnliches aus großen Quadern errichtetes Bauwerk vom Beginn des 1. Jh. n. Chr. entdeckt. Damit ist das sog. Ubiermonument das älteste bekannte Zeugnis der hochentwickelten antiken Bautechnik im Norden Europas.

Rundgang (Standorte 1–5 in Abb. 72)

1 Die Nordwand des Monumentes ist in ihrer gesamten Breite erhalten. Auf dem (nicht sichtbaren) Betonfundament ist ein 1,50 m hoher Sockel aus drei Schichten von Tuffquadern unterschiedlicher Länge aufgebaut. Darüber liegen, leicht zurückgesetzt, noch 8 bzw. 9 Schichten mächtiger Buckelquader, die ohne Mörtel aufeinandergesetzt und nur mit Eisenklammern auf der Oberseite der Steine untereinander verbunden sind. Die obersten beiden Quaderreihen sind in späterer Zeit einmal zurückgearbeitet und verputzt worden.

Links vom Standort bildet die aus Grauwackesteinen aufgebaute Rheinmauer der römischen Stadtbefestigung die Begrenzung des Museumsraumes. Die ungewöhnliche Tiefe und die von anderen bekannten Mauerstücken z. T. abweichende Bauweise ist dadurch zu erklären, daß sie an den im Uferbereich des Rheinbettes stehenden älteren Turm angefügt wurde. Der 2,80 m hohe, mit Grauwackebrokken durchsetzte Sockel aus Gußmauerwerk endet mit einem waagerechten Absatz. Darüber ist die etwa 25 cm zurückgesetzte Mauerschale aus zunächst größeren, weiter oben aus den für die Stadtmauer typischen handlichen Grauwackequadern sauber aufgemauert.

Deutlich ist zu sehen, daß die Römermauer fast in der gesamten Höhe mit einer glatten Fuge an den Turm angesetzt ist, lediglich die oberste erhaltene Grauwackeschicht geht über die Quaderwand hinweg.

Fünf Schichten über dem Absatz ist ein mit einem halbrunden Bogen überspannter, niedriger Tunnel durch die Rheinmauer hindurchgeführt. Seine Öffnung wurde, wahrscheinlich in spätrömischer Zeit, durch Hineinstellen großer Steine zu einem engen Durchlaß verkleinert. Hier mündete, etwa 0,50 m unter der Mauerstraße, ein **Abwasserkanal** in den Rhein (→ S. 243).

2 Die Westwand des Monumentes ist nur an der Ecke nach Norden noch in 12 Quaderschichten, d.h. in fast 6,50 m Höhe erhalten. Im zweitobersten Eckstein ist ein vielleicht als Steinmetzzeichen zu deutender Winkelhaken eingemeißelt.

Unterhalb des modernen Steges, etwa 3,50 m von der Nordwest-Kante des Turmes entfernt, erkennt man ein Stück der offensichtlich zusammen mit der Quaderwand errichteten Mole.

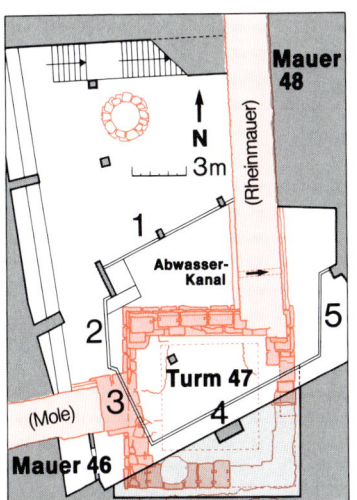

Abb. 72. Ubiermonument innerhalb des Ausstellungsraumes.

Über einer Schicht unregelmäßiger Grauwackesteine liegen drei große Tuffquader übereinander. Der unterste ragt in die Turmwand hinein, der obere und wohl auch der mittlere waren durch Klammern auf der Oberseite mit den angrenzenden Steinen des Monumentes verbunden. Mehrere darüber aufgebaute Schichten aus Grauwacke, einige unter dem modernen Steg, 10 Lagen darüber, scheinen ebenfalls zum älteren Molenbau zu gehören. Darüber beginnt dann die südliche Stadtmauer (46). Der Dreistufensockel, der die Laufhöhe der inneren Mauerstraße angibt, befindet sich kurz unter der modernen Betondecke.

Geht man weiter, so sieht man den Gußbetonkern von Mole und Stadtmauer in der ganzen Breite. An der Farbe des Mörtels sind deutlich zwei Bauabschnitte zu erkennen: Im unteren Teil hat er durch Beimischen von Ziegelsplitt eine rosa Färbung, im oberen ist er grau. An der Feldseite des Mauer ist die Grauwackeschale zerstört. Der Schrägsockel ist auf der selben Ebene wie der innere Dreistufensockel in der Form des Betonkerns schwach zu erkennen.

3 Die Südwand des Ubiermonumentes ist bis auf wenige Quader der untersten Mauerschicht zerstört, die Steine wurden in nachrömischer Zeit ausgebrochen und für andere Bauten wiederverwandt. An der Südwest-Ecke durchbrach man im Mittelalter das Fundament, um einen Brunnen anzulegen.

4 Die Innenseite der Turm-Nordwand betrachtet man am besten vom südlichen Steg aus. Da die nach außen zu einer geschlossenen, exakt ausgerichteten Wand zusammengefügten Quader im Inneren in ihren unterschiedlichen Ausmaßen und Formen belassen wurden, ist anzunehmen, daß der gesamte untere Teil des Baus mit einem fest eingestampften, von Trachyt- und Grauwackebrocken durchsetzten Beton gefüllt war, so wie er heute noch in Resten erhalten ist.

5 Die Ostwand steht nur noch in ihrem nördlichen Teil. 2,50 m von der Nordost-Ecke entfernt ist über der zweiten Schicht des Fundamentsockels eine etwa 1,50 × 1,50 m große Plattform ausgespart. Möglicherweise war hier eine hölzerne Landungsbrücke aufgesetzt. Unmittelbar an der Kante nach Norden setzt die rheinseitige Stadtmauer an. Der schon an der Innenseite der Befestigung beobachtete Kanaldurchlaß hat hier seine Öffnung zum Fluß.

Mauer 48

Vom Ubiermonument aus verlief die Befestigung im Ostabhang der Stadtterrasse in unmittelbarer Nähe des Rheinufers. Auf weite Strecken fand man weiter westlich, höher in den Hang gebaut, eine zweite parallele Stützmauer, die den Erddruck des Abhangs aufhielt.

Das erste Stück der Rheinmauer von Süden war nur etwa 50 m lang. Es führte im rückwärtigen Teil der Grundstücke Malzmühle 3–5 bis in die Königstraße.

Tor 49 – Südliches Rheintor

Am Ende des 19. Jh. entdeckte man bei Kanalbauarbeiten in der Königstraße eine einfache, 5,50 m breite Tordurchfahrt. Ein Teil der Südwand fand sich unter der Straße, die Reste des nördlichen Torgewändes waren im Keller des Hauses Königstraße 3 verbaut. Neue Untersuchungen, die man 1960 bei der Entschuttung dieses Grundstückes machte, deckten dicht neben der Toröffnung die Südost-Ecke des zum Capitolstempel gehörenden Hofes auf (→ S. 245). Die durch das Tor hindurchführende Straße ließ sich nach Osten bis in die heutige Rheingasse hinunter verfolgen. Spätestens seit dem 3. Jh. mit Säulenbasalten gepflastert, scheint der Weg als Damm durch das sicher häufig überflutete Ufergelände bis zu einer Schiffslandestelle geführt zu haben. Zum Stadtinneren stieg die Straße, genau wie heute, stark an. Dort, wo 100 m weiter westlich die Kasinostraße in den Marienplatz einmündet, fand man das römische Straßenpflaster 5,50 m höher, als im Bereich der Tordurchfahrt.

Mauer 50

Man geht in der Königstraße einige Meter nach Westen, biegt dann rechts ab und erreicht über einige Stufen das Dreikönigenpförtchen.

Durch das kleine, um 1330 errichtete Tor betrat man im Mittelalter den Friedhof (Leichhof) des Damenstiftes St. Maria im Kapitol. In einer Nische über dem Durchgang ist die Anbetung der Heiligen Drei Könige dargestellt. Die originalen Steinfiguren, seit dem 23. Juli 1981 durch Kopien

ersetzt, werden im Schnütgenmuseum aufbewahrt (→ S. 250).

Lichhof

Der Weg der Stadtmauer läßt sich im Zuge der Häuserfront am Lichhof weiterverfolgen. Die Treppenanlage in der Plectrudengasse führt vom Rhein her über ihre Abbruchkante hinweg auf das im Bereich des Stiftes angewachsene Gelände hinauf. 8,50 m westlich, dicht vor dem Ostchor der Kirche, stellte man eine Stützwand fest, die, in 69 m Länge erfaßt, parallel zur Stadtmauer und der an diese angelehnten Hofmauer des Tempelbezirkes in den Abhang gesetzt wurde.

Nördlich der Plectrudengasse ist unter dem anschließenden Gebäudekomplex ein Stück der Römermauer als Westwand der Tiefgarage erhalten.

Die Garage ist zu erreichen durch die Autoeinfahrt an der Plectrudengasse oder durch die Treppenhäuser der Gebäude Vor St. Martin 1 oder Pipinstraße 16.

Man sieht dort den rheinseitigen **Auslaß eines Abwasserkanals,** der ehemals außen an der nördlichen Umfassungsmauer des Tempelbezirkes entlangführte (→ Abb. 73).

Geht man auf dem Lichhof in nördlicher Richtung weiter, so kommt man an eine Treppe, die auf die Pipinstraße hinunterführt. Hier wurde 1978 vor dem Bau eines neuen Kanals ein unter der Straße noch gut erhaltenes Stück der Stadtmauer entfernt.

Augustinerstraße

Unmittelbar westlich des Turmes Klein St. Martin verläuft die Mauer weiter. 1980 wurde die U-Bahn-Haltestelle Heumarkt in der Augustinerstraße so angelegt, daß die von der Deutzer Brücke kommende Straßenbahn eines Tages unterirdisch in Richtung Neumarkt weiterfahren kann. Westlich an die Bahnsteige anschließend baute man ein Stück Tunnel, das vorläufig noch nicht benutzt wird, da die Bahn zunächst weiter oberirdisch fährt. Wie vermutet, kamen bei den Tiefbauarbeiten nicht nur die Stadtmauer, sondern 8 m weiter westlich Stützkonstruktionen zu Tage, die zum großen Teil schon aus Zeichnungen des späten 19. Jh. bekannt waren. Die 2,30 m breite, in den Rheinabhang gesetzte Wand hatte nach Osten, im Abstand von 3,50 m zueinander Mauervorsprünge von 1,10 m Breite. Nach Westen, zur Stadt gerichtet, waren mindestens zwei, ebenfalls 1,10 m starke halbkreisförmige Stützmauern angefügt. Neben der nördlichen wurde ein nach Westen abknickendes Fundament beobachtet. Zusammen mit einer 1978 in der Pipinstraße gefundenen Mauerecke und einem nordsüdlich verlaufenden Mauerzug, der 1939 in der kleinen Sandkaul ausgegraben worden war, ließe sich ein zum Rhein abgestütztes Podium, ähnlich dem des benachbarten Capitoltempels rekonstruieren.

Möglicherweise hat hier, zwischen Capitol und Marstempel (→ S. 257), ein weiterer römischer Tempel gestanden.

Die 1974 in der Römerillustrierten vorgetragene Vermutung, die halbrunden Mauerverstärkungen seien Teile eines Bühnentheaters gewesen, hat sich durch die neuen Ausgrabungen nicht bestätigt (Rö. 161).

Martinstraße

Am Beginn der Martinstraße liegt die Stadtmauer zwischen dem westlichen Häuserblock und der U-Bahn-Treppe, weiter nach Norden unmittelbar vor der Westwand des Hauses Nr. 10.

Nach Unterqueren der Gürzenichstraße geht ihr Weg unter dem östlichen Bürgersteig weiter (Abb. 75). Beim Bau des Hauses Martinstraße 26 setzte man 1960 die Fundamente der Straßenfront unmittelbar neben die Rheinseite der Römermauer. Unter dem Eckgrundstück Martinstraße 40/42 bog die Mauer leicht nach Osten ab.

Tor 51 – Mittleres Rheintor (Abb. 75)

Dort, wo heute die Straße Obenmarspforten in den Marsplatz mündet, lag das wichtigste Tor der Ostmauer. Am Weg vom Cardo Maximus (Hohe Straße) zum Tor hinunter lagen im Norden die Praetoriumsbauten (→ S. 158), nach Süden schloß sich wahrscheinlich der Bezirk des Marstempels an (→ S. 257). Östlich der Pforte bestand mit einiger Sicherheit ein Überweg zur vorgelagerten Rheininsel, von der sich dann ab 310 die Brücke über den Strom zum Deutzer Kastell spannte (→ S. 224, 225). Das Rheintor des rechtsrheinischen Soldatenlagers wurde in einer Entfernung von 750 m fast

Abb. 73. Stadtmauer im Bereich An der Malzmühle, Königstraße, Maria im Kapitol, Pippinstraße, Augustinerstraße, Martinstr.

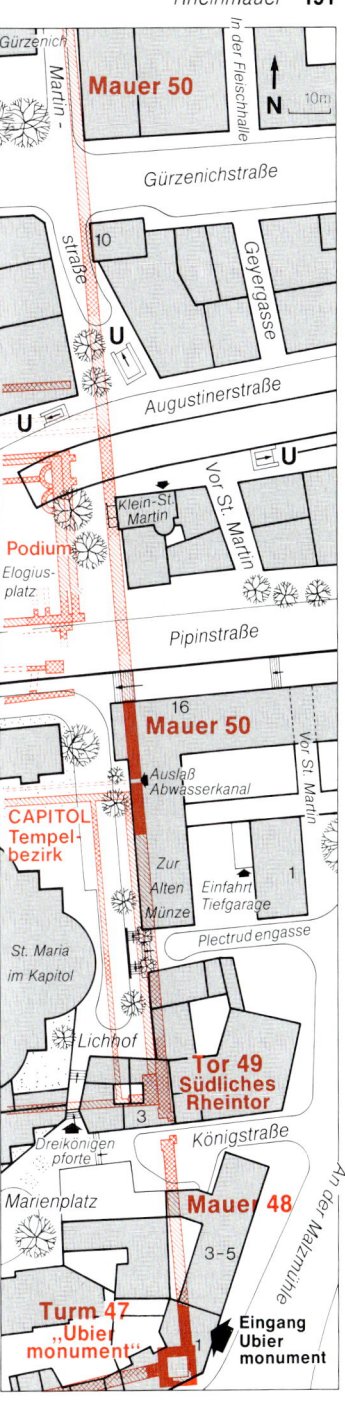

genau östlich des Marstores angelegt. Über die Gestalt des römischen Tores ist wenig bekannt. Bei Kanalbauarbeiten entdeckte man lediglich ein 6 m langes, zur Feldseite der Mauer im rechten Winkel stehendes Fundament. Es könnte zu einem nach Osten vorragenden Torbau mit einem Durchgang gehört haben.

Spätere Geschichte

Bei der ersten Stadterweiterung wurden Nord- und Südmauer bis zum Rhein verlängert und am Ufer eine Befestigung errichtet. Die neue Vorstadt auf der ehemaligen römischen Insel (→ S. 122 und 222) entwickelte sich zu einem Kaufmannsviertel, dessen wichtigster Zugang aus der Stadtmitte das nun **Porta Fori** genannte Tor war. Im 11. und 12. Jh. bezeichnet man es

---

Die Inschriften des 16. Jh.:

Aedibus his phano martis celeberrima porta
Astitit, hanc urbis struxit Agrippa parens.
Addidit illustreis aras, ubi jura ferebant
Bellorum et stabant fixa trophaea Diis.
Hic gladius magni fuerat suspensus Iuli,
Silvius et quo se foderat ensis Otho.

Hier stand ein Tor, hochberühmt wegen des Marsheiligtums in seiner Nähe, Agrippa, der Vater der Stadt, erbaute es. Er fügte berühmte Altäre hinzu; dem Kriegsrecht gemäß standen dort Siegeszeichen für die Götter. Hier war das Schwert des großen Julius (Caesar) aufgehängt und auch der Dolch, mit dem sich Silvanus Otho durchbohrt hatte.

Heute liest man nur noch

Porta Michaeli Christo regnante dicatur
Sanguinei Martis cum simulachra labant
Ast obscura fuit moles et inutilis urbi
Translatis igitur fit via plana sacris
Ut jam Mavortis sunt diruta moenia portae
Dextera sic urbem servet ab hoste Dei
Renovatum Anno MDCCCLXVIII

Michaelstor wird es unter der Herrschaft Christi genannt, als die Standbilder des blutrünstigen Mars fallen. Dann war der Bau dunkel und nutzlos für die Stadt. Nach der Übertragung der Heiligtümer (aus der Kapelle) entsteht nun ein ebener Weg. Nun, da die Mauern des Marstores zerstört sind, möge die Rechte Gottes die Stadt vor dem Feinde schützen.
Erneuert im Jahre 1868

Abb. 74. Figuren des Mars und Michael mit zugehörigen lateinischen Inschriften, Lithographien aus einer Sammlung von Beiträgen zur Geschichte Kölns von F. Wallraf 1818.

Porta Mercatorum, Marcporze oder **Martporta,** dann aber auch wieder ins Lateinische übertragen: **Porta Martis.** Die Namen sind einmal durch die Funktion des Tores als Durchfahrt zum Markt zu erklären, zum anderen setzt sich aber die Bezeichnung *Marspforte* mit der Zeit durch. Man hat daraus geschlossen, daß es Anhaltspunkte dafür gab, den Marstempel in unmittelbarer Nähe zu vermuten (→ S. 257).

Während des Mittelalters befand sich im Obergeschoß des Tores eine Michaelskapelle, in der der Rat bis 1426 seine gemeinsamen Gottesdienste feierte. (In diesem Jahr wurde die anstelle der alten Synagoge entstandene Kirche St. Maria in Jerusalem als Ratskapelle geweiht, → S. 171, Abb. 88; S. 180.)

Der Ratsherr Hermann von Weinsberg vermerkt in seinem Tagebuch, daß die Marspforte auf einen Ratsbeschluß hin 1545 abgebrochen worden sei. Nach seinen Eintragungen besaß sie zwei Bogen aus Drachenfelser Stein und war darunter ständig voller Schmutz und Gestank, weil jeder seinen Unrat dort ablud.

1558 brachte man zur Erinnerung an das alte Tor links und rechts der Straße eine Michaels- und eine Marsstatue mit lateinischen Inschriften an (Abb. 74). Die beiden Steintafeln wurden im 19 Jh. nochmals erneuert.

Heute ist nur noch das Podest der Michaelsfigur und die dazugehörige Gedenkplatte erhalten. Man hat sie nach dem Krieg dort, wo das Marstor vermutlich stand, in die nördliche Häuserfront eingemauert.

Mauer 52 (Abb. 75)

Auf der Grundstücksgrenze zwischen dem Rathausverwaltungsbau an der Judengasse und dem anschließenden Weinhaus am Marsplatz ist vom Gastkeller des Restaurants aus ein Rest der Stadtmauer zu sehen. Im nicht öffentlich zugänglichen Keller des Rathauses ist ein weiteres Stück der Mauer erhalten. Hier dient die römische Stadtbefestigung als Fundament der östlichen Längswand des mittelalterlichen Hansasaales. Als man im 15. Jh. den Rathausturm errichtete, überbaute man sie schräg unter ihm hindurchlaufende Römermauer, ohne sie für das Turmfundament zu nutzen. Die Mauer verläuft weiter unter der Front der östlichen Häuserzeile der Bürgerstraße und der Straße Unter Taschenmacher. In einigen Kellern ist sie in Resten erhalten.

Abb. 75. Stadtmauer im Bereich Martinstraße, Rathaus, Bürgerstraße.

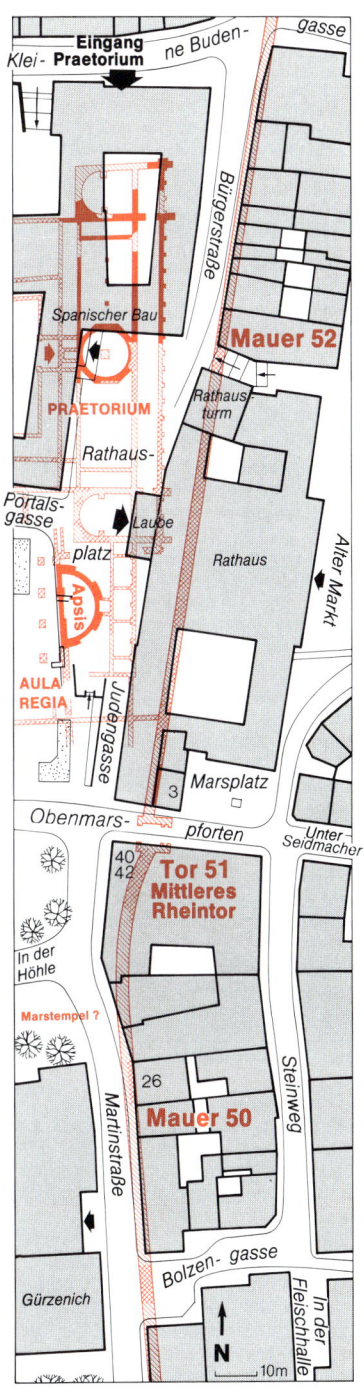

Spätere Geschichte

In der Bechergasse, östlich des RGM-Verwaltungsbaues, wurde die Stadtmauer 1163 zum Fundament für die rheinseitige Front des von Erzbischof Reinald von Dassel erbauten Palastes, der sich in etwa 80 m Länge die heutige Straße Am Hof hinauf bis zur Einmündung der Straße Unter Goldschmied erstreckte. 1674 wurde er wegen Baufälligkeit abgebrochen, nur die zum Palast gehörende Thomaskapelle blieb erhalten. Sie war nach wechselvollem Schicksal von 1858 bis in den 2. Weltkrieg Teil des Erzbischöflichen Diözesanmuseums, das sich heute in einem neuen Haus etwa an der gleichen Stelle befindet.

Tor 53 – Nördliches Rheintor

Dort, wo sich heute die rheinseitige Einfahrt in die Dom-Tiefgarage befindet, entdeckte man 1969 bei den Ausschachtungsarbeiten für den Bau des RGM das Stück einer römischen Straße (→ S. 120, Abb. 54, 20). Die Pflastersteine aus Basalt wurden 1974 einige Meter weiter südlich neben dem Museumsbau neu verlegt.

Von dem zugehörigen Stadttor ist bis heute sehr wenig bekannt. Als man am Ende des 19. Jh. eine aus vier Lagen von Kalksteinquadern gefügte Mauerecke „in der Bechergasse nahe der Bischofsgartenstraße" fand, vermutete man dort das römische Tor. Hier war außerdem seit dem Mittelalter im Zuge der alten Stadtmauer eine Tordurchfahrt gewesen, die 1897 abgebrochen worden war. Diese sog. **Drachenpforte** führte unter den nördlich an den Bischofspalast anschließenden Gebäuden hindurch vom Domhof zum Rhein.

Südlich der Einfahrt von der Bechergasse in die Dom-Tiefgarage erinnert eine weiße Fläche im Bürgersteig an die Lage dieses Tores.

Mauer 54

Im Winter 1980 wurde ein mehr als 40 m langes, in Höhe von 1–1,5 m über Fundament erhaltenes Stück der Stadtmauer ausgegraben (→ S. 121) und 1981 restlos abgebrochen!

Die Befestigung lief hier im spitzen Winkel auf die Nordmauer zu. Das 1,30 m hohe Fundament bestand aus zwei Schichten großer Grauwackebrocken, die in einen mit Holz versteiften Graben gesetzt und mit einer Beton-Schicht (opus caementicium)

abgeglichen worden waren. Das aufgehende Mauerwerk war in der üblichen Weise gebaut, wenn auch in den oberen Schichten auf weite Strecken mit Tuffsteinen und sogar Ziegeln geflickt. Wie an anderen Stellen der Rheinfront wurde schon 1893 in 22 m Entfernung im ansteigenden Hang eine Stützmauer entdeckt. Eine 3,50 m breite Pforte führte über drei ausgetretene Stufen in das Gelände zwischen beiden Mauern hinunter. Die Ausgrabungen zeigten, daß sich hier in römischer Zeit viele Schlammschichten, durchsetzt mit Keramik und Pflanzenresten gebildet hatten. So erscheint die bisherige Vorstellung von einem kleinen „Hafenmarkt" in diesem immer feuchten oder sogar schlammigen Gebiet nicht mehr wahrscheinlich.

Spätere Geschichte

1059 entstand östlich des Domes die Stiftskirche Maria ad Gradus (an den Treppen), deren um 1400 neu gebauter Chor über die Stadtmauer hinwegging.

Im 19. Jh. wurde der „Hügel", der seit römischer Zeit im Osten des Domes angewachsen war, nach und nach wieder abgetragen. 1817 zerstörte man zunächst die Kirche Maria ad Gradus, die der schon seit Aufhebung des Stiftes im Jahre 1802 kein Gottesdienst mehr stattfand und die außerdem den ungehinderten Blick vom Rheinufer auf den Chor des Domes verstellte. In den folgenden Jahren wurden die Fundamente von Chor und Querhaus gesprengt und eine Straßenverbindung vom Alter Markt zur Trankgasse an der Nordseite des Domes hergestellt. 1848 beseitigte man schließlich auch die Westchor-Fundamente der Stiftskirche. 1866 wurde das Gelände unmittelbar östlich des Domchores ebenfalls abgesenkt und eine Treppenanlage von der Bechergasse zum Domsockel geschaffen. Am Fuße des Aufgangs errichtete man den Petersbrunnen. 100 Jahre später wurde nochmals tiefer gegraben. Es entstand ein (vorläufig noch nicht benutztes) Stück U-Bahn-Tunnel und darüber die neue Fahrbahn der Bechergasse. Nachdem 1966 die Domplatte nördlich und östlich des Chores fertiggestellt war, bekam der Petersbrunnen seinen heutigen Platz neben der Sakristei.

Zwei wichtige Funde

Bei Anlage der Treppe entdeckte man 1866 einmal die frühchristliche Taufkapelle, zum anderen die Bauinschrift des Mercurius-Augustus-Tempels, die man fast 100 Jahre später dem 1960 unter dem Dom entdeckten Tempel zuordnete (→ Abb. 54, 5; S. 97, 183).

Turm 55 – Nordöstlicher Eckturm

Unter der Brückenrampe, im Bereich der ersten beiden Bundesbahngleise befand sich die Nordost-Ecke der Stadtbefestigung.

Spätere Geschichte

Als in der Mitte des 19. Jh. beim Abtragen des Domhügels die bis dahin in der Anschüttung der Jahrhunderte verborgene Turmruine zutage kam, sprengte man sie, ohne eine Zeichnung oder auch nur eine Beschreibung davon gemacht zu haben. Es gibt lediglich einen Augenzeugenbericht von der Sprengung, in dem von ,,colossalen 2,50 m dicken Mauern'' die Rede ist. Offensichtlich entfernte man die Trümmer aber nur dort, wo sie oberhalb der neuen Geländehöhe sichtbar waren.

1859 nahm man den neuen Central-Personen-Bahnhof und die Dombrücke, von der zunächst nur zwei Gleise über eine Rampe in den Bahnhof führten, in Betrieb. Schon 1892 wurde das Eingangsgebäude des Hauptbahnhofes neu gebaut und die Gleisanlagen zwischen Station und Brücke verbreitert. Bei den Ausschachtungsarbeiten zu den dazu nötigen neuen Viaduktpfeilern an der Südseite des Schienenstranges, stieß man auf die im Boden belassenen mächtigen Mauerbrocken vom Eckturm und die anschließenden Stücke der Stadtmauer. Die in Sturzlage gefundenen Mauerteile wurden beschrieben, und ihre Lage im Zusammenhang mit der rekonstruierten Trasse der Stadtbefestigung gezeichnet. Dennoch ist es nicht möglich, sich nach diesen spärlichen Angaben ein Bild von der Bauweise des Turmes zu machen.

Mauer 56

Von dem östlichen Stück der Nordbefestigung ist heute kein Rest mehr erhalten.

Turm 57 (→ Abb. 54 und 58)

Zwischen Petersbrunnen und Domchorsockel, dort, wo heute der Zugang zum Domherrenfriedhof ist, stand der östlichste Rundturm der Nordmauer.

Spätere Geschichte

Urkunden von 1247 und 1261 belegen, daß der Turm seit dem 13. Jh. als Bibliothek des Domstiftes eingerichtet war. Als man im 15. Jh. die Bücher in einem Raum über der heutigen Schatzkammer unterbrachte, verfiel der Turm mit der Zeit. Obwohl er am Ende des 16. Jh. schon eine Ruine war (→ Abb. 56), stand er noch bis in die Mitte des 19. Jh. aufrecht. Spätestens 1866, als die Domsakristei nach Osten erweitert wurde, legte man die jetzt unmittelbar vor den Fenstern des neuen Anbaus stehenden Turmreste nieder.

Abb. 76. Stadtmauer im Bereich Unter Taschenmacher, Bechergasse, Domchor.

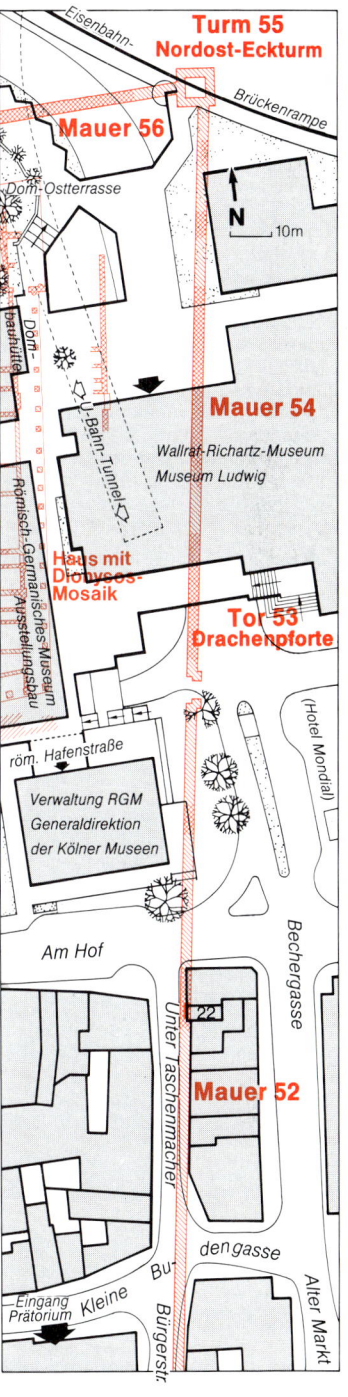

Mauer 58

In der Domsakristei (1277) und ihrer Erweiterung nach Osten (1868) ist die Stadtmauer in einer Länge von 22,25 m und in 7,20 m Höhe als Südwand der Kellerräume erhalten. Westl. neben Turm 57, im heutigen Tiefkeller der Sakristei, wurde 1989 ein Tunnel (H. 2,50 m) entdeckt, der die Mauer schräg von Südwest nach Nordost durchstößt, wobei der Tunnelboden 1,18 m tiefer liegt als der typische Schrägsockel an der Feldseite der Stadtbefestigung. Westl. der Tunnelwand befand sich unter dem offensichtlich in einem Zuge gebauten Fundament eine trichterförmige Grube, die vor Baubeginn verfüllt worden war. Hier entdeckte man überraschenderweise mehrere Scherben aus dem 3. Jh., die eindeutig nachweisen, daß die Stadtmauer an dieser Stelle im Rheinabhang auf keinen Fall im 1. Jh. errichtet worden sein kann.

Nördlicher Langchor und Sakristei
(Abb. 77)

Als man um 1252 das Wand-Fundament der nördlichen Langchorkapelle (6) errichtete, nutzte man die Stadtmauer (2) als Begrenzung der Baugrube. Bis in eine Tiefe von 11 m wurde das Domfundament unmittelbar neben die Innenseite gesetzt. Gleichzeitig baute man an der Feldseite im Bereich des ehemaligen Stadtgrabens (1) einen 11 m hohen gewölbten Keller (7). Über ihm entstand zunächst der (im 19. Jh. abgebrochene) Sakristei-Nordbau (8) und anschließend, zwischen diesen und die Domwand eingefügt, die 1277 geweihte heutige Sakramentskapelle (9). Der südliche, 2,40 m breite Streifen dieses gotischen Zentralraums steht über der Römermauer.

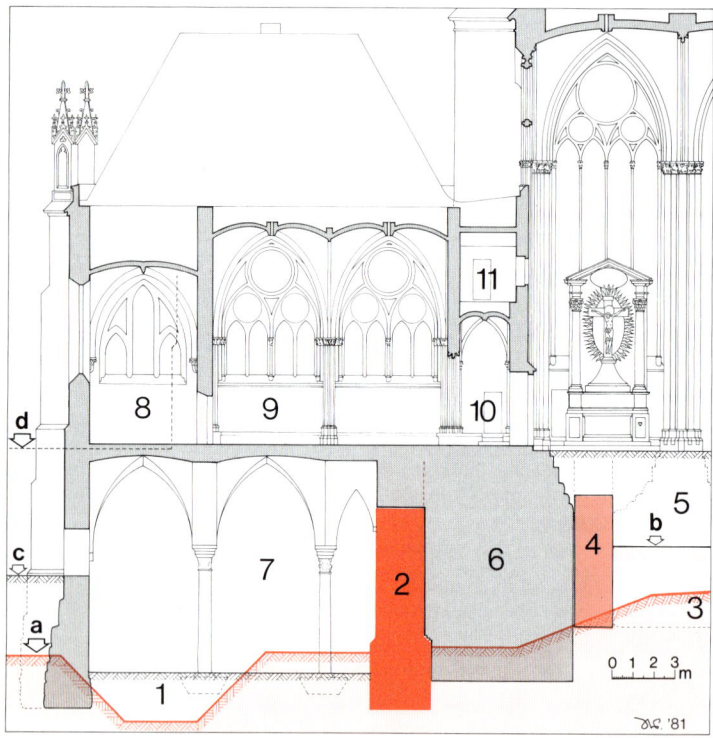

Abb. 77. Schnitt durch Sakramentskapelle und nördlichen Langchor des Kölner Domes (A – B in Abb. 58). 1 römischer Stadtgraben, 2 römische Stadtmauer, 3 nach Süden ansteigendes Gelände, 4 Nordwand des Alten Domes, 5 Pfeilerfundament der Kreuzkapelle, 6 Fundament der nördlichen Langchorwand, 7 Kellerraum unter der Sakramentskapelle, 8 ehemaliger Sakristei-Nordbau (1868 abgebrochen), 9 Sakramentskapelle, im Mittelalter Sakristei des Domes, 10 Durchgang, 11 Klause. a römisches Niveau, b karolingisches Niveau, c mittelalterliches Niveau, d heutiges Niveau.

Abb. 78. Turm 59, Fotografie letztes Viertel 19. Jh. Obwohl nach der Tieferlegung des Geländes an der Dom-Nordseite ab 1865 Gartenanlagen geplant waren, in die die Turmruine als Denkmal eingefügt werden sollte, diente der Bereich nördlich des Langhauses bis 1908 als Bauhof, danach verschwanden die Turmreste im Keller neuer Hüttengebäude, die 1969 wieder abgebrochen wurden.

Nordquerhaus

Zu Beginn des Jahres 1978 wurde unter dem nördlichen Querhaus des Domes ein weiteres kurzes Stück der Stadtmauer freigelegt. Hier hatte man nach 1322 die alte Mauer durchbrochen und eine mit Basaltsteinen gepflasterte Straße vom Gebiet des ehemaligen Stadtgrabens ins Stadtinnere hinaufgeführt. Auf diesem offensichtlich viel benutzten Weg wird man im 14. Jh. die in der Bauhütte nördlich des Domes zugerichteten Steine zur Baustelle des Südturmes und des südlichen Langhauses transportiert haben.

Nördliche Langhauswand (Abb. 78)

Vor Bau des Domfundamentes hatte man die 2,40 m breite Römermauer so weit abgeschrotet, daß nur die äußere Mauerschale und ein Stück des Gußkernes in einer Breite von 0,85 bis 1,40 m stehenblieb. Die Fundamentmauer wurde dann gegen die Abbruchkante gesetzt.

Als 1865 im Zuge der Domfreilegung das Gelände um etwa 2,30 m abgesenkt wurde, kam die römische Mauer wieder zutage. Man trug sie ab und verkleidete den mittelalterlichen Fundamentsockel mit neuen Basaltplatten. 1908 entstanden vor diesem Sockel neue Gebäude für die Bauhütte, die erst 1969 bei der Neuplanung der Domumgebung wieder abgebrochen wurden. Die heutige Fußgängerebene liegt wieder dort, wo auch die mittelalterliche Laufhöhe war. Der verkleidete Fundamentsockel blieb als Kellerwand unter den Läden neben dem Nordportal erhalten.

Turm 59 (Abb. 78)

Genau in der Mitte der Langhausnordwand zwischen dem 2. und 3. Strebepfeiler stand ein Normalturm, der beim Abbruch der angrenzenden Mauerstücke ebenfalls von der Fundamentwand des Domes getrennt wurde. Ein kleines Stück der stark zerstörten äußeren Mauerschale mit dem Rest einer in hellen Steinen eingelegten Steinverzierung wurde als Baudenkmal erhalten und ist auch heute noch im Keller des mittleren Ladens vor der Bahnhofseite des Domes vorhanden, aber nicht öffentlich zugänglich.

Die römische Straße, die von diesem Turm ausging, hat man während der Ausgrabungen im Langhaus und südlich des Domes verfolgen können. (→ S.116; Abb.54, 22, b, c)

Mauer 60

Wie das westliche Stück der Mauer 58 verläuft auch dieser Abschnitt der römischen Befestigung zunächst parallel zum Domfundament. Westlich des nördlichen Domturmes ist sie dann in der Tiefgarage zu sehen (→ S. 128, Abb. 58).

Das Praetorium

Kleine Budengasse, an der Nordseite des Rathauskomplexes, 3 Min. vom Dom-Südplatz. Nach Überqueren der Straße Am Hof folgt man der Straße Unter Goldschmied und biegt an der nächsten Ecke nach links in die Kleine Budengasse ein.
Öffnungszeiten: dienstags – sonntags 10–17 Uhr, montags geschlossen.

Unter den modernen Rathausbauten liegt der bedeutendste archäologische Bezirk Kölns. Eine kühne Betondecke überspannt eindrucksvolle Mauerreste des römischen Statthalterpalastes, des Verwaltungszentrums für die Provinz Niedergermanien.

Entdeckung und Erforschung
(Abb. 87)
Der Ratsherr Hermann von Weinsberg beobachtete im Jahre 1570 in der Baugrube, die man für die neue Rathauslaube aushob, mächtige Mauern. Er notierte dazu in seinem Tagebuch die Vermutung, . . . ,,daß an dieser Stelle ein starkes Stadtgebäude mit der ersten alten Stadtmauer am Rhein gestanden hat''. Als dann 1630 in der Nähe ein Weihestein gefunden wurde, auf dem das Wort PRAETORIVM zu lesen war (→ Abb. 89), vermutete man, daß im Bereich des Rathauses einmal ein römisches Regierungsgebäude gestanden hatte. Bei Sicherungsarbeiten an den Fundamenten des Hansasaales im mittelalterlichen Teil des Rathauses legte man 1861 bis 1865 im Rathauskeller das südliche Ende der eindeutig im spitzen Winkel auf die Stadtmauer zulaufenden spätrömischen Palastfront frei. 1875 und 1889 kamen bei Tieferlegung des westlichen Rathausplatzes und bei Kanalbauarbeiten weitere Mauerreste, unter anderem eine später vermauerte Bogenöffnung zutage (→ Abb. 85). 1895 schließlich trugen die Bauinspektoren Schultze und Steuernagel alle bis dahin bekannten Nachrichten über alte Mauern im Rathausbereich zusammen und ergänzten sie durch eigene Beobachtungen. Die Erkenntnis, daß die in Resten gefundenen Gebäude sehr nahe an der Stadtmauer gestanden hatten, ja daß sie im spitzen Winkel auf sie zuliefen, ließ die Autoren zu dem Schluß kommen, es habe sich wohl doch nicht um das römische Praetorium gehandelt, sondern eher um fränkische Gebäude, die erst nach Aufgabe der antiken Stadtbefestigung enstanden seien.
Erst durch die Kriegszerstörung des Spanischen Baus (der westliche Teil des Rathauskomplexes bekam diesen Namen nach der Spanischen Liga, die 1623 hier tagte) und der nach Norden bis zur Kleinen Budengasse anschließenden dichten Wohnbebauung zeigten sich massive Mauern, die sich im Luftbild zu einer eindrucksvollen Grundrißgestalt zusammenschlossen (Abb. 79).
Die 1953 von Otto Doppelfeld unternommenen archäologischen Untersuchungen bestätigten die schon im 17. Jh. gehegte Vermutung, daß dort, wo seit dem Mittelalter der Sitz der Stadtregierung ist, in römischer Zeit der Palast des Statthalters für die Provinz Niedergermanien gestanden hatte.
1956, 1963 und 1967/68 folgten weitere Ausgrabungen südl. des 1956 eingeweihten neuen spanischen Baus. 1972 wurde das Historische Rathaus wieder eröffnet, 1988 hat der westliche Rathausplatz ein neues Pflaster bekommen, in dem die Umrisse der Gebäude und die Gassen des ehemaligen Judenviertels sichtbar gemacht wurden.

Funktion und Bedeutung
Das Praetorium war der Amtssitz des vom Kaiser eingesetzten Statthalters, der in den wichtigen Grenzprovinzen Ober- und Niedergermanien immer ein ehemaliger römischer Konsul war. Dieser sog. **Legatus Augusti pro Praetore** hatte, stellvertretend für den Kaiser selbst, den **Oberbefehl über die in seiner Provinz stationierten Truppen** und war gleichzeitig verantwortlich für die zivile **Verwaltung** des Landes. Zu seinem Amt gehörte die **Rechtsprechung** und die **Polizeigewalt**, aber auch die Sorge für den **Kaiserkult**. Seinem Stab gehörten bis zu 500 Reiter und 500 Fußsoldaten an, dazu kamen Fachleute für die politische und juristische Arbeit und Angestellte für die vielfältigen Verwaltungsaufgaben der Provinz.

Wenn auch in anderen Teilen des Römischen Reiches Paläste bekannt sind, die ebenfalls der Verwaltung gedient haben müssen, so ist doch nur für Köln der Name **Praetorium** durch eine Steininschrift belegt. Die bisherigen Ausgrabungen geben die Möglichkeit, die beiden wichtigsten Bauten des Praetoriumsbezirkes zu rekonstruieren: einmal einen **Palast zur Repräsentation** mit hervorgehobenem, möglicherweise dem Kaiserkult vorbehaltenen Mittelraum und zum zweiten die **Aula Regia (Tribunal),** in der Gerichtsverhandlungen durchgeführt werden konnten.

Darüber hinaus vermutet man auf dem Gelände von etwa 180 × 180 m zwischen dem Palastgebäude am Abhang zum Rhein im Osten, der Hohe Straße im Westen, der Straße Obenmarspforten im Süden und der Kleinen Budengasse im Norden, weitere, wahrscheinlich um mehrere Höfe angeordnete Bauten, in denen die Räume für die Verwaltung und die Leibwache, aber auch die Wohnung des Statthalters gelegen haben müssen.

Abb. 79. Das Grabungsgelände an der Stelle des Spanischen Baus, 1953 vom Rathausturm aus fotografiert. Die im Bild sichtbaren Mauerreste sind fast alle im heutigen Grabungsbereich unter dem Rathaus erhalten. Der Oktogonbau, Mitte des spätrömischen Palastes, hebt sich deutlich ab. Ebenso ist die mehrfache Erweiterung der Gebäude nach Osten (zum Rhein hin) zu erkennen. Die im Bild annähernd waagerecht (von Nord nach Süd) zueinander parallel verlaufenden Mauern sind: Im Vordergrund die Frontmauer von Bau IV, 101, unten und oben an das Oktogon anschließend Mauer 105a–c und Mauer 111. Sie begrenzen das sog. Große Geviert nördlich des Oktogons, in dem etwa in der Mitte die Schöne Mauer 158a (Bau II) und im Hintergrund Mauer 173 (Bau I) sichtbar sind (→ Rundgang: S. 176, 4. Standort; Abb. 87, 90, 91).

Baugeschichte und Rundgang

Die folgenden Erläuterungen gehen einmal auf die Grabungsberichte Otto Doppelfelds zurück, zum anderen folgen sie aber vor allem der 1973 erschienenen Arbeit von Gundolf Precht: **Baugeschichtliche Untersuchungen zum römischen Praetorium in Köln.** *Die Einteilung der Bauperioden und die Numerierung der Mauern folgen diesem Buch.*

Im Kapitel Baugeschichte werden die römischen Bauperioden I bis IV jeweils unter zwei Gesichtspunkten vorgestellt:
A Aufeinanderfolgende Baumaßnahmen
B Geschichtliche Einordnung
Daran schließt sich ein kurzer Überblick über die **spätere Geschichte** *des Praetoriumsgeländes an.*

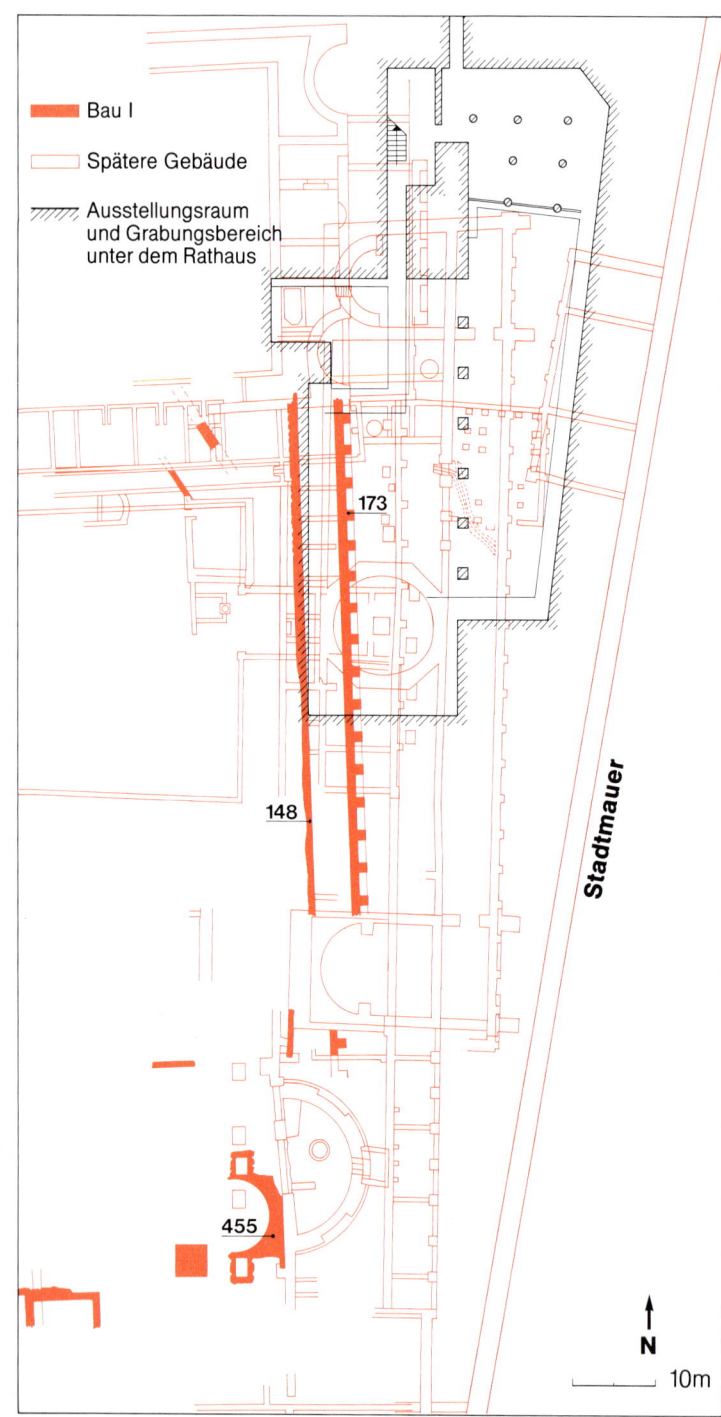

Bau I

Spätere Gebäude

Ausstellungsraum
und Grabungsbereich
unter dem Rathaus

173

148

455

Stadtmauer

N

10m

Im Kapitel Rundgang werden Ausstellungsraum und Ausgrabungsbereich unter dem Rathaus, sowie die römischen Baureste auf dem westlichen Rathausplatz beschrieben.

Die kursiv gedruckten Zahlen am Rand des folgenden Textes ermöglichen es, die Baugeschichte mit den sichtbaren Mauern in Verbindung zu bringen.

Ein Beispiel: Neben der Zahl 1 wird in der Baugeschichte vom ersten bekannten Steinbau berichtet. Die dazugehörigen Fundamentreste sind, wieder am Rand mit 1 gekennzeichnet, vom 4. und 6. Standort des Rundgangs aus zu sehen.

Baugeschichte

Bau I (Abb. 80)

A Aufeinanderfolgende Baumaßnahmen

Dort, wo um Christi Geburt die heute in Köln noch erkennbare natürliche Terrasse in den Abhang zum Rhein überging, konnte man auf 60 m Länge (ohne die Enden zu erreichen) zwei parallele Trachytmauern (148, 173) eines ersten an dieser Stelle errichteten Steinbaus erfassen. Diesem 4,20 m breiten, ungefähr nordsüdlich gerichteten Gebäude, dessen Frontmauer zum Rhein in regelmäßigen Abständen mit Mauervorsprüngen (Pilastern) gegliedert war, werden sich nach Westen weitere Gebäude angeschlossen haben, von denen sich aber keine Reste erhielten.

Weiter südlich stand eine dreischiffige Halle mit einer nach Osten ansetzenden Apsis (455), deren innerer Durchmesser etwa 8 m betrug.

B Geschichtliche Einordnung

Die Deutung dieser baulichen Anlage ist schwierig, da sie eng mit der bis heute nicht gelösten Frage der Gründungsgeschichte Kölns (→ S. 256) zusammenhängt. Als sicher wird lediglich allgemein angenommen, daß diese Bauten schon vor der Erhebung zur COLONIA und damit vor dem Bau der Stadtmauer (→ S. 123) gestanden haben.

Geht man davon aus, daß das Lager der 1. und 20. Legion in der 1. Hälfte des 1. Jh. im nordöstlichen Teil der

Abb. 80. Praetorium Bau I, vor 50 n. Chr.

späteren Stadt lag, so lassen sich die Gebäude als Teil der Kommandozentrale (principia) des Lagers erklären. Nimmt man dagegen das Oppidum Ubiorum allein als Vorgängersiedlung der COLONIA an, so könnte man hier vielleicht die Reste der Villa des Feldherrn Germanicus vermuten, der in der Zeit von 13 bis 17 n. Chr. hier mit seiner Familie wohnte.

Der römische Schriftsteller Tacitus berichtet von zwei Ereignissen, die sich zu dieser Zeit in Köln abspielten: 14 n. Chr. konnte Germanicus eine Meuterei unter den Soldaten niederschlagen. Dabei spielten sich die überlieferten turbulenten Szenen sowohl im Soldatenlager als auch im nahegelegenen Oppidum ab (→ S. 258 Qu. 2–5). Im Jahre 15 n. Chr., am 6. November, wurde Agrippina die Jüngere als Tochter des Germanicus in Oppidum Ubiorum geboren (→ S. 260 Qu. 7).

Bau II (Abb. 81)

A Aufeinanderfolgende Baumaßnahmen

Als nächstes entstand nach Norden an das langgestreckte Gebäude (148, 173) anschließend ein 45 m langer Neubau, nicht genau in der Flucht, sondern leicht zum Rhein gedreht (112, 142). Er war am südlichen und nördlichen Ende mit je einer in die Mauer einschwingenden großen Nische (Konche) geschmückt (120 und 130). Nördlich neben der Südkonche (120) fand man eine Tür (114), die von der Rheinfront ins Untergeschoß dieses sog. **Konchenbaues** führte. Sowohl die nun verwendeten Grauwakkesteine wie auch die sauber verfugte Mauerschale sind charakteristisch für Material und Bauweise der Stadtmauer, die wahrscheinlich inzwischen errichtet worden war. Mit der Zeit teilte man sowohl das Sockelgeschoß des ältesten Baus (148, 173) wie auch die Keller des Neubaus (112, 142) in Kammern auf und wölbte sie mit Quertonnen. Da z. B. die Querwände 175–177 auf der Abbruchkante der Mauer 173 aufgesetzt sind, hat man früher angenommen, daß die mit einfacher Bemalung ausgestatteten Gewölbe zur Rheinseite offene kleine Läden waren und daß sich östlich von ihnen zeitweise ein Basarhof befand. Durch spätere Untersuchungen wurde aber festgestellt, daß diese Kellerräume

3

4

5

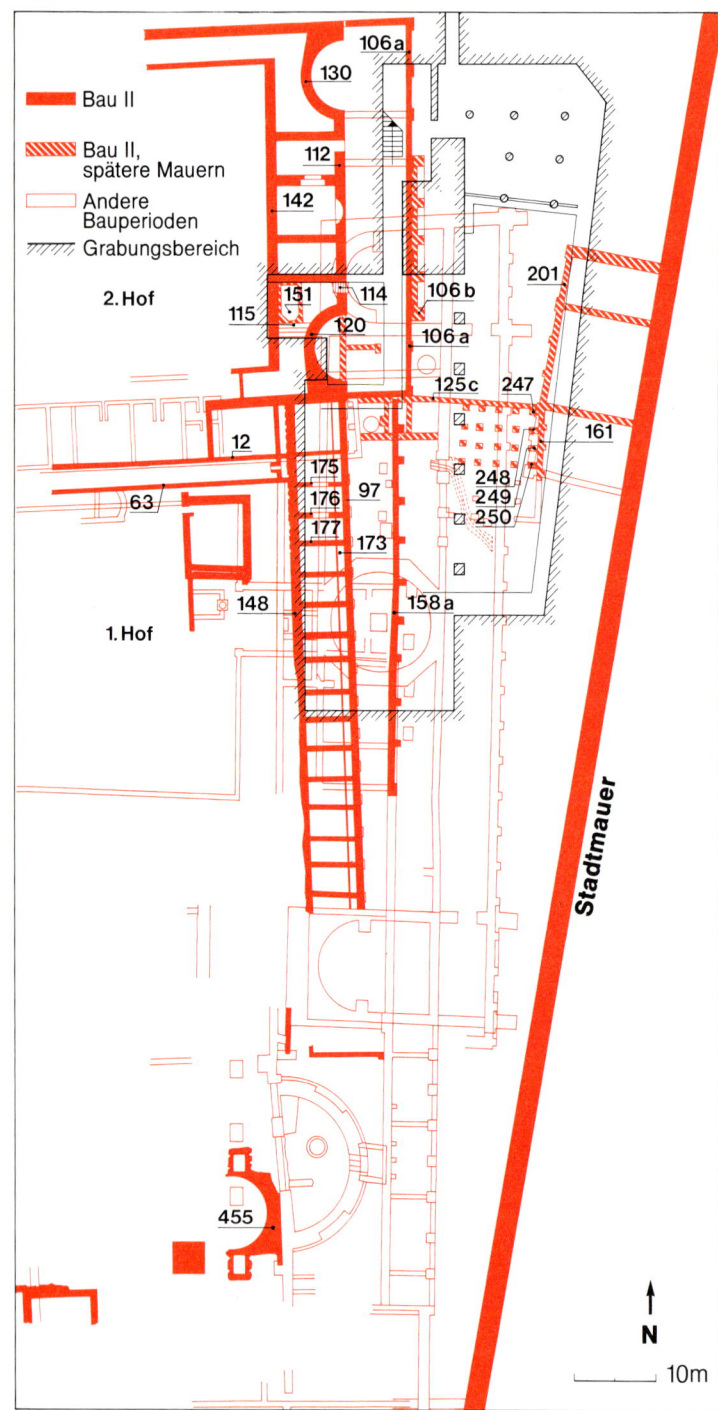

Bau II

Bau II, spätere Mauern

Andere Bauperioden

Grabungsbereich

2. Hof

1. Hof

130

106 a

112

142

151

114

115

120

106 b

106 a

125 c

247

201

161

12

175

176

97

177

173

63

248
249
250

148

158 a

455

Stadtmauer

N

10m

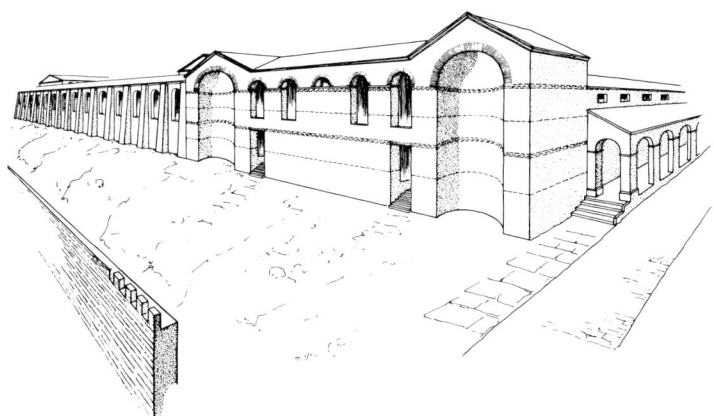

Abb. 82. Praetorium, Konchenbau (Bau II) und der nach Süden anschließende Bau I (Blick von Nordosten), Rekonstruktion Gundolf Precht.

durch eine neuerrichtete Wand (97) nach Osten geschlossen waren und so wohl eher als Unterkünfte für Bedienstete genutzt wurden (Abb. 82).

Die nächste größere Baumaßnahme war die Erweiterung des Konchenbaus zum Rhein. Etwa 7 m vor der Mauer 112 entstand die neue Mauer 106 a im Abhang. Da der Boden des neuen Untergeschosses tiefer lag als die alten Kellerböden, baute man von der jetzt innen liegenden Tür 114 aus eine Treppe hinunter. In dieser Zeit legte man im alten, höher gelegenen Keller ein etwa 2 x 4 m großes **Wasserbecken** (151) mit nach Süden geneigtem Boden an. Der Zufluß war in der Mauer 142, der Abfluß am südlichen Beckengrund unter der später errichteten Wand 115. Wozu dieses Becken diente ist nicht bekannt, sicher wurde es nicht lange benutzt.

Die neuen, durch die Treppe 114 zu erreichenden Kellerräume scheinen ebenfalls nicht sehr lange in Gebrauch gewesen zu sein. Eines Tages schüttete man sie zu und baute dann nebenan in der Richtung ihrer Außenwand 106 a eine neue, nur wenig nach Westen verschobene Wand (158 a) vor den ältesten Gebäudetrakt (148, 173/ 97). Die Rheinfront war jetzt einheitlich ausgerichtet, die älteste Fassade verschwand hinter der sehr sorgfältig gefügten, mit Pilastern gegliederten neuen Frontmauer, die von den Archäologen wegen ihrer exakten Bauweise den Namen **Schöne Mauer** bekam.

Abb. 81. Praetorium Bau II, 1. Jh. n. Chr.

Inzwischen hatte man an der Innenseite der Stadtmauer das Gelände angeschüttet und parallel zur Befestigung ein Haus gebaut (Westwand 201). In **10** der folgenden Zeit wurde dieses Gebäude offensichtlich durch eine **Pfeilerhalle** mit den weiter oben im Abhang liegenden Bauten verbunden **11** (125 c, 161, Pfeiler 247–250). Die dem Konchenbau in den Rheinabhang vorgesetzte Front 106 a war in ihrem mittleren Bereich durch eine Mauer mit **12** fünf Wandvorlagen verstärkt worden (106 b).

Schon im Zusammenhang mit der Errichtung des Konchenbaus (112, 142) hatte man in Höhe der beiden Nischen 120 und 130 nach Westen Gebäude angesetzt, die möglicherweise einen Hof einschlossen (2. Hof). Angelehnt an den südlichen Quertrakt des 2. Hofes entstand, vielleicht zu der Zeit, als man die ältesten Gebäude (148, 173) mit gewölbten Kellerräumen ausstattete, ein nach Westen gerichtetes, langgestrecktes Gebäude (12, 63), das im Gegensatz zu den rheinseitigen Bauten mit Fußbodenheizung ausgestattet war. Ein dazu paralleler Gebäudetrakt schloß sich wahrscheinlich schon in dieser Bauperiode weiter südlich etwa rechtwinklig an den ersten Bau (148, 173) an, d. h., daß auch westlich des frühesten Steinbaus ein Hof bestand (1. Hof).

B Geschichtliche Einordnung

Der um die Wende vom 1. zum 2. Jh. lebende römische Schriftsteller Sueton überliefert in seinem Buch über das Leben der Herrscher von Caesar

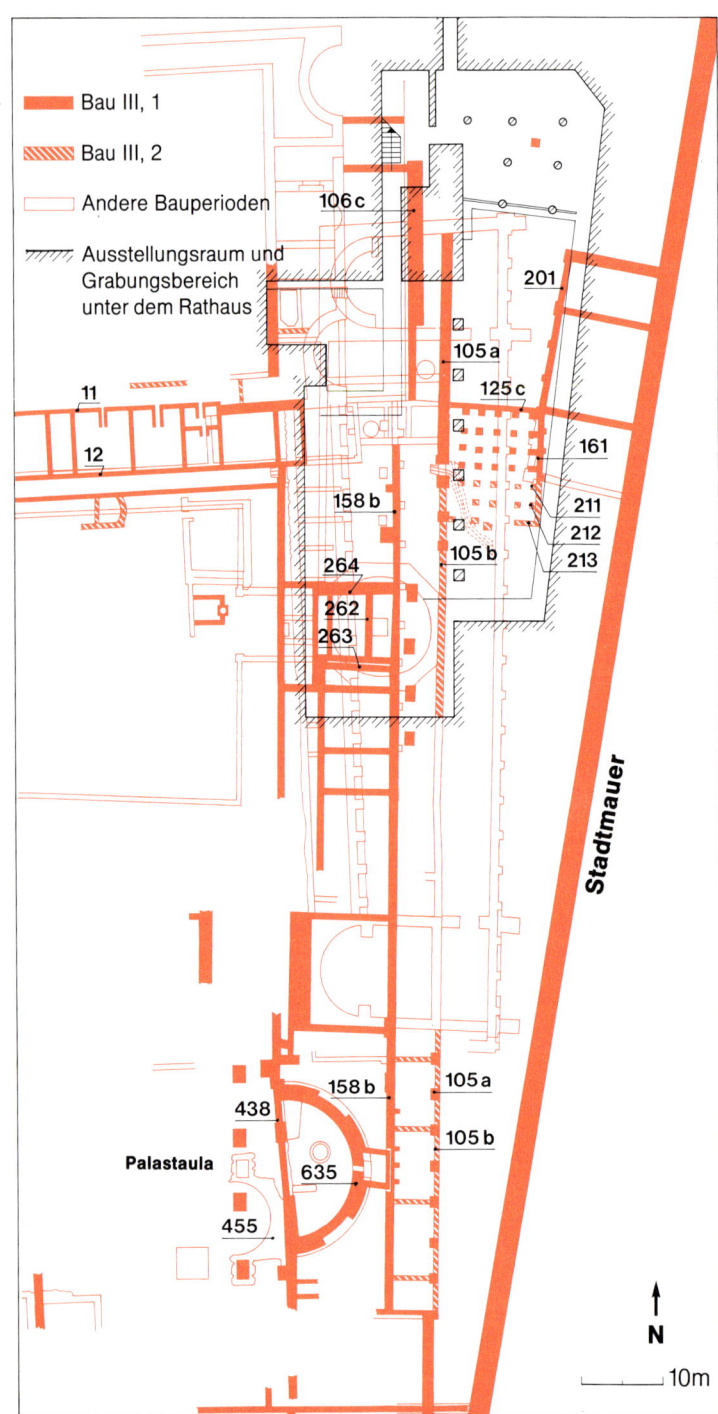

Bau III, 1

Bau III, 2

Andere Bauperioden

Ausstellungsraum und
Grabungsbereich
unter dem Rathaus

106 c

201

105 a

125 c

11

161

12

158 b

211
212
213

105 b

264

262

263

Stadtmauer

158 b

105 a

438

105 b

Palastaula

635

455

N

10m

bis Domitian ein Ereignis aus dem Jahre 69, das mit diesem Gebäude in Verbindung gebracht werden kann. Er berichtet, daß Vitellius, der als Oberbefehlshaber des niedergermanischen Heeres gerade einen Monat in Köln war, hier von den Soldaten unter turbulenten Begleitumständen zum Kaiser erhoben wurde (→ S. 261 Qu. 9). In diesem Zusammenhang nennt Sueton die Residenz des Vitellius **Praetorium** und erwähnt außerdem den **Marstempel** (→ S. 257), aus dem man das Schwert des Julius Caesar holte, um es dem neuen Kaiser zu überreichen. Auch bei einem zweiten durch Quellen überlieferten Ereignis könnte das Praetorium Schauplatz gewesen sein. Trajan, damals noch Statthalter am Rhein, bekam in Köln die Nachricht vom Tode Kaiser Nervas, der ihn noch zu seinen Lebzeiten zum Nachfolger bestimmt hatte. Die Botschaft wurde ihm 98 von Hadrian übermittelt, der 19 Jahre später, nach dem Tode Trajans, ebenfalls römischer Kaiser wurde.

Bau III (Abb. 83)

A Aufeinanderfolgende Baumaßnahmen

III, 1: Nachdem man den größten Teil der früheren Gebäude niedergelegt und ältere Keller verfüllt hatte, planierte man das Gelände für einen Neubau. Nur das Haus an der Stadtmauer (201) und die daran anschließende Pfeilerhalle (125 c, 161) blieben erhalten.

Über der ehemaligen Frontmauer (106 a, b) und der nach Süden anschließenden Schönen Mauer 158 a wurden wiederum Wände aufgerichtet (106 c, 158 b). Gleichzeitig schob man eine völlig neue Mauer (105 a) in den Abhang zum Rhein vor. Die Schöne Mauer wurde so zur Rückwand (158 b) eines 4,50 m breiten, 95 m langen Neubaus, der sich im Untergeschoß mit weit gespannten Bögen zur Stadtmauer öffnete, dessen Obergeschoß wahrscheinlich eine durchgehende Galerie mit Blick über die Mauerkrone auf den Rhein war (→Abb. 84, 85). Die zweigeschossige offene Halle (**die Porticus**), lief nach Süden im spitzen Winkel auf die Stadtmauer zu, die dagegen vom mittleren Rheintor an leicht nach Osten abschwenkte (→ Abb. 75). So bestand zwischen

Abb. 83. Praetorium Bau III, um 180 n. Chr.

Galerie-Front (105 a) und Stadtbefestigung in Höhe der Pfeilerhalle (125 c, 161) etwa 20 m Abstand, 100 m weiter südlich aber waren beide Mauern nur noch 4 m voneinander entfernt.

Hinter der einheitlich gestalteten Rheinfront waren im nördlichen Teil Räume verschiedener Größe an die Galerie angeschlossen. Dort, wo später der mittlere Oktogonbau der Periode IV errichtet wurde, scheint schon in dieser Bauzeit ein besonders hervorgehobener Raum gewesen zu sein (262, 263, 264).

Im südlichen Teil errichtete man hinter der rheinseit. **Porticus** ungefähr an der Stelle der früheren kleinen Apsidenhalle (455) von Bau I eine neue nordsüdlich gerichtete dreischiffige Halle, die sog. **Aula Regia.** An ihrer östlichen Langseite schloß sich eine beheizbare Apside (635) von 14,85 m innerem Durchmesser an, deren hohe, halbrunde Außenwand das zum Rhein vorgelagerte Galeriegebäude sicher eindrucksvoll überragte (Abb. 84).

Die nach Westen liegenden Hofgebäude (11, 12) wurden in ähnlicher Form wie die früheren Bauten neu errichtet. Zwischen zwei parallelen Gängen reihten sich nun Räume aneinander, die wie die Apsis der Aula Regia mit Fußbodenheizung (→ S. 117) versehen waren. Der Palastbau an der Rheinfront blieb auch jetzt ohne Heizungsanlage.

Der gesamte Baukomplex des Praetoriums dehnte sich in dieser Periode, wahrscheinlich aber schon bei Bau II, über vier Insulae (Häuserblocks von etwa 100 m Seitenlänge) hinweg aus. Er reichte also bis zur Hohe Straße. Einige schwere Mauerzüge, die man in der Nähe des Laurenzplatzes fand, scheinen diese Überlegungen zu stützen.

III, 2: Ein verheerender Brand muß einige Zeit später einen großen Teil der Gebäude zerstört haben. Der Wiederaufbau erfolgte zwar auf den alten Fundamenten, nun mauerte man aber die Arkaden des Untergeschosses (105 a, b, Abb. 85) zu und verfüllte die dahinter liegenden Räume mit Schutt. Die nach Westen anschließenden Hofgebäude (11, 12) wurden zwar wiederaufgebaut, die meisten Heizräume (Hypokausten) unter den Fußböden aber zugeschüttet. Die Pfeilerhalle, die schon am Ende der Bauphase II die Praetoriumsbauten mit dem Haus an

15

16

17

18

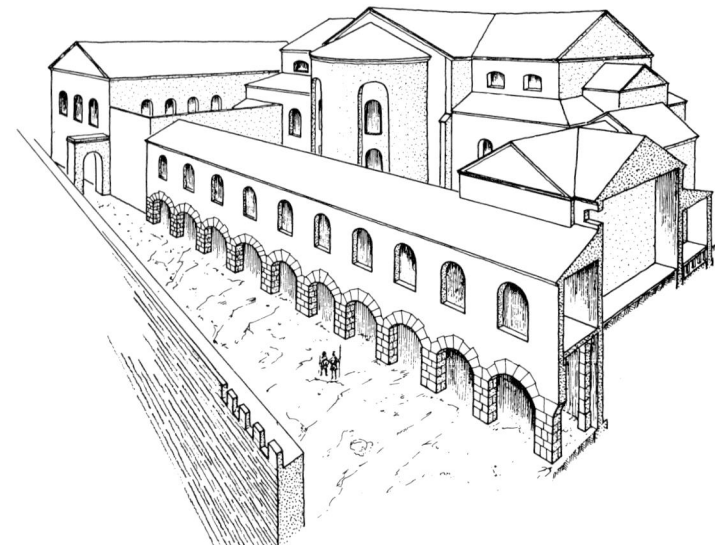

Abb. 84. Praetorium, Aula Regia (Bau III). Rekonstruktion Gundolf Precht.

der Stadtmauer (201) verband, wurde nun nach Süden um 2 Joche vergrößert (161, 213, Pfeiler 211 u. 212).

B Geschichtliche Einordnung

19 Der Beginn von Bau III ist durch keinerlei schriftliche Quellen belegt. Die einzige Hilfe zur Datierung ist die Tatsache, daß im Schutt des vermauerten Untergeschosses der Porticus ausschließlich Dachziegel gefunden wurden, die nach ihren Stempeln unter der Statthalterschaft des Didius Julianus hergestellt worden waren.

Didius Julianus war 175 Konsul in Rom und einige Jahre später Statthal-

Abb. 85. Praetorium, zugemauerte Arkade vom Untergeschoß der Porticus (Bau III, 2). Foto von Westen während der Ausgrabungen, heute nicht mehr zugänglich.

ter in Niedergermanien. Er könnte den Neubau von Porticus und Aula Regia, den südlichen Teil des Praetoriums errichtet haben. 189 wurde er dann Prokonsul für Afrika und 193 für zwei Monate Kaiser.

Bisher wurde auch Quintus Tarquitius Catulus, ein durch keine weitere Quelle nachzuweisender kaiserlicher Legatus, der zum Wiederaufbau des Praetoriums einen Weihestein aufstellen ließ (→ S. 173), mit Bau III in Verbindung gebracht. Nur an Hand des Altarsteines läßt sich seine Bautätigkeit aber nicht mit Sicherheit auf eine der Bauperioden beziehen.

Für das 3. Jh. gibt es keine Nachrichten, die etwas über das Praetorium aussagen, wenn man auch annehmen möchte, daß Gallienus, der Sohn und Mitregent des Kaisers Valerian, von 254–259, als er zur Abwehr der Franken im Rheinland war, zeitweise hier residierte. Wahrscheinlich haben auch Postumus und seine Nachfolger von diesem Palast aus das gallische Sonderreich regiert (→ S. 88; S. 262 Qu. 11, 12).

Im Schutt, der nach dem Brand in der Bauperiode III, 2 in die Untergeschosse des Palastes gefüllt worden war, fand man eine Münze des Kaisers Konstantin, die in der Zeit von 309 bis 313 geprägt wurde. Das legt die Vermutung nahe, daß Brandkatastrophe und Wiederaufbau auf den alten Mauern in die ersten Jahrzehnte des 4. Jh. fielen. Bau III, 1 hätte demnach mehr als 100 Jahre gestanden.

Ein Hinweis auf den Statthalterpalast ist erst wieder aus einem Bericht des Ammianus Marcellinus zu entnehmen, der als Augenzeuge von den dramatischen Umständen der Kaisererhebung und Ermordung des Feldherrn Silvanus berichtet (→ S. 265 Qu. 18). Kaiser Constantius II. hatte den in römischen Diensten stehenden Franken im Sommer 355 an den Rhein geschickt, um germanische Angriffe abzuwehren. Durch Intrigen verunsichert und von seinen Beratern gedrängt ließ dieser sich zum Kaiser ausrufen. Eine Abordnung aus Rom, zu der der Berichterstatter gehörte, drang daraufhin, knapp einen Monat nach dessen Erhebung, in die Regia ein und ermordete Silvanus. Vergeblich hatte dieser sich in höchster Not in einen christlichen Versammlungsraum (conventiculum ritus christiani) retten wollen. Die Bezeichnung Regia könnte sich auf die Gebäudegruppe um die Apsidenhalle (635), die Aula Regia beziehen; den Ort der christlichen Kapelle kennt man bis heute nicht.

Im Dezember 355 überfielen Frankenscharen die Stadt. Möglicherweise wurde in dieser Zeit Bau III, 2 fast völlig zerstört (→ Qu. 19).

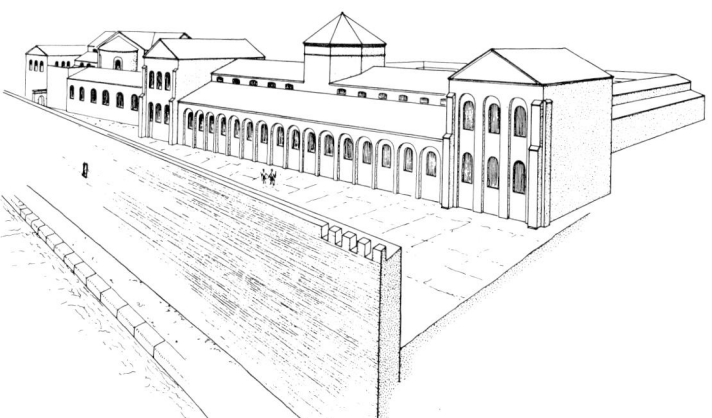

Abb. 86. Praetorium, Bauzustand am Ende des 4.Jh. Im Vordergrund der spätrömische Palast mit mittlerem Oktogon und seitlichen Apsidensälen (Bau IV, 2), im Hintergrund die Aula Regia mit inzwischen zugemauerten Arkaden im Untergeschoß der Porticus (Bau III, 2). Rekonstruktion Gundolf Precht.

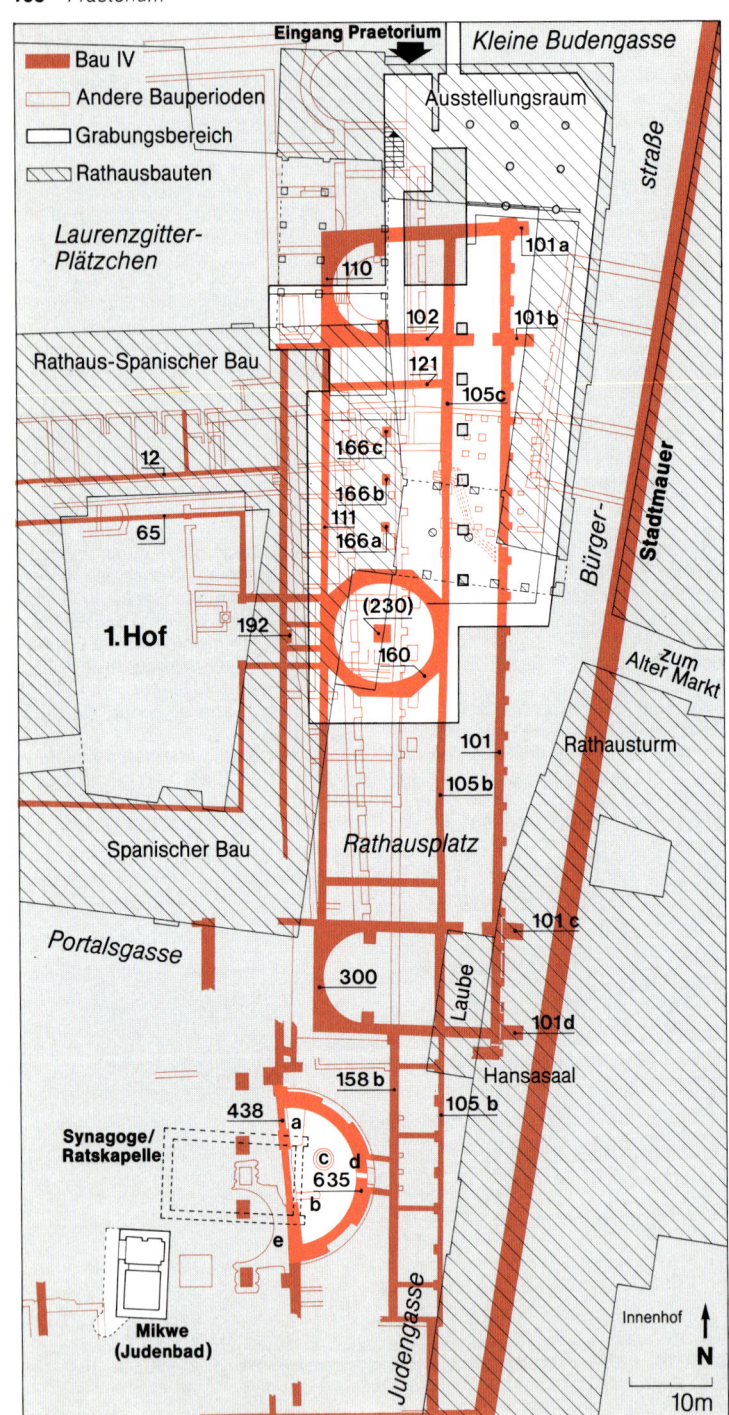

Eingang Praetorium

Kleine Budengasse

Bau IV
Andere Bauperioden
Grabungsbereich
Rathausbauten

Ausstellungsraum

Laurenzgitter-Plätzchen

101 a

110

102

101 b

Rathaus-Spanischer Bau

121

105 c

12

166 c

65

166 b

111

166 a

1. Hof

192

(230)

160

Bürger-

Stadtmauer

straße

zum Alter Markt

101

Rathausturm

105 b

Spanischer Bau

Rathausplatz

101 c

Portalsgasse

300

Laube

101 d

Hansasaal

158 b

105 b

438

a

Synagoge/Ratskapelle

c

d

635

b

e

Mikwe (Judenbad)

Judengasse

Innenhof

N

10m

Bau IV (Abb. 87)

A   Aufeinanderfolgende Baumaßnahmen

IV, 1: Ein großer Teil der früheren Gebäude war abgebrochen, bevor man den letzten monumentalen Neubau auf dem Praetoriumsgelände begann. Erhalten blieben die südlichen acht Achsen der doppelgeschossigen Galerie (105 b, 158 b) mit der dahinterliegenden Aula Regia (635). Nördlich an diese Gebäudegruppe der Periode III anschließend baute man zunächst einen rechteckigen Saal mit einer nach Westen gerichteten Apside von 10 m innerem Durchmesser (300). An der Rheinseite dieses südlichen Apsidensaales begannen dann die Arbeiten an einer neuen **Porticus-Galerie,** deren Frontmauer (101) gegenüber der alten Außenmauer der Galerie von Bau III (105 b) wiederum 5,50 m weiter in den Abhang zum Rhein vorgeschoben wurde. Offensichtlich wurden die Bauarbeiten, nachdem man die neue Fassade schon in etwa 75 m Länge fertiggestellt hatte, für einige Zeit unterbrochen (Baufuge).

IV, 2: In einem zweiten Bauabschnitt plante man unter Berücksichtigung der schon gebauten Teile einen mächtigen Palast (Abb. 86). Hinter der 91 m messenden Frontmauer (101), die nun vollendet wurde, erstreckte sich in der Mitte die fast 69 m lange Porticus-Galerie. Nördlich und südlich schlossen sich in 11 m Länge Vorhallen seitlicher Flügelbauten an, die nicht aus der Fassadenebene 101 vortraten, aber durch kräftige Strebepfeiler abgesetzt wurden.

In den südlichen Palastflügel (hinter 101 c–101 d) bezog man den schon zur Bauzeit IV, 1 vollendeten Apsidensaal (300) mit ein; der nördliche Seitentrakt hinter dem Mauerabschnitt 101 a–101 b wurde als Gegenüber zum südlichen völlig neu gebaut und mit einem gleich großen Apsidensaal (110) ausgestattet.

Genau in der Mitte der Palastfront wurde die Porticus-Galerie von einem westlich anschließenden Oktogonbau (160) überragt. Seine äußeren Achteckseiten hatten eine Länge von 6 m, sein kreisförmiger Innenraum einen Durchmesser von 11,30 m. Mitten im Raum errichtete man ein Podest (230), das wahrscheinlich eine Statue trug.

Abb. 87. Praetorium Bau IV, Ende des 4. Jh.

Die für Oktogon und Frontmauer in den Rheinabhang gesetzten Fundamente waren im Verhältnis zu dem darauf errichteten schweren Mauerwerk nicht tief genug gegründet, so daß Teile des Palastes möglicherweise schon kurze Zeit nach ihrer Errichtung wieder einstürzten.

An das Oktogon schloß sich nach Norden und Süden je eine 20×13 m große Halle an. Nur die nördliche, das sog. Große Geviert, wurde genau erforscht. An drei Seiten war es von neu errichteten Mauern begrenzt: im Süden vom Oktogon (160), im Westen von der Wand 111, im Norden von 121. Nur für die Ostmauer nutzte man die ehemalige Front 105 b des Galerie-Gebäudes von Bau III. Sie blieb als Kern in der jetzt Porticus-Galerie und Halle trennenden Wand 105 c erhalten. Zumindest im Kellergeschoß war das große Geviert in zwei Schiffe geteilt. Genau in der nordsüdlichen Mittelachse hat sich eine Reihe von drei Steinsockeln (166 a, b, c) erhalten, in die wahrscheinlich einmal Holzstützen eingesetzt waren.

Nördlich neben dem Großen Geviert erstreckte sich ein 4 m breiter Korridor (111, 102, 121, 105 c). Er stellte die Verbindung zum nördlichen Apsidensaal 110 her.

An der Stadtseite des Palastes lag, wie schon in den vorherigen Bauperioden, der von seitlichen Verwaltungsbauten (12, 65) gerahmte 1. Hof, in dessen Mittelachse sich der Haupteingang befand. Von hier führte der Weg durch eine Eingangshalle und über eine Treppe (192) in das Oktogon hinauf. Vorstellbar wäre an der Westseite des Hofes ein Torgebäude, das dort gestanden haben könnte, wo heute, 50 m von der Oktogon-Westwand entfernt, der Laurenzplatz liegt (→ Abb. 1). Hier stand bis 1818 die seit dem 10. Jh. urkundlich belegte Kirche St. Laurenz, Mittelpunkt einer der ältesten Pfarren Kölns. Es ist nicht auszuschließen, daß sie über einem bisher unbekannten Gebäude des Praetoriums errichtet worden war.

B   Geschichtliche Einordnung

356 kam Julian Apostata, späterer Mitregent und Nachfolger des Kaisers Constantius II., an den Rhein und befreite Köln aus der Gewalt der Franken (→ S. 265 Qu. 20). Möglicherweise begann man schon in dieser Zeit mit

dem Bau IV, 1, vielleicht aber auch erst später.

388 wurde Köln erneut von den Franken heimgesucht. Falls man erst jetzt an Bau IV, 1 arbeitete, wäre eine Einstellung des Baubetriebes denkbar.

Als man nach Beendigung der Fundamentarbeiten im nördlichen Teil der Frontmauer 101 (Bau IV, 2) die Baugrube wieder verfüllte, geriet an zwei Stellen je eine Münze mit in die Erde. Das eine Geldstück wurde zwischen 364 und 378, das andere in der Zeit von 364 bis 367 geprägt. Dadurch ist die Wahrscheinlichkeit groß, daß die Frontmauer der Periode IV, 2 nicht vor 364 errichtet wurde. Da Münzen aber meist längere Zeit im Umlauf sind, ist andererseits nicht auszuschließen, daß man vielleicht erst Jahrzehnte später an der Mauer baute.

Weitere Anhaltspunkte für eine genaue Datierung dieses spätrömischen Palastes fehlen.

Möglicherweise aber kann man das Fragment der sog. Arbogast-Inschrift (→ S. 96) auf das Praetorium beziehen, wenn auch aus dem Text nur hervorgeht, daß im Auftrag des Comes Arbogast ein zusammengefallenes Gebäude wiederaufgebaut wurde. Die Herrschaft dieses fränkischen Feldherrn und die von ihm widerrechtlich zum Kaiser des westlichen Reichsteiles erklärten Eugenius dauerte nur **31** zwei Jahre, von 392 bis 394. In dieser Zeit, in der Arbogast einerseits die Macht des neuen Westkaisers festigen wollte, zum anderen aber das Eingreifen des oströmischen Kaisers Theodosius (der Eugenius nicht anerkannte) fürchten mußte, ist ein zwar großzügig geplanter, aber z. T. schlecht gegründeter und in Eile ausgeführter Palast denkbar.

32 Der mächtige spätrömische Bau diente vor allem der Repräsentation. Das zeigt sowohl die innere Aufteilung in verschiedene unterschiedlich gestaltete Säle, wie auch die Tatsache, daß an keiner Stelle Spuren von Fußbodenheizung gefunden wurden.

33 Von besonderer Bedeutung war offensichtlich die Rundhalle im mittleren Oktogon, genau an der Stelle gebaut, an der bei Bau III wahrscheinlich schon ein besonders ausgestatteter Mittelraum gelegen hatte. Da nicht nur **Verwaltung der Provinz** und **Repräsentation,** sondern auch die **Pflege des Kultes** Aufgabe des Statthalters

war, vermutet man hier die Stätte der Götterverehrung. Das Podest in der Mitte des Rundsaales (230) könnte ein Bild des vergöttlichten Kaisers, vielleicht aber auch eine Statue der Göttin Victoria getragen haben.

Wenn der Palast wirklich zwischen 392 und 394 vollendet wurde, wäre die besondere Verehrung der römischen Siegesgöttin naheliegend, da der heidnisch gesinnte Senat der Stadt Rom, mit dem Eugenius und Arbogast in Verbindung standen, während dieser Jahre den Kult der Victoria wiedererrichten ließ.

Spätere Geschichte

Es ist anzunehmen, daß die Franken die Praetoriumsgebäude nach Abzug der Römer zunächst weiterbenutzten. 520 scheint zumindest ein Teil des Palastes noch als Königshof in Gebrauch gewesen zu sein. Der hl. Gallus, der in diesem Jahr nach Köln kam, im Zorn einen heidnischen Tempel anzündete und daraufhin verfolgt wurde, flüchtete sich in die Aula Regia (→ S. 266 Qu. 23). Über die Geschichte in den darauffolgenden Jahrhunderten kann man nur Vermutungen anstellen, da eindeutig auf den Bau bezogene Nachrichten fehlen.

Die Juden, die durch ein Privileg des Kaisers Konstantin (→ S. 264 Qu. 17) schon seit Anfang des 4. Jh. in Köln bekannt sind, scheinen sich erst im 10. Jh. auf dem Gelände des Praetoriums angesiedelt zu haben. Die 1012 oder 1040 zuerst genannte **3** Synagoge wurde, wie die Ausgrabungen zeigten, über den Trümmern der Aula Regia errichtet (→ Abb. 87).

1135/39 entstand schräg gegenüber der Synagoge das erste Haus der Bürger, dessen Ostwand auf der römischen Stadtmauer gegründet wurde. In dieser Zeit gab es hier erst wenige Häuser, die Juden gehörten. Als dann um 1170 südwestlich der Synago- **3** ge das Judenbad (Mikwe) gebaut wurde, hatte sich die Zahl der von Juden erworbenen Häuser schon auf 45 erhöht.

Erst um 1300 wurde das Judenviertel zum Getto: Die Straßenzugänge bekamen Tore, die abends geschlossen werden mußten. 1330 erweiterte der Rat mitten im Getto, offensichtlich in gutem Einvernehmen mit den jüdischen Nachbarn, das erste Bürgerhaus. Das ganze Obergeschoß wurde nun von einem großen Saal eingenommen. (Später, nachdem die Vertreter der Hansestädte 1367 hier den Beschluß gefaßt hatten, gegen die Dänen Krieg zu führen, nannte man ihn Hansasaal.)

Um 1340 wurden die Grenzen des Gettos festgelegt, kein Christ durfte von nun an einem Juden ein Grundstück verkaufen. Im Norden reichte das Judenviertel bis zur Nordseite der Kleinen Budengasse, im Süden fast bis Obenmarspforten, im Westen bis zur Straße Unter Goldschmied und im Osten bis zum Alter Markt (→ Abb. 128, E).

1349 erreichte die sich über Europa hinziehende Pestwelle Köln und löste, wie in den meisten anderen Städten, einen hysterischen Haß auf die Juden aus, denen man die Schuld am „Schwarzen Tod" anlastete. In der Bartholomäusnacht vom 24. auf den 25. August 1349 stürmte man das Getto, ermordete die Menschen und steckte ihre Häuser in Brand. (Ein Jude hatte in aller Eile sein Barvermögen von 290 kostbaren Gold- und Silbermünzen vergraben. Man fand diesen Münzschatz 1953 während der Praetoriumsgrabung.)

1372 durften sich erneut Juden in Köln ansiedeln. Sie standen zunächst unter dem ausdrücklichen Schutz des Erzbischofs und der Stadt. Um die wiederaufgebaute Synagoge bildete sich mit der Zeit wieder eine kleine Gemeinde von etwa 200 Mitgliedern. 1407–1414 wurde der Rathausturm erbaut. Inzwischen war die allgemeine Abneigung gegen die Juden so angewachsen, daß man die seit 1384 alle 10 Jahre bestätigten Privilegien nicht erneuerte. 1424 wies man die

Juden unter verschiedenen fadenscheinigen Begründungen aus der Stadt. Von diesem Jahr an durfte sich bis zum Ende des 18. Jh. kein Jude mehr in Köln niederlassen. 1426 hatte man die seit dem 11. Jh. bestehende Synagoge zur Ratskapelle umgebaut und weihte sie „St. Maria in Jerusalem". Zwei Jahrzehnte später erhielt die Kapelle als kostbare Ausstattung den Altar der Stadtpatrone, der heute als Dombild bekannt ist. Der Rat hatte ihn bei Stephan Lochner, der selbst viele Jahre Ratsherr war, in Auftrag gegeben.

Nach wechselvollem Schicksal wurde die Kapelle im letzten Krieg zerstört; nur ihre Lage zwischen der offen liegenden Apside der römischen Aula Regia (635) und dem heute wieder zugänglichen Judenbad (Mikwe), ist westlich der Rathauslaube noch vorstellbar. Erst 1608–1615, nachdem man die Juden schon fast 200 Jahre vertrieben waren, errichtete man westlich des alten Rathauses den Spanischen Bau, unter dem der größte Teil der Praetoriumsmauern bis zu den Kriegszerstörungen verborgen war (Abb. 87).

Abb. 88. Ansicht des Rathausplatzes, Lithographie von Weyer/Wünsch 1827. In der Südwest-Ecke sind die Ratskapelle, das von Osten anstoßende Gebäude (Abb. 87, b) und davor der Rathausbrunnen (Abb. 87, c) zu erkennen.

Rundgang

Ausstellungsraum (Abb. 90)

An der Nordwand des Raumes befindet sich die Tür zum Kanal unter der Budengasse (→ S. 242). Daneben ist eine Sammlung von Weihesteinen für verschiedene in Köln verehrte Götter aufgestellt. Vier große Pläne der aufeinanderfolgenden Praetoriumsbauten

sind an der Ostwand angebracht. Die drei Vitrinen an der Südseite zeigen einen Überblick über römisches Kunstgewerbe. Kurze Informationen zur Herstellungstechnik sind auf den Schrifttafeln an jeder Vitrine zu lesen. An der Westwand finden sich an 8 Stangen aufgereiht

Römische Ziegel

1./2. Stange (von links): Die 1. Legion hatte unterschiedliche Stempel: LEGIMPF, LEGIMP, LIMP, LIM-LEG (ionis) I M(inerviae) P(iae) F(idelis) — (Ziegel) der 1. Legion Minervia, der Treuen, Zuverlässigen.

3. Stange (oben): Die Rheinflotte auf der Alteburg (→ S. 253) stempelte CGPF — C(lassis) G(ermanicae) P(iae) F(idelis) — (Ziegel) der germanischen Flotte, der Treuen und Zuverlässigen. *darunter:* LEGXXXVV — LEG(ionis) XXX V(lpiae) V(ictricis) — (Ziegel) der 30. Legion, der Siegreichen.

unten: LEGXXIIPR-LEG(ionis) XXII PR (Ziegel) der 22. Legion Primigenia.
4.–6. Stange : Der Stempel EXGERINF weist auf eine Ziegelei des niedergermanischen Heeres hin, TRANSRHENANA auf eine andere Fabrik jenseits des Rheines.
7. Stange : Im Schutt der Porticus vor der Aula Regia im südl. Teil des Praetoriums fand man eine ganze Reihe von Dachziegeln mit dem Stempel SUBDIDIIVLICOS — SVB DIDI(o) IVLI(ano) CO(n) S(ulare) — (Ziegel) unter Didius Julianus, dem Konsul.

In enger Verbindung zu den Ziegeln an der 7. Stange steht

Die Bauinschrift aus der Zeit des Kaisers Commodus

1865 wurden unter dem Rathaus fünf Fragmente dieser Inschrift gefunden, zwei weitere schon 1835 ausgegrabene ließen sich hinzufügen.
Die rekonstruierte Tafel ist 60 × 150 cm groß.

I M P (erator)	C A E S A R	[M(arcus)	AVRELIVS COM-]
Der Imperator,	Caesar	Marcus	Aurelius Com-

MODVS ANTO[NINVS AVG(ustus) PIVS SAR (maticus)]
modus Antoninus Augustus, der "Fromme", Sieger über die Sarmaten

[GE]RMA[N(icus)] MAXIM[VS] [BRITTANICVS]
größter Sieger über die Germanen, Sieger über die Britannier,

[PRAETOR (ium) INC]E[NDIO CONSVMPT(um)
(hat) das Praetorium, das durch Brand vernichtet wurde,

[. . . . .]M M [. PORTIC]V
? ? mit der Säulenhalle

[SVMPT]V [FIS]CI RE[STITVIT SVB DID]IO
auf Kosten der Kaiserlichen Kasse wiederaufgebaut unter Didius

[IVLI]ANO L[EG(ato) AVG(usti) PR(o) PR(aetore)]
Iulianus, dem Legaten des Augustus, im Range eines Praetors

(In eckigen Klammern stehen die wahrscheinlich ehemals vorhandenen Wortteile, in runden Klammern werden die bei den Römern üblichen Abkürzungen aufgelöst.)

Rekonstruktion der Inschrift

Schon 1866 machten die erhaltenen ersten Buchstaben in den ersten beiden Zeilen klar, daß die Inschrift aus der Zeit des Kaisers Commodus (180-192) stammen mußte. Nach ersten Ergänzungsversuchen 1966 und 1975 gelang es dann 1984 die vorhandenen Buchstabenfolgen sinnvoll in Namen und Begriffe einzubinden und durch Hinzufügen einzelner neuer Worte einen fast vollständigen, einleuchtenden Text zusammenzustellen.

Sieht man die Rekonstruktion als zutreffend an, so ist sie einmal eine Bestätigung der Bautätigkeit des Statthalters Didius Julianus (→S. 166). Zum anderen kann man aus den ersten drei Zeilen der Inschrift schlie-

ßen, daß sie kaum vor dem Ende des Jahres 184 gemeißelt worden sein kann, weil der mit mehreren Namen und Titeln aufgeführte Kaiser Commodus erst in diesem Jahr den Siegesbeinamen BRITTANICVS (bewußt mit doppeltem T geschrieben) annahm. So erscheint es als einigermaßen sicher, daß Didius Julianus um 184/85 den südlichen Teil des Praetoriums, in dessen Schutt ausschließlich die Ziegel mit seinem Stempel ausgegraben wurden, neu erbaut hat.

Der Weihestein des Quintus Tarquitius Catulus

Der Weihealtar wurde 1630 in der Bürgerstraße ganz in der Nähe des Rathauses entdeckt. Zu welcher Erneuerung des Praetoriums er zuzuordnen ist, läßt sich nicht mit Sicherheit sagen.

DIS   CONSER
Den Göttern, den bewah-

VATORIB(us) Q(uintus) TAR
renden,   Quintus Tar-

QVITIVS   CATVL
quitius   Catul-

VS LEG(atus) AVG(usti)   CVIV(s)
us, Legat des Kaisers, durch dessen

CVRA PRAETO[R]
Sorge das Praetor-

IVM   IN RVINA[M CO]
ium, das in Ruinen   ge-

NLAPSVM AD [NO]
fallen war, in   neu-

VAM FACIE[M EST]
er   Gestalt   ist

RESTITVT[VM]
wiederhergestellt worden.

Abb. 89. Weihestein des Quintus Tarquitius Catulus (H. 0,79 m, Br. 0,43 m), um 180.

Grabungsbereich (Abb. 90)

Von insgesamt 9 Standorten aus werden die jeweils von dort sichtbaren wichtigen Mauerreste der Bauphasen I bis IV beschrieben. **Die Nummern der Mauern und Pfeiler, die im Text und in den Abbildungen zur Bau-** **geschichte vermerkt sind, findet man ebenso in Plan und Beschreibung des Rundganges. Mit Hilfe der kursiv gedruckten Randnummern kann man zu jedem erwähnten Baurest den geschichtlichen Zusammenhang im Kapitel Baugeschichte nachschlagen.**

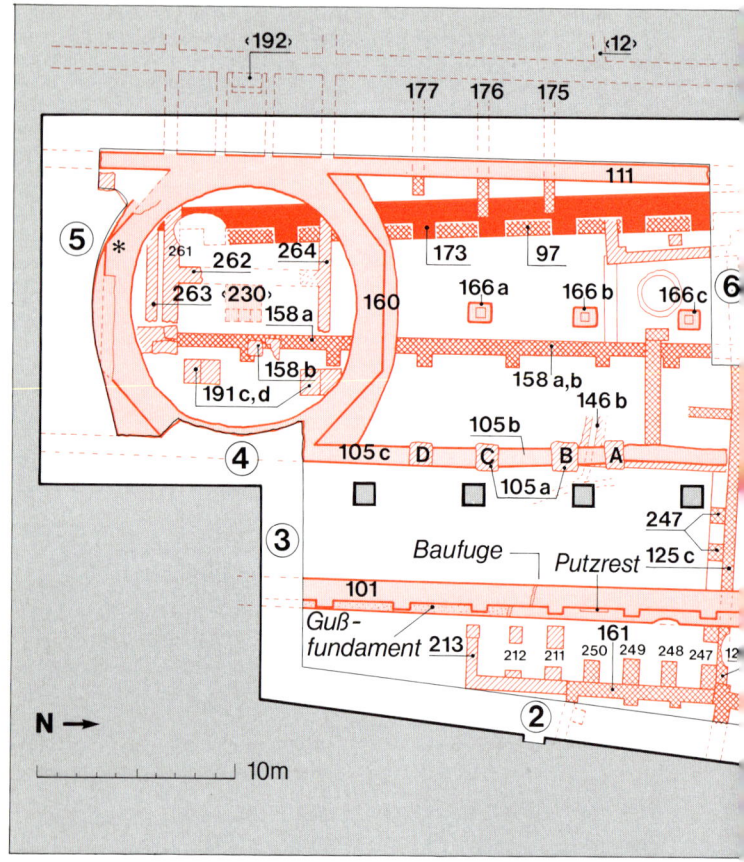

Abb. 90. Praetorium, Ausstellungsraum und Ausgrabungsbereich unter dem Rathaus,

1. Standort *(in Höhe des Modells)*

10 **II, III:** Die Mauer 201, die schräg unter dem modernen Steg hervortritt, liegt parallel zur römischen Stadtmauer, die in 10 m Entfernung unter der östlichen Häuserzeile der Bürgerstraße verläuft (Abb. 87). 201 ist die Westwand eines möglicherweise an die Stadtbefestigung angelehnten Hauses, das in der II. Periode entstand und in der III. weiter erhalten blieb. Gut ablesbar ist der spitze Winkel, den diese Mauer (und damit die parallele Stadtmauer) zur genau in Nordsüd-Richtung gebauten spätrömischen Palastfront (101, IV) bildet.

23 **IV:** Zwischen den beiden mächtigen Strebepfeilern 101a und 101b ist, wenn auch durch einen Bombentrichter des letzten Krieges gestört, die fast 11 m breite, in drei Achsen gegliederte

Fassade der Vorhalle zum nördlichen Apsidensaal (110) zu erkennen. Sieben Steinschichten über dem geraden Fundamentsockel, auf dem die Wandgliederung beginnt, ist über einer leichten Sockelschräge ein zweischichtiges Ziegelband zu sehen (bei 101 a). Hier war die Laufhöhe in spätrömischer Zeit, von hier aus erhob sich nach neueren Forschungen (abweichend vom ausgestellten Modell) eine zweigeschossige, bis zur Dachtraufe 18 m hohe Fassade (→ Abb. 86). Der Fußboden in Vorraum und Apsidensaal lag etwa 3,50 m über dem modernen Steg.

Dicht hinter dem ersten Betonpfeiler erkennt man die Wand 105 c, die Vorhalle und Apsidensaal trennte. Ganz im Hintergrund ragt ein Stück des halbrunden Apsisfundamentes 110 bis knapp unter die Betondecke.

Legende:
- Bau I
- Bau II
- Bau III
- Bau IV

Plan zum Rundgang.

Das Modell

Auch wenn diese Rekonstruktion nicht mehr in allem dem Bild entspricht, das man sich heute vom Aussehen des spätrömischen Palastes macht, so gewinnt man hier doch einen guten Gesamteindruck. Eingespannt zwischen zwei dreiachsigen Seitenbauten erscheint eine 16 Achsen lange Mittelfassade, die von einem mächtigen Oktogonturm überragt wird. Der Vergleich von Modell und sichtbaren Mauerresten zeigt die ehemals gewaltige Größe des Bauwerks: Die Fassade des nördlichen Seitenbaus im Modell ist mit der originalen Mauer zwischen 101 a und 101 b in Verbindung zu bringen; das am höchsten erhaltene Mauerstück bei 101 a würde, auf das Modell übertragen, nicht einmal über den weiß gemalten Sockelstreifen hinausragen.

2. *Standort* (vor der Eisentür)

II, III: Im 2. Jh. verband man das Haus an der Stadtmauer (201) mit den weiter westlich liegenden Praetoriumsgebäuden durch eine zunächst dreiachsige Pfeilerhalle, von der ein Teil der Nordseite (125 c) mit zwei vorgelegten Wandpfeilern (247) und die Ostwand (161) mit drei angesetzten Pfeilerfundamenten (248, 249, 250) hier zu sehen sind. In der Bauphase III erweiterte man diese Halle nach Süden um weitere drei Achsen. Man sieht die Wand- und Freipfeilerfundamente 211 und 212 und kann die Ecke des Erweiterungsbaus (161, 213) ablesen.

Durch die verschiedenartige Bautechnik sind beide Bauperioden gut zu unterscheiden: Während die nördlichen Pfeiler aus zwei oder drei Lagen kleiner Tuffsteine im Wechsel mit zweischichtigen Ziegelbändern gemauert sind, hat man bei den südlichen große Tuffsteinquader aufeinandergesetzt.

21
22 **IV:** Der Mittelteil der Palastfassade hatte eine Länge von 69 m, von denen 28 m (von 101 b an) hier zu sehen sind. Gegliedert war diese Front der **Porticus-Galerie** in 17 Wandvorlagen (Pilaster) und 16 dazwischenliegende Felder von 3 m Breite. 8 Pilaster und 7 Wandfelder zählt man hier im Ausstellungsbereich. (Das südliche Ende der Mittelfront bei Strebpfeiler 101 c (→ Abb. 87) und die anschließende Front des südlichen Apsidensaales (101 c–101 d) sind im Rathauskeller erhalten. Die dazwischenliegenden Gebäudeteile unter dem Rathausplatz sind noch nicht ausgegraben.)

Dem Standort genau gegenüber hat sich ein Stück des ockerfarbenen Put-
21 zes auf der Wand 101 erhalten. Eine Achse weiter nach Süden zeigt sich ein schräg verlaufender Riß in der spätrömischen Palastwand. Hier ist die Grenze zwischen den beiden Abschnitten der Bauphase IV gut zu erkennen. Das südliche Wandstück (IV, 1) steht auf einem Gußfundament, auf dem sich noch Balkenabdrücke der Verschalung erhalten haben. Weiter nach Norden wurde die Wand im Bauabschnitt IV, 2 auf ein gemauertes Fundament aufgesetzt. Die Untersuchungen ergaben, daß der Gußbeton außerdem 2,40 m tiefer hinunter reicht als die spätere Fundamentmauer. Durch die in Tiefe und Bauweise verschiedene Gründung beider Mauerseiten hat sich die Wand nördlich der Baufuge gesenkt und dadurch den klaffenden Riß verursacht.

3. Standort (auf dem ostwestlich verlaufenden Quersteg)

21 **III, IV:** Man sieht nach Norden in die 5,50 m breite Fundamentzone der Porticus-Galerie zwischen den Wänden 101 und 105 c. Der Raum wurde nicht als Keller genutzt, sondern mit Schutt verfüllt. Der Fußboden dieser Galerie, von der man wahrscheinlich auf den Rhein blicken konnte, lag etwa 3,50 m
14 über dem heutigen Steg. Für die Rück-
17 wand (105 c, IV) nutzte man die Rui-
27 nen der ehemaligen Frontmauer von Bau III, 1 und 2 (105 a, b). Die großen Tuffquader, aus denen die hier sichtbare Mauer zum großen Teil besteht, sind typisch für die Bauperiode III.

II: Im Hintergrund erkennt man die Nordwand der Pfeilerhalle (125 c) mit zwei Wandpfeilern (247).

4. Standort
(am Gitter zum Zentralraum)

I: Die ganz im Hintergrund liegende Mauer 173 gehörte zusammen mit einer 4,20 m weiter westlich angetroffenen (heute nicht mehr sichtbaren) Parallelwand (→ Abb. 80, 148) zu dem ersten langgestreckten Steinbau, der sich am Abhang zum Rhein entlang hinzog. Die hier sichtbare Frontmauer war in regelmäßiger Folge durch Wandvorlagen gegliedert. Den Rest eines dieser Pilaster kann man erkennen. Die Wand ist vorwiegend aus Trachytsteinen gebaut, die Fußbodenhöhe lag oberhalb der Abbruchkante.

II: Im Vordergrund, hier fast 5 m von Wand 173 entfernt, liegt die **Schöne Mauer** 158 a, mit der die Rheinfront der Gebäude zum ersten Mal nach Osten verschoben wurde. Gut zu erkennen ist die exakt ausgeführte Verblendung, meist mit gerade zugeschlagenen Grauwackesteinen. Ein Schrägsockel, mit einem schmalen Ziegelband abgedeckt, zieht sich um die Pilaster herum, mit denen auch diese Wand gegliedert ist.

III: Um 180 n. Chr. überbaute man die Mauer 158 a als Rückwand (158 b) des nun wiederum in den Abhang vorgeschobenen neuen **Galeriegebäudes**. Einige der in dieser Zeit vorwiegend gebrauchten großen Tuffquader haben sich auf der Schönen Mauer erhalten. Die übrigen Mauerreste (z. B. 262, 263, 264) westlich dieser Wand gehören ebenfalls zu Bau III, der hier möglicherweise einen besonders ausgestatteten Raum besaß. Die Bedeutung der ebenfalls während der Periode III verlegten großen Quader im Vordergrund (191 c, d) ist nicht geklärt.

IV: Für den mittleren Oktogonbau legte man zunächst einen mächtigen Fundamentring aus Gußbeton an (160). Darauf setzte man große Tuffquader aus dem Abbruchmaterial des Vorgängerbaus. Für das darüberliegende Mauerwerk wurde dann außen wie innen eine Schale von kleinen Tuffquadern aufgemauert und der dazwischenliegende Raum mit einem von Ziegel- und Bruchsteinresten durchsetzten Beton gefüllt. Rechts und links vom Standort ist dieser Mauerkern sichtbar. Sowohl in der Nord- wie in der Südwand dieses Mittelraumes sind mehrere Risse im Mauerwerk zu erkennen; die Steinreihen senken sich nach Osten in Richtung des Rheinabhanges. Man kann daraus schließen, daß der Zentralbau eines Tages einstürzte. Zwei Ursachen könnten dabei zusammengewirkt haben: Einmal war der 22 m hohe achteckige Turmbau im Inneren in 18 m Höhe möglicherweise mit einer schweren Kuppel gedeckt (→ Abb. 91), die durch ihren Schub die Wand nach Osten aus dem Lot drückte; zum anderen wurde die östliche Hälfte des Rundfundamentes nicht bis in den gewachsenen Boden, sondern lediglich in die Anschüttung vergangener Jahrhunderte gegründet. So mögen die schlechten Fundamente und der Druck einer Kuppel zusammen das Auseinanderreißen des Mauerwerks und das Abkippen der östlichen Bauteile bewirkt haben.

Über der Verfüllung der unteren Fundamentbereiche fand man mitten im Raum in Höhe der Grenze zwischen großen Tuffquadern und kleinteiligem Mauerwerk drei (heute nicht mehr vorhandene) große Buntsandsteinquader (230). Sie ließen sich zu einem quadratischen Fundamentblock von 2 m Seitenlänge ergänzen und könnten einer monumentalen Statue als Fundament gedient haben.

Der Fußboden dieses Mittelraumes war nochmals etwa 50 cm höher als in der angrenzenden Porticus-Galerie, also etwa 4 m über dem modernen Steg. Das hat man aus den Resten einer Treppe geschlossen, die westlich des Zentralbaus gefunden wurde (192). Innerhalb der dort angefügten stadtseitigen Eingangshalle, die auf der selben Ebene lag, wie die rheinseitige Porticus-Galerie, stieg man einige Stufen zum Hauptraum hinauf. Von diesem Standort aus ist die dreimalige Erweiterung der Praetoriumsbauten nach Osten besonders gut abzulesen (Abb. 91):

173 (I) Frontmauer, 1. Jh.
158a (II) Schöne Mauer, 1./2. Jh.
 1. Erweiterung zum Rhein
105 (III) Galeriegebäude, Ende 2. Jh.
 Wiederaufbau Anfang 4. Jh.
 2. Erweiterung zum Rhein
101 (IV) Porticus-Galerie, 2. Hälfte 4. Jh.
 3. Erweiterung zum Rhein

5. *Standort* (an der südlichen Außenwand des Oktogons)

Man sieht hier, daß das Fundament über einem runden Sockel in achteckiger Form weitergeführt ist. Unter der einen hier an der Südseite des Oktogons erhaltenen Ecke ist im Rundsockel ein X-Zeichen eingeritzt. Es zeigte den Handwerkern die Stelle an, von der aus die Mauerschale in acht-

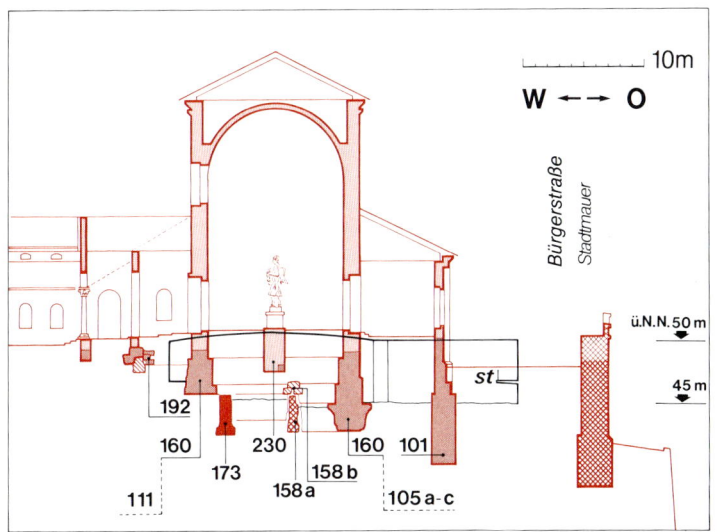

*Abb. 91. Schnitt durch die Praetoriumsbauten in Höhe des spätrömischen Oktogons. Der Ausgrabungsbereich ist schwarz umrahmt, der moderne Steg ist mit **st** bezeichnet.*

eckiger Form weiterzubauen war. Ähnliche Baumarken sind auch an der Nordseite des Oktogons an den dort noch erhaltenen beiden Ecken zu finden.

Einblick in den Baubetrieb geben auch die Gerüstlöcher, die am Oktogon und an der langen Westmauer 111 noch zahlreich vorhanden sind. Nachdem das Fundament innerhalb der Baugrube bis zu einer von Hand erreichbaren Höhe fertiggestellt war, legte man quer zur Mauer nach beiden Seiten auskragende Gerüsthölzer darauf und setzte die nächste Steinlage darüber. Von der neuen Gerüstebene aus konnte man so außen wie innen weiterbauen. Die nächste Gerüstetage wurde dann während des Weiterbaus mit errichtet. Dort, wo die Gerüstlöcher nicht durch Schutt zugesetzt sind, kann man noch heute hindurchschauen.

30 Am Beginn des nun folgenden Weges an der Mauer 111 entlang lag ehemals genau in der Achse des Mittelbaus die schon erwähnte Treppe (192), über die man vom westlich anschließenden 1. Hof in den Oktogonbau hinaufstieg. Dort, wo der moderne Weg wieder nach Osten abbiegt, schloß sich seit der Bauperiode II ein nach Westen gerichteter Verwaltungsbau an, der den 1. Hof nach Norden abschloß (→ Abb. 87, 12, 65).

6. Standort *(auf dem nächsten ost-westlichen Quersteg)*

Man blickt hier nach Süden in das sog. Große Geviert, eine der beiden Hallen, die sich in spätrömischer Zeit zu beiden Seiten an das Oktogon anschlossen. Zahlreiche Mauerreste der Bauperioden I–III haben sich zwischen den Fundamentwänden von Bau IV erhalten.

1 I: Vor der mächtigen spätrömischen Wand 111 erkennt man die früheste Frontmauer 173 mit vier ihrer Pilaster.

5 II: Die auf der Abbruchkante der
9 Wand 173 aufsetzenden Quermauern 175–177 trugen die Tonnengewölbe der später eingebauten Kellerräume. 5,50 m weiter nach Osten ist auch die Schöne Mauer (158 a) wieder in einem langen Stück sichtbar.

14 III: In der Wand 105 c, die das Große
17 Geviert zur Porticus-Galerie abgrenzt,
27 sind noch aufrecht stehende Reste der ehemaligen Frontmauer von Bau III, 1 und III, 2 (105 a, b) zu erkennen. In der Bauphase III, 1 bestand die Mauer 105 a im Untergeschoß aus einer langen Reihe von meist über 2 m weiten offenen Bögen, die aus großen Tuffblöcken mörtellos gefügt waren. (Ein Arkadenbogen dieses Galerie-Gebäudes hat sich weiter südlich unter dem Rathausplatz erhalten, ist aber heute nicht mehr sichtbar, → Abb. 85.) Vier Pfeiler dieser Bogenreihe, dazwischen eine schmale (A–B) und zwei breite Öffnungen (B–C und C–D), sind in der Wand 105 c zu erkennen. Die Bögen der breiten Arkaden wurden möglicherweise schon bei Bau III, 2 beseitigt, lediglich der Türsturz über der schmalen Pforte (A–B) hat sich erhalten (Abb. 92). Nördlich an diese kleine Tür anschließend ist die Wand 105 a aus kleinen Steinen aufgemauert. Das läßt vermuten, daß hier die von Süden kommende Bogenreihe endete und das Untergeschoß des Galerie-Gebäudes schon in der Bauphase III, 1 weiter nach Norden eine geschlossene Wand zum Rhein hatte.

Der zum Untergeschoß von Bau III, 1 gehörende Fußboden lag wenig über der Kanalrinne (146 b), die durch die Pforte A–B hindurchführt. Der Kanal endet weiter östlich an der Mauer 101, er war also bei Bau IV nicht mehr in Benutzung. In der Bauphase III, 2 setzte man die Arkaden im unteren Teil mit großen, im oberen Teil mit kleinen Tuffsteinen zu und verfüllte das Galerie-Untergeschoß von Bau III, 1 mit Schutt.

Im Vordergrund zeigt sich eine verwirrende Zahl von Wänden, meist aus den verschiedenen Umbauphasen von Bau III, aber auch aus der nachrömischen Überbauung. Die deutlich erkennbare runde Steinsetzung ist der Rest eines mittelalterlichen Brunnens im Judenviertel.

IV: Das Große Geviert hat eine Ausdehnung von 20 × 13 m. Im Osten wird es von der Wand 105 c, im Westen von Mauer 111 begrenzt. Südlich schließt die Halle an das Oktogon (160) und nördlich an die unmittelbar nördlich des Steges erkennbare Wand 121 an. In der Längsachse erkennt man drei Einzelfundamente (166 a–c) in regelmäßigem Abstand nebeneinander. Über einer Packung aus mörtelgebundenen Grauwacke-Bruchsteinen und darüber wiederum Tuffquadern liegen große Buntsandsteine, die alle drei eine mittlere Aussparung von 0,45 × 0,38 m haben. Man nimmt an,

Abb. 92. Blick von Westen, vom großen Geviert aus, auf die Wand 105 a–c.

daß in die Steinkästen Holzpfosten eingespannt waren, die einen mittleren Balken zur Unterstützung des Fußbodens (etwa 3,50 m über dem heutigen Steg) trugen. Als der Palast in Ruinen lag, quoll das Holz der Stützen auf und sprengte die Fundamentsteine auseinander.

II, IV: Nördlich des Steges ist die Mauer 121 (IV) gegen die innere Rundung der Konche 120 (II) gesetzt.

7. Standort *(wenige Schritte weiter auf dem zum Ausgang führenden nordsüdlichen Steg)*

IV: Der an das Große Geviert anschließende 4 m breite Raum wird als Korridor zwischen diesem und dem folgenden nördlichen Apsidensaal (110) gedeutet. Die Ostwand dieses Verbindungstraktes ist die (östlich des Steges) weiterzuverfolgende Mauer 105 c, in deren Unterbau die typischen, wiederverwandten Tuffquader von Bau III zu erkennen sind. Die innere Raumecke nach Westen besteht aus der Mauer 121 (die östlich des Steges durch einen mittelalterlichen Brunnen gestört ist) sowie den Mauern 111 und 102. Ein Teil der Wand 102 war hier vor Einbau der Betondecke (vom Steg aus gesehen) noch 3,10 m hoch erhalten. In 3 m Höhe zeigte sich ein durchlaufendes Ziegelband, über dem ehemals der Fußboden ansetzte. Da die Abbruchkante an der West- und Ostseite des Korridors unterhalb dieser Fußbodenhöhe lag, konnten keine Spuren von den an den Schmalseiten vermuteten Türen gefunden werden.

II: Vor der Mauer 111 sieht man in tieferer Lage die Wand 112, die im Zusammenhang mit der südlichen Nische (120) des frühen Konchenbaus

errichtet wurde. Die Bauweise, die an die der Stadtmauer erinnert, ist typisch für die frühen Mauern der Bauphase II: Fast 1,20 m dick, wurde die Wand mit handlichen Grauwackequadern verblendet, sauber verfugt und die Fugen anschließend mit dem Eisen nachgezogen. (Die im Vordergrund senkrecht zu 112 verlaufende Mauer ist nicht sicher einzuordnen.)

8. Standort *(an der Ecke, an der der schmale Steg nach Westen abknickt)*

II, III: Man erkennt (westlich des Steges) tief unten eine Türöffnung und darin nach Osten hinunterführend einige Treppenstufen. Es handelt sich um die nördlich der Konche 120 in die Wand eingefügte Tür 114, die sich zunächst nach draußen öffnete (→ Abb. 82). Nachdem dann zum Rheinabhang hin neue Gebäude angesetzt worden waren, verbanden Tür und Treppenstufen die höher gelegenen Kellerräume mit den tieferen. Zu diesem Erweiterungsbau gehört die Mauer 106 a, die unmittelbar östlich des Steges zu sehen ist. Sie wurde in der Bauphase II zunächst verstärkt (106 b) und dann in der Bauzeit III überbaut (106 c).

IV: Von diesem Standort aus bekommt man außerdem einen Eindruck von der Größe der spätrömischen Apside 110. An der südlichen Türleibung von 114 ist gut zu erkennen, daß die Wand 112 durch den weit in den Innenraum vorspringenden Fundamentsockel der Apsis überbaut wurde. Der obere, sorgfältig mit Tuffsteinen verkleidete Teil der halbrunden Fundamentmauer springt dagegen zurück. Auch in dieser nördlichen Apsidenhalle ist der Fußboden etwa 3,50 m über dem modernen Steg zu denken.

9. Standort (am Ende des schmalen ostwestlichen Steges)

8 **II, III:** Etwa gleichzeitig mit dem Einbau der Treppe 114 entstand im oberen Kellerraum das sich leicht nach Süden neigende Wasserbecken 151. Es hatte einen Zulauf in der Westmauer des frühen Konchenbaus (142) und eine Abflußöffnung nach Süden. Lange vor Beginn der Bauphase III war es nicht mehr in Gebrauch. Die Wand südlich über dem Becken (115) stammt der Mauertechnik nach (Tuff- und Ziegelschichten im Wechsel) aus der Bauzeit III. Sie ist zwischen zwei Bauteile von Bau II, die Mauer 142 und die Außenrundung der Konche 120 gesetzt.

Römische Mauern auf dem westlichen Rathausplatz (Abb. 87)

Vom Ausgang des Praetoriums folgt man der Kleinen Budengasse in Richtung Rhein, biegt an der ersten Ecke rechts in die Bürgerstraße ein und geht am Rathausturm und der Renaissancelaube vorbei bis zu den im Boden sichtbaren Gebäuderesten.

16 **III: Man sieht** in die Apside der Aula Regia hinein. In dem durch eine Spannwand (438) nach Westen abgeschlossenen Halbrundraum (635) von 14,75 m Durchmesser hatte sich ein Teil der originalen Mauerverblendung erhalten, so daß eine Rekonstruktion der Innenschale aus kleinen Tuffsteinen im Wechsel mit Ziegelbändern möglich war. In der Apsidenachse nach Osten befindet sich eine große, wie ein Tor wirkende Öffnung (d), schräg gegenüber, am Südende der Wand 438 ein kleinerer Kanal (e). Beide Durchlässe gehören zum System einer Fußbodenheizung (→ S. 117).

Die heiße Abluft von einer Feuerstelle östlich des großen Bogens wurde unter dem (ursprünglich höher als die moderne Platzebene liegenden) Fußboden der Apsis her durch die zweite Öffnung abgeleitet.

Über dem mittleren Teil der Mauer 438 entstand im 11. Jh., leicht nach Nordosten gedreht, die Ostwand der Synagoge. Das einfache, 9x15 m große Bauwerk wurde dann nach der Vertreibung der Juden 1426 als Ratskapelle eingerichtet. 1474 baute man an der Nordseite eine kleine Sakristei an, deren Basaltfundament (a) heute in die Nordwestecke der römischen Apsis hineinragt. Im Apsidenraum ist außerdem der Rest einer mittelalterlichen Ostwest-Wand (b) erhalten. Sie gehörte zu einem Gebäude, das bis zum Ende des 19. Jh. an den südlichen Teil der Kapellenfassade angebaut war. Neben dieser Wand steht noch ein Steinring des Rathausbrunnens (c), der ebenfalls bis ins 19. Jh. in Gebrauch war (→ Abb. 88). Als man 1956 westlich von Mauer 438 Ausgrabungen durchführte, entdeckte man im Bereich der Synagoge das Halbrund der Apside 455 (Bau I) und Pfeilerfundamente der Aula Regia (Bau III), ohne daß man diese Mauerreste damals einordnen konnte. Erst als man 1968 die große Apside (635) fand und im Verlauf der weiteren Untersuchungen ihre Verbindung zu dem schon seit 1885 bekannten Bogen (105 a, b, → Abb. 85) erkannte, waren diese Funde zu deuten. 1956 grub man auch das seit dem 15. Jh. verschüttete Judenbad (Mikwe) wieder aus (*Öffnungszeiten sind unter Telefon 22 14 5 42 zu erfahren*).

Die besondere Bedeutung dieses Ortes

Hier, mitten in Köln, wird die Stadtgeschichte auf eindrucksvolle Weise sichtbar. Von den Fundamenten der Praetoriumsbauten des 1. bis 4. Jh. unter dem Spanischen Bau ist man hinaufgestiegen zum westlichen Rathausplatz. Dort liegt die Apsis der Aula Regia von 180 n.Chr. und daneben (seit 1989 im Pflaster kenntlich gemacht) der Ort, wo nacheinander im 11. Jh. die Synagoge und vom 15. bis ins 20. Jh. die Ratskapelle gestanden haben. Gleich nebenan war von 1170 bis 1426 das Judenbad, dessen tiefer Schacht (ebenfalls seit 1989) durch ein pyramidenförmiges Glasdach geschützt ist. Wendet man sich dann zum Rathaus, so umfaßt der Blick den Hansasaal des 14., den Rathausturm des 15. und in der Mitte die Rathauslaube des 16. Jahrhunderts. Diese bildet, mit Portraits römischer Kaiser und langen lateinischen Texten zur Stadtgeschichte geschmückt, den eleganten Eingang zu den modernen Bauten der Stadtregierung.

Die Vorgängerbauten des 1.–9. Jahrhunderts unter dem Kölner Dom

Dom und Krypta sind täglich von 6–19 Uhr geöffnet. **Der Ausgrabungsbereich ist im allgemeinen nicht öffentlich zugänglich.**

Geschichte und Bedeutung der Domgrabung

Nachdem das Domkapitel am 22.10.1945 den Beschluß zu Ausgrabungen unter dem Dom gefaßt hatte, begann Otto Doppelfeld am 26.5.1946 in der Mitte des von Bomben verwüsteten Dom-Langhauses mit einem ersten Suchgraben und fand hier im selben Sommer die Westapsis des Alten Domes. 1947 entdeckte er 100 m weiter nach Osten unter der Achskapelle des gotischen Chores die Ostapsis. Auch nachdem 1948 der Chor und 1956 das Langhaus wiederhergestellt waren, wurden die Ausgrabungen weitergeführt und waren 1993 noch nicht beendet. Die seit 1948 im Kölner Domblatt veröffentlichten Forschungsergebnisse ließen nicht nur überzeugende Rekonstruktionen der Vorgängerbauten des Domes zu, sondern brachten außerdem tiefere Einsichten in die Geschichte der ganzen Stadt. Darüber hinaus zeigte sich, wie groß der Einfluß der hier im Laufe der Jahrhunderte gebauten Kirchen auf die Baukunst in Europa gewesen ist. So wurde die Domgrabung weit über Köln hinausweisend zu einem der wichtigsten archäologischen Forschungsunternehmen nach dem Zweiten Weltkrieg.

Die topographische Lage des Domes

Der Dom steht nicht, wie früher oft behauptet wurde, auf einem Hügel, sondern im Rheinabhang, der heute auf der etwa 500 m langen Strecke zwischen Hohe Straße und moderner Uferprommenade um 11.30 m abfällt (→ S. 222/223). Sein Fußboden (etwa 55,25 ü. NN) hat allerdings seit 1248 annähernd das Niveau der Hohe Straße, auf das Gelände, auf dem er steht, vom 1. bis 13. Jh. immer wieder durch Anschüttungen erhöht wurde. Dabei blieben nicht nur Teile von Fundamenten der Vorgängerbauten, Reste von Wänden, Fußböden, Säulen und Pfeilern im angefüllten Schutt erhalten, sondern auch eindrucksvolle Reste der römischen Stadtmauer. Diese ist unmittelbar neben den Fundamenten der Dom-Nordwand, unter dem nördlichen Querhaus und als südliche Kellerwand der Sakristei in Teilen bis heute sichtbar. Zwei Türme hatte die nördliche Stadtbefestigung auf dieser Strecke: Turm 59 in Höhe des Langhauses und Turm 57 etwa dort, wo heute der Petersbrunnen östlich der Sakristei steht (→ S. 155–157, Abb. 56, 58, 77, 78).

Eine bemalte römische Wand

7 m unter dem südlichen Querhaus des Domes befindet sich die noch in 3,20 m Höhe aufrecht stehende Wand eines römischen Hauses (Abb. 92a, W). Das 2,15 m hohe Erdgeschoß war mit einer einfachen, aber typischen Bemalung versehen. Auf dem heute sichtbaren, 2,30 m breiten Wandstück erkennt man über einer roten, 0,50 m hohen, durch eine waagerechte schwarze Markierung abgeteilten Sockelzone ockergelbe, im Winkel angeordnete Streifen, die die ehemals rechteckigen Wandflächen einfaßten. Der Ort des Hauses im röm. Köln ist gut zu vergleichen mit dem des südlich benachbarten Peristylhauses mit dem Dionysosmosaik (→ S. 111). Beide Gebäude standen keine 30 m voneinander entfernt auf gleicher Höhe (etwa 48 ü. NN) im Rheinabhang.

Der Tempel

Das Haus mit der gemalten Wand muß schon zerstört und das Gelände durch Anschüttungen ein Stück erhöht gewesen sein, als in derselben Gegend, nordöstlich des Wandfragments, ein Neubau errichtet wurde (Abb. 92a, 1). Die ordentlich gebauten Grauwackemauern von 0,80- 0,90 m Breite, bis zu einer Höhe von 5,58 m aufrecht stehend, ließen sich zu einem Gebäude von 8,25 x 10,80 m ergänzen. An den Innenseiten der Nord- u. Südwand, fast 6 m (49,20 ü. NN) unter dem heutigen Dom, befinden sich je zwei sich gegenüberliegende Balkenlöcher, über denen ein etwa 0,40 m dicker Estrich den Erdgeschoßboden über dem Keller bildete. Die Form des Bauwerks, seine sehr solide Bauweise, dazu Funde von reliefverzierten weißen Marmorplatten und vergolde-

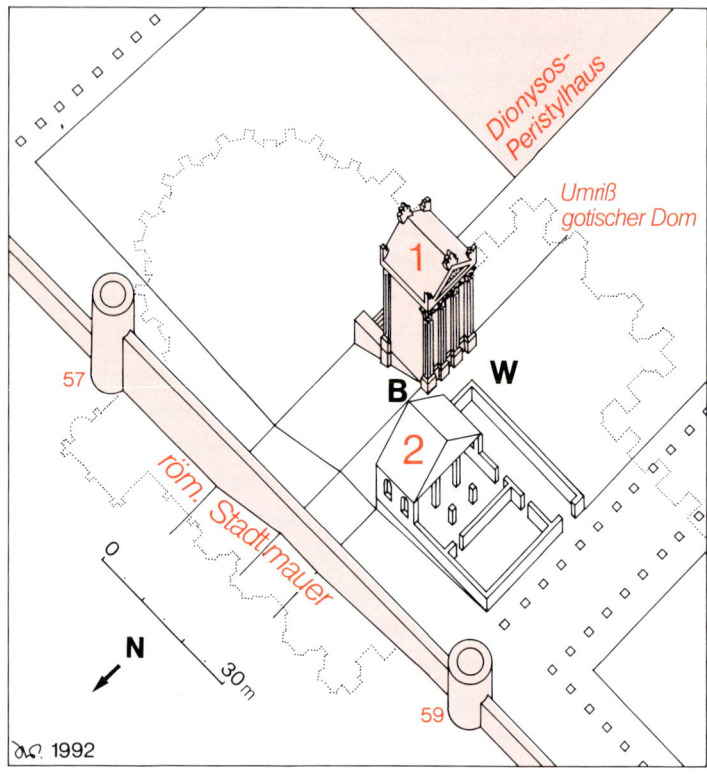

Abb. 92a. W Bemalte Wand, 1. Jh.; 1 Römischer Tempel, 2. Hälfte 1. Jh.; 2 Hauskirche der ersten Christen, 3. Jh.; B Brunnen, 2. Hälfte 4. Jh..

ten Türbeschlägen, führten u.a. dazu, hier den Innenraum (Cella) eines kleinen römischen Kultbaus zu vermuten. Brandschutt über dem Lehmboden des Kellers, darin eine in der Zeit von 383-388 geprägte Münze, außerdem Spuren eines später um 0,70 m erhöhten Fußbodens lassen die Vermutung zu, daß der Tempel gegen Ende des 4. Jahrhunderts durch Feuer zerstört, aber wiederaufgebaut worden war. Wenige Jahre nach dem Brand, vielleicht nach Abzug der römischen Legionäre im Jahre 401, wurde er aber endgültig aufgegeben.

Entdeckt wurde der Bau bei Anlage der Teppe, die neben der Kanzel in die Krypta hinunterführt. Im Grabungsbericht von 1963 deutete Doppelfeld ihn als Tempel des Mercurius Augustus, den man schon seit dem 19. Jh. in der Nordostecke der röm. Stadt vermutete (→ S. 97).

Das erste Haus der Christen?

Nordwestlich des Tempels, 4 m unter dem Mittelschiff des Domes, hat sich der Rest einer römischen Fußboden-Heizung erhalten (→ S. 117). Sie gehört zu einem zunächst 120 qm großen, später auf mehr als 255 qm erweiterten, ebenfalls geheizten Raum an der Mauerstraße (Abb. 92a, 2). Das Gelände war zuvor bis zur Höhe der von Turm 59 ausgehenden Straße (51 ü. NN) angeschüttet worden.

Über Bauzeit und Nutzung des Hauses gibt es nur Vermutungen. Da aber die Wahrscheinlichkeit groß ist, daß sich das Christentum schon vor dem Jahre 300 bis in die römische Provinz Niedergermanien ausgebreitet hatte, könnte hier vielleicht der erste Versammlungsraum einer Kölner Christengemeinde gewesen sein.

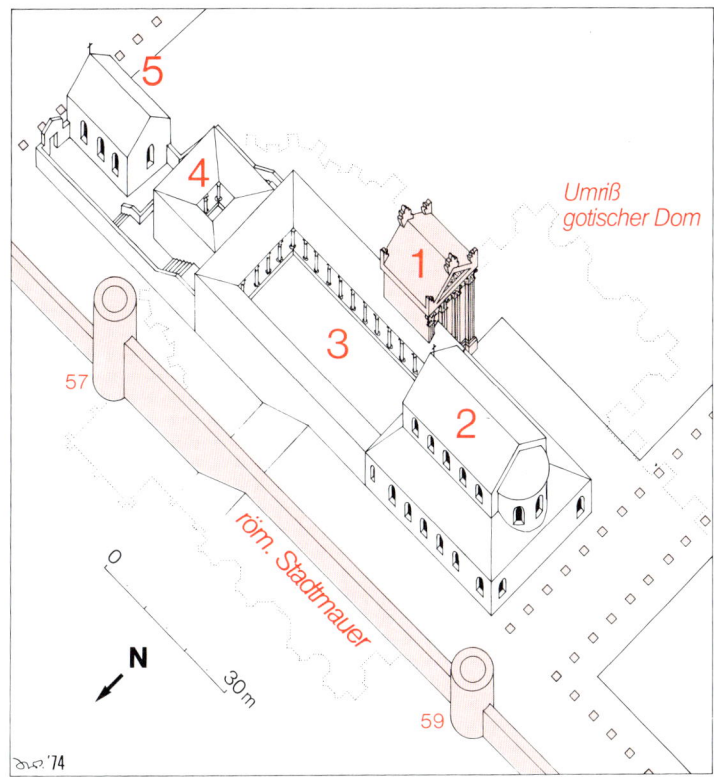

Abb. 93. *Römischer Tempel und frühchristliche Bischofskirche am Ende des 4. Jh.:* 1 Tempel, 2 Frühchristliche Kirche, 3 Atrium, 4 Heizbares Gebäude, 5 Taufkapelle.

Die Kirche des 4.Jahrhunderts

Spätestens um 313, zur Zeit des ersten bekannten Kölner Bischofs **Maternus** ($\rightarrow$ S. 264 Qu. 15, 16) entstand anstelle des Versammlungsraumes eine nun nicht mehr geheizte Kirche von 21 m Länge und 25 m Breite (Abb. 93, 2). Ihr flacher Westchor grenzte an die vom Turm 59 ausgehende Straße.

Nach Osten schloß sich ein mindestens 40 m langer, ebenfalls auf Anschüttungsgelände (51 ü. NN) gegründeter Vorhof (3 Atrium) an, von dem aus eine Treppe an einem Wohngebäude (4) vorbei zur Taufkapelle (5) im Rheinabhang führte. In das Atrium ragte von Süden her zunächst noch ein Stück des römischen Tempels (1) um 2 m hinein, später führte die Südmauer der Hofanlage über den zerstörten Tempel hinweg.

Ein römischer Brunnen

In der Ecke zwischen Kirchenfassade und südl. Atriumsmauer entstand um 340 ein Brunnen (Abb. 92a, B), der schon um 390 wieder aufgegeben wurde, wie sich aus den Fundmünzen am Grund des Brunnenschachtes ermitteln ließ. Von der Sohle (36,80 ü. NN) sind über der Quellfassung aus Holz noch 45 aus Stein gebaute Ringe bis zu 4,80 m unter dem Dom erhalten. Der Brunnen wurde am Ende des 4. Jahrhunderts für kurze Zeit durch eine neue Tempelvorhalle überdeckt, was zur Störung des christlichen Atriums geführt haben muß. Nach Abbruch des Tempels stellte man die Hofmauer wieder her, führte sie nach Osten weiter über das Tempelgelände und verbreiterte sie dabei so, daß sie den südlichen Teil des Brunnens überdeckte.

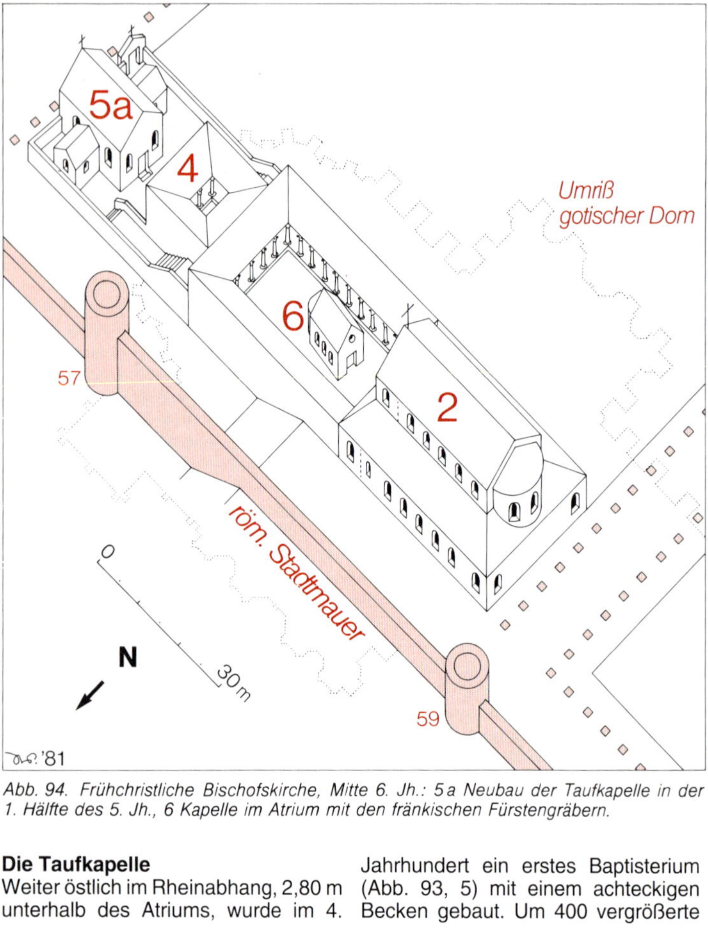

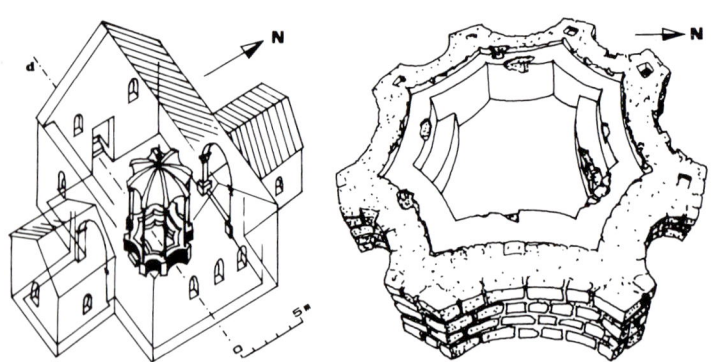

Abb. 94. *Frühchristliche Bischofskirche, Mitte 6. Jh.: 5 a Neubau der Taufkapelle in der 1. Hälfte des 5. Jh., 6 Kapelle im Atrium mit den fränkischen Fürstengräbern.*

Die Taufkapelle

Weiter östlich im Rheinabhang, 2,80 m unterhalb des Atriums, wurde im 4. Jahrhundert ein erstes Baptisterium (Abb. 93, 5) mit einem achteckigen Becken gebaut. Um 400 vergrößerte

Abb. 95. *Rekonstruktion der Taufkapelle des frühen 5. Jh.*

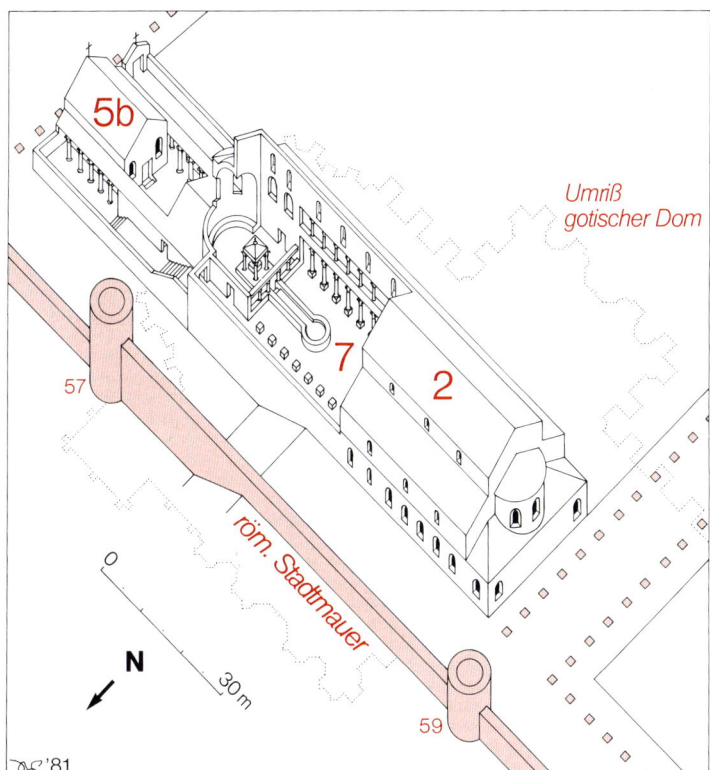

5b

*Umriß
gotischer Dom*

57

7

2

röm. Stadtmauer

0

30 m

N

59

*Abb. 96. Die Bischofskirche in der 2. Hälfte des 6. Jh.: 5b Taufkapelle mit seitlichen
Säulengängen anstelle der Flügelbauten, 7 Gemeindekirche mit Ostchor, Bema und
Emporen über den Seitenschiffen anstelle des Atriums.*

man das Gebäude durch Seitenräume, so daß es einen etwa kreuzförmigen Grundriß bekam (Abb. 94, 5a). Genau über dem ersten Achteckbecken im Inneren entstand ein neues, sternförmiges Becken, das 1866 östlich des Domes entdeckt wurde und heute unterhalb des Domherrenfriedhofs sichtbar ist (→ Abb. 3).

Das Becken (Abb. 95) hat die Form eines Achtecks mit nach innen gebogenen Seiten. Die abgeflachten Ecken liegen auf einer gedachten Kreislinie von 4,70 m Durchmesser. Es ist heute noch fast 68 cm tief (48,60 ü. NN), seine originale Oberkante ist aber nicht erhalten. An der Innenwand entlang ist 53 cm über dem Boden eine umlaufende Bank, an der Nord- und Südseite ist in 36 cm Höhe außerdem je eine Stufe nach innen vorgelegt.

Die Kirche im 6. Jahrhundert

Bald nach 500 stand im Atrium der Kirche eine **kleine Kapelle** (Abb. 94, 6) in der um 537 zwei Tote mit sehr kostbaren Grabbeigaben bestattet wurden (→ S. 189 ff.). Wenig später brach man die Grabkapelle ab und überbaute das gesamte, nochmals in den Rheinabhang verlängerte Hofgelände (Abb. 96, 7). Unter Nutzung der Atriumsmauern entstand zunächst eine zweite, nach Osten orientierte Marienkirche, die später mit der westlichen Peterskirche zu einer über 90 m langen, doppelchörigen Basilika verbunden wurde. Vom neuen Marienchor ging ein etwas erhöhter Steg mit Rundkanzel, ein sog. **Bema** aus. Über den Seitenschiffen könnte es Emporen gegeben haben, das legt zumindest ein überliefertes Lobgedicht des reisenden Dichters Venantius Fortunatus auf den Bischof Carentinus von Köln nahe (→ S.267 Qu. 24).

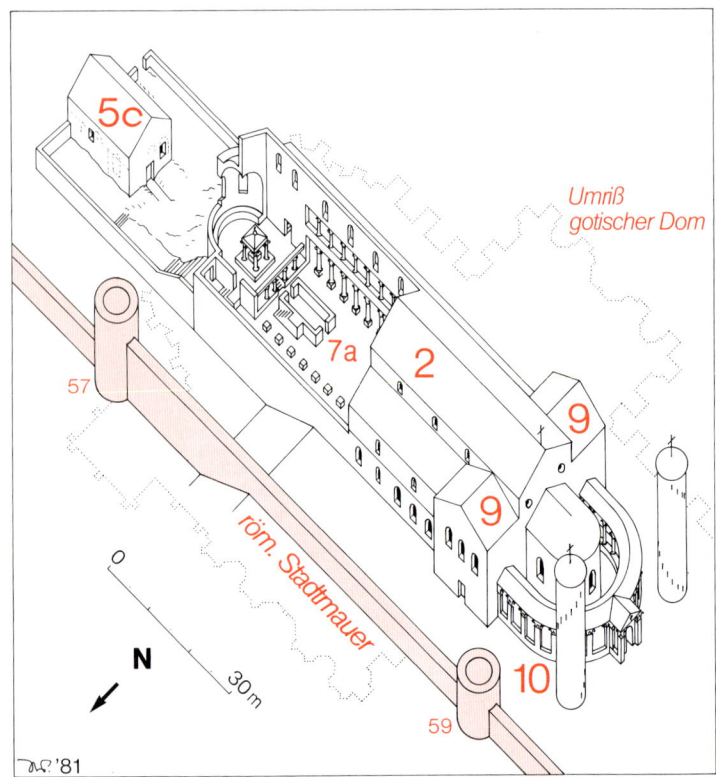

Abb. 97. Die Bischofskirche am Ende des 8. Jh.: 7 a Schola Cantorum anstelle des Bema,
9 Querhausartige Erweiterung des Westbaus, 10 Ringatrium (sog. St. Galler Atrium).
Rundtürme nicht gesichert.

Die frühkarolingische Kirche

In der 2. Hälfte des 8. Jahrhunderts
wurde das Bema durch eine **Schola
Cantorum** ersetzt (Abb. 97, 7a). Der
rechteckig abgeschrankte Raum mit
einer seitlichen Kanzel (Ambo) diente
nach Einführung des gregorianischen
Chorals als Platz für die Sänger. Es
könnte der Erzbischof Hildebold (→ S.
204) gewesen sein, der in der folgenden Zeit den Westteil der Kirche zu einer Art Querhaus umbaute und den
Raum um 15 m, quer über die römische Straße hinweg, durch eine **neue
halbrunde Apsis mit ringförmigem
Atrium** verlängerte (10). Der Altar des
hl. Petrus wurde auf Wunsch Karls des
Großen von Hildebold mit kostbaren
Metallen geschmückt, wie in einer zugehörigen Inschrift, die der Gelehrte
Alkuin (730–804) verfaßt hatte, zu lesen war. Der glanzvoll neu gestaltete
Kirchenraum wurde möglicherweise

das Vorbild für den Kirchengrundriß im
berühmten, um 825 entstandenen **St.
Galler Klosterplan.** Es gibt einige Anhaltspunkte, vor allem das dort einge-
zeichnete, sonst in dieser Zeit unbekannte Ringatrium, die dies wahrscheinlich machen.

Der Alte Dom

Vermutlich war der älteste Dom durch
einen Brand zerstört worden, bevor
das Gelände um 2 m (auf 53,10 m ü.
NN) aufgeschüttet und über soliden,
bis zu 6 m tiefen Fundamenten ein
Neubau errichtet wurde (Abb. 98). Es
entstand eine dreischiffige Basilika
von 95,70 m Länge mit zwei Querhäu-
sern, einem Ost- und einem Westchor
mit zugehörigen Krypten. Im Westen
schloß sich ein nochmals 100 m langes, bis zur Hohe Straße reichendes
Atrium mit den Wohnungen der Stiftsherren an. Erzbischof Bruno (953-965)

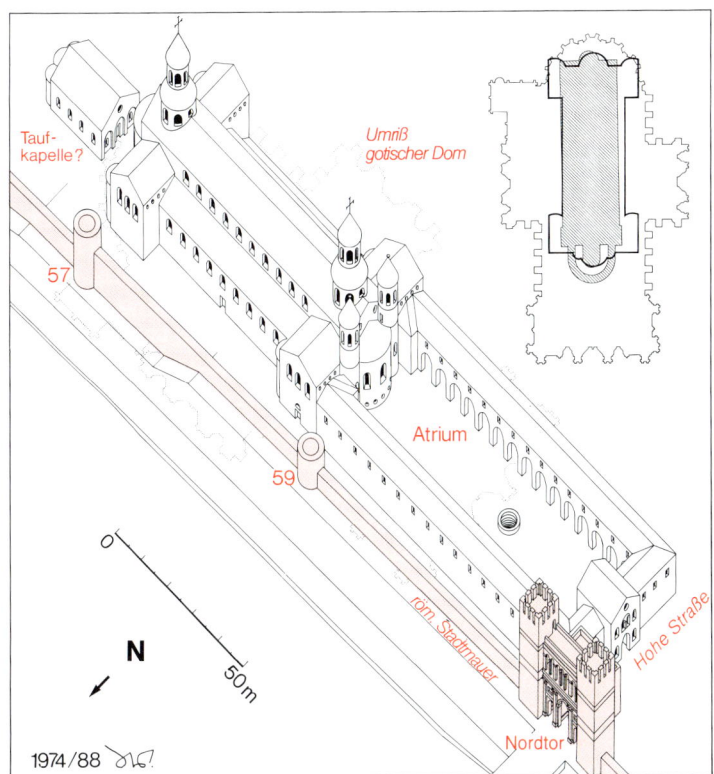

Tauf-
kapelle?

*Umriß
gotischer Dom*

57

Atrium

59

röm. Stadtmauer

Hohe Straße

N

0

50 m

1974/88

Nordtor

Abb. 98. Der Alte Dom, geweiht am 27.9.870: im West-Atrium befindet sich ein Brunnen (→ S. 129); oben rechts die Grundrisse der ersten Kirche, des Alten Domes und der gotischen Kathedrale übereinander.

erweiterte den Alten Dom um zwei Seitenschiffe. Zur Zeit des Erzbischofs Heribert (999-1021) wurde an die Südseite des östlichen Querhauses eine doppelgeschossige Pfalzkapelle angebaut (→ Abb. 3, 54).

Die Ankunft der Gebeine der Heiligen Drei Könige am 23. Juli 1164 (→ S. 199) führte zu umfangreichen Erneuerungsarbeiten. Der ehrwürdige Bau bekam zwei neue Türme nach Osten; diese und die alten Westchortürme sowie die beiden Vierungstürme erhielten neue Hauben in byzantinischen Formen.

Abschied vom Hildebold-Dom

Da seit dem 15. Jh. in mehreren Chroniken die Gründung des Alten Domes dem Erzbischof Hildebold zugeschrieben worden war, kam auch während der ersten Jahrzehnte der Ausgrabungen kein Zweifel daran auf, daß der Vorgängerbau des heutigen Domes bis zum Tode dieses Bischofs im Jahre 818 zumindest begonnen wurde. Allgemein bezeichnete man ihn deshalb bisher als Hildbold-Dom. Erst in der Ende 1991 veröffentlichten wissenschaftlichen Untersuchung der zahlreichen Keramikscherben aus den Baugruben des Alten Domes konnte nachgewiesen werden, daß er nicht vor 850 angefangen worden sein kann. Mehr als 30 Jahre nach Hildebolds Tod könnte es daher eher der von den Chronisten meist sehr schlecht beurteilte Erzbischof Gunthar (850-870) gewesen sein, der als Erbauer infrage kommt. Von ihm ist immerhin bekannt, daß er den Westchor des Alten Domes ausmalen ließ. Nach jahrelangen Streitigkeiten wurde Gunthar 863 vom Papst abgesetzt.

Erst sein Nachfolger Willibert weihte am 27.9.870 den Alten Dom.

Spätere Geschichte

Der gotische Dom

Am 15. August 1248 wurde der Grundstein zum gotischen Dom gelegt. Zuvor war der Alte Dom, von dem zunächst nur der Ostteil abgebrochen werden sollte, am 26. April durch einen leichtsinnig gelegten Brand in Flammen aufgegangen. Nach Wiederherstellung der westlichen Hälfte und nach Anhöhung des Baugeländes im östlichen Bereich um etwa 2 m (auf 55,25 ü. NN), wurde mit den Fundamenten der sieben Chorkapellen begonnen.

Gegen 1300 errichtete man eine Abschlußwand zwischen den östlichen Vierungspfeilern, um den bis zu den Gewölbeschlußsteinen 43,35 m hohen Chor nutzen zu können.

Am 27. September 1322 erst, auf den Tag genau 452 Jahre nach der Weihe des Alten Domes, fand die Chorweihe statt. Nach neuen Erkenntnissen gingen die Bauarbeiten zunächst an der Südseite weiter, das Querhaus mit vorläufiger Fassade zwischen den südlichen Pfeilern und beide Süd-Seitenschiffe wurden kurz über den Kapitellen, in 13,50 m Höhe mit Notdächern versehen.

1370–1380 schufen Bildhauer der Parlerfamilie fünf große Apostelstatuen und 34 Bogenlauffiguren für das Petersportal. Das setzt voraus, daß der Südturm um die Mitte des 14. Jahrhunderts im Bau war.

Um 1410 hatte der Südturm eine Höhe von 56,14 m erreicht. Die Bauarbeiten wurden danach an dieser Stelle eingestellt, der mittelalterliche Baukran blieb erhalten und war mehr als 500 Jahre lang das Wahrzeichen Kölns.

1507–1509 wurden die fünf großen Erdgeschoßfenster im nördlichen Langhaus eingesetzt. Auch hier waren sowohl das nördliche Querhaus mit provisorischer Fassade zwischen den nördlichen Pfeilern als auch beide Seitenschiffe zunächst ohne Gewölbe fertiggestellt worden.

Im 16. Jahrhundert erst begannen die Arbeiten am Nordturm, die Westfassade erreichte eine Höhe von 6 m, die Wand zu den nördlichen Seitenschiffen immerhin 22 m. Der daran anschließende Bau von 6 Gewölben in den turmnahen nördlichen Seitenschiffen war wahrscheinlich der letzte Bauabschnitt im Mittelalter.

1560 beschloß das Domkapitel den Bau einzustellen.

1823 begannen erste Restaurierungsarbeiten am Strebewerk des Chores.

Am 4. September 1842, nach 282 Jahren der Unterbrechung, wurde der Grundstein zum Weiterbau des Domes gelegt.

1863 waren sowohl die Querhausfassaden als auch sämtliche Gewölbe, die Dächer und der Dachreiter vollendet. Nach mehr als 550 Jahren konnte nun endlich die Trennwand zum Chor abgebrochen werden. (Das 2,35 m breite Fundament dient heute als Westwand der modernen Krypta).

Am 15. Oktober 1880 waren sowohl der Nordturm (H. 157,38 m), als auch der Südturm (H. 157,31 m) vollendet.

Die neue Krypta unter dem Chor
(Zugang neben dem Bischofsthron)

Im Anschluß an die Chor-Ausgrabungen von 1959/60 wurde eine Grabkapelle für die Erzbischöfe von Köln gebaut, deren westliche Begrenzung durch das Fundament der gotischen Trennwand gebildet wird. Nach Osten schließt sich die Gruft an, in der zu beiden Seiten insgesamt 16 Grabkammern angelegt sind. 1970 wurden hier 8 Kölner Erzbischöfe neu beigesetzt, sie waren früher an etwa derselben Stelle in einer nur von oben zugänglichen Gruft bestattet gewesen. Unter dem Steg zwischen den Grablegen sind (von der Kapelle aus nicht sichtbar) die Reste der Atriumskapelle (Abb. 94), des Bema (Abb. 96) und der Schola Cantorum (Abb. 97) des ältesten Domes erhalten.

Die folgenden Erzbischöfe von Köln sind hier begraben:

Ferdinand August Graf Spiegel
*1764, 1825–1835
Johannes Kardinal von Geißel
*1796, 1845–1864
Paulus Kardinal Melchers
*1813, 1866–1885, †1895 in Rom
Philippus Kardinal Krementz
*1819, 1885–1899
Hubertus Theophilus Simar
*1835, 1899–1902
Antonius Kardinal Fischer
*1840, 1903–1912
Felix Kardinal von Hartmann
*1851, 1912–1919
Karl Joseph Kardinal Schulte
*1871, 1920–1941

Der zweite Kölner Erzbischof des 19. Jh., Clemens August Freiherr Droste zu Vischering (*1773, 1836–1845), liegt in Münster begraben.

Die ersten beiden übereinanderliegenden Kammern an der Nordseite sind die Gräber von

Joseph Kardinal Frings
* 1887, 1942-1969, † 1978 und
Joseph Kardinal Höffner
* 1906, 1969-1987

Hier, drei Meter unter den Gräbern der beiden zuletzt verstorbenen Erzbischöfe von Köln, waren vor mehr als 1400 Jahren die Dame und der kleine Junge aus fränkischer Fürstenfamilie beerdigt worden.

Kostbarkeiten in der Schatzkammer des Domes

Eingang im Nordquerhaus des Domes, Öffnungszeiten: April–Oktober: montags–samstags von 9–17 Uhr, November–März: montags–samstags von 9-16 Uhr; sonntags 13–16 Uhr; bei Gottesdiensten geschlossen

Die Fürstengräber unter dem Kölner Dom

Die Funde, die bis 1991 im Erzbischöflichen Diözesanmuseum ausgestellt waren, können vorläufig nur zum Teil gezeigt werden. Da sie aber so bald wie möglich alle wieder der Öffentlichkeit zugänglich gemacht werden sollen, sind sie im folgenden im ganzen beschrieben.

Das Grab der Frankenfürstin

Abb.99. Das Grab der Frankenfürstin, Rekonstruktion Wilhelm Schneider 1960.

Entdeckung und Bergung

Als am 10. April 1959 unter dem Chor des Domes eine Fundamentgrube für die neuen Grabkammern der Erzbischöfe ausgehoben wurde, glitt einer der Arbeiter in einen Hohlraum, in dem er schon auf den ersten Blick unversehrte Glasgefäße und goldglänzenden Schmuck erkennen konnte. Er hatte das nach Westen liegende Kopfende eines Grabes gefunden, dessen östlicher Teil noch unversehrt unter 4 m hohen Erdschichten lag. Da die Gefahr bestand, daß bei den weiteren Arbeiten Erde in das Grab stürzte, entschloß man sich, die einzelnen Gegenstände vom Kopfende her zu bergen. Neben winzigen Knochenresten, aber relativ gut erhaltenen Zähnen, neben Teilen des Sarges und einigen nicht mehr zu deutenden Textilresten wurden zahlreiche, z.T. außerordentlich kostbare Dinge gefunden.

Anlage der Grabkammer und Rekonstruktion der Bestattung

Innerhalb einer kleinen Kapelle, die in der 1. Hälfte des 6. Jahrhunderts im Atrium der frühchristlichen Kirche errichtet worden war (→ S. 185, Abb. 94), baute man an eine tief im Boden steckende, nordsüdlich verlaufende römische Mauer eine Grabkammer aus Trachytplatten an (0,85 x 3,00 m, innere H. 0,76 m). In dieser stand der Holzsarg (0,55 x 1,70 m) ganz nach Westen gerückt, so daß am Fußende der Bestattung noch Platz für Grabbeigaben blieb. Die Tote war von zierlicher Gestalt; nach der Untersuchung der Zahnreste kann sie nicht älter als 28 Jahre gewesen sein. Nachdem sie mit zahlreichen Grabbeigaben bestattet worden war, wurde eine Wolldecke über den Sarg gebreitet und die Grabkammer mit Steinplatten zugedeckt. Da alle Ritzen sorgfältig mit Lehm abgedichtet worden waren, konnte im Laufe der nächsten mehr als 1400 Jahre weder Wasser noch Erde eindringen.

Die Beigaben aus dem Frauengrab

Die einzelnen Gegenstände sind mit den Inventarnummern des Fundberichtes bezeichnet (→ Lit., S. 278)

1,2 **Zwei Münzen,** ein goldener Solidus und eine silberne Siliqua, um 500 in Konstantinopel und Ravenna geprägt, steckten zwischen der Westwand der Grabkammer und dem Kopfende des Sarges (Abb. 100, oben).

5 **Die golddurchwirkte Stirnbinde** ist in der Mitte mit einem Almandinstein geschmückt, auf der Goldfassung sind zwei Reihen Goldkügelchen aufgeschmolzen (→ S. 77, Granulation).

6 a,b **Polyederohrringe,** besetzt mit Almandinen und Perlen, waren während der Völkerwanderungszeit in ganz Europa beliebt. Sechs quadratische Flächen sind über acht gleichseitige Dreiecke zu einem Hohlkörper mit 24 Kanten zusammengefügt (→ Abb. 127; S. 72, 81).

11a,b Zwei Rosettenfibeln
(Dm. 4,1 cm), die sich völlig gleichen, dienten, in Höhe der Schlüsselbeine getragen, zum Feststecken des Mantels am Untergewand. An einer der beiden Fibeln haben sich Nadel und Nadelhalter wie bei einer modernen Brosche erhalten. Ein Kranz von 20 dicht aneinandergefügten dunkelroten Almandinscheiben bildet einen wie aus Blütenblättern zusammengesteckten äußeren Rand. Ein schmaler innerer Ring von flachen Almandinen rahmt die hochgewölbte, mit Filigran besetzte Mittelfläche. Von der Edelsteinfassung in der Mitte ausgehend zeichnet sich im Gesamtmuster ein Kreuz ab, das im Inneren von vier keilförmigen Steinen, im äußeren Rand durch vier eingelegte kleine Elypsenformen gebildet wird (→ Abb. 127).

12 a,b **Die Goldkette** (L. 49 cm) aus zwei unterschiedlichen, geflickten und z. T. abgegriffenen Teilen zusammengefügt, verband die beiden Rosetten miteinander.

12 c **Die angehängte Goldmünze** Theodosius' II.(408-450), hat ihre kräftige Öse am unteren Ende des Kaiserportraits, sie hing also auf dem Kopf. Hob die Trägerin die Münze von der Kette aus in Blickhöhe, so konnte sie das Bildnis betrachten.

13 a-y **Die Halskette hat 29 Teile:** **sieben Goldmünzen,** jeweils über den Herrscherbildnissen mit einer Öse versehen, in der Zeit von 364–527 in Mailand, Thessaloniki, Konstantinopel und Ravenna geprägt; **fünf runde Filigrananhänger** (Dm. 0,8-1 cm) aus Gold mit unterschiedlichen Mustern, einer zeigt eine achtblättrige Blüte, auf zwei anderen sind kunstvolle Knotenkreuze aufgelöst; **einen birnenförmigen Anhänger** (L. ohne Öse 2,3 cm); **zwei Anhänger in Blütenform** (L. ohne Öse 2 cm) und **zwei Goldperlen** mit Almandinen; **zwölf Goldperlen** unterschiedlicher Form, zwischen den übrigen Anhängern angeordnet, vier mit Filigran verzierte Zylinder, vier aus Filigrandraht spiralförmig zu kleinen Kugeln zusammengelötet und vier aus zwei Hohlkügelchen zusammengesetzt.

14 a-s **Die abgenutzte goldene Filigranperle, mehrere Glasperlen, eine aus Bernstein** gehörten zu einem Armband oder waren der Teil des Halsschmuckes, der hinten um den Nacken gelegt war.

7 **Der Armreif aus massivem Gold** (Dm. 7 cm), 66 Gramm schwer, schmückte den linken Arm der Frau.

8 **Dem goldenen Ring,** den sie an der linken Hand trug, ist ein Kästchen aus gewelltem Goldblech und darüber eine runde Fassung für eine Perle aufgesetzt. Der winzige Kasten scheint ein paar Knochensplitter zu enthalten.

9 **Der Männerring,** der hinten aufgeschnitten und verkleinert worden war, wurde an der rechten Hand getragen. Sowohl die Kante der Schmuckplatte wie auch der äußere Rand des Ringes sind mit einem typisch römischen Eierstabmotiv eingefaßt. In der Mitte ist ein Rad mit zwölf Speichen vor dunkel ausgelegtem Hintergrund zu sehen.

10 a,b **Die beiden Bügelfibeln** (L. 7,5 cm) sind nicht gleich, aber einander sehr ähnlich. Eine 4 mm starke Silberplatte ist bedeckt mit einem dünnen, mit Waffelmuster geprägten Goldblech, auf dem die Filigran-Ornamente und die mit Almandinen gefüllten Zellen aufgelötet sind. Sie lagen, übereinander angeordnet, unterhalb des Gürtels (→ Abb. 127).

20 **Die silberne Schnalle** diente als Verschluß eines kräftigen Ledergürtels. Wahrscheinlich in einer angehängten Stofftasche befand sich folgendes:

3 **eine Münze des Theoderich** und 4 **eine des Athalarich** (Abb. 101);

15 a **eine große dunkle Glasperle** mit umlaufender roter Zackenlinie und 15 b **eine Bergkristallperle;**

16 **eine Schere,** die in einem kunstvoll vernähten Lederfutteral steckte.

17 a–c **Das kleine eiserne Messer mit einem Griff aus Gold** (L. 14 cm), ist am oberen Ende mit einem Kreuz geschmückt; an der Spitze ist noch das goldene Ortband als Rest des Lederfutterals erhalten.

17 d–l **21 flache Goldhülsen mit Filigranverzierung** (L. 2,5 cm) waren auf zwei schmale Lederbändchen geschoben, an denen das Messerchen hing. Mit goldenen Nieten, Schnallen und Riemenzungen waren die Bänder am Gürtel befestigt.

18 **Die Bergkristallkugel** (Dm. 2,6 cm) ist von vier goldenen Ornamentbändern umgeben, die von einer mit kleinen Kreisen geschmückten runden Platte ausgehen und gegenüber in einem kunstvoll gearbeiteten Würfel wieder zusammentreffen. Außerdem ist hier eine Öse zum Aufhängen befestigt.

19 **Die Silberkapsel** (Dm. 11,7 cm, H. 8,5 cm) besteht aus zwei kugelig getriebenen Schalen. Diese sind an

Abb. 100
Oben: Solidus des Anastasius I. (491–518), Münzstätte Constantinopolis.
Unten: Siliqua des Theoderich   (493–526), Münzstätte Ravenna.
(Alle vier Münzen in zweifacher Vergrößerung.)

Abb. 101.
Halbsiliqua des Theoderich (493–526) Münzstätte Ravenna   *Halbsiliqua des Athalarich (526–534) Münzstätte Ravenna*

der einen Seite durch ein Scharnier verbunden, an der anderen durch Schnalle und Lasche zu schließen. Da am Scharnier eine Öse aus Silberdraht angebracht ist, hing die Kapsel offensichtlich mit dem Verschluß nach unten am Gürtel. Ihr Inhalt bestand aus ein paar vertrockneten Pflanzenstengeln. Ihre Form und der vergoldete Ornamentschmuck aus einer mittleren Vierblatt-Palmette mit umlaufender Ranke aus Weinlaub, lassen darauf schließen, daß sie im Mittelmeerraum hergestellt wurde.

21 a–b **Ein Paar Schnallen und Riemenzungen** (L. 4,4 cm), mit einem exakten Kerbschnittmuster versehen, schmückte das Schuhwerk der Dame, von dem sich die schmale Kappe des rechten Schuhs erhalten hat.
22 a–-b **Ein weiteres Paar Riemenzungen** (L. 6 cm) mit Almandineinlagen, könnte zu modischen Wadenriemen gehört haben.
24 a **Das golddurchwirkte Band** ist ein Rest des Kleidersaumes.

Sechs unversehrte Glasgefäße befanden sich in der Grabkammer außerhalb des Holzsarges, vier davon standen an seinem Fußende:
25, 26 **zwei Glasschalen** (Dm. 20,5 u. 15 cm);
27 e**ine zylindrische Flasche** (H. 27,5 cm), zu einem Drittel mit einer klaren Flüssigkeit gefüllt, „deren chemische Untersuchung keinerlei Spuren ergab";
30 **ein Sturzbecher** (H. 8,9 cm), mit eingeschmolzenen weißen Streifen, die sich von dem kleinen kugeligen Knauf aus in vier Wirbeln bis zum Rand ziehen.
Zwei Gläser waren in einem Eimer (→ unten) verborgen:
28 **eine zweite zylindrische Flasche** (H. 21 cm);
29 **eine Kugelflasche** (H. 18 cm), mit aufgelegten Glasfäden.

31 **Das Bronzebecken** (Dm. 35 cm), mit einem gegossenen Dreifuß und zwei Henkeln ausgestattet, stand, auf die Kante gesetzt, im engen Spalt zwischen den südlichen Steinplatten der Grabkammer und dem Fußende des Holzsarges. Über dem Rand des Beckens hingen noch die Reste der Decke, die über Sarg und Beigaben gedeckt worden war.

33 **Der Kasten** (30 x 32 cm, H. 23,5 cm) war, wie alle Beigaben aus organischem Material, in viele Teile zerfallen. In einem Modell, das in der Dombauhütte nach den aufgefundenen Resten hergestellt wurde, ließen sich sowohl die Holzverbindungen, als auch die Scharniere an der Rückseite zwischen Unterbau und Deckel, sowie das Schloß und der dazugehörige Schlüssel genau rekonstruieren. Anschließend wurden die mit getriebenen Mustern geschmückten originalen Bronzebleche der Vorderseite auf den neuen Kasten montiert. Um einen großen Kreis in der Mitte, der durch kurze mit je einem muggelig geschliffenen Glasstein verzierte Rechteckflächen nach allen vier Seiten als Mittelpunkt eines Kreuzes erscheint, sind sechzehn kleinere Kreise angeordnet. Vom Inhalt des Kastens waren noch einige Dinge nachzuweisen: der Rest eines Pantoffels, ein Stückchen Goldborte, eine Bergkristallperle und ein Spinnwirtel aus Ton. In einem eingebauten Seitenfach steckten sechs Haselnüsse, eine Walnuß und ein Dattelkern.

Folgende Beigaben aus dem Frauengrab sind vorläufig nicht ausgestellt:

32 **Der Eimer** (Dm. unten 26, oben 24 cm, H. 25,5 cm) stand am Fußende des Sarges, an die Südwand der Kammer gerückt. Sechs Bronzereifen mit z. T. eingepunzter Verzierung und Resten von Vergoldung, außerdem vier senkrecht dazu aufgenietete Bronzebänder hielten das Holz des Eimers zusammen. Die ankerförmigen Henkelenden schwingen in stilisierten Vögeln aus, die Nieten zur Befestigung am Eimer sind die Augen in den Vogelköpfen.
38 **Das Trinkhorn** war aus einem stark gekrümmten Ziegenhorn gearbeitet, die Mündung (Dm. 6,5 cm) mit einem Streifen aus Silberblech eingefaßt. Ein kleines Loch am oberen Rand und ein Splint in der Nähe der Hornspitze dienten zur Befestigung eines Trageriemens.
39 **Eine beutelförmige Feldflasche** wurde aus einem Holz- und Lederfetzen rekonstruiert. Weitere Reste aus Metall, Stoff, Holz und Leder sind nicht mehr zu bestimmen.

Das Grab des fränkischen Knaben

Abb. 102. Das Grab des fränkischen Knaben, Rekonstruktion Wilhelm Schneider 1960.

Entdeckung und Bergung

Am 6. August 1959, vier Monate nach Fund des Frauengrabes, wurde nach Osten anschließend ein zweite ungestörte Bestattung entdeckt. Durch eine abgesprungene Ecke der oberen Platte konnte man einen ersten Blick in die Grabkammer hineinwerfen und fotografieren. Es waren Waffen zu erkennen und eine Fülle von Holzresten, die eine sorgfältige Bergung, möglichst von oben, nötig erscheinen ließen. Da aber der größte Teil der Grabkammer noch unter hohen Erdschichten lag, wurde die kleine Öffnung zunächst wieder verschlossen.

Als fünf Monate später abzusehen war, daß die Erdmassen vorläufig nicht weggeräumt werden konnten und ein erneuter Blick in das Grab den fortgeschrittenen Zerfall der Holzfragmente zeigte, entschloß man sich, auch dieses Grab vom Kopfende her leer zu räumen. Nachdem die westliche Stirnplatte der Kammer entfernt worden war, konnte Ende Januar 1960 mit den sehr schwierigen Bergungsarbeiten begonnen werden. Ein Team von Archäologen arbeitete nun drei Monate lang „vor Ort", bis auch der letzte Rest des Grabinhaltes herausgeholt worden war. Während einer, im engen Schacht des inzwischen völlig leeren Frauengrabes auf dem Bauch liegend, vorsichtig jeden Zentimeter der Grabkammer absuchte und sorgfältig vermaß, trug ein zweiter alle Einzelheiten in einen Plan im Maßstab 1:1 ein. Außerdem wurde jede Beobachtung notiert, die einzelnen Phasen der Bergung fotografiert und gefilmt. Viele Holzteile mußten gleich an Ort und Stelle konserviert werden, um den weiteren Verfall zu stoppen.

Anlage der Grabkammer und Rekonstruktion der Bestattung

In der aus Steinplatten zusammengefügten Grabkammer (0,90 x 2,20 m, innere H. 0,80 m), die nur wenig breiter und höher als die der Frankenfürstin, aber um 0,80 m kürzer war, stand eng an die westliche Stirnwand gerückt kein gewöhnlicher Sarg, sondern ein kleines Totenbett.

Am Fußende befand sich ein Stuhl, dessen Beine gekürzt waren, damit er in die Grabkammer hineinpaßte. Neben dem Toten und zu beiden Seiten des Bettes waren zahlreiche Waffen untergebracht, weitere Beigaben waren unter dem Stuhl niedergelegt oder über die Stuhllehne gehängt worden. Das Totenbett war mit etwa 3 cm dicken Eichenbrettern zugedeckt.

Wenn auch die zahlreichen Waffen auf die Bestattung eines erwachsenen Mannes hindeuteten, so zeigte doch u.a. die Kürze des Totenbettes, ein winziger goldener Ring und nicht zuletzt der ungewöhnlich kleine Helm, daß der Tote höchstens ein Alter von sechs Jahren erreicht haben kann.

Die Beigaben aus dem Knabengrab

Die Funde dieses Grabes sind vorläufig nicht ausgestellt. Da sie aber von außerordentlicher Bedeutung für die fränkische Geschichte Kölns sind und sie außerdem so bald wie möglich wieder der Öffentlichkeit zugänglich gemacht werden sollen, sind sie im folgenden beschrieben. Die einzelnen Gegenstände sind mit den Inventarnummern des Fundberichtes bezeichnet (→ Lit., S. 278).

33 **Das Totenbett** (0,53 x 1,37 m, H. 0,50 m) war gebaut wie ein Kinderbett, aber ohne Beine. Die „Gitter" an allen vier Seiten bestanden aus gedrechselten Docken (H. 8,5 cm), die zwischen dem Bettrahmen und waagerechten, in die Bettpfosten eingelassenen Rundhölzern eingesetzt waren. An einer Schmal- und Langseite war die jeweils sechs und achtzehn Stück umfassende Reihe durch eine zweite, darüberliegende verdoppelt. Die Docken waren zunächst in Form einer Eieruhr, nach oben und unten kegelförmig ausladend, gedrechselt und anschließend der Länge nach durchgesägt worden. An den glatten, nach innen gerichteten Flächen hafteten Reste einer Stoffbespannung.

Zur Kleidung des Knaben, vorwiegend aus Leder, gehörten wenige Funde:
7 a,b **zwei Silberschnallen** (2,3 und 2,5 cm), von denen eine noch an einem Stück Leder befestigt war;
8 **drei goldene Knöpfchen** mit angelöteter Öse;
9 **Fausthandschuhe aus Leder;**
6 **der massiv goldene kleine Ring** (Dm 1,3 cm, Gewicht 4,4 g) an der linken Hand, der nachträglich, wie Schlagspuren am Reif zeigen, etwas erweitert wurde.

Innerhalb des Totenbettes wurden noch weitere Gegenstände gefunden.
12 **Im Futteral mit zwei Messern** (L. 24 cm), von denen jedes in einem eigenen schmalen Lederetui mit goldenem Ortband an der Spitze steckte, war noch ein kleiner Lederbeutel mit einer aus Bein geschnitzten Nadel und einem doppelt gezwirnten Wollfaden verborgen. Die Hülle war aus einem Stück mit Holz verstärktem kräftigen Leder gebogen und seitlich mit sieben goldenen Nieten zusammengehalten. Zwei weitere Goldnieten im oberen Teil zwischen den Messergriffen und eine kleine, seitlich angebrachte Goldschnalle lassen vermuten, daß hier ein

Tragriemen befestigt war. Drei in der Nähe gefundene zylindrisch geformte Goldanhänger, die auf ein Stückchen Lederband aufgereiht waren, könnten zum Schmuck des Futterals gehört haben.
1–5 **Fünf Silbermünzen,** nur einseitig geprägt, mit z. T. unverständlichen Buchstabenfolgen, wurden als gängiges Kleingeld wohl ebenfalls im Messer-Futteral aufbewahrt.
13 **Beim zweiten Messerbesteck** (3,8 x 22 cm) befand sich ein sog. Sax in einer mit dünnen Holzplatten verstärkten Scheide, deren Spitze in einem kräftigen silbernen Ortband endete. Seitlich aufgesetzt war eine Hülle für ein kleineres Messer. Die Griffe von beiden waren aus Elfenbein, der des kleinen Messers endete in einer Goldkappe.
14 **Die Spatha** (5,5 x 94 cm), ein eisernes Langschwert mit Elfenbeingriff lag an der linken Seite des Knaben, neben dem Messerbesteck.
10 **Das Zepter** (L. 54 cm), ein gedrechselter, ovaler Holzstab mit mehreren Ringen und Rillen geschmückt, könnte ein Hoheitszeichen des jungen Fürsten gewesen sein. Zusammen mit einer **Birkenrute** war es wie Sax und Spatha links vom Toten niedergelegt.

Außerhalb des Totenbettes fand man Waffen und Gebrauchsgegenstände.
18 **Drei eiserne Pfeilspitzen** (L. 6,4, 6,6, u. 9,5 cm) steckten nördlich zwischen der Wand der Grabkammer und dem Totenbett. Die hölzernen Pfeile und der dazugehörige Bogen waren nur noch in wenigen Resten vorhanden.
19 **Der Schild** (mindestens 50 x 50 cm), aus Holz gefertigt und mit Leder überzogen, stand wie griffbereit gleich daneben. Der allein erhaltene Schildbuckel mit dem Griffloch ist für eine Handbreite von nur 8 cm angefertigt worden, ein Hinweis darauf, daß er für ein Kind bestimmt war.

20 Die Francisca (L. 16,5 cm, Schneide etwa 9,5 cm), ein Wurfbeil, das bei den Franken sehr beliebt war, lag zur Rechten des kleinen Jungen außerhalb des Totenbettes.

17 Eine Lanzenspitze (L. 23 cm) mit sechseckiger Tülle war einmal die Spitze einer langen hölzernen Wurflanze.

16 Der Ango (L. der Spitze 84 cm), zu dessen mit Widerhaken versehener langer Spitze ebenfalls ein Holzschaft gehörte, war eine selten gefundene Wurflanze fränkischer Krieger. Beide Lanzenspitzen lagen nebeneinander an der Südwand der Grabkammer.

Am Fußende fanden sich außer dem Stuhl mehrere Gefäße.

32 Der Stuhl (45 x 55-60 cm, Sitzhöhe 30–36 cm, Gesamthöhe max. 72 cm), der wahrscheinlich durch Absägen der Beine für die Grabkammer passend hergerichtet worden war, hatte eine Sitzfläche aus Leder. Die Rückenlehne war mit einer Reihe von 9 Docken (H. 4 cm) zwischen zwei Rundstäben versehen. Diese waren denen des Totenbettes zwar ähnlich, aber weniger als halb so groß und in der gesamten Form einer Eieruhr gedrechselt.

25 Der Eimer (Dm. unten 16,5, oben 17 cm, H. 15,8 cm) dessen senkrecht stehende Wandbretter mit einem Holzboden verbunden waren, wurde im unteren Teil von drei kräftigen Eisenringen zusammengehalten. Der obere Rand ist mit einem vergoldeten Bronzeblech (Br. 5 cm) eingefaßt, von dem aus, durch einen gepunzten Reifen gehalten, sechszehn mit unterschiedlichen Masken verzierte Dreieckbleche herunterhängen. Der drehbare Henkel ist an zwei mit Tierornamenten geschmückten Attaschen befestigt.

27 Die sog. Pilgerflasche (H. 19,5 cm) ist aus Holz gedrechselt. In der einen bauchigen Seite ist ein zum Aushöhlen notwendiges Loch durch eine Holzscheibe verschlossen, die andere Seite ist abgeflacht mit seitlich aus demselben Block geschnitzten Griffen, die es möglich machten, sie am Gürtel zu tragen. Flasche und Eimer standen hinter der Stuhllehne an der Nordseite der Grabkammer.

24 Das Bronzebecken (Dm. 20,5 cm, H. 7,5 cm) auf gegossenem Dreifuß hatte seinen Platz unter dem Stuhl. Der Henkel ist in rhombenförmige Attaschen eingehängt.

28 Der kleine Trinkbecher (Dm. unten 3,5, oben 4,7 cm, H. 8,6 cm), aus dem Stück eines Birkenstämmchens geschnitzt, lag in der Bronzeschale.

29 a,b Zwei gedrechselte Holzschälchen (a: Dm. 11 cm, H. 4,3 cm; b: Dm. 12,6 cm, H. 2,9 cm) standen ebenfalls unter dem Stuhl. Schale b war mit drei von der Mitte ausgehenden Silberbändern geschmückt. Eine Walnuß und ein paar Haselnüsse und Dattelkerne lagen darin.

Außerdem befand sich im Bereich des Stuhles noch ein Stück von einem flachen Holzteller und ein Ledersäckchen, dessen mehlartiger Inhalt sich beim Zerfall des Leders in den Trümmern verteilt hatte.

21 Die große Glasflasche (H. 24 cm) war noch zur Hälfte mit Flüssigkeit gefüllt. Wie bei der Untersuchung der Flasche aus dem Frauengrab war auch hier nur Wasser ohne Spuren anderer Sustanzen nachzuweisen.

22 Die kleine Glasflasche (H. 17 cm), von ähnlicher zylindrischer Form wie die größere, enthielt ebenfalls einen kleinen Rest Flüssigkeit.

23 Der Sturzbecher (H. 9,5 cm) aus leicht grünlichem Glas, ist mit leicht in die Spirale gedrehten, senkrecht nebeneinander liegenden Rillen geschmückt. Alle drei Gefäße standen unversehrt südlich neben dem Stuhl.

28 Das Trinkhorn (L. 14 cm), ist aus einem Ziegenhorn gefertigt, wobei der untere Teil mit eingeritzten Rauten und Punkten geschmückt ist und weiter oben unter dem mit Silber eingefaßten Rand mit Fransen versehene Ledermanschette das Horn umschließt. Durch die zwei kleinen Ringe oben und an der Hornspitze waren ehemals Riemen geführt, wobei die oberen offenen Enden durch Silberschnällchen mit zwei weiteren kurzen Riemen verbunden waren. Diese hatte man am oberen Ende zu einer Röhre zusammengenäht und die beiden Enden eines dünnen Büschels von Pferdehaaren so hineingesteckt, daß sich eine Schlaufe bildete. Sowohl die Haare, als auch die Röhre mit den Haar-Enden waren sehr fest mit Zwirn umwickelt, so daß sich daraus eine ungewöhnliche, aber haltbare Öse ergab.

20 **Der Helm** (→ H. mit Nackenschutz etwa 32 cm), vermutlich beim Begräbnis zusammen mit dem Trinkhorn an der Lehne des Stuhles aufgehängt, mit der Zeit wie dieses in viele Einzelteile zerfallen, konnte zum größten Teil rekonstruiert werden. Zwölf schmale, an einer Seite keilförmig zulaufende Hornplatten, alle einzeln mit Leder unterlegt, das an den Rändern wenige Millimeter weit auf die Vorderseite umgeschlagen war, hatte man mit dünnem Bronzedraht untereinander vernäht. Den unteren Abschluß bildete ein ebenfalls aus Horn gefertigter Stirnreif, in dessen Rand 50 ovale Löcher gebohrt sind. Mit einem Lederband waren hier zwei seitliche Wangenklappen und der Nackenschutz angebunden. Die Fugen zwischen den einzelnen Hornplatten wurden mit vergoldeten Bronzespangen abgedeckt, die am unteren Rand gegen eine schmale Leiste stießen, die ihrerseits den Übergang der zwölf Helmplatten zum Stirnreif verbarg. Oben waren die Hornplatten unter einer mit einer kleinen Zierspitze versehenen Scheitelplatte aus vergoldeter Bronze zusammengefaßt.

Der Nackenschutz, zu einem Fladen zusammengerostet, an dem sich ein kleiner Stoffrest erhalten hatte, ließ sich rekonstruieren: 19 Reihen von je 29 Eisenringen (Dm. 1,5 cm) sind so miteinander verbunden, daß jeder Ring durch je zwei der vorhergehenden Reihe geführt und zusammengebogen, aber nicht verlötet gewesen ist. Dieses Geflecht (etwa 15 x 18 cm) war mit einem im Mittelmeerraum weit verbreiteten koptischen Gobelin-Gewebe gefüttert. Die vielen aufgefundenen Lederreste machten es möglich, genaue Vorstellungen über die Innenausstattung des Helmes zu gewinnen. So zeigte es sich, daß die zwölf Helmspangen mit je drei Nieten an einer kräftigen Lederkalotte befestigt waren, die dem Helm Form und Festigkeit verlieh. Darunter befand sich eine zweite Kappe aus weichem Leder, die der Kopfform des Trägers genau angepaßt wurde. Sie war nur am Stirnreif

befestigt, so daß die harte Kalotte mit den aufmontierten Hornplatten den Kopf kaum berührte.

Ein Stück Schweißleder
(1,8 x 19 cm), ähnlich dem heute noch in Hüten eingenähten, befand sich wahrscheinlich an der stirnseitigen Innenkante der weichen Helmkappe. Es trägt eine gut lesbare, aber bis heute nicht aufzulösende Folge von Schriftzeichen (→ Abb. 102a).

Unter den bisher bekannten Helmen des 4.–7. Jahrhunderts ist der unter dem Kölner Dom gefundene einmalig. Obwohl für ein Kind gemacht, war er kein Spielzeug, sondern genau so perfekt ausgestattet, wie die Helme erwachsener Krieger.

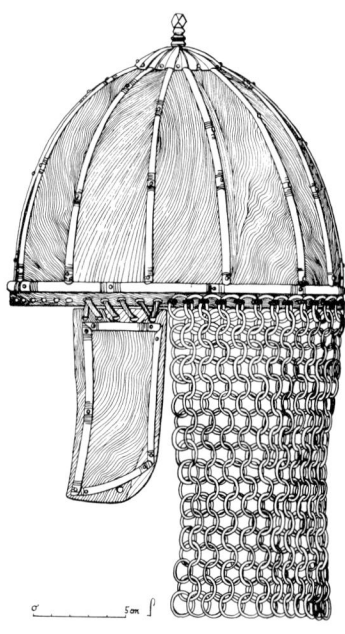

Abb. 102a. Der Helm ist etwa 1:4, das Schweißleder 1:2 gezeichnet.

Die Datierung der Gräber

Durch eine gut bestimmbare Fundmünze (→ Abb. 101 unten) des Frauengrabes war der Zeitpunkt der Beisetzungen, die vermutlich kurz nacheinander stattfanden, näher einzugrenzen. Während das Kleingeld aus dem Knabengrab sich nur ungefähr in die Zeit vor 575 einordnen ließ, läßt die gut erhaltene Silbermünze des Athalarich (526–534 geprägt) die Aussage zu, daß die Dame nicht vor 526, aber auch noch einige Jahre nach 534 gestorben sein könnte.

Die Dendrochronologie (→ S. 227) bietet eine zweite Datierungsmöglichkeit. Bei der Untersuchung der Jahrringe der über das Totenbett des Knaben gelegten Eichenholzbretter ergab sich als Fälljahr des Holzes 537 +/- 10 Jahre.

Die Wahrscheinlichkeit ist daher groß, daß die beiden vornehmen Toten nicht lange nach dem Jahr 537 bestattet worden sind.

Die Herkunft der Toten

Die Namen der jungen Fürstin und des vornehmen Knaben sind nicht bekannt. Die zahlreichen kostbaren Grabbeigaben lassen lediglich die Vermutung zu, daß sie zur merowingischen Adelsschicht gehörten, vielleicht sogar Mitglieder der Königsfamilie waren. Zu ihren Lebzeiten regierte Theudebert I. (533–548), ein Enkel Chlodwigs. Er ließ als einziger fränkischer König des 6. Jahrhunderts auf Goldmünzen mit dem üblichen Bild des regierenden byzantinischen Kaisers seinen eigenen Namen prägen.(Von Münzen dieser Art, auf denen außerdem auf der Rückseite die Münzstätte COL(onia) vermerkt ist, sind bisher vier bekannt. Eine davon wird im RGM aufbewahrt, ist aber nicht ausgestellt – *Rö. 137, 138*). Es ist anzunehmen, daß Theudebert nicht nur ein Münzamt in Köln unterhielt, sondern hier auch zeitweise residierte. Möglicherweise wurden daher Mitglieder seiner Familie in der kleinen Kapelle im Atrium der ersten Bischofskirche bestattet.

Die Bedeutung des Fundes unter dem Dom

Die Entdeckung der beiden Fürstengräber führte zu neuen Überlegungen über das Leben in Köln während der Frankenzeit. Allgemein nimmt man an, daß große Teile der Römerstadt vom 5. Jh. an nach und nach verfielen und der Zeit nur noch wenige Menschen innerhalb der Mauern lebten. Seit dem 6. Jh. muß die Stadt aber als Bischofssitz und Zentrum von Handel und Handwerk einen gewissen Rang im Frankenreich gehabt haben. Die zahlreichen Beigaben in den Gräbern unter dem Domchor, aber auch eine ganze Reihe kostbarer Funde von den fränkischen Friedhöfen außerhalb der Stadt, lassen diese Vermutung zu. Glasbläser arbeiteten weiter in römischer Tradition, Goldschmiede nahmen den Einfluß anderer germanischer Völker auf und schufen kostbaren Schmuck. Es muß in Köln Schreiner und Drechsler, Waffenschmiede, Schlosser und Taschenmacher gegeben haben, die ihr Handwerk verstanden.

Die Fürstengräber unter dem Domchor sind außerdem die ältesten Grabstätten, die man bisher innerhalb der römischen Stadtmauer kennt. Bis ins 5. Jh. galt die strenge römische Vorschrift, die Toten nur außerhalb der Stadt zu beerdigen. Seit der Christianisierung der Franken, die mit der Bekehrung Chlodwigs im Jahre 497 begann, änderten sich die Bestattungssitten. Christliche Tote begrub man nun immer häufiger im Inneren oder in unmittelbarer Nähe der innerstädtischen Kirchen. So besteht kein Zweifel darüber, daß die Dame und der Knabe und außerdem noch einige weitere fränkische Tote, deren später ausgeräumte Grabstätten man im Atrium der ersten Bischofskirche gefunden hat, Christen gewesen sind.

Der Petrusstab

Die heutige Gestalt

Der unscheinbare Stab aus Holz (L. 132 cm) ist z. T. mit einer Silberfassung (H. 20,8 cm) umhüllt, bei der zwei Reihen von gegenständigen Herzformen (10. Jh.), drei Bänder mit gravierten Dreieck- und Rautenformen (14. Jh.) und an der Spitze eine Manschette mit Engelköpfchen (16. Jh.) zu einer Hülse verarbeitet sind. Er ist bekrönt von einem sehr alten und daher brüchig-braun erscheinenden, aus einem Stück gedrehten Elfenbeinknauf (H. 9,4 cm). Dieser besteht aus einer unteren Vasenform und einer oberen über die Stabbreite ausladenden Kugel, die durch drei Ringe miteinander verbunden sind.

Legende und Tradition

Der Petrusstab ist seit dem frühen Mittelalter das kostbarste Stück in der Domschatzkammer. Niemand zweifelte daran, daß dies der Bischofsstab des hl. Petrus war, mit dessen Hilfe Maternus, der Schüler des Petrus, nach plötzlichem Tode wieder auferweckt wurde (→ S. 272 Qu. 34). In Köln verband sich diese Legende mit der örtlichen Tradition, nach der jener durch den Stab Petri wieder zum Leben erweckte Maternus, der erste Kölner Bischof gewesen war (→ 249). Während des ganzen Mittelalters wurde daher der Petrusstab in dem Bewußtsein, hier ein greifbares Zeugnis der engen Verbindung des Kölner Bischofs zu Petrus und damit zum Papst in Rom zu haben, bei zahlreichen Anlässen dem Bischof in feierlicher Prozession vorangetragen. Erst Gelehrte des 17. Jahrhunderts, die durch das Studium historischer Quellen nachwiesen, daß ein Kölner Bischof Maternus erst 313 in Rom und 314 in Arles an Konzilien teilgenommen hatte (→ S. 264 Qu. 15, 16), stellten diese bis dahin unbestrittene Vorstellung in Frage.

Die Geschichte des Stabes

Ehemals mehr als doppelt so lang, entspricht der Stab dem Kugelzepter römischer Konsuln. Nachdem Kaiser Konstantin im 4. Jahrhundert den Bischöfen konsularischen Rang verliehen hatte, wurden solche Stäbe möglicherweise von diesen als Zeichen ihrer geistlichen Würde getragen. Ein solches Kugelzepter gelangte nach Toul, wo es um 930 als Geschenk des hl. Petrus an Mansuetus, den ersten Bischof dieser Stadt verehrt wurde. Im Tausch gegen ein Grundstück gab man den Stab in der 1. Hälfte des 10. Jahrhunderts an den Bischof von Metz weiter. Erzbischof Bruno (953–965) brachte den Stab von Metz nach Köln.

Mit der Behauptung, der Petrusstab sei ehemals in Trier gewesen und in Kriegszeiten nur nach Metz in Sicherheit gebracht worden, forderte der Trierer Erzbischof Egbert (977–993) ihn „zurück". 980 überließ ihm der Kölner Erzbischof Warin (976–985) tatsächlich den oberen Teil des Stabes, allerdings ohne den Elfenbeinknauf. In Trier wurde das errungene Stück mit einer kostbaren Goldhülle umgeben und mit einer Kugel aus Gold und Edelsteinen bekrönt. Dieser sog. Egbertstab, seit 1835 in der Schatzkammer des Limburger Domes, mißt 1,78 m, der darin steckende Holzstab ist aber nur 1,60 m lang. Kaiser Karl IV. erhielt nach 1354 von den Trierern ein kleines Stück des ehrwürdigen Petrusstabes, wahrscheinlich das in der Goldhülle des Limburger Stabes fehlende von 18 cm Länge. Als besondere Kostbarkeit ließ er es in den Stab des hl. Adalbert in Prag einfügen. Rechnet man die erhaltenen Stücke in Köln, Limburg und Prag zusammen, dann könnte der Petrusstab mit Knauf ursprünglich etwa 3,20 m hoch gewesen sein.

Die Ketten des hl. Petrus

In einem Reliquiar des 16. Jahrhunderts sind drei Glieder der Kette aufbewahrt, mit der Petrus gefesselt worden sein soll. Erzbischof Bruno brachte sie aus Rom nach Köln. Hier wurden sie im Mittelalter zusammen mit dem Petrusstab bei Prozessionen mitgeführt. In der römischen Kirche St. Pietro in Vincoli wird ein längeres Stück der Petrusketten verehrt.

Antike Edelsteine und Stoffe zu Ehren der Heiligen Drei Könige

Die Reliquien

Es war die Kaiserin Helena (um 257–um 330), die nach der Legende die Gräber der in der Bibel erwähnten Heiligen Drei Könige fand und ihre Gebeine nach Konstantinopel überführte. Von dort soll sie der Bischof Eustorgius um 350 nach Mailand gebracht haben. 1162 unterlag Mailand im Kampf gegen den Kaiser Friedrich Barbarossa, der die Stadt völlig zerstören ließ. Zwei Jahre darauf erhielt der Kölner Erzbischof Rainald von Dassel, der als Kanzler des Reiches für Italien im Gefolge des Kaisers war, die Gebeine der Könige und brachte sie nach Köln, wo sie am 23. Juli 1164 feierlich in den Alten Dom getragen wurden.

Gemmen und Kameen am Dreikönigenschrein

Wenige Jahre später bekamen die Reliquien einen angemessenen Platz in einem Schrein aus Eichenholz (Br. 1,10 m, L. 2,20 m, H. 1,53 m), dessen Schmuck allerdings erst um 1230 vollendet war. Dieser besteht aus goldgetriebenen Figuren, kunstvollen Emailplatten und zahlreichen Edelsteinen, davon 311 antiken Gemmen und Kameen. Die trapezförmige Platte in der Mitte der Stirnseite ist mit drei sehr großen Edelsteinen geschmückt. Sie weisen auf die drei Schädel der heiligen Könige hin, die in einem besonderen Fach dahinter aufbewahrt werden.

1. Eine dunkelrote Gemme (7,6 x 9 cm, 4. Jh.?) zeigt die auf einem Thron sitzende Venus, die die Huldigung des Kriegsgottes Mars entgegennimmt (→ S. 98/99).

2. Ein dreischichtiger Kameo (6,4 x 8 cm, 1. Jh.) stellt wahrscheinlich Nero und Agrippina dar (→ S. 32–35). Der Kaiser, in der Gestalt Jupiters auf dem Adlerthron sitzend, wird von seiner Mutter Agrippina, die als Fortuna das Füllhorn trägt, mit einem Kranz ausgezeichnet.

3. Ein goldfarbener Citrin, heute in der Mitte, ist seit dem 16. Jahrhundert Ersatz für einen vielschichtigen Kameo von weit größerem Wert:

Der Ptolemäerkameo

Dieser aus elf Schichten aufgebaute Sardonyx (Br. 11,3, H. 11,5 cm) könnte zur Hochzeit des ägyptischen Königs Ptolemaios II. mit seiner Schwester Arsinoe II. um 278 vor Chr. in Alexandria geschaffen worden sein. Er zeigt ein Paar im Profil, wobei auf dem Helm des Mannes im Vordergrund noch ein zusätzliches bärtiges Gesicht erscheint. Nach 1200 bekam er seinen Platz am Dreikönigenschrein, wo Albertus Magnus ihn sah und in seinem Werk „De Mineralibus" beschrieb. Am 28. Januar 1574 wurde er geraubt, 1586 versuchte ein flämischer Händler ihn in Italien zu verkaufen, 1668/69 sah ihn dann ein Engländer in der Kaiserlichen Schatzkammer in Wien. Heute ist er in der Antikensammlung des Kunsthistorischen Museums in Wien ausgestellt.

Abb. 102b. Der Ptolemäerkameo, bis 1574 am Dreikönigenschrein, heute im Kunsthistorischen Museum in Wien.

Der Dreikönigenstoff

Von 1741–1752 gibt es mehrere Nachrichten, die berichten, daß kleine Stückchen Stoff von der Umhüllung der Reliquien der Heiligen Drei Könige aus dem Schrein entnommen und an hochgestellte Persönlichkeiten weitergegeben wurden. Als am 20. Juli 1864 die Reliquien zum siebenhundertjährigen Jubiläum ihrer Ankunft in Köln einen neuen, heute noch im Dreikönigenschrein vorhandenen Kasten bekamen, entnahm man zum letzten Mal Stoffteile, die seitdem mehr als 120 Jahre lang in der Schatzkammer verwahrt wurden, ohne daß sie besondere Beachtung erfahren hätten.

Die Untersuchung der Stoffe

Im Sommer 1978 fand sich beim Aufräumen eines Sakristeischrankes der Kirche von Rappoltsweiler (bei Colmar im Elsaß) ein Kästchen mit vier kleinen Stückchen Stoff und einem Zettel, auf dem ein kurzes Gebet zu den Heiligen Drei Königen vermerkt war. Eine daraufhin in Auftrag gegebene Untersuchung der Fragmente im CENTRE INTERNATIONAL D'ETUDE DES TEXTILES ANCIENS (CIETA) in Lyon (Frankreich) ergab, daß die Stoffreste aus Palmyra stammen müßten und in das 2. Jahrhundert nach Christus zu datieren seien. Als dieses erstaunliche Ergebnis durch einen Brief des elsässischen Pfarrers im Kölner Dom bekannt wurde, verglich man Material, Fadenstärke und Webart der hiesigen Stoffe mit den Fragmenten aus Rappoltsweiler und stellte eine große Ähnlichkeit fest. Das führte dazu, daß die Kölner Stoffreste 1980 im GERMANISCHEN NATIONALMUSEUM in Nürnberg untersucht wurden, wo man sie ebenfalls als aus Palmyra stammend bezeichnete. Ein weiteres Gutachten kam 1981 vom MUSEE D'ART ET D'HISTOIRE in Brüssel. Auch hier stand es für die Wissenschaftler fest, daß der Stoff in den ersten Jahrhunderten n. Chr. im Vorderen Orient gewebt worden war.

Das größte Stück dieser in der Schatzkammer des Domes ausgestellten Stoffreste ist ein goldgelber, sog. Blöckchendamast (etwa 14 x 16 cm), bei dem ein durch die Webart hell und dunkel erscheinendes Karomuster zu erkennen ist. Im selben Rahmen befindet sich ein kleines Stoff-Fragment (4 x 2,3 cm) aus Seide mit angearbeitetem Rand aus Wolle, in den mit goldumsponnenem Seidenfaden eine Borte eingewebt ist, von der noch drei gleiche (Croissants ähnliche) Ornamente erhalten sind. Im LABOR DER BAYER AG analysierte man die Farbe des dunkelrot- violetten Wollstreifens eindeutig als antiken Purpur, einen Farbstoff der aus den Drüsen bestimmter Schnecken gewonnen wurde. Anläßlich einer Ausstellung zum Dreikönigenthema sind 1982 dann die wissenschaftlichen Erkenntnisse zusammenfassend dargestellt worden.

Blöckchendamast aus Palmyra

In einer Oase der syrischen Wüste, am Karawanenweg vom mittleren Euphrat ans Mittelmeer, lag die reiche Handelsstadt Palmyra, die im Jahre 272 ihre Bedeutung verlor und weitgehend zerstört wurde. Ausgrabungen im Bereich der heutigen Stadt Tadmor haben u. a. prachtvolle Tempel, Säulenstraßen und ein Theater zutage gebracht. In mehrstöckigen Grabtürmen entdeckte man jene Textilien, die heute zum Vergleich mit den Stoffen aus dem Dreikönigenschrein dienen. Besonders in zwei Mausoleen, eines im Jahre 83, das andere 103 n. Chr. errichtet, fanden sich sehr ähnliche Stoffe.

Damit ist die Wahrscheinlichkeit groß, daß die Kölner Stoffe vielleicht schon im 1. Jh., sicher aber nicht nach 272 im vorderen Orient hergestellt worden sind. Da sich die Verehrung heiliger Gebeine seit frühchristlicher Zeit u.a. auch darin ausdrückte, daß sie in kostbare neue Stoffe gewickelt wurden, liegt der Schluß nahe, daß die Kölner Reliquien spätestens im 3. Jh. schon große Verehrung erfuhren, – auch wenn damit bis heute nicht gesagt werden kann, ob im Dreikönigenschrein wirklich die Gebeine der biblischen Weisen aus dem Morgenland verwahrt werden.

Die Märtyrerkirchen St. Gereon und St. Ursula

In der 2. Hälfte des 4. Jh. entstand inmitten des großen Gräberfeldes an der nach Norden führenden Rheinstraße eine kleine Gedächtniskirche für eine Gruppe junger Mädchen, die wegen ihres christlichen Glaubens ermordet worden waren.

Zur selben Zeit errichtete man auf dem Friedhof vor der Nordwest-Ecke der Stadt einen hervorragend entworfenen, mit Nischen umgebenen hohen Zentralbau über ovalem Grundriß, den Urbau von St. Gereon. Nach einer allerdings erst im Ende des 6. Jh. verfaßten Märtyrergeschichte waren an dieser Stelle römische Legionäre aus dem ägyptischen Theben hingerichtet worden, weil sie sich zu Christus bekannt hatten.

Es wäre denkbar, daß sowohl die jungen Mädchen als auch die römischen Soldaten um 300 während der letzten großen Christenverfolgung unter dem Kaiser Diokletian ums Leben kamen. Die Erinnerung an ihre Martyrien wird während der folgenden Jahrzehnte in der spätrömischen Kölner Christengemeinde lebendig geblieben sein. Als dann das Christentum nach 313 zunächst vom Kaiser Konstantin begünstigt und kurz vor 400 unter Kaiser Theodosius sogar zur römischen Staatsreligion erklärt wurde, wuchs die Verehrung, die man den heiligen Jungfrauen und den thebäischen Märtyrern entgegenbrachte.

Seit dem 7. Jh. wurde der Hauptmann der thebäischen Legionäre Gereon genannt; der Name Ursula, als der der Führerin der elftausend Jungfrauen, setzte sich erst seit dem 10. Jh. durch. Im Mittelalter stellte man die Stadt unter den Schutz der beiden Heiligen. Ihre Legenden wurden reich ausgeschmückt, die ihnen geweihten Kirchen St. Gereon und St. Ursula baute man immer größer und prächtiger aus. Um 1450 malte Stephan Lochner für die Kapelle des Rathauses das heute im Dom aufbewahrte Bild der Kölner Stadtpatrone: Die Heiligen Drei Könige in der Anbetung des Christkindes sind eingerahmt von Ursula und Gereon mit ihren Gefährten.

St. Gereon

Gereonsdriesch 2/4, Tel. 134922
Weg ab Dom/Hbf.: *Zu Fuß gegenüber dem Nordausgang des Hauptbahnhofs in die Dompropst-Ketzer-Straße, in ihrer Fortsetzung geradeaus weiter über die Straßen An den Dominikanern, Unter Sachsenhausen bis zur Gereonstraße (0,9 km).*
Öffnungszeiten: täglich 10 – 12, 15 – 17 Uhr.

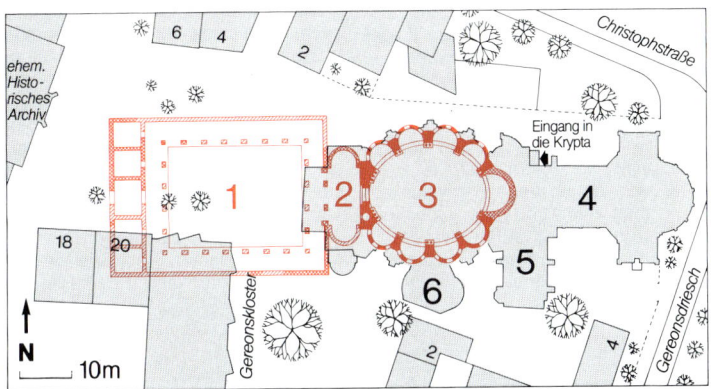

Abb. 103. St. Gereon, Grundriß: 1 römisches Atrium, 2 Vorhalle, 3 römischer Zentralbau / mittelalterliches Dekagon, 4 mittelalterlicher Chor, darunter Krypta, 5 Sakristei, darunter Nikolauskapelle, 6 Taufkapelle.

Bauforschung und Ausgrabung

Bis ins 20. Jh. hinein konnte man lediglich auf Grund von Legenden vermuten, daß die Baugeschichte der Gereonskirche bis in römische Zeit zurückreiche. Einmal schreibt Gregor von Tours um 590 in seiner Geschichte zum Ruhme der Märtyrer von thebäischen Legionären, die hier ihr Martyrium vollendet hätten (→ S. 267 Qu. 25), zum anderen wird seit dem 11. Jh. in Chroniken und Legenden mehrfach erwähnt, daß die hl. Helena, die Mutter Konstantins, die Kirche gegründet habe (→ S. 268 Qu. 28 u. 32).

1937/38 stellte man bei sorgfältigen Untersuchungen am mittelalterlichen Zehneckbau (Dekagon) zum ersten Mal fest, daß große Teile noch aus römischem Mauerwerk bestanden. Aber erst nachdem durch die Bombardierung im Zweiten Weltkrieg die Nordwest-Ecke des Dekagons völlig eingestürzt und der Innenraum ausgebrannt war, wurde 1950 eine Prüfung der Bausubstanz bis zu den Fundamenten möglich. Man konnte jetzt den Grundriß des antiken Zentralbaus rekonstruieren und gewann darüber hinaus eine genauere Vorstellung von der ehemaligen Raumgestalt. Die folgenden Jahre des Wiederaufbaus wurden begleitet von intensiver Erforschung des römischen Mauerwerks, das im allgemeinen noch 13,30 m hoch nachzuweisen ist, im Bereich der südwestlichen Wendeltreppe sogar eine Höhe von 16,50 m erreicht. 1972 kamen bei Ausgrabungen westlich der Kirche Reste des römischen Atriums zutage; weitere archäologische Untersuchungen südwestlich der Vorhalle und im Innenraum von Dekagon und Krypta schlossen sich bis 1978 an. 1981 wurde außerdem im Inneren der Vorhalle gegraben.

Form und Ausstattung (Abb. 103, 104)

Der Gesamtgrundriß der spätantiken Bauanlage läßt sich heute rekonstruieren: An einen ovalen Raum von 23,54 m Länge und 18,71 m Breite waren nördlich und südlich je vier hufeisenförmige Nischen, im Osten aber ein größerer Halbrundchor angesetzt. Westlich schlossen sich eine Vorhalle mit zwei seitlichen Apsiden und ein etwa 46×32 m großes Atrium an.

Die Nischen des Zentralraumes waren durch schwere Pfeilermassive getrennt, vor deren zum Innenraum gerichteten Seiten standen je zwei, rechts und links des westlichen Eingangs je drei Marmorsäulen.

Die Gewölbe der acht römischen Nischen sind bis auf die beiden nordwestlichen, die im Krieg zerstört wurden, noch original erhalten. Die Bauweise dieser Halbkuppeln ist bemerkenswert: Über einer später entfernten Holzschalung sind zwei Lagen Ziegel gemauert und darüber, eingebettet in Tuffmauerwerk, mehrere Amphoren aufgelegt (Abb. 104, C). Da diese bis zu 70 cm langen und 45 cm breiten bauchigen Gefäße nicht sehr schwer sind, aber viel Raum ausfüllen, vermied man durch diese Bauweise ein zu hohes Gewicht des Gewölbemauerwerks. Nach außen waren die Kuppeln nur durch einen Estrich abgedeckt. Auch die ehemalige Anordnung der Nischenfenster ließ sich nach Spuren im Mauerwerk rekonstruieren. Die sechs westlichen Konchen hatten je drei rundbogige Fensteröffnungen, die beiden östlichen, an den Chor anschließenden, nur eine. Die Bauuntersuchungen der letzten Jahre lassen es zu, als Raumabschluß eine über den eleganten Ovalraum gespannte steinerne Kuppel anzunehmen.

Das Innere war ehemals prächtig ausgestattet. Während der Bauuntersuchungen nach dem Kriege wurden in den Konchen Marmorplatten der Wandverkleidung und, 35 cm unter der heutigen Laufhöhe, Reste des originalen Mosaikbodens aufgedeckt. Goldmosaiksteinchen, die man im Ausgrabungsschutt des Dekagons fand, bestätigten den Bericht Gregors von Tours (Qu. 25), nach dem die Kirche wegen ihrer goldglänzenden Mosaikwände den Namen ,,Ad Sanctos Aureos'' (zu den goldenen Heiligen) be-

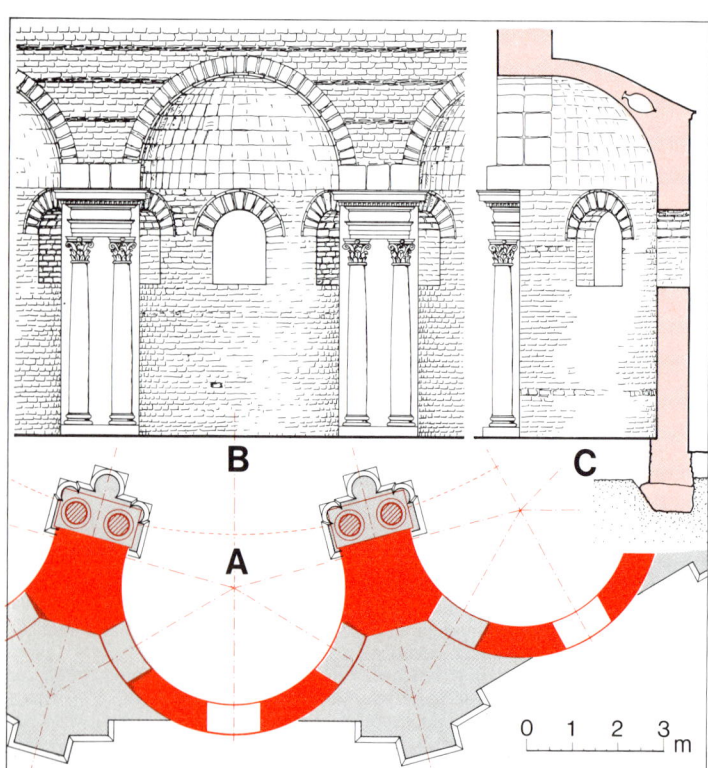

Abb. 104. St. Gereon: A Grundriß der römischen Konche, ummantelt vom Mauerwerk des mittelalterlichen Dekagons, B Ansicht der römischen Erdgeschoßwand, C Schnitt durch eine Konche (Amphore im Mauerwerk der Halbkuppel).

kommen habe. Da Gregor im selben Zusammenhang von 50 thebäischen Märtyrern spricht, wäre es möglich, daß oberhalb der Konchen auf der Wand des Ovalraumes eine Prozession von 50 Heiligen vor goldenem Hintergrund dargestellt war.

Gregor von Tours erwähnt außerdem einen Brunnen inmitten der Kirche, in den man die Leichen der ermordeten Soldaten hineingeworfen habe. Da sich die Beschreibung der Goldmosaikwände durch die Funde einzelner Steinchen bestätigt hatte, hoffte man während der Ausgrabungen der letzten Jahre auch den Brunnen zu finden, was aber bisher nicht gelang.

Alter und Bedeutung

In der tiefsten Fundamentschicht des im Krieg zerstörten nordwestlichen Dekagonpfeilers entdeckte man 1950 eine Münze, die um 346 geprägt worden war (→ S. 90 RGM Insel 122,14). Dadurch steht fest, daß die schon 330 verstorbene Kaiserin Helena den Bau der Kirche möglicherweise geplant, aber nicht begonnen haben kann. Da 355 die Franken Köln überfielen und große Zerstörungen anrichteten, vermutet man den Baubeginn sogar erst ab 356. In diesem Jahr hatte der spätere Kaiser Julian (gen. Apostata) Köln von den Franken befreit (→ S. 265 Qu. 20), in den folgenden beiden Jahren den Rheingrenze gesichert und für ein Wiederaufleben der Handelsschiffahrt auf dem Rhein gesorgt.

In der neueren Forschung hat man erwogen, die Gründung des römischen Zentralbaus mit der Familie Julians in Verbindung zu bringen. Zwei Anhaltspunkte gibt es für diese Vermutung: Da Julian mit Helena, einer Tochter Konstantins verheiratet war, könnte bei der Legendenbildung eine Verwechselung geschehen sein, d. h. die im Mittelalter sehr verehrte Mutter Konstantins wäre an die Stelle der weniger bekannten Tochter des Kaisers getreten. Mehr aber noch ist es die Architektur des antiken Baues, die an eine kaiserliche Gründung denken läßt. Für eine Provinzstadt am Rande des Römischen Reiches war es höchst ungewöhnlich, einen so vollkommen geplanten Ovalraum von dieser Weite, mit einer Kuppel gedeckt und mit prächtiger Wandverkleidung ausgestattet, zu errichten.

Vergleiche lassen sich in Rom finden, etwa im sog. Tempel der Minerva Medica, einem großen Rundbau, der um 320 in einem kaiserlichen Park als Gartenpavillon errichtet

wurde. Ähnlich wie in Köln waren auch dort neun Nischen rings um den Zentralraum angeordnet, der mittleren Nische gegenüber befand sich der Eingang. Die runde Kuppel des stadtrömischen Baus, die noch bis 1828 erhalten war, besaß eine Spannweite von 25 m, vergleichbar der ovalen in Köln, die in ihrer größten Ausdehnung 23,50 m überwölbte.

Da der Urbau von St. Gereon ohne direkte Einflüsse aus Rom nicht denkbar scheint, könnte es möglich sein, daß die Kaiserliche Familie auf dem Gräberfeld nordwestlich der Stadt eine Begräbnisstätte oder einen Gedächtnisbau errichten ließ, der dann später, vielleicht schon um 400, zur christlichen Märtyrerkirche wurde.

Märtyrerkirche und fränkische Begräbnisstätte

Über die Verehrung der Thebäer im 4. und 5. Jh. kann man nur Vermutungen anstellen. Vom 6. Jh. an scheint die Kirche als Versammlungsplatz fränkischer Adeliger (→ S. 267 Qu. 26) große Bedeutung gehabt zu haben. Sicher ist, daß Erzbischof Hildebold 818 hier begraben wurde. Aber auch früher schon bestattete man in St. Gereon vornehme Franken in prächtiger Kleidung mit Waffen und Schmuck. Das legen die von Zeitgenossen überlieferten Berichte über die Ausgrabungen des Erzbischofs Anno und die Norbert von Xantens im 11. und 12. Jh. nahe (→ S. 268 Qu. 28 u. 30). Beide suchten die Gebeine thebäischer Märtyrer, also römischer Soldaten, die sicher ohne Grabbeigaben beigesetzt worden wären, und fanden offensichtlich kostbar ausgestattete Tote aus fränkischer Zeit.

Spätere Geschichte

Im 11. Jh. errichtete Erzbischof Anno einen neuen Ostchor mit darunterliegender Krypta (→ S. 268, Qu. 28). Den Mosaikschmuck der Obergadenwände des antiken Zentralbaus ersetzte man um 1125 durch romanische Wandmalereien, von denen drei Fragmente innen über dem Westportal zu sehen sind. Vor 1156 wurde nach Osten ein reich gegliederter Chorraum mit zwei Türmen angesetzt.

1190 schuf man eine neue Verehrungsstätte für die Reliquien der thebäischen Märtyrer: Unter dem Altar des hl. Gereon, der zwischen Chor und Zentralbau stand, baute man eine Confessio und stellte in diesen Raum drei mächtige Steinsarkophage, in die man die von Erzbischof Anno und Norbert von Xanten erhobenen Gebeine einschloß. 1219–1227 wurde das antike Bauwerk in einen zehneckigen Zentralbau umgewandelt und in 34 m Höhe mit einem kühnen zehnteiligen Gewölbe geschlossen. Die acht seitlichen Nischen des römischen Urbaus wurden in den neuen Raum mit einbezogen. Um 1235 entstand an der Südseite des Dekagons eine Taufkapelle, 1315 die Sakristei über der schon unter Anno erbauten Nikolauskapelle.

Im 19. Jh. waren umfangreiche Sicherungs- und Restaurierungsarbeiten nötig, die mit Unterbrechungen von 1821 bis 1891 dauerten. Nach umfangreichen Zerstörungen im 2. Weltkrieg konnten die Wiederaufbauarbeiten zum Jahr der Romanischen Kirchen 1985 beendet werden.

St. Mechtern in Köln-Ehrenfeld

Etwa 2 km westlich von St. Gereon steht zwischen der Mechtern- und der Thebäerstraße die Kirche St. Mechtern. Ihr Name wird vom Lateinischen ,,ad martyros'' hergeleitet. Eine auf das 9. Jh. zurückgehende Legende erzählt, daß hier Gereon und seine Soldaten den Märtyrertod erlitten haben und daß ihre Leiber anschließend an einer anderen Stelle in einen Brunnen geworfen wurden. Bei Ausgrabungen, die man 1934 und 1953 nördlich und südlich des heutigen, 1954 errichteten Kirche machte, kam römisches und mittelalterliches Mauerwerk zutage. Es ist zu vermuten, daß an dieser Stelle einmal ein römischer Gutshof stand, der später durch eine frühmittelalterliche Hofanlage abgelöst wurde. Seit dem 10. Jh. ist hier eine Kapelle bekannt, die dem Propst des Stiftes St. Gereon unterstand. Eine Inschrift an der Kirche und ein Brunnen auf einem kleinen Platz an der Ecke Mechternstraße/Vogelsanger Straße erinnern bis heute an die alte Legende.

Rundgang

Außen sind am Dekagon noch Reste der beiden nordöstl. Nischen 1,50 m hoch erhalten, an einer erkennt man ein aus 15 Ziegeln gesetztes Sternmuster.

Innen sieht man, daß alle vier Konchen an der Südseite noch im originalen römischen Mauerwerk und mit Spuren der Fenster erhalten sind.

In der 1. südlichen Konche von Westen ist 30 cm unter dem heutigen, ein kleines Stück des römischen Fußbodens erhalten. In der 4. Konche ist die Gedächtnisplatte für Hildebold in den Boden eingelassen. Eine einzelne Säule nördlich des Eingangs, im Mittelalter als Blut- oder Martyrersäule mit dem Tod der Thebäer in Verbindung gebracht, könnte der letzte Rest der 22 Säulen des antiken Zentralraumes sein (→ auch S. 202).

Krypta

Zu beiden Seiten des Altares sind Amphoren aufgestellt, die seit römischer Zeit in den Kuppelgewölben der Konchen vermauert waren (→ Abb. 104, C).

An der Westseite der Krypta liegt die Confessio, in der 1190 drei große Steinsarkophage, zwei nebeneinander, der dritte darüber, aufgestellt wurden. (Diese Anordnung erinnert an die Form des Dreikönigenschreins im Kölner Dom. Sein Holzgehäuse, das kurz nach der Ankunft der Reliquien der Heiligen Drei Könige im Jahre 1164 hergestellt wurde, könnte Vorbild für den Aufbau der drei Steinsärge gewesen sein.) Man liest die Inschrift: HIC RECONDITA SVNT CORPORA THEBEORVM MARTYRVM (Hier sind die Körper der thebäischen Märtyrer verborgen). Da man seit langem vermutete, die Confessio wäre möglicherweise über dem legendären Brunnen (Qu. 25) angelegt worden, hat man 1978 unter den Sarkophagen gegraben, aber nichts gefunden.

Die Gedächtnisplatte für Erzbischof Hildebold

HILDEBALDUS	Hildebold	Hildebold (oder Hildebald) war vor 787 Erzbischof von Köln. Seit 794 hielt er sich als Hofkaplan vorwiegend in der Umgebung Karls des Großen auf, wo man ihn, wie den Hohen Priester und Bruder des Moses mit dem Namen Aaron ehrte. Vor 800 ließ er auf Wunsch des Königs den Petrusaltar im Kölner Dom mit kostbaren Metallen bekleiden. Er starb am 3. September 818 und wurde in der südöstlichen Konche des antiken Zentralbaus begraben (→ S. 186 ff).
ECCLESIAE	der Kirche	
COLONIENSIS	von Köln	
PRIMUS	erster	
ARCHIEPISCOPUS	Erzbischof	
AARONI	dem Aaron	
SIMILIS	gleich	
REGIS	des Königs	
REGNI	des Reiches	
JUDICIS	Richters	
ARCHICAPELLANUS	Erzkaplan	
787 – 818	787 – 818	

Bronzetafel, Elmar Hillebrand 1984

St. Ursula

Ursulaplatz 24, Tel. 13 34 00
Weg ab Dom/Hbf.: *Zu Fuß gegenüber dem Nordausgang des Bahnhofs in die Dompropst-Ketzer-Straße, an der ersten Ecke rechts in die Marzellenstra-ße, nach Überqueren der Nord-Süd-Fahrt vor der Eisenbahnunterführung nach links zum Ursulaplatz (0,5 km)*
Die Turmhalle der Kirche ist täglich von 7 – 12 und von 15 – 18 Uhr geöffnet. Der Besuch des übrigen Kirchenraumes und der Goldenen Kammer ist im all-gemeinen zu folgenden Zeiten möglich: montags u. donnerstags 11 – 12, mittwochs u. freitags 15 – 16 Uhr, samstags 16 – 17 Uhr.

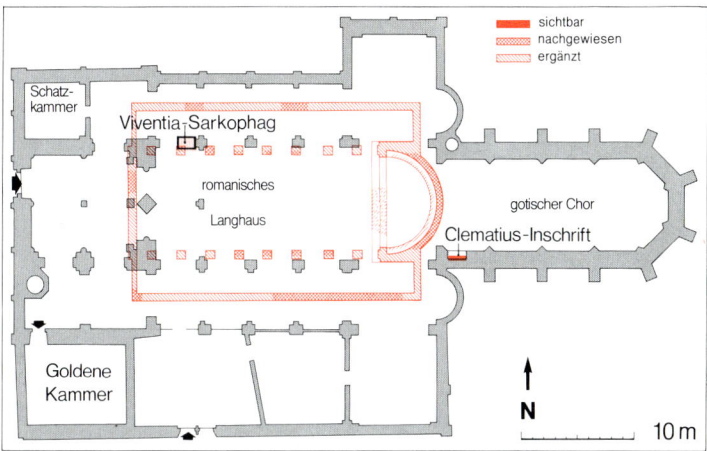

Abb. 105. St. Ursula Bau I, 4. Jh.

Forschung und Ausgrabung

Über die Gründungsgeschichte der Kirche berichtet die in der Südwand des gotischen Chores vermauerte sog. Clematiusinschrift, von der we-gen ihrer außerordentlichen Bedeu-tung ein Abguß im Museum aufgestellt wurde (→ S. 84 RGM Insel 124,3, dort nähere Erläuterungen zum Text). Bei ersten archäologischen Untersuchun-gen im Jahre 1942 fand man die Aus-sage der Steintafel bestätigt: Es wurde eine frühe Kirchenanlage gefunden, die mit Sicherheit wenig später verän-dert wurde. In den Jahren 1960 und 1967 hat man weitere Grabungen durchgeführt. Nicht nur die Echtheit der Clematiusinschrift wird bis heute gelegentlich angezweifelt, sondern auch die Deutungen der bisher nicht umfassend veröffentlichten Grabungs-ergebnisse gehen auseinander. So wird die erste Erweiterung (→ Abb. 106, Bau II) der allgemein anerkannten spätrömischen Kirche heute sogar versuchsweise in karolingischer Zeit angenommen.

Bau I (Abb. 105)

Der älteste Bau an dieser Stelle war eine dreischiffige Kirche mit einer in-neren Gesamtbreite von 15,60 m bei 8,40 m breitem Mittelschiff. Die Länge betrug etwa 28 m. Dem Mittelschiff war nach Osten eine halbrunde Apsis an-gesetzt, deren Scheitel bis zur heuti-gen Grenze von Langhaus und Chor reichte.
In der Längsachse dieses ersten Baus, die auch heute noch Mittelachse der Kirche ist, entdeckte man westlich vor dem Chorraum, 1,80 m unter dem heutigen Kirchenboden, einen römi-schen Tuffsteinsarkophag, den man von der Seite aufgeschlagen hatte, um die Gebeine herauszuholen. Ebenfalls in dieser Achse stellte man östlich und westlich des Steinsarges je ein weite-res einfaches Erdgrab fest. Im übrigen war im Inneren der Kirche keine weite-re Bestattung mehr zu finden. Da der Boden, ähnlich wie in St. Gereon, durchwühlt war, ist zu vermuten, daß bei der am Anfang des 12. Jh. unter-nommenen intensiven Suche nach

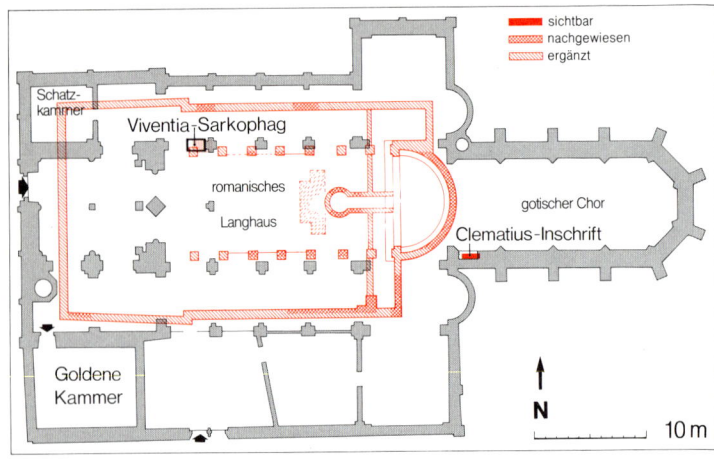

Abb. 106. St. Ursula Bau II, vor 450.

(Legende rechts oben im Plan:)
- sichtbar
- nachgewiesen
- ergänzt

(Beschriftungen im Plan:) Schatzkammer · Viventia-Sarkophag · romanisches Langhaus · gotischer Chor · Clematius-Inschrift · Goldene Kammer · N · 10 m

Gebeinen der hl. Jungfrauen alle übrigen röm. Gräber ausgeräumt wurden.

Bau II (Abb. 106)

Eine in den ausgegrabenen Mauern gut erkennbare Veränderung der ersten Kirche hat man bisher meist mit dem in der Inschrift erwähnten Neubau in Verbindung gebracht. Es entstand eine neue Südwand, die das südliche Seitenschiff verbreiterte. Außerdem wurde der ganze Bau nach Westen verlängert, so daß die erweiterte Kirche jetzt 17,40–17,90 m breit und mindestens 36 m lang war. Außerdem wurde eine im äußeren Durchmesser 2,70 m große Rundkanzel, ein sog. Bema mitten in das Langhaus gebaut und mit dem Chor durch einen genau in der Mittelachse über den römischen Sarkophag hinweg führenden Gang verbunden. Während man zu Bau I keine Fußbodenreste gefunden hat, konnte man zu Bauphase II 65 cm unter den heutigen Platten einen Mörtelestrich feststellen.

Spätere Geschichte

Im Gegensatz zu St. Gereon gibt es aus fränkischer Zeit weder eine Nachricht über die Kirche noch zur Verehrung der Märtyrerinnen. Erst 866 wird in einer Urkunde zum ersten Mal ein Kanonikerstift „Zu den Heiligen Jungfrauen" genannt. Der Bau eines mächtigen Altarblocks, westlich an den Scheitel des Bema anschließend, wird in diese Zeit datiert (Abb. 106). Vom 9. Jh. an kennt man viele verschiedene Namen der Jungfrauen, auch die Zahlen elf oder elftausend tauchen immer häufiger in Heiligenkalendern, Litaneien und vor allem in der Legende auf.

Die Kirche des 10. und 11. Jh. (Abb. 107)

Aller Wahrscheinlichkeit nach wurden ab 922, nachdem Erzbischof Hermann I. den aus Gerresheim vertriebenen Stiftsdamen die Kirche zugewiesen hatte, wieder Bauarbeiten vorgenommen. An die Stelle von Bema und Altar entstand ein 7,20 m langes und 5,30 bzw. 3,50 m breites Fundament in T-Form, in das elf trapezförmige Kammern von 0,30 m Breite und 1,15 m Länge eingelassen waren. Diese mit Sicherheit als Reliquienbehälter genutzte Bauanlage zeugt von der zunehmenden Verehrung, die den elftausend Jungfrauen von dieser Zeit an entgegengebracht wurde. Jetzt erst setzt sich auch der Name Ursula als der der Anführerin der Märtyrerinnen durch (→ S. 84 RGM Insel 124,15). Als man 1106 in der Nähe der Kirche für die Befestigungsanlagen der ersten Stadterweiterung Baugruben aushob, stieß man immer wieder auf Gebeine des ehemaligen römischen Friedhofes, die man alle für die von Märtyrern hielt. Von 1113 an durchsuchte man dann auch den Boden der Kirche nach Gräbern der Heiligen. Norbert von Xanten machte 1121 nicht nur in St. Gereon Ausgrabungen, sondern erforschte im selben Jahr ebenfalls den Grund der Ursulakirche. Hatte er in der Gereonskirche fränkische Bestattungen gefunden, die er für Gräber der thebäischen Soldaten hielt, so entdeckte er nun römische Grabstellen, die er mit dem Martyrium der Jungfrauen in Verbindung brachte. Da man natürlich unter den gefundenen Gebeinen nicht nur die von Frauen feststellte, veränderte man die Legende in dieser Zeit (→ S. 270 Qu. 33).

Neubau im 12. Jh.

In engem Zusammenhang mit der Auffindung so vieler Reliquien steht der Bau einer völlig neuen, im 2. Viertel des 12. Jh. erbauten Kirche, einer romanischen Emporenba-

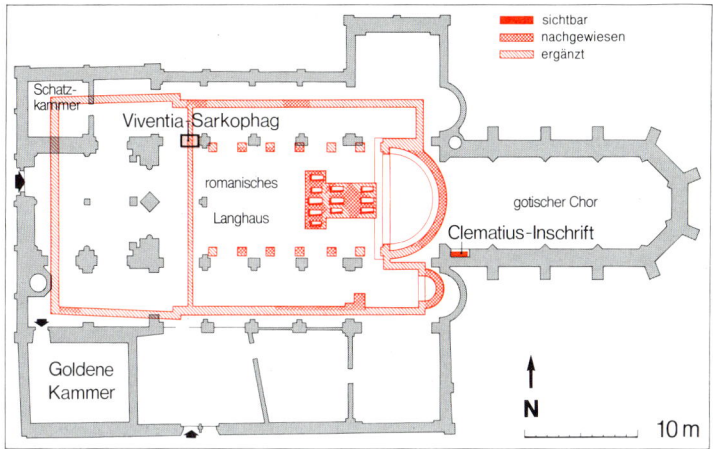

Abb. 107. *St. Ursula Bau III, nach 922.*

silika, die in ihrer Grundgestalt noch heute erhalten ist. Am Anfang des 13. Jh. entstand der Turm, nach der Mitte dieses Jahrhunderts der gotische Chor mit 11 Fenstern. An der Südseite baute man wenig später ein Seitenschiff an und wölbte dann im 14. Jh. das Langhaus gotisch ein. Im 17. Jh. wurde das Querhaus verändert, der Chor barock ausgestattet und zahlreiche Wandnischen für Reliquien eingebaut. Als Aufbewahrungsort für die vielen Reliquienbüsten, die man seit dem 13. Jh. als Hüllen für Schädel und Gebeine der hll. Jungfrauen geschaffen hatte, wurde 1643 die sog. Goldene Kammer errichtet. Nach einem Brand des Turmes im Jahre 1680 erneuerte man die Haube in barocken Formen und setzte als oberen Abschluß eine mit goldenen Kugeln besetzte Krone auf.

Im 19. Jh. waren umfangreiche Sicherungs- und Erneuerungsarbeiten nötig, um die Kirche vor dem Verfall zu retten. 1942–1945 erlitt sie starke Kriegszerstörungen. Der Wiederaufbau brachte mit großer Sorgfalt die Bauteile der verschiedenen Epochen miteinander in Einklang.

Rundgang

Die Clematiusinschrift ist in der Südwand des Chores, im ersten Joch östlich des Vierungsaltares eingemauert (Erläuterung zum Text → S. 84).

Das Grab der Viventia, das sich auf vier kurzen Säulen ruhend westlich an den letzten Langhauspfeiler der Nordseite anlehnt, steht in engem Zusammenhang mit der Clematiusinschrift. Viventia, die Tochter Pippins des Älteren († 640) und Schwester der hl. Gertrud von Nivelles, starb als Kind und wurde nach der Überlieferung in St.

Ursula bestattet. Der wahrscheinlich aus dem 12. Jh. stammende Kindersarg trägt auf den beiden Langseiten eine Inschrift des 17. Jh., die seine ungewöhnliche Aufstellung erklärt: Auf der einen Seite steht, man habe Viventia zweimal hier bestattet, zweimal sei sie aber aus der Erde herausgeschleudert worden, bis man sie schließlich in dieser Weise beigesetzt habe. Auf der anderen Seite wird als Grund für dieses Wunder angegeben, daß Clematius, der diesen heiligen Tempel erneuerte, unter Strafe verboten habe, irgendjemanden darin zu begraben.

Die Inschrift an der Schmalseite erinnert an die Öffnung des Sarkophages im Jahre 1898. Damals fand man im Inneren eine kleine Steinkiste mit Gebeinen, die in kostbare Seidentücher gehüllt waren. (Die Stoffe, ein byzantinischer aus dem 8. Jh. und einer des 14. Jh. aus Lucca, werden heute in der Schatzkammer aufbewahrt.)

Besonders eindrucksvoll ist ein Besuch der **Goldenen Kammer.** Hier sind die Wände völlig mit Gebeinen bekleidet, die man im 17. Jh. für die der elftausend Jungfrauen hielt.

Im RGM sind außer dem Abguß der Clematiusinschrift weitere interessante, in der Ursulakirche gefundene Steindenkmäler aufgestellt: Ein Grabstein für die Jungfrau Ursula (S. 84); ein Grabdenkmal mit zwei Grabgedichten auf den Knaben Timavius (S. 82, Abb. 35); Sockel vom Bildnis eines Apis-Stieres und die thronende Göttin Isis (S. 90).

St. Severin über einer frühchristlichen Friedhofs-kapelle

Im Ferkulum 29, Tel. 31 68 70
Weg ab Dom/Hbf.: 1. *Zu Fuß in südliche Richtung immer geradeaus über Hohe Straße, Hohe Pforte, Waidmarkt, Severinstraße (2 km).* ***2.*** *U-Bahn 16 Richtung Bad Godesberg bis Chlodwigplatz (11 Min.).*
Öffnungszeiten: montags – samstags 8 – 12 und 15 – 19 Uhr; sonntags 9.30 – 12 Uhr, nachmittags geschlossen. Der Grabungsbereich ist zugänglich montags und freitags 16.30 Uhr, Führung durch den Küster.

Unter der Severinskirche, deren gotischer Turm das Wahrzeichen der heutigen Südstadt ist, befindet sich ein eindrucksvoller Grabungsbezirk. Inmitten von Sarkophagen des hier in römischer und fränkischer Zeit bestehenden Friedhofes sind die Reste einer spätrömischen Kapelle, des Urbaus von St. Severin erhalten.

Geschichte der Ausgrabungen

Mit einem ersten zufälligen Fund im Kreuzgang von St. Severin begannen 1925 die Grabungsarbeiten, die dann mit Unterbrechungen bis in die Nachkriegszeit fortgeführt wurden. Unter der Leitung von Fritz Fremersdorf konnte die Römische Abteilung des Wallraf-Richartz-Museums, später das Römisch-Germanische Museum, zunächst außerhalb, dann ab 1938 auch unter dem Langhaus und dem nördlichen Seitenschiff große Flächen archäologisch untersuchen. Unter dem südlichen Seitenschiff hat man bisher nicht gegraben.
Da St. Severin mitten in einem Gräberfeld liegt, das sich südlich der römischen Stadt zu beiden Seiten der Straße hinzieht, kamen Bestattungen aus mehreren Jahrhunderten, z. T. mit kostbaren Beigaben, zutage. Vor allem aber bestätigte sich die Überlieferung, nach der hier im 4. Jh. schon eine Kirche gestanden habe: Man fand die Mauern einer kleinen Kapelle und konnte ihre Erweiterungen und Umbauten bis in karolingische Zeit hinein verfolgen. 1959 wurde der Grabungsbereich der Öffentlichkeit zugänglich gemacht.

Überlieferung und Legende zur Gestalt des hl. Severin

Am Ende des 6. Jh. verfaßte Gregor von Tours eine Lebensgeschichte des zwischen 397 und 401 in Tours verstorbenen hl. Martin. Er erwähnt darin, daß am Todestag des Heiligen der im fernen Köln lebende hochbetagte Bischof Severin den Gesang der Engel vernommen habe, die Martin in den Himmel trugen (→ S. 265 Qu. 21). Severin, obwohl bei Niederschrift dieses Berichtes schon fast 200 Jahre tot, war Gregor von Tours offensichtlich als geachteter Kölner Bischof bekannt. Nur aus dieser indirekten Nachricht schließt man, daß Severin um 400 in Köln wirkte. Erst 804 wird dann die Kirche erstmalig unter seinem Namen erwähnt; in einer weiteren Urkunde von 866 steht das Stift St. Severin bei einer Aufzählung aller Kölner Stifte und Klöster nach dem Dom und St. Gereon an dritter Stelle. Außerdem erscheint der Name des Heiligen in mehreren Heiligenkalendern des 9. Jh. Eine erste ausführliche Legende, in der Severin als der Gründer der Kirche bezeichnet wird, entstand um 900.

Bau I
Eine christliche Friedhofskapelle auf dem römischen Friedhof

Auf dem Gräberfeld, das südlich der Vorstadtsiedlung am römischen Südtor begann (→ S. 247 St. Georg) und sich zu beiden Seiten der Straße nach Bonn kilometerweit ausdehnte, hat man zunächst die Asche der Toten in Urnen, oft mit zahlreichen Beigaben versehen, beigesetzt. Von der Mitte des 2. Jh. an kommen neben den Brandgräbern auch Körperbestattungen mit oder ohne Beigaben vor.

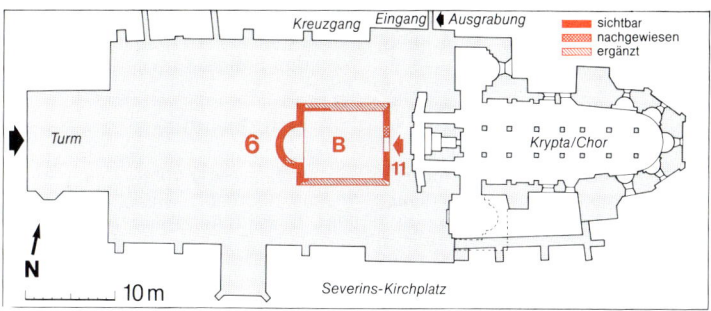

Abb. 108. St. Severin Bau I, 4. Jh. Die roten Zahlen und Buchstaben wie in Abb. 113.

Im 4. Jh. wurde inmitten des Gräberfeldes ein kleiner Saalbau von 9,20 m Länge und 7,60 m Breite mit einer an der Westseite angefügten 3,40 m breiten, halbrunden Apsis gebaut. Dieser Apsidenraum ist nicht genau nach Westen, sondern durch eine leichte Drehung nach Süden, senkrecht zur vorbeiführenden Straße ausgerichtet. Die Umfassungsmauern gehen über frühere Gräber hinweg, spätrömische Grabstellen im Inneren nehmen dagegen seine Richtung genau auf. Da sich alle späteren Umbauten und Erweiterungen bis zur heutigen Kirche offensichtlich auf diesen ersten Saalbau beziehen, könnte das bedeuten, daß Severin selbst ihn errichten ließ. Mit einiger Sicherheit aber ist anzunehmen, daß die Kapelle schon im 4. Jh. einer Gruppe von Christen als Begräbnisstätte diente.

Bau II
Gemeindekirche für eine Vorstadtsiedlung (?)

Vermutlich im 5. oder 6. Jh. baute man die Kapelle zum ersten Mal um. Die Seitenwände wurden abgebrochen und der Raum an jeder Seite um etwa 4,60 m verbreitert. Nach Osten setzte man eine 3,60 m tiefe Vorhalle an, die durch Querwände in drei Räume geteilt war. Während der Zugang zur ersten Kapelle nicht gesichert ist, kann man ihn bei diesem Umbau in der Mitte der Ostwand annehmen. Der Fußboden wurde um 32 cm erhöht.

In dem vergrößerten Kirchenraum scheint man zunächst nicht mehr bestattet zu haben. Daraus hat man geschlossen, daß aus der ursprünglichen Begräbniskapelle eine Pfarrkirche geworden war, in der eine in der Nähe lebende Siedlergemeinde ihren Gottesdienst feierte.

Bau III
Fränkische Begräbniskirche
(Abb. 110)

Spätestens im 6. Jh. wurde die Kirche von neuem erweitert. Die Außenmauern an der Nord- und Südseite verlängerte man um 11 m nach Westen und schloß den Raum durch eine gerade Wand. Dieser Anbau, dessen Wände in leichter Fachwerkbauweise errichtet wurden, kann sowohl ein offener Hof als auch ein geschlossenes Gebäude gewesen sein. In der Westwand der

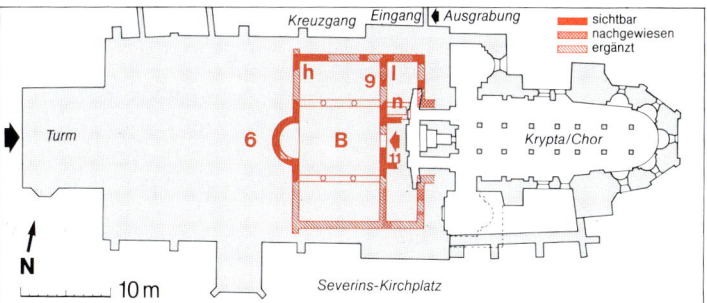

Abb. 109. St. Severin Bau II, 5./6. Jh.

Kapelle, nördlich der Apsis, wurde eine Tür gebrochen, die den alten und den neuen Raum, dessen Fußboden wiederum 26 cm höher lag, miteinander verband. In beiden Teilen dieser vergrößerten Kirche fand man dicht gedrängt zwischen älteren Sarkophagen auch Plattengräber, wie sie in fränkischer Zeit üblich wurden. Einige dieser Gräber enthielten kostbare Beigaben. Das größte Aufsehen erregten das sog. **Grab der reichen Frau** (→ S. 81) und das **des Sängers** (→ S. 216).

Bau IV
Die erste Stiftskirche

Vermutlich erst, nachdem durch die Einrichtung eines Stiftes eine größere Kirche notwendig wurde, entstand in der 2. Hälfte des 8. Jh. ein Neubau.

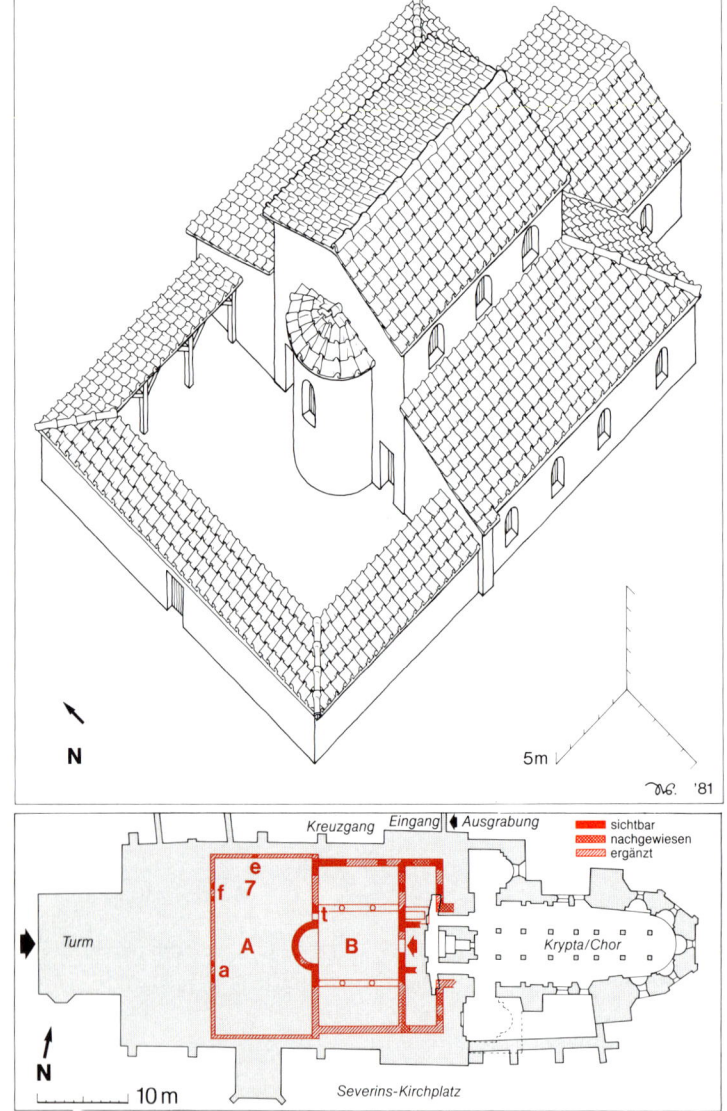

Abb. 110. St. Severin Bau III, Grundriß und Rekonstruktion.

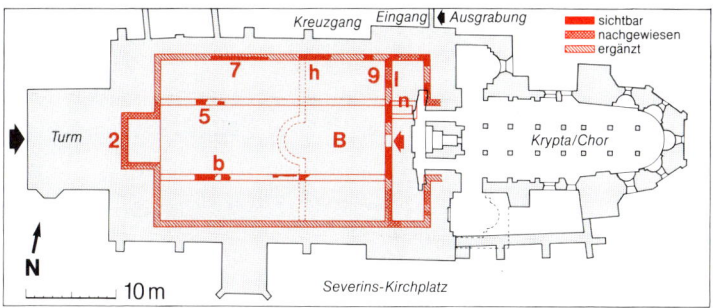

Abb. 111. St. Severin Bau IV, 2. Hälfte 8. Jh.

Die Nord- und Südwände von Bau II und III richtete man vorwiegend aus Abbruchmaterial und Teilen von Sarkophagen neu auf und führte sie noch ein Stück weiter nach Westen, so daß das Gebäude nun eine Länge von 33,30 m hatte. Die östliche Vorhalle wurde beibehalten, die beiden Querwände aber wohl in dieser Zeit entfernt. Das Langhaus erhielt drei Schiffe. Dem Mittelschiff, das der Breite von Bau I entsprach, wurde ein über die Seitenschiffe nach Westen hinausragender Rechteckchor angefügt. Der Fußboden wurde nochmals um 36 cm höher gelegt.

Bau V
Die Kirche über dem Grab des Heiligen

Wahrscheinlich im 9. Jh., offensichtlich in zwei zeitlich auseinanderliegenden Bauabschnitten, wurde die alte Kirche durch eine neue ersetzt. Über einer nur wenig vergrößerten Grundrißfläche, aber auf völlig neu gegründeten massiven Fundamenten entstand zwar wiederum eine dreischiffige Basilika, aber mit grundlegend verändertem Raumeindruck. Einen Teil des alten Langhauses und des Westchores überbaute man mit einem breit gelagerten Westwerk, dessen Ausdehnung von der Mitte des einen bis zur Mitte des anderen Seitenschiffes reichte. Der Altar bekam dagegen jetzt seinen Platz im Ostchor, der über der ehemaligen östlichen Vorhalle errichtet wurde. Nördlich und südlich setzte man Nebenräume an, die querhausartig über die Außenkanten der Langhauswände hinausragten.

Es kann nur ein wichtiger Grund gewesen sein, der einen Neubau erforderte, bei dem der Chor nach Osten und der Haupteingang an die Stelle des ehemaligen Westchores verlegt wurde. Wahrscheinlich lag er in der neu belebten Verehrung des Severinsgrabes. Heute befindet sich unter der östlichen Chorwand von Bau V die sog. Confessio, eine Stollenkrypta aus dem 11. Jh., in deren Mittelpunkt der Platz für ein Grab ist (→ Bau VI). Allgemein nimmt man an, daß hier der Ort ist, wo man die Gebeine des hl. Severin im frühen Mittelalter aufbewahrte und verehrte. Es wäre darüber hinaus denkbar, hier auch die Stelle zu vermuten, an der der Bischof um 400 östlich vor

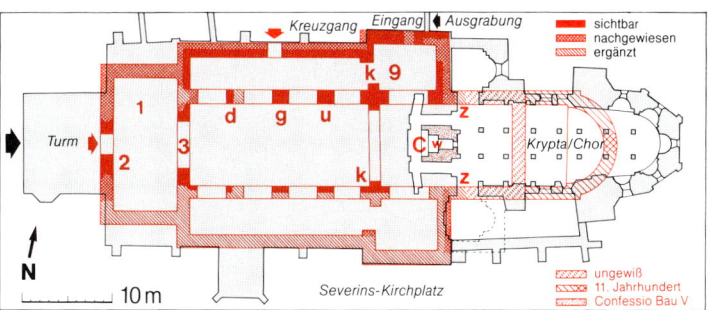

Abb. 112. St. Severin Bau V, 9. Jh. und Bau VI, 11. Jh.

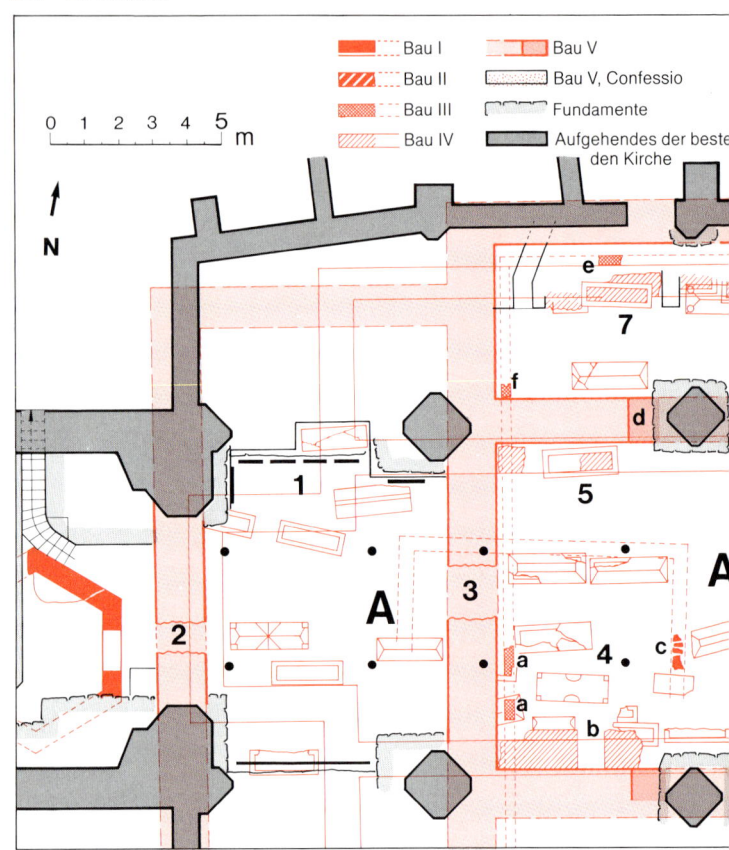

Abb. 113. St. Severin, Plan des Ausgrabungsbereiches.

der möglicherweise von ihm gegründeten Kirche beigesetzt worden war. Nachdem die Erinnerung an das Grab vielleicht während der Frankenzeit verblaßt war, mag die Verehrung des Heiligen nach 800 eine neue Blüte erlebt haben. Das würde erklären, daß man nun den Chor der neuen Kirche über dem Grabplatz Severins errichtete und für seine Gebeine dann an eben dieser Stelle eine neue Verehrungsstätte schuf.

Die angeblich 948 ausgestellte erste bekannte Bauurkunde, die zwar der Form nach als Fälschung des 11. Jh. angesehen wird, deren Inhalt man aber für zutreffend hält, berichtet von einem Oratorium, das der Bischof Wichfried für die Gebeine des Heiligen baute, die er bei dieser Gelegenheit aus einem alten verfaulten Schrein in einen neuen übertrug. Dieses Orato-

rium Wichfrieds ist wahrscheinlich die ursprüngliche Anlage der Confessio gewesen.

Bau VI
Die frühmittelalterliche Kirche und die heute erhaltene Confessio

1043 wurde nach einer Urkunde des Erzbischofs Heriman das von seinem Vorgänger Pilgrim begonnene „oratorium cum kripta" vollendet und geweiht. Diese Nachricht bezieht man allgemein auf den Langchor und die dazugehörige Krypta. Bei dieser Gelegenheit wird die Confessio durch einen Umbau in den Raum der Unterkirche mit einbezogen worden sein.

Spätere Geschichte

1230–1237 bekamen Langchor und Krypta neue Apsiden und wurden außen von zwei schlanken Chortürmen eingefaßt. Das Langhaus des 11. Jh. wurde am Ende des 13. Jh.

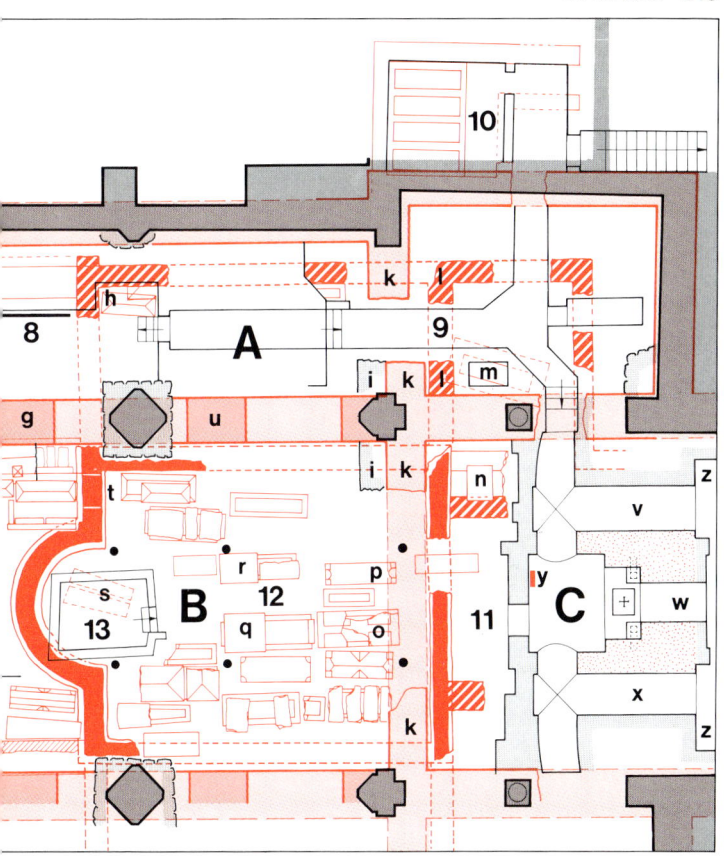

und nochmals im 15. Jh. umgebaut. 1393–1411 errichtete man den Westturm. Bei der völligen Umgestaltung des Innenraumes im 18. Jh. wurden wahrscheinlich die Zugänge zur Confessio vermauert. Erst als man die barocke Treppenanlage aus der Vierung in den Chor hinauf wieder abbrach, entdeckte man 1890 die gewölbten Gänge dieser Stollenkrypta mit der leeren Grabstätte wieder. (Die Gebeine des hl. Severin waren schon im frühen Mittelalter in einen goldenen Schrein umgebettet worden.) Im Zweiten Weltkrieg wurde die Kirche sehr stark beschädigt, erst 1979 konnte sie wieder ganz geöffnet werden.

Rundgang (Abb. 113)

Man kann auf verschiedenen Wegen in den Grabungsbereich hinuntersteigen: Gewöhnlich geht man aus der Kirche in die Langchorkrypta und von dort durch einen der beiden Stollen der Confessio (C, v, x), weiter durch die Gittertür (rechts), in den Bezirk A. Der Zugang zum Inneren der ersten kleinen Kapelle (B) befindet sich gegenüber dem Altar der Confessio. Ein weiterer Eingang führt aus einem Anbau an das nördliche Querhaus zunächst in eine römische Gruft (10), von der man dann den Bezirk A erreicht. Am besten durchquert man zunächst alle Räume des Bezirkes A und beginnt den Rundgang am westlichen Ende des Ausgrabungsbereiches.

1. Neben dem Grundriß der römischen Stadt sind hier die Bauperioden von St. Severin auf mehreren Karten dargestellt. Gegenüber zeigt eine weitere Tafel einen Längsschnitt durch die Kirche.
Der Informationsraum liegt in der Mitte des karolingischen Westwerks, dessen nordsüdliche Ausdehnung von

ehemals 15 m vorstellbar wird, wenn man sich den von einer Kartenwand zur anderen 8 m langen Raum um je 3,50 m nach Norden bzw. nach Süden verlängert vorstellt. Nach Westen und Osten sind, 7 m voneinander entfernt, das Fundament der Fassade (2) sowie das an der Grenze zum dreischiffigen Langhaus (3) gut zu erkennen. In allen vier Ecken des modernen Raumes sind vorkragende mittelalterliche Fundamente zu sehen. Die an die Ostwand (3) angesetzten gehören zum ersten westlichen Pfeilerpaar der mittelalterlichen Kirche; die Verstärkungen der ehemaligen karolingischen Westfassade (2) wurden nötig, als man sie 1393 als östliche Fundamentwand des gotischen Turmes nutzte.

2. Diese Westfassade von Bau V überlagert die westliche Chorwand des frühkarolingischen Bau IV. Aus wenigen Resten rekonstruiert, ist die Umfassungsmauer des gesamten früheren Westchores grün auf dem Boden markiert.

Geht man durch den modernen Durchgang im karolingischen Fundament, so findet man unter dem gotischen Turm noch zwei Seitenwände eines ehemals sechseckigen frührömischen Grabbaus. Sein Eingang von Osten ist erhalten.

3. Durch den modernen Durchbruch in der Ostwand des karolingischen Westwerkes kommt man unter die Mitte des Langhauses. Die Fundamentwände der karolingischen Stützenreihen, über denen ebenso die mittelalterlichen Pfeiler stehen, begrenzen den Raum nach Norden und Süden. Vor diesen Mauern sind an beiden Seiten wenige Reste der Langhausfundamente von Bau IV erhalten. Als man diese Kirche vermutlich im 9. Jh. aufgab, baute man die wesentlich solideren Grundmauern des nachfolgenden Bau V offensichtlich unmittelbar neben ihre Außenseiten.

4. In der Südwestecke des Raumes befinden sich Sarkophage aus verschiedenen Zeiten. Über zweien, die von der karolingischen Westmauer überschnitten werden, sind Spuren der westlichen Fachwerkwand von Bau III erhalten (a). Spätere Bestattungen innerhalb von Bau III wurden dann bei der Errichtung der südlichen Langhauswand von Bau IV zerstört und viele Teile von Sarkophagen in das früh-

karolingische Fundament mit einbezogen (b). Vier Feldsteine (c) über anstehendem Erdreich sind der Rest eines rechteckigen römischen Grabbaus.

5. Vor der nördlichen Mittelschiffwand von Bau V steht ein zur Hälfte mit Mauerwerk gefüllter Sarkophag. Zusammen mit einem kleinen Mauerrest in der Nordwest-Ecke des karolingischen Fundamentes gehörte er zur nördlichen Mittelschiffwand von Bau IV. An der Wand im Hintergrund ist etwa 70 cm unter der modernen Betondecke die obere Grenze des karolingischen Fundamentes zu erkennen. Der Rest eines zugehörigen, auf rechteckiger Grundfläche aufgemauerten Pfeilers (d) blieb erhalten, wenn auch von einem ausladenden Pfeilerfundament der mittelalterlichen Kirche überlagert.

6. Besonders eindrucksvoll ist der Blick auf die Westmauer der ersten christlichen Kapelle. Aus der geraden Wand (von hier aus wegen der vorgestellten Sarkophage schlecht zu erkennen) tritt in der Mitte eine halbrunde Apsis hervor. Im Mauerwerk, das hier an der Außenseite keine Spuren von Verputz erkennen läßt, sind Reste römischer Grabmäler mit verbaut. Die Breite von Bau I blieb für die späteren Kirchen bestimmend: Die Mittelschiff-Fundamente von Bau IV setzten seine Nord- und Südwand nach Westen fort, die karolingischen Fundamente wurden außen neben diesen Seitenwänden hochgezogen.

7. Unmittelbar neben einem mittelalterlichen Pfeilerfundament führt ein moderner Durchbruch im karolingischen Mittelschiff-Fundament in den Gang unter dem nördlichen Seitenschiff. Hier ist die Grundmauer der nördlichen Außenwand von Bau IV in ihrem typischen Aufbau besonders gut zu sehen. Das Fundament ist aus Architekturresten, mit Steinen ausgefüllten Sarkophagteilen oder sogar völlig erhaltenen Steinsärgen mit Deckel aufeinandergeschichtet. Dahinter erscheint das Mauerwerk von Bau V, das heute noch die Nordwand der Kirche trägt.

An zwei Stellen sind hier Spuren von Bau III erhalten geblieben: Einmal erkennt man in der Südwestecke des karolingischen Seitenschiffes den Abdruck eines Holzpfostens (f) von der Westwand, zum anderen findet sich zwischen den Nordwänden von Bau IV und V der Abdruck eines liegenden Balkens (e) von der Nordwand des fränkischen Kirchengebäudes. Aus diesen schwer erkennbaren Resten hat man u. a. geschlossen, daß die Wände von Bau III aus Holzfachwerk bestanden.

8. Die Schautafel zeigt die Lage römischer Brand- und Körpergräber im Bereich des nordwestlichen Kreuzganges mit den dazugehörigen zahlreichen kostbaren Grabbeigaben, die heute z. T. im RGM ausgestellt sind. Die Funde machten es möglich, die ersten Brandgräber in die 2. Hälfte des 1. Jh. zu datieren. Körperbestattungen hat man dagegen erst etwa 100 Jahre später vorgenommen. Das älteste nachgewiesene Körpergrab (Nr. 19) war nach Ausweis der Fundmünzen um 160 n. Chr. angelegt.

Gegenüber der Tafel ist ein weiterer karolingischer Mittelschiff-Pfeiler (g) über der Fundamentwand zu erkennen.

Durch einen roten Streifen im Betonfußboden ist die Westwand von Bau II, der ersten Erweiterung der frühchristlichen Kapelle, markiert. Die nordwestliche Innenecke dieses Gebäudes (h) ist hier fast bis zur modernen Betondecke erhalten geblieben. Im Gegensatz zu Bau I sind keine Architekturreste, sondern nur Tuff- und Grauwackesteine im Mauerwerk zu finden.

9. Durch einen verengten Gang erreicht man die Stelle, wo das nördliche Seitenschiff an das seit karolingischer Zeit bestehende östliche Querhaus stößt. Nachdem man zwei Stufen hinaufgestiegen ist, sieht man südlich des Weges drei unterschiedliche Fundamentmauern nebeneinander: Das karolingische Fundament in der Mitte (k) wird von Westen durch mittelalterliches Mauerwerk (i) verstärkt und lehnt sich nach Osten an die westliche Vorhallenwand (l) von Bau II an. Auf der gegenüberliegenden Seite des Weges läßt sich das Mauerwerk dieser zur ersten Erweiterung der frühchristlichen Kapelle gehörende Vorhalle weiter verfolgen. Zu sehen ist die Nordwest-Ecke und der größte Teil der Nordwand. Dort, wo diese durch einen Gang nach Norden (zur Grabkammer 10) unterbrochen wurde, ist ihr Verlauf auf dem Fußboden rot gekennzeichnet.

Tief in der Erde hat man hier außerdem ein aus Ziegelplatten gebautes frühes Körpergrab (m) mit dem darin gefundenen Skelett erhalten.

10. Nach Norden führt der Weg zu einer unter dem Kreuzgang entdeckten Grabkammer. Hier fand man in genau ostwestlich ausgerichteten, ordentlich gemauerten und verputzten Grabbehältern nebeneinander die Gebeine von vier außergewöhnlich großen Männern, die ohne Beigaben mit dem Blick nach Osten beigesetzt worden waren.

Um das Innere der frühchristlichen Kapelle zu erreichen, geht man zunächst aus dem Bereich A in die Confessio C und betritt dann durch die Holztür gegenüber dem Altar den Bereich B.

11. Als im Mittelalter die westliche Confessiowand errichtet wurde, blieb nur ein schmaler Streifen der östlichen Vorhalle von Bau II erhalten. So trifft man nur 1,10 m hinter der Holztür auf die ehemalige Ostfront von Bau I. Das Mauerwerk ist mit zahlreichen, z. T. qualitätvoll gearbeiteten Architekturfragmenten durchsetzt. Auf der Abbruchkante der Wand ist (südlich vom modernen Durchgang) der Abdruck eines Türgewändes zu sehen. Es gehört zur Bauperiode II, in der man in Bau I den Fußboden höher legte, eine Vorhalle nach Osten vorsetzte und den alten und neuen Raum etwa in der Mittelachse einer Verbindungstür versah. Wo der ursprüngliche Eingang in die erste Kapelle war, ist nicht bekannt.

Nördlich vom Eingang befindet sich ein sorgfältig gemauertes, innen mit rotem Putz versehenes Grab (n), dessen Kopfseite an die Ostwand von Bau I stößt und dessen Südwand auf ein heruntergebrochenes Stück einer Wand gesetzt ist, die mit einiger Sicherheit seit der Bauperiode II die Vorhalle unterteilte. Sein östliches Ende wurde beim Bau der Confessio zerstört. Den leer aufgefundenen Grabbehälter, auf dem noch das Mittelstück der Platte erhalten ist, hielt Fremersdorf für das erste Grab des Bischofs Severin, aus dem seine Gebeine nach Anlage der Confessio feierlich in die neue Grablege übertragen worden seien. (Oben in der Kirche ist nördlich neben dem Vierungsaltar durch eine Inschrift im Fußboden auf diese Grabstelle hingewiesen.)

Verschiedene Indizien sprechen nach heute vorherrschender Ansicht allerdings gegen die Annahme, daß man hier Severin begraben hatte. U. a. deuten die hohe Lage und die erst in der Frankenzeit übliche Bauweise der Grabkammer auf eine frühmittelalterliche Bestattung. Das erste Grab des Heiligen vermutet man heute eher an der Stelle der Confessio.

12. Gleich anschließend an die Ostwand des ersten Saalbaus stehen rechts und links des bei Ausbau des Grabungsbereiches angelegten schmalen Mittelweges je ein römischer Sarkophag. Beide Steinsärge lagen ehemals unmittelbar unter dem Fußboden von Bau I; während der Deckel des südlichen (o) bis auf eine abgeschlagene Ecke gut erhalten ist, zeigt die Steinplatte über dem nördlichen (p) deutliche Ablaufspuren.

Geht man zwei Stufen hinunter, so trifft man auf zwei weitere Grabbehälter aus späterer Zeit. Südlich sieht man die aus Platten zusammengefügte kleine Grabkammer (q) der um 600 verstorbenen sog. **Reichen Frau von St. Severin,** deren kostbare Grabbeigaben heute im RGM ausgestellt sind (→ S. 81). Nördlich des Ganges liegt ein zweites Plattengrab (r), in dem um 700 ein ungewöhnlicher Mann bestattet wurde:

Das Grab des Sängers

Der Tote war auf einer Unterlage aus Roggenstroh gebettet. Sein Gewand war mit Goldborden verziert, über Strümpfen aus weißem Leinen trug er Lederschuhe mit um die Waden geschlungenen Riemen. Seine Hände steckten in langen Handschuhen mit Lederstulpen. Zu seinen Füßen stand eine hölzerne Pilgerflasche; Schere, Rasiermesser und Kamm, Stahl und Stein zum Feuerschlagen trug er wahrscheinlich in einer Tasche. Besonderes Aufsehen erregte bei der Entdeckung des Grabes ein 51 cm langes, aus einem einzigen Stück Eichenholz hergestelltes Musikinstrument (Abb. 114), das der Mann im rechten Arm trug. Im oberen massiven Rahmen waren sechs Löcher zum Befestigen von Saiten gebohrt, der untere Teil war als Schallkörper hohl gearbeitet. Auf den Resten dieser Leier fand man Spuren von Heckenrosen und vielleicht Lavendel. Über den Leichnam war eine weitmaschige Schafwolldecke gebreitet. Sowohl die vornehme Kleidung des Toten als auch die sorgfältige Ausstattung des Grabes, vor allem aber das ihm in den Arm gelegte Saiteninstrument lassen vermuten, daß es sich bei einem der bei den Franken hochgeachteten Sänger war, der hier seine letzte Ruhe fand.

13. Der Chor von Bau I ist noch 67 cm hoch über der Fundamentmauer erhalten. Man sieht deutlich, wo der fast 3 cm dicke Verputz der inneren Apsis über dem Abschluß des Fundamentes in den Fußbodenestrich überging.

Im 17. Jh. bauten die Stiftsherren von St. Severin eine neue Gruftanlage im Langhaus der Kirche, zufällig genau innerhalb der frühchristlichen Kapelle. Der mit Steinplatten ausgelegte Boden dieser Gruft ist im Fundamentbereich der Apsis von Bau I zu sehen. Unter diesem Boden entdeckte man wäh-

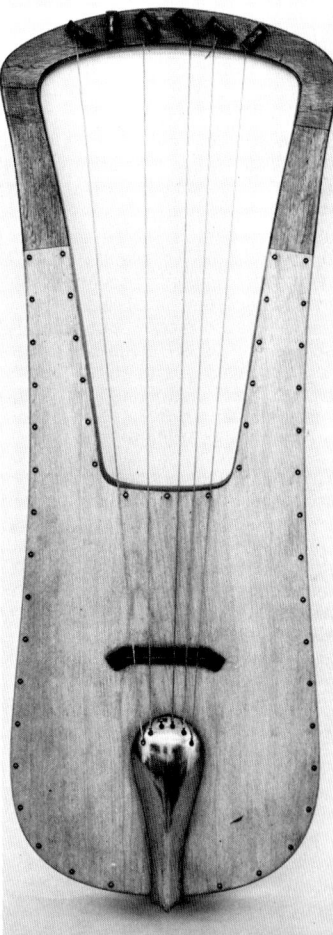

Abb. 114. Rekonstruktion des Musikinstrumentes aus dem Grab des Sängers (H. 51 cm, Br. 20 cm).

rend der archäologischen Untersuchungen die Skelette von zwei auffallend kleinen Männern in nebeneinanderliegenden Holzsärgen (s). Das Doppelgrab war nicht wie die Kapelle zur Straße, sondern genau ostwestlich ausgerichtet.

Es ist nicht auszuschließen, daß der Chorraum der Kapelle bewußt über diesen Gräbern angelegt wurde, d. h. daß sie der Grund waren, hier eine erste Kirche zu errichten. Mit einiger Sicherheit hat es sich aber nicht um Märtyrergräber gehandelt. Die medizinische Untersuchung der Gebeine ergab keine Spuren von Gewalteinwirkung; außerdem werden in der Überlieferung des Stiftes nicht ein einziges Mal hier zu Tode gekommene Glaubenszeugen erwähnt (anders bei St. Gereon und St. Ursula, → S. 200). Auf der nördlich an die Apsis anschließenden Westwand von Bau I hat sich der Rest eines Eingangs (t) erhalten. Die hier vermutete Tür verband die erste Kapelle mit dem in fränkischer Zeit nach Westen angesetzten Fachwerkraum von Bau III. Neben der Schwelle ist die Nordwestecke von Bau I zu erkennen, dahinter erscheint ein mittelalterliches Pfeilerfundament, neben dem sich wiederum ein karolingischer Pfeilerrest (u) auf der zugehörigen Fundamentwand erhalten hat.

C Confessio

Aus dem Grabungsbezirk B tritt man in einen nordsüdlich verlaufenden gewölbten Gang. Gleich neben der Tür ist der Abguß einer frühchristlichen Grabinschrift für das Kind Concordia (y) angebracht. Die originale Steintafel ist heute im RGM (→ S. 83). Man fand die Platte im Kreuzgang als Teil der Abdeckung eines mittelalterlichen Grabes.

Die Confessio, die wahrscheinlich im Zuge von Bau V im 9. Jh. angelegt und im 11. Jh. umgebaut wurde, besteht aus diesem westlichen Gang und drei von ihm ausgehenden ostwestlich verlaufenden Stollen (v, w, x). Im mittleren Gewölbe befand sich bis nach 1043 das Grab Severins. Schon am Ende des 11. Jahrhunderts wurden die Reliquien in einen goldenen Schrein umgebettet, der spätestens 1237 seinen Platz im Hochchor hinter dem Altar bekam. Von diesem mittelalterlichen Schrein hat sich nur die in feiner Emailarbeit ausgeführte sog. Severinusscheibe erhalten. Sie wird heute im Erzbischöflichen Diözesanmuseum aufbewahrt (→ S. 247). Der heutige Schrein im Hochchor der Kirche ist im 19. Jh. hergestellt und im 20. Jh. durch Figuren ergänzt.

Eine Stufe führt heute zu dem westlich der Grabnische stehenden Altar hinauf. Im Gewölbe darüber erkennt man nördlich und südlich kleine, später vermauerte Fenster, durch die man von der Vierung der Kirche aus das Heiligengrab sehen konnte. Im Bereich des heutigen flachen Bogenfensters zum Langhaus hinauf gab es wahrscheinlich schon bei Anlage der Confessio eine Öffnung nach oben, durch die Licht einfallen konnte.

Betrachtet man die Ostwand der Confessio von der mittelalterlichen Hallenkrypta aus, so erkennt man nördlich und südlich neben der Wölbung der niedrigen Seitengänge (v, x) Reste höher ansetzender Bögen (z). Diese Spuren zeigen, daß die Confessio vor Bau der heutigen Krypta drei gleich hohe, weiter auseinanderliegende Ostwest-Stollen hatte, zu denen möglicherweise ein etwa 50 cm höher liegender Fußboden gehörte. Beim Bau des Langchores in der Mitte des 11. Jh. verlegte man die seitlichen Gänge näher zur Mitte und glich den Fußboden der tiefer angelegten Krypta an. Bei diesen Baumaßnahmen wurden offensichtlich alle Reste früherer Mauern östlich der Confessio beseitigt, so daß nicht mehr festzustellen ist, ob die Stollenkrypta, die das Heiligengrab umgab, als Ostabschluß ursprünglich einen einfachen Gang oder vielleicht einen Chorraum hatte.

Groß St. Martin über römischen Speicherhallen

An Groß St. Martin 9, Tel. 1 64 26 50

Weg ab Dom/Hbf.: *Zu Fuß vom Roncalliplatz an der Südseite des Domes nach links (Richtung Rhein) in die Straße Am Hof, dann durch die schmale Wehrgasse (die dritte Straße nach rechts) auf die Kirche zu (0,5 km).*
Öffnungszeiten: montags-freitags von 10 – 18 Uhr, samstags von 10 – 12.30 u. 13.30 – 18 Uhr,sonn- und feiertags von 14 – 16 Uhr. Die Krypta ist gegen eine Gebühr von 1 DM zugänglich.

Der mächtige, von vier Seitentürmchen flankierte Turm über dem romanischen Kleeblattchor ist das Wahrzeichen der Kölner Altstadt. Mauern, Pfeiler und Fußböden unter der Kirche erlauben einen Blick in die römische und frühmittelalterliche Vergangenheit dieses Platzes.

Geschichte der Ausgrabungen

1965/66 fanden sich bei ersten archäologischen Untersuchungen in der Kirche neben zahlreichen Gräbern zunächst nicht näher zu bestimmende römische und mittelalterliche Mauern. Die Errichtung neuer Häuser und der Bau einer Tiefgarage waren dann 1973 – 75 der Anlaß, an der Nordseite zwischen Mauthgasse, Mühlengasse und Brigittengäßchen zu graben. Dabei wurden ausgedehnte Bauten aus röm. Zeit entdeckt, die sich offensichtlich zum Teil unter der Kirche fortsetzten. Das führte dann 1976-78 zu erneuten Grabungen im Inneren des Chores und, da die Funde zahlreich und von großer Bedeutung für die bis dahin ungeklärte Geschichte dieses Platzes waren, zu einem Ausbau des Raumes als Krypta.

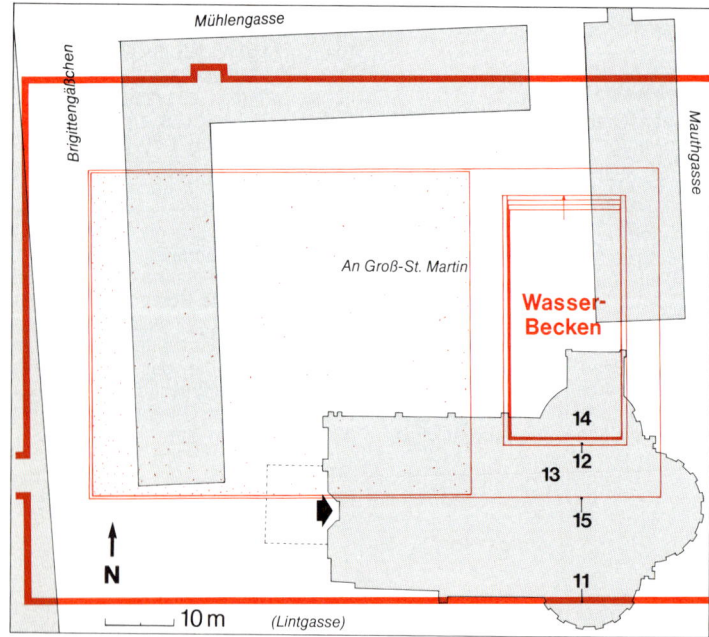

Abb. 115. Groß St. Martin über einem Sportplatz des 1. Jh.

Die römische Rheininsel

Obwohl Ferdinand Franz Wallraf schon 1802 genau beschrieben hatte, in welcher Ausdehnung er sich Insel und Rheinarm vorstellte, wurde 1906 im angesehenen Inventarband von Paul Clemen die Meinung vertreten, daß es nie eine Insel vor dem linksrheinischen Ufer gegeben habe. Erst durch systematische Untersuchungen von Baustellen in Ufernähe bildete sich dann in den dreißiger Jahren die Vorstellung von einer mehr als 1 km langen und 1,80 m breiten Insel heraus. Heute wird diese Insel an beiden Enden spitz zulaufend, etwa von der Goldgasse nördlich der Hohenzollernbrücke bis zur Severinsbrücke/ Rheinauhafen im Süden angenommen (→ Abb. 1). Durch die Ausgrabungen von 1979-1981 im Bereich des Wallraf-Richartz-Museums/ Museums Ludwig ist bisher allein für den nördlichen Bereich des Rheinarms zwischen Ufer und Insel mit Sicherheit zu sagen, daß hier nur im 1. Jahrhundert ein Hafen war (→ S. 121). Wann aber Insel und Uferkante im Bereich Alter Markt und Heumarkt endgültig zu einer Rheinvorstadt zusammengewachsen waren, ist bis heute nicht geklärt.

I. Ein Sportplatz auf der Insel?

(Abb. 115 und 117,12-15)
Im 1. Jh. wurde auf einem bis dahin unbebauten Gelände in der Mitte der Insel, genau östlich des Praetoriums, ein Platz von 71,50 m Breite und mindestens 76 m Länge angelegt. Nord-, Süd- und Westmauer konnten ergraben werden, von der vermutlich parallel zum Rheinufer verlaufenden Ostbegrenzung wurde nichts mehr gefunden. Im Inneren der Platzanlage war eine 55,70 x 43,80 m große Fläche durch leicht erhöhte Schwellensteine abgeteilt und mit feinem Sand abgeglichen. Außerdem befand sich im östl. Drittel des Gesamtgeländes ein 1,55 m tiefes, 34 x 17,20 m großes, von einem 5 m breiten Plattenboden geahmtes Wasserbecken, in das an der Nordseite mehrere Stufen hinunterführten.
Da weder eine Nachricht überliefert ist noch eine vergleichbare Anlage nördlich der Alpen ausgegraben wurde, kann man bis heute nur vermuten, daß hier einmal eine Sportstätte mit Badebecken gelegen hat. Ebenso un-

beweisbar ist die Vorstellung, hier sei ein heiliger Bezirk, vielleicht sogar der immer noch unbekannte Ort der Ara Ubiorum gewesen (→ S. 255).
Überschwemmungen durch Hochwasser waren wohl der Grund dafür, daß schon zu Ende des 1. Jh. die gesamte Anlage wieder aufgegeben, das Becken verfüllt und neue, auf Holzpfählen gegründete Häuser errichtet wurden.

II. Vier Speicherhallen an einem Hof (Abb. 116 und 117)

Um die Mitte des 2. Jahrhunderts war das Gelände um 1,50 m aufgehöht und mit einem weitläufigen Gebäudekomplex überbaut. Zwei dreischiffige Hallen (A, B) von etwa 53 m Länge und 25 m Breite begrenzten an der Ost- und Westseite einen rechteckigen Hof, der nach Norden durch eine Mauer geschlossen, nach Süden durch zwei weitere Hallen (C, D) eingefaßt war. Zwischen diesen beiden, ebenfalls 25 m breiten, aber unterschiedlich langen dreischiffigen Gebäuden führte von Süden ein Weg (E) hindurch in den Lagerhof. Von diesem Durchgang aus konnte man durch mittlere Eingänge die beiden anliegenden Hallen betreten; bei der nach Osten liegenden war ein Rest des südlichen, bei der nach Westen liegenden der Ansatz des nördlichen Türgewändes erhalten. Die Ostmauern der beiden Hallen B und C sind (wie auch die Ostmauer der früheren Platzanlage) an keiner Stelle gefunden worden.
Form und Anordnung der vier Hallen, dazu ihre Lage unmittelbar am Rheinufer, zeigen, daß sie als Stapelhäuser für Handelsgüter genutzt wurden.

III. Südosthalle und frühe Kirche?

(Abb. 116 und 117)
Die Grabungen im Innenraum brachten ein erstaunliches Ergebnis:
Die mittelalterlichen Langhauswände sind auf den Nord- und Südmauern (21,22) der römischen Speicherhalle C gegründet.
Außerdem wurden größere Flächen des Hallenbodens und sieben Pfeilerfundamente (23-29) entdeckt, drei davon (23,27 u. 29) sogar über der ehemaligen Fußbodenhöhe erhalten und nachträglich verändert.

Unmittelbar westlich der Fundamente des heutigen Dreikonchenchores ließ sich eine ehemals durchgehende Nord-Südwand (41—44) verfolgen, die die beiden röm. Pfeiler 23 und 29 so einbezieht, daß sie wie Wandvorlagen erscheinen. Die Mitte dieser nachrömischen Wand (42/43) ist nach Westen um einen Fundamentblock verbreitert und nach Osten mit mehreren Nischen und bemaltem Putz versehen.

Weder die Veränderung der Hallenpfeiler noch der Einbau der nachrömischen Wand läßt sich sicher deuten und zeitlich einordnen. Vermutet wird, daß die südöstliche Halle eines Tages als Kirche genutzt worden ist und deshalb die Pfeiler eine schlankere Gestalt bekamen. Die nachrömische Wand wird vorläufig als Teil einer Krypta der Vorgängerkirche interpretiert.

Rundgang durch die Krypta
(Abb. 117)

Neben der Kirchen-Nordwand (22/52), die im unteren Teil aus röm. Zeit stammt, führt die Treppe hinunter. Auf dem erstem Absatz sieht man die 2,30 m hoch erhaltene, z. T. noch verputzte **nachrömische Wand (41)**, die sich in den Wandteilen 43 u. 44 bis zur südlichen Kirchenmauer fortsetzt. Unterbrochen von einer Öffnung (vielleicht für eine Tür?) reicht sie bis zu einem röm. Pfeiler, an den sie dicht anschließt.

Dieser Hallenpfeiler (23) besteht heute noch aus zwei mächtigen Sandsteinblöcken über einem aus Bruchsteinen gemauerten Fundamentsockel. Oberhalb eines zugehörigen Fußbodens (43,93 m ü. NN), der vor der Wand 41 erhalten blieb, ist er nachträglich verändert worden: In den vollen Quader wurde rundherum ein Sockelprofil gemeißelt, die darüber liegenden Pfeilerflächen an allen Seiten um einige Zentimeter zurückgearbeitet und anschließend mit einer feinen Putzschicht überzogen.

Der Fundamentblock (42) gegenüber, aus Bruchsteinen und einzelnen Spolien (wiederverwandten Steinen älterer Gebäude) bis zur heutigen Decke hinaufreichend, gehörte wohl ehemals zu einem Altar der Vorgängerkirche. Seine Seite, die **Westwand der heutigen Krypta (43)** ist

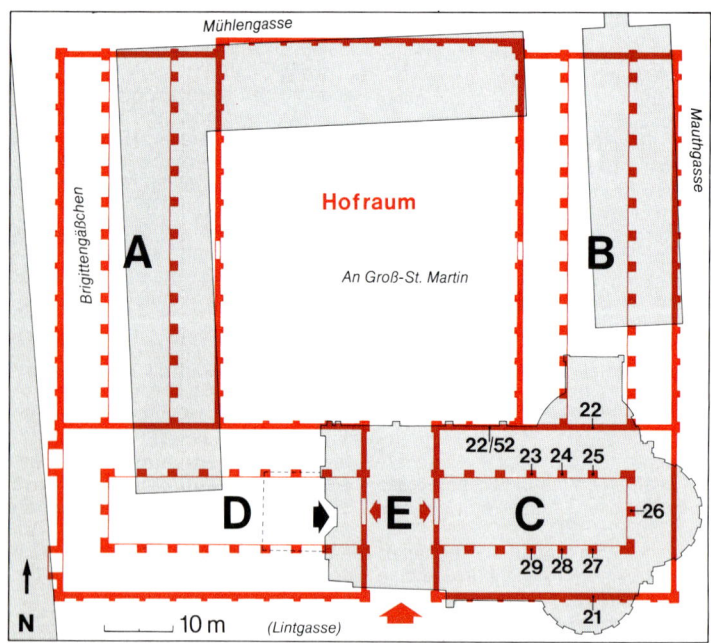

Abb. 116. Groß St. Martin über Lagerhallen des 2. Jh.

ungewöhnlich gegliedert: Über dem durch eine moderne Ziegelmauer untertützten Fundament beginnt, abgesetzt durch einen schwarzen Streifen, eine verputzte Wandfläche, in der zu beiden Seiten je zwei flache Nischen eingetieft und in der Mitte eine kleine halbrunde Apsis vorgesetzt sind.

Der Raum der neuen Krypta, deren Fußboden in Höhe des römischen Sportplatzes (42,55 ü. NN) liegt, wird an drei Seiten von den aus Säulenbasalten gebauten Fundamenten des Dreikonchenchores der heutigen Kirche umschlossen. Westlich der Altarinsel liegt eine durch ältere Fußbodenplatten und eine Inschrift gekennzeichnete Gruft, in der alle während der Ausgrabungen gefundenen Gebeine beigesetzt wurden.

Das Wasserbecken aus dem 1. Jh. (14) reicht mit seinem südlichen Ende

in die Nordkonche (links) hinein. Gut zu erkennen sind die Bordsteinkante **(15)**, der 5 m breite, mit großen Tuffplatten gepflasterte Umgang **(13)**, der Rand **(12)** und der Boden des Bekkens **(14)**. **Die Nordwand (22) und zwei Pfeilerfundamente (24,25) der Speicherhalle** stehen im Bekken, bzw. auf dem zugehörigen Umgang.

Ein einzelnes Pfeilerfundament (26), mitten in der Ostkonche, läßt die Vermutung zu, daß die beiden gegenüber dem mittleren Raum niedrigeren Seitenschiffe der Halle an der Ostseite durch einen ebenfalls niedrigen Umgang verbunden waren. Ein Mauerrest **(31)** neben diesem Pfeiler weist auf einen späteren Umbau der Speicherhalle hin.

Zwei weitere Hallenpfeiler (27,28) sind in der Südkonche erhalten. Bei einem **(27)** sieht man sowohl das Fun-

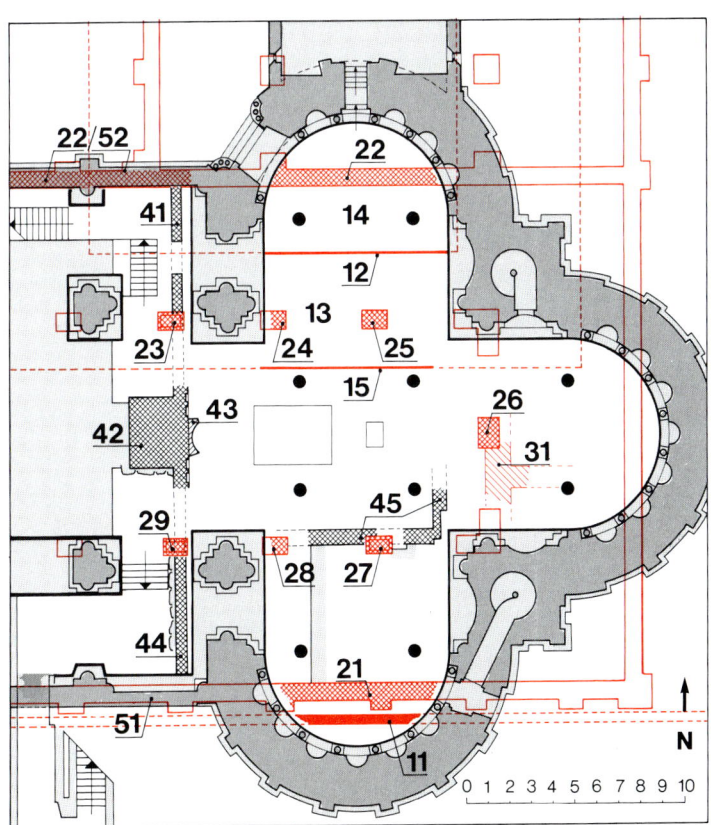

Abb. 117. Groß St. Martin, die neue Krypta unter dem Dreikonchenchor.

dament aus senkrecht gestellten großen Grauwackesteinen, als auch ein
nachträglich gearbeitetes einfaches
Sockelprofil am Pfeilerfuß. Dahinter
erstreckt sich ein ausgedehnter
Estrich, der zweimal völlig erneuert
wurde. Dieser Fußboden reicht bis
zur **südlichen Seitenwand der
Speicherhalle (21)**. Steigt man dort
über die kurze Treppenleiter auf die
Mauer hinauf, so ist links eine äußere
Wandvorlage zur Mauer 21, dahinter
die **südliche Hofmauer des frühen
Sportplatzes (11)** zu sehen.
**Der letzte, über dem Fußboden
noch 1,25 m erhaltene Pfeiler (29)**
steht unmittelbar westlich der Südkonche an der Treppe zur Sakristei.
Auch er hat nachträglich ein Sockelprofil und einen Verputz erhalten.
Ähnlich wie beim Pfeiler 23 schließt
hier die **nachrömische Wand (44)**
an und verläuft bis zur südlichen Fundamentwand der Kirche.

Spätere Geschichte

Erst für das 10. Jh. gibt es sichere
Nachrichten. Erzbischof Bruno
(953 – 965) gründete auf dem ehemaligen Inselgelände das Stift St. Martin,
das wahrscheinlich wenig später in
ein Benediktinerkloster umgewandelt
wurde. Im 11. Jh. ließ Erzbischof
Anno (1056 – 1075) zwei Türme an-
bauen. Nachdem die alte Kirche vermutlich 1150 während eines Stadt-
brandes zerstört worden war, wurde
der heutige Bau begonnen.1172 fand
zwar eine Weihe statt, die Arbeiten,
unterbrochen durch einen weiteren
Brand 1185, zogen sich aber noch bis
um 1250 hin. Im Zweiten Weltkrieg
wurde Groß St. Martin fast völlig zerstört. Bis 1963 rekonstruierte man
den mächtigen Turm als Wahrzeichen der Kölner Altstadt. Der Innenraum konnte erst 1985 wieder geöffnet werden.

Der Rheinabhang im Höhenvergleich

Bodenhöhen des 20. Jahrhunderts (Alle Angaben in Meter über NN)

Hohe Straße (S. 123/124)	55,00
Dom - Fußboden (S. 181, 188)	55,25
Roncalliplatz (S. 116)	54,00
Domherrenfriedhof, östl. des Domchores (Abb. 3)	54,00
Treppenhalle des Wallraf-Richartz-Museums/ Museums Ludwig	54,00
Podium der Philharmonie/ Rheinufertunnel	38,00
Philharmonie, Raum der Bühnentechnik, tiefste Ebene	34,50
Heinrich-Böll-Platz, Denkmal von Dani Karavan	56,20
Rheinuferpromenade östl. des Wallraf-Richartz-Museums	43,70
Gülichplatz, westl. des Marstempel-Fundamentes	50,95
Westlicher Rathausplatz (170/171)	52,00
Fußboden Groß St. Martin	46,70
Fußboden Maria im Kapitol	55,50
Krypta Maria im Kapitol	50,00
Fußboden Maria Lyskirchen	45,45
An der Malzmühle 1 (Eingang Ubiermonument, S.147)	48,00

Der Kölner Pegel und die Rheinwasserstände

Eine Einrichtung, um die Höhe von Wasserständen beim Meer, bei Seen, Flüssen und in Brunnen zu messen wird nach dem lateinischen Wort pagella (Maßstab) Pegel genannt. Gewöhnlich geht man von einer Null-Linie aus, die unterhalb des bisher niedrigsten Wasserstandes liegt. Um örtliche Wasserstandsangaben untereinander zu vergleichen, werden für Deutschland alle Höhen zum Mittelwasserstand der Nordsee am Amsterdamer Pegel in Beziehung gebracht. Diese Wasserhöhe nennt man **NormalNull (abgekürzt:NN)**. Seit dem 1.11. 1979 ist die offiziell festgelegte unterste Grenze an der Pegel-„Uhr" im Rheingarten bei 34,97 m über NN, d. h. **die Kölner Höhe 0 liegt etwa 35 m über dem Meeresspiegel.** Das letzte große Hochwasser (1988) erreichte fast die 10-m-Grenze, also annähernd 45 m über NN.

Da es nicht möglich ist, Angaben über die Wasserstände der Römerzeit zu machen, können alle Überlegungen nur von den schon seit 1808 täglich gemessenen Wasserständen am Kölner Ufer ausgehen. Die offiziellen Durchschnittszahlen von 1971 – 1980 sind z. B.: Mittleres Niedrigwasser 36,46 m über NN, mittleres Mittelwasser 38,01 m über NN und mittleres Hochwasser 41,60 m über NN. Neue Überlegungen gehen dahin, daß möglicherweise die Wasserstände in röm.Zeit bis zu einem Meter höher gewesen sein könnten.

Bodenhöhen vom 1.–4. Jahrhundert

51,00	Sockel der nördlichen Stadtmauer östlich des Nordtores (S. 128)
49,20	Fußbodenhöhe des Tempels unter dem Dom (S. 181)
48,25	Dionysosmosaik (S. 111)
48,60	Taufkapelle unter dem Domherrenfriedhof (S. 184)
42,00	Sockel der rheinseitigen Stadtmauer östlich des Domes (S. 121)
38,00	Fundort der römischen Schiffsplanken (S. 121)
36,00	Mindesttiefe des Rheinarmes westl. der Insel im 1. Jh. (S. 121)
41,00	Oberfläche des Fundaments aus Relief-Steinen im 4. Jh.(S. 121/122)
43,00	Estrich eines röm. Fußbodens auf dem nördl. Inselrücken
50,37	Oberkante Fundament des Marstempels (?)(S. 257)
50,50	Fußbodenhöhe Praetorium Bau IV, moderner Steg 47,00 (S. 169)
42,55	Röm. Tuffplatten zum Wasserbecken unter Groß St. Martin (S. 219)
55,10	Oberkante Podium des Jupitertempels (S. 245)
50,60	Oberkante Fundament des Jupitertempels
41,65	Oberkante römischer Anschüttung unter Maria Lyskirchen (254)
39,00	Oberkante Fundament Ubiermonument (S. 149)

Das Deutzer Kastell

Rechtsrheinisch, nördlich von Deutzer Brücke und Lufthansa-Hochhaus

Weg ab Dom/ Hbf.: **1.** *Zu Fuß vom Rheingarten über Deutzer Brücke oder Hohenzollernbrücke (1,2 km)* **2.** *U-Bahn 9, 12, 14, 16, 17, 18 bis Neumarkt (2 Min.), umsteigen in die Straßenbahn 1, 2, 7 bis Deutzer Freiheit (4 Min.)*

Am rechten Rheinufer, der Kölner Altstadt gegenüber, sind eindrucksvolle Reste des von Konstantin um 310 errichteten Soldatenlagers erhalten.

Entdeckung und Erforschung

Als man 1879 ein neues Direktionsgebäude für die preußische Artilleriewerkstatt errichtete, stieß man auf den Mittelturm (XV) der Kastell-Nordmauer. In den folgenden Jahren wurden beide Tore und eine ganze Reihe von Türmen gefunden, so daß nun die Ausdehnung des Lagers rekonstruiert werden konnte. 1927–38 erhielt man durch Grabungen im Inneren des Kastells Aufschluß über die Anzahl und Größe der Kasernen. Vor Baubeginn des Lufthansa-Gebäudes ergab sich dann 1967 die Möglichkeit, größere Abschnitte des südlichen Lagerteils genau aufzunehmen.
Neue Untersuchungen machte man 1971 beim Wiederaufbau des Klosters als Altenheim und bei der Erweiterung der Lufthansa-Bauten 1978.
1979 wurde Turm XV erneut ausgegraben, 1982 aber wieder zugeschüttet. Seitdem sind die Grundrißformen des Turmes und der anschließenden Mauern, aber auch die der Lagerbauten westl. und südl. des Heribertklosters, in der Pflasterung durch dunkle Steine sichtbar gemacht.

Gründung und Gestalt des Soldatenlagers (Abb. 117, → Abb. 128, B)

1128 fand Rupert von Deutz, Abt des um 1000 im Lagerareal angesiedelten Benediktinerklosters, bei den Aufräumungsarbeiten nach einem Brand eine zerbrochene römische Steintafel mit der Gründungsinschrift des Soldatenlagers (→ S. 264 Qu. 14). In der Lebensbeschreibung des Erzbischofs Heribert, der das Kloster gegründet hatte, gibt er den Text wieder.
Auf Veranlassung des späteren Kaisers Konstantin hatte danach die 22. Legion dieses Lager erbaut, das, wie andere in spätrömischer Zeit neu errichtete oder ausgebaute Kastelle an der Rheingrenze, der Abwehr der immer häufiger in das linksrheinische Gebiet einfallenden Germanen dienen sollte. Die Echtheit der heute verschollenen Inschrift hat sich durch Funde von konstantinischen Münzen im Bereich der Mauern und durch den Nachweis von Ziegeln mit dem Stempel der 22. Legion bestätigt (→ S. 172).

Das Lagerareal von 141,35 m Seitenlänge war von einer 3,30 m starken Mauer mit 14 Türmen und zwei Toren umschlossen. Beide Torbauten, durch die mittlere, ostwestlich gerichtete Lagerstraße verbunden, waren durch je zwei nach außen runde, nach innen gerade Türme befestigt, die Tordurchfahrten mit Fallgittern versehen. Das dicht am Flußufer liegende Westtor öffnete sich zur etwa gleichzeitig gebauten Rheinbrücke (→ S. 226), die das Lager mit der linksrheinischen COLONIA verband. Ein zusätzlicher Schutz war ein 12 m breiter und 3 m tiefer Graben, den man an den drei Landseiten im Abstand von 30 m vor den Mauern anlegte.
Im Inneren des Kastells standen 16 Kasernen parallel zum Rhein, je zwei mit einer Schmalseite zum nur 5,10 m breiten Mittelweg orientiert. Die langgestreckten Gebäude (57,40 x 11,50 m) waren durch 3,90 m breite Gassen voneinander getrennt. Nur die vier Häuser in der Lagermitte waren durch vorgestellte Pfeilerhallen zum Hauptweg hervorgehoben. Man schätzt, daß bis zu 1000 Soldaten im Lager untergebracht werden konnten.

Spätere Geschichte

Im 5. Jh. wurde das Kastell fränkischer Königshof. Kaiser Otto III. schenkte das Gelände um 1000 dem Erzbischof Heribert, der hier ein Benediktinerkloster gründete. Die 1019 geweihte erste Klosterkirche war einer der hervorragendsten ottonischen Kirchenbauten Europas. Im Äußeren erinnerte der fast runde Zentralbau an den römischen Urbau von St. Gereon, der achteckige Innenraum war nach dem Vorbild der Pfalzkapelle Karls des Großen in Aachen gestaltet. Seine Lage innerhalb der alten Römerfestung, der Stadt Köln gegenüber, brachte Kloster und Kirche im Laufe der Jahrhunderte mehrfach Zerstörung und Wiederaufbau. Nachdem 1583 im Truchsessischen Krieg die alte Kirche niedergebrannt und anschließend abgebrochen worden war, dauerte es 80 Jahre, bis man über den vorhandenen Fundamenten den bis heute erhaltenen Kirchenbau in nachgotisch/barocken Formen errichtete. In der Nordost-Ecke des römischen Kastells, dort, wo wahrscheinlich schon seit dem 13. Jh. das Kloster gewesen war, entstanden 1776 neue Gebäude. 1803 wurde die Abtei aufgehoben. Nach verschiedener Verwendung der Bauten im 19. Jh. und zu Beginn des 20. Jh. erlitten sie im Zweiten Weltkrieg starke Beschädigungen und wurden erst 1971 als Altenheim wiederhergestellt. Die Kirche bleibt vorläufig noch geschlossen, ein Modell der aufeinanderfolgenden Bauperioden ist in der Eingangshalle des Heimes aufgestellt.

Rundgang (Abb. 118)

1. Das Osttor

Von der Mindener Straße kommend, geht man nördlich des Hochhauses durch das vom Rhein abgewandte ehemalige Kastelltor, dessen Reste 1982 sorgfältig restauriert wurden.
Die in römischer Zeit wahrscheinlich nur etwa 3,90 m breite, ehemals von großen Tuffquadern eingefaßte Durchfahrt ist heute zerstört. Die Asphaltstraße geht in 6,50 m Breite über die Abbruchkanten

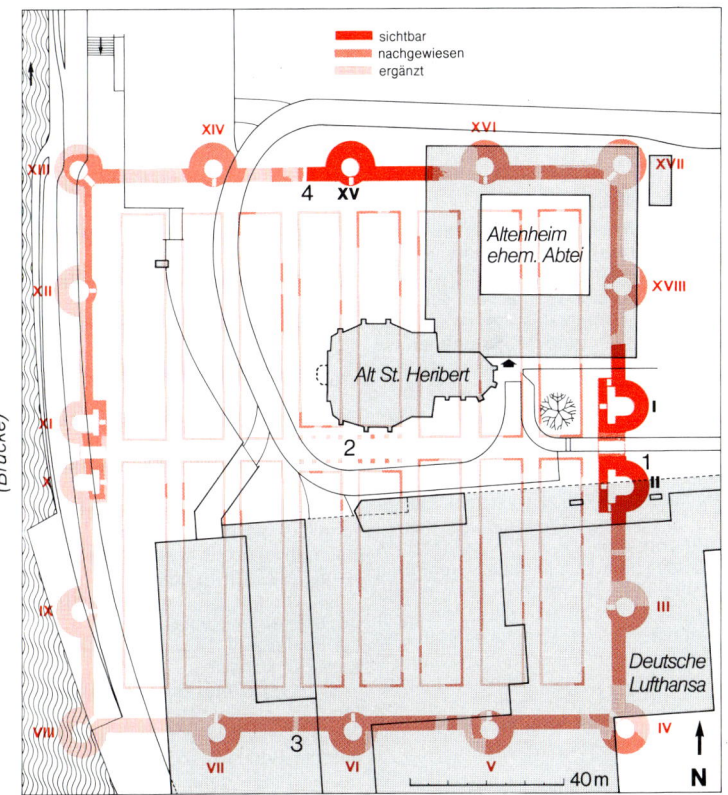

Abb. 118. Das Deutzer Kastell: 1 Osttor, 2 Mitte des Kastells, 3 Teil der Südmauer, 4 Mittelteil der Nordmauer.

der Torgewände hinweg, die Seitenwände der Halbrundtürme sind neu aufgesetzt.

Man sieht in die annähernd gleich gebauten Türme (I, II) hinein. Der fast kreisrunde Innenraum ist zur Feldseite (nach Osten) durch eine 4 m breite, halbrunde Mauer geschützt, während zum Lagerinneren ein Korridor angesetzt ist, den man durch je zwei Türen, eine von Westen parallel zur Tordurchfahrt und eine von Norden bzw. Süden betreten konnte. In den Durchgängen ist der Ziegelboden z. T. noch erhalten. Der hier gut zu verfolgende Aufbau der Mauern aus meist drei Schichten Tuffstein und einer oder zwei Schichten Ziegeln im Wechsel ist bei allen untersuchten Stücken der Kastellmauer ähnlich gefunden worden.

Die nach Norden an das Tor anschließende Befestigung ist unter dem Ostteil des Altenheimes z. T. noch erhalten. Dieser Trakt und der im rechten Winkel dazu angelegte Nordflügel haben jeder die Länge von etwas über einem Drittel einer Lagerseite. Drei Türme, der Eckturm und die nach Westen und Süden anschließenden, sind von den Fundamenten dieser Gebäude überdeckt.

2. Die Mitte des Kastells

Man sieht vom Osttor kommend die zur mittleren Lagerstraße gerichteten Schmalseiten von drei Soldatenunterkünften. Die Umrißlinien sind mit dunklen Pflastersteinen im Boden markiert. Je zwei Häusergrundrisse schließen sich rechts und links an. Die Wände um 2,80 m zurückgesetzt; vier Pfeilerfundamente vor jedem Haus lassen hier offene Vorbauten zur Lagermitte vermuten. Vor dem Hochhaus kann man eine Wand und 5 der im ganzen 8 Pfeiler erkennen. Neben der Kirche hat man, durch Gartenanlagen unterbrochen, 6 Pfeilergrundrisse sichtbar gemacht. In diesen vier durch Pfeilerhallen hervorgehobenen mittleren Bauten kann man die Dienst- und Wohnräume des Kommandanten und der hohen Offiziere vermuten. Westlich und nördlich der Kirche sind weitere Flächen durch verschiedenfarbiges Pflaster als Standorte der ehemaligen Lagerbauten gekennzeichnet.

3. Ein Teil der Südmauer, etwa 3 m lang, ist in der Tiefgarage des Hoch-

hauses erhalten, aber nicht öffentlich zugänglich.

4. Der Mittelturm der Nordmauer

Von 1979–1982 lag das Mauerwerk von Turm XV mit großen Teilen der angrenzenden Befestigung offen, sodaß die Bauweise gut zu beobachten war. Die unterste, im Boden steckende Fundamentzone besteht aus Gußmauerwerk, in dem man an den Stellen, wo die Kastellmauer restlos abgetragen wurde, neben Grauwackebruch, Trachyt- und Basalsteinen eine ganze Reihe zerschlagener Grabmäler und Weihesteine fand. Über 6 bis 7 Schichten Tuffmauerwerk beginnt dann mit einem an der Mauer schmalen, am Turm breiten Absatz die aufgehende Wand mit einer Lage aus Ziegelsteinen, der nach drei Lagen in Tuff eine nächste in Ziegeln folgt. Zwischen den gleichmäßig im Wechsel von Tuff und Ziegeln aufgebauten äußeren wie inneren Wänden ist der Kern wiederum aus Gußmauerwerk. Gegenüber der durchschnittlichen Mauerbreite von 3,30 m ist die zur Feldseite gerichtete Turmhälfte auf über 4 m Breite verstärkt, die zur Lagerseite liegende Rundung dagegen bis auf fast 2 m verringert.

Man sieht heute nur noch die Breite von Mauern und Turm durch die Pflasterung markiert.

Wendet man sich vom Mittelturm der Nordmauer wieder in Richtung Mindener Straße, so geht man am Nordtrakt des ehemaligen Klosters und damit am östlichen Drittel der nördlichen Kastellmauer entlang.

Die Rheinbrücke (→ Abb. 128)

Im Jahre 310 hielt Eumenius in Trier eine Lobrede auf Konstantin, in der er immer wieder mit großer Bewunderung auf die offensichtlich gerade im Bau befindliche Brücke in Köln einging (→ S. 263 Qu 13). Aus dieser einzigen Nachricht zur Brücke und dem Text der steinernen Baurkunde zum Deutzer Kastell (Qu. 14) hat man geschlossen, daß Konstantin, der von 309–312 in Trier residierte, Brücke und Soldatenlager um 310 errichten ließ.

Die Bauweise der Brücke konnte man aus der Beobachtung von immer wieder im Rhein gefundenen Resten erschließen. In einer Länge von etwa 420 m spannte sie sich von der Rheinfront der COLONIA (in Höhe der heutigen Salzgasse) bis zum Westtor des Deutzer Kastells. 15 Pfeilerfundamente, in unregelmäßigen Abständen voneinander gebaut, hat man bisher im Rheinbett gefunden. Für ein Fundamentrost rammte man auf einer Fläche von 4 x 12 m mit zur Strömung vorgesetzter Spitze, 7,50 m lange, mit Eisenschuhen versehene Eichenstämme nebeneinander 3 m tief in den Flußgrund (→ S. 43 RGM Insel 118,8).

Die Zwischenräume wurden mit Steinen ausgefüllt, darauf die steinernen Brückenpfeiler aufgesetzt und die aus Holz gebaute, etwa 10 m breite Fahrbahn von Pfeiler zu Pfeiler gespannt.

Bei der dendrochronologischen Untersuchung von vier Eichenpfählen aus dem Fundament der Brücke stellte sich heraus, daß sie erst um 336 n. Chr. gefällt worden waren. In dieser Zeit war die Brücke demnach entweder noch im Bau oder wurde schon zum ersten Mal repariert.

Spätere Geschichte

Wann die Brücke abgebrochen wurde, ist nicht bekannt. Die im 12. Jh. verfaßte Lebensgeschichte des Erzbischofs Bruno (953–965) berichtet, daß er den zahlreichen nächtlichen Überfällen auf der Brücke ein Ende habe machen wollen und sie deshalb abreißen ließ. Eine andere Quelle besagt, daß man schon 869 nach einer Bischofswahl in Deutz ganz selbstverständlich mit Booten nach Köln zurückkehrte. Erst 1822 wurde wieder eine Brücke gebaut, die Schiffsbrücke nach Deutz, der 1855 die Eisenbahnbrücke am Dom folgte. Heute gibt es im Kölner Stadtgebiet acht Rheinbrücken.

Dendrochronologie

Nachdem das Verfahren, Holz nach der Breite der ablesbaren Jahrringe zeitlich einzuordnen, nach 1900 in Amerika entwickelt worden war, übertrug man es um 1940 auf Mitteleuropa. 1960 begann Ernst Hollstein in Trier damit, eine **Westdeutsche Eichenchronologie** aufzubauen, das heißt, einen Jahrringkalender zu schaffen, der es ermöglicht, alte Hölzer genau zu datieren.

Die Dendrochronologie („Baumuhr") nutzt die Beobachtung, daß alle Eichen einer Gegend, die ja in etwa denselben Witterungsbedingungen ausgesetzt sind, auch im selben Rhythmus mal breite, mal schmale Jahrringe ansetzen. Man geht dabei von Eichen aus, deren Fällungsjahr bekannt ist und vergleicht deren charakteristische Jahrringfolge mit der von Holzstücken, zu denen man keine Angaben zum Wachstum kennt. Durch die Untersuchung sehr vieler Holzproben, deren Jahrringfolgen sich überlappen (→ Zeichnung), dringt man immer weiter in die Vergangenheit. Inzwischen reicht der Jahrringkalender für Westdeutschland bis in das 8. Jh. v. Chr.

In den letzten Jahren wurden bei Ausgrabungen in Köln über 1000 Holzreste allein aus römischer Zeit geborgen. Im feuchten Erdreich über Jahrhunderte gut erhalten und durch moderne Konservierungsmethoden gefestigt, werden sie im **Labor für Dendrochronologie des Instituts für Ur- und Frühgeschichte an der Universität Köln** untersucht. So hilft diese relativ neue Forschungsmethode den Archäologen, Bauwerke wie Brücken und Uferbefestigungen oder auch Gräber zeitlich genauer einzuordnen.

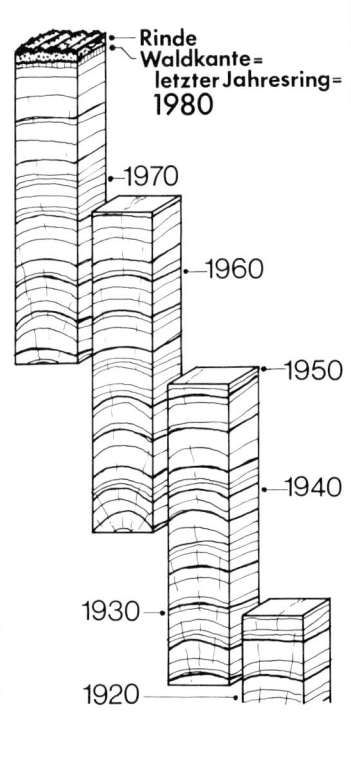

Rinde
Waldkante =
letzter Jahresring =
1980
1970
1960
1950
1940
1930
1920

Die Grabkammer in Köln-Weiden

Aachener Straße 1328. Telefon (02234) 73399

Weg ab Dom/Hbf.: *1. Bundesbahn, Nahverkehrszug Richtung Aachen bis Lövenich, jede Stunde ab 9.20 Uhr (10 Min.), zu Fuß nach Unterqueren der Bahnlinie die Goethestraße entlang bis zur Aachener Straße , abbiegen nach rechts (stadtauswärts 0,9 km).*
2. U-Bahn bis Neumarkt (2 Min.), umsteigen in Linie 1 (oberirdisch) bis Endstation Junkersdorf (20 Min.), umsteigen in Bus 141 bis Frechener Weg (19 Min.), zu Fuß auf der Aachener Straße bis zum Römergrab.

Weg für Autofahrer: *vom Rudolfplatz über die Aachener Straße etwa 9 km stadtauswärts. nach Überqueren der Autobahn 1 in Köln-Weiden noch 2 km, kurz nach der Einmündung der Moltkestraße liegt bei Nr. 1328 das Römergrab.* **Parkstreifen weiter stadtauswärts.**

Öffnungszeiten: *dienstags–donnerstags 10–13 Uhr, freitags 10–17 Uhr, samstags und sonntags 13–17 Uhr, montags und an Feiertagen geschlossen. Vor allem für Gruppen empfiehlt sich telefonische Anmeldung während der Öffnungszeiten.*

Die Landstraße nach Westen

Die Grabkammer liegt 8,6 km vom Westtor der COLONIA entfernt, unmittelbar nördl. der röm. Landstraße von Köln über Tongeren nach Boulognesur-Mer an der Atlantikküste (heute Aachener Str.). Gegenüber, im rückwärtigen Teil der Grundstücke 1347/1349 wurden 1991 Fundamente eines 17,80 x 9,30 m großen Gebäudes ausgegraben, das möglicherweise eine der regelmäßigen Abständen angelegten röm. Straßenstationen gewesen ist. Der Gutshof, zu dem der vornehme Grabbau gehörte, lag aber mit Sicherheit nicht an der Straße, sondern weiter nördlich im heutigen Lövenich. Vergleichbar ist die Lage der beiden Villae Rusticae, die 1926 in Köln-Braunsfeld und Köln-Müngersdorf nördl. und südl. der Aachener Str. entdeckt wurden (→ S. 252).

Entdeckung und Erhaltung
(→ Abb. 121, 14)

Als der Fuhrmann Ferdinand Sieger im Frühjahr 1843 damit begann, auf seinem Grundstück an der Landstraße nach Aachen für einen Neubau auszuschachten, stieß er auf eine Treppe, die in etwa 5 m Tiefe auf eine Steintür zuführte. Als er die Tür zerschlagen, dahinter aber nur Schutt gefunden hatte, wollte er die Grube wieder zuwerfen. Zwei Lövenicher Bürger übernahmen daraufhin die Kosten für eine systematische Ausgrabung, die sie am 10. April 1843 unter der Leitung eines Bergmannes begannen.
Ernst Friedrich Zwirner, preußischer Oberbaurat und seit 1833 Dombau-

meister in Köln, konnte 1844 im Auftrag des preußischen Staates das Römergrab mit allen Funden für 2300 Taler kaufen.
Nach seinen Plänen wurde dann das Gewölbe der unterirdischen Kammer rekonstruiert, ein Eingangsgebäude darüber und ein Wohnhaus für den Wärter nebenan errichtet. 1848 konnte der Grabraum für Besucher geöffnet werden.
Die Kleinfunde brachte man in das Antiquarium der Königlichen Museen in Berlin. Nur wenige Reste haben dort den 2. Weltkrieg überstanden. Mit der Restaurierung der Portraitbüsten und der Rekonstruktion des Sarkophages wurde ein Bildhauer Imhoff beauftragt. (Da um 1844 fünf Künstler aus drei Generationen dieser Familie bekannt sind, ist nicht sicher, wer die Arbeiten in Weiden ausführte.)
Die Landesregierung von Nordrhein-Westfalen übernahm die Grabkammer nach dem Kriege aus preußischem Kulturbesitz, erst 1975 kam sie bei der Eingemeindung Weidens in die Obhut des RGM in Köln. Nach umfangreichen Restaurierungsarbeiten ist sie seit Herbst 1979 wieder zu besichtigen.

Die Grabstätte
einer Gutsbesitzerfamilie

Obwohl man bisher in der Umgebung keine Anhaltspunkte dafür gefunden hat, kann man mit einiger Sicherheit davon ausgehen, daß der Grabbau zu einem großen Gutshof in der Nähe gehörte. Der in über 6 m Tiefe gegründete unterirdische Totenraum war über eine Treppe zu erreichen, die an der von der Straße abgewandten Nordseite zunächst von West nach Ost über 8 Stufen, dann von einem kleinen Podest aus von Nord nach Süd nochmals 14 Stufen hinunter bis zur steinernen Tür führte. (Nach Zerstörung dieses Zugangs legte man im 19. Jh. das Treppenhaus an, durch das man heute an der Ostseite des Grabraumes hinuntergeht.) Mit großer Wahrscheinlichkeit befand sich über dem Gewölbe der Grabkammer noch ein oberirdischer Aufbau, zu dem zwei während der Ausgrabungen entdeckte Sandsteinsäulen gehört haben könnten, in dem aber auch der große, aus einem Stück geschaffene Marmorsarkophag seinen Platz gehabt haben muß. Er wurde zwar, in mehrere Stücke zerbrochen, im Schutt des unterirdischen Raumes gefunden; da er aber wegen seiner Größe nicht durch die heute noch völlig erhaltene Grabtür hineingebracht worden sein kann, muß er beim Einbrechen des Gewölbes hinuntergestürzt sein..

Rundgang
Der oberirdische Ausstellungsraum

Von der Straße aus geht man über sieben Stufen hinunter in einen im Inneren etwa 4,50 × 4,50 m großen Ziegelbau, der 1844 über dem rekonstruierten Grabkammergewölbe errichtet wurde. Durch eine mittlere Lichtkuppel der vier inneren Stützen fällt Tageslicht sowohl in das heute hier eingerichtete kleine Museum, wie auch durch eine Öffnung im Gewölbe in den unterirdischen Grabraum.

Schaubilder und Architekturreste

Zu beiden Seiten des Eingangs sind erklärende Tafeln zur Grabkammer und zur römischen Besiedlung in heutigen Kölner Stadtgebiet angebracht. Ein weiteres Schaubild stellt andere unterirdische Grabanlagen in Köln und Umgebung dar. Drei davon werden in diesem Buch beschrieben: Grüngürtel → S. 233; Efferen → S. 234; St. Severin → S. 215 Rundgang, 10. Ein Großfoto zeigt den Grabstein des Celerinus (→ S. 36 RGM, Insel 108, 24). Hier sind die Verstorbenen beim Totenmahl dargestellt. Während der Mann auf einem Bett liegt, sitzt die Frau in einem hochlehnigen Korbsessel. Ganz ähnlich wie auf diesem Bild ist auch die in Stein nachgebildete „Möblierung" der Grabkammer gestaltet: drei Wandnischen sind als Ruhebetten ausgebaut, zwei Sessel stehen frei im Raum.
An der Wand gegenüber dem Eingang stehen die oben erwähnten kurzen Sandsteinsäulen.

Die Vitrine

Hier sind neben Fotografien und Kopien von Fundstücken, die 1843 nach Berlin gebracht wurden und dort z. T. seit dem Zweiten Weltkrieg verschollen sind, einige originale Glasscherben zu sehen. Sie wurden 1979 vom Antikenmuseum in Berlin als Leihgaben zur Verfügung gestellt.

1 Nur einer der beiden Henkel eines kostbaren Bechers blieb erhalten. Die Bearbeitungsspuren zeigen, daß er nicht am Gefäßrand angesetzt war, sondern aus der vollen Glasmasse herausgeschliffen wurde. Ein ähnlicher, vollständig erhaltener Schliff-Becher wurde 1968 an der Bachemer Straße gefunden (→ S. 105 RGM Untergeschoß Vitr. 1). **2** Bruchstücke von zwei flachbauchigen sog. Feldflaschen wurden z. T. wieder in der ursprünglichen Form zueinander geordnet. In das sehr dünne, klare Glas waren Buchstaben und Darstellungen eingeschliffen. Man erkennt auf den Scherben in der Mitte eine Weintraube und den Thyrsosstab des Dionysos, rechts davon auf einem der Fragmente den Dreizack des Meeresgottes Neptun. **3** Der schlanke Becher war ehemals mit eingeschliffenen Ornamenten und Buchstaben geschmückt und teilweise vergoldet. Alle vier Glasgefäße sind wahrscheinlich zu Anfang des 4. Jh. entstanden. **7** Das kostbarste Fundstück war eine wahrscheinlich im 2. Jh. geschaffene, nur 10 cm hohe Frauenstatue aus Chalzedon. In der Vitrine steht eine Kopie, das Original wird in Berlin aufbewahrt. **8** Auch eine gerippte Silberschale, die 1843 ebenfalls nach Berlin gebracht wurde, ist hier durch eine Nachbildung vertreten. **9** Unter einigen Steinen und Gefäßbruchstücken, die man vor einigen Jahren in der Baugrube an der Südwest-Ecke der Grabkammer fand, ist eine Terra Sigillata-Scherbe bemerkenswert. Sie gehört zu einer mit Reliefs geschmückten Schüssel, die sich in die erste Hälfte des 2. Jh. n. Chr. datieren läßt.

Der unterirdische Grabbau
Der Eingang

In römischer Zeit endete die Treppe südlich neben der Türöffnung; man mußte sich, unten angekommen, nach rechts wenden, um die Grabkammer zu betreten. Drei große Rotsandsteinquader bilden den Eingang. Die Türgewände sind aus je einem Block von 0,38 m Breite, 0,91 m Länge und 1,90 m Höhe hergestellt. In senkrechten Rillen von 14–16 cm Tiefe war die steinerne Falltür geführt, die bei der Entdeckung des Grabes zerschlagen wurde. Nur der Türgriff, ein schwerer Bronzering, blieb erhalten. Er wurde an der 1844 in Holz rekonstruierten Tür wieder angebracht.

Die Grabkammer

Über zwei, aus einem einzigen Steinblock zugeschlagene Stufen betritt man den fast 6 m unter der Straßenebene liegenden Grabraum. Die Wände sind über einem rechteckigen Grundriß von 3,60 × 4,50 m aus großen, sorgfältig zugerichteten Tuffquadern ohne Mörtelbindung aufgebaut. Das im 19. Jh. rekonstruierte Tonnengewölbe erreicht eine Scheitelhöhe von fast 4,20 m. Unregelmäßige Tuffsteine, bei denen die zum Versetzen notwendigen Zangenlöcher offen liegen, bilden den Fußboden. Möglicherweise hatte man ursprünglich eine Lage Steine darüber vorgesehen. Nur die Eingangswand ist glatt hochgezogen. Die übrigen Mauern werden durch je eine große und 29 kleine, für Grabbeigaben eingerichtete Nischen gegliedert. Die Hauptnischen sind wie Ruhebetten (Klinen) gestaltet, wobei die Liegeflächen mit schwarzem Marmor bedeckt, die sie umgebenden Wände mit Buntmarmor ausgekleidet wurden. Ein heller Marmorstreifen ist als Bettkante vorgeblendet; darunter ist eine flache Nische in den Tuff eingeschlagen, neben der, ebenfalls aus Marmorplatten ausgeschnitten, die Formen kurzer Bettstützen auf die Wand aufgelegt sind. Rechts und links neben dem mittleren Ruhebett stehen zwei pyramidenförmige Tuffblöcke mit oben eingetieften Höhlungen, in die Graburnen eingestellt waren. Frei im Raum stehen zwei Sessel aus Kalkstein. Mit hohen Rückenlehnen, niedrigen Armstützen, dem sorgfältig wiedergegebenen Flechtmustern und den flachen, glatten Kissen auf den Sitzflächen sind sie genaue Nachbildungen römischer Korbsessel.

Die Bilder der Verstorbenen

Die Aufstellung von Portraitbüsten in einer Grabkammer der nördlichen römischen Provinzen ist bisher einmalig. Man fand die beiden Frauenbildnisse auf der südlichen Kline, das Männerportrait vor der gegenüberliegenden nördlichen Nische im Erdreich. Aus weißem Carrara-Marmor hergestellt, bekamen die Büsten durch die lange Lagerung in eisenoxydhaltiger Erde die heutige fleckig-rötliche Farbe.

Die Büste des Mannes ist auf einem mit einer kleinen Schrifttafel versehenen Sockel aufgesetzt. Das hagere Gesicht zeigt ernst blickende Augen unter schmalen Brauen, eine gerade Nase und einen ausgeprägten, durch einen dünnen Oberlippenbart betonten Mund. Das dichte, nach vorn gekämmte Haar ist über der Stirn glatt abgeschnitten. Der kurze Kinnbart geht in einen lockigen, bis zum Hals reichenden Backenbart über.

Das größere weibliche Portrait könnte vom selben Künstler geschaffen worden sein. Die Frau trägt ein auf der rechten Schulter zusammengefaßtes Untergewand und darüber einen Mantel, dessen rechte Stoffbahn mit Schwung über die linke Schulter geschlagen ist. Das schmale Gesicht ist sorgfältig modelliert, die in der Mitte gescheitelten glatten Haare lassen die Ohren frei und sind am Hinterkopf in einem großen Knoten zusammengefaßt.

Die dritte Marmorbüste zeigt wesentliche Unterschiede zu den beiden übrigen. Die aus einem Blätterkelch über der kleinen Schrifttafel herauswachsende Frauenbüste ist von oben in den gesondert gearbeiteten Sockel eingesetzt. Die Büstenform ist sehr fein modelliert. Das dünne, an beiden Seiten geschlossene Gewand, über der rechten Schulter wie zufällig verschoben, läßt einen großen Halsausschnitt frei. Im deutlichen Gegensatz zur bildhauerischen Qualität der Büste steht die des Kopfes. Die Gesichtszüge erscheinen kantig, fast grob. Darüber hinaus ist die Haartracht nur im Ansatz über Stirn und Nacken noch original, der größere Teil wurde eines Tages abgearbeitet, möglicherweise um das Portrait mit einer neuen Frisur zu versehen.

Im Vergleich mit den Büsten römischer Kaiser und Kaiserinnen läßt sich in etwa die Zeit bestimmen, in der die drei

Portraits gemeißelt wurden. So nimmt man an, daß die beiden offensichtlich zusammengehörenden größeren Bildnisse am Ende des 2. Jh. geschaffen wurden, die zweite Frauenbüste aber schon um 150 n. Chr. entstand und zu einem unbestimmten späteren Zeitpunkt verändert wurde.

Der Sarkophag
(→ Einband, Rückseite)

Wie die Portraitbüsten wurde auch der große, wie eine Wanne gearbeitete Sarg aus weißem Carrara-Marmor hergestellt. Er war ehemals wahrscheinlich in einem Grabtempel über der unterirdischen Kammer dicht vor einer Wand aufgestellt. Die so nicht sichtbare Rückseite ist nur grob gespitzt, die Reliefs der abgerundeten Schmalsei-

ten sind wesentlich flacher als die der Frontseite.

Mittelpunkt der Darstellung ist ein runder Rahmen, in dem das Bild eines Paares zu sehen ist. Der männliche Kopf ist nicht erhalten, das Frauengesicht hatte man nur grob ausgearbeitet, da das Portrait der im Sarkophag bestatteten erst nach ihrem Tode in den Stein gemeißelt werden sollte.

In lebhafter Bewegung, unterstrichen durch die schwungvoll wehenden Gewänder, wenden sich zwei geflügelte Göttinnen der Mitte zu. Sie halten mit beiden Händen das Medaillon, während sie den Blick auf die Knabengestalten hinter ihrem Rücken richten. Diese sind nach Art der Eroten geflügelt und nur mit einem auf der rechten

Abb. 119. Die Grabkammer in Köln-Weiden, Versuch einer Rekonstruktion des ursprünglichen Zustandes.

Schulter zusammengehaltenen Mäntelchen bekleidet. Sie gehen, während sie den Kopf zur Mitte drehen, in einer Gegenbewegung nach außen auf die Sarkophagseiten zu. Hier kommen ihnen, ebenfalls weit ausschreitend, je eine jugendliche Gestalt in kurzem Gewand entgegen. Ihre Bewegung auf die Sarkophagfront zu wird unterstrichen durch den ebenfalls nach vorn gerichteten Blick, den vorgestreckten Arm und nicht zuletzt durch die Form der Bäume, die in ihrem Rücken die Schmalseiten des Sarges gegen die nur grob bearbeitete Rückseite begrenzen. Auf beiden Seiten ist die Baumkrone dem Davoneilenden zugeneigt, der Stumpf eines abgeschlagenen Astes weist wie ein Pfeil auf ihn.

Die Deutung der Szene ist nicht einheitlich. Einmal möchte man in den Knabenfiguren die Verkörperung der vier Jahreszeiten erkennen. Alle tragen Körbe mit Blüten oder Früchten im Arm, in der freien Hand dazu unterschiedliche Attribute. Außerdem sind sie durch ihre Bewegungen in enge Verbindung zueinander gebracht. So geht (links vom Betrachter) der Sommer mit einem Korb voller Blumen auf den Herbst zu, der einen Früchtekorb und ein zur Hasenjagd gebrauchtes Wurfholz trägt. Rechts ist der Winter mit zwei Enten in der Faust dargestellt. Von der Seite her tritt ihm der Frühling, der eine Blütengirlande aus einem Korb hebt, entgegen.
In einem anderen Erklärungsversuch werden nur die geflügelten Eroten an der Frontseite als Verkörperung von Frühling und Winter gesehen, die seitlichen Figuren, die bekleidet sind und keine Flügel haben, aber nur allgemein als Bilder des Landlebens betrachtet.
Arbeit auf dem Lande zeigen in kleinerem Maßstab ausgeführte Szenen am unteren Rand der Frontseite. Während man zwischen den Beinen des linken Eroten nur noch den Huf eines Tieres erkennen kann, bemerkt man zu Füßen des rechten einen Mann, der mit beiden Händen etwas in einen Korb füllt. Unter dem mittleren Medaillon sieht man eine Kelterszene. Drei sich gegenseitig bei den Schultern packende, nur mit einem Lendentuch bekleidete Männer (deren Köpfe leider verlorengingen), sind in eine Wanne voll Trauben gestiegen. Mit den Füßen zertreten sie die Früchte, deren Saft

dann durch zwei Speier in Form von Löwenköpfen abfließen kann.

Vom Deckel des Sarkophages erhielt sich ein großer Teil der über die Öffnung gelegten Marmorplatte und ein Fragment der angearbeiteten aufrecht stehenden Blende. Offensichtlich wurde er für einen größeren Grabbehälter hergestellt und durch Verkürzung an beiden Schmalseiten später passend gemacht. Die Blende zeigt in der Mitte den unteren Teil einer gerahmten Tafel, auf der die Namen der Verstorbenen eingemeißelt, oder auch nur aufgeschrieben werden sollten. Daneben erkennt man Hinterbeine und Euter einer Löwin, die mit den Vorderbeinen eine Kugel packt. Ein schräger Steg führt neben der Kugel auf ein im Wasser liegendes Schiff hinauf.
Ähnliche Darstellungen auf Sarkophagen und Fußbodenmosaiken in Italien und Nordafrika lassen die Deutung dieser Szene zu (Abb. 120). Um für die Tierhetzen im Amphitheater eine Löwin lebendig zu fangen, raubt ein Reiter das Junge und bringt es auf ein Schiff. Das Muttertier folgt dem Fänger blindlings bis zum Bootssteg. Wahrscheinlich um die Löwin dort zunächst an einem schnellen Sprung zu hindern, rollt man ihr eine Kugel zwischen die Vorderbeine.
Um 280–290 n. Chr. hat man in einer stadtrömischen Werkstatt mehrere Sarkophage mit ganz ähnlichen Reliefs wie in Weiden hergestellt. So kann man nicht nur die Entstehungszeit eingrenzen, sondern auch mit Sicherheit annehmen, daß der mächtige Marmorsarg in Rom geschaffen und um das Jahr 300 an den Rhein transportiert wurde.

Alter und Bedeutung der Grabkammer

Eine Keramikscherbe (→ Vitrine, 9), die in der Baugrube entdeckt wurde, läßt vermuten, daß man die unterirdische Kammer um die Mitte des 2. Jh. anlegte, um dort Urnen beizusetzen. In dieser Zeit schon entstand auch die kleinere Frauenbüste. Fast 50 Jahre später, kurz vor Ende des 2. Jh., schuf man die Portraits eines Mannes und einer Frau, die ihren Platz wie das frühere Bildnis auf den seitlichen Klinen der Grabkammer bekamen. Späte-

Abb. 120. Die Grabkammer in Köln-Weiden, mögliche Ergänzung der Deckelblende des Sarkophages.

stens im Verlauf des 3. Jh. wurde die Sitte der Urnenbestattung aufgegeben; man begrub die Toten nun meist in Körpergräbern. In einem oberirdischen Grabraum über der alten Kammer wurde dann um 300 ein aus Rom importierter Marmorsarkophag für ein reiches Gutsbesitzerpaar aufgestellt. Auch nach dieser Zeit benutzte man die Grabanlage weiter, wie vor allem die im Schutt entdeckten Geldstücke belegen. Die letzte in der Reihe der Fundmünzen kann bis 337 n. Chr. geprägt worden sein.

Es ist daher als sicher anzunehmen, daß mindestens 200 Jahre lang, von der Mitte des 2. bis zur Mitte des 4. Jh., die Toten eines in der Nähe liegenden Gutshofes hier bestattet wurden.

Wenn schon die Aufstellung qualitätvoller Portraitbüsten und eines stadtrömischen Reliefsarkophages in einem Grabbau der nördlichen römischen Provinzen erstaunlich ist, so liegt die eigentliche Bedeutung der Weidener Grabkammer vor allem in der hervorragend erhaltenen Ausstattung mit in Stein imitierten Möbeln. Hier ist das Speisezimmer der Toten so eingerichtet, wie es die Lebenden gewohnt waren: mit Ruhebetten an drei Wänden, auf denen die Männer beim Mahle lagen, mit Korbsesseln, in denen die Frauen während der Mahlzeit saßen. Die Beisetzung der Urnen mit der Asche der Verstorbenen in Wandnischen dieses Speiseraumes, Beigaben wie Eß- und Trinkgeschirr, Schmuck und kleine kostbare Gegenstände aus dem Besitz der Toten, zeigen den Glauben der Römer an ein jenseitiges Leben, in dem sie die Freuden eines festlichen Mahles genießen können.

Das Römergrab in Hürth-Efferen

Kaulardstraße 2 , zwischen Luxemburger Straße und der U-Bahnstation Efferen (Linie 18, 14 Min. von Dom/ Hbf.). Den Schlüssel bekommt man im Kulturamt der Stadt Hürth oder im Hause Kaulardstr. 2.

Bei Ausschachtungsarbeiten für ein Stationsgebäude der Vorgebirgsbahn an der Luxemburger Straße wurde 1899 die unterirdische Grabkammer entdeckt. Nach Verlegen der Bahnlinie um 50 m nach Westen befindet sie sich heute unter einem später darüber gebauten Haus, an dessen Rückseite man über eine 25 Stufen tiefe Kellertreppe hinuntergeht und die Kammer durch den originalen Eingang von Osten betritt. Der über 2 m hoch erhaltene, aus großen Tuff- und Rotsandsteinen gebaute Raum von 3,70 m Seitenlänge war ehemals mit einem Tonnengewölbe versehen. Innen stehen zwei 3,00 x 0,90 m große, aus ei-

nem Stück gefertigte, Sarkophage aus weißem Sandstein. Die 0,30 m hohen Deckplatten waren bei der Auffindung nur noch zur Hälfte vorhanden. Grabbeigaben wurden keine gefunden.

Die Grabkammer am Zollstocker Weiher

Beim Bau des künstlichen Weihers im Grüngürtel südlich des Südfriedhofes, stieß man 1928 auf die in römischer Zeit unterirdische Grabkammer. Über einer Fläche von 3,80 x 3,00 m sind an allen vier Seiten zwei Lagen mächtiger Tuffblöcke ohne Mörtel aufeinander gesetzt. In etwa 1,60 m Höhe setzte früher ein Tonnengewölbe an, von dem noch geringe Reste erhalten waren. Weder eine Tür, noch Spuren einer Bestattung konnten festgestellt werden. Seit 1984 sind die versteckt am Südufer des Weihers gelegenen Mauern des Grabes mit einem Dach vor weiterem Verfall geschützt.

Das Forum

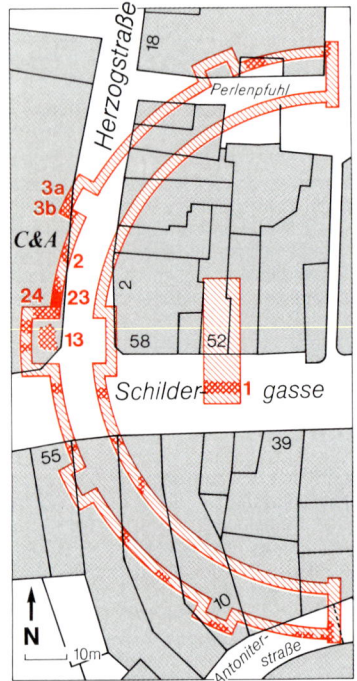

Abb. 120a. Rekonstruktion des röm. Forums, Numerierung der Mauerabschnitte nach Neu, Ausgrabungsplan (→ Lit. S. 278)

Bei den Ausschachtungen für das von Grund auf neu gebaute C & A-Haus an der Schildergasse kamen 1990 drei Abschnitte einer schweren Fundamentmauer zutage (Abb. 120a, 3a/b, 2, 23/24), die zu einem ausgedehnten römischen Bauwerk gehörten, von dem früher zwischen Antoniterstraße und Perlenpfuhl immer wieder Mauerbrocken ausgegraben worden waren. Mit der Zeit ließen sich die gefundenen Stücke zu zwei parallelen Mauern ergänzen, die einen halbkreisförmigen, nach Osten offenen Platz von 110 m Durchmesser umschlossen hatten.

Durch die neuen Funde sind nun zwei Vorbauten im äußeren Mauerring nachzuweisen: einer, genau im Scheitel des Halbkreises (23/24), kragte bei 16,50 m Breite 7 m nach Westen vor, ein weiterer nördlich davon (3a/b) und etwa halb so groß wie dieser, war leicht nach Nordwesten gedreht. Die offensichtliche Symmetrie der Gesamt-

anlage und ein früher gefundener Fundamentrest auf dem Grundstück Antoniterstraße 10 machten außerdem die Rekonstruktion von drei weiteren kleinen Vorbauten möglich.

Der Ort in der Mitte der COLONIA und die gewaltigen Ausmaße des Fundaments führten dazu, eine großzügige Säulenhalle zu rekonstruieren, die den wichtigsten städtischen Platz, das Forum, in weitem Halbkreis nach Westen abschloß. Die im ganzen fünf Vorbauten des äußeren Mauerrings könnten Nischen getragen haben, wobei die seitlichen vielleicht Platz für Statuen boten.

Im mittleren Raum fand sich ein etwa 70 t schweres (6,5 x 3,5 x 1,5 m) Stück Gußmauerwerk (13), das seiner Lage nach vor vielen hundert Jahren aus einiger Höhe herabgestürzt und dort liegengeblieben war. Denkbar wäre an dieser Stelle ein Triumphbogen, durch dessen gewölbte Durchfahrt das Forum von Westen zu erreichen war. Man könnte hier aber auch ein öffentliches Gebäude vermuten, vielleicht das Rathaus (curia), möglicherweise einen wichtigen Tempel.

Mit der Rekonstruktion eines Kultbaus, ließe sich ein 5,30 m breites Stück Mauerwerk in Verbindung bringen, das 1948 in einem Kanalschacht mitten in der Schildergasse gefunden worden war (1). Dieses könnte der Rest eines gewaltigen, mehr als 20 m langen Opferaltares sein, der, gerahmt vom eindrucksvollen Halbrund der Säulenhalle, östlich des Tempels seinen Platz hatte.

Man sieht, seitdem das C & A-Haus im September 1991 wiedereröffnet wurde, im Untergeschoß ein 4,50 x 2,40 m messendes Stück vom Fundament des Forums (23), zwar an der originalen Fundstelle gleich nördlich des römischen Mittelbaus, aber nicht mehr im ursprünglichen Bauzusammenhang (es steht auf dem neuen Betonboden). Die Westseite ist noch in 1,50 m Höhe erhalten, nach außen ehemals grob gegen das Erdreich gesetzt, nach innen ordentlich gemauert als Wand eines nur 47 cm breiten (und ursprünglich etwa 1,65 m hohen) Ganges, der vielleicht zur Luftzufuhr oder als Isolierung gegen Feuchtigkeit durch das gesamte äußere Ringfundament verlief.

Die römische Wasserleitung nach Köln

Durch einen perfekt gebauten und sorgfältig überwachten Kanal wurde vom 1. Jh. an zunächst aus dem Vorgebirge, später aus der Eifel Wasser nach Köln geführt. Im Mittelalter wurden Steine und Beton einzelner Rinnenstücke ausgebrochen und als Baumaterial genutzt. Heute ist der Weg des Römerkanals fast vollständig erforscht. An vielen Stellen in der Eifel und in der Nähe Kölns sind einzelne Abschnitte sichtbar.

Die frühe Leitung aus dem Vorgebirge

Wahrscheinlich schon bald nach der Gründung der COLONIA im 1. Jh. wurde die Stadt mit frischem Quellwasser versorgt, das man zunächst vom nördlichen Vorgebirgsrand (etwa 10 km vom Rhein entfernt) in mehreren Leitungssträngen bis zum Hermülheimer Burgbezirk (→ Abb. 121, 9) führte und dort an einer noch nicht bekannten Stelle in einem einzigen Kanal vereinigte. Einige Kilometer weit verlief die Leitung im Tal des Duffesbaches, dann, im Zuge der heutigen Berrenrather Straße, nahe an der Mauritiuskirche vorbei bis zur Stadtmauer, wo sie in der Nähe des mittleren Westtores bei der heutigen Straße „Im Laach" das Stadtgebiet erreichte (→ S. 141 Mauer 26).

Der spätere Eifelkanal (Abb. 121)

Im 2. Jh. begann man mit dem Bau einer neuen Leitung aus dem Urft-Quellgebiet in der Eifel. Wenn auch in der Luftlinie nur etwa 50 km entfernt, verlegte man den Kanal in 95,4 km Länge, geschickt den Höhenlinien folgend, immer mit Gefälle in Richtung Köln. Von Hermülheim an benutzte man die Trasse der alten Leitung, die man mit einer neuen, höheren Rinne überbaute. So floß das Wasser von den Eifelhöhen bei 420 m über NN (Normal Null) bis in das westliche Stadtgebiet bei 50 m ü. NN. Hier kam es wahrscheinlich in einem hoch gelegenen Wasserkastell an und wurde dann innerhalb der Stadt über Druckleitungen verteilt (→ S. 140, Turm 25).

Quellfassungen und Bauweise der Leitung

Von den Quellen, die die Leitung mit Wasser versorgten, sind mehrere wiederentdeckt worden. Einige hat man, da sie auch heute reichlich frisches Wasser liefern, an das moderne Rohrnetz angeschlossen; bei anderen wurde die römische Quellfassung wiederhergestellt.

An zwei Orten kann man besonders gut beobachten, wie man das Wasser gewonnen und weitergeleitet hat: Östlich des Ortes Urft liegt ganz in der Nähe der Bahnlinie Köln–Trier, dort, wo das Tal der Urft in einen Berghang übergeht, der sog. **Grüne Pütz** (→ Abb. 121, 1).

Das 1,93×1,86 m große, 2 m tiefe Becken ist aus exakt gearbeiteten Sandsteinblöcken gebaut und am oberen Rand mit einer in Stein geschlagenen Gorgonenmaske geschmückt. Von Westen kommend mündet eine auf 80 m verfolgte, zum Berghang hin durchlässige Leitung in dieses Becken, nach Osten geht ein geschlossener Kanal weiter. Das eingesickerte Wasser wurde so, nachdem sich in der Brunnenstube die mit eingeschwemmte Erde abgesetzt hatte, ohne weitere Verunreinigungen talabwärts geführt. *(Zu dieser Quellfassung führt von der Straße Urft–Sötenich aus ein gekennzeichneter kurzer Fußweg.)* Eine andere Möglichkeit, das Quellwasser zu sammeln, kann man an der Straße Kallmuth–Vollem sehen. Der sog. **Klausbrunnen** (→ Abb. 121, 2) versiegte erst 1948 nach Arbeiten im nahegelegenen Bleibergbau bei Mechernich. Dadurch wurde es möglich, die antike Quellfassung zu ergraben und 1957 durch ein Gebäude zu schützen. Die 3,50×5,80 m große Brunnenstube ist am Rand eines Bachtales so in den anstehenden porösen Kalkfelsen gebaut, daß das Wasser an zwei der vier Seiten durch die durchlässig ausgebildeten Mauern in das Becken sickern konnte. In der Mitte der zum Tal gerichteten Wand befindet sich, 0,30 m höher als die Sohle der Brunnenstube, der Abfluß in Richtung Köln. Obwohl sich die aus dem Berg mit herausgetretene Erde

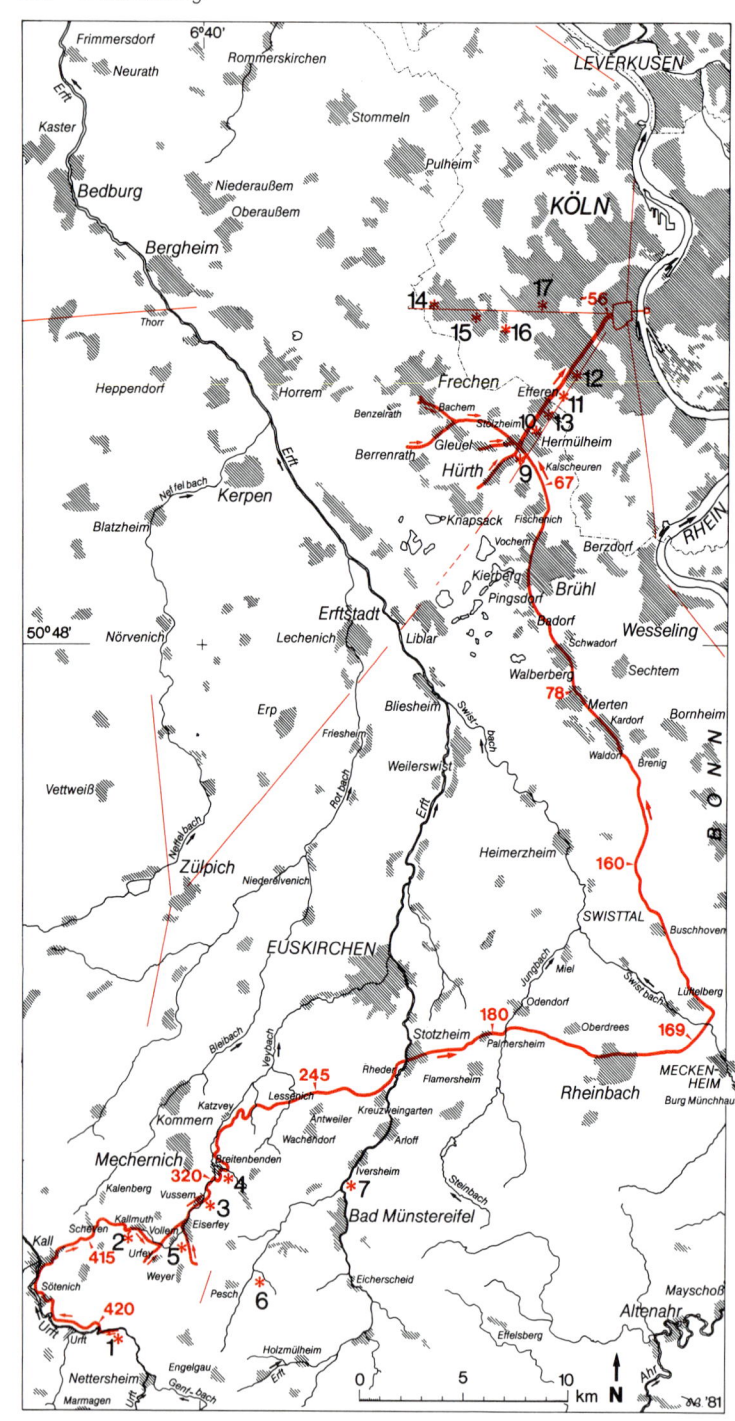

schon am Boden des großen Beckens absetzen konnte, ist am Anfang der Kanalrinne nochmals ein kleines Klärbecken eingebaut. 4 m weiter trifft der aus dem 14 km entfernten Urftquellgebiet kommende Leitungsstrang auf diesen Kanal. Auch hier wurde das Wasser kurz vor der Einmündung durch ein Senkbecken geführt.

Gewöhnlich baute man aus dem Material, das man jeweils in der Nähe fand, eine U-förmige, bis zu 80 cm breite Rinne, kleidete sie etwa 70 cm hoch mit wasserdichtem Beton oder kleinen Quadersteinen aus und mauerte ein Gewölbe darüber. Zum Bau und zur regelmäßigen Überwachung der Leitung war ein begleitender Weg notwendig, den man an einigen Strecken noch als Absatz im Hang erkennen kann. In unregelmäßigen Abständen wurde der Kanal mit Revisionsschächten versehen, die im Scheitel des Leitungsgewölbes mit schweren Steinplatten abgedeckt wurden.

In der Nähe Kölns, mit Sicherheit von Hürth, wurde der Kanal nicht mehr unterirdisch, sondern über ein Aquädukt geführt, dessen Pfeiler zum großen Teil in die Rinne der älteren, aus dem Vorgebirge kommenden Leitung hineingesetzt wurden.

Spätere Geschichte

Mit dem Ende der römischen Verwaltung im 5. Jh. war durch mangelnde Pflege sicher bald der Zeitpunkt erreicht, an dem kein Wasser mehr bis Köln floß.

Spätestens im 11. Jh. begann man damit, Steine, ja selbst zentnerschwere Mörtelbrocken aus den Ruinen der Leitung herauszubrechen und als Baumaterial zu verwenden. Der Turm der Burg Münchhausen bei Meckenheim (→ Abb. 121, 8) ist z. B. fast vollständig aus Wasserleitungsmaterial gebaut. In den Rinnen hatte sich im Verlauf der Jahrhunderte, in denen das kalkhaltige Eifelwasser hindurchfloß, eine hell- bis dunkelbraune, fein gemaserte **Sinterschicht**

abgesetzt. Dieses Material, wie Marmor blank zu polieren, baute man ab und verwandte es für Säulen, Basen und Kapitele in Kirchen, aber auch für Grab- und Altarplatten. Die längsten bekannten Stücke sind einige im Westchor von St. Georg eingebaute 2,75 m hohe Ecksäulen (→ S. 248). Der Eindruck, den die immer wieder zutage kommenden Stücke der unterirdischen Leitung auf die Menschen machte, schlug sich in Sagen nieder. So erzählte man im 11. Jh., man habe in römischer Zeit Wein von Trier nach Köln durch die „steinin rinnen" fließen lassen. Später stellte man sich vor, die Kölner und die Trierer hätten sich durch einen Gang heimlich besucht. Zu Beginn des 17. Jh. wurden erste ernsthafte Untersuchungen gemacht und Teile der Wasserleitung zeichnerisch dargestellt. Aber erst in den letzten 150 Jahren gelang es, ihren Weg fast lückenlos zu rekonstruieren.

Neue Forschungen

1986 erschien der „Atlas der römischen Wasserleitungen nach Köln", für den alle bisherigen Erkenntnisse zusammengetragen und zahlreiche Teile des Leitungsverlaufes neu beschrieben wurden. Eine Möglichkeit, dem bisher nicht bekannten Ende der römischen Wasserversorgung für Köln auf die Spur zu kommen, könnte in der Untersuchung des an vielen Stellen noch in den Kanalresten vorhandenen Kalksinters liegen (→ S. 244). Seit 1985 werden deshalb mit Hilfe des Raster-Elektronenmikroskopes die Ablagerungs-Schichten in unterschiedlichen Sinterproben (wie die Jahrringe von Bäumen in der Dendrochronologie, → S. 227) gezählt, gemessen und untereinander verglichen. Die Hoffnung besteht, daß man eines Tages nicht nur die Anzahl der Jahre, in denen sich der Sinter gebildet hat (relative Chronologie), sondern durch zusätzliche Erkenntnisse auch das Anfangs- und Endjahr (absolute Chronologie) feststellen kann.

Abb. 121. Die römische Wasserleitung nach Köln und andere römische Denkmäler in der Nordwest-Eifel und im südwestlichen Stadtgebiet. Neben dem kräftig rot gezeichneten Weg der Leitung sind in roten Zahlen die Höhen in Metern über NN (Normal Null) angegeben. Da der Eifelkanal auf den letzten Kilometern bis zur Stadt über ein Aquädukt geführt wurde, könnte er etwa bei 56 ü. NN die Stadtmauer erreicht haben. Die heutigen Geländehöhen liegen im Westen der Innenstadt bei 52–53 ü. NN, im Bereich der Hohe Straße bei 54. Die dünnen roten Linien deuten die römischen Landstraßen an, die bis heute im Straßennetz erkennbar sind. Schwarze Zahlen bezeichnen die Fundorte: 1 Grüner Pütz, 2 Klausbrunnen, 3 Viadukt bei Vussem, 4 Breitenbenden, 5 Kakushöhle, 6 Pesch, Matronenheiligtum, 7 Iversheim, röm. Kalkbrennereien, 8 Burg Münchhausen bei Meckenheim, 9 Burgbezirk Hermülheim, 10 Wasserleitungsabschnitt an der Realschule Hürth, 11 Wasserhaus im Grüngürtel, 12 Pfeilerrest an der Berrenrather Straße, 13 Grabkammer in Hürth-Efferen, 14 Grabkammer in Köln-Weiden, 15 Fränkisches Gräberfeld in Köln-Junkersdorf, 16 Römischer Gutshof und fränkisches Gräberfeld in Köln-Müngersdorf, 17 Römischer Gutshof und Fundort des Diatretglases.

Die Reste der Wasserleitung in der Nähe Kölns

Weg ab Dom/ Hbf.: *Mit dem Bus vom Busbahnhof nördl. des Hbf., Gleis 2a nach Gleuel, über die Berrenrather Straße stadtauswärts bis Militärringstraße (15 Min.). Nach Überqueren der Kreuzung führt östlich (links) neben der Berrenrather Straße ein Fußweg zunächst 200 m stadtauswärts bis zum **Absetzbecken der röm. Wasserleitung** (2). Die Hinweistafel mit der Bezeichnung **73/km 108,7** ist eine von 75, die vom Eifelverein am **1988 eröffneten** „Römerkanalwanderweg" aufgestellt wurden. Die Stationen sind von den Quellen in der Eifel an gezählt, die angegebenen Kilometerzahlen zeigen die Länge des Wanderweges bis hierher an. Weiter geht der Weg neben dem nach Nordosten (stadteinwärts) fließenden kanalisierten Duffesbach, dann ein Stück neben der Berrenrather Straße, durch die Autobahnunterführung geradeaus in die Bachstraße **(3)** bis zur Einmündung der Beseler Straße von links. Gegenüber geht der Römerkanalwanderweg mit der Tafel **72/ km 107,0-111,3** rechts von der Krankenhausstraße weiter. Bis zur Wasserleitung in Hürth **(4 – 71/ km 106,2)** verläuft der Duffesbach zunächst links, dann rechts des Weges. Hinter dem Realschulgelände biegt man nach links in den Vussemweg ein und erreicht so wieder die Krankenhausstraße.*

Rückweg: *Man kann die Krankenhausstraße stadteinwärts gehen und entweder nach 300 m rechts in die Kiebitzstraße einbiegen, um die Linie 18 zu erreichen (0,7 km), oder nach 600 m rechts in die Kochstraße (als Rad- und Fußweg ausgeschildert), weiter nach rechts in die Kaulardstraße abbiegen zur Haltestelle Efferen, ebenfalls an der Linie 18 (1,5 km).In der Nähe des Bahnhofs ist eine sehenswerte **römische Grabkammer** erhalten (→ S. 233).*

Fährt man mit Auto oder Bus über die Berrenrather Straße stadtauswärts, so sieht man rechts zwischen Sülzgürtel und Militärringstraße ein Stück antiken Mauerwerks, durch ein Gitter geschützt:

1. Ein Pfeilerrest an der Straße
(→Abb. 121,12)
Vor dem Haus 436 an der Westseite der Berrenrather Straße steht ein noch 2,40 m hohes Stück vom Gußmauerkern eines röm. Aquaeduktpfeilers. Bei einer Straßenbegradigung ist er 1963 von der anderen Straßenseite hierher versetzt worden.

2. Das Wasserhaus im Grüngürtel
(→Abb. 121,11;Abb. 122)
Bei einer Regulierung des Duffesbaches wurde 1927 ein kleiner röm. Kanal entdeckt, der im rechten Winkel auf die in ihrem Verlauf ungefähr bekannte Trasse der Wasserleitung zuführte. Als man den Weg der 120 m langen Rinne (→Abb. 122,7) verfolgte, stieß man unter der Straße auf einen 7x7 m großen Mauerblock, in dessen Mitte zwei Becken eingebettet waren. Nach der Verlegung der Straße konnte das Bauwerk unter einem Schutzhaus erhalten bleiben.

Seit August 1992 befindet sich zwischen Absetzbecken und Berrenrather Straße ein Stück der Eifelleitung, das seit 1980 vor der Stadtsparkasse an der Pilgrimstraße gestanden hatte (→ S. 244).

Man sieht, mit dem Rücken zur Straße stehend, mitten in dem fast die ganze abgezäunte Fläche einnehmenden Fundamentblock ein 3,72 × 1,49 m großes, im Inneren noch 1,60 m hoch erhaltenes Becken (Abb. 122, 2). Es ist sorgfältig gemauert und mit einem durch Zusatz von Ziegelsplitt wasserdichten Putz ausgekleidet. An der stadtauswärts liegenden Schmalseite mündete etwa 20 cm über der heutigen Abbruchkante die von Hürth kommende Leitung in das Becken (1). Den in die Stadt weiterführenden Kanal muß man sich genau gegenüber anschließend vorstellen (3). Mit der kreisrunden Öffnung, die dicht über der Sohle des Wasserbehälters in der Ostwand zu sehen ist, beginnt ein 1,80 m langer röhrenförmiger Kanal in ein benachbartes kleineres Becken (5, 6). 1,50 m über diesem Durchlaß ist ein ordentlich verlegter Boden aus Tuffplatten zu sehen, der ebenfalls beide Becken verbindet (4). Parallel zur Längswand des großen Beckens erkennt man zwei Rillen, die nebeneinander in diesen Tuffboden hineingeschlagen sind (8). Die Funktion dieser in den Weg der Wasserleitung eingebauten Anlage mit zwei Becken ist aus den beschriebenen Mauerresten zu erklären. Beim Hineinfließen in das große Becken verlangsamte sich die Strömung des ankommenden Wassers, wodurch sich mitgeschwemmte Erde auf dem Boden absetzen konnte. Wollte man den angesammelten Schlamm fortspülen, so brauchte man nur den normalerweise geschlossenen Durchlaß nach Osten zu öffnen. Der Tuffsteinboden, 1,50 m über dem runden Abfluß, ist die allein erhaltene Sohle eines zweiten Ableitungskanals, der wohl gewöhnlich ebenfalls durch einen von oben heruntergelassenen, doppelwandigen Schieber verschlossen war. Die Absperrwände rasteten in den noch sichtbaren Rillen im Kanalboden ein. Mit Sicherheit lag dieser Abzweig tiefer als die heute völlig verschwundene Hauptleitung, in der ehemals möglicherweise eine ähnliche Sperrvorrichtung war (9). Die stadtwärts verlaufende Kanalröhre konnte man so zu Reparatur- oder Reinigungsarbeiten zeitweise trocken legen, während das Wasser durch den seitlichen Kanal in das kleinere Becken und anschließend in eine nach Südosten führende Rinne lief (7).

Man sieht, wenn man an die gegenüberliegende Seite des Schutzhauses

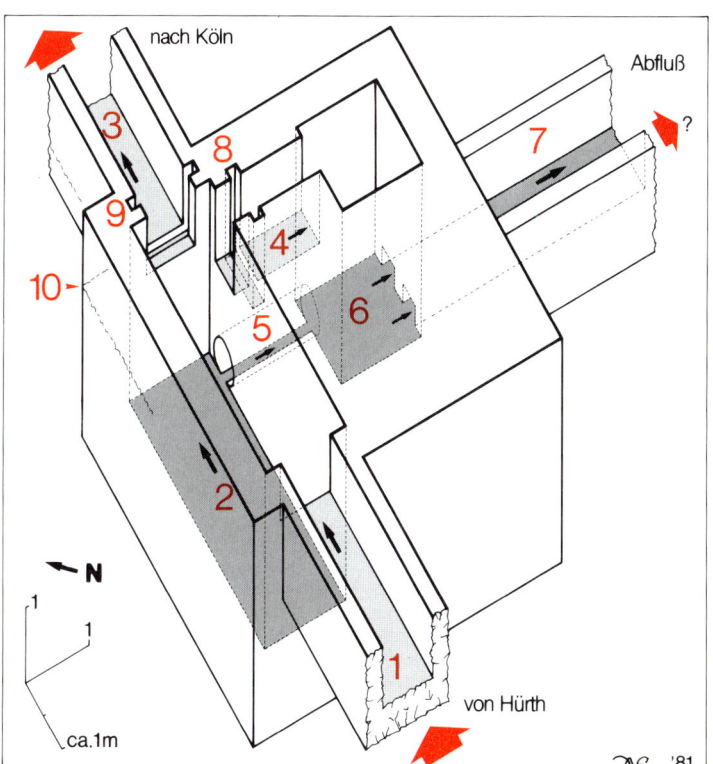

Abb. 122. Das Wasserhaus im Grüngürtel, Funktionsschema des ersten Bauzustandes. 1 Kanal von Hürth, 2 großes Absetzbecken, etwa 10 m³ Inhalt, 3 Kanal nach Köln, 4 Überlauf zum Becken 6, normalerweise durch Absperrschieber (8) geschlossen, 5 röhrenförmiger Kanal zum Ablassen des Schlammes aus Becken 2, normalerweise durch Deckel verschlossen, 6 kleines Becken mit zwei Durchlässen nach Südosten zum Ablauf des Wassers, 7 Ablaufkanal, ca. 100 m weit verfolgt, 8 Rille, in der der Absperrschieber einrastete (Reste zu erkennen), 9 vermutete Absperrvorrichtung am Beginn des nach Köln führenden Kanals (kein Rest mehr erhalten), 10 Höhe der heutigen Erhaltung.

geht, das kleinere, nur 1,20 × 1,20 m messende Becken (6). Es ist aus mächtigen Werksteinen zusammengesetzt, die ebenfalls mit einem wasserdichten Putz versehen waren. Wenig über der Sohle, die etwa die gleiche Tiefe wie die des großen Behälters hat, ist das kreisrunde, aus einem Stein herausgearbeitete Mündungsloch des röhrenförmigen Kanals zu sehen. Ihm gegenüber konnte das Wasser durch eine rechteckige, in der Mitte durch einen Stützstein geteilte Öffnung nach Südosten ablaufen.

Am Boden dieses Beckens hafteten sechs Münzen der 1.Hälfte des 1. Jh. Das könnte bedeuten, daß diese Wasserreinigungsanlage um die Mitte des 1. Jh. schon bestand, oder aber unmittelbar nach Gründung der COLONIA erbaut wurde.

Wohin der Abflußkanal (7), der heute den Duffesbach kreuzt, geführt hat, ist nicht bekannt.

Als man im 2. Jh. die neue Leitung aus der Eifel nach Köln baute, wurde diese Entschlammungsanlage aufgegeben und das Mauerwerk lediglich als Fundament für den darüber hinweggehenden Aquädukt genutzt. Während der Ausgrabungen fand man das große Becken zu einem Drittel mit Tuffmauerwerk gefüllt. Bei der Konservierung entfernte man das spätere Mauerwerk, um die frührömische Anlage wieder klar erkennbar zu machen.

3. Der Weg vom Wasserhaus bis zur Realschule Hürth

Stadtauswärts, vom Wasserhaus bis zur südlich an Köln vorbeiführenden Autobahn 4, liegt der Weg der Wasserleitung östlich der seit 1927 in ihrem Verlauf veränderten Berrenrather Straße. Beim Bau der Autobahnunterführung fand man 1957 die frühe Kanalrinne und Reste der in ihr gegründeten Fundamentpfeiler für die spätere Eifelleitung auf einer Strecke von 36 m und beseitigte sie ohne nähere Untersuchungen. Die von der Unterführung an geradeaus weiter gehende Bachstraße liegt auf einer Strecke von fast einem Kilometer genau über der Wasserleitung. Bei Bauarbeiten stieß man seit dem 19. Jh. mehrfach auf den Kanal. 1913 brachte man ein hier entdecktes 1,50 m langes Stück zur Ausstellung Alt- und Neu-Köln in die Stadt und stellte es in der Grünanlage am Wall-

raf-Richartz-Museum auf (→ S. 243). Dort, wo die Bachstraße mit einer Kurve in die leicht nach Osten abweichende Krankenhausstraße übergeht, ist der Duffesbach, der in Efferen unterirdisch geführt wird, wieder zu sehen. Der Weg der römischen Leitung ließ sich von hier an östlich neben dem Bachbett weiter verfolgen. In Höhe der Realschule Hürth liegen die Krankenhausstraße und die Trasse der Wasserleitung etwa 100 m voneinander entfernt.

4. Die Wasserleitung in Hürth-Hermülheim (→ Abb. 121, 10)

Bevor man einen Sportplatz zwischen den Gebäuden der Realschule und dem weiter westlich fließenden, regulierten Duffesbach anlegte, entdeckte man 1961/62 das gut erhaltene Stück der Wasserleitung und grub es 1969 unter einem Schutzhaus aus. (Man kann gut von außen hineinsehen, Schlüssel eventuell nach Vereinbarung mit Realschule Hürth, Tel. 02233/72020 von 8 – 16 Uhr.)

Man sieht im Untergeschoß die alte Rinne, deren etwa 35 cm dicke Wände aus Beton mit dem Zusatz von kleingeschlagenen Basaltsteinen bestehen. Die Innenseite ist sorgfältig mit Putz ausgekleidet gewesen. Der reichlich unter den Mörtel gemischte Ziegelsplitt machte den Kanal wasserdicht.

Um die Bogenreihe für die neue Leitung zu errichten, entfernte man hier das Gewölbe der alten und setzte dann im Achsabstand von 4,20 m Tuffsteinblöcke von 1,40 m Länge so in die Rinne, daß sie den Querschnitt ausfüllten. Über dem Rinnenbeton und diesen innen liegenden Fundamentsteinen baute man eine etwa 40 cm hohe, mit Grauwacke verkleidete Mauer, auf die dann je zwei, zur Bogeninnenseite abgeschrägte Schultersteine aufgesetzt wurden. Die drei vollständig erhaltenen Bögen sind aus je sieben sorgfältig zugeschnittenen, der Breite des Bauwerks entsprechend 1,48 m langen Tuffwerkbalken von einem Pfeiler zum nächsten gewölbt. An den Kopfseiten von fünf dieser Bogensteine sind untereinander ähnlich große Figuren eingemeißelt, die man als Steinmetzzeichen gedeutet hat.

Von der Kanalrinne, die ehemals über die Bögen geführt wurde, war nichts mehr erhalten. Einen kurzen Abschnitt hat man jedoch rekonstruiert.

Das Wasserleitungssystem innerhalb Kölns

Von der innerstädtischen Weiterleitung des Wassers ist nur sehr wenig bekannt. Durchschnittlich 200 l/sec flossen, so schätzt man, in ein hoch gelegenes Verteilerbecken, das wahrscheinlich in der Nähe der heutigen Straße Im Laach dicht neben der Stadtmauer gestanden hat. Von hier aus führten sicher mehrere Stränge in das in der Stadt verlegte Netz aus Druckleitungen. Steinerne Kanälchen, sauber verputzte Rinnen, Rohre aus Ton oder Blei findet man vereinzelt immer wieder. Die weitaus meisten Reste des Leitungssystems sind aber im Laufe der Jahrhunderte achtlos zerstört worden.

Die angebliche Römerleitung unter dem Dom und die Dombaumeistersage

1553 wurde östlich neben einem Pfeiler des südlichen Querhauses (A 9) eine Treppe entdeckt, die zu einem in 2,45 m Tiefe liegenden T-förmigen Bleirohr führte, das sorgfältig in einem aus Tuff gemauerten Kanal verlegt worden war.

Für die Gelehrten dieser Zeit, die gerade begonnen hatten, die Geschichte des römischen Köln und den Verlauf und die Funktion des in einigen Abschnitten bekannten Eifelkanals zu erforschen, bestand kein Zweifel daran, daß man hier zum ersten Mal ein Stück der innerstädtischen antiken Wasserleitung gefunden hatte.

Für das Volk war der neu gefundene Leitungsabschnitt ebenso ein Werk des Teufels wie der, wie man annahm, von Trier nach Köln durch die Eifel geführte Kanal, dessen bekannte Stücke seit dem Mittelalter Namen wie Teufelsrinne, Teufelskalle oder Teufelsgraben trugen. Nicht nur der Bau der Wasserleitung, sondern auch die Arbeiten am Dom wurden in der Sage mit dem Teufel in Verbindung gebracht.

Schon im Mittelalter, wahrscheinlich kurz nach dem Tode des ersten Dombaumeisters Gerhard, der um 1260 möglicherweise durch einen Bauunfall ums Leben kam, mag sich eine Dombaumeistersage gebildet haben, in der von einem Pakt des Meisters mit dem Teufel und von seinem Todessturz erzählt wurde.

Als man dann 1560, wenige Jahre nach der Entdeckung der angeblichen römischen Wasserleitung unter dem Dom, den Baubetrieb einstellte und die Kathedrale viele Generationen lang unvollendet blieb, könnte die bis heute erzählte Form der Dombaumeistersage entstanden sein. Danach hatte Meister Gerhard eine Wette mit dem Teufel abgeschlossen: Er versprach dem Bösen seine Seele, wenn dieser Wasser von Trier bis zum Kölner Dom leiten würde, ehe er sein großes Werk vollendet habe. Als der Dombaumeister vom Turm hinabschauend, das Wasser wirklich fließen sah, stürzte er sich in die Tiefe (→ S. 273 Qu. 37).

1886 verlegte man im Südquerhaus des Domes einen neuen Fußboden und stieß dabei erneut auf die schon im 16. Jh. gefundenen Stufen. Dombaumeister Voigtel machte genaue Zeichnungen von der Treppe und von dem dort sichtbaren Verlauf des in Tuffstein gebetteten Rohrstückes. Auch er hielt die Wasserleitung, die sich unmittelbar neben dem gotischen Pfeilerfundament befand, für römisch.

Erst 1971, als man während der Ausgrabungen unter dem Südquerhaus von Norden an dieses gotische Fundament herankam, ließ sich eindeutig feststellen, daß sich ein weiteres, bisher unbekanntes Stück der angeblichen Römerleitung an das mittelalterliche Fundament anlehnt. 1980 konnte dann der Weg der Leitung unter dem südlichen Seitenschiff nach Westen weiterverfolgt werden. Man fand mehrere Stücke Bleirohr, wiederum in Tuffsteine gebettet, in einer vom gotischen Fußboden aus eingetieften Baugrube.

Wenn man auch bis heute nur Vermutungen darüber anstellen kann, woher das Wasser kam und wohin es geleitet wurde, so ist doch mit Sicherheit auszuschließen, daß die Rohre vor dem 14. Jh. verlegt wurden.

Die Abwasserkanäle in Köln

Wahrscheinlich schon in der 2. Hälfte des 1. Jh. wurde ein perfektes Abwassersystem für die COLONIA angelegt. Man stattete die Straßen mit kleinen Kanälen oder Rinnen aus, in denen Niederschläge und Haushaltsabwasser gesammelt und den Hauptleitungen zugeführt wurden. Ein Teil des Schmutzwassers floß nach Süden in den Duffesbach (→ S. 144 Tor 35), die meisten Abwässer aber wurden über mindestens zehn unterschiedlich große Kanäle nach Osten direkt in den Rhein geleitet.

Neben einigen kleineren Westost-Kanälen konnten im mittleren Stadtgebiet drei Hauptsammler nachgewiesen werden.

1. Der Kanal in der Budengasse
(Abb. 123)

Eingang durch das Praetorium (→ S. 158)

Von der Ostseite der Hohe Straße bis zur Westseite der Straße Unter Taschenmacher ist der Kanal heute noch in 140 m Länge erhalten. Im Bereich der Großen Budengasse verläuft er unter der südlichen Häuserfront, unterquert zunächst die Marspfortengasse, dann diagonal die Straße Unter Goldschmied und geht unter der Nordseite der Kleinen Budengasse weiter. Auf dieser Strecke fällt die Kanalsohle um 1 m, was für den Gesamtkanal auf ein Gefälle von durchschnittlich 1:100 schließen läßt. Die Breite ist 1,10 bis 1,20 m, die Höhe ändert sich während des Weges nach Osten von 2–2,50 m. Als Baumaterial verwandte man große Tuffsteine. Über 40 cm dicken Bodenplatten sind vier bis fünf Steinschichten von mehr als 1,20 m Breite an jeder Seite aufeinandergebaut, das Gewölbe darüber mit sieben Keilsteinen geschlossen.

Spätere Geschichte

1830 wurde der Kanal in einem Haus an der Nordseite der Kleinen Budengasse entdeckt und einer genauen Untersuchung unterzogen. Mehrere Einbrüche im Gewölbe zeigten, daß den Anwohnern einzelne Abschnitte schon weit früher bekannt gewesen sein müssen. 1885 vertraten einige Forscher die Ansicht, es habe sich nicht, wie zunächst richtig angenommen, um einen Abwasserkanal, sondern um einen Tunnel zu militärischen Zwecken gehandelt. Durch eine nochmalige genaue Prüfung des Bauwerks konnte diese Vorstellung endgültig widerlegt werden. Im letzten Krieg nutzte man den tief in die Erde liegenden Gang als Luftschutzkeller, später war er dann viele Jahre hindurch von der Kellergaststätte an der Ecke Unter Goldschmied/Kleine Budengasse aus zugänglich.
Als 1979 in der Straße Unter Goldschmied ein neuer Hauptsammler von Norden nach Süden gebaut wurde, schnitt man ein Stück von fast 5 m Länge aus dem antiken Kanal heraus und holte es am 11. September 1979 an die Oberfläche, wo es seitdem an der Ecke Laurenzgitterplätzchen/Kleine Budengasse steht (Abb. 123, A). Unterirdisch sind die getrennten Stücke des Römerkanals über den modernen Abwassersammler hinweg verbunden worden. Außerdem wurde im Herbst 1980 vom Praetorium aus ein neuer Zugang in den Kanal geschaffen.

Rundgang

Vom Ausstellungsraum des Praetoriums aus geht man 22 Stufen hinunter, dann durch einen modernen Betontunnel bis in den vor mehr als 1900 Jahren gebauten Abwasserkanal, dessen Sohle hier etwa 9,50 m unter der Straßenebene liegt (** in Abb. 123). Im östlichen kürzeren Ende des Kanalstückes ist das Mauerwerk zum größten Teil erneuert. Vom Keller des darüberliegenden Hauses an der Nordseite der Kleinen Budengasse hatte man früher einmal eine Treppe hinuntergebaut. Im westlichen Abschnitt sind ebenfalls eine ganze Reihe von Spuren späterer Einbauten und Ausflickungen zu erkennen, große Teile der Wände und Gewölbe sind aber fast unversehrt erhalten.
Die seitlichen Mauern bestehen hier in ihrer Gesamtstärke von 1,20 m fast vollständig aus den wiederverwandten Tuffsteinen einer früheren Abwasserleitung. Sie war zusammengesetzt aus 0,58 m breiten, 0,36 m hohen Quadern von durchschnittlich 1,20 m Länge, in die eine U-förmige Rinne von 0,30 x 0,21 m eingemeißelt war. Für den Bau des großen Kanals setzte man die alten Rinnenstücke in fünf Schichten übereinander. In der unteren, mittleren und oberen Lage sind die Steine der Länge nach versetzt, in den beiden übrigen Schichten verlegte man sie quer zur Kanalrichtung. So erscheint das Mauerwerk abwechselnd aus glatten Steinflächen (den Seitenansichten

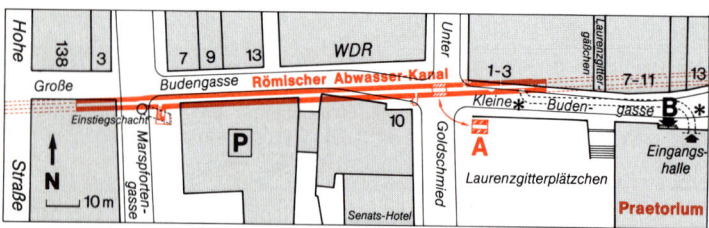

Abb. 123. Der Abwasserkanal unter der Budengasse. Bei B Eingang Praetorium.

der Rinnensteine) und Stücken in U-Form, die im Inneren der Mauer mit Gußbeton, zur Tunnelwand mit eingepaßten Tuffsteinen ausgefüllt sind. Über 50 solcher Steine mit deutlich erkennbarem U-Einschnitt kann man in beiden Wänden des Kanals finden. Für das Tonnengewölbe hat man je drei keilförmig gearbeitete Steine an jeder Seite im Bogen aufgesetzt und im Scheitel durch einen siebten schmäleren Keilstein geschlossen.

Weiter westlich führt eine Treppe auf ein kleines Podest hinauf, von dem man durch eine Scheibe in den modernen Abwasserkanal hinunterschauen kann. Ein großer roter Knopf an der Wand ist der Schalter für die Beleuchtung. Jenseits der Treppe verläuft der Römerkanal, immer niedriger werdend, noch über 100 m weiter nach Westen bis fast zur Hohe Straße.

2. Der Kanal bei Obenmarspforten

Der zweite römische Hauptsammler verlief etwa 180 m südlich des Kanals in der Budengasse. Fast parallel zueinander waren die beiden Kanäle nördlich und südlich am Praetoriumsbezirk entlang geführt. Obwohl an mehreren Stellen nachgewiesen, blieb von diesem Kanalbauwerk fast nichts erhalten.

Sein Weg, der auch westlich der Hohe Straße ein Stück weit verfolgt werden konnte, lag zunächst unter den Häusern an der Südseite der Straße Obenmarspforten. Östlich der Marspfortengasse legte man 1957 beim Bau eines Lagerkellers unter dem heutigen Parkplatz an der Ecke Obenmarspforten ein 21 m langes Stück frei, räumte es aber bis auf eine Schnittansicht in der Westmauer des neuen Gebäudes ab. In Höhe des Karnevalsbrunnens am Gülichplatz verlief der Kanal diagonal von Südwest nach Nordost unter der Straße Obenmarspforten hindurch. Der Wasserauslaß in der Stadtmauer muß nördlich des Marstores gelegen haben.

Wenn auch der innere Querschnitt mit 1,20 m Breite und 2,10 m Höhe etwa dem des Kanals an der Budengasse entsprach, so war die Bauweise doch erheblich anders. Über einer Sohle aus festem Mörtel bestanden die Seitenwände aus 80 cm dickem, mit Grauwackebrocken durchsetztem Gußmauerwerk, das an der Innenseite sauber mit kleinen Grauwackesteinen verkleidet war. Das Gewölbe hatte man über einer Holzschalung ebenfalls aus stark kieselhaltigem Mörtel mit radial eingestellten unregelmäßig großen Grauwackesteinen errichtet.

3. Der Kanal an der Augustinerstraße

Rund 200 m weiter südlich entdeckte man den dritten großen Abwassersammler. Unter dem Parkhaus südlich des Kaufhofs an der Hohe Straße/Ecke Pipinstraße und unter der Heumarktpassage an der die Pipinstraße nach Osten fortsetzenden Augustinerstraße kamen größere Abschnitte zutage. Unter dem Haus Augustinerstraße 12 ist ein etwa 20 m langes Stück erhalten, aber nicht öffentlich zugänglich.

Die Bauweise dieses südlichen Hauptsammlers ist ganz ähnlich der des Kanals an Obenmarspforten. Nur sind hier die Gußmauern 1,30 m stark und das Fassungsvermögen ist bei einer inneren Breite von 1,50 m und Höhe von 2,50 m größer als das der beiden übrigen Kanäle gewesen.

Drei kleinere Westost-Kanäle

Unter dem Pflaster der sog. Hafenstraße entdeckte man 1969 ein Rinnenstück, in dem als Bodenplatte eine steinerne Schrifttafel, die sog. Nero-Inschrift, lag (→ S. 34, Abb. 54, 19). 1979 fand man nur wenige Meter östlich ein weiteres Stück dieses Kanals. Es ist heute im Ausstellungsbereich Hafenstraße aufgestellt. An zwei Stellen hat sich außerdem ein Kanaldurchlaß in der Stadtmauer erhalten: einmal in der Tiefgarage an der Pipinstraße 16 (→ S. 150 Mauer 50), zum anderen neben dem Ubiermonument (→ S.149, Abb. 72).

Reste der Vorgebirgs- und Eifelleitung, heute in Köln

Das Kanalstück in der Parkanlage am Museum für Angewandte Kunst

Als 1913 die Ausstellung Alt- und Neu-Köln veranstaltet wurde, holte man aus der Bachstraße in Efferen (→ S. 240) ein erstes Stück der römischen Wasserleitung in die Stadt hinein. Es bekam seinen Platz neben dem alten Wallraf-Richartz-Museum und steht auch heute, nach Kriegszerstörung und Neubau des Museums, noch dort, wo es damals hingestellt wurde.

Man sieht, daß der 1,50 m lange, im äußeren 1,30 m breite und 2,10 m hohe Kanalrest aus zwei unterschiedlich gebauten Teilen besteht. Die Rinne, etwa 0,60 × 0,60 m im Querschnitt, ist aus festem, mit kleingeschlagenen Basaltbrocken durchsetztem Beton, der gleich in die exakt ausgestochene Baugrube gegossen wurde, während man die darüber aufgesetzten Wände und das Gewölbe über einer Schalung mit Mörtel und grob zugeschlagenen Tuffsteinen errichtete. Am Boden ist die Rinne mit einer 15 cm dicken Schicht aus Mörtel mit untergemischtem Ziegelbruch ausgekleidet, ihre Seitenwände mit feinerem Ziegelsplittputz versehen.

Der Kanalabschnitt am Museum ist ein Stück der frühen Leitung, durch die im 1. Jh. das Wasser zunächst nur aus dem Vorgebirge nach Köln floß. Im 2. Jh. schon wurde dieser Kanal nicht mehr benutzt, sein Gewölbe z. T. abgebrochen und die Pfeiler des neuen Aquäduktes, über das nun Wasser aus der Eifel nach Köln geführt wurde, in die alte Rinne hineingebaut (→ S. 235)

Drei Abschnitte der Wasserleitung aus der Eifel

Beim Bau der neuen Autobahn A 1 mußte im Frühjahr 1979 ein längeres Stück der Römerleitung östlich von Mechernich/Breitenbenden entfernt werden (→Abb. 121,4). Drei Teilstücke von etwa 2 m Länge sind heute in Köln zu sehen.

1. Vor dem Haupteingang der Fachhochschule Köln in Köln-Deutz, Reitweg, steht seit Juli 1979 das erste Stück aus Breitenbenden. Ehemalige Ingenieurstudenten stifteten zum 100jährigen Bestehen der Fachhochschule das Geld für Transport und Aufstellung.

Weg ab Dom/Hbf.: *U-Bahn 9 Richtung Königsforst, bis Deutzer Bad (12 Min.).*

2. Am 9. November 1979 wurde das zweite Stück an der Westseite des Geologischen Institutes an der Zülpicher Straße abgeladen.

Weg ab Dom/Hbf.: *U-Bahn 9, 11, 12, 16 bis Neumarkt (2 Min.), umsteigen in Linie 7, Richtung Sülz, bis Dasselstraße (5 Min.); nach Überqueren der Straße etwa 100 m stadtauswärts, durch die Bundesbahnunter-*

führung, vorbei an der Eingangsseite des Geologischen Institutes bis zur nächsten Straßenecke.

3. Ein drittes Stück der Eifelleitung brachte man im April 1980 in die Kölner Innenstadt und stellte es an der Hauptstelle der Stadtsparkasse Habsburger Ring/Pilgrimstraße, unmittelbar vor dem Eingang zum City-Treff auf.

Seit August 1992 *steht dieser Kanalabschnitt südlich der Militärringstraße an der Berrenrather Straße neben einem dort erhaltenen Absetztbecken der römischen Wasserleitung* (→ *S. 238*).

Da alle drei Stücke aus dem selben Leitungsabschnitt im Kreuzbachtal bei Breitenbenden stammen, ist ihr Aussehen so ähnlich, daß die Beschreibung eines Abschnitts auch auf die beiden übrigen in etwa zutrifft.

Man sieht, daß der untere Teil des durchschnittlich 1,80 m hohen und 1,70 m breiten Kanalstückes bis zum Ansatz des Gewölbes aus einem mit rötlichen Grauwackebrocken und Sandsteinen durchsetzten Beton besteht. Im Inneren von 1,40 m lichter Höhe bei 0,80 m Breite sind die Wände sauber mit kleinen Quadern verkleidet. Über der obersten Wandschicht ist ein schmaler Absatz gelassen, um hier die Holzschalung für das Gewölbe aufzusetzen. Die Abdrücke von neun sich in der Halbrundform des Tonnengewölbes aneinander anschließenden Latten sind deutlich zu sehen. In die zunächst auf die Schalbretter aufgebrachte Mörtelpackung hat man dann, dem Kreisbogen folgend, einzelne Grauwackesteine hineingestellt. Die ganze untere Hälfte des Tunnels ist mit Kalksinter überzogen. Am Boden ist die Ablagerungsschicht bis zu 20 cm hoch, an den Wänden erreicht sie im unteren Teil 16 cm und wird dann bis zu einer Höhe von 70 cm stetig dünner bis zu weniger als einem Zentimeter.

Vergleicht man die drei Stücke des Eifelkanals mit dem der frühen Leitung (→ oben), so lassen sich deutliche Unterschiede im Steinmaterial und in der Bauweise feststellen. Außerdem ist im Vorgebirgskanal keine Kalksinterablagerung zu sehen, weil er nur wenige Jahrzehnte in Betrieb war und für den Durchfluß des kalkhaltigen Eifelwassers schon nicht mehr genutzt wurde.

Erforschte, aber meist nicht mehr sichtbare römische Baureste

St. Maria im Kapitol über dem Jupitertempel (Abb. 124)

Marienplatz 19, Eingang Kasinostraße, Tel. 21 46 15
Öffnungszeiten: täglich von 9.30 – 18 Uhr.

Überlieferung und Forschung

Die Tatsache, daß die Kirche seit dem 12. Jh. auf Siegeln und in Urkunden „Maria in Capitolio" genannt wurde, hat im Laufe der letzten Jahrhunderte immer wieder dazu geführt, hier den Capitolstempel der COLONIA zu vermuten. Erst am Anfang unseres Jahrhunderts aber erkannte man bei Bauuntersuchungen, daß die romanische Kirche über den Fundamenten eines römischen Großbaus errichtet worden war. 1956 fand man durch gezielte Ausgrabungen die Fundamente zu weiteren Wänden, die das Gebäude in drei langgestreckte Räume unterteilten, eine Bauform, die für ein Heiligtum des Jupiter Capitolinus typisch ist. 1957–1961 konnten so viele Teile der Umfassungsmauern des Tempelbezirks ergraben werden, daß eine Rekonstruktion der Gesamtanlage möglich wurde.

Lage und Gestalt des Tempels

Im südöstlichen Stadtbezirk, am Rande der zum Rhein hin abfallenden natürlichen Geländeterrasse, errichtete man wahrscheinlich schon bald nach Gründung der COLONIA, dem Vorbild des berühmten Tempels auf dem Capitolshügel in Rom folgend, ein Heiligtum für die sog. **Capitolinische Trias.** Zusammen mit Jupiter, dem Höchsten der Götter, wurden hier seine Gemahlin Juno und seine Tochter Minerva verehrt.

Das 4 m tiefe und 29,5 x 32,5 m große Fundament besteht aus durchgehendem Gußmauerwerk und darüber etwa 3,50 m breiten, umlaufenden Fundamentmauern, deren Oberkante bei 50,60 ü. NN liegt. Das darüber in röm. Zeit sichtbare Tempel-Podium hat sich im Bereich des Mittelschiffs der Kirche noch bis 55,10 ü. NN erhalten, war also 4,50 m hoch. Auf der Rheinseite ist ein weiterer Fundamentblock von 8 m Breite vorgesetzt, wahrscheinlich der Unterbau einer Freitreppe.

Im Inneren war das Fundament durch eine Quermauer (Br. 2,40 m) und zwei Längsmauern (Br. 1,94 m) gegliedert, d. h. es war in zwei mal drei rechteckige Keller (?) unterteilt, wobei die östlichen unter der Vorhalle, die westlichen unter der dreigeteilten Cella lagen. Hier könnten in den seitlichen Räumen Statuen der beiden Göttinnen Juno und Minerva, im mittleren Raum ein großes Jupiterbild aufgestellt gewesen sein.

Die äußere Gestalt des Tempels ist nicht mit Sicherheit zu rekonstruieren. Vermuten kann man eine etwa 12 m tiefe, mit Säulen ausgestattete Vorhalle, die von der Eingangswand der Cella auf der Quermauer bis zur Treppe in den Rheinabhang reichte. Weniger wahrscheinlich sind (in älteren Rekonstruktionen vorgeschlagene) Säulenreihen neben den seitlichen Cellawänden, da das Fundament dafür zu schmal erscheint. Der etwa 20 m hohe Tempel stand in einem fast 100 m langen, mit großen Trachytplatten gepflasterten Hof (temenos). Die Ostwand, die sich an die Stadtmauer anlehnte, hatte wie die Westwand (heute noch in 5,50 m Höhe im Fundament des Kreuzganges erhalten) eine Länge von 69 m. Vielleicht war aber auch eine in den Hang gesetzte Stützmauer (5 in Abb. 124) die östliche Begrenzung des Tempelgeländes, wodurch zwischen hoch aufragender Temenosmauer und Stadtbefestigung noch Platz für eine Mauerstraße blieb. Die Innenschale der Hofwände war in Nischen und Vorsprünge gegliedert; in einer inneren Nische haben sich noch roter Putz erhalten. An der Nordseite befand sich ein 3,60 m breites Tor, an der Westseite ist ein weiterer Durchgang nachgewiesen worden.

An der Nordwestecke des Kreuzgangs (1 in Abb. 124) wurden 1849 in etwa 2,50 m Tiefe die Reste von zwei römischen Mosaikböden entdeckt (→ S. 27, RGM Insel 104, 6 u. 7). Sie müssen zu Wohnhäusern aus der 1. Hälfte des 1. Jh. gehört haben, die bald nach der Gründung der COLONIA abgebrochen worden waren, damit hier der Bau des Staatstempels für die Capitolinische Trias gebaut werden konnte.

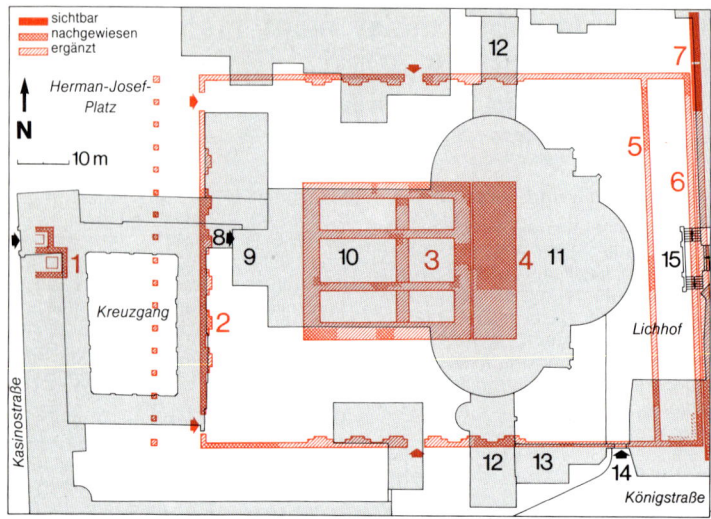

Abb. 124. St. Maria im Kapitol. Nachgewiesene, aber meist nicht mehr sichtbare römische Gebäudereste: 1 Zwei Mosaikböden aus der Ubierstadt (RGM, Insel 104), 2 Tempelhof-Westmauer, darüber Ostwand des Kreuzganges 3 Capitolstempel, 4 Treppe des Tempels, 5 Stützmauer im Rheinabhang, 6 Stadtmauer mit Ostwand des Tempelhofes, 7 Kanaldurchlaß in der Stadtmauer nördlich des Tempelbezirkes (Mauer 50). Mittelalterliche und moderne Bauten: 8 Eingang in die Kirche, 9 Westturm, 10 Langhaus, 11 Dreikonchenchor, darunter Krypta, 12 nördliche und südliche Vorhalle, 13 Singmeisterhäuschen, 14 Dreikönigenpförtchen, 15 Treppe zur Plectrudengasse.

Kirchengründung der Plektrudis

In Chroniken des 12. und 13. Jh. wird berichtet, daß Plektrudis, die Frau des fränk. Hausmeiers Pippin von Heristal (um 635-16.12.714) zusammen mit ihrem Gemahl um 690 auf dem Capitol in Köln eine Kirche mit Frauenkonvent gründete (→ S. 268 Qu. 27), in der sie auch beigesetzt wurde. Durch Ausgrabungen im Mittelschiff der Kirche ließen sich sowohl auf dem westl. und östl. Tempelfundament als auch auf den inneren Ostwest-Mauern Reste röm. Wände, aber auch nachröm. Mauerergänzungen nachweisen. Danach könnte Plektrudis die Ruinen der mittleren Cella und einen Teil der Tempelvorhalle genutzt haben, um eine einschiffige Kirche (L. 31,80 m, Br. 10,40 m) zu errichten. (Eine in den Ausmaßen sehr ähnliche, auch römische Mauern einbeziehende Saalkirche hat man als Urbau von St. Cäcilien im Bereich der Thermen festgestellt → S. 249.) Ein 1956 in der Mittelachse der Kirche, zwischen dem ersten Pfeilerpaar von Osten gefundener leerer Sarkophag aus merowingischer Zeit, der hier allerdings erst um 1300 seinen Platz bekam, wird als der erste Sarg der Plektrudis bezeichnet. Ob er, wie oft vermutet wird, an etwa derselben Stelle in der ersten Saalkirche gestanden hat, ist nicht sicher.

Spätere Geschichte

Um 1040 begann die Äbtissin Ida unter Einbeziehen der schon unter Erzbischof Bruno (953-965) gebauten Teile des Westwerkes eine neue Kirche. Das dreischiffige Langhaus liegt zum großen Teil über dem Tempelfundament, der Kleeblattchor geht darüber hinaus. Für die Krypta unter der Ostkonche wurde ein Teil des römischen Treppenfundamentes abgearbeitet (→ Höhenvergleiche S. 222/223). 1049 fand in Anwesenheit Papst Leos IX. die Weihe des Kreuzaltares statt, 1065 war die Schlußweihe, zu der die heute hochberühmten Holztüren wahrscheinlich schon im Portal der Nordkonche eingesetzt waren. Im 12. Jh. wurde das Benediktinerinnen-Kloster in ein hochadeliges Damenstift umgewandelt. In dieser Zeit setzte die starke Verehrung der nun als Königin und Heilige bezeichneten Plektrudis ein. Mehrfach wurden ihre Gebeine umgebettet, zwei Grabplatten aus dem 12. und 13. Jh. von hoher bildhauerischer Qualität werden in der Kirche aufbewahrt. Nach Umbau im 13. Jh. wurden im 15. Jh. nördl. und südl. der Ostkonche je eine spätgotische Kapelle angefügt. 1525 stellte man den aus Flandern importierten Lettner auf. Im Zweiten Weltkrieg erlitt die Kirche starke Zerstörungen, die Ostkonche stürzte nachträglich 1948 ein. Erst 1985 war der gesamte Innenraum wieder geöffnet.

Das Herimannkreuz
(Erzbischöfliches Diözesanmuseum)

Als am 2.Juli 1049 der Kreuzaltar der Kirche St. Maria im Kapitol geweiht wurde, war dieser möglicherweise mit dem sog. Herimannkreuz geschmückt. Die Äbtissin Ida (+ 1060) und ihr Bruder, der Kölner Erzbischof Herimann (+ 1056) hatten das kostbare Kunstwerk gemeinsam gestiftet, wie die Gravur auf der Rückseite vermuten läßt: Zu Füßen Marias kniend sind ein Bischof mit Stab und eine Nonne zu erkennen, die als HERIMANNUS und IDA bezeichnet sind. Oben ist in vier Zeilen vermerkt:

HERIMAN	Herimann
N ARCHIEP	Erzbischof
S ME FIERI I	mich anfertigen
USSIT	ließ

Eltern von Ida und Herimann waren Ezzo von Brauweiler und Mathilde, Tochter Kaiser Ottos II. und Theophanus (→ S. 250).

In das Herimannkreuz ist ein 2,4 cm hoher, tiefblauer Lapislazuli-Kopf als Haupt Christi eingefügt. Der Körper der Christusfigur wurde so in Bronze gegossen, daß die Rückseite des Schädels, wie eine Schale geformt, das Köpfchen umhüllt, wobei die schwungvoll nach hinten eingeschlagenen Haarsträhnen in der Oberfläche des bronzenen Hinterkopfes weitergeführt werden. Vergleiche mit antiken Portraits lassen vermuten, daß es ein Bild der Kaiserin Livia ist, das ein Künstler des 1. Jh. n. Chr. in den Edelstein geschnitten hat (Stammtafel, S. 29).

Abb. 124a. Römisches Frauenköpfchen aus Lapislazuli, Teil des sog. Herimannkreuzes

Das Erzbischöfliche Diözesanmuseum

Roncalliplatz 2, Tel. 2 57 76 79.
Öffnungszeiten: montags–mittwochs, freitags–sonntags von 10–17 Uhr, donnerstags geschlossen.

Das 1860 gegründete Museum zeigt christliche Kunst vom Mittelalter bis zum 20. Jahrhundert aus der Erzdiözese Köln. Seit 1993 ist es nach Umbau und Neuordnung wieder geöffnet.

St. Georg über einer Benefiziarierstation (Abb. 125)

Georgsplatz 17, Tel. 20 10 29 98, Öffnungszeiten: täglich von 7 – 18 Uhr.

Verlauf der Ausgrabungen

Während umfangreicher Restaurierungsarbeiten konnte man 1928–1931 den Boden im Inneren der Kirche archäologisch untersuchen. Man legte Mauern offen, die einem mehrfach veränderten antiken Gebäude und einer späteren kleinen Kirche zugeordnet werden konnten. Unter dem Westturm stieß man auf die römische Landstraße, die vom Südtor (Tor 43) aus in Richtung Bonn führte. Vom 1. bis 4. Jh. war sie dreimal gründlich erneuert, im 11. Jh. zunächst zur Hälfte, im 12. Jh. dann fast vollständig mit dem Turmmassiv überbaut worden. 1956 unternahm man weitere Ausgrabungen in der Umgebung der Georgskirche.

Die Benefiziarierstation

Das Stadtviertel, in dem die heutige Georgskirche steht, liegt an der Stelle

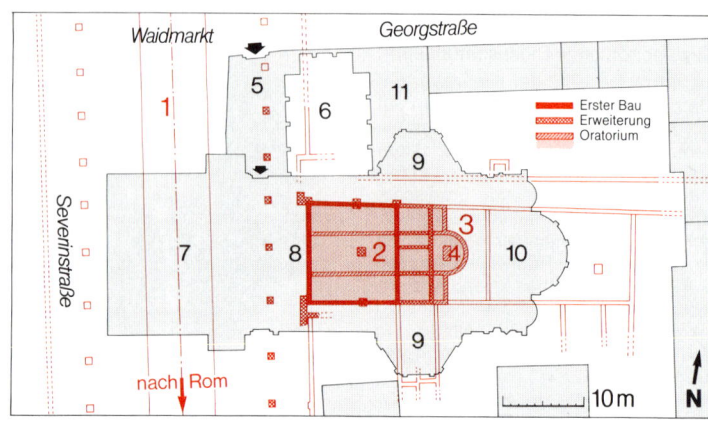

Abb. 125. St. Georg. Nachgewiesene, aber nicht mehr sichtbare römische Mauerreste: 1 Römische Landstraße mit Laubengängen, 2 Benefiziarierstation, 3 Caesariusoratorium, 4 Altar des Caesariusoratoriums, Standort des heutigen Pfarraltares. Mittelalterliche und moderne Bauten: 5 Eingang in die Kirche, 6 Kreuzhof mit Begräbnisstätte, 7 Westchor, 8 Langhaus, 9 Querhaus, 10 Ostchor, darunter Krypta, 11 Sakristei.

einer ehemals dicht mit Handwerksbetrieben und Wohnhäusern besiedelten römischen Vorstadt, die sich wahrscheinlich schon seit dem 1. Jh. n. Chr. unmittelbar vor dem Südtor an der Landstraße zum oberen Rheintal gebildet hatte. Östlich der Straße, dort wo sich heute das Langhaus der Kirche befindet, hatte zunächst ein etwa quadratischer Bau von 10 x 10,50 m gestanden, der im Laufe der Zeit erweitert und z. T. in kleinere Zimmer unterteilt worden war. Wichtig für die Deutung des Gebäudes war die Entdeckung zweier Schwerter in einem der Räume und vor allem der Fund eines Weihesteines für Jupiter und den Genius des Ortes. Wenn auch bei dem aufgefundenen Fragment Name und Dienstbezeichnung des Weihenden nicht erhalten waren, so weiß man doch von anderen Funden, daß es oft die vom Statthalter zum Schutz der Landstraßen eingesetzten Soldaten, die sog. Benefiziarier waren, die ihre Weihung dem höchsten Jupiter und dem Schutzgeist des Ortes darbrachten (→ S. 30 RGM Insel 105, 12 u. 13). Man nimmt heute allgemein an, daß hier eine Benefiziarierstation gewesen ist, wenn auch über die Bestimmung des ausgegrabenen Gebäudekomplexes verschiedene Meinungen bestehen. Einmal rekonstruiert man einen kleinen Tempel mit angeschlossenen Amtsräumen, zum anderen vermutet man lediglich ein Dienstgebäude ohne Kultraum.

Das Caesarius-Oratorium

Mehrere Mauerzüge des römischen Gebäudekomplexes nutzte man später als Fundamente für einen dreischiffigen Bau von 16,50 x 11,50 m. Eine nach Osten angesetzte Apsis mit einem mächtigen Altarblock und die Tatsache, daß über den Resten dieses Altares dann im 11. Jh. der Vierungsaltar der Stiftskirche errichtet wurde, weisen das Bauwerk als christliche Kirche aus. Wann man es begann und zu welcher Zeit es wieder zerstört wurde, ist nicht bekannt. Erst schriftliche Quellen des 16. Jh. berichten, daß früher anstelle der Georgskirche eine dem hl. Märtyrer Caesarius geweihte Kapelle hier gestanden habe.

Spätere Geschichte

Der Kern der heutigen Kirche ist der 1067 von Erzbischof Anno geweihte Bau, eine Säulenbasilika mit halbrund geschlossenem Westchor und dreischiffiger Ostchoranlage über einer fünfschiffigen Krypta. Im 12. Jh. wölbte man das Langhaus und baute anschließend den Westchor neu. Dieser vollendet gestaltete Raum, über dem sich der Turm erhebt, ist mit einigen 2,75 m hohen Ecksäulen aus **Kalksinter der römischen Wasserleitung** geschmückt (→S. 237). Spätgotische Vorhallen an der Nord- und Südseite fügte man im 16. Jh. an. Umfangreiche Erneuerungsarbeiten waren dann im 19. Jh. und wieder um 1930 nötig. Nach schweren Zerstörungen im Zweiten Weltkrieg konnte St. Georg 1964 wieder feierlich eröffnet werden.

St. Peter und St. Cäcilien über Mauern der Thermen (→ Abb. 1)

Kölner Überlieferung zur Bischofskirche des Maternus

Die Damenstiftskirche St. Cäcilien und die zugehörige Pfarrkirche St. Peter hatten seit dem Mittelalter eine besondere Bedeutung, da man glaubte, daß hier einmal der älteste Dom St. Peter gestanden habe. Sicher war die Namensgleichheit ein Grund dafür. Hinzu kam aber auch, daß seit dem 13. Jh. in Urkunden und Chroniken der erste Kölner Bischof Maternus als Gründer einer Kirche an dieser Stelle bezeichnet wurde (→ S. 198). In der frühen Nachkriegszeit überprüfte man diese alte Überlieferung einmal an Hand der vorhandenen Quellen, andererseits durch Ausgrabungen. Von 1948 bis 1957, 1976 und in den folgenden Jahren, zuletzt 1990/91 fanden Grabungen außen und im Inneren beider Kirchen statt. Die Ergebnisse waren schon 1957 eindeutig negativ. Eine erste Kirche konnte an der Stelle von St. Cäcilien frühestens im 9. Jh., bei St. Peter erst im 10. Jh. errichtet worden sein. Abgesehen davon wurden seit 1959 unter dem Kölner Dom eindeutige Beweise einer frühchristlichen, ersten Bischofskirche gefunden (→ S. 181 ff.).

Die Thermen der COLONIA

Die Nachkriegsforschungen brachten aber wichtige neue Erkenntnisse zur römischen Stadtgestalt. Schon seit dem 19. Jh. waren bei Baumaßnahmen östlich der beiden Kirchen auffallend viele Reste von Fußbodenheizungen und Wasserleitungskanälen, Mosaikböden und Marmorverkleidungen gefunden worden. Zu der Erkenntnis, daß hier die Thermen gelegen hatten, kam man aber erst, als 1951 an der Südwestecke von Cäcilienstraße und heutiger Nord-Süd-Fahrt ein 15 m breiter, halbrunder Raum mit zugehörigem Heizraum (praefurnium) als das Becken eines Heißwasserbades (caldarium) erkannt wurde. Nach kleineren Funden in diesem Stadtbezirk ließen sich zuletzt 1991 beim Aushub eines neuen Kabelkanals in der Straße Cäcilienkloster Boden- und Wandreste eines weiteren, allerdings nicht geheizten Wasserbeckens (frigidarium) und ein zugehöriger Abwasserkanal feststellen.

Thermenmauern im Bereich der beiden Kirchen

Nach den bisherigen Grabungsergebnissen lassen sich außerdem im Bereich beider Kirchen zwei im rechten Winkel zueinander stehende Gebäude rekonstruieren, die vermutlich, nach einem letzten Umbau in der Mitte des 4. Jahrhunderts, die Südwestecke des Thermenbezirks gebildet haben (→ Abb. 1).
Es ist einmal ein im Inneren 13,84 m breiter und mindestens 55,50 m langer Bau, dessen östliche Schmalseite als Fundament der sog. „fränkischen Bogens" nördlich der Cäcilienkirche, innen quer unter der Mitte des Langhauses und auch südlich unter dem Platz zwischen St. Peter und Cäcilien nachgewiesen wurde. Die zugehörige Westwand ist sowohl an der Nordseite als auch unter der Krypta-Ostwand der Cäcilienkirche und weiter bis zur Kirche St. Peter verfolgt worden. Zum anderen zeichnet sich in römischen Mauern unter der Südwand von St. Cäcilien und der Nordwand von St. Peter, also im Hofraum zwischen beiden Kirchen, das im rechten Winkel angebaute, etwa 5 m breite, zweite Thermengebäude ab. Da in den Ostteilen der Cäcilienkirche größere Flächen eines glatten Ziegelbodens gefunden wurden, vermutet man dort die Ecke eines offenen Platzes (palaestra) innerhalb der von Gebäuden umschlossenen Badeanlagen.

Die erste Kirche

In dem westlichen Thermenkomplex, der in fränkischer Zeit z. T. noch aufrecht gestanden haben muß, setzte man spätestens im 9. Jh. einen im Lichten 10 x 32,50 m messenden Saalbau, wahrscheinlich die erste Stiftskirche, hinein. Er reichte von der römischen Westwand, über die östliche Mauer hinweggehend, bis in die Palaestra. (Vergleichen läßt sich die Kirche der Plektrudis über dem Jupitertempel → S. 246.) Die römischen Mauern nördlich dieser ersten Kirche wurden im 10. Jh. als Fundamente für Stiftsbauten genutzt. Der stark erneuerte „fränkische Bogen", durch den man heute den Museumseingang erreicht, stammt aus dieser Zeit.

Spätere Geschichte
St.Cäcilien

In der Mitte des 12. Jh. entstand nach mindestens zwei Erweiterungen des ersten Saalbaus die romanische Kirche mit zwei Seitenschiffen, östlichem Langchor und Westchor-Empore über einer Krypta. Im heutigen Mittelschiff läßt sich der Gründungsbau von der Krypta-Ostwand bis zum Beginn des Ostchores ablesen. 1475 löste ein Augustinerinnenkonvent das Damenstift ab, 1802 wurde das Kloster aufgehoben. 1848/49 bekam die Kirche eine neue Westfassade, um sie in die Anlage des zuvor errichteten Bürgerhospitals einzubinden (heute stehen dort Kunsthalle und Volkshochschule). Durch ein Eingangs- und Verwaltungsgebäude an der Nordseite ergänzt, konnte die Kirche 1956 als städtisches Museum für mittelalterliche kirchliche Kunst eröffnet werden.

Das Schnütgenmuseum

Cäcilienstraße 29, Tel. 2 21 23 10
Öffnungszeiten: dienstags–sonntags
10–17 Uhr, am 1. Donnerstag im Monat
10–20 Uhr, montags geschlossen.

Der Kölner Domkapitular Alexander Schnütgen (1843-1918) sammelte im Laufe von vierzig Jahren zahlreiche kirchliche Geräte, Skulpturen, Glasgemälde und liturgische Gewänder, die er 1906, nachdem der Bischof es aus Kostengründen abgelehnt hatte, ein Museum dafür zu bauen, der Stadt vermachte.

St. Peter

Über einem Vorgängerbau des 10. Jh. wurde im 12. Jh. eine dreischiffige Basilika mit einem Turm am Westende des Mittelschiffes errichtet. Unter Einbeziehen dieses Turmes entstand zu Beginn des 16. Jh. ein spätgotischer Neubau mit Emporen und Netzgewölben, der nach starker Zerstörung im Zweiten Weltkrieg nur mit einer flachen Holzdecke wiederaufgebaut wurde. Die geretteten Glasmalereien von 1530 bekamen 1962/63 ergänzende Umrahmungen moderner Glasmaler. Berühmt ist das ehemalige Hochaltarbild „Kreuzigung Petri" von Peter Paul Rubens, das er 1640 für die Kirche, in der sein Vater begraben liegt, geschaffen hat. St. Peter ist die einzige, zu einem Stift gehörende alte Kölner Pfarrkirche, die unmittelbar neben der Stiftskirche erhalten blieb.

Kunststation St. Peter

Jabachstraße 1, Tel. 23 67 14
Öffnungszeiten: dienstags–sonntags
10–17 Uhr, montags geschlossen.

In den 1957 von Jesuiten übernommenen Pfarrgottesdienst wird seit 1987 die Beschäftigung mit der zeitgenössischen christlichen Kunst miteinbezogen. Zum einen werden in wechselnden Ausstellungen neue Kunstwerke vorgestellt und diskutiert, zum anderen die moderne Kirchenmusik gepflegt.

St. Pantaleon über einem römischen Gutshof (→ Abb. 128, 10)

Am Pantaleonsberg 2, Tel. 31 66 55, Öffnungszeiten: täglich 9 – 18 Uhr.

Auf dem natürlichen Hügel südwestlich der römischen Stadt, auf dem heute die Kirche steht, lag in den ersten Jahrhunderten n. Chr. ein großes Landgut. Bei Ausgrabungen 1941/42 und 1955–1962 fand man unter dem Chor der Kirche und dem nach Süden anschließenden Gelände zahlreiche römische Mauern. Auch nach Abzug der Römer muß der Platz weiter besiedelt gewesen sein. Einige fränkische Gräber, die unter dem Langhaus entdeckt wurden, deuten darauf hin.

Spätere Geschichte

866 wird die Kirche zum ersten Mal in einer Urkunde erwähnt. Um 964 gründete Erzbischof Bruno ein Benediktinerkloster und begann einen Neubau der Kirche. Von 980 ist ein Weihedatum bekannt.
Die Gemahlin Ottos II., Theophanu, förderte seit 984 eine Erweiterung der Kirche. Zu dem unter Bruno begonnenen Saalbau mit Chor, Krypta und querhausartigen Anbauten im Osten entstand nun ein mächtiges Turmmassiv mit Eingangshalle im Westen. So-

wohl Bruno († 965) wie Theophanu († 991) wurden in St. Pantaleon beigesetzt, ihre Grabstätten werden bis heute in der Kirche verehrt.
Im 12. Jh. wurden dem Saalbau Seitenschiffe angefügt, im 16. Jh. ein kostbarer Lettner zwischen Chor und Schiff errichtet, im 17. Jh. der flach gedeckte Raum mit Sterngewölben versehen und im 18. Jh. der ganze Raum barock ausgestattet. Nach schwerer Kriegszerstörung wiederhergestellt, verbinden sich heute in St. Pantaleon Bauteile und Kunstwerke verschiedener Jahrhunderte zu einem hervorragenden Gesamtwerk.

Man sieht von der Krypta aus durch eine Wandöffnung nach Westen auf Reste des römischen Gutshofes, dessen Mauern beim Bau der Kirche nicht berücksichtigt wurden. Gut zu erkennen sind ehemals unter dem Fußboden des Landhauses geführte Kanäle und kleine, aus Ziegeln aufgemauerte Pfeiler, typische Bauteile der bei den Römern üblichen Fußbodenheizung (→ S. 117).

St. Kolumba über Wohnbauten der COLONIA (→ Abb. 1)

Kolumbastraße 4, Telefon 2575620 . Öffnungszeiten der Kapelle der „Madonna in den Trümmern": täglich 7–18,30 Uhr. Die Ausgrabungen können auf Anfrage im Franziskanerkloster besichtigt werden.

Römische Häuser und fränkische Kapelle

Bei Ausgrabungen (1974–1976) in der Ruine der gotischen Kirche, fand man 4 m unter der heutigen Geländehöhe eine große Zahl sich überlagernder Fundamente, Fußböden und Kanälchen aus röm. Zeit. Die Mauerreste richteten sich nicht exakt nach dem Straßenschema der antiken Stadt, in der ja die Ostwest-Straßen etwa rechtwinklig zu den nordsüdlich verlaufenden angelegt waren. Sie schienen in ihrer Ausrichtung eher der zum Rhein hin in leichtem Bogen nach Süden ausweichenden Brückenstraße zu folgen. Das könnte bedeuten, daß die Trasse dieser Straße, die als Obenmarspforten auf die Stelle des ehemaligen mittleren Osttores (Tor 51) zuläuft, schon in römischer Zeit vom Raster des Stadtgrundrisses abwich. An ein kleines röm. Gebäude wurde in fränkischer Zeit eine nach Osten gerichtete Apsis angefügt. Die so entstandene Kapelle könnte die erste Verehrungsstätte der hl. Kolumba in Köln gewesen sein. Die Heilige, die unter Aurelian (270–275) wegen ihres christlichen Glaubens ermordet worden war, wurde im 7. Jh. in der merowingischen Königsfamilie besonders verehrt. Ihr Kult könnte durch den hl. Kunibert nach Köln gekommen sein. Dieser war am merowingischen Königshof erzogen worden, wurde später ein enger Berater des Königs Dagobert und war von 623 bis 663 Bischof in Köln. In seiner Regierungszeit wäre der Bau einer kleinen Kapelle zu Ehren der hl. Kolumba durchaus denkbar.

Spätere Geschichte

Die Ausgrabungen erwiesen, daß zunächst eine einschiffige Kirche neben dem Apsidenbau entstand, die bis ins 13. Jh. fünfmal umgebaut und dabei jedesmal erweitert wurde. Der Grund dafür lag in der Entwicklung St. Kolumbas zur größten Pfarre der Innenstadt. Um die Mitte des 15. Jh. (1425 wurden 8000 Pfarrmitglieder gezählt) brach man die alte Kirche bis auf den Westturm und vier Mittelschiffpfeiler ab und nutzte nun das Kirchengrundstück bis zu der nach Süden schwenkenden Brückenstraße für einen fünfschiffigen spätgotischen Neubau.
Bis auf das Turmuntergeschoß und einen Mittelschiffpfeiler, an dem die spätgotische Muttergottesstatue noch aufrecht stand, wurde die Kirche im Krieg zerstört. 1950 errichtete man nach Entwürfen von Gottfried Böhm anschließend an das bestehende Turmgeschoß den lichtdurchfluteten Achteckraum, in dem heute die „Madonna in den Trümmern" ihren Platz hat. 1956 fügte man nördlich der Turmhalle die sehr dunkel gehaltene Sakramentskapelle an.

Die Kreissparkasse über einem Peristylhaus (→ Abb. 1)

Auf dem Gelände Ecke Gertrudenstraße/Wolfsstraße wurde 1979 ein ausgedehntes, mindestens dreimal erneuertes römisches Wohnhaus entdeckt. Beim ersten (vor Mitte des 1. Jh.) waren die Räume um ein 9 x 14 m großes Peristyl mit ovalem, 3 x 8 m großem Wasserbecken angeordnet. 1980 entdeckte man Reste bemalter Innenwände aus einer 2. Bauperiode (2. Drittel 1. Jh.), die als Schutt unter einem späteren, ebenfalls römischen Estrich lagen. Die wieder zusammengesetzten originalen Wandreste befinden sich im Römisch-Germanischen Museum, sie sind seit 1989 auf unbestimmte Zeit im **Kleinen Museum im RGM** (→ S. 26) ausgestellt.
Von den römischen Mauern konnte nichts erhalten werden.

Man sieht in der 1984 eröffneten Eingangshalle der Kreissparkasse an der Wolfsstraße Kopien der Malereien, ergänzt zu einer 13 m langen Wand: Schwarze Rahmen um dunkelrote Felder zeigen sog. Schirmkandelaber, auf denen unten ovale Täfelchen (oscilla) mit weißen Figuren darauf, darüber Schwäne und kleine Vögel, immer paarweise angeordnet sind. Die Bekrönungen bilden einmal Medusenmasken, zum anderen Bilder des Dionysos. Der davor aufgestellte Athena-Kopf ist eine Kopie (→ S. 49). Durch eine Glastür kommt man in einen Garten, durch den der Weg in die Neumarkt-Passage führt. Hier ist in den Maßen des römischen Wasserbeckens eine ovale Brunnenschale in ein modernes Wasserspiel eingebaut.

Ausgrabungen und ungewöhnliche Funde westlich der COLONIA

1926 – Köln-Braunsfeld
Ein Gutshof u. kostbare Grabfunde

Im Industriegebiet westl. der Eupener- und nördl. der Stolberger Str. fand man in der Nähe der Stellen, wo 1907, 1910 und später 1960 drei der kostbarsten Kölner Gläser (→ S. 79, 57, 59) gefunden worden waren, eine vom 2. bis ins 4. Jh. mehrfach umgebaute Villa Rustica. Um eine fast 20 m lange Halle gruppierten sich die Nebenräume, nach Süden war eine Galerie mit Eckbauten vorgelegt.

1926 – Köln-Müngersdorf
Eine Villa Rustica

Bei der Anlage der Jahnwiese südl. des Stadions wurde ein ausgedehnter Gutsbezirk mit einem Hauptgebäude von 59 x 25 m Größe und zahlreichen Nebengebäuden ausgegraben. Er wurde im 1. Jh. angelegt und im 4. Jh. aufgegeben (→ S. 78).

1990 – Barbarossaplatz
Das verborgene Bronzepferdchen

Auf dem Gelände der ehemaligen Vorgebirgsbahn, wurden die Reste eines Landhauses aus dem 3. Jh. entdeckt. Zu diesem gehörte ein Bronzepferdchen, das sein Besitzer in einem Loch im Fußboden versteckt hatte. Das nur 12 cm messende kleine Pferd ist in der Levade (einer Figur aus der Hohen Schule des Dressurreitens) dargestellt, d. h. es steht für einen Augenblick auf den (leider zerstörten) Hinterbeinen, den ausdrucksvollen Kopf zur Seite gedreht. Auf seinem Rücken liegt über einer mit Fransen versehenen Decke der bei der röm. Reiterei übliche „Hörnchensattel" (→ S. 30, Insel 105), die Gurte sind mit Kupfer eingelegt.

Kostbare Gläser als Grabbeigaben

Im späten 4. Jh. wurde das Gelände eingeebnet und als Friedhof genutzt. Aus dieser Zeit fand sich am Rande der modernen Baugrube ein leerer Steinsarkophag, neben dem drei kostbare Glasgefäße im Boden steckten. Es waren zwei elegant geformte, bauchige Kannen (H. 25 cm) und das Fragment einer runden Schale (Dm. 19,5 cm) mit eingeschliffenen Szenen eines Gladiatorenkampfes in der Art der Kölner Zirkusschale (→ S. 57).

1991 – Richard-Wagner-Straße
Die Marionette im Bauschutt

Die Ausgrabungen nördl. der Richard-Wagner-Straße, dort wo zwischen Moltkestraße und Bahndamm 1993 ein Studentenheim gebaut wurde, waren ein Glücksfall für die Kölner Archäologie. Das Gelände an der röm. Landstraße nach Boulogne-sur-Mer (heute Aachener Str.), wurde zunächst landwirtschaftlich, später als Friedhof genutzt. Im 3. Jh. war ein Teil des Gebietes mit Bauschutt aus der Stadt planiert worden, in dem sich unter zahlreichen Keramikscherben des 2. und 3. Jh. die obere Hälfte eines 6 cm breiten, aus Ton gefertigten Satyrköpfchens mit großen Augen und tiefen Stirnfalten fand. Auf der Rückseite hatte sich ein zwischen zwei Tonflanschen befestigter Eisenstift erhalten. Zusammen mit dem in der Nähe gefundenen Fragment einer Keramiköse, deren Rundung zum Eisenstift paßt, läßt sich eine Art Scharnier rekonstruieren, mit dessen Hilfe das Köpfchen bewegt werden konnte. Vielleicht ist hier zum ersten Mal eine der in der antiken Literatur erwähnten Marionetten ausgegraben worden.

Außerordentliche Grabfunde

An anderer Stelle des Grabungsgeländes war vom 2. Jh. an ein Friedhof gewesen, auf dem einige ungestörte Gräber erhalten geblieben waren. In einem Bleisarg lag ein kleines Mädchen mit goldenen Ohrringen, dessen Frisur sich noch in einigen Haarsträhnen erhalten hatte; in der Nähe war ein Baby in einer Wiege beigesetzt worden. Zu drei Brandbestattungen gehörten u.a. zwei köcherförmige Schatullen aus Bronze und ein Elfenbeinkästchen mit Schiebedeckel und fünf kleinen Fächern. Völlig erhalten war ein sehr schöner, schlanker Glaspokal, der mit gelben und blauen „Schlangenfäden" geschmückt ist.

Am 29. Oktober 1991 um 14 Uhr fand man den „Achillespokal". Obwohl etwa zur Hälfte zerstört, sorgte er mit seiner in leuchtenden Emailfarben ausgeführten Bemalung für große Aufregung, weil bisher noch kein ähnliches Glas in Köln ausgegraben worden war. Der kostbare Fund wurde mit der Aschenkiste ins RGM gebracht und dort sorgfältig gefestigt und vorsichtig herausgelöst (→ S. 59).

Das Flottenlager Alteburg (Abb. 126)

Die seit dem 14. Jh. für den nördl. Teil von Köln-Marienburg überlieferten Namen **Antiqua Urbs, Antiquum Castrum** oder **Alderburch** zeigen, daß dieses Gebiet, 3 km südl. der COLONIA auf einem hochwasserfreien Geländeschild (54,20 m ü.NN) gelegen, schon im Mittelalter als ehemals röm. Siedlung bekannt war. Zufällige Funde, wie der des Imperatoren-Standbildes (→ S. 35), führten zu privaten Grabungen, bei denen zahlreiche Kostbarkeiten, wie Gläser, Tongefäße und Schmuck entdeckt und an Sammler verkauft wurden (→ S. 142). Nachdem sich das Interesse seit dem 16. Jh. allein auf einzelne Fundstücke konzentriert hatte, setzte erst beim Bau einer Brauerei 1870 eine systematische Erforschung der entdeckten röm. Mauern ein. Städtisch geförderte Ausgrabungen 1887 und die Anlage des Bayenthalgürtels 1899 ließen langsam die Form des Kastells sichtbar werden. Weitere Untersuchungen folgten 1906, 1927, 1979 und 1983/84.

Funde von Grabsteinen für Marinesoldaten (→ S. 30, Insel 105, 3 u. 4) und die Entdeckung zahlreicher Ziegel mit dem Stempel der Rheinflotte CGPF (→ S. 172) ließen u. a. die Vermutung zu, daß hier Soldaten zum Schutz des Rheines stationiert waren. Das Kastell hatte die Form eines unregelmäßigen Fünfecks, wahrscheinlich mit drei Toren an den Landseiten. Grabbezirke lagen im Süden und Westen, zum Rheinufer muß ein Hafen vorgelagert gewesen sein.

In der Befestigung zeigten sich deutlich zwei unterschiedliche Bauzustände: Die Holz-Erde-Mauer vom Beginn des 1. Jh., bei der das für den äußeren Graben ausgehobene Erdreich zwischen zwei, 2,60 m voneinander entfernten Palisadenreihen aufgeschüttet worden war, wurde wohl noch vor Ende des 1. Jh. durch eine 0,90 m starke Steinmauer mit vorgelegtem Graben ersetzt. Nach Ausweis der Münzen ist das Kastell noch bis ins 4. Jh. bewohnt gewesen.

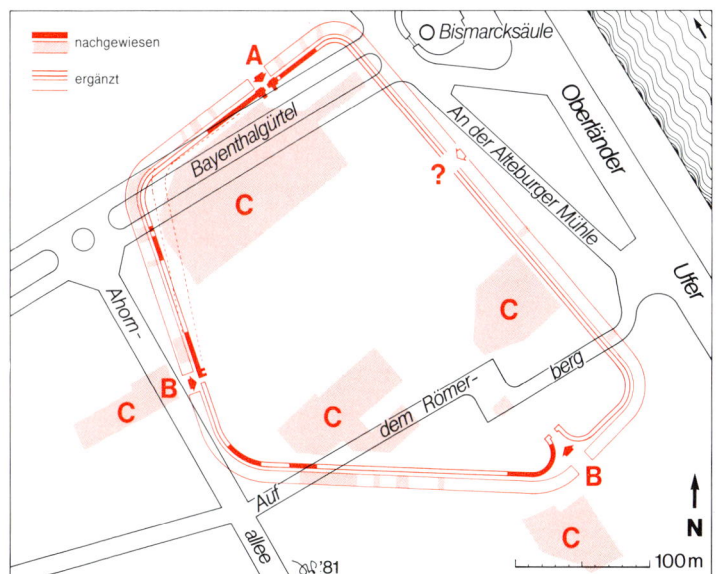

Abb. 126. Das Flottenlager auf der Alteburg, Rekonstruktionsversuch. A Nachgewiesenes Tor in der Nordmauer, B Weitere mögliche Tore, C Intensive römische Bebauung.

Vier romanische Kirchen
mit ungewisser römischer Vergangenheit

St. Andreas
Komödienstraße 4–8, Tel. 16 06 60
Öffnungszeiten: täglich 8–19 Uhr.

Die heute von Dominikanern betreute Kirche liegt unmittelbar nordwestlich des röm. Nordtores über Mauern römischer Vorstadthäuser. Der Legende nach hat der hl. Maternus (→ S. 264 Qu. 15,16; S. 272 Qu. 34) hier die Kirche St. Matthäus in Fossa (im Stadtgraben) gegründet. Im 10. Jh. richtete Erzbischof Bruno ein Herrenstift ein, dessen Kirche von Erzbischof Gero 974 die Weihe erhielt. Im 11. Jh. wurde ein neuer Chor mit Krypta angesetzt, um 1200 die übrigen Teile der Kirche neu gebaut. Für den bestehenden spätgotischen Chorbau von 1414 brach man nicht nur den Chor aus dem 11. Jh. ab, sondern zerstörte außerdem die Krypta, die erst im Jahre 1953 wieder ausgegraben werden konnte. Im Anschluß daran entstand unter der Vierung ein neues Grabgewölbe für die Reliquien des hl. Albertus Magnus (1193-1280), der dort seit 1954 in einem mächtigen römischen Sarkophag ruht (→ S. 111).

St. Kunibert
Kunibertsklostergasse 2, Tel. 12 12 14
Öffnungszeiten: 9–12, 13–18 Uhr.

In Verbindung mit einem Brunnen (dem in der Krypta erhaltenen sog. Kunibertspütz) stand hier im 7. Jh. eine Clemenskirche, in der Bischof Kunibert im Jahre 663 begraben wurde. Ausgrabungen 1991 haben ein rechteckiges Westwerk (?) mit zwei seitlichen quadratischen Türmen am westlichen Ende des Langhauses aufgedeckt, das vermutlich zu einem bisher unbekannten Bau des 11./12. Jh. gehörte. Am 2. 11. 1992 wurde im Langhaus das Grab des am 4.11.1047 verstorbenen Bischofs Rudolf von Schleswig gefunden. Er war während eines Besuches im Stift St. Kunibert, dem er früher als Kanoniker angehört hatte, verstorben. Die heutige Kirche, deren größter Schatz die Fenster von 1230 sind, ist 1247 geweiht. Nach der Wiederherstellung von Westquerhaus und Westturm fast 50 Jahre nach ihrer Zerstörung im Zweiten Weltkrieg, ist die Kirche vom 3. Oktober 1993 an wieder im ganzen geöffnet.

St. Aposteln
Neumarkt 30, Tel. 2 57 72 17
Öffnungszeiten: Westquerhaus täglich von 8–19 Uhr, gesamte Kirche täglich außer dienstags 10–13, 14–18 Uhr.

Vor dem römischen Westtor (→ S. 139, Abb. 65) stand eine Kapelle, in der Erzbischof Bruno, der während einer Reise in Frankreich verstorben war, 965 für eine Nacht aufgebahrt wurde, bevor man ihn in St. Pantaleon bestattete. Weder der genaue Ort, noch die Bauzeit der ersten Apostelkirche sind bekannt. Nach Gründung eines Herrenstiftes vollendete Erzbischof Pilgrim 1036 die doppelchörige Kirche mit Westquerhaus, die vor 1200 den Westturm und zu Beginn des 13. Jh. den Dreikonchenchor bekam, der als Wahrzeichen an der Westseite des Neumarktes aufragt. Die 1988 begonnene, vieldiskutierte Ausmalung der Chorgewölbe und der Vierung (Hermann Gottfried) war 1993 noch nicht vollendet.

St. Maria Lyskirchen
An Lyskirchen 12, Tel. 21 17 13
Öffnungszeiten: werktags 10–12,30, 15–17,30 Uhr; samstags, sonntags 10–17,30 Uhr

Nach der Legende soll die Kirche von Maternus gegründet und auch seine erste vorläufige Grablege gewesen sein (→ S. 272). Ein mehrfach bezeugter Maternusaltar in der Krypta und Maternuswallfahrten nach Maria Lyskirchen bis in das 20. Jh. sind u. a. ein Hinweis auf die lange Tradition der Maternusverehrung an diesem Ort. Die Ausgrabungen von 1988, die je zwei, neben als 10 m lange, gewölbte Seitenschiffe zu einer heute in ihrer ursprünglichen Gestalt nicht mehr zu ermittelnden früheren Unterkirche nachgewiesen haben, stützen diese Überlieferung. 948 wurde die Kirche zum ersten Mal urkundlich erwähnt, um 1200 völlig neu gebaut und 1230-1260 mit heute noch gut erhaltenen Gewölbemalereien ausgestattet.

Nicht geklärte Fragen der Kölner Archäologie

Die Ara Ubiorum

Schriftliche Quellen

Als 50 n. Chr. die Stadtmauer zum Schutz der nun zur COLONIA erhobenen Siedlung gebaut wurde, muß die Ara Ubiorum, der Altar der Ubier, schon seit längerer Zeit ein weithin bekanntes Heiligtum im Gebiet von Köln gewesen sein. Der Begriff Ara wurde in den neuen Stadtnamen C(olonia) C(laudia) A(ra) A(grippinensium) eingefügt. Aus den Inschriften dreier Soldatengrabsteine, die in Rom bzw. Nordafrika gefunden wurden, kann man schließen, daß die Abkürzung „Ara" für Köln bis ins 2. Jh. hinein bekannt war. Übereinstimmend wird in den Grabinschriften als Heimat der Toten der Bürgerbezirk (tribus) „Claudia", dem alle aus Köln stammenden Bürger angehörten, neben dem Herkunftsort „Ara" genannt.

Zwei Hinweise auf die Ara Ubiorum finden sich in den Annalen des Historikers Tacitus, in denen er um das Jahr 100 n. Chr. die römische Geschichte seit Augustus niedergeschrieben hat. Einmal wird erwähnt, daß Germanicus, als er 14 n. Chr. gerade von einer Reise nach Obergermanien zurückgekehrt war, in der Nähe von Köln (apud Aram Ubiorum) Gesandte des Senats empfing (→ S. 259 Qu. 4); ein anderes Mal wird von einem jungen Germanen berichtet, der 9 n. Chr. zum Priester an der Ara Ubiorum gewählt worden war, aber kurze Zeit später aus dem Dienst entfloh (→ S. 258 Qu. 1).

Standort, Aussehen und Bedeutung

Seitdem man im 16. Jh. begann, sich für das antike Köln zu interessieren, hat man sich auch mit der Ara Ubiorum beschäftigt, von der man durch das Studium mittelalterlicher Abschriften der Annalen Kenntnis hatte. Im Laufe der Zeit vermutete man das Heiligtum an den verschiedensten Orten in der Stadt, u. a. an der Stelle des Domes, auf der ehemaligen Rheininsel oder im Bereich der Schildergasse östlich der Antoniterkirche, dort, wo wahrscheinlich der westliche Teil des Forums gewesen ist (→ S. 245).

Nach wie vor gibt es aber bis heute keine konkrete Spur des Ubierheiligtums.

Auch über das Aussehen der Ara gibt es unterschiedliche Vorstellungen. So zeichnete man im 18. Jh. einen phantastischen Säulenbau auf dreiseitigem Sockel, oder glaubte am Anfang des 19. Jh. in einem auf der Alteburg gefundenen Weihestein für die Göttin Victoria den gesuchten Altar der Ubier gefunden zu haben. Die Stadt Bonn, die das Denkmal von einem Kölner Sammler geschenkt bekam, stellte es 1809 mitten in der Stadt am Remigiusplatz als Ara Ubiorum auf. (Der Stein ist heute im Bonner Landesmuseum; das RGM besitzt eine Kopie, die aber im Augenblick nicht ausgestellt ist.) Seit dem Ende des 19. Jh. herrscht die Meinung vor, daß die Kölner Ara der Ara Lugdunum (Lyon) ähnlich gewesen sein könnte. Von diesem zentralen Heiligtum für Gallien gibt es eine Münzdarstellung (→ S. 86, Abb. 38). Man nimmt an, daß Augustus, wie in Lyon, auch in Köln einen Kultbau errichten ließ, der hier Mittelpunkt einer großen germanischen Provinz werden sollte. Nachdem aber das römische Heer 9 n. Chr. in der Schlacht im Teutoburger Wald von den Germanen vernichtet worden war und man dann wenige Jahre später den Plan, ganz Germanien bis zur Elbe zu erobern, aufgegeben hatte, verlor auch die Ara Ubiorum die ihr zugedachte Bedeutung. Wann das Heiligtum zerstört wurde, ist nicht bekannt.

Gründungsgeschichte Kölns

Schriftliche Quellen in den Geschichtsbüchern des Tacitus

Annalen 12,27 (S. 260 Qu. 7) In einem kurzen Abschnitt wird berichtet, daß Agrippina es veranlaßte, ihre Geburtsstadt Oppidum Ubiorum, die dort lag, wo schon ihr Großvater Agrippa Ubier angesiedelt hatte, zur COLONIA römischen Rechts zu erheben.

Näheres über die Vorgängersiedlung der im Jahre 50 n. Chr. gegründeten Stadt kann man dem 1. Buch der Annalen entnehmen. Hier werden die Unruhen beschrieben, die beim Tode des Augustus im Jahre 14 n. Chr. im germanischen Heer ausbrachen:

Ann. 1,31 (S. 258 Qu. 2): Bei Ausbruch der Meuterei lagen vier Legionen in einem Sommerlager innerhalb der Grenzen der Ubier (**in finibus Ubiorum**).

Ann. 1,36 (Qu. 3): **Oppidum Ubiorum** war von plündernden Truppen des obergermanischen Heeres bedroht.

Ann. 1,37 (Qu. 3): Nach Zugeständnissen, die Germanicus machen mußte, beruhigten sich die Soldaten. Die 1. und 20. Legion wurden ins Winterlager im Gebiet der Ubier geführt (**in civitatem Ubiorum**).

Ann. 1,39 (Qu. 4): Das Lager der 1. Legion befand sich in der Nähe der Ara Ubiorum (**apud Aram Ubiorum**), aber auch das Wohnhaus des Germanicus, das man im Oppidum Ubiorum vermuten muß, lag in nicht allzugroßer Entfernung. Es wird berichtet, daß er an dem Morgen, der nach einer weiteren heftigen Auseinandersetzung folgte, aus dem Lager gegangen ist. Aus den verschiedenen Textstellen ist zu entnehmen, daß im Gebiet der Ubier im Jahre 14 n. Chr. einmal ein nur für einen Sommer aufgeschlagenes Lager für 4 Legionen, zum anderen ein sicher solide ausgebautes Winterlager für 2 Legionen bestand. Ganz in der Nähe war aber auch eine Zivilsiedlung, das Oppidum Ubiorum. Hier lag das Haus des Germanicus und hier wurde am 6. November 15 n. Chr. Agrippina geboren.

Ausgrabungen und Deutungsversuche

Die archäologischen Untersuchungen im Stadtgebiet haben immer wieder Siedlungsspuren aus der Zeit vor der Koloniegründung erbracht. Wenn auch dadurch die Angaben bei Tacitus grundsätzlich bestätigt wurden, läßt sich dennoch nach wie vor nicht mit Sicherheit sagen, wo die Ara Ubiorum, das Oppidum und das Lager für zwei Legionen einmal gelegen haben.

Man hat in vielen wissenschaftlichen Abhandlungen versucht, die schriftlichen Quellen zu den Grabungsbefunden in Beziehung zu setzen und so ein Bild der vorkoloniezeitlichen Siedlung zu entwerfen. Dabei kam man zu unterschiedlichen Ergebnissen. Die beiden wichtigsten Theorien sind folgende:

These A

Das Winterlager der 1. und 20. Legion hat in der Nordost-Ecke der späteren COLONIA gelegen. Man hatte es im Gebiet der Ubier errichtet, deren Wohnsiedlung, das Oppidum Ubiorum, sich möglicherweise westlich, vor allem aber südlich des Lagers erstreckte. Für die neue Veteranenkolonie wurde die strenge Grundrißgestalt des Legionslagers übernommen, die Siedlung nach Westen und Süden vergrößert und 50 n. Chr. mit einer Stadtmauer umgeben.

These B

Die COLONIA ging aus dem Oppidum Ubiorum hervor, das schon in etwa dieselbe Ausdehnung hatte wie die spätere mit einer Mauer befestigte Stadt. Die Lage des Legionslagers ist bis heute nicht bekannt.

Manche Grabungsergebnisse wurden, der vertretenen Theorie folgend, unterschiedlich interpretiert: So hat man z. B. die 1949 in Domnähe unmittelbar neben der römischen Stadtmauer gefundenen Reste einer Holz-Erde-Mauer einmal als Teil der Lagerbefestigung angesehen, zum anderen mit dem Schutzwall des Oppidums in Verbindung gebracht. Ein anderes Beispiel ist die Deutung des ersten Steingebäudes an der Stelle des Praetoriums. Die Mauerreste hat man entweder der Principia des Legionslagers oder dem Wohnhaus des Germanicus zugeordnet.

Der Marstempel

Römische Nachricht und mittelalterliche Überlieferung

Der röm. Schriftsteller Sueton beschreibt die turbulenten Umstände, unter denen nach dem Tode Neros, der Feldherr Vitellius im Jahre 90 in Köln zum Kaiser erhoben worden war: Die Soldaten hatten ihn nachts aus dem Bett geholt und ihm das Schwert des Julius Caesar, das einer aus dem benachbarten Marstempel geholt hatte, zu einem improvisierten Triumphzug in die Hand gedrückt (→ S. 261 Qu. 9). Der nächste, wenn auch nur indirekte Hinweis auf einen Marstempel liegt im Namen des mittleren Rheintores der Stadtmauer. Es wird vom 11. Jh. an nicht mehr nur Marktpforte (porta fori), sondern Marspforte (porta martis) genannt (→ S. 152/53).

Ausgrabungen nördlich des Gürzenich

1990 und 1991 war es möglich, zwischen der Straße Obenmarspforten und der Ruine St. Alban und den modernen Gürzenichanbauten zu graben. Da dieses alte Stadtviertel im Zweiten Weltkrieg restlos zerstört und später nur als Parkplatz genutzt wurde, fanden sich zahlreiche mittelalterliche Keller, die sich unter der Vorkriegsbebauung erhalten hatten. Die Untersuchung mehrerer Latrinen und Abfallgruben in den Hinterhöfen der Steinhäuser brachte nicht nur Keramik seit dem 9. Jh., sondern eine große Menge von Tierknochen und Fischresten des 10.–13. Jh. zutage, die ein Zoologe zum großen Teil bestimmen

konnte. Ungewöhnlich war der Fund eines Bärenkopfes, vielleicht Hinweis auf einen mittelalterlichen Gaukler, der mit seinem dressierten Bären in der Stadt auftrat.

Ein Fundament des Marstempels ?

Etwa 20 m südlich der Straße Obenmarspforten wurde ein 6 x 7 m großes, 1,80 m tief gegründetes Stück eines festen, aus Grauwacke gemauerten Fundamentrostes entdeckt, dessen Oberfläche nur 0,50 m unter dem Niveau des 10 m weiter westlichen Gülichplatzes (50,95 ü. NN) liegt. Es ist in den gewachsenen (d.h. zu keiner Zeit vorher bebauten) Lehmboden gesetzt, der hier mehr als 5 m über den mittelalterlichen Kellerböden in der Umgebung ansteht. In der Nähe fanden sich drei etwa 1,50 x 1,50 m große mit Akanthusblättern geschmückte Kalksteinblöcke und der Rest eines löwenköpfigen Wasserspeiers, Teile von der Dachtraufe eines monumentalen Bauwerks.

Fundament und Funde machen es wahrscheinlich, daß hier wirklich im 1. Jahrhundert der Marstempel gestanden hat.

Vielleicht wurde schon im frühen Mittelalter auf einem Rest des Tempelfundaments ein Wehrturm gebaut, der dann im 14. und 15. Jh. mehrfach als zum sog. „Creigshaus" gehörend urkundlich erwähnt wird. Dadurch, daß er über Jahrhunderte dort gestanden hat, könnte auch sein ehemals röm. Fundament erhalten geblieben sein.

Theater, Amphitheater und Zirkus

Mit einiger Sicherheit ist anzunehmen, daß es im röm. Köln sowohl Spielstätten für Schauspiele, als auch für Gladiatorenkämpfe und Wagenrennen gab, auch wenn sie bis heute nicht nachzuweisen sind. Lediglich einige Funde unterstützen die Vermutungen, so z. B. eine große Theatermaske (→ S. 65), ein Grabstein mit zwei Gladiatoren (→S. 62) oder zahlreiche Reliefbilder von Tierhetzen auf Tongefäßen (→S. 65). Wagenrennen und Siegerehrung nach dem Kampf finden sich in vollendeten Darstellungen auf der Zirkusschale (→ S. 57) und dem Zirkuskontorniaten vom Dom (→ S. 87).

Eine nach dem Vorbild des langgestreckten Circus Maximus in Rom gebaute Rennbahn von etwa 300 m Länge und 75 m Breite könnte vielleicht dort gelegen haben, wo der fast quadratische Grundriß der röm. Stadt eine Ausbuchtung nach Süden zeigt (→ Abb.1). Hier, zwischen Großem Griechenmarkt, Agrippastraße und dem beide Straßen in einem Bogen verbindenden Kleinen Griechenmarkt, wäre eine solche Arena denkbar. Auch die Anlage des nicht ins Schema der übrigen Stadttore passenden „Neunten Tores" (→ S. 144) in der südlichen Stadtmauer könnte mit dem Zirkus in Verbindung gebracht werden.

Quellen und Hintergrundinformationen

A Inschriften, Chroniken und Berichte

1. Ein Hinweis auf die Ara Ubiorum   9 n. Chr.

Im Jahre 16, in dem Germanicus mehrere Feldzüge ins freie Germanien unternahm, führte er Verhandlungen mit Segestes, dem Schwiegervater des Cheruskers Arminius.

Segestes hatte den Gesandten seinen Sohn Segimund mitgegeben, aber der Jüngling hatte ein schlechtes Gewissen und wollte nicht recht. Er war nämlich in dem Jahre, als Germanien abfiel (9 nach Chr.), zum Priester am Altar der Ubier (**Ara Ubiorum**) gewählt, hatte aber seine Priesterbinde zerrissen und war zu den Aufständischen geflohen. Man machte ihm Hoffnung auf die römische Milde, und er überbrachte dann auch die Aufträge des Vaters. Er wurde freundlich aufgenommen und unter Begleitschutz auf das gallische Rheinufer gebracht.

Tacitus, Annalen I, 57

Cornelius Tacitus (um 55–120 n. Chr.) war einer der wichtigsten römischen Geschichtsschreiber. Er wurde 88 Praetor und 97 Konsul in Rom. 112 übernahm er die Statthalterschaft der Provinz Asia. Seit den letzten Jahren des 1. Jh. verfaßte er zahlreiche Schriften, unter denen seine römische Geschichte von Augustus bis Domitian eine besondere Bedeutung hat. In den **Annalen** behandelt er den Zeitraum von 14 bis 68, in den **Historien** stellt er die von ihm selbst erlebte Zeit von 69 bis 96 dar. Seine völkerkundliche Einzelschrift **Germania** vermittelt eine Fülle von Informationen über Leben und Kultur der Germanen.

2. Meuterei in Köln beim Tode des Augustus   14 n. Chr.

Fast gleichzeitig und aus dem gleichen Anlaß kam es zum Aufstand bei den germanischen Legionen; er war bei ihrer größeren Zahl natürlich entsprechend heftiger, besonders weil man hier erwartete, daß Germanicus sich nicht der Herrschaft eines anderen unterordnen könne, sich den Legionen anvertrauen und die Herrschaft mit Gewalt an sich reißen würde.

Zwei Heere standen am Ufer des Rheins. Eines hieß das Obere und stand unter dem Befehl des Legaten (Obersten) Gaius Silius; das Untere befehligte Aulus Caecina. Den Oberbefehl hatte Germanicus, der damals damit beschäftigt war, die Steuereinschätzung der gallischen Provinzen durchzuführen. Silius nun beschwichtigte seine Soldaten, und sie warteten unschlüssig ab, wie der Aufstand bei den anderen ausgehen werde. Die Soldaten des Unteren Heeres ließen sich zu Auschreitungen hinreißen, die bei der 21. und 5. Legion ihren Anfang nahmen. Dann wurde die 1. und 20. Legion mit hineingezogen. Sie lagen nämlich (alle vier) zusammen im Gebiete der Ubier (**in finibus Ubiorum**) im Sommerlager, in Ruhe oder mit nur leichter Arbeit beschäftigt. Auf die Nachricht vom Tode des Augustus bestimmte die große Anzahl unter ihnen, die zum römischen Stadtpöbel gehört hatten und erst kürzlich in der Hauptstadt ausgehoben worden waren, leichtsinnig und arbeitsscheu, wie sie waren, die biederen Gemüter der anderen. Jetzt sei die Zeit gekommen, für die Veteranen eine zeitige Entlassung, für die jungen mehr Sold, für alle eine Begrenzung der Beschwernisse zu fordern und die Schikanen der Centurionen zu vergelten.

Tacitus, Annalen I, 31, 32

3. Ankunft des Germanicus in Köln   14 n. Chr.

Germanicus hörte von der Meuterei der Legionen und brach schleunigst auf. Sie kamen ihm vor dem Lager entgegen, mit reuevoll gesenktem Blick. Als er in die Umwallung trat, waren verworrene Klagelaute zu hören. Einige nahmen seine Hand, wie um sie zu küssen, und steckten seine Finger in ihren zahnlosen Mund; andere zeigten die vom Alter gekrümmten Glieder . . . Bald aber beschwerten sie sich einstimmig über die Verzögerung der Dienstentlassung, die karge Besoldung und die harte Arbeit; im einzelnen führten sie an: die Schanzarbeiten, das Ausheben von Gräben und das Herbeischaffen von Proviant oder Bau- und Nutzholz und was sonst an wirklich nötigen Arbeiten anfällt oder aber nur zum Zwecke der Beschäftigung ausgedacht wird . . . Wenn er die Herrschaft an sich reißen wollte, sie seien bereit. Da aber sprang er, wie vom Verbrechen befleckt, herunter vom Tribunal. Sie streckten ihm ihre Waffen entgegen und drohten, wenn er nicht wieder hinaufsteige. Er aber rief, eher sterben zu wollen, als die Treue zu brechen, riß das Schwert von der Seite und in die Höhe; er hätte es sich in die Brust gestoßen, wenn ihm nicht die Umstehenden in den Arm gefallen wären.

Man beriet die Möglichkeiten zur Abhilfe, es verlautete, die Meuterer bereiteten eine Gesandtschaft vor, die das Obere Heer für die Meuterei gewinnen sollte; die Stadt der Ubier (**Oppidium Ubiorum**) sei dem Untergang geweiht und der dann einmal an das Rauben gewöhnte Haufen werde vermutlich zur Plünderung Galliens aufbrechen.

Germanicus machte Konzessionen . . . Die Entlassungen wurden beschleunigt, die Geldzahlungen sollten in den verschiedenen Winterlagern vorgenommen werden; aber die von der 5. und 21. Legion rückten nicht eher ab, bis ihnen an Ort und Stelle noch im Sommerlager die ausgehandelte Summe aus der Kasse des Caesars und den Reisegeldern seiner Freunde ausgezahlt war. Die 1. und 20. Legion führte der Legat Caecina in die Ubierstadt zurück (**in civitatem Ubiorum**).

Tacitus, Annalen I, 34–37

4. Eine Gesandtschaft aus Rom in Köln   14 n. Chr.

Als Germanicus inzwischen zurückgekehrt war, kam in Köln (**apud Aram Ubiorum**) eine Gesandtschaft vom Senat zu ihm. Hier überwinterten zwei Legionen, die 1. und 20., und die Veteranen, die vor kurzem zur Reserveeinheit entlassen waren. Diese schöpften erschreckt und von ihrem Gewissen bedrückt Verdacht, die Gesandten seien gekommen, um im Auftrag des Senats das rückgängig zu machen, was sie durch ihren Aufstand ertrotzt hatten. Und, wie es bei der Masse geht – sie findet für alle, auch eingebildeten Untaten einen Verantwortlichen –, man beschuldigte den früheren Konsul Munatius Plancus, der der Anführer der Gesandtschaft war, den Senatsbeschluß angestiftet zu haben. Sie machen sich um Mitternacht auf und fordern die Herausgabe der Fahne, die sich im Hause des Germanicus befand. Es gibt einen Auflauf vor der Pforte, die Tür wird ausgehoben, sie zerren den Caesar aus dem Zimmer und zwingen ihn unter Todesdrohungen, die Fahne herauszugeben. Dann schweiften sie durch die Straßen, begegneten den Gesandten, die den Tumult gehört hatten und zu Germanicus eilten, beschimpften und bedrohten sie mit dem Tode, vor allem den Plancus, den sein Stolz es verbot, sich aus dem Staube zu machen. In höchster Gefahr blieb ihm keine andere Zuflucht als das Lager der 1. Legion. Dort umfaßte er die Feldzeichen und den Legionsadler und begab sich so unter den Asylschutz der Religion . . . Am Morgen ging Germanicus in das Lager, ließ Plancus zu sich führen und empfing ihn auf dem Tribunal. Er entließ dann die Gesandtschaft unter dem Begleitschutz einiger Reiter von den Hilfstruppen.

Tacitus, Annalen I, 39

5. Caligula und die meuternden Soldaten   14 n. Chr.

Den Beinamen Caligula (Stiefelchen) verdankte er (der dreijährige Sohn des Germanicus) einem Soldatenwitz, weil er in der Kleidung eines gemeinen Soldaten im Feldlager erzogen wurde. Wie hoch er überdies bei den Soldaten infolge seines täglichen Verkehrs mit ihnen in Gunst stand und wie groß ihre Zuneigung zu ihm war, trat besonders zutage, als er die nach Augustus' Tode meuternden und sich wie Rasende gebärdenden Legionen unzweifelhaft allein schon durch seinen Anblick besänftigte; denn ihre Wut legte sich erst dann, als sie sahen, daß er um der Gefahr des Aufruhrs zu entgehen, aus dem Lager entfernt und dem Schutz der nächsten Stadt übergeben werden sollte. Da erst wurden sie von Reue gepackt, hielten den Wagen an, ließen ihn nicht weiterfahren und baten flehentlich, ihnen doch einen solchen Schimpf nicht anzutun.

Sueton, Caligula 9

Gaius Suetonius Tranquillus (um 75–150 n. Chr.) schrieb zahlreiche Bücher, von denen nur seine **Kaiserbiographien** von Caesar bis Domitian erhalten blieben. Sie ergänzen die Geschichtsbücher des Tacitus durch eine Fülle lebendiger Berichte über die Kaiser und ihre Umgebung.

6. Der Kaiser Claudius heiratet Agrippina 48 n. Chr.

Nach der Ermordung der Kaiserin Messalina geriet das ganze kaiserliche Haus aus den Fugen; die Freigelassenen stritten miteinander wer dem Claudius eine neue Frau aussuchen sollte, denn ein Junggesellenleben ertrug er nicht; er war nun einmal dem Machtspruch seiner Gattinnen verfallen. Nicht minder entbrannte die Eifersucht der Kandidatinnen, jede bot ihren Adel, ihre Schönheit und ihre Geldmittel auf, sich einer solchen Ehre würdig zu zeigen. Hauptsächlich schwankte man zwischen Lollia Paulina, der Tochter des Konsulars M. Lollius, und Julia Agrippina, der Tochter des Germanicus. (Die Nichte des Kaisers gewann das Rennen.)

Claudius betritt die Senatsversammlung und fordert einen Beschluß, wonach eine Ehe zwischen Onkel und Nichte auch für die Zukunft als rechtens erklärt werden soll . . . Von nun an war das Reich völlig umgedreht, alles gehorchte einer Frau, die mit dem römischen Staat ihr Spiel trieb, allerdings nicht aus Zügellosigkeit wie Messalina, sondern hier trat als eine geradezu männliche Dienstbarkeit ein Weiteres hinzu: die Strenge, mehr noch der Stolz beim öffentlichen Auftreten, zu Hause keinerlei Zuchtlosigkeit, es sei denn, sie diente dem Machthunger; die maßlose Geldgier fand ein Mäntelchen: Es gelte Reserven zu schaffen für die Herrschaft.

Tacitus, Annalen XII, 1 und 7

7. Köln wird eine Colonia römischen Rechts 50 n. Chr.

Um ihre Macht auch den verbündeten Völkern zu zeigen, setze es Agrippina durch, daß in der Stadt der Ubier (**Oppidum Ubiorum**), in der sie geboren war, eine Veteranenkolonie eingerichtet wurde, die von ihr selbst den Namen erhielt. Der Zufall wollte es, daß ihr Großvater Agrippa dieses Volk, das über den Rhein herübergekommen war, in das Treueverhältnis aufgenommen hatte.

Tacitus, Annalen XII, 27

8. Der Tod der Agrippina 59 n. Chr.

Bei seiner Mutter, über die er sich ärgerte, weil sie seine Reden und Taten scharf beobachtete und bitter tadelte, begnügte er sich anfangs, sie beim Volk dadurch in Mißgunst zu bringen, daß er das Gerücht aussprengen ließ, er habe die Absicht abzudanken und von Rom fort nach Rhodos zu gehen. Später beraubte er sie aller äußeren Ehren und allen Einflusses, nahm ihr die römische und germanische Ehrenwache und entzog ihr sogar die Wohnung im Palatium. Auch machte er sich kein Gewissen daraus, sie auf jede Weise zu quälen. War sie in Rom, so hetzte er ihr Prozesse auf den Hals; zog sie sich aufs Land zurück, um ruhig zu leben, so ließ er sie durch Leute, die auf dem Land- und Wasserwege an ihrem Landsitz vorüberfuhren, durch Schimpfreden und schlechte Witze beleidigen.

Allein ihre Drohungen und ihr heftiges Temperament erschreckten ihn dermaßen, daß er sie zu verderben beschloß. Nachdem er es dreimal mit Gift versucht und bemerkt hatte, daß Agrippina sich durch Gegengifte zu schützen wußte, ließ er die Decke ihres Schlafzimmers so einrichten, daß sie bei Nacht mittels einer Maschinerie auf die Schlafende herabstürzen mußte. Die Mitwisser hatten aber das Geheimnis des Planes nicht streng genug gewahrt, und daher geriet Nero auf den Gedanken, ein leicht auseinanderfallendes Schiff erbauen zu lassen. Auf ihm sollte seine Mutter durch Schiffbruch oder Einsturz der Kajüte ums Leben kommen.

Unter dem Vorwand, eine Aussöhnung mit ihr herbeiführen zu wollen, lud er sie in einem sehr liebenswürdigen Brief ein, nach Baiä zu kommen, um dort die Quinquatren mit ihm zusammen zu feiern. Ihren Kapitänen aber erteilte er den Befehl, die liburnische Jacht, auf der sie angekommen war, wie durch Zufall durch eine Havarie seeuntüchtig zu machen. Er verlängerte daher das Festmahl bis in die Nacht hinein. Als Agrippina dann nach Bauli zurückzukehren begehrte, bot er ihr statt des schadhaft gewordenen Fahrzeuges jenes künstlich hergerichtete an, gab ihr mit heiterster Miene das Geleit dahin und küßte ihr beim Abschied sogar den Busen. Den Rest der Nacht aber verbrachte er in großer Angst ohne Schlaf, um den Ausgang seines Anschlages abzuwarten. Doch er erfuhr, daß alles anders gekommen sei und daß sich Agrippina durch Schwimmen gerettet habe. Da er sich nicht anders mehr zu helfen wußte, gab er den Befehl, ihren Freigelassenen Lucius Agermus, der ihm voll Freude die Botschaft brachte, seine Mutter sei gesund und unverletzt, als einen gegen ihn ausgesandten Meuchelmörder festzunehmen und zu binden. Er hatte nämlich, ohne daß Agermus es merkte, dicht neben ihm einen Dolch hinfallen lassen. Seine Mutter aber befahl er zu töten und dabei so vorzugehen, daß es nach außen den Anschein erweckte, als habe sie sich durch freiwilligen Tod der Bestrafung für ihr entdecktes Verbrechen entzogen.

Sueton, Nero 34

9. Vitellius wird in Köln zum Kaiser erhoben   69 n. Chr.

Wider Erwarten wurde Vitellius von Galba nach Niedergermanien geschickt . . . Bei seiner Ankunft empfing ihn das gegen den Kaiser mißgestimmte und zur Empörung geneigte Heer freudig und mit offenen Armen. War er doch ein Mann, dessen Vater dreimal Konsul gewesen war, und der selbst im besten Alter sowie im Ruf eines leutseligen, freigebigen Wesens stand, ein wahres Geschenk der Götter! Den ihm von früher her anhaftenden guten Ruf hatte Vitellius allerdings noch durch neue Beweise verbessert. Überall unterwegs begrüßte er sogar jeden gemeinen Soldaten, der ihm begegnete, mit Kuß und Umarmung. Auf den Poststationen und in den Herbergen war er mit den Maultiertreibern und Reisenden übermäßig freundlich und fragte sie morgens sogar einzeln, ob sie auch schon gefrühstückt hätten, und daß er es bereits getan, bekundete er durch Rülpsen.

Sobald Vitellius ins Lager eingezogen war, versagte er keinem ein Anliegen; ja, er tilgte aus freien Stücken den mit Ehrenstrafen belegten Soldaten die Kennzeichen ihrer Schande, schlug die Anklagen gegen andere nieder und erließ den bereits Verurteilten die Strafe. Kaum war daher ein Monat um, da rissen ihn die Soldaten ohne Rücksicht auf Tag und Stunde – es war bereits am Abend – plötzlich, so wie er war, in seinem Hauskleide aus seinem Schlafzimmer und riefen ihn zum Kaiser aus. Man trug ihn durch die belebtesten Straßen mit dem blanken Schwert des als Gott verehrten Julius (Cäsar) in der Hand, das man aus dem **Marsheiligtum** genommen und ihm bei der ersten Beglückwünschung überreicht hatte. Er kehrte erst ins **Praetorium** zurück, als das Speisezimmer, das durch den Kamin Feuer gefangen hatte, in Flammen stand. Als darüber große Bestürzung herrschte und man hierin ein böses Vorzeichen erblickte, sprach er: ,,Seid guten Muts! Für uns hat es geleuchtet!'' Weiter sagte er nichts zu den Soldaten. Darauf ging auch das Heer in Obergermanien, das früher von Galba zum Senat abgefallen war, zu ihm über.

Sueton, Vitellius 7, 8

10. Köln verteidigt die Stadtmauer mit Diplomatie   70 n. Chr.

Aber den Völkern von der anderen Rheinseite war die Stadt wegen ihres wachsenden Reichtums verhaßt. Sie konnten sich das Ende des Krieges nur so vorstellen, daß Köln entweder allen Germanen offenstehen oder aber zerschmettert werden sollte; dann sollten auch die Ubier in alle Winde zerstreut werden.

Daher schickten die Tenkterer, der Stamm, der auf der anderen Rheinseite wohnte, Gesandte, die sich ihres Auftrages vom Kölner Stadtrat (concilium Agrippinensium) zu entledigen hatten. Der frechste von ihnen brachte seine Sache folgendermaßen vor: ,,Daß ihr nun endlich wieder in die ruhmreiche Gemeinschaft Germaniens zurückgekehrt seid, dafür haben wir den gemeinsamen Göttern und dem Haupt der Götter, Mars, zu danken. Auf daß nun unser Freundschaftsbund für ewig gelte, fordern wir euch auf: **Die Mauern eurer Colonia, dieses Bollwerk der Knechtschaft, reißet sie nieder!** Selbst wilde Tiere verlieren hinter Gittern ihre Kraft. Macht alle Römer in eurem Gebiete nieder; Freiheit und Zwingherren, das beides läßt sich ja kaum miteinander vereinen. Das Eigentum der Getöteten soll Gemeingut werden, damit niemand etwas beiseiteschaffen oder Sonderinteressen verfolgen kann. Es soll uns ebenso wie euch freistehen, beide Ufer zu bewohnen, wie es auch einst unseren Vorfahren freistand. Wie allen Menschen Licht und Luft, so steht den Tapferen nach Naturrecht alles Land offen. Nehmt wieder Sitte und Brauch der Väter an und reißt euch los von den Genüssen, durch die die Römer bei ihren Untertanen mehr als mit den Waffen ausrichten. Ein aufrechtes, unverdorbenes und von Knechtschaft freies Volk, so werdet ihr mit Gleichen leben oder andere beherrschen.''

Die Kölner nahmen sich Bedenkzeit. Sie konnten auf die Bedingungen nicht eingehen, das verbot ihnen die Besorgnis für die Zukunft; aber die augenblickliche Lage ließ es ebensowenig zu, sie offen zurückzuweisen. Sie antworteten daher auf folgende Weise: ,,Die erste Gelegenheit, die sich bot, die Freiheit zu gewinnen, haben wir mit mehr Leidenschaft als Vorsicht ergriffen, um mit euch und den anderen Germanen, unseren Blutsverwandten, vereinigt zu werden. Aber gerade jetzt, wo sich die römischen Heere zusammenziehen, wäre es doch sicherer, **die Mauern unserer Stadt zu verstärken als sie niederzureißen.** Die Ausländer aus Italien oder den Provinzen, die sich in unserem Gebiet aufgehalten haben, hat der Krieg dahingerafft, oder sie sind in ihre Heimat zurückgeflohen. Diejenigen aber, die einst als Colonisten hierher geführt wurden und durch Ehegemeinschaft mit uns verbunden sind und die, welche seitdem geboren sind, haben hier ihre Heimat. Wir trauen euch nicht eine solche Unbilligkeit zu, von uns zu verlangen, unsere Väter, Geschwister und Kinder zu töten. Den Zoll und sonstige Lasten im Handelsverkehr heben wir auf. Der Verkehr von drüben mag ohne Kontrolle, aber nur bei Tage und ohne Waffen vonstatten gehen, bis die neue und noch zu frische Regelung mit der Zeit zur Gewohnheit wird.

Tacitus, Historien 63–67

11. Die Gründung des gallischen Sonderreiches   259

Gallienus kämpfte mit den Alemannen, 300 000 an der Zahl, bei Mailand und besiegte sie mit 10 000 Mann. Dann griff er die Heruler, ein skythisch-gotisches Volk, an und besiegte sie. Auch die Franken griff er an. Da aber fiel Postumus von Gallienus ab. Es hatte nämlich dieser Kaiser einen Sohn gleichen Namens, den er in Köln zurückließ, um die Gallier zu unterstützen, die von den Skythen bedrängt wurden. Er stellte ihm wegen seines jugendlichen Alters einen gewissen Albanus (oder Silvanus) zur Seite. Postumus aber, dem die Wacht am Rheinstrom übertragen war, damit er die rechtsrheinischen Barbaren am Übertritt auf römisches Gebiet hindere, griff einige von diesen an, die heimlich über den Strom gekommen und nun gerade dabei waren, mit reicher Beute wieder zurückzukehren. Er tötete viele von ihnen, jagte ihnen die ganze Beute ab und verteilte sie sofort an seine Soldaten. Als dies Albanus erfuhr, schickte er einen Boten und forderte, daß die Beute ihm und dem jüngeren Gallienus ausgeliefert werde. Da rief Postumus die Soldaten zusammen und verlangte von ihnen die Beuteanteile zurück, natürlich in der Absicht, so einen Aufstand zu entfachen, was ihm auch gelang. Er eroberte mit den Soldaten die Stadt Köln; die Städter lieferten ihm den Sohn des Kaisers und den Albanus aus; beide ließ er töten. Daraufhin rückte Gallienus gegen Postumus, wurde aber in einem ersten Treffen geschlagen; dann aber war er siegreich und schlug den Postumus sogar in die Flucht. Aureolus wurde geschickt, ihn zu verfolgen, kam aber zurück und sagte, er könne ihn nicht fassen. So entkam Postumus und brachte ein neues Heer zusammen. Wieder mußte Gallienus gegen ihn ziehen; er schloß ihn in irgendeiner Stadt Galliens ein und belagerte den Tyrannen. Dabei wurde der Kaiser von einem Geschoß im Rücken getroffen, lag infolgedessen krank darnieder und gab die Belagerung auf.

Zonares 12, 24

Johannes Zonares (12. Jh.) war ein byzantinischer Geschichtsschreiber, der eine Weltchronik mit Auszügen älterer Quellen verfaßte.

12. Die Herrscher des gallischen Reiches 259–274

Zunächst nämlich riß **als erster Postumus,** der gerade in Gallien den Grenzschutz wahrnahm, die Herrschaft an sich. Er hatte die Scharen der Germanen vertrieben, wurde dann aber in einen Aufstand des **Laelianus** verwickelt und schließlich, als dieser auch glücklich geschlagen war, von seinen eigenen aufsässigen Soldaten getötet; er hatte ihnen nicht gestattet, Mainz zu plündern, das den Laelianus unterstützt hatte. Nach seinem Tode nun reißt **Marius,** ursprünglich ein Schmied, aber auch damals noch kein General von Bedeutung, die Herrschaft an sich. Ein solcher Tiefstand war also erreicht, daß Leute dieses Schlages den Glanz der Kaiserwürde schänden konnten. Es kursierte denn auch bald ein Witz, man brauche sich nicht zu wundern, wenn Marius sich bemühe, den Staat zu retten, den ein Marius, der Ahnherr des gleichen Handwerks, des Stammes und des Namens, einst zusammengeschweißt hatte. Nach zwei Tagen wird er erwürgt, und **Victorinus** wird gewählt, ein Mann, dessen soldatisches Können dem des Postumus gleichkam, der aber von hitziger Sinnlichkeit beherrscht wurde. Anfangs gelang es ihm, diese zu zügeln, aber nach zwei Jahren hatte er allerlei Schandtaten begangen und, als er die Frau des Attitianus begehrte, brachte dieser die Sache ans Licht. Heimlich werden die Soldaten aufgestachelt, sie inszenieren einen Aufstand und töten ihn in Köln . . . Inzwischen macht Victoria nach dem Verlust ihres Sohnes Victorinus unter Zustimmung der mit viel Geld gewonnenen Legionen den **Tetricus** zum Kaiser. Er stammte aus vornehmem Hause und war Statthalter in Aquitanien. Seinem Sohne, der auch Tetricus hieß, wurde die Würde eines Caesars zuteil.

Nach Bezwingung der Perser geht **Aurelian** nach Italien, wo die Städte unter dem Druck der Alemannen zu leiden hatten. Gleichzeitig werden nach Vertreibung der Germanen aus Gallien die Legionen des Tetricus, von dem wir oben gesprochen haben, geschlagen, nachdem ihr Anführer selbst sie verraten hatte. Denn Tetricus war mehrfach von den Soldaten, die der Legat Faustinus mit List aufgewiegelt hatte, bedroht worden und hatte Aurelian brieflich um Schutz gebeten; als dieser heranrückte, hatte Tetricus dem Scheine nach angegriffen und sich während der Schlacht ergeben. So gerieten die Reihen, wie das zu gehen pflegt, wenn kein Führer da ist, in Verwirrung und wurden überwältigt. Er selbst mußte nach zweijährigem Kaisertum von der Höhe herab und im Triumphzuge (des Aurelian) gehen.

Victor, De Caesaribus 33–34 (über die Kaiser)

Aurelius Victor, röm. Geschichtsschreiber (2. Hälfte 4. Jh.), schrieb über die Kaiser bis 360.

13. Konstantin baut eine Brücke 310

Die Franken wissen, daß sie den Rhein überschreiten könnten; du, Konstantin, ließest sie ja gern zu ihrem Verderben herüberkommen; aber sie können weder auf Sieg noch auf Gnade hoffen. Was sie erwartet, mögen sie aus den Martern ihrer Könige ermessen. Sie können so wenig daran denken, den Strom zu überschreiten, daß sie jetzt, **obwohl eine Brücke gebaut wird,** es noch viel weniger wagen. Ihr Franken wagt es ja nicht einmal von ferne im Rheingebiet euch anzusiedeln! Selbst aus den Flüssen im Innern eures Landes trinkt ihr kaum noch im Gefühle der Sicherheit. Dagegen sind die in Abständen an unserer Seite aufgereihten Kastelle ja mehr als Schmuck denn als Schutz der Grenze gedacht. Jenes einst so gefürchtete Uferland pflügt jetzt der Bauer ohne Waffen.

Darüber hinaus verhöhnst Du durch den Brückenbau in Köln die Reste des hart geschlagenen Stammes. Sie sollen niemals ihr Angstgefühl verlieren, ständig in Schrecken leben, immer um Gnade flehen. Aber Du machst das ja mehr zum Ruhme Deiner Herrschaft und zur Verschönerung der Grenze (als um die Möglichkeit zu haben, sooft du willst), ins Feindliche hinüberzuwechseln, wo doch der ganze Rhein von Kriegsschiffen wimmelt und bis zum Meer unsere Truppen drohend am Ufer verteilt sind. Aber du findest es schön, und in der Tat ist es sehr schön, daß der Rhein nicht nur in seinem Oberlauf, wo er breit und seicht, oder aber nahe der Quelle, wo er noch sehr schmal ist, sondern durch die neue Brücke auch dort bezwungen wird, wo er in seiner ganzen Fülle dahinfließt, wo er schon die Unmenge der Flüsse aufgenommen hat, die ihm dieser unser heimischer Fluß (die Mosel), der wilde Neckar und der Main zugeführt haben, wo er in gewaltiger Strömung wild dahinfließt und, in einem einzigen Bette sich nicht mehr haltend, sich in zwei Arme zu ergießen drängt. Fürwahr, größter Konstantin, die Natur selbst dient Deinem Willen; sie erhält verläßliche und dauerhafte Festigkeit, **wenn jetzt in die Tiefe der Strudel die Fundamente der so gewaltigen Pfeiler hinabgesenkt werden** – ein schwieriges Vorhaben, zu ewigem Nutzen bestimmt. Ganz gewiß hat er schon in seinen Anfängen die Unterwerfung der Feinde bewirkt; untertänigst haben sie um Frieden gebeten und Geiseln vornehmsten Geschlechtes gestellt. Niemand kann darüber im unklaren sein, wie sie sich nach Vollendung des Brückenbaus verhalten werden, da sie sich schon bei seinem Beginn unterworfen haben.

Der Prunkredner Eumenius hielt diese Ansprache in Trier zu Ehren Konstantins.

Die Rede ist überliefert in den **Panegyrici Latini VII,** einer 1911 von Baehrens zusammengestellten Sammlung von 12 Lobreden auf römische Kaiser verschiedener Jahrhunderte.

14. Die Gründungsinschrift des Deutzer Kastells   310

Die Kraft unseres allergrößten Herrn Konstantin, des frommen, glücklichsten, unbesiegten Augustus, hat die Franken niedergedrückt und bezähmt. In ihrem Lande wurde das Kastell Deutz im Beisein des Fürsten und in Ergebenheit gegen seine göttliche Majestät von den Zweiundzwanzigern erbaut.

CIL 13,8502

Corpus inscriptionum latinarum (CIL) ist das Sammelwerk aller lateinischer Inschriften auf Stein und anderem Material. Der Text dieser heute verschollenen Steininschrift ist in der im 12. Jh. von Abt Rupertus verfaßten Lebensbeschreibung Heriberts, des Gründers der Deutzer Abtei, überliefert.

15. Bischof Maternus nimmt an einer Synode in Rom teil   313

Maternus aus Köln (de Agrippina Civitate) wird zusammen mit den Bischöfen Reticius von Autun und Marinus von Arles von Kaiser Konstantin zum Richter in dem Streit der donatistischen Bischöfe gegen den Bischof Caecilianus von Karthago (Nordafrika) bestellt. Diese drei gallischen und fünfzehn benannte Bischöfe Italiens kommen in Rom im Hause der Fausta im Lateran, im Jahre des dritten Konsulates von Konstantin und Licinius (313) am 2. Oktober, unter dem Vorsitz des römischen Bischofs Miltiades zusammen.

Optatus, De Schismate Donatistarum (über die Irrlehre der Donatisten)

Der Bischof von Mila (Nordafrika) **Optatus** verfaßte um 370 sein Werk über die Donatistenirrlehre.

16. Eine zweite Synode in Arles   314

Die auf Befehl des Kaisers Konstantin zu Arles versammelten Bischöfe (33 werden aufgezählt, an 24. Stelle steht Maternus „ex civitate Agrippinensium"), teilen dem Papst Silvester I. ihre Beschlüsse mit: Die Feinde der Kirche (die Donatisten) sind verurteilt. Das Urteil wäre noch strenger ausgefallen, wenn der Papst zugegen gewesen wäre. Sie haben auch über die Angelegenheiten verschiedener Provinzen beraten, wollen aber vor der Veröffentlichung der Beschlüsse dem Papst schreiben, daß es durch ihn allein mitgeteilt werde.

Optatus, De Schismate Donatistarum

17. Juden werden als Mitglieder im Stadtrat zugelassen   321

Kaiser Konstantin an den Rat von Köln (decurionibus Agrippinensium). Allen Behörden gestatten Wir durch allgemeines Gesetz, die Juden in den Stadtrat zu berufen. Damit ihnen aber eine gewisse Entschädigung für die frühere Regelung verbleibe, lassen Wir es zu, daß immer zwei oder drei das Vorrecht genießen sollen, durch keinerlei Berufe in Anspruch genommen zu werden.

Gegeben am 1. Dezember im Jahre des zweiten Konsulats der Caesaren Crispus und Constantinus (321).

Codex Theodosianus 16,8,3

438 wurde unter Theodosius II. eine Sammlung von Kaisererlassen seit Konstantin als geltendes Gesetz veröffentlicht.

18. Erhebung und Tod des Silvanus 355

Die gallischen Provinzen waren lange vernachlässigt worden und hatten sehr unter furchtbaren Bluttaten, Plünderungen und Brandschatzungen zu leiden; die Barbaren streiften frei umher, niemand half dem Lande. Silvanus, Marschall des Fußvolkes, ein Mann, der im Stande war, hier Abhilfe zu schaffen, rückte auf Befehl des Kaisers aus. – *Silvanus wird beim Kaiser Constantius II. des Verrates verdächtigt, kann aber auch den im Dienste der Römer stehenden Franken an der Rheingrenze nicht trauen und sieht als einzigen Ausweg, sich selbst zum Kaiser zu erheben. Von Rom kommt eine kleine Gruppe nach Köln, um Silvanus zu ermorden. Unter diesen Soldaten ist der Berichterstatter Ammianus Marcellinus. –* Als wir in Köln einritten, fanden wir eine für unser Vorhaben sehr ungünstige Lage. Die von allen Seiten zusammengeströmte Menge war fieberhaft bemüht, die (durch die Usurpation) geschaffene neue Lage zu festigen; man hatte starke Truppenverbände zusammengezogen . . . Besorgniserregend war das überall umgehende Murren der Soldaten, die über ihre Armut schimpften . . . und darauf brannten, (mit Silvanus) über die Alpen- pässe (nach Italien) zu marschieren. – *Die vom Kaiser geschickten Soldaten führen ihr Vorhaben aus. –* Sie machen die Posten nieder, dringen in den Palast (Regia) ein, ziehen Silvanus aus einer Nische hervor, in die er sich außer Atem geflüchtet hatte, und machen ihn mit vielen Schwerthieben nieder, während er noch versucht, sich in einen Versammlungsraum des christlichen Ritus zu retten (Conventiculum Ritus Christiani).

Ammianus Marcellinus 15,5,2–31

Der Grieche **Ammianus Marcellinus** (um 330–400) setzte die Geschichte der römischen Kaiser dort fort, wo sie bei Tacitus endet. Er berichtete über den Zeitraum von 96 bis 378, aber nur die Bücher über die von ihm selbst erlebte Epoche ab etwa 353 sind überliefert. Nachdem er als Mitglied der Heereseinheit, die 355 an den Rhein geschickt worden war, die Ermordung des Silvanus miterlebt hatte, blieb er noch bis 357 in Gallien. Später ließ er sich in Rom nieder und verfaßte dort um 392/393 sein Geschichtswerk.

19. Zerstörung Kölns durch die Franken 355

Ein Bote aber meldete, Köln (Colonia Agrippina), eine Stadt von bedeutendem Ansehen in Niedergermanien, sei von den Barbaren hartnäckig belagert, mit starken Kräften geöffnet und zerstört worden.

Ammianus Marcellinus 15,8

20. Julian Apostata befreit die Stadt 356

Als er danach auf keinen Widerstand mehr stieß, beschloß er, weiter zu marschieren und Köln (Agrippina) wiederzuerobern, das vor seiner Ankunft in Gallien zerstört worden war. In diesen Landstrichen ist keine Stadt, kein Kastell zu sehen. Nur bei Koblenz (Confluentes), einem Ort, der so genannt ist, weil dort die Mosel in den Rhein fließt, befindet sich die Stadt Remagen (Rigoma- gus), und dann ist nahe bei Köln (Colonia) selbst ein einzelner Turm. Als er dann in Köln (Agrippina) eingezogen war, brach er nicht eher wieder auf, als bis er die Frankenkönige, deren Kampfeswut sich gelegt, eingeschüchtert, so den Frieden fürs erste dem Reiche gesichert und die stark befestigte Stadt wieder ganz in der Hand hatte. Froh über seine ersten Siege zog er durch das Gebiet der Treverer, um bei den Senonen zu überwintern.

Ammianus Marcellinus 16,2–3

21. Severin ist Bischof in Köln 397

Der hl. Severinus, Bischof von Köln, war ein in jeder Hinsicht lobenswerter Mann von lauterem Lebenswandel. Eines Sonntags ging er wie gewöhnlich mit seinen Klerikern die verschiedenen heiligen Stätten besuchen. Da hörte er, in der Stunde, als der hl. Martin starb, einen Chor von singenden Stimmen ganz in der Höhe. Er rief seinen Archidiakon herbei und fragte, ob die Stimmen, die er genau vernehmen könne, auch an dessen Ohr drängen. Der antwortete: ,,Keine Spur!'' ,,Höre genau hin'', sagte Severinus. Der Archidiakon reckte den Hals in die Höhe, spitzte die Ohren und stand da an seinen Stab geklammert auf den äußersten Zehenspitzen. Aber er muß wohl nicht von der entsprechenden Geistesgröße gewesen sein, denn er wurde nicht gewürdigt, es zu hören. Da warfen sie sich zu Boden, er und auch der heilige Bischof, und beteten zum Herrn, die göttliche Milde möge es auch ihn hören lassen. Darauf standen sie auf und wieder fragte der Greis: ,,Was hörst du?'' Er aber sprach: ,,Ich höre Stimmen, die, man sollte meinen, im Himmel Psalmen singen; aber was das bedeuten soll, ist mir nicht klar.'' Jener darauf: ,,Ich will dir erzählen, was es zu sagen hat; mein Herr, der Bischof Martinus, ist von dieser Welt geschieden, und jetzt geleiten ihn die Engel mit Gesang zur Höhe. Als es aber die kleine Unterbrechung gab und wir nichts hörten, da versuchte der Teufel mit seinen bösen Geistern, ihn zurückzuhalten. Da er aber nichts gegen ihn vermochte, zog er sich bestürzt zurück. Was soll noch aus uns Sündern werden, wenn der Böse selbst einem solchen Priester zu schaden trachtet?''

Gregor von Tours, De Virtutibus Sancti Martini, 4 (Über die Tugenden des hl. Martin)

Der aus vornehmer römischer Familie stammende **Gregor von Tours** (um 540–594) war seit 573 Bischof von Tours. Seine **Historia Francorum,** eine in zehn Büchern überlieferte Geschichte der Franken, ist die wichtigste Quelle für die Anfänge des Merowingerreiches. Außer der Schrift über die Tugenden des hl. Martin verfaßte er ein Buch zum Ruhme der Märtyrer, **Liber in Gloria Martyrum,** und Lebensbeschreibungen heiliger Väter, **Vitae Patrum.**

22. Eine christliche Römerin in der von Franken besetzten Stadt um 460

Der junge Mann, den ich euch schicke, ist in Köln gefangengenommen worden, und erfreute sich einst (vor Einnahme der Stadt) unter seinesgleichen des besten Rufes. Er stammt aus gutem Hause und von einer nicht unbekannten Familie. Ich würde noch mehr Gutes über ihn sagen, wenn er nicht mein Verwandter wäre. So aber kann ich nicht so viel über ihn schreiben, weil ich nicht dastehen möchte als einer, der sich selbst rühmt, indem er über jenen spricht.

Der Genannte mußte nun seine Mutter in Köln zurücklassen, ein brave, ehrenhafte und – so kann ich wohl getrost sagen – wirkliche Witwe; denn abgesehen von den Tugenden der Keuschheit und Klugheit ist sie besonders treu im Glauben. Dies ist und bleibt ja die Zierde aller Zierden, weil ohne dies auch der schönste Zierart nicht zu zieren vermag. Wie ich nun höre, ist sie in äußerste Armut und Not geraten. Es langt nicht aus, um wohnen zu bleiben und auch nicht, um wegzuziehen, weil einfach nichts mehr da ist, das Leben zu fristen oder die Flucht zu ermöglichen. Nur die eine Möglichkeit bleibt ihr, als Angestellte ihren Unterhalt zu verdienen und sich den Hausfrauen der Barbaren als Dienstmagd zu unterwerfen.

Somit darf sie mit Gottes Hilfe von den Banden ihrer Gefangenschaft befreit werden, denn sie ist nach ihrem Stande nach Sklavin und verrichtet die Sklavendienste nur aus Not.

Salvian, Epistulae 1,5–6 (Briefe)

Der Priester **Salvianus von Marseille** (um 400–480), wahrscheinlich in Trier geboren, schrieb außer seinen neun Briefen vor allem das Werk über die Weltlenkung Gottes, **De Gubernatione Dei.**

23. Der heilige Gallus in Köln   520

Als der König (Theuderich) sich nach Köln begab (Agrippina urbs), ging der heilige Gallus (von Clermont † 551) mit. Es gab aber dort (in Köln) einen heidnischen Tempel, der mit dem verschiedensten Zierat überladen war; hier wurde nämlich das Barbarenvolk aus der Umgebung, das seine Opfer brachte, bis zum Erbrechen mit Speise und Trank vollgestopft, betete die Götzenbilder als Gottheit an, und jeder schnitzte den Körperteil, an dem er litt, in Holz (und hing ihn auf).

Kaum hatte der heilige Gallus davon gehört, als er auch schon, von nur einem Kleriker begleitet, dorthin eilte. Er schlug Feuer, legte es an den Tempel und brannte ihn nieder, weil sich gerade keiner von den törichten Heiden blicken ließ. Als sie aber den Rauch von ihrem Tempel zum Himmel aufsteigen sahen, suchten sie den Brandstifter, fanden und verfolgten ihn mit gezückten Schwertern. Er aber entkam und rettete sich in die **Aula Regia.** Als der König von den drohenden Heiden erfuhr, was geschehen war, beschwichtigte er sie mit schönen Worten und dämpfte ihre gottlose Wut.

Gregor von Tours, Vitae Patrum 6,2

24. Der Einbau von Emporen in der ersten Bischofskirche 560–567

Maioris numeri quo templa capacia constent,
alter in excelso pendulus ordo datur.
Damit die Kirche eine größere Anzahl (von Menschen) fasse,
wird in der Höhe eine zweite hängende Reihe (von Säulen) geschaffen.

Venantius Fortunatus, Carmina 3 (Gedichte)

Der letzte römische Dichter **Venatius Fortunatus** (um 530–606) wanderte in seiner Jugend mehrere Jahre lang durch Gallien. Dabei schrieb er **Lobgedichte** über die Bischöfe, deren Städte er besuchte. Auch über den Kölner Bischof Carentinus, der uns nur aus seinem Gedicht bekannt ist, schrieb er 14 Verse, von denen einer hier wiedergegeben ist. Seit 567 blieb er in Poitiers, wo er zunächst Priester und um 600 Bischof wurde.

25. Erste Erwähnung der Gereonskirche 590

Bei Köln ist eine Kirche, in der 50 Männer aus jener heiligen Thebäischen Legion ihr Martyrium vollendet haben sollen. Und weil der wunderbare Bau mit seinem Mosaikschmuck wie vergoldet erglänzt, haben die Kölner sich gewöhnt, ihn „Die Goldenen Heiligen" zu nennen.
Einmal litt Bischof Eberigisil, der damals in dieser Stadt regierte, an der einen Seite an heftigen Kopfschmerzen. Er befand sich damals auf einem Gut ganz nahe bei der Stadt. Von den genannten Schmerzen war er schon ganz schwach geworden und schickte seinen Diakon zur Basilika der Heiligen. In der Mitte dieser Kirche ist, wie erzählt wird, ein Brunnen, in den die Heiligen nach ihrem Martyrertod allesamt hineingeworfen worden sind. Der Diakon nahm Erde aus diesem Brunnen und brachte sie zum Bischof; und in der Tat, so wie dieser den Kopf daran hielt, wurden ihm die Schmerzen sofort genommen.

Gregor von Tours, Liber In Gloria Martyrum 6, 1

26. Theuderich läßt sich in St. Gereon huldigen 612

Wilden Gemüts, wie er war, sammelte Theuderich auf diese Worte hin ein gewaltiges Heer und zog gegen seinen Bruder Theudebert. Bei Zülpich trafen sie aufeinander. Es wurde erbittert gekämpft. Als Theudebert sah, daß sein Heer geschlagen wurde, floh er in die Stadt Köln (Colonia). Theuderich verheerte und brandschatzte darauf das ripuarische Gebiet. Die Einwohner ergaben sich ihm und sprachen: „Verschone Herr und König uns und unser Land. Wir sind ja nun deine Untertanen; wüte nicht weiter gegen dein Volk." Er sagte: „Führt mir Theudebert lebend hierher oder bringt mir seinen Kopf, wenn ihr wollt, daß ich euch verschone!" Sie gingen daraufhin in die Stadt, brachten allerlei Lügen vor und sagten dem Theudebert: „Dein Bruder läßt dir sagen, gib den Schatz deines Vaters, den du behalten hast, heraus. Dann wird er mit den Seinen umkehren." Als sie ihn so belogen hatten, ging er mit ihnen in sein Schatzhaus (palacium thesauri), und als er die Truhen öffnete und die Kleinodien herausnahm, zog einer von ihnen sein Schwert und schlug ihm von hinten in den Nacken. Sie brachten das abgeschlagene Haupt vor die Mauer der Stadt Köln. Als Theuderich es sah, besetzte er die Stadt und nahm den reichen Schatz an sich. Die Großen der Franken schwuren ihm Eide in der Basilika des heiligen Martyrers Gereon. Dabei kam ihm plötzlich das schmerzhafte Gefühl, als ob er an der Seite verwundet worden wäre. Er rief: „Besetzt die Türen! Ich weiß nicht wer, aber einer von diesen meineidigen Ripuariern hat mich verletzt!" Als man aber seine Gewänder hochstreifte, fand man nichts als einen roten Fleck.

Darauf kehrte er mit reicher Beute und den Söhnen sowie der hübschen Tochter König Theudeberts, seines Bruders, nach Metz zurück.

Fredegar, Liber Historiae Francorum 38 (Buch über die Geschichte der Franken)

Im Anschluß an das Werk Gregor von Tours entstanden von mehreren Verfassern in schlechtem Latein geschriebene Geschichtsbücher über die Frankenzeit bis zum Jahre 658. Sie wurden irrtümlich einem Fredegar zugeschrieben.

27. Gründung einer Kirche auf dem römischen Capitol   690

Pippin hatte ein hochadelige und überaus kluge Frau mit Namen Plektrudis. Sie baute in Köln auf dem Capitol eine bedeutende Kirche zu Ehren der Gottesmutter Maria und gründete dort zum Dienste Gottes und der heiligen Jungfrau ein Damenstift, das sie mit Einkünften und Liegenschaften reich ausstattete.

Chronica Regia Coloniensis

Die Kölner Königschronik entstand wahrscheinlich in der 2. Hälfte des 13. Jh. im Kloster Pantaleon. Sie stellt die Geschichte vom Beginn der Welt bis zum Jahre 1249 dar.

28. Annos Bautätigkeit und Reliquiensuche in St. Gereon   um 1067

Von den vielen Gebäuden aus alter Zeit, durch die die Stadt sich auszeichnet, wurde die einstmals so hervorragende Kirche des heiligen Gereon besonders gerühmt, die Helena, die allerchristlichste Dame und Mutter Konstantins, mit königlichem Aufwand als Rundbau errichtet hat; in marmorner Schönheit und im Glanz des Goldes erstrahlte sie außen und innen so sehr, daß sie den Namen ,,Zu den goldenen Heiligen'' erhielt. Im Kreis dieser Heiligen sind, wie berichtet wird, nach der Ermordung des heiligen Gereon und seiner Gefährten 360 Soldaten aus Mauretanien gleichermaßen für ihren Glauben hingeschlachtet worden; zusammen mit dem heiligen Gereon haben sie dieselbe Ruhestätte der Seelen und der Leiber gefunden. Doch wurden sie vom Volke etwas nachlässiger verehrt, weil sie nur eine sehr niedrige Krypta an der Südseite der Kirche als Gedenkstätte besaßen, die wegen ihrer Enge nur wenige Personen aufnehmen konnte. So wurden sie seltener besucht und sind im Verlauf der Zeiten fast dem Gedächtnis entschwunden.

Er sammelte also begabte Männer und fügte, nachdem die alte Mauer durchbrochen war, an die rund gebaute Basilika auf der östlichen Seite ein neues Gebäude an, das sich, mit langgezogenen (Seiten-) Wänden, über Aufgänge von überaus anmutigem Anblick nach oben hin – mühevoll erbaut – zu einem ansehnlichen Chor und zwei Türmen erhob und sich nach unten hin zu einer sehr geräumigen Krypta ausdehnte. Außerdem fügte er diesen oder jenen Zierat in Farben oder Metallen hinzu und erhielt in Versen, die den Wandmalereien beigefügt waren, die folgende, höchst rühmliche Inschrift: ,,Auf Gottes Mahnung hin brachte Bischof Anno reuig dem göttlichen Kult dar, was er besaß; er ließ auch die Väter (d. h. die Bischöfe) der Stadt Köln, der Freundin heiliger Tugend, der Reihenfolge nach als Stehende aufmalen. Dafür wird er, der Glaubenstreue, sich im Himmel erfreuen.'' Als all diese Dinge, wie man heute sieht, trefflich vollendet waren, verwandte er seine Zeit darauf, die Leiber, die heiligen Reliquien (der Soldaten), zu suchen. Hoffnungsvoll auf dieses Ziel gerichtet hob er den marmorgedeckten Boden innerhalb der Basilika ab und fand den Anführer jener heiligen Gemeinschaft, der seligen Mauren nämlich, mit Namen Gregor. Um ihn herum ruhten seine Gefährten; er aber war sorgfältiger als die übrigen bestattet, eingehüllt in einen purpurnen Kriegsmantel, der an den äußeren Rändern von einem auffallend schönen Goldgewebe gesäumt wurde. Diesen und einige andere erhob er mit der schuldigen Ehrfurcht aus dem Grabe auf den Altar und stimmte das Lob dessen an, der der Urheber und Spender solcher Schätze war; und seitdem wuchs der Ruhm des Namens und Andenkens der heiligen Mauretanier in allen Winkeln Kölns.

Vita Annonis

Die Lebensgeschichte des Bischofs Anno, 1105 von einem **Siegburger Mönch** vollendet, berichtet in drei Büchern von seinem heiligmäßigen Leben, von seinem Tode und Begräbnis und von den Wundern an seinem Grab.

29. Anno flieht vor den Kölner Bürgern 1074

Es gab einen engen Zugang vom Dom in den Schlafsaal und weiter vom Schlafsaal in das Atrium und in das Haus eines Kanonikers, das an die Stadtmauer gebaut war. Dieser hatte nun einige Tage vor dem Aufstand vom Erzbischof die Erlaubnis erhalten, Gott selbst hatte dies zur Rettung des Erzbischofs so gefügt, die Stadtmauer zu durchbrechen und sich so einen kleinen Hinterausgang zu verschaffen. Da hinaus wurde der Erzbischof geleitet, und nachdem man für seine und seiner Begleiter Reise schnell vier Pferde beschafft hatte, entkam er und konnte glücklicherweise unerkannt die stockfinstere Nacht ausnutzen.

Lambert von Hersfeld, Annalen (Jahrbücher)

Lambert, von 1058 bis zu seinem Tode um 1088 Mönch in Kloster Hersfeld, ist einer der kenntnisreichsten mittelalterlichen Geschichtsschreiber. Sein Hauptwerk sind die **Jahrbücher (Annalen),** in denen er die Ereignisse seiner Zeit (bis 1077) beschreibt.

30. Norbert von Xanten gräbt in St. Gereon nach Reliquien 1121

Auf Anordnung Norberts gruben die Mönche und Geistlichen in der Nacht. Schon bald stießen sie auf einen Steinsarg. Als sie die Deckplatte des Sarges abnahmen, fanden sie die Überreste einer männlichen Leiche. Der Schädel des kräftigen Männerkörpers war abgetrennt wie nach einem Schwertschlag. Neben dem Toten lagen Grasbüschel, die aussahen wie blutgetränkt. Der Gefundene trug einen Purpurmantel, der ihm bis über das Knie reichte. Außerdem war ihm noch ein weiteres seidenes Purpurgewand beigegeben. Unter dem Mantel war er mit einem weißen Seidenhemd bekleidet. Seine Füße steckten in gestickten Stoffschuhen. Auf der Brust lag ein goldverziertes Kreuz. Beim weiteren Graben entdeckte man noch drei Steinsärge mit ähnlichem Inhalt.

Schnell verbreitete sich das Gerücht von dem kostbaren Fund in der Stadt. Die Leute strömten herbei, um die prunkvoll Bestatteten zu sehen. Und niemand war bereit, Norbert die entdeckten Toten zu überlassen. Das Volk hielt die Gefundenen für den heiligen Gereon und einige seiner Begleiter. Um die Menge zu beruhigen, mußte ein Propst öffentlich versprechen, die Gebeine nicht herauszugeben. Er verkündete, man würde die Steinsärge wieder mit den Platten verschließen und den Besuch des Erzbischofs abwarten.

Das geschah am 13. Oktober 1121. Man entzündete Kerzen um das Grab. Tag und Nacht bewachte man die Särge unter feierlichem Gesang der Mönche und Priester. Erst am 24. November traf Erzbischof Friedrich ein. Mit ihm kam eine große Menge. Alle wollten die feierliche Wiedereröffnung der Gräber miterleben. Man hob den Deckel, und man fand – Staub. Durch die Luftzufuhr und die Erschütterungen beim Auflegen und Abnehmen der Platte waren die Körper zerfallen. Nur einige Stücke der Kleidung blieben erhalten.

Feierlich gab man die Überreste in zwei Schreine. Dabei entdeckte man noch ein ledernes Wehrgehänge und die rostzerfressenen Reste eines Schwertes. In festlichem Zug trug man die Schreine zum Hauptaltar und las dort die Messe von den Martyrern der Thebäischen Legion. Und der Erzbischof predigte über die Thebäer. Seit dieser Zeit besitzt Köln die Reliquien des heiligen Gereon.

Brief des Abtes Rudolph von St. Trond, der Augenzeuge war.

31. Albertus Magnus sieht bei den Ausschachtungsarbeiten für den Dom römische Mosaiken 1248

Auch wir haben in Köln sehr tiefe Gruben entstehen sehen, und auf ihrem Grunde wurden Fußböden von wunderbarer Gestaltung und Schönheit (pavimenta mirabilis schematis und decoris) gefunden. Es ist offenkundig, daß Menschen in alter Zeit diese dort angefertigt haben und daß nach dem Einsturz der Gebäude sich Erde darüber zusammengehäuft hat.

Albertus Magnus, De causis proprietatum elementorum 1,2,3 (über die Ursachen der Eigenschaften der Elemente)

Der Dominikaner **Albertus Magnus** (1193–1280) war einer der größten Gelehrten des Mittelalters. Die Gesamtausgabe seines theologischen, philosophischen und naturwissenschaftlichen Werkes umfaßt 40 Bände. Er lebte viele Jahre in Köln und starb im hiesigen Dominikanerkloster.

B Legenden

32. Die Thebäischen Märtyrer in Köln, Bonn und Xanten

Kaiser Diokletian sandte seinen Mitkaiser Maximian in das Welschland, wo sich das Volk der römischen Herrschaft widersetzte und ungehorsam war. Zur Unterstützung gab er ihm eine Legion Soldaten mit, das sind sechstausend-sechshundertsechzig Mann. Diese Soldaten kamen aus dem Morgenland, aus einer Stadt, die Theben heißt. Diese Stadt ist so groß, daß sie hundert Tore besitzt; sie liegt am Nil, wo der heilige Apostel Jakobus der Jüngere den christlichen Glauben gepredigt hat, und der Nil kommt aus dem Paradies.

Bei Octodurum am Gebirge ließ Maximian sein Heer rasten. Dort stellte er ein Götterbild auf und befahl, während einer großen Feier solle jeder Soldat seines Heeres dem Götterbild opfern.

Als dies geschah, war der edle Herzog Gereon mit seinen Soldaten bereits fortgezogen. Durch einen Boten, den ihm der Kaiser nachschickte, vernahm er, daß der heilige Herzog Mauritius mit den Männern seiner Legion das Götterbild nicht hatte anbeten und ihm nicht habe opfern wollen. Deswegen sei zweimal hintereinander jeder zehnte Mann seiner Truppe hingerichtet worden. Und Gereon hörte auch, daß der Kaiser befohlen habe, man solle alle, die nicht willig seien zu opfern, hinrichten, wo man sie finde.

Danach kamen die üblen Diener des Todes zu Gereon und seinen Begleitern, das waren dreihundertachtzehn gewappnet mit der Wahrheit des Glaubens. Sie waren vor den nacheilenden Verfolgern und Totschlägern auf ein Feld bei der Stadt Agrippina, die nun Köln heißt, gezogen. Dort erwarteten sie den Ruhm des Martyriums, und sie ermahnten und ermutigten sich gegenseitig, bis in den Tod zum heiligen Glauben zu stehen.

Als die Henker, die der Kaiser ausgeschickt hatte, sahen, daß Gereon und seine Männer weder von ihrem Glauben ablassen noch sich verteidigen wollten, sondern daß sie sich standhaft zum Namen Christi bekannten, enthaupteten sie alle. Die wüsten Mörder schleiften die blutüberströmten Leichen dieser heiligen Ritter des ewigen Königs über das Feld und warfen sie in einen tiefen Brunnen.

Später hat die heilige Helena, die Mutter Kaiser Konstantins, zu Ehren des heiligen Gereon und seiner Gefährten eine schöne Kirche errichtet, die kunstvoll mit glänzendem Metall geschmückt ist. Man sagt, diese Kirche sei ohne Holz gebaut und ein goldener Schein erfülle sie, so daß sie von den Kölner Bürgern „Zu den goldenen Heiligen" genannt wird.

Legenda Aurea (Goldene Legende), Dat Duythsche Passionail

Jakobus de Voragine verfaßte 1263–1273 seine umfangreiche Legendensammlung in lateinischer Sprache. Ins Deutsche übertragen und um die örtlichen Heiligengeschichten erweitert, erschien in Köln 1485 einer der ersten Drucke der **Legenda Aurea** unter dem Titel **Dat Duythsche Passionail.**

33. Von den elftausend Jungfrauen

Die Marter der elftausend Jungfrauen geschah in dieser Weise. Es war zu Britannia ein frommer christlicher König, Nothus oder Maurus mit Namen. Der hatte eine Tochter, die hieß Ursula. Die war so ehrbaren Wandels, so weise und so schön, daß ihr Name flog weit durch die Lande. Da war auch der König von Engelland, der war gar mächtig und hatte viel Völker unter seine Herrschaft gebracht; vor den kam der Ruhm dieser Jungfrau, also daß er sprach: er wäre über alles selig, wann er die Jungfrau seinem eigenen Sohn könnte zum Weibe geben. Darauf stund auch des Jünglings Begier. Darum sandten sie feierlich Boten zu der Jungfrau Vater, die sollten ihm schön tun und große Dinge geloben; doch sollten sie ihm auch schwerlich drohen, so sie leer zu ihrem Herrn müßten wiederkehren. Der König von Britannia geriet darob in große Furcht, denn er wollte seine Tochter, die mit dem Glauben Christi gezeichnet war, nicht einem Götzenanbeter zum Weibe geben, und vermeinte auch, daß sie nimmermehr ihren Willen dazu würde geben; und fürchtete doch die Wildheit des Königs. Aber Sanct Ursula gab der Himmel in ihren Sinn, daß sie ihrem Vater riet, er sollte in des Königs Bitte willigen, doch unter der Bedingung, daß der König und ihr Vater ihr zehn erlesene Jungfrauen zu Troste gäbe, und dazu ihr und jeglicher Jungfrau tausend Mägde möchte gesellen; dann sollte man Schiffe bereiten, und ihr eine Frist geben von dreien Jahren, daß sie ihre Jungfrauschaft möchte weihen; hiezwischen sollte der Jüngling selber sich lassen taufen, und in den dreien Jahren gelehrt werden im Christenglauben. Mit diesem weisen Rate wollte sie das Herz des Jünglings durch soviel Schwierigkeit von seiner Begierde ziehen, oder doch alsoviel Jungfrauen mit sich Gott weihen. Aber der Jüngling war es alles zufrieden, und nahm das Gedinge an, und lag selbst seinem Vater darum an mit großem Fleiß. Er ließ sich alsbald taufen, und gebot, daß alles eilends würde vollbracht, was die Jungfrau hatte geordnet. Der Vater der Jungfrau aber gebot, daß seine Tochter, die er gar sehr liebte, auch Männer in ihrem Gefolge haben sollte, deren Hilfe sie mit ihrem Heere etwan möchte brauchen. Da kamen die Jungfrauen zuhauf von allen Seiten, und männiglich lief herbei zu schauen das große Wunder. Auch kamen dazu viel Bischöfe, daß sie mit ihr führen; unter denen war auch Pantulus, der Bischof von Basel, der sie darnach geleitete bis gen Rom, und auch mit ihnen herwiderfuhr, und das Martyrium mit ihnen empfing.

Da nun nach dem Beding die Mägde gesammelt waren und die Schiffe, und alle Zehrung bereit war, da tat Sanct Ursula ihren Gesellinnen ihre heimliche Meinung kund; also schwuren sie allesamt auf eine neue Ritterschaft: sie huben an in Krieges Weise Spiele zu spielen und fuhren bald zusammen, bald auseinander; bald erhuben sie Streit, bald gaben sie sich zur Flucht und übten sich in allerlei Spiel; und ließen nichts unversucht, was ihnen in den Sinn kam; unterweilen kehrten sie des Mittags wieder von ihrer Fahrt, unterweilen kaum des Abends. Die Edlen und Fürsten kamen zu dem großen Wunder, und waren alle voll Verwunderung und Freuden. Zu dem letzten, da Sanct Ursula alle Jungfrauen zum Glauben hatte bekehrt, da fuhren sie in einem Tag mit einem glückhaften Wind gen Gallien zu dem Hafen, der Chyella genannt ist, und kamen von dannen nach Cöln. Da erschien Sanct Ursula der Engel des Herrn und verkündete ihr, wie sie alle mit einander wieder gen Cöln sollten kommen, daselbst sollten sie die Krone der Märtyrer empfangen. Darnach fuhren sie auf des Engels Geheiß gen Rom. Und da sie kamen zu Basel in die Stadt, landeten sie daselbst und ließen da ihre Schiffe, und zogen zu Fuß gen Rom. Da freuete sich ihrer Zukunft der Papst Cyriacus, denn er war selbst von Britannien geboren, und hatte viel Blutsverwandte unter ihnen. Also empfing er sie mit dem ganzen Clerus in großen Ehren. In derselben Nacht ward dem Papst von Gott kund getan, daß er mit diesen Jungfrauen sollte die Marter leiden. Das verhehlte er und taufte alle die unter den Mägden, die noch ungetauft waren. Da es ihn aber Zeit bedeuchte, zeigte er in einer großen Versammlung seinen Vorsatz an, und tat sich vor allem Volk in seinem Amt und von aller Würdigkeit; er hatte ein Jahr und elf Wochen, als der neunzehnte nach Sanct Peter, die Kirche regiert. Dem widerstunden sie allesamt, sonderlich die Cardinäle; denn sie glaubten, er sei von Sinnen kommen, daß er die päpstliche Würde wollte lassen, um daß er hinter etlichen unsinnigen Weibern möchte laufen. Er aber ließ sich davon nicht wenden, sondern setzte einen heiligen Mann mit Namen Ametos zu einem Papst an seiner Statt. Aber dieweil er den apostolischen Stuhl ließ wider des Clerus Willen, so ward sein Name aus der Zahl der Päpste getilgt. Und die Schar der heiligen Jungfrauen verlor von Stund an alle Gnade, darin sie zuvor bei dem römischen Stuhl war gewesen.

Da nun die heiligen Jungfrauen mit den vorgenannten Bischöfen wiederkehrten von Rom, ward Aethereus vom Herrn ermahnt, daß er sich alsbald aufmache und seiner Braut entgegenfahre und mit ihr zu Cöln die Märtyrerpalme empfange.

Also fuhren die Mägde alle mit den vorgenannten Bischöfen wieder gen Cöln; da funden sie die Stadt allbereits von den Hunnen belagert. Als die Hunnen die Mägde ersahen, fielen sie mit großem Geschrei auf sie und wüteten als die Wölfe unter den Schafen, und töteten sie allesamt. Da sie nun die andern alle erwürgt hatten und an Sanct Ursula kamen, da sah der Fürst der Hunnen ihre große Schönheit an, und verwunderte sich; und hub an, sie zu trösten über den Tod der Jungfrauen, und gelobte ihr, er wollte sie zu seinem Weibe nehmen.

Das verschmähte Sanct Ursula. Da er sich also verachtet sah, legte er einen Pfeil auf sie an, und durchschoß sie; also ward ihr das Martyrium zuteil.
Legenda Aurea

34. Bischof Maternus als Schüler des heiligen Petrus

Der Apostel Petrus hat den heiligen Eucharius zum Bischof, den Valerius zum Diakon und den Maternus zum Subdiakon geweiht und zugleich zur Predigt ausgesandt. Auf der Missionsreise durch Gallien stirbt Maternus plötzlich nach kurzer Krankheit in Ehl im Elsaß, worauf die beiden anderen niedergeschlagen nach Rom zum heiligen Petrus pilgern, der sie tröstet und ihnen befiehlt, **seinen Stab auf den Leichnam des Maternus zu legen.** Eucharius kommt in schnellem Lauf am 40. Tage nach dem Tode des Maternus nach Ehl zurück, läßt den Maternus ausgraben und erweckt ihn zum Leben. Nachdem Eucharius dort mehrere bekehrt, ziehen sie nach Trier, wo er 23 Jahre lang als Bischof wirkt. Ihm folgen Valerius 15 Jahre lang und nach dessen Tod **Maternus, der 40 Jahre lang Bischof ist.** Dieser bekehrt die Kölner und Tongerner und ist in diesen drei Städten Bischof. An einem Ostertage feiert er in allen dreien (Köln, Tongern, Trier) gleichzeitig die heilige Messe. Eucharius und Valerius erscheinen dem Maternus am Tage vor seinem Tode, um ihm seinen Heimgang anzukündigen. Er stirbt als Greis in Köln im Jahre 128. Sowohl die Trierer wie die Tongerner beanspruchen seinen Leichnam, als ein Engel in der Gestalt eines Ehrfurcht gebietenden Greises in der Stadt erscheint und befiehlt, den Leib des Heiligen auf ein Schiff zu legen und es dem Fluß zu überlassen, wohin er überführt werden soll. Das Schiff wendet sich rheinaufwärts und landet bei Rodenkirchen, von wo die Trierer den Leib des Heiligen abholen und ihn bei den Gräbern des Eucharius und Valerius ehrfurchtsvoll beisetzen.

Vita Eucharii, Valerii et Materni, in: Gesta Treverorum

In dieser Legende, die in den um 1100 entstandenen **Gesta Treverorum** (Taten der Trierer) aufgezeichnet ist, spiegelt sich die aus spätrömischer Zeit bezeugte Verehrung eines Maternusgrabes in Trier, die Kenntnis der Kölner Bischofsliste, die seit dem 9. Jahrhundert als ersten Bischof Maternus nennt und sicher auch der im 10. Jahrhundert zwischen Trier und Köln ausgetragene Streit um den Petrusstab. Die Quellen, nach denen Maternus von Köln um 300 lebte (→ S. 264 Qu. 15, 16), beschäftigten die Gelehrten erst im 17. Jahrhundert, was dann dazu führte, einen zweiten Maternus in der Reihe der Kölner Bischöfe zu vermuten.

C Sagen

35. Marsilius rettet Köln

Als die Römer noch in Köln herrschten, wurde die Stadt einstmals vom römischen Kaiser hart belagert, und der Statthalter Marsilius suchte das heilige Köln durch List zu retten, da er es mit Gewalt nicht vermochte. Alle Frauen mußten sich bewaffnen und mit Karren zur Stadt hinausfahren, als wenn sie im nahen Walde Holz fällen wollten. Kaum hatten sich die Frauen mit ihren Karren im Walde gezeigt, als das Heer der Belagerer ihnen nachsetzte, um sie zu fangen und niederzuhauen. Da eilten die Bürger Kölns mit Marsilius an der Spitze zum entgegengesetzten Tor hinaus und fielen dem Feind in den Rücken, der jetzt von beiden Seiten angegriffen wurde, weil sich auch die Weiber trutziglich wehrten. Die Belagerer wurden verjagt und der Kaiser in die Stadt geführt, wo er enthauptet werden sollte. Als er auf dem Markte schon auf dem ausgebreiteten Tuche kniete, bat er um sein Leben. Da kamen die Bürger mit einer großen Pergamentrolle, worauf alle ihre Freiheiten und Gerechtsame verzeichnet waren; diese mußte der Kaiser unterschreiben und mit Siegel bekräftigen, worauf ihm die Freiheit geschenkt wurde.

Die Sage ist wahrscheinlich der Zeit des Bataveraufstandes 70 n. Chr. zuzuordnen. Wann sie entstand, ist unbekannt. Die älteste Darstellung des Helden Marsilius befindet sich zusammen mit einer Skulptur des Agrippa an der Ostseite des Gürzenich. Diese beiden 1440 geschaffenen Figuren haben Nachfolger in den 1507–1509 eingesetzten Fenstern an der Nordseite des Domes. Im mittleren, von der Stadt gestifteten Fenster sind Agrippa und Marsilius als Repräsentanten Kölns dargestellt.

36. Der Kampf des Bürgermeister Gryn mit den Löwen

Als Bischof Engelbert wiederum mit der Stadt versöhnt war, so hielt er einen Löwen, und den zogen ihm zwei Domherren; oder wie andere sagen, die zwei Domherren hatten einen Löwen, und sie trugen Haß auf Herrn Hermann Gryn, den Bürgermeister von Köln, weil er allezeit mit den Bürgern und der Gemeinde hielt und nicht des Bischofs Gebot vollführen half. Darum dachten sie, wie sie das anstellten, daß der Löwe ihn töte, und ließen den Löwen fasten und ganz hungrig werden, und luden den Bürgermeister zu Gaste. Da nun die Zeit kam, daß man essen sollte, kam der Bürgermeister in der Domherren Haus und wähnte mit ihnen fröhlich zu sein. Sie führten ihn vor die Kammer, da der Löwe lag und wollten ihn ihm zeigen. Als er aber in guten Treuen in die Kammer treten wollte, da stießen sie ihn rücklings hinein und schlugen die Türe zu. Und die Pfaffen meinten, der Löwe sollte Herrn Hermann zerreißen. Gott aber fügte es anders. Denn als der Löwe an ihn sprang und seinen Mund öffnete, ihn zu zerreißen, wickelte er schnell seinen Mantel um den linken Arm, fuhr ihm mit der Faust in den Hals und erstach ihn mit der Rechten. Also kam der Bürgermeister aus der Not und ging ungespeist wieder heim. Und zur Stunde ließ er die beiden Pfaffen greifen und fangen und bei dem Domkloster unter der Pforte an einen Balken henken, der noch über der Pfaffenpforte liegt, und man sieht noch zwei Löcher dadurch gehn, wo sie mit Strängen gehenkt wurden. Und die Pforte heißt deshalb bis auf den heutigen Tag die Pfaffenpforte. Und des zu einem ewigen Gedächtnis ist ein steinern Bild Hermann Gryns mit dem Löwen auf einem der Pfeiler vor dem Rathause aufgestellt, und die Geschichte auch in der Klageherren Stube auf dem Rathause abgemalt worden.

Im 13 Jh., als Erzbischof Engelbert in Köln regierte, hat es historisch keinen Bürgermeister Hermann Gryn gegeben. Die Sage vom Löwenkampf wird eher als ein Bild für den Kampf um die Unabhängigkeit der Stadt von der Herrschaft des Bischofs angesehen. Die Entstehungszeit der Sage ist nicht bekannt.

37. Die Dombaumeistersage

Der Teufel war neidisch auf das stolze und heilige Werk, das Herr Gerhard, der Baumeister, erfunden und begonnen hatte. Um doch nicht ganz leer auszugehen oder gar die Vollendung des Domes noch zu verhindern, ging er mit Herrn Gerhard die Wette ein, er wolle eher einen Bach von Trier nach Köln bis an den Dom leiten, als Herr Gerhard seinen Bau vollendet habe; doch müsse ihm, wenn er gewönne, des Meisters Seele zugehören. Herr Gerhard war nicht säumig, aber der Teufel kann teufelsschnell arbeiten. Eines Tages stieg der Meister auf den Turm, der schon sehr hoch war, und das erste, was er von oben gewahrte, waren Enten, die schnatternd vom Bach, den der Teufel hergeleitet hatte, aufflogen. Da sprach der Meister im grimmigen Zorn: „Zwar hast du Teufel mich gewonnen, doch sollst du mich nicht lebendig haben!" So sprach er und stürzte sich Hals über Kopf zum Turm hinunter; in Gestalt eines Hundes sprang der Teufel hintennach, wie beides in Stein gehauen noch wirklich am Turme zu schauen ist. Auch soll, wenn man sich mit dem Ohr auf die Erde legt, noch heute den Bach zu hören sein, wie er unter dem Dome wegfließt.

Diese Form der Sage könnte in der 2. Hälfte des 16. Jh. entstanden sein, da man 1553 die angebliche römische Wasserleitung unter dem Dom entdeckte und 1560 die Bauarbeiten am Dom eingestellt wurden.

Die Quellentexte sind nach folgenden Büchern zitiert:
Otto Doppelfeld, Quellen zur Geschichte Kölns in römischer und fränkischer Zeit, Köln 1958: 1–4, 6, 7, 10–14, 17–23, 25–27. Sueton, Cäsarenleben, herausgegeben von Max Heinemann, Stuttgart 1957: 5, 8, 9. Die Regesten der Erzbischöfe von Köln im Mittelalter. 1. Band 1954–1961: 15, 16, 24, 34. Monumenta Annonis, Ausstellungskatalog des Schnütgenmuseums, Köln 1975: 28. Kölner Domblatt, 1958: 29. Kölner Domblatt, 1977: 31. Hans Peter Richter, Jagd auf Gereon, Graz, Wien, Köln 1967: 30, 32. Die hl. Ursula und ihre elftausend Jungfrauen, Katalog des Wallraf-Richartz-Museums, Köln 1978: 33. Franz Bender, Illustrierte Geschichte der Stadt Köln, Köln 1924: 35–37.

Zeittafel zur Geschichte des römischen und fränkischen Köln

58–51 v. Chr. Caesar erobert Gallien.

55 Innerhalb von 10 Tagen baut er eine Brücke über den Rhein und läßt sie, nachdem seine Soldaten 18 Tage lang das rechtsrheinische Gebiet durchzogen haben, wieder abbrechen. Mit dieser Aktion unterstützt er die verbündeten Ubier und verbreitet Schrecken unter den übrigen Germanen.

53 Aus denselben Beweggründen baut Caesar in der Nähe der ersten eine zweite Brücke. Als Abschreckung bleibt diesmal die linksrheinische Brückenhälfte mit einem Turm stehen. Der Ort beider Rheinüberquerungen lag möglicherweise zwischen Andernach und Koblenz. Der Rhein war von nun an die Grenze zwischen dem freien Germanien und dem zur römischen Provinz gewordenen Gallien.

44 Caesar wird ermordet. Das Triumvirat Antonius, Lepidus, Octavian übernimmt die Herrschaft.

38 Agrippa wird zum ersten Mal Statthalter in Gallien. Seine wichtigste Aufgabe ist es, die Rheingrenze zu sichern. Die rechtsrheinischen Ubier werden von ihm am linken Ufer angesiedelt, um den Schutz der Grenze mit zu übernehmen. Im Gebiet von Köln entsteht das Oppidum Ubiorum.

27 Octavian erringt die Alleinherrschaft im Römischen Reich. Er bekommt den Ehrennamen Augustus.

19 Agrippa übernimmt zum zweiten Mal die Statthalterschaft in Gallien.

16–13 v. Chr. Zur Sicherung der Rheingrenze und zur Vorbereitung der Eroberung Germaniens hält Augustus sich selbst am Rhein auf. 50 Kastelle entstehen zwischen Nordsee und Main. Wahrscheinlich besteht in dieser Zeit auch im Kölner Gebiet ein Legionslager.

13 Drusus, Stiefsohn des Augustus, wird Statthalter in Gallien. Seine Eroberungszüge führen ihn bis zur Elbe.

9 Drusus stirbt nach einem Unfall. Man baut ihm ein Ehrenmal am Rhein, dessen Standort in Mainz oder Köln vermutet wird.

8 v. Chr. Sein Bruder Tiberius führt die Eroberungszüge in Germanien weiter.

7 nach Chr. Varus wird Statthalter in Gallien und Oberbefehlshaber der Rheinarmee.

9 Während des Rückmarsches ins Winterlager wird das Heer des Varus von dem Cherusker Arminius angegriffen. Drei Legionen und Hilfstruppen, etwa 20 000 Mann, werden vernichtet. Tacitus nennt als Ort, in dem die Schlacht stattfand, ohne nähere Ortsangabe „Teutoburger Wald". (Als man im 17. Jh. den bis dahin Osning genannten Höhenzug nordwestlich von Detmold als den Kampfplatz erkannt zu haben glaubte, gab man ihm den von Tacitus überlieferten Namen. Der wirkliche Schauplatz dieser größten Katastrophe des römischen Heeres ist aber nach wie vor unbekannt.)
Die Ara Ubiorum ist das wichtigste Heiligtum des Oppidum Ubiorum.

13 Germanicus, Sohn des Drusus, übernimmt das Amt des Statthalters in Gallien. Das Heer an der Rheingrenze wird in ein obergermanisches und ein niedergermanisches geteilt und seinem Oberkommando unterstellt.

14 Im Gebiet von Köln ist zeitweilig ein Sommerlager für vier Legionen, für die I. und XX. Legion besteht ein festes Winterlager. Beim Tode des Augustus bricht unter den Soldaten eine Meuterei aus, die Germanicus u.a. mit Hilfe seines dreijährigen Sohnes Caligula niederschlagen kann. Tiberius, Stiefsohn des Augustus, wird Kaiser.
Vermutlich entsteht in dieser Zeit Bau I des Praetoriums.

15, 6. Nov. In Oppidum Ubiorum wird Agrippina die Jüngere als Tochter des Germanicus geboren.

16 Germanicus unternimmt mehrere Feldzüge nach Germanien. Er besucht den Ort der Varus-Schlacht und begräbt die Toten.

17 Mit der Abberufung des Germanicus vom Rhein beendet Tiberius die Eroberungszüge der Römer ins freie Germanien. Von nun an ist die Sicherung der Rheingrenze die wichtigste Aufgabe der ober- und niedergermanischen Legionen.

37 Caligula wird nach dem Tode seines Großonkels Tiberius zum Kaiser ausgerufen.

41 Nach der Ermordung Caligulas wird Claudius, der Bruder des Germanicus Kaiser.

48 Nachdem die römischen Heiratsgesetze eigens für ihn geändert worden waren, kann Claudius die Schwester des Caligula, seine Nichte Agrippina, zur Frau nehmen.

50 Auf Wunsch Agrippinas wird ihre Geburtsstadt Oppidum Ubiorum in den Rang einer römischen COLONIA erhoben, in der sich Veteranen ansiedeln. Der Bau der Stadtmauer beginnt.

54 Claudius wird ermordet. Als letzter der fünf Kaiser aus der Familie des Augustus kommt Nero, der Sohn Agrippinas aus einer früheren Ehe, an die Macht.

59 Agrippina wird von Nero ermordet.

68 Nero stirbt durch Selbstmord.

69 Nach seinem Tode werden nacheinander Galba in Spanien, Otho in Rom, Vitellius in Köln und Vespasian in Alexandria zum Kaiser ausgerufen. Im Zusammenhang mit der Erhebung des Vitellius werden das Praetorium (Bau II) und der Marstempel in der Nähe erwähnt. Otho besiegt Galba und läßt ihn hinrichten, zieht dann gegen Vitellius, dessen Rheinarmee ihn besiegt. Nach dem Freitod Othos zieht Vitellius mit einem großen Teil des rheinischen Heeres in Rom ein, wird aber noch vor Ende des Jahres ermordet. Vespasian ist Alleinherrscher und regiert bis zu seinem Tode im Jahre 79.

70 Am Niederrhein erheben sich mehrere Germanenstämme, angeführt von den im Gebiet von Nymwegen ansässigen Batavern unter Civilis. Sie verwickeln die in Niedergermanien zurückgebliebenen römischen Soldaten in blutige Kämpfe. In Köln werden Geheimgespräche zur Gründung eines gallischen Reiches geführt. Die Kölner verhalten sich diplomatisch und retten damit ihre Stadt vor der Zerstörung durch die aufständischen Völker. Sie leisten zwar den Eid auf das gallische Reich und verbünden sich mit Civilis; als es Vespasian aber gelingt, den Bataveraufstand niederzuschlagen, stellen sie sich sofort wieder auf die Seite der Römer.
Die Stadtmauer ist in diesem Jahr vollendet.

90 Durch die Verwaltungsreform des Kaisers Domitian werden die Heeresbezirke am Rhein offiziell als Provinzen ausgewiesen. Mainz wird Hauptstadt von Obergermanien, Köln Hauptstadt von Niedergermanien.

98 Traian, von Kaiser Nerva adoptiert, bekommt in Köln die Nachricht von dessen Tod und tritt von hier aus seine Nachfolge an. Überbringer der Botschaft ist Hadrian, der später, wiederum durch Adoption, zum Nachfolger Traians wird.

2. Jh. bis Mitte 3. Jh. Über mehr als 150 Jahre gibt es für Köln keine schriftlichen Nachrichten. Zahlreiche Bodenfunde lassen aber vermuten, daß die Stadt mit ihren germanischen Nachbarn auf der rechten Rheinseite in Frieden lebte, daß Handwerk und Handel den Bürgern Wohlstand brachten.
Die wahrscheinlich schon um die Mitte des 1. Jh. aus dem Vorgebirge nach Köln geführte Wasserleitung wird, fast 100 km lang, bis in das Urftquellgebiet ausgebaut.

184/185 Der Statthalter Didius Julianus erweitert das Praetorium (Bau III) nach Süden um eine Aula Regia.

253 Gallienus, Sohn des Kaisers Valerianus, wird Mitregent seines Vaters im Westteil des Reiches. Er kommt zur Abwehr fränkischer und alemannischer Überfälle an den Rhein und residiert zeitweise in Köln.

259 Während Gallienus einen Kriegszug unternimmt, erhebt sich sein Feldherr Postumus zum Kaiser eines gallischen Sonderreiches. Seine Residenzstadt ist Köln.

268 Postumus wird ermordet. Sein Nachfolger ist für kurze Zeit Marius. Ihm folgen Victorinus und Tetricus.

271 Trier wird Hauptstadt des gallischen Reiches.

273 Der Kaiser Aurelian besiegt den Tetricus. Die Gebiete des gallischen Sonderreiches werden wieder der römischen Zentralgewalt unterstellt.

284 Kaiser Diokletian führt eine Neugliederung der Provinzen durch. Er versucht das Reich durch strenge Verpflichtung des einzelnen auf den Staatskult zu festigen. Christenverfolgungen, besonders die ,,Säuberung'' des Heeres von christlichen Soldaten, sind die Folge. Die Legenden der Thebäischen Märtyrer und der Ursulinischen Jungfrauen haben wohl in dieser Zeit ihren Ursprung.

310 Konstantin, seit 306 Caesar in Gallien, läßt in Köln eine Brücke bauen und befestigt die rechtsrheinische Seite durch das Deutzer Kastell.

313 Im Mailänder Edikt sichert Konstantin ungehinderte Religionsausübung zu. In der Folgezeit wird das Christentum zunehmend begünstigt.
Maternus, der erste bekannte Bischof von Köln, wird zu einer Bischofsversammlung in Rom berufen, bei der Meinungsverschiedenheiten zwischen karthagischen Christen unter der Führung des Bischofs Donatus und der römischen Kirche beigelegt werden sollen.

314 In Arles findet eine zweite Synode wegen des Donatistenstreites statt, an der Maternus wiederum teilnimmt.
In dieser Zeit gibt es bereits eine christliche Bischofskirche in der Nordostecke des römischen Köln, an der Stelle des heutigen Domes.

321 Ein Erlaß Konstantins erlaubt die Zulassung von Juden in den Kölner Stadtrat.

355 Der Feldherr Silvanus erhebt sich in Köln zum Kaiser, wird aber wenig später ermordet.

Die salischen Franken, die seit dem 3. Jh. bekannt sind, dehnen sich vom Rheinmündungsgebiet am linken Flußufer bis in das heutige nordwestliche Belgien aus. Häufige Raubzüge führen sie nach Niedergermanien und Gallien. Ende dieses Jahres überfallen sie Köln und halten die Stadt 10 Monate besetzt.

356 Julian Apostata erobert Köln zurück.

nach 356 Auf dem Gräberfeld nordwestlich der Stadt errichtet man nach stadtrömischem Vorbild einen großzügigen Zentralbau, die spätere Kirche St. Gereon.

388 Wieder wird die Stadt von fränkischen Scharen zerstört.

392 Kaiser Theodosius, unter dessen Regierung das Christentum Staatsreligion wird, verbietet alle heidnischen Kulte.
In Köln kommt es unter Eugenius, der von dem in römischen Diensten stehenden fränkischen Feldherrn Arbogast widerrechtlich zum Kaiser der westlichen Reichshälfte erklärt wird, zu einem kurzen Wiederaufleben des Heidentums. Der Tempel neben der ersten Bischofskirche wird mit einer neuen Vorhalle versehen. Bau IV des Praetoriums wird vollendet.

394 Theodosius besiegt Eugenius in der Schlacht am Frigidus. Die Soldaten erschlagen ihn, daraufhin begeht Arbogast Selbstmord. Ein Jahr lang ist Theodosius Alleinherrscher in beiden Reichsteilen.

395 Nach dem Tode des Theodosius wird das Reich unter seine Söhne aufgeteilt. Honorius übernimmt die Herrschaft im Westen, Arcadius regiert im Osten. In dieser Zeit brennt der Tempel neben der ersten Bischofskirche ab. Der Gebäudekomplex der Christengemeinde wird auf das benachbarte Tempelgrundstück ausgedehnt.

397 Severin ist Bischof in Köln. Auf dem römischen Friedhof südlich der Stadt, dort, wo man sein Grab vermutet, steht eine kleine christliche Kirche.

um 400 Clematius baut auf dem Friedhof vor der Nordseite der Stadt für die wegen ihres christlichen Glaubens getöteten heiligen Jungfrauen (deren Führerin später Ursula genannt wird) eine Kirche wieder auf.

401 Die am Rhein stationierten römischen Legionen werden vom Feldherrn Stilicho zu einem Kriegszug nach Italien gerufen. Die Sicherung der Rheingrenze liegt von nun an ganz in der Hand von Franken, die in römischen Diensten stehen.

455 Die an beiden Seiten des Mittelrheines lebenden ripuarischen Franken erobern Köln und machen es zu ihrer Hauptstadt.

476 Mit der Absetzung des Kaisers Romulus Augustulus endet das Weströmische Reich.

481 Chlodwig, aus dem nach seinem Großvater Merowech genannten Geschlecht der Merowinger, wird König der salischen Franken.

486 Bei Soisson besiegt er Syagrius, den letzten römischen Statthalter Galliens, und begründet damit das Fränkische Reich.

497 Nach seinem Sieg über die Alemannen am Oberrhein entschließt Chlodwig sich, Christ zu werden. Damit beginnt die Christianisierung der Franken, die von der Königsfamilie über die Fürsten allmählich bis in das Volk vordringt. In den folgenden Jahren bringt Chlodwig mehrere kleine fränkische Fürstentümer in seine Gewalt.

507 Mit List und kaltblütiger Grausamkeit läßt er den in Köln residierenden König Sigibert und dessen Sohn töten und unterwirft so das Reich der ripuarischen Franken. In Südfrankreich besiegt er die Westgoten, die ihm daraufhin ihre Gebiete östlich der Pyrenäen überlassen und sich nach Spanien zurückziehen.

511 Chlodwig stirbt in Paris. Sein Reich wird unter seine vier Söhne geteilt. Köln gehört nun zu Austrien mit der Hauptstadt Reims oder Metz.

533–548 Theudebert I., ein Enkel Chlodwigs, regiert das ostfränkische Reich. In Köln läßt er Goldmünzen prägen, die seinen Namen tragen.

um 550 In einer kleinen Kapelle im Hof des ältesten Domes bestattet man eine junge Frau und einen kleinen Jungen. Der Ort des Begräbnisses und die Ausstattung der Gräber mit vielen kostbaren Beigaben lassen vermuten, daß die Toten aus einer Fürstenfamilie des Merowingerreiches stammen. Möglicherweise gehörten sie zur Familie des Theudebert.
Das 6. und beginnende 7. Jh. ist für die Franken geprägt von den grausamen Machtkämpfen der Merowingerherrscher untereinander.

629 König Dagobert übernimmt die Regierung des ganzen Frankenreiches. Seine Berater sind der Kölner Bischof Kunibert und der Hausmeier Pippin der Ältere. Im Laufe des 7. Jh. wächst die Macht der Hausmeier, die ursprünglich dem König als oberste Verwaltungsbeamte und Heerführer dienten.

689 Der Hausmeier Pippin der Mittlere, Enkel Pippins des Älteren, gründet zusammen mit seiner Frau Plektrudis an der Stelle des römischen Capitolstempels eine Kirche.

714 Karl Martell, der illegitime Sohn Pippins des Mittleren, folgt nach heftigen Machtkämpfen mit Plektrudis in Köln seinem Vater als Hausmeier.

747 Pippin der Jüngere, Sohn Karl Martells, wird Herr über das gesamte Frankenreich.

751 Mit der Erhebung Pippins zum König der Franken ist die Macht endgültig von den Merowingern auf die Karolinger übergegangen.

771 Sein Sohn Karl der Große wird Alleinherrscher im Frankenreich.

794 Hildebold, vor 787 Erzbischof von Köln, wird Hofkaplan am Hofe Karls des Großen, auf dessen Wunsch er den Petrusaltar im Kölner Dom (der ältesten Bischofskirche) mit edlen Metallen bekleiden läßt.

800 Karl wird in Rom zum Kaiser gekrönt. Das Frankenreich tritt die Nachfolge des Weströmischen Reiches an.

818 Hildebold stirbt und wird in St. Gereon beigesetzt.

870 Der Alte Dom, der nach neuer Forschung nicht vor 850 begonnen worden sein kann, wird von Erzbischof Willibert am 27. September geweiht.

Literaturhinweise

Römisches Köln u. Röm.-Germ. Museum allgemein: Hugo Borger, Das Römisch-Germanische Museum Köln, München 1977. – Hinweise auf zahlreiche Abbildungen aus diesem Buch sind in den Text zum Museumsrundgang aufgenommen (z. B.: *Bo. 70*). / H. Borger (Hrsg.), Kölner Römerillustrierte I, Köln 1974. – Auf viele Bilder der Illustrierten wird im Text zum Museumsrundgang hingewiesen (z. B.: *Rö. 17*). / Joseph Klinkenberg, Das Römische Köln, in Paul Clemen (Hrsg.), Die Kunstdenkmäler der Stadt Köln, Bd. I, II. Abteilung, Düsseldorf 1906. – Alle Quellen und frühen Veröffentlichungen sind hier zusammengestellt. / Röm.-Germ. Zentralmuseum Mainz (Hrsg.), Führer zu vor- und frühgeschichtlichen Denkmälern (sog. Archäologischer Führer, abgekürzt: A. F.), Bd. 37–39, Mainz 1980. – Den von verschiedenen Autoren geschriebenen kurzen Aufsätzen ist jeweils eine ausführliche Liste der bis 1979 erschienenen Literatur angefügt. Im folgenden werden deshalb nur die wichtigsten, im A. F. nicht verzeichneten Veröffentlichungen, außerdem seit 1980 neu erschienene Publikationen einzeln aufgeführt.

Augustuskopf aus Glas, S. 32: Otto Doppelfeld, Das neue Augustus-Portrait aus Glas im Kölner Museum, Kölner Jahrbuch für Vor- und Frühgeschichte (kurz: KJb.) 8, Köln 1966, S. 7-11**/ Portraitköpfe, S. 27, 31, 34:** Dieter Salzmann, Antike Portraits im RGM Köln, KJb. 23, 1990, S. 169**/ Marlborough-Kameo, S. 34:** Erika Zwierlein-Diehl, Der Divus-Augustus-Kameo in Köln, KJb. 17, 1981, S. 12-58**/ Militär, S. 30, 33, 37:** OttoDoppelfeld, Heer und Verwaltung in den Rheinlanden, Römer am Rhein, Katalog des RGM, Köln 1967, S. 22-34**/ Militärtechniker, S. 35:** Kölner Museums-Bulletin (kurz: Bulletin), 3/1984, S. 36**/ Weihesteine, S. 41, 111:** Peter Noelke, Ara et aedicula, Bonner Jahrbücher (kurz: BJb.) 190, Köln 1990, S. 79-124**/ Sammlung Löffler, S. 44-48:** Peter La Baume, Jan Willem Salomonson, Röm. Kleinkunst Sammlung Löffler, Wissensch. Katalog des RGM, Bd. III, Köln o. J.(1976)**/ Philosophenmosaik, S. 50:** Dela von Boeselager, Zur Restaurierungsgeschichte Kölner Mosaiken.., Bulletin 3/1986, S. 36-41**/ Wandmalereien, S. 53, 251:** Renate Thomas, Mathilde Schleiermacher, Neue röm. Malerei in Köln, RGM Köln, 1989/90**/ Glas, S. 54-61:** Glas der Caesaren, Ausstellungskatalog RGM, Mailand 1988 (umfangreiche Literaturliste)**/ Diatretglas, S. 59:** Günter Ristow, Das Kölner Diatretglas, Rhein. Kleinstkunstwerke Heft 3, Köln 1988**/ Achillesmosaik, S. 59, 252:** Stefan Neu, Richard-Wagner-Straße 47.., Archäologie in Köln 1, Köln 1992, S. 63-73**/ Gladiatorenmosaik, S. 62:** Dela von Boeselager, Das Gladiatorenmosaik in Köln und seine Restaurierung im 19. Jh., in KJb. 20, 1987, S. 111-128**/ Schatzkammer, S. 66-81:** Inciser Gürçay Damm, Goldschmiedearbeiten der Völkerwanderungszeit aus den Schwarzmeergebieten, Katalog der Sammlung Diergardt 2, KJb. 21, 1988, S. 65-210; dieselbe, Ein baktrisches Goldarmband mit Tierfries, KJb. 23, 1990, S. 239-243**/ Franken, S. 77-82:** Heiko Steuer, Die Franken in Köln, Köln 1980**/ Heidnische Kulte und Christentum, S. 79-86, 90-102:** Günter Ristow, Röm. Götterhimmel und frühes Christentum, Köln 1980**/ Clematiusinschrift, S. 84, 205:** Sepp Jakob in Schrift und Symbol, München 1977, S. 118**/ Jupiterverehrung, S. 94, 95, 102:** Gerhard Bauchenß, Peter Noelke, Die Jupitersäulen in den german. Provinzen, Beiheft BJb. 41, 1981**/ Arbogastinschrift, S. 96:** Thomas Grünewald, Arbogast und Eugenius in einer Kölner Bauinschrift, KJb. 21, 1988, 243-252**/ Elfenbeintäfelchen, S. 99:** Beate Schneider, Zwei röm. Elfenbeinplatten mit mythologischen Szenen, KJb. 23, 1990, S. 255-272**/ Medusenhaupt, S. 102:** Peter Noelke, Medusenmaske wiederhergestellt, Köln, Vierteljahresschrift für die Freunde der Stadt 3/1987, S. 16-18**/ Gräber der Reichen, S. 105:** Peter Noelke, Reiche Gräber von einem röm. Gutshof in Köln, Germania 62, Mainz 1984, S. 373-423**/ PENK, S. 120:** Ralf Biering, Hayo Heinrich, PENK, Programm zur Erfassung der Nekropolen Kölns, KJb. 23, 1990, S. 413-420**/ Inschriften:** Brigitte u. Hartmut Galsterer, Die röm. Steininschriften aus Köln, Wissensch. Kataloge des RGM II, Köln 1975; dieselben, Epigraphische Studien Bd. 12, S. 225-264, 1981; Bd. 13, S. 167-206, 1983**/ Rheinabhang östl. von Dom und RGM, S. 121:** Stefan Neu, Die Ausgrabungen zwischen Dom und Rhein, Ausgrabungen im Rheinland 81/82, Köln/Bonn 1983, S. 251-259; Mechthild Germscheid, Wasserführung und Uferentwicklung des Römerzeitlichen Rhein bei Köln, Diplomarbeit Universität Köln 1989 (unveröffentlicht); Walter Meier-Arendt u. Stefan Neu, Eine bisher unbekannte mittelalterliche Stadtmauer, Bulletin, 2/1980, S. 1787-1789/ **Reliefs vom Rheinufer, S. 122:** Stefan Neu, Röm. Reliefs vom Kölner Rheinufer, KJb. 22, 1989, S. 241-364/ **Stadtmauer, S. 123-157:** Otto Doppelfeld, Die röm. Stadtmauer von Köln, Kölner Untersuchungen (Kunstdenkmäler des Rheinlandes, Beiheft 2), Essen 1950, S. 3-40 (Auf diesen grundlegenden Aufsatz geht die Numerierung der Stadtmauerabschnitte zurück); Uwe Süßenbach, Die Stadtmauer des röm. Köln, Köln 1981/ **Turm 7 (Römerbrunnen), S. 131:** Peter Noelke, Stefanie Lieb, Der Kölner Römerbrunnen.., in Wallraf-Richartz-Jb. 53, 1992, S. 223-268/ **Mauer 50, S. 150:** Renate Thomas, Eine weitere Podiumskonstruktion in der südöstlichen CCAA, Archäolog.Korrespondenzblatt 13, Heft 2, Mainz 1983, S. 245-253/ **Mauer 58, S. 156:** Ulrich Back, Untersuchungen an der röm. Stadtmauer unter der Sakristei des Kölner Domes, KJb. 23, 1990, S. 393-400/ **Commodus-Inschrift, S. 172:** Werner Eck, Niedergermanische Statthalter in Inschriften aus Köln und Nettersheim, BJb. 184, Bonn 1984, S. 97-105/ **Domgrabung, S. 181-188:** Otto Doppelfeld, Willy Weyres, Die Ausgrabungen im Dom zu Köln, Mainz 1980 (kurz: Doppelfeld/Weyres); Arnold Wolff, Vorbericht über die Ergebnisse der Kölner Domgrabung 1946-1983, Forschungsberichte des Landes Nordrhein-Westfalen Nr. 3000, Opladen 1983; derselbe, Vermutungen über die frühesten christlichen Bauanlagen unter dem Kölner Dom, Röm. Quartalschrift 83, Rom-Freiburg-Wien 1988, S. 44-57; Georg Hauser, Bemerkungen zum röm. Brunnen unter dem Dom, Kölner Domblatt, Jahrbuch des Zentral-Dombau-Vereins (kurz: KDbl.) 50, 1985, S. 113-126; derselbe, Abschied vom Hildebold-Dom, KDbl. 56, 1991, S. 209-228/ **Fürstengräber unter dem Dom, S. 189-197:** Doppelfeld/Weyres, S. 264-391; Ernst Hollstein, Mitteleuropäische Eichenchronologie, Rhein. Landesmuseum Trier, Band XI, 1980, S. 75/ **Ptolemäerkameo, S. 199:** Josef Hoster, Der Wiener Ptolemäerkameo, einst am Dreikönigenschrein, Studien zur Buchmalerei und Goldschmiedekunst des Mittelalters, Marburg 1967, S. 55/ **Dreikönigenstoff, S. 199:** Irmgard Timmermann, Seide, Purpur und Gold - Untersuchungen zu den Gewebefragmenten.., Die Heiligen Drei Könige, Katalog WRM, Köln 1982/ **Romanische Kirchen:** Hiltrud Kier,UlrichKrings (Hrsg.), Stadtspuren - Denkmäler in Köln, Band 1, 1984 (mit umfassender Literaturliste), 3, 1984; 4, 1986; 17, 1989; 18, 19, 1992/ Werner Schäfke, Kölns romanische Kirchen, Köln 1984/ **St. Severin, S. 208-217:** Bernd Päffgen, Die Ausgrabungen in St. Severin zu Köln, Kölner Forschungen, Bd. 5, 1 - 3, Mainz 1993/ **Weidener Grabkammer, S. 228-233:** Johannes Deckers, Peter Noelke, Die röm. Grabkammer in Köln-Weiden, Rheinische Kunststätten Nr. 238, Köln-Neuß, 2. Aufl. 1985; Elisabeth Maria Spiegel, Eine röm. Straßenstation in Köln-Weiden, Archäologie in Köln 1, 1992, S. 84-87/ **Forum, S. 234:** Stefan Neu, Schildergasse/Ecke Herzogstraße. Fundamente des röm. Forums, Archäologie in Köln 1, 1992, S. 31-34/ **Wasserleitung, S. 13, 235-240:** Klaus Grewe, Atlas der röm. Wasserleitungen nach Köln, Köln-Bonn 1986; derselbe, Neue Befunde zu den röm. Wasserleitungen nach Köln, BJb. 1991, Köln/Bonn 1991, S. 415/ **Herimannkreuz, S. 247:** Ursula Bracker-Wester, Der Christuskopf vom Herimannkreuz - ein Bildnis der Kaiserin Livia, Rhein und Maas 2, Katalog Schnütgenmuseum, Köln 1973, S. 177-180/ **St. Peter und Cäcilien, die Thermen, S. 249:** Elisabeth Maria Spiegel, Die röm. Thermen, Archäologie in Köln 1, 1992, S. 35-42/ **St. Pantaleon, S. 250:** Helmut Fußbroich, Die Ausgrabungen in St. Pantaleon zu Köln, Mainz 1983/ **St.Kolumba, S.251:** Sven Seiler, Die Kirche St. Kolumba in Köln und ihre romanischen Vorgängerbauten, Colonia Romanica IV, Köln 1989, S. 146-157/ **Peristylhaus unter der Kreissparkasse, S. 251:** Renate Thomas, Das röm. Haus in der Gertrudenstraße zu Köln, Kreissparkasse Köln, ohne Jahr (1984)/ **Ausgrabungen Barbarossaplatz, S. 252:** Renate Thomas, Eine röm. Vorstadtvilla auf dem Barbarossaplatz, Archäologie in Köln 1, 1992, S.56-62/ **Ausgrabungen Richard-Wagner-Straße, S. 252:** S. Neu, Richard-Wagner-Straße 47.., Archäologie in Köln 1, 1992, S. 63-73; derselbe, Eine tönerne Satyrmaske mit Scharnier, ΜΟΥΣΙΚΟΣ ΑΝΗΡ, Festschrift für Max Wegner zum 90. Gebutstag, Bonn 1992, S. 305-308/ **St. Kunibert, S. 254:** Sven Seiler, Die Ausgrabungen im Westbau der Kirche St. Kunibert, Archäologie in Köln 1, 1992, S. 91-95/ **Ara Ubiorum u. Gründungsgeschichte Kölns, S.255, 256:** Hartmut Galsterer, Von den Eburonen zu den Agrippinensiern - Aspekte der Romanisation am Rhein, KJb. 23, 1990, S. 117-123/ **Marstempel, S. 257:** Sven Seiler, die Ausgrabungen im Kölner Stadtteil St. Alban, Archäologie in Köln 1, 1992, S. 46-55/ **Theater, Amphitheater und Circus, S. 257:** Eberhard Thomas, Bemerkungen zum Circus des röm. Köln, in Boreas, Münstersche Beiträge zur Archäologie, Bd. 7, Münster 1984, S. 157-171.

Stichwortverzeichnis

Seitenzahlen sind gerade, Abbildungsnummern kursiv gesetzt, Fettdruck weist auf die wichtigsten Informationen zum Stichwort hin. Lebens- und Regierungsdaten von Personen der Römer- und Frankenzeit sind dann in Klammern angegeben, wenn sie nicht aus dem Textzusammenhang zu ersehen sind.
Von allen im Buch erläuterten Steininschriften des Römisch-Germanischen Museums sind die ersten auf dem Denkmal erkennbaren Worte aufgenommen. In Klammern hinzugefügt wurden außer den Buchstaben G. (Grabstein), W. (Weihestein) oder B. (Bauinschrift) die auf den entsprechenden Museumsplänen vermerkten Nummern der Inseln und Steine.